BIBLIOTHÈQUE ANTHROPOLOGIQUE

TOME XX

L'ÉVOLUTION RELIGIEUSE

DANS LES DIVERSES RACES HUMAINES

PAR

CH. LETOURNEAU

Secrétaire général de la Société d'anthropologie
Professeur à l'École d'anthropologie

> Même les dieux succombent. Les religions se succèdent : — c'était celle de Jupiter ; c'est celle de Mahomet, et d'autres croyances — surgiront avec d'autres années, jusqu'à ce que l'homme sache — que son encens fume, que ses victimes saignent en vain.
> BYRON (*Childe Harold*, ch. II, st. 3.)

DEUXIÈME ÉDITION

PARIS
VIGOT FRÈRES, ÉDITEURS
23, PLACE DE L'ÉCOLE DE MÉDECINE, 23
1898

L'ÉVOLUTION
RELIGIEUSE

DANS LES DIVERSES RACES HUMAINES

DU MÊME AUTEUR

Chez VIGOT Frères

L'Evolution du Mariage et de la Famille, un vol. in-8°.
L'Evolution de la Propriété, un vol. in-8°.
L'Evolution politique dans les diverses races humaines, un vol. in-8°.
L'Evolution juridique dans les diverses races humaines, un vol. in-8°.
L'Evolution littéraire dans les diverses races humaines, un vol. in-8°.
La Guerre, un vol. in-8°.
L'Evolution de la Morale, un vol. in-8°. Deuxième édition.
L'Evolution de l'esclavage, un vol. in-8°.
L'Evolution de l'éducation, un vol. in-8°.
L'Evolution religieuse, un vol. in-8°. Deuxième édition.

Chez SCHLEICHER Frères

La Physiologie des passions, un vol. in-18. Deuxième édition.
La Biologie, un vol. in-18. Quatrième édition.
La Sociologie, un vol. in-18. Troisième édition.
Science et Matérialisme, un vol. in-18. Deuxième tirage.

Chez CHARPENTIER et FASQUELLE

Pensées du Cardinal de Retz, un vol. in-16.

BIBLIOTHÈQUE ANTHROPOLOGIQUE

TOME XX

L'ÉVOLUTION RELIGIEUSE

DANS LES DIVERSES RACES HUMAINES

PAR

CH. LETOURNEAU

Secrétaire général de la Société d'anthropologie
Professeur à l'Ecole d'anthropologie

> Même les dieux succombent. Les religions se succèdent : — c'était celle de Jupiter ; c'est celle de Mahomet, et d'autres croyances — surgiront avec d'autres années, jusqu'à ce que l'homme sache — que son encens fume, que ses victimes saignent en vain.
>
> BYRON (*Childe Harold*, ch. II, st. 3.)

DEUXIÈME ÉDITION

PARIS
VIGOT FRÈRES, ÉDITEURS
23, PLACE DE L'ÉCOLE DE MÉDECINE, 23
1898

PRÉFACE

De tous les grands sujets sociologiques successivement abordés dans la série de ces « Évolutions », et étudiés à la lumière de la méthode comparative, il n'en est aucun qui soit plus justiciable de cette méthode que la religion, en comprenant sous ce vocable la somme des illusions dont le genre humain tout entier s'est leurré et se leurre encore à propos du surnaturel. — Dans nos vieilles sociétés se targuant d'être très civilisées, l'idée religieuse rayonne encore d'un prestige tout particulier. Les théologiens l'ont compliquée à plaisir; les métaphysiciens ont fait de violents efforts pour la réconcilier avec la raison et l'expérience, sans s'apercevoir qu'autant valait chercher la quadrature du cercle. Surtout et pendant des siècles, le bras séculier s'est mis très docilement au service de la religion; il a dompté ou supprimé les adultes trop rebelles à la grâce, tandis qu'une éducation, pieuse jusqu'à l'onction, circonvenait la débile intelligence des enfants et s'efforçait d'y stériliser tout germe d'impiété future. Nous descendons de toute une série de générations ainsi domptées ou séduites. Il est donc bien naturel que la plupart d'entre nous, même parmi les meilleurs et les plus intelligents, aient hérité de tendances religieuses, devenues instinctives. Pour eux, le mot « religion » représente tout un idéal à la fois mystérieux et vénérable, qui plane au-dessus de l'examen, quelque chose comme un sanctuaire fermé et inviolable. Ces antiques préjugés, si funestes à la liberté de penser, sont encore entretenus par nombre de savants mythologues qui, se cantonnant dans l'examen spécial de telle ou telle grande religion, ne l'étudient qu'à l'apogée de son dévelopement, avec la parure d'idées et de sentiments plus ou moins élevés dont l'ont ornée les siècles; aussi, en y mettant parfois un peu de complaisance, n'ont-ils aucune peine à trouver sublimes les textes qu'ils examinent à la loupe et ils s'efforcent de nous faire partager leur opinion.

La méthode comparative, seule, peut nous mettre à l'abri de ces erreurs de jugement. Guidés par elle, nous voyons, à n'en pas douter, que les grandes religions sont simplement l'épanouissement des petites, de ces grossiers fétichismes dont nos doctes exégètes ne daignent pas même s'occuper. Les unes et les autres ont germé dans le sol commun de ce que Tylor a si justement appelé « l'animisme », c'est-à-dire de cette illusion primaire qui porte l'homme peu développé à prêter à tels objets ou êtres du monde ambiant sa volonté, ses sentiments, ses idées. Ce fait général est absolument hors de doute, et l'on s'en convainc aisément en interrogeant, au sujet de leurs croyances, toutes les races humaines, des plus inférieures aux plus développées, en étudiant aussi les origines et l'évolution des grandes religions, de celles que pratiquent et vénèrent encore, en réalité ou en apparence, des centaines de millions d'hommes.

Cette instructive enquête, on a tenté de la faire dans ce volume, en réunissant et classant quantité de faits observés dans tous les temps et dans tous les lieux par une armée de témoins impartiaux. Il en est résulté un trésor de documents, qui donnera, nous l'espérons, quelque valeur à notre revue comparative et nous fera pardonner d'avoir fait peu d'emprunts aux travaux de fine et subtile exégèse aujourd'hui trop à la mode. D'ailleurs notre ouvrage n'a pas la prétention de faire une histoire complète de toutes les religions; comme l'indique son titre, on s'y efforce seulement de mettre en relief les points principaux de la commune évolution religieuse.

Le présent volume continue et termine, au moins en ce qu'elle a de plus important, la série des cinq ouvrages antérieurement publiés à la librairie Lecrosnier et Babé. Dans leur ensemble ces six monographies forment un traité de sociologie ethnographique, suffisamment complet dans les grandes lignes et que l'on pourrait intituler : *l'Évolution des sociétés*. Seulement ces six volumes, dans le cas où on les voudrait réunir sous un titre commun, ne devraient pas être rangés exactement dans l'ordre de leur publication. La disposition logique serait la suivante : 1° *l'Évolution du mariage et de la famille*; — 2° *l'Évolution de la propriété*; — 3° *l'Évolution politique*; — 4° *l'Évolution juridique*; — 5° *l'Évolution religieuse*; — 6° *l'Évolution de la morale*.

— Sans doute ces six études sont bien loin de comprendre tous les modes si variés de l'activité sociale ; pourtant elles en embrassent les principaux, ceux qui constituent vraiment ce qu'on peut appeler le squelette de la sociologie.

Pour écrire, avec une suffisante compétence, un traité complet de sociologie, il faudrait posséder une masse encyclopédique de connaissances, « tout le savoir humain », comme dit Molière. L'auteur de ces études ne se fait donc aucune illusion sur les nombreuses lacunes et imperfections de son travail. C'est surtout par le plan général, par la masse des faits recueillis, classés et coordonnés, enfin par la méthode adoptée, qu'il espère avoir fait œuvre utile.

Ch. Letourneau.

TABLE DES MATIÈRES

CHAPITRE I

NATURE ET ORIGINES DU SENTIMENT RELIGIEUX

I. *Du sentiment religieux.* — Définition du mot « Religion ». — Les définitions de Tylor, de Darwin, de Pétrone. — De la Religiosité et du Règne humain. — L'instinct religieux chez les animaux. — Les rêves chez les animaux. — II. *La prétendue universalité des croyances religieuses.* — Le monothéisme réel n'existe pas. — La mort et l'homme primitif. — La soi-disant universalité du monothéisme. — Les religions athées. — L'athéisme primitif. — III. *De l'animisme.* — L'intelligence des primitifs. — L'animisme primitif. — L'animisme spiritique. — L'animisme des Algonquins. — L'origine des idées de survivance posthume. — L'ombre. — L'esprit. — Les Mânes. — La case des esprits. — L'Evhémérisme de H. Spencer. — IV. *L'animisme littéraire.* — Ses degrés. — L'animisme des anciens poèmes. — L'animisme dans la poésie française. — Ronsard, Hégésippe Moreau, Lamartine, Victor Hugo, Corneille, Th. Gautier. — L'animisme fétichique chez Lamartine, V. de Laprade. L'animisme spiritique de J. Autran, de Victor Hugo, de Malherbe, d'A. Chénier. L'animisme métaphysique de Victor Hugo, d'A. de Musset. — L'animisme en prose chez Victor Hugo. — La base animique des religions. 1

PREMIÈRE PARTIE

LA MYTHOLOGIE DES RACES NOIRES

CHAPITRE II

L'ANIMISME EN MÉLANÉSIE

I. *Les religions et les races.* — Les grandes races. — Divisions ethnographiques et mythologiques. — II. *La religion des Veddahs de Ceylan.* — Athéisme et animisme spiritique. — Animisme zoolâtrique. — III. *La religion des Tasmaniens.* — Animisme spiritique. — Croyances à une survivance posthume. Rêves funéraires. — La vie future. — Sorcellerie et magie. — IV. *Les religions des Australiens.* — Les rêves. Les dieux. — Parthénogénèse mythique. — Anthropomorphisme et zoomorphisme. — Animaux totémiques. — Phytolâtrie ancestrale. — Astrolâtrie animique. — Coutumes funéraires. — Offrandes funéraires. — Les doubles des morts. — Anthropophagie funéraire. — Vengeances funéraires. — Les mains magiques. — Le cadavre révélateur. — La vie future. — Spiritisme. — Sorcellerie et magie. — Le mauvais œil. — Les sorciers. — V. *La religion des Papous.* — L'animisme des Vitiens. — Le panthéon vitien. — Animaux totémiques. — Anthropomorphisme et anthropolâtrie. — Grands et petits dieux. — Crimes divinisés. — Coutumes funéraires. — Les esprits de l'homme. — L'évocation primitive. La vie future. — Les conditions du salut. — Animisme universel. — Sorcellerie et magie. — Doubles artificiels. — VI. *Religion des Néo-Calédoniens.* — Esprits ancestraux et esprits mythiques. — La vie future. — Coutumes funéraires. — Pratiques expiatoires. — Sorcellerie et magie. — Le *Tabou.* — Les sorciers et leurs extases. — L'impiété canaque. — VII. *L'évolution mythologique en Mélanésie.* — De l'animisme fétichique à l'animisme mythique. — Conséquences funestes.................................. 25

CHAPITRE III

L'ANIMISME DANS L'AFRIQUE AUSTRALE

I. *Les Bochimans et les Hottentots.* — Coutumes funéraires. — Spiritisme. — Mutilations funéraires. — L'inhumation accroupie chez les Hottentots. — Esprits des morts et dieux animiques. — Sacrifices et offrandes. — II. *Les Cafres.* — Faiblesse de l'instinct religieux chez les Cafres. — Témoignages de Moffat et de Livingstone. — *Compelle intrare.* — Tsékelo. — L'ombre en Cafrerie. — Animisme des Béchuanas. — Tonnerre anthropomorphique. — Les doubles humains et les animaux. — *Post hoc, ergo propter hoc.* — Coutumes funéraires. — Inhumation et abandon. — Le filet funéraire. — Rites funéraires. — Offrandes fictives. — Les méfaits des morts. — Funérailles royales. — Hécatombes humaines. — L'ombre du mort. — L'ombre mortelle. — Evhémérisme. — Un Cafre matérialiste. — Dieux evhémériques. — Les *morimos.* — Malfaisance des dieux cafres. — Mythes des Amazoulous. — Un transformiste cafre. — Sorcellerie et magie. — Faiseurs de pluie. — Empêcheurs de pluie. — Sacrifices. — Le sorcier-prêtre. — Deux augures. — Fêtes. — III. *Ce que vaut la religion dans l'Afrique australe.* — Deux genres d'impiété. — Illusions enfantines. — Fâcheuses conséquences des idées religieuses en Cafrerie............................... 54

CHAPITRE IV

L'ANIMISME DES NÈGRES INFÉRIEURS

I. *Distribution des races noires en Afrique.* — Nègres éthiopiens et nègres inférieurs. — II. *Croyances animiques des nègres inférieurs.* — Animisme fétichique au Gabon. — Gri-gris. — Animaux sacrés. — III. *Coutumes funéraires.* — Abandon et inhumation. — Offrandes funéraires. — Inhumation des rois. — Désolation et chants funéraires. — Le puits funéraire chez les Bongos. — L'inhumation chez les Niam-Niam. — La raison des offrandes et sacrifices funéraires. — Sacrifices humains. — IV. *La vie future.* — La croyance au double spirituel. — Le matérialisme des Latoukas. — Curieux dialogue. — Les songes spirituels. — Un rêve cafre. — La consultation des morts chez les M'pongoués. — Les feux pour les revenants. — Evhémérisme. — Réincarnation des doubles. — Revenants nomades. — La peur des revenants. — Malveillance des doubles. — Sorcellerie. — V. *Les dieux.* — Impiété dans l'Afrique orientale. — Les esprits de l'Albert Nyanza. — Animisme fétichique dans l'Afrique occidentale. — Les idoles. — Idoles familiales. — Idoles des tribus. — Dieux et déesses. — Cases-fétiches. — L'alimentation des dieux. — Dieux errants et malveillants. — La crémation des dieux. — Mythologie noire et mythologie blanche. — VI. *La sorcellerie.* — Fétichisme et sorcellerie. — Les féticheurs. — Leur pouvoir et leurs fonctions. — Rois-féticheurs. — Les féticheurs et les ordalies. — Les féticheurs-exorciseurs. — Un hymne à la lune. — Toute mort est un homicide. — VII. *Des idées dites religieuses chez les nègres.* — Leur origine très humble. — Superstitions et religions. — Malfaisance de l'animisme chez les nègres 78

CHAPITRE V

L'ANIMISME DANS L'AFRIQUE TROPICALE

A. — L'ANIMISME DES TRIBUS PAÏENNES

I. *Fétichisme et Mahométisme.* — II. *Les rites funéraires.* — Puits funéraires. — Maisons funéraires des Rois. — Tumulus des Bambaras. — Sacrifices et offrandes funéraires. — Sacrifices humains. — La vie future. — III. *Magie et sorcellerie.* — Gri-gris des Bambaras. — La magie à Kaarta. — Baromètre magique. — Le mauvais œil du lièvre. — IV. *Les Dieux.* — Arbres fétiches. — Zoolâtrie. — Anthropolâtrie. — Le Mumbo-Djumbo. — Les esprits des fleuves. — Le dieu *bouri* des Bambaras. — V. *Le culte.* — Cases fétiches. — Sacerdoce fétichique. — Formule d'excommunication. — Festins sacrés. — Offrandes aux esprits des fleuves, aux arbres fétiches. — L'islamisme et le fétichisme. — Le dieu Nallah. — Les *saphis* ou gri-gris islamiques. — Le Koran liquéfié. — Culte des nègres mahométans.

B. L'ANIMISME DANS LES PETITES MONARCHIES

I. *Le Dahomey et l'Achanti.* — La classe des féticheurs au Dahomey. — Sa fonction. — Esprits aériens. — Idoles anthropomorphes. — Zoolâtrie. — Ophiolâtrie. — Le temple des serpents. — Abus des sacrifices humains. — Sacrifices humains funéraires. — Leur importance au Dahomey. — Sacrifices humains à la mort du roi Guézo. — Les *Coutumes.* — II. *Les petites monarchies orientales.* — La montre déifiée. — Les « cornes magiques ». — Le tambour magique. — Esprits mythiques. — Astrolâtrie. — Un roi sceptique. — Poulets sacrés. — Animisme restreint. — III. *L'animisme à Madagascar.* — Rites funéraires. — Dolmens. — Les trois esprits des morts. — La montagne des esprits des morts. — Les *Vazimbas.* — Les esprits malveillants. — Les dieux. — Le *sikidy.* — Les extases prophétiques. — Offrandes et prières primitives. — IV. *L'animisme en Abyssinie.* — Auspices, divinations. — Amulettes sacerdotales. — Le mauvais œil. — La sorcellerie. — Sélénolâtrie. — Ophiolâtrie. — Fleuves sacrés. — Culte des pierres levées. — Danses religieuses. — Danses funéraires. 105

C. LA VALEUR DES RELIGIONS AFRICAINES

DEUXIÈME PARTIE

LA MYTHOLOGIE DES RACES JAUNES

CHAPITRE VI

L'ANIMISME EN POLYNÉSIE

I. *Les rites funéraires.* — Animisme primitif. — Le capitaine Cook divinisé. — Blessures funéraires. — Sacrifices humains. — Suicides funéraires. — Têtes préparées à la Nouvelle-Zélande. — Momification aux Marquises, aux îles de la Société, etc. — Inhumation et funérailles aériennes. — Canot funéraire. — Les *Moraïs*. — II. *Les esprits.* — La survivance, privilège aristocratique. — Émancipation du double spirituel pendant le rêve. — Cannibalisme par précaution. — L'œil gauche, siège de l'esprit sidéral. — L'œil droit et l'esprit terrestre. — L'esprit-souffle. — La malveillance des revenants. — Les doubles des choses. — III. *La vie future.* — Le *Pônani* ou séjour des doubles à la Nouvelle-Zélande. — L'île des doubles aux Marquises. — Le canot funéraire et son équipage. — Le *Bolotou* ou paradis des Tongans. — Survivance aristocratique à Tonga. — La purification des doubles à Taïti, etc. — Le *Rohoutou* ou paradis taïtien. — Les délices du *Rohoutou*. — La morale religieuse à Taïti. — IV. *Les dieux.* — Le panthéon polynésien. — Anthropomorphisme et anthropolâtrie. — Astrolâtrie. — Les dieux pathologiques. — Le mythe de *Rangui* à la Nouvelle-Zélande. — Les dieux néo-zélandais — Les dieux de Tonga. — Dieux volcaniques. — Evhémérisme à Havaï. — Zoolâtrie — Le dieu *Rono*. — Cook. — Anthropolâtrie aux îles de la Société. — Le panthéon des îles de la Société. — Dieux cosmogoniques. — Les *Tiis*. — Plèbe divine. — V. *La sorcellerie.* — Les maladies pénales. — L'ensorcellement. — Les prêtres-sorciers. — VI. *Les prêtres.* — Leurs fonctions. — Caste sacerdotale. — Sa puissance. — VII. *Le culte.* — Les idoles. — Les *moraïs.* — Les *Tiis.* — Le *pihé* néo-zélandais. — Prière utilitaire. — Offrandes alimentaires. — Sacrifices humains. — Le droit royal à l'œil. — Le *tabou.* — Les fêtes. — VIII. *La morale religieuse en Polynésie.* — Le ciel, copie de la terre. — Morale purement rituelle. — Pas de morale laïque. — Les *Aréoïs*. 136

CHAPITRE VII

L'ANIMISME CHEZ LES INDIENS SAUVAGES D'AMÉRIQUE

A. — INDIENS DE L'AMÉRIQUE MÉRIDIONALE ET CENTRALE

I. *Les rites funéraires.* — Inhumation à la Terre de Feu. — Les origines de l'idée de survivance posthume. — Inhumation en Patagonie. — Crémation des offrandes funéraires. — Sacrifices funéraires. — Aliments funéraires. — Blessures funéraires chez les Charruas. — Croyance à la sensibilité du cadavre. — Sacrifices humains funéraires chez les Caraïbes. — II. *La vie future.* — La vie future chez les Patagons. etc., etc. — La vie future en Colombie, chez les Abipones. — La malveillance des doubles. — III. *Les dieux.* — Dieux météorologiques des Fuégiens. — Dieux fétichiques dans les *pampas.* — Génies anthropomorphiques au Nicaragua. — IV. *La sorcellerie.* — Les sorciers dans l'Amérique méridionale. — Les sorciers à métamorphose chez les Abipones.

B. — LES INDIENS PEAUX-ROUGES

I. *L'animisme des Indiens peaux-rouges.* — Faits d'animisme. — Dédoublement pendant le rêve. — La malveillance des esprits. — II. *Coutumes funéraires.* — Abandon, inhumation, crémation, funérailles aériennes. — Canots funéraires tués. — Offrandes alimentaires aux morts. — Le feu pour les ombres. — Dons funéraires. — Sacrifices humains funéraires. — Mutilations funéraires. — Deuil. — La fête des morts. — III. *La vie future.* — Matérialisme des Californiens. — Le voyage des doubles. — Champs-Élysées peaux-rouges. — La crémation destructive des doubles. — Le Tartare peau-rouge. — IV. *Les dieux.* — Les *manitous.* — Zoolâtrie. — Le filet vivifié. — Astrolâtrie. — Héliolâtrie. — Légendes religieuses. — V. *Le culte.* — Le calumet sacré. — Offrandes aux esprits. — Danses religieuses. — Confréries religieuses. — VI. *La sorcellerie.* — Visions et extase. — Le nom incommunicable. — Les sorciers. — Leur initiation. — Le sac-médecine. — L'homme-médecine. — Cruelle initiation. — VII. *La religion des Natchez.* — Héliolâtrie. — Culte. — Chefs divinisés. — Victimes funéraires. — VII. *L'évolution animique*. 169

CHAPITRE VIII

LA RELIGION DES GRANDS EMPIRES AMÉRICAINS

A — LE PÉROU

I. *Les rites funéraires.* — L'origine des Américains indigènes. — Funérailles primitives. — Inhumation. — Offrandes alimentaires. — Funérailles des Incas. — Sacrifices humains funéraires. — Croyance à la résurrection. — Le double et le rêve. — II. *La vie future.* — Sensibilité du cadavre. — Momification. — Tumulus. — Les mondes supérieur et inférieur. La société posthume. — III. *Les Dieux.* — Animisme fétichique. — Héliolâtrie. — Dieux météorologiques. — Soleil céleste et soleil terrestre. — Dieux métaphysiques. — Astrolâtrie. — IV. *Les prêtres et les vierges élues.* — Les sorciers. — Les prêtres. — Les couvents des « Vierges élues ». — L'Inca, époux des vierges élues. — V. *Le culte.* — Offrandes sanguinaires. — Offrandes alimentaires. — Les fêtes religieuses. — Le feu sacré. — Les temples. — Fonction des prêtres.

B. — LA RELIGION DU MEXIQUE

I. *Rites funéraires.* — Crémation et inhumation. — Offrandes funéraires. — Talismans funéraires. — Sacrifices funéraires. — II *La vie future.* — Paradis et enfer. — Le roi-dieu. — III. *Les dieux.* — Le polythéisme mexicain. — Dieux pathologiques. — La légende du dieu de la guerre. — IV. *Le clergé et les temples.* — La classe sacerdotale et ses obligations. — Ordres religieux. — Écoles cléricales. — La multitude des temples. — V. *Le culte.* — L'animisme mexicain. — Sorciers et prêtres. — Baptême mexicain. — Les vœux.

— La confession. — Eucharistie cannibale. — Offrandes et sacrifices. — Sacrifices humains. — L'extraction du cœur. — Origines de cette coutume. — Cruauté raffinée. — VI. *Valeur intellectuelle et morale des religions américaines*.. 203

CHAPITRE IX

LA RELIGION DES MONGOLS ET MONGOLOÏDES ASIATIQUES

I. *Primitive religion des Malais et des Indo-Chinois.* — Animisme fétichique des Tagals. — Animisme spiritique. — Les *anitos*. — Rites funéraires à Sumatra. — Animisme spiritique à Sumatra. — Animisme fétichique. — L'éléphant blanc à Siam. — Animisme spiritique des Cochinchinois. — Rites funéraires en Indo-Chine. — II. *Primitive religion des Esquimaux et des Tartares.* — Rites funéraires des Esquimaux. — Les doubles ou « possesseurs ». — Le paradis et l'enfer des Esquimaux. — Les esprits errants. — Zoolâtrie. — La sorcellerie. — Les talismans. — Les « *tulipaks* ». — L'initiation des sorciers. — Les *angekoks*. — L'exorcisme. — III. *L'animisme primitif en Mongolie.* — Les *Chamans.* — L'animisme spiritique. — Rites et sacrifices funéraires. — Offrandes funéraires. — Les doubles artificiels. — Les idoles des Tartares. — Dieux pénates. — Dieux des hordes. — Les esprits malveillants. — IV. *L'animisme primitif au Thibet.* — L'abandon des cadavres. — Les esprits alpestres. — Sorcellerie et amulettes. — V. *Le Grand Lama.* — Théocratie lamaïque. — Infaillibilité et immortalité du Grand Lama. — Réincarnation lamaïque. — Lettres d'un empereur chinois. — VI. *Le clergé lamaïque.* — La hiérarchie cléricale. — Les *houtouktous* ou cardinaux lamaïques. — Les grades dans les ordres sacrés. — Les couvents lamaïques. — Les couvents de femmes. — Confréries laïques. — Le recrutement des lamas. — Les réincarnations cléricales. — Les pèlerinages. — Le culte des reliques. — Revenus des couvents. — Les moines lamaïques. — VII. *Le culte lamaïque.* — Les idoles. — L'image hiératique du Bouddha. — Les offrandes. — Le culte des esprits alpestres. — Les gri-gris fétichiques. — Prières flottantes. — Prières moulues. — Prières écrites. — Prières parlées. — La ressemblance entre le Lamaïsme et le Catholicisme. — Raison de cette ressemblance. — VIII. *De l'instinct religieux chez les Mongols*...................... 235

CHAPITRE X

LA RELIGION EN CHINE ET AU JAPON

A. — LA RELIGION AU JAPON

I. *Le Sintoïsme.* — Les doubles. — Le *Royaume des racines* et les *Champs hauts*. — Les temples et le culte. — Les offrandes. — Les *Kamis* ou ancêtres divinisés. — Les génies et les dieux. — Formule de serment. — Morale rituelle.

B. — LA RELIGION DE LA CHINE

I. *L'animisme primitif en Chine.* — Les doubles. — Crémation. — Offrandes votives. — Sacrifices humains votifs. — Inhumation. — L'amour du cercueil. — Le deuil. — Tablettes funéraires. — II. *Les dieux primitifs.* — Les génies. — Les esprits des choses. — Le *ciel.* — Culte impérial du ciel. — Culte des ancêtres. — La plèbe des esprits. — Sorcellerie et magie. — Le culte des grands hommes. — Dieux abstraits. — Les idoles. — III. *Le Taoïsme*. — Laou-tze. — Le *taou*. — Dédain des esprits. — Morale du Taoïsme. — Doctrines politiques du Taoïsme. — Glorification de l'humilité. — L'échelle de la dégradation morale. — Épicuréisme. — Délire métaphysique. — Les dieux du Taoïsme. — La mort civile des bonzes taoïques. — Les temples et le clergé. — La durée de la vie sanctionne la morale. — IV. *Le Confucianisme*. — Confucius. — Les grades *post mortem*. — Le culte de Confucius. — Les offrandes. — Les temples. — Confucius, ancêtre intellectuel. — Les esprits et Confucius. — L'évolution du mythe de *Chang ti* ou le ciel. — Le ciel d'après Confucius. — Développement moral et récompenses terrestres. — Le sage. — L'homme supérieur. — Le stupide. — Les seize maximes. — L'indifférentisme chinois. — V. *Les religions importées*. — Le Judaïsme. — L'Islamisme. — Le Christianisme. — Le Bouddhisme ou religion de Fo. — *L'esprit religieux des races mongoliques*. — Médiocre développement du sentiment religieux.. 266

TROISIÈME PARTIE

LA MYTHOLOGIE DES RACES BLANCHES

CHAPITRE XI

L'ÉGYPTE ET LES RELIGIONS BERBÈRES

A. — LES PREMIERS HABITANTS DE L'ÉGYPTE

Les Berbères, les Éthiopiens et les Sémites. — Les Guanches, les Touâreg et les Kabyles.

B. — LES GUANCHES

I *Les rites funéraires*. — Les tumulus. — Les grottes funéraires. — Les momies. — Les embaumeurs. — II. *La vie future*. — Le volcan infernal. — Les revenants. — III. *Les dieux*. — La caste des bouchers. — L'adoration des rochers en pylônes. — L'astrolâtrie. — Les génies. — Les offrandes et sacrifices. — Les *rogations*. — IV. *Le sacerdoce*. — Les prêtresses et leurs fonctions. — Les prêtres. — L'éducation cléricale.

C. — LES TOUAREG

L'impiété des Touâreg. — Aliments impurs. — La terreur des morts. — Leur évocation. — Le signe crucial.

D. — LA RELIGION DES ÉGYPTIENS

I. *Les rites funéraires*. — Pyramide et tumulus. — Sépultures vulgaires. — Momification des riches. — La sépulture de première classe. — Offrandes funéraires. — Offrandes votives. — II. *La vie future*. — Banquets matérialistes. — Double primitif. — Doubles métaphysiques. — Les corps artificiels. — Offrandes funéraires par l'intermédiaire des dieux. — Offrandes verbales. — Diverses opinions sur la vie future. — Le voyage des doubles. — Le jugement d'Osiris. — L'enfer égyptien et ses tortures. — Le bonheur des élus. — Les âmes des rois. — III. *Les dieux*. — La zoolâtrie. — Les animaux sacrés. — Le bœuf Apis. — La conception immaculée. — Le ciel selon les Égyptiens. — Le *Nou* primordial. — Ramsès et Ammon. — Les triades. — Les dieux solaires Ra et Ptah. — Ammon. — Osiris et Tiphon. — La caste sacerdotale. — La magie. — IV. *Les phases religieuses en Égypte*. 294

CHAPITRE XII

L'ISLAMISME

I. *Les rites funéraires chez les Arabes.* — Funérailles chez les Bédouins. — Les anges guetteurs des doubles. — Sensibilité posthume. — Les funérailles joyeuses. — II. *La vie future.* — Sacrifice funéraire. — Le double ailé. — Les corps purs. — Le jugement dernier. — La balance des œuvres. — Le pont « al Sirat ». — Le pardon final — L'enfer. — Le paradis islamique. — Les origines. — Les conditions du salut. — III. *Les dieux et la religion des Arabes antéislamiques.* — La litholâtrie. — La pierre noire. — Les idoles de la Kaaba. — L'astrolâtrie. — Animisme fétichique. — Dieux ancestraux. — Alla Taala. — Sorciers. — La vie future. — IV. *Religion des Bédouins actuels.* — Impiété. — Les esprits. — Sacrifices. — V. *Le Kôran.* — Ses origines. — Légendes. — La révélation par les prophètes. — Les gri-gris. — Métaphore incomprise. — VI. *Les anges d'après l'Islamisme.* — Les djinns. — Eblis. — Les relations avec Dieu. — VII. *Allah.* — Ses actes. — Son omnipotence. — Fatalisme. — VIII. *Le culte.* — Ses origines. — Les cinq devoirs. — Les sacrifices. — Aliments impurs. — Les mois et les jours sacrés. — Les fêtes. — Astrologie et magie. — Sorcellerie. — Le clergé. — Les couvents. — IX. *La morale islamique.* — La haine de l'infidèle. — L'ivrognerie corrigée. — Les Tartufes arabes. — X. *Le bilan de l'Islamisme* 326

CHAPITRE XIII

LE JUDAISME ET LES RELIGIONS MÉSOPOTAMIENNES

A. — LE JUDAISME

I. *La Bible.* — Sa valeur réelle. — II. *Rites funéraires.* — Cavernes funéraires et inhumation. — Survivances archaïques. — III. *L'âme et la vie future.* — Le souffle. — Le *Chéol.* — La création des âmes d'après le Talmud. — L'enfer et le paradis talmudiques. — IV. *Le polythéisme primitif en Judée.* — Dieux multiples. — Les temples. — Les offrandes. — Iahveh, dieu astrolâtrique. — Sacrifices des nouveau-nés. — Les Hébreux et les dieux des Gentils. — La création des démons d'après le Talmud. — Origine des Païens d'après le Talmud. — V. *Iahveh.* — Anthropomorphisme de Iahveh. — Le *maléak* de Iahveh. — Culte commercial. — VI. *Magie et sorcellerie.* — Sorcellerie biblique. — Miracles d'Élisée. — Rabbins. — Sorciers du Talmud. Songes et présages. — VII. *Le culte et le sacerdoce.* — Sacrifices sanglants. — Les pénitences. — Sorciers et prêtres. — Les Esséniens. — Pierres sacrées. — Mégalithes. — Le Tabernacle. — Les fêtes. — Les *Kadeschim.* —

Iahveh d'après le Talmud. — VIII. *La morale biblique.* — La morale de l'*Hebdalogue.* — Morale religieuse. — Le crime d'impiété. — La morale talmudique.

B. — LA RELIGION MÉSOPOTAMIENNE

Valeur du monothéisme. — Animisme des Sumériens et des Accadiens. — Le ciel et la terre d'après les Chaldéens. — Les doubles et l'*abime.* — Dieux mi-partie animaux. — Les grands dieux. — Les esprits. — Trinités chaldéennes. — Les démons. — Les sorciers-prêtres. — Les amulettes. — Les temples. — Sacrifices humains et prostitution sacrée............ 357

C. — LA VALEUR DES RELIGIONS SÉMITIQUES

CHAPITRE XIV

LES RELIGIONS DES ABORIGÈNES DE L'INDE ET DES ARYAS VÉDIQUES

A. — LES ABORIGÈNES DE L'INDE

I. *Les rites funéraires.* — Funérailles aériennes. — Inhumation. — Menhirs commémoratifs. — Dolmens rudimentaires. — Crémation. — Offrandes funéraires. — II. *La vie future.* — Les doubles nomades. — Les doubles des choses. — Vie future pastorale. — III. *Les dieux et la sorcellerie.* — Dieux ancestraux. — Zoolâtrie. — Astrolâtrie. — Héliolâtrie. — Dieux pluviaux. — Génies. — Dieux anthropomorphes. — Malveillance des revenants. — Esprits des maladies. — Les sorciers. — Le laitier sacré des Todas. — IV. *Le culte.* — Les offrandes et sacrifices. — Sacrifices humains. — Les *mériahs.*

B. — LA RELIGION VÉDIQUE

I. *Les rites funéraires et la vie future.* — La crémation. — Inhumation et tumulus. — Voyages des doubles. — Vie future dispersée. — Réincarnation du double. — Rétribution après la mort. Le ciel et l'enfer. — II. *Les dieux.* — Le *soma* déifié. — Indra, dieu solaire. — Le drame de la pluie. — Glorification d'Indra. — Varouna, le dieu du ciel. — L'aurore et les Açwins. — Les Marouts. — Agni, le dieu du feu. — Dieux panthéistiques. — III. *Le culte.* — Libations de Soma. — Offrandes intéressées. — Le sacrifice du cheval. — Prières intéressées. — Familles sacerdotales. — Les esprits des maladies. 386

C. — LES RELIGIONS ET LES RACES

CHAPITRE XV

LE BRAHMANISME

I. *Les origines du Brahmanisme.* — Du panthéisme védique. — La *Trimourti* brahmanique. — Animisme fétichique du Brahmanisme. — II. *Le Brahmanisme.* — Le panthéisme brahmanique. — Dogmes des *Oupanichads.* — Les *Kalpas* cycliques. — La métaphysique de la *Bhagavad-Gita.* — L'être des êtres. — Les quatre âges d'un *Kalpa.* — Les incarnations de Vichnou. — La transmigration. — Le châtiment ou la récompense par l'incarnation. — L'*Union.* — La science ascétique. — Le détachement. — Les macérations. —

III. *L'Hindouisme.* — La crémation. — Le « corps subtil ». — L'importance des rites funéraires. — Le corps intermédiaire. — Les *Stradhas*. — Métempsycose progressive ou régressive. — L'essence de la doctrine brahmanique. — *Brahman*. — La syllabe trinitaire. — Panthéon universel. — Les sectes. — Le Sivaïsme. — Le Vichnouvisme. — L'évolution du culte brahmanique. Sacrifices et pénitences. — Toute-puissance de l'ascétisme. — Les *mantras*. — La caste brahmanique. — Polythéisme brahmanique. — Idoles et fétiches. — IV. *Valeur philosophique et pratique du Brahmanisme.* — Le côté scientifique du panthéisme. 413

CHAPITRE XVI

LE BOUDDHISME

I. *Histoire et légende.* — Nombre total des bouddhistes. — Aire actuelle du Bouddhisme. — Les transmigrations du Bouddha. — Le Bouddha dans le ciel *Touchita*. — Conception et naissance miraculeuses du Bouddha. — Émotion de l'univers. — Histoire probable du Bouddha. — Le roi bouddhiste Asoka. — Les édits d'Asoka. — II. *Rites funéraires et vie future.* — Diversité des rites funéraires. — Les tumulus ou *topes*. — Les mégalithes. — Comment on arrive au *Nirvâna*. — Le *Soumérou*. — Paradis d'une secte bouddhiste en Chine. — III. *Les dogmes du Bouddhisme.* — L'éternité de la substance. — Sanction morale par la transmigration. — Le *Karma*. — Les quatre grandes vérités. — Les *Boddhisatvas*. — Bouddhisme polythéique au Népaul. — IV. *La morale du Bouddhisme.* — Ni castes, ni dieux, ni culte. — Les préceptes du Bouddhisme. — Les dix péchés — Les *sentiers*. — Le style des écrits moraux. — L'échelle de la résignation. — La parabole des *grains de moutarde*. — Les métaphores mystiques. — V. *Ascétisme et monachisme.* — Les huit *sentiers*. — Les quatre degrés. — L'*Arahat*. — La règle monastique. — L'inégalité sexuelle. — Les ordres féminins. — Les règles des monastères féminins. — VI. *Déchéance morale du Bouddhisme.* — Les *dagobas*. — Le *Tantra*. — Les amulettes. — Sanctification catholique du Bouddha. — L'influence du Bouddhisme sur le Brahmanisme. — VI. *Grandeur et faiblesse du Panthéisme indien.* — Les trois religions panthéistes. — Pessimisme et misérabilisme. 439

CHAPITRE XVII

LE POLYTHÉISME GRÉCO-ROMAIN

A. — LE POLYTHÉISME HELLÉNIQUE

I. *Les rites funéraires.* — Fétichisme anthropomorphique. — Crémation et sacrifices humains. — II. *La vie future.* — Les doubles helléniques. — Le Hadès et le Tartaros. — Gouvernement monarchique dans le Hadès. — Comment on fait parler les ombres. — Appréciation de la vie future. — Genre de vie des ombres. — La Force héracléenne. — Le but de la crémation. — Sanction après la mort. — III. *Les dieux.* — Animisme des Pélasges. — Les dieux homériques. — Zeus et sa cour. — Zeus et sa femme. — L'anthropomorphisme hellénique. — Divinité abstraite. — Le polythéisme dans Hésiode. — Le mythe d'Ouranos. — Les dieux étrangers. —

IV. *Culte et sorcellerie.* — Les augures. — La magie de Kirké. — Les charmes. — Les prières. — Les offrandes et sacrifices. — Les holocaustes. — Comment on séduit les dieux. — Les temples et les prêtres. — Importance des sanctuaires. — La religion et la morale. — Les crimes d'impiété.

B. — LE POLYTHÉISME ROMAIN

I. *Les rites funéraires.* — Le *spiritus* et le double. — Crémation et cérémonies funéraires. — Combats funéraires. — Banquet funéraire. — II. *Les doubles, les Mânes*, etc. — Animisme universel. — Les Larves et Lémures. — Les Mânes. — Les Champs-Élysées. — III. *Les dieux.* — Trente mille dieux. — Jugement de Polybe. — Les doubles animiques. — Petits et grands dieux. — Les dieux étrangers. — L'apothéose des souverains. — IV. *Le culte.* — Les offrandes et les sacrifices. — Les sacrifices humains. — Les offrandes alimentaires. — La prière au dieu Mars. — Magie et sorcellerie. — L'astrologie de Marc-Aurèle. — V. *La morale religieuse à Rome.* — Son extension. — Les offenses aux divinités. — La malédiction divine. — VI. *L'évolution du polythéisme.* — L'évolution du polythéisme gréco-romain. — Le symbolisme. — Le polythéisme se restreint. — Polythéisme et Panthéisme. — Les dieux d'Épicure. — Le Panthéisme orphique. — Le Panthéisme virgilien. — Le dieu des stoïciens. 465

CHAPITRE XVIII

LES RELIGIONS DES ARYENS BARBARES

I. *Les Asiatico-Européens.* — Des mélanges de races en Europe. — Les Aryens barbares dans l'Asie. — Les Kâffirs. — II. *La religion des Kâffirs siapouches.* — Rites funéraires. — L'abandon mitigé. — Offrandes et sacrifices funéraires. — L'Évhémérisme chez les Kâffirs. — Paradis et enfer des Kâffirs. — Polythéisme effréné. — Divinités védiques. — Idoles et temples. — Litholàtrie. — Culte et prières litholàtriques. — La pyrolàtrie. — Aliments impurs. — Animisme des Afghans et des populations du Caucase. — III. *L'animisme des Slaves.* — Rites funéraires. — La forme des doubles. — Les génies des choses. — Le culte du tonnerre. — Culte familial et sacerdoce. — Idoles polycéphales. — Culte du feu. — Offrandes alimentaires aux dieux. — *L'animisme des Finnois.* — La race finnoise. — Animisme fétichique. — Apostrophe au sang. — Cosmogonie finnoise. — Les dieux. — Les génies. — Les talismans. — Les runes et leur puissance. — Prière d'un Finnois moderne. — Bois sacrés, offrandes et sacrifices des Tchérémisses. — V. *La religion des Germains.* — Rites funéraires. — Offrandes et sacrifices funéraires. — Sacrifices humains. — Le *Valhall* des élus. — L'enfer des réprouvés. — Cosmogonie germanique. — Les dieux. — Odin. — Les Ases. — Les Valkyries. — Les Nornes. — Les Elfes. — Le « Crépuscule des dieux ». — La magie. — La puissance des runes. — Sacrifices d'animaux et d'hommes. — Les temples. — VI. *La religion des Celtes.* — Rites funéraires. — Offrandes et sacrifices funéraires. — La vie future. — Le pays des morts. — Métempsycose et réincarnation. — Animisme fétichique. — Les *Fomôrés*, dieux de la mort. — Les triades. — Les dieux de la vie. — Les fées. — Dieux fétichiques. — La magie. — Les Druides et les Brehons. — Sacrifices humains. — VII. *Commune origine de la religion chez les Aryens barbares.* — Routes d'immigration en Europe. — Influence des Iraniens. — Dualisme primitif. . . 498

CHAPITRE XIX
LES GRANDES RELIGIONS DUALISTES
A. — LE MAZDÉISME

I. *Rites funéraires et vie future.* — Abandon rituel du cadavre. — Les « Tours du silence ». — Le pont *Tchinvat*. — Le *Karma* mazdéen. — Le tribunal de Mithra. — Enfer, paradis et séjour intermédiaire. — II. *Les dieux du Mazdéisme.* — Analogie avec les dieux védiques. — Astrolâtrie et zoolâtrie. — Le *Haôma* divinisé. — Biographie légendaire de Zoroastre. — Ormuzd et Ahriman. — Les prophètes. — La fin du monde. — Les dieux secondaires. — Les *Fravachis*. — Les *Yasatas*. — Le *Hanover*. — Rachnou et Mithra. — Culte de Mithra. — III. *Le culte.* — La classe sacerdotale. — Le rituel. — Les fêtes. — Sacrifices non sanglants. — Purifications. — Les pénitences. — IV. *La morale.* — Éthique cléricale. — La cynolâtrie. — Le crime de l'inhumation. — Le crime de la crémation. — La morale utilitaire du Mazdéisme. — Mariage et travail glorifiés.

B. — LE CHRISTIANISME

I. *Défaut d'originalité.* — Les emprunts du Christianisme. — Localisation du Christianisme primitif. — II. *L'animisme chrétien.* — Animisme fétichique. — Miracles magiques. — Spiritisme. — III. *Analogies et origines des mythes chrétiens.* — L'Eucharistie et le Panthéisme. — Mort et naissance annuelles d'Osiris, d'Adonis, de Bacchus et de Jésus. — L'Agneau mythe solaire. — Les doctrines mazdéennes de saint Jean. — Le *Hanover* mazdéen et le Verbe chrétien. — Le jugement dernier selon le Mazdéisme et le Christianisme. — La Vierge du zodiaque perse. — Le Taureau mithriaque et l'Agneau chrétien. — Analogies de la religion de Mithra avec celle de Jésus. — Les dogmes chrétiens et l'héliolâtrie. — Jésus et Jeanne d'Arc. — IV. *La morale chrétienne.* — Christianisme et prophétisme. — Les beaux côtés de la morale chrétienne. — Son côté anti-social. — Immoralité pratique. — Oppression religieuse. — L'Inquisition.. 526

CHAPITRE XX
LE PASSÉ ET L'AVENIR DE LA PENSÉE RELIGIEUSE

I. *L'animisme fétichique.* — Les trois grands concepts religieux. — Uniformité de l'évolution religieuse. — Primitif anthropomorphisme. — Animisme canin. — Genèse de l'animisme fétichique. — II. *L'animisme spiritique.* — Les esprits anthropomorphiques. — Le mystère de la mort naturelle. — Les doubles nomades. — Culte et offrandes. — Les revenants. — Le double métaphysique. — Les doubles *mythiques*. — Le culte primitif. — La mythogenèse. — III. *L'animisme mythique.* — Sorciers et prêtres. — Dieux fétichiques et dieux abstraits. — Les offrandes votives. — La vie future. — Paradis et enfer. — IV. *L'animisme panthéistique.* — Évolution de l'animisme. — Le double panthéistique. — La valeur scientifique. — V. *L'animisme métaphysique.* — La science et les religions. — La religion vulgaire. — Sublimation métaphysique. — Le fanatisme métaphysique. — Le *credo* scientifique. — VI. *L'idéal de l'avenir.* — La décadence des religions. — La force et la matière. — La mort du dieu Pan. — Le bilan des religions. — La mort des religions. — L'idéal futur.. 558

L'ÉVOLUTION RELIGIEUSE

CHAPITRE I

NATURE ET ORIGINES DU SENTIMENT RELIGIEUX

I. *Du sentiment religieux.* — Définition du mot « Religion ». — Les définitions de Tylor, de Darwin, de Pétrone. — De la Religiosité et du Règne humain. — L'instinct religieux chez les animaux. — Les rêves chez les animaux. — II. *La prétendue universalité des croyances religieuses.* — Le monothéisme réel n'existe pas. — La mort et l'homme primitif. — La soi-disant universalité du monothéisme. — Les religions athées. — L'athéisme primitif. — III. *De l'animisme.* — L'intelligence des primitifs. — L'animisme primitif. — L'animisme spiritique. — L'animisme des Algonquins. — L'origine des idées de survivance posthume. — L'ombre. — L'esprit. — Les Mânes. — La case des esprits. — L'évhémérisme de H. Spencer. — IV. *L'animisme littéraire.* — Ses degrés. — L'animisme des anciens poèmes. — L'animisme dans la poésie française. — Ronsard, Hégésippe Moreau, Lamartine, Victor Hugo, Corneille, Th. Gautier. — L'animisme fétichique chez Lamartine, V. de Laprade. — L'animisme spiritique de J. Autran, de Victor Hugo, de Malherbe, d'A. Chénier. — L'animisme métaphysique de Victor Hugo, d'A. de Musset. — L'animisme en prose chez Victor Hugo. — La base animique des religions.

I. — DU SENTIMENT RELIGIEUX

Dans ce volume, j'entreprends de passer en revue toutes les races humaines, en les interrogeant au sujet de leurs sentiments ou concepts dits religieux. Mais, avant d'entrer dans le vif de ce grand sujet, avant de résumer méthodiquement la masse de documents recueillis à ce propos par une armée de voyageurs, de savants, d'érudits, en commençant suivant mon habitude par les races humaines les plus humbles, il me faut au préalable, pour limiter et déblayer le champ de mon étude, éclaircir rapidement quelques questions préliminaires, et surtout préciser le sens qu'il convient de donner aux expressions vagues « religion, instinct religieux, etc. ».

Le mot « religion », qui résume toutes les expressions dérivées, trop souvent employées pour l'éviter ou le masquer, est un terme extrêmement général, couvrant un assemblage d'idées et de pratiques souvent fort hétérogènes ; c'est aussi un de ces mots, que j'ai déjà appelés « auréolés », correspondant à des sentiments à la fois flottants et violents, héréditairement incarnés dans le cerveau de tout homme appartenant à une race civilisée. Pour déterminer nettement la véritable valeur du mot « religion », il faut, de toute nécessité, procéder à une enquête ethnographique ; mais, dès à présent, nous pouvons fixer à peu près ce qu'on entend habituellement par le mot « religion », même peser la valeur de quelques-unes des nombreuses définitions qui en ont été données.

Les religions ont joué et jouent encore un tel rôle dans la vie sociale des peuples civilisés, que chacun de nous s'en est plus ou moins préoccupé, soit pour les admirer, soit pour les maudire. Comme le dit Pascal, il y a eu « des foisons de religions », et nombre d'entre elles ont exercé sur la destinée des nations une inoubliable influence. Cependant, pour quiconque ne s'est pas assimilé les données principales de l'anthropologie et de l'ethnographie, le mot « religion » n'a d'ordinaire qu'un sens beaucoup trop restreint ; car il ne rappelle guère à l'esprit que les grandes religions historiques : le Christianisme, le Judaïsme, l'Islamisme, le Brahmanisne, etc., vastes créations mythiques que des millions d'hommes vénèrent ou ont vénérées. Mais ces grands systèmes religieux ne ont, en résumé, que la synthèse de toute une végétation mythologique ; ils ne sont point nés subitement, par génération spontanée, mais après avoir germé, évolué, et en continuant des croyances plus simples, quoique de même essence psychique. Or, pour se faire une juste idée du chêne, il faut connaître le gland d'où il est sorti, et, de même, il est impossible de comprendre les grandes religions, si d'abord on ne s'est familiarisé avec les petites : c'est tout spécialement en mythologie que l'ethnographie peut éclairer l'histoire.

Toute définition du mot « religion » sera fausse ou incomplète, si elle ne peut s'appliquer également aux grandes religions et aux petites, au fétichisme du Dahoméen adorant un serpent et aux méditations d'un Çakya-mouni aspirant au *nirvâna* à travers toute une série d'incarnations. C'est, par exemple, pour n'avoir point songé aux cultes différents du sien qu'un écrivain catholique a défini la religion « ce qui rattache l'homme à Dieu[1] ». Sans même parler des religions primitives, une telle formule ne convient pas au Bouddhisme, qui est une grande religion athée. Mais évidemment pour avoir du mot « religion » une définition raisonnable, ce n'est pas aux sectateurs fervents de telle ou telle grande religion qu'il faut nous adresser. Des esprits plus libres et beaucoup mieux renseignés ont essayé, sans grand succès, de définir ce qu'il faut entendre par religion. Un écrivain justement célèbre, Tylor, l'auteur du grand ouvrage intitulé *Civilisation primitive*, veut que la définition minimum de la religion soit « la croyance en des êtres spirituels ». Mais quelque compréhensive que soit cette définition, elle ne saurait s'appliquer au fétichisme proprement dit. Les gri-gris, les talismans, les fétiches en général ne sont pas des esprits, ni des objets logeant des êtres spirituels, distincts de la matière : ce sont

---

1. *Dictionnaire des Passions*, collection Migne. Article *Religieux*.

simplement des corps vivants ou inanimés, capricieusement choisis dans le monde ambiant et auxquels on attribue certains pouvoirs magiques. A son tour, Darwin, dans son ouvrage sur la descendance de l'homme, a essayé de définir la religion : C'est, dit-il, « un sentiment de dévotion religieuse, se composant d'amour, d'une soumission complète à un être mystérieux et supérieur, d'un vif sentiment de dépendance, de crainte, de respect, de reconnaissance, d'espoir pour l'avenir et peut-être encore d'autres éléments ».

La définition est meilleure, mais combien incomplète encore, sans compter qu'elle pourrait s'appliquer à certaines passions, à l'amour sexuel par exemple, qui revêt souvent un caractère d'exaltation presque mystique. Sans doute un sentiment d'amour craintif et soumis se rencontre souvent parmi les éléments psychiques du sentiment religieux, mais cet amour religieux est mieux dénommé « vénération ». Bien d'autres sentiments peuvent prendre une couleur religieuse, par exemple l'étonnement, l'admiration, et surtout un sentiment beaucoup plus commun dans les religions, surtout dans les religions embryonnaires, la crainte, sur laquelle se greffe ordinairement une vénération intéressée. Le *Primus in orbe deos fecit timor* de Pétrone est vrai pour une large part, mais pourtant c'est encore une définition incomplète. — Comme nous le verrons cent fois au cours de cet ouvrage, chez l'homme primitif, toute émotion forte, donnant lieu à une application, ordinairement erronée, du fameux dicton *post hoc, ergo propter hoc*, peut susciter l'idée d'un pouvoir mystérieux, résidant dans tel ou tel objet du monde ambiant. Il faut donc entendre par « religion » l'ensemble des croyances au surnaturel. Cette définition, aussi large que possible, a l'avantage de comprendre non seulement tous les concepts relatifs aux dieux, aux personnages mythiques, mais aussi toutes les hypothèses relatives à la vie future, aux ombres,

ux mânes des décédés, et même cette religion masquée et
exsangue qu'on appelle métaphysique. Comment naissent ces
éléments primaires, comment ils évoluent, se compliquent,
deviennent toute une floraison mythique, engendrent des
cultes, des castes, influent sur la marche des sociétés, sur
leur morale, etc., nous le verrons dans les chapitres suivants. Pour le moment, il me suffit d'avoir délimité en gros
le sujet de ces études.

Ces prémisses posées, il devient presque oiseux de se
demander si, comme l'ont prétendu quelques anthropologistes, la religion ou la *religiosité* peut constituer un
caractère spécial, d'ordre supérieur, une faculté mentale
privilégiée, glorieuse parure de la seule humanité et par suite
creusant un abîme infranchissable entre l'homme et les autres
animaux, mettant, par exemple, entre le plus stupide des Fuégiens ou des Australiens et le plus intelligent des mammifères
autant de distance qu'il y en a entre un chimpanzé et un chêne,
entre un chêne et un bloc de granit. — Qui oserait aujour-
d'hui contester la fondamentale identité des centres nerveux
et par suite des facultés mentales chez l'homme et les animaux supérieurs? Personne, pas même l'un des principaux
créateurs du singulier règne que l'on a appelé *règne humain*
ou *hominal*, basé sur la prétendue existence, jusque chez les
types humains les plus inférieurs, d'une faculté essentiellement relevée : la religiosité. « L'animal, reconnaît loyalement
le savant auquel je fais illusion, a sa part d'intelligence ; ses
facultés fondamentales, pour être moins développées que
chez nous, n'en sont pas moins les mêmes au fond. L'animal
sent, veut, se souvient, raisonne, et l'exactitude, la sûreté de
ses jugements ont parfois quelque chose de merveilleux, en
même temps que les erreurs qu'on lui voit commettre démon-
trent que ses jugements ne sont pas le résultat d'une force
aveugle et fatale. Parmi les animaux, d'ailleurs, et d'un

groupe à l'autre, on constate des inégalités très grandes[1] ». « L'animal aime et hait.... Tous, nous connaissons des chiens affectueux, caressants, aimants, peut-on dire ; tous, nous en avons rencontré, qui étaient colères, hargneux, jaloux, haineux.... C'est peut-être par le caractère que l'homme et l'animal se rapprochent le plus[2]. » Mais, après de pareils aveux, comment peut-on rester encore l'un des fauteurs de l'étrange règne humain ? — N'est-il pas évident que, pour se créer une illusion fétichique, les propriétés et facultés incontestablement communes à l'homme et à l'animal supérieur suffisent amplement ? Pour craindre et vénérer, comme un être supérieur, un crocodile, un tigre, un éléphant, un ours, il n'est sûrement pas besoin d'être doté de facultés spéciales. Le singe, le chien, etc., peuvent, tout aussi bien que l'homme, se créer des illusions de ce genre, et il est infiniment probable qu'ils le font, puisque, comme l'homme, ils sont susceptibles non seulement de faux raisonnements, mais encore de haine, d'amour, de crainte, etc., pour des êtres étrangers à leur espèce. Le chien, on l'a dit plus d'une fois, a sûrement la religion de l'homme : c'est un animal anthropolâtre. Comme il admire et redoute son maître ! Comme il le regarde avec amour et vénération ! Comme il le flatte et le caresse ! Comme il l'implore ! Comme il s'humilie, s'avilit, se prosterne devant lui ! Après une absence, ainsi que le remarque Darwin, le chien et le singe, retrouvant leurs maîtres ou gardiens, se conduisent à leur égard autrement qu'avec leurs semblables.

D'autre part, les animaux supérieurs raisonnent, c'est-à-dire sont très capables de rapporter un effet à sa cause apparente et d'agir en conséquence. Quand le cheval de Houzeau venait, chaque jour, hennir près de sa fenêtre, pour lui dire qu'il avait soif et le prier de lui tirer du puits un seau d'eau,

---

1. A. de Quatrefages. *Espèce humaine*, 19.
2. Romanes. *Évolution mentale des animaux*, 141.

son raisonnement était tout aussi compliqué, tout en étant plus juste, que celui du Cafre lançant un dard vers le ciel pour faire tomber de la pluie.

Quant à la création mythique des esprits, des ombres, elle constitue une erreur d'imagination dérivant surtout du rêve. Or, nombre d'animaux ont des rêves. Sur ce point, Cuvier, Darwin, Houzeau, bien d'autres observateurs encore sont unanimes. Bennet a vu des oiseaux aquatiques remuer, pendant leur sommeil, leurs pattes pour nager. Bechstein a assisté à un accès de terreur éprouvé par un bouvreuil endormi. Le docteur Lindsay a constaté que les chevaux rêvent[1]. Bien longtemps auparavant, Lucrèce avait fait la même observation :

> Souvent le fier coursier, dans l'ombre étendu, rêve,
> Sue et souffle et s'agite, et son flanc se soulève,
> Comme si la barrière à son élan cédait,
> Et comme si la palme au terme l'attendait.

Quant aux rêves des chiens, tout le monde en a été témoin. Lucrèce les avait aussi remarqués :

> Les chiens, en plein sommeil, jettent soudain la patte
> Deçà delà ; leur voix en cris joyeux éclate ;
> Ils plissent leurs naseaux et les ouvrent à l'air,
> Comme si quelque piste avait frappé leur flair.
> . . . .
> Et les chiens du logis, nos gardiens caressants,
> Les vois-tu secouer la somnolence ailée
> Dont leur paupière agile est à peine voilée,
> Sur leurs pieds en sursaut dressés, comme à l'aspect
> De quelque visiteur au visage suspect[2] ?

Comment l'imagination des animaux supérieurs ne leur donnerait-elle pas des rêves, puisque, pathologiquement excitée et troublée, elle peut aller jusqu'à l'hallucination[3] ? — Mais à quoi bon insister ? La théorie du règne humain, officielle jadis,

---

1. Romanes. *Evolution mentale des animaux*, 141.
2. Lucrèce. *De la nature des choses*, liv. IV. (Traduction André Lefèvre.)
3. Romanes. *Loc. cit.*, 143. — Pierquin. *Folie des animaux*, I, 442.

est aujourd'hui mort-née. Avec bien d'autres, du reste, j'ai longuement réfuté ailleurs[1] ce défi jeté à la science et à la raison, et si j'en parle aujourd'hui, c'est seulement pour mémoire.

II. — DE L'UNIVERSALITÉ DES CROYANCES RELIGIEUSES

Il est pourtant un lieu commun, bien antérieur à la théorie du règne humain, mais invoqué par elle, que je dois encore apprécier avant de passer outre ; j'entends parler de l'universalité prétendue de la religiosité et même, car on est allé jusque-là, de l'universalité de la croyance en un dieu, un seul dieu, maître et créateur de toute chose. — A ce sujet, il importe fort de distinguer entre la religiosité tout à fait primitive et le monothéisme. A vrai dire, il n'y a pas de religion strictement monothéique, puisque, toujours, on admet à côté ou au-dessous du monarque céleste, un peuple d'êtres divins ; le monothéisme rigoureux, mettant, d'un côté, l'univers, de l'autre, Dieu, n'existe nulle part, si ce n'est dans le cerveau d'un très petit nombre de métaphysiciens : c'est une croyance de lettré. D'autre part, la religiosité rudimentaire, le fait d'expliquer tel ou tel phénomène naturel, mais mal observé, en dotant de propriétés magiques tel ou tel objet du monde extérieur, est, sinon universel, au moins très général, et il en est de même de la croyance à la vie future, si on la réduit à sa plus simple expression. L'homme peu développé, le sauvage le plus primitif, ne parvient pas à comprendre la mort naturelle ; il ne l'admet pas. Presque toujours, à ses yeux, la mort non violente résulte d'un acte de malveillance, de sorcellerie. Presque toujours aussi ses souvenirs, surtout ses rêves, protestent contre la disparition totale des êtres qu'il a

---

[1]. Ch. Letourneau. *Bull. Soc. d'Anthrop.* 1865. — *Science et Matérialisme*, 117-158.

connus, fréquentés, aimés ou haïs; pour son imagination d'enfant, quelque chose, un résidu, une fumée, une ombre, leur survit temporairement, et cette effigie du mort en conserve les qualités et les défauts. Ce sont là des illusions, auxquelles la raison très bornée de l'homme primitif ne saurait guère se soustraire; il s'en faut absolument qu'elles constituent une preuve de supériorité mentale, mais leur extrême diffusion ne saurait être contestée.

Ordinairement, d'ailleurs, les fauteurs du consentement universel font extrêmement peu de cas de ces primitives croyances. Ce qu'ils prétendent essentiel à la nature humaine, c'est la foi monothéique : « Dieu est, a écrit V. Cousin; Messieurs, le fait que je viens de vous signaler est universel. La réflexion, le doute, le scepticisme appartiennent à quelques hommes; l'aperception pure, la foi spontanée appartiennent à tous[1]. » Dans un manuel de philosophie publié en 1846 et très estimé, il y a peu d'années encore, je lis ceci : « Les traditions, les annales et les monuments de tous les âges, dans tous les pays, constatent que partout et toujours on a cru à l'existence d'un être supérieur. Dieu a un nom dans toutes les langues ; partout on lui rend un culte, partout il y a des cérémonies religieuses : *Nulla est gens*, a dit Cicéron, *tam immansueta, tam fera, quæ, etsi ignoret qualem deum habere debeat, tamen habendum non sciat*. — Les peuples qui ont perdu cette croyance ont cessé d'être; ces abominables nations ont été rayées du livre de vie et la terre même n'a pas conservé la trace de leur puissance[2]. » — Le préjugé remonte donc jusqu'à l'antiquité latine; il est devenu lieu commun ; nous l'entendons encore exprimer tous les jours; sans lui attribuer plus d'importance qu'il n'en mérite, il ne sera pas inutile de rappeler, dans ce premier chapitre, quelques-uns des faits qui le réfutent.

1. Cité à l'article *Athées* du *Dictionnaire des Passions*. (Collection Migne.)
2. Gerusez. *Cours de Philosophie*, 166. (Paris, 1846.)

Il y a d'abord l'incontestable existence de religions athées et particulièrement de la plus célèbre d'entre elles, du Bouddhisme, dont l'objet principal est simplement de guider les hommes, par l'ascétisme physique et moral, vers l'anéantissement final, considéré comme le souverain bien. Écoutons à ce sujet un déiste fervent, M. Barthélemy Saint-Hilaire, qui, après avoir patiemment étudié et analysé le Bouddhisme, conclut ainsi, la mort dans l'âme d'ailleurs : « Aujourd'hui et en face des révélations si complètes et si évidentes que nous font les livres du Bouddhisme, découverts et expliqués, le doute n'est plus permis. Les peuples bouddhiques peuvent être, sans aucune injustice, regardés comme des peuples athées. Ceci ne veut pas dire qu'ils professent l'athéisme et qu'ils se font gloire de leur incrédulité…. Ceci veut dire seulement que ces peuples n'ont pas pu s'élever dans leurs méditations les plus hautes jusqu'à la notion de Dieu et que les sociétés formées par eux s'en sont passées, au grand détriment de leur organisation, de leur dignité et de leur bonheur. » — Voilà donc une grande religion, la plus grande par le nombre de ses sectateurs et la profondeur de ses dogmes, qui ignore Dieu. Cela suffit évidemment pour réduire à néant le fameux dogme du soi-disant consentement universel. Mais il faut encore mettre en dehors de cette unanimité prétendue toutes les religions primitives. Qu'a de commun, en effet, la croyance aux fétiches et à la magie avec le dieu unique de nos métaphysiciens ?

Ajoutons encore que pour être extrêmement répandues, ces aberrations mentales de l'humanité sauvage ne sont point constantes, s'il faut en croire nombre de voyageurs et de missionnaires, dont j'aurai, plus d'une fois, à invoquer le témoignage au cours de ce livre. Quant à présent, je me borne à rappeler, en passant, l'existence de ces exceptions, si gênantes pour les défenseurs du règne humain et les métaphysiciens qui se cramponnent désespérément encore à l'insoutenable dogme du consentement universel. Mais il est plus que temps de revenir à notre sujet principal, à l'étude scientifique des origines du sentiment religieux.

III. — DE L'ANIMISME

Il nous reste à dégager le trait psychique essentiel de la religion primitive; mais, pour cela, nous n'avons guère qu'à suivre Tylor, qui a traité cette question avec une remarquable supériorité. — Dans de précédents ouvrages, en étudiant plusieurs grandes manifestations de la vie sociale, j'ai dû signaler les caractères dominants de l'intelligence et du caractère chez l'homme primitif : c'est surtout à propos des conceptions mythiques, qu'on voit ces caractères s'accentuer. Au début des sociétés, l'homme, assez voisin de l'animalité, est un automate conscient, mais très impulsif; il raisonne peu, mal et ne saisit que les rapports superficiels des choses; sa dialectique est rudimentaire, ses jugements hâtifs et souvent erronés; néanmoins il ne doute pas, il ne sait pas douter encore de leur certitude. Très peu expert dans la recherche des causes, quand deux phénomènes fortuits se succèdent, il ne balance pas à croire que le second résulte du premier. Son cerveau d'adulte loge encore un esprit d'enfant. Il n'a pas même commencé à effectuer le triage exact de l'objectif et du subjectif; sans cesse il extériore son moi et dote ainsi généreusement la nature ambiante de sensations, de pensées, de volitions analogues aux siennes. Il a surtout une tendance presque invincible à confondre ce qui se meut et ce qui vit. En résumé, il anime d'une vitalité semblable à la sienne tous les êtres du monde extérieur avec lequel il se trouve incessamment en contact ou en conflit. — Comme l'a fort justement montré Tylor, cet animisme du sauvage est le fond même de toutes les idées dites religieuses chez les primitifs. Nous aurons occasion de vérifier cent fois le fait dans les chapitres suivants et, sous la végétation mythique, si touffue, des religions dites supérieures, nous n'aurons pas de peine non plus à retrouver la vieille racine animique, péché originel de tous les systèmes religieux.

Mais, pour constater des faits d'animisme enfantin, même en dehors du domaine mythologique et des sociétés sauvages, il suffit de jeter les yeux autour de nous, parfois de nous observer nous-mêmes. Au sein de nos races vieillies, quelquefois même usées, l'animisme des premiers âges subsiste à l'état latent. Qui n'a vu certaines personnes excitables, peu maîtresses d'elles-mêmes, s'irriter contre un obstacle, le maudire, l'injurier, parfois le frapper? Mais ce qui, chez les races civilisées, est exceptionnel, est de règle chez les primitifs. Pour les nègres du Gabon[1], la pendule de du Chaillu était un esprit puissant, chargé de veiller sur le voyageur. « C'est vivant », disait un Arrawak au voyageur Brett, en voyant sa boussole de poche[2]. Un Vitien expliquait à un missionnaire, en prenant une massue dans la tombe d'un de ses compagnons, que l'esprit de la massue était parti avec celui du mort[3]. De même, quand une âme polynésienne quittait ce bas monde, elle était escortée par toutes les âmes des objets, armes ou ustensiles, qui lui avaient été offerts durant les funérailles[4] et ordinairement, pour rendre possible le départ de tous ces doubles, on avait bien soin de *tuer* les objets en les brisant. C'est pour cette raison encore que certains tumulus du Morbihan, sûrement inviolés, renfermaient de superbes celtæ brisés, quoique n'ayant manifestement jamais servi.

---

1. Du Chaillu. *Afrique équatoriale*, 501.
2. H. Spencer. *Sociol.*, I, 187.
3. Tylor, I, 561.
4. Max Radiguet. *Derniers sauvages*, 226.

Mais on relève des traits éclatants de ce grossier animisme dans des civilisations relativement avancées. Nous savons que l'un des tribunaux athéniens, le Prytanée, jugeait les objets matériels, qui avaient causé les homicides et les faisait solennellement jeter hors de l'Attique[1]. Xerxès, le grand roi, retombait avec éclat dans l'animisme, alors qu'il faisait flageller l'Hellespont, et, plus récemment, un roi de Cochinchine mettait encore au pilori ceux de ses navires qui marchaient mal[2]. Or, en prêtant à l'Hellespont les sentiments, la volonté, la vie, le Grand Roi raisonnait exactement comme certains nègres de l'Afrique centrale. Ainsi un guide, donné à Richard Lander par le roi de Kiama, le suppliait de ne point nommer une autre rivière en présence de celle de Mossa, qui était femme, mariée au Niger et jalouse de son mari, dont l'affection lui était disputée par des rivières rivales. A leur confluent, ajoutait ce guide, il y avait constamment une dispute conjugale, bruyante à l'excès, à cause des familiarités coupables que le fleuve Niger se permettait avec ses rivières affluentes et concubines.

Mais ce dernier fait nous conduit au deuxième degré de l'animisme, à cet état d'esprit, dans lequel l'homme ne se contente plus de prêter aux êtres ou objets qui l'environnent une vie analogue à la sienne et souvent une ombre qui est leur copie atténuée; il va plus loin en les dotant d'un double anthropomorphique ou zoomorphique; car, à ce moment de l'évolution mentale, on assimile sans la moindre difficulté les animaux aux hommes. Nous aurons à constater incessamment cette personnification imaginaire des choses. Pour le moment, je n'en citerai que quelques exemples. Pour les Celtes de la Cornouailles anglaise, le *zona* est devenu un serpent qui s'enroule méchamment autour du patient, et, s'il arrive que la

---

1. Ch. Letourneau, *Evolution juridique*, 314.
2. Tylor, I, 382.

tête du reptile rejoigne sa queue, le cas devient mortel[1]. A la Nouvelle-Zélande, c'était un lézard invisible, un lézard-esprit, qui causait les maladies de poitrine[2].

Très souvent l'esprit des maladies a la forme humaine. En Perse, la fièvre scarlatine est causée par un esprit-fille : « Connaîtriez-vous Al? Elle a l'aspect d'une jeune fille rougissante, aux boucles de flammes, aux joues rosées[3]. » Dans les mythologies des Slaves, la peste est une vierge, acharnée à la destruction de l'espèce humaine; une légende rapporte qu'un jour elle enfourcha les épaules d'un paysan et se fit conduire ainsi de ville en ville, de village en village, semant partout la destruction. Elle ne pesait point sur les épaules de l'homme, car c'est un être impondérable. Elle n'est pas d'ailleurs dépourvue de quelques bons sentiments; car le paysan, ayant mieux aimé se jeter à l'eau avec elle que de l'introduire dans son village, où il avait femme et enfants, elle fut touchée de cet acte généreux, lâcha prise et se sauva. Au Mexique, la syphilis était devenue le dieu Nanahuatl, dans lequel certains missionnaires espagnols crurent d'abord retrouver Jésus-Christ. A Rome, la fièvre paludéenne avait des autels, etc., etc. Sans peine, on réunirait assez de faits de ce genre pour écrire une mythologie pathologique.

Bien plus souvent et plus facilement encore, on a doté d'un esprit à forme humaine ou animale quantité d'êtres ou de phénomènes naturels. Pour les Ahts de l'île de Vancouver, le tonnerre, qui, à peu près par toute la terre, a été vivifié par l'animisme, est le grondement d'un puissant oiseau; darde-t-il hors de sa bouche sa langue fourchue, c'est l'éclair. Les Konds du sud du Bengale ont trouvé de la pluie une explication très satisfaisante: c'est un dieu, qui verse de l'eau dans un

---

1. Tylor, I, 352.
2. Cook. *Troisième voyage.* (*Hist. univ. des voy.*, vol. X, 82.)
3. Tylor, I, 338.

tamis. Pour les Sahariens, les trombes de sable sont dues à des Djinns, qui se sauvent[1].

Dans nombre de contrées, les astres, surtout le soleil et la lune, ont été transformés par l'animisme primitif en hommes ou en animaux. Au xviie siècle, les Algonquins disaient à un missionnaire français, le père Lejeune, que « la lune s'éclipsoit et paroissoit noire parce qu'elle tenoit son fils entre ses bras, qui empeschoit que l'on ne vist sa clarté. — Si la lune a un fils, elle est mariée ou l'a été, leur dis-je. — Oüy dea, me dirent-ils : le soleil est son mary, qui marche tout le jour et elle toute la nuit; et, s'il s'éclipse ou s'il s'obscurcit, c'est qu'il prend quelquefois le fils qu'il a eu de la lune entre ses bras. — Oüy, mais ny la lune, ny le soleil n'ont point de bras, leur disois-je. — Tu n'as point d'esprit : ils tiennent toujours leurs arcs bandés devant eux; voilà pourquoi leurs bras ne paroissent point. — Et sur qui veulent-ils tirer? — Et qu'en sçavons-nous[2]? » Ce curieux dialogue nous fait prendre sur le vif le procédé mental qui est au fond de l'animisme. Durant la période animique, l'homme est incapable d'analyser de sang-froid, de contrôler ses impressions; il vit d'intuitions, d'assimilations rapides, du bien fondé desquelles il n'a même pas l'idée de douter; il raisonne à peine et uniquement pour fausser le témoignage de ses sens et le mettre quand même d'accord avec ses illusions. Les Algonquins du père Lejeune avaient décidé que la lune était une femme et le soleil un homme; à l'objection du missionnaire disant qu'on ne voyait pas leurs bras, ils trouvèrent à l'instant une réponse, pour eux satisfaisante. En étudiant, race après race, la mythologie du genre humain, nous rencontrerons quantité de faits du même genre. Je me garderai de déflorer maintenant cette intéressante

---

1. Tylor, I, 339, 417, 541, 334.
2. Lejeune. *Relations des Jésuites de la Nouvelle-France*, p. 26 (1634). Cité par Tylor, *Civilisation primitive*, 329, 330.

enquête; mais, pour compléter ces considérations générales, il me faut signaler encore une source de mythes, ceux qui ont trait à la survivance après la mort.

La faiblesse intellectuelle de l'homme primitif est si grande, que non seulement il ne peut comprendre la mort naturelle, mais que même il lui est impossible d'admettre la disparition définitive des êtres, amis ou ennemis, qu'il a connus, fréquentés, aimés ou haïs, de ces êtres, qui, quoique morts, ne cessent pas de vivre dans sa mémoire et surtout, ce qui à ses yeux est bien plus probant, lui apparaissent dans ses rêves avec toute l'apparence de la vie. Pourtant, si rebelle que soit l'homme peu développé aux témoignages de ses sens, alors que ce témoignage contredit ses illusions, il voit les cadavres se décomposer sous ses yeux. Comment concilier cet anéantissement avec l'idée de la survivance? Très simplement, en supposant qu'à la mort l'homme se dédouble, parfois, se détriple, et laisse derrière lui un résidu éthéré, un moi atténué, un fantôme impalpable, ayant tous les besoins, tous les désirs qu'on a connus au défunt de son vivant. — Comme on n'a encore aucune notion exacte de la lumière et de ses lois, on conclut ordinairement par une assimilation naïve et hardie que le résidu laissé par le décédé est simplement son ombre, et le sens donné alors au mot « ombre » est absolument concret; c'est réellement la tache sombre que l'individu projetait derrière lui de son vivant et dont on n'a jamais essayé de comprendre la cause. Aujourd'hui encore, les Basoutos croient qu'un crocodile peut très bien engloutir l'ombre d'un homme, alors qu'elle se projette sur une rivière, et ils évitent de lui en fournir l'occasion. Si singulière que nous paraisse cette conception, on en a constaté l'existence dans un grand nombre de pays. Les Tasmaniens, les Zoulous n'ont qu'un même mot pour dire âme et ombre; la même confusion existe dans la langue quichée; nos poètes la commettent couramment, mais sans la prendre au sérieux. Il n'en était pas encore ainsi au xiiie siècle et dans le troisième chant de son Purgatoire, Dante nous dit, que durant sa promenade aux enfers son conducteur Virgile n'avait pas d'ombre ; même il s'en inquiète et le poète latin doit lui expliquer que, seul, son corps enterré d'abord à Brindisi, puis transporté à Naples, avait la faculté de projeter une ombre mais parce qu'il y résidait, lui, esprit :

> E l'corpo, dentro al quale io faceva ombra,
> Napoli l'ha, e da Brandizio è tolto [1].

Pourtant le résidu, que l'on suppose survivre au corps, n'est pas toujours conçu comme une ombre. C'est souvent une vapeur, une image éthérée ayant conservé la forme et l'aspect du vivant ; fréquemment aussi, ce double gazéiforme est sorti de la bouche du défunt ; c'est son dernier souffle, d'où les mots « esprit » (*spiritus*) des Latins, πνεῦμα des Grecs [2], *âtman* du sanscrit, etc. — Mais, sous quelque forme que se présente le défunt à la mémoire de l'homme primitif, cette image le hante presque toujours, le préoccupe, l'inquiète, souvent le terrifie. Chez presque tous les peuples nous retrouverons le souci de cette survivance. Ce souci domine dans la plupart des rites funéraires. Il a inspiré, il inspire encore d'horribles hécatombes, que j'aurai bien souvent à signaler et à décrire. Enfin cette croyance presque universelle aux Mânes a été une des principales sources mythiques. L'imagination troublée des survivants a doué l'ombre, l'esprit, de qualités utiles ou nuisibles aux vivants, en a fait un être invisible et supérieur qu'il importait extrêmement d'implorer et d'apaiser et que l'on a placé à côté des mythes résultant simplement du spectacle de la nature. Il est vraisemblable que les pratiques propitiatoires du culte ont eu fréquemment pour origine le désir de se concilier ces esprits funéraires, reflets de personnes que l'on

---

1. *Divina Commedia*. Purgatorio, III, v. 15-30.
2. Tylor. *Civil. primitive*, I, 500.

avait connues, pratiquées de leur vivant, et qui avaient par suite laissé dans la mémoire de leurs compagnons une empreinte profonde, plus nette que celles résultant de fugitives émotions, suscitées par le milieu physique ambiant. C'est ainsi qu'au Gabon on prend la peine de bâtir des cases à certains esprits nomades et malveillants qui errent en quête de méfaits à commettre, saisissent et même dévorent les voyageurs, entrent parfois dans le corps des hommes ou des femmes, lesquels, possédés par eux, battent, assomment tout ce qui se trouve sur leur chemin[1]. Quand H. Spencer affirme que le lieu sacré, le temple primitif, a toujours été l'endroit où reposent les morts, et que, par suite, les esprits sont censés hanter; savoir, la caverne, la maison, le tombeau des décédés[2], son assertion contient une part de vérité; il a seulement le tort de la généraliser outre mesure; car l'Evhémérisme n'est pas; il s'en faut, l'unique source des créations mythiques. Mais l'examen des faits observés par toute la terre, chez les races les plus diverses, nous permettra seul de nous faire, sur ce sujet controversé, une opinion conforme à la réalité.

IV. — L'ANIMISME LITTÉRAIRE

Tout à l'heure j'ai mentionné certains cas de survivance psychique, assez communs dans nos vieilles races civilisées, l'impulsivité réflexe des personnes qui se mettent en colère contre des obstacles matériels; mais, à vrai dire, le vieil animisme des premiers âges subsiste encore, et bien vivant, au fond de notre mentalité. C'est qu'en comparaison des énormes périodes de sauvagerie préhistorique, les plus antiques civilisations datent d'hier; leur culture, même quand elle semble raffinée, n'est en réalité qu'un vernis recouvrant mal la fruste

---

1. Du Chaillu. *Voyage dans l'Afrique équatoriale*, 228, 267, 378, 379, 380.
2. H. Spencer. *Sociologie*, I, 384.

ature de l'homme primitif. Il est donc bien facile de surrendre nos contemporains et parfois nous-mêmes en flagrant élit d'animisme; mais je ne veux m'occuper ici que de l'une les formes de cet animisme moderne, de l'animisme littéaire. — A cet effet, et me bornant à effleurer le sujet, je erai quelques citations, butinées presque au hasard dans un e nos recueils de morceaux choisis[1]. Il va sans dire que 'animisme littéraire est d'autant plus tranché, naïf, que le oème est plus ancien. Il s'accuse aussi davantage, comme il st naturel, dans les poèmes mythologiques : le *Kalévala* des innois, l'*Edda* des Scandinaves sont des modèles d'animisme ittéraire. Dans l'*Iliade* et l'*Odyssée*, l'animisme, plus particulièrement anthropomorphique, se donne aussi libre carrière; ais j'entends me borner et ne prendre mes exemples que ans notre pays et à une époque relativement moderne. Dans e cadre, de parti pris limité, il est facile de retrouver toutes es catégories de l'animisme. La plus primitive de toutes, celle ui consiste simplement à doter les objets inorganiques d'une entalité humaine, est très commune.

Voici Ronsard, qui, fulminant *Contre les bûcherons de la orêt de Gastine*, prête à cette forêt une sensibilité humaine :

> Tu *sentiras* le soc, le coutre et la charrue;

Gilbert nous parle d'une tempête et prête aux flots des intentions révolutionnaires :

> L'océan *révolté* loin de son lit s'élance
> Et de ses flots *séditieux*
> Court, en grondant, battre les cieux.

Hégésippe Moreau entend parler une petite rivière de son ays natal, la Voulzie :

> L'onde semblait me *dire* : Espère, aux mauvais jours,
> Dieu te rendra ton pain. — Dieu me le doit toujours.

1. *Anthologie des poètes français depuis le XVe siècle.*

Lamartine dote un vieux crucifix d'ivoire d'intelligence, de mémoire, même de la parole :

> O dernier confident de l'âme qui s'envole,
> Viens, reste sur mon cœur ! Parle encore et dis-moi
> Ce qu'elle te disait, quand sa faible parole
>   N'arrivait plus qu'à toi.

Victor Hugo, qui est un animique des plus intenses, donne aux flots la mémoire des naufrages et même le talent de les raconter :

> O flots, que vous savez de lugubres histoires !
> Flots profonds, redoutés des mères à genoux ;
> Vous vous les racontez en montant les marées,
> Et c'est ce qui vous fait ces voix désespérées
> Que vous avez le soir, quand vous venez à nous.

Comme je l'ai déjà remarqué, les primitifs distinguent mal l'homme de l'animal. Les bêtes, croient-ils, sentent, parlent, raisonnent, comme les hommes, et, d'autre part, les sorciers revêtent facilement la forme humaine. Dans le langage de nos poètes, nous trouvons la même confusion. Le *Cinna* de Corneille fait d'Auguste un tigre :

> Si l'on doit le nom d'homme à qui n'a rien d'humain,
> A ce *tigre* altéré de tout le sang romain.

Théophile Gautier fait babiller les hirondelles se préparant à émigrer :

> L'une dit : Oh ! que, dans Athènes,
> Il fait bon sur le vieux rempart !

Le culte des végétaux animisés joue un grand rôle dans la mythologie primitive. Sur ce point encore le langage des poètes est, psychologiquement, digne des sauvages. Lamartine fait parler et raisonner les chênes du Liban :

> Aigles qui passez sur nos têtes,
> Allez dire aux vents déchaînés
> Que nous défions leurs tempêtes
> Avec nos mâts enracinés.

Le même poëte veut que les saules pleurent son absence :

> Saules contemporains, courbez vos longs feuillages
> Sur le frère que vous pleurez.

Victor de Laprade va plus loin. Non seulement il animise les chênes, mais il veut que ces arbres laissent derrière eux, en mourant, un double, une ombre, une âme :

> O chêne, je comprends ta puissante agonie !
> Dans sa paix, dans sa force, il est dur de mourir.
> Je devine, ô Géant, ce que tu dois souffrir.
> . . . .
> Mais n'est-il rien de toi qui subsiste et qui dure ?
> Où s'en vont *ces esprits d'écorce recouverts ?*

La croyance à la survivance des mânes, des ombres, des revenants, même du cadavre, est si fréquemment exprimée par les poëtes, que j'en citerai seulement un exemple. Pour J. Autran, les noyés dorment au fond de la mer, mais s'éveillent et regardent passer les animaux marins, dont ils sentent les morsures, etc., etc. :

> Plaignez-nous ! Plaignez-nous ! C'est là que nous dormons.
> Sur un lit de varechs, d'algue ou de goémons.
> . . . .
> Les morts les plus glacés tressaillent cependant ;
> Ils revivent d'horreur quand ils sentent la dent
>   Des milandres et des lamproies.

Dans une pièce intitulée *le Revenant,* Victor Hugo va jusqu'à croire ou feindre de croire à la métempsycose.

La personnification d'êtres abstraits est particulière à la phase dernière de l'animisme ; aussi l'imagination des poëtes y a souvent recours.

L'anthropomorphisation de la mort, par exemple, est des plus fréquentes. Malherbe nous dit que :

> La Mort a des rigueurs à nulle autre pareilles.

La Fontaine fait dialoguer la Mort et le Bûcheron ; mais la

fable est, par excellence, un genre littéraire plein d'animisme. La jeune captive d'André Chénier apostrophe la Mort :

> O Mort ! tu peux attendre ; éloigne, éloigne-toi !

Nous savons, d'autre part, qu'un très grand nombre de religions ont personnifié la mort.

Par le même procédé, la poésie, comme les religions, a donné un corps humain à des êtres moraux, à des vertus, à des sentiments. Dans une pièce célèbre, Victor Hugo fait du remords un œil humain, ne perdant pas de vue le coupable :

> L'œil était dans la tombe et regardait Caïn.

Alfred de Musset voit dans la vérité une amie :

> Quand j'ai connu la Vérité,
> J'ai cru que c'était une amie.

Que les poètes ne prennent pas au pied de la lettre les expressions métaphoriques dont ils se servent, cela est bien certain, au moins dans la plupart des cas ; mais le fait même que, pour nous plaire, pour nous toucher, ou simplement pour obéir à leur inspiration, il leur faille donner cette forme animique à leurs fictions poétiques, proclame assez haut que l'animisme est encore latent dans leur esprit et dans le nôtre.

Le plus animique de nos poètes modernes a sûrement été Victor Hugo ; car nous le voyons, même dans sa prose, s'abandonner à de vraies débauches d'animisme, et là, il semble vraiment prendre au sérieux ses illusions. Je citerai, pour appuyer mon dire et terminer cette courte revue, quelques passages des *Travailleurs de la mer* pris dans la *Description de la tempête*.

« Le vent *mord* ; le flot *dévore* ; la vague est une *mâchoire*.... L'ouragan, comme une bête, *vient boire* à l'océan ; l'eau monte vers la bouche invisible.... Ils (les vents) ont une *colossale joie* composée d'ombre.... Ils *s'amusent* ; ils font aboyer après les roches les flots, *ces chiens*. — Une tempête, cela se complote…. L'entente de l'élément avec l'élément est nécessaire. Ils se distribuent la tâche…. Il y a derrière l'horizon *chuchotement préalable* des éléments. — Là, se laissait entrevoir, sorte de linéament sinistre, la sombre *ruse* de l'abîme. — On entendait la vague respiration de l'orage…. On entendait des voix sans nombre. Qui donc crie ainsi? — L'orage heureusement *divague* pendant quelque temps…. Il y a dans les tourmentes un moment insensé; c'est pour le ciel une espèce de *montée au cerveau*. L'abîme ne *sait pas* ce qu'il fait. Il foudroie à tâtons. — Impossible de bâillonner *cette bouche*, le vent; impossible d'édenter *cette gueule*, la mer. — *Il y a quelqu'un* derrière l'horizon, quelqu'un de terrible, le vent. Le vent, c'est-à-dire cette *populace de Titans*, que nous appelons les souffles, l'*immense canaille de l'ombre*…. Ce sont les *invisibles oiseaux* fauves de l'infini. »

Ces fragments, écrits par un homme auquel on ne saurait contester le titre de grand poète, constituent un échantillon aussi parfait que possible de littérature animique. Sous ce rapport, ils sont complètement assimilables à certains passages du *Rig-Véda* ou du *Kalévala*. On y trouve les deux phases principales de l'animisme : l'attribution imaginaire d'une mentalité humaine aux agents inorganiques, et la personnification des énergies aveugles de la nature. Le flot a une mâchoire; le ciel a un cerveau; les vents sont les souffles et ils constituent une populace, une canaille, des oiseaux fauves. Les poètes polynésiens donnaient à leurs conceptions naturalistes du monde une forme tout à fait analogue. Mais le langage poétique ne saurait se passer de ce manteau métaphorique; la vivification animique lui est indispensable; car c'est la forme initiale qu'a revêtue la pensée humaine, durant les premiers âges de l'humanité, quand elle était encore, tout entière, impression, sensation, image; quand elle créait les langues et les mythes. Or ce fonds animique constitue l'essence même des religions ; on le trouve à nu encore chez les races inférieures ; chez les autres, on le voit se diversifier, se couvrir de toute une végétation mythologique dont il faut décrire la germination, pour faire l'histoire mythologique du genre humain. Je me borne ici à en indiquer seulement l'origine, la croissance et la floraison.

PREMIÈRE PARTIE

LA MYTHOLOGIE DES RACES NOIRES

CHAPITRE II

L'ANIMISME EN MÉLANÉSIE

I. *Les religions et les races.* — Les grandes races. — Divisions ethnographiques et mythologiques. — II. *La religion des Veddahs de Ceylan.* — Athéisme et animisme spiritique. — Animisme zoolâtrique. — III. *La religion des Tasmaniens.* — Animisme spiritique. — Croyance à une survivance posthume. — Rêves funéraires. — La vie future. — Sorcellerie et magie. — IV. *Les religions des Australiens.* — Les rêves. — Les Dieux. — Parthénogénèse mythique. — Anthropomorphisme et zoomorphisme. — Animaux totémiques. — Phytolâtrie ancestrale. — Astrolâtrie animique. — Coutumes funéraires. — Offrandes funéraires. — Les doubles des morts. — Anthrophagie funéraire. — Vengeances funéraires. — Les mains magiques. — Le cadavre révélateur. — La vie future. — Spiritisme. — Sorcellerie et magie. — Le mauvais œil. — Les sorciers. — V. *La religion des Papous.* — L'animisme des Vitiens. — Le panthéon vitien. — Animaux totémiques. — Anthropomorphisme et anthropolâtrie. — Grands et petits dieux. — Crimes divinisés. — Coutumes funéraires. — Les esprits de l'homme. — L'évocation primitive. — La vie future. — Les conditions du salut. — Animisme universel. — Sorcellerie et magie. — Doubles artificiels. — VI. *Religion des Néo-Calédoniens.* — Esprits ancestraux et esprits mythiques. — La vie future. — Coutumes funéraires. — Pratiques expiatoires. — Sorcellerie et magie. — Le *Tabou*. — Les sorciers et leurs extases. — L'impiété canaque. — VII. *L'évolution mythologique en Mélanésie.* — De l'animisme fétichique à l'animisme mythique. — Conséquences funestes.

I. — LES RELIGIONS ET LES RACES

Si je suivais dans ces études la méthode ordinairement adoptée par les mythologues purs, je pourrais, à leur exemple, classer les religions sans tenir aucun compte des races qui les ont créées ou adoptées; mais mon devoir et mon désir sont de faire ici de la mythologie anthropologique, ethnographique. C'est à ce prix seulement que l'on peut espérer de moissonner encore dans le champ mythologique, cultivé d'autre manière jusqu'à épuisement. Comme le dit assez le titre de cet ouvrage, mon but n'est pas de faire un exposé complet de toutes les religions, mais bien d'en indiquer l'évolution, en interrogeant successivement toutes les races humaines. Mais ces races elles-mêmes ont évolué; leurs divers types peuvent se ranger en série et chacun d'eux doit avoir des idées religieuses en strict rapport avec son degré de dignité organique. Enfin chaque spécimen d'une grande race marque vraisemblablement une phase, une étape, du développement de cette race, et par le seul classement de ces variétés nous avons chance de découvrir l'évolution réelle, historique, des conceptions religieuses.

Or, le genre humain peut se classer en trois grandes divisions : 1° *L'homme noir*, mélanésien ou africain; 2° *L'homme jaune*, mongolique ou altaïque; 3° *L'homme blanc*, dit caucasique, berbère, sémite ou indo-européen. On sait que chacun de ces trois grands types humains se subdivise à son tour en races et sous-races; qu'en nombre de points du globe terrestre ces races se sont croisées et mélangées en produisant des variétés intermédiaires, dont nous aurons à tenir compte dans cette enquête; mais, d'une manière générale, nous avons à étudier, au point de vue évolutif, les concepts dits religieux chez les races noires, chez les races jaunes et chez les races blanches; d'où trois chefs principaux sous lesquels devra s'ordonner cette investigation analytique. Mais les races noires se subdivisent, d'après l'habitat, les caractères physiques, les différents degrés de culture, en nègres de la Mélanésie et nègres d'Afrique. Je m'occuperai donc tout d'abord de la mythologie des Mélanésiens, en comprenant sous cette dénomination, les Veddahs, les Tasmaniens, les Australiens et les Papous.

II. — LA RELIGION DES VEDDAHS DE CEYLAN

Sur les croyances religieuses des Veddahs nous sommes bien insuffisamment renseignés, néanmoins, en combinant les renseignements épars dans divers ouvrages, on arrive forcément à conclure que ces pauvres insulaires, débris probables des premiers habitants de Ceylan, sont au plus bas de l'échelle mythologique. Certains observateurs les déclarent dépourvus de toute idée religieuse. Emerson Tennent dit expressément qu'ils n'ont ni idoles, ni amulettes, ni culte, ni prières. Bailey, qui a longtemps résidé parmi eux, écrit ceci : « Aux questions, que je leur faisais, au sujet de l'idée d'une divinité, ils répondaient : « Où est donc Dieu? sous quel rocher? sur quel arbre? Jamais nous n'avons vu de dieu »[1]. Il s'agit, bien entendu, des Veddahs dits de rocher, de ceux qui vivent dans les forêts et ont pour demeure soit des cavernes naturelles, soit simplement, comme les grands singes, les branches d'un arbre[2]. Le docteur Davy, parlant d'ailleurs d'après le témoignage des Kandiens, dit que les Veddahs n'ont aucune religion, pas même de superstition[3], qu'ils vivent dans un état très peu différent de celui des brutes.

Il est certain que les Veddahs n'entendent pas la religion à la manière des Européens, mais il est non moins sûr qu'ils ont déjà quelques illusions animiques. Comme tous les hommes, ils ont des rêves, par conséquent ils croient à la survivance des morts et offrent même à leurs ombres,

1. Article *Ceylan* du *Diction. des sciences anthropol.*
2. O. Sachot. *L'île de Ceylan.*
3. J. Davy. *Account of the Island of Ceylon* et *Physiological and Anatomical researches*, II.

doubles ou esprits, de la viande de singe ou de wandura, ou bien du miel et des racines[1]. Cela veut dire qu'ils se figurent ces doubles exactement sous la forme qu'ils avaient de leur vivant et dotés des mêmes goûts et appétits. Comme bien d'autres peuples, les Veddahs croient leurs morts animés des pires intentions et, s'ils leur font des offrandes, ce n'est nullement par affection, mais uniquement pour les apaiser, pour désarmer leurs instincts féroces. Les Veddahs ne seraient pas non plus étrangers à l'animisme zoolâtrique; ainsi ils évitent autant que possible de manger certains animaux : l'ours, l'éléphant, le buffle[2]; ils auraient aussi une sorte d'adoration pour la tortue[3]. On peut se demander si ces grossières conceptions animiques méritent d'être pompeusement appelées religieuses; mais, étant admis le sens qu'il est convenu de donner au mot « religion », on ne peut pas dire que les Veddahs soient dépourvus de religion, et nous verrons qu'il en est de même pour la plupart des primitifs.

III. — LA RELIGION DES TASMANIENS

Un peu plus intelligents que les Veddahs, les pauvres Tasmaniens exterminés, il n'y a pas encore un grand nombre d'années, par les colons anglais, avaient une mythologie un peu moins pauvre, quoique, comme les Veddahs, ils aient aussi passé pour en être totalement dépourvus[4]. — Suivant le docteur Milligan, les Tasmaniens avaient peuplé leurs forêts d'esprits, généralement très malveillants, qui gîtaient dans les crevasses et cavernes des montagnes et en sortaient parfois pour se blottir dans le creux des arbres. Ces esprits n'étaient pas tous également doués; quelques-uns étaient armés d'un

---

1. *Revue britannique* 1876.
2. O. Sachot. *Loc. cit.*
3. H. Spencer. *Sociologie*, I, 471.
4. Bonwick. *Daily life and origin of the Tasmanians*, 171.

grand et terrible pouvoir; d'autres étaient inoffensifs, un peu comme les lutins et les elfes d'Europe[1].

La mythologie primitive des Tasmaniens peut bien avoir pour seule origine l'animisme le plus simple, celui qui dote les objets du milieu extérieur d'une mentalité humaine. Il est probable cependant que certains de ces esprits, surtout les fantômes malveillants, devaient être simplement les ombres des morts, et nous avons vu, en effet, que la langue tasmanienne n'avait qu'un même mot pour dire « âme » et « ombre »[2].

Les Tasmaniens croyaient à une sorte de survivance après la mort : on l'aurait pu inférer rien que de leurs rites funéraires. Ces rites étaient divers, mais tous attestaient que dans l'opinion des indigènes de la Tasmanie, la vie persistait quand même après la mort. Ainsi certaines tribus déposaient les décédés dans des arbres creux, mais avec des ustensiles et armes de chasse et de guerre; d'autres les inhumaient en leur ramenant les genoux près du menton, dans l'attitude d'un homme accroupi. Nous verrons que c'est là une coutume en vigueur chez les races les plus diverses. On a voulu parfois y voir l'intention de donner au mort la posture du fœtus dans la matrice et on en a même conclu que cette coutume indiquait l'idée d'une renaissance dans une autre vie. Elle a simplement pour objet de réduire autant que possible les dimensions de la fosse à creuser et de rendre le cadavre plus facilement transportable; mais le fait de munir le défunt d'armes de guerre et de chasse implique incontestablement la croyance à une survivance, de même que l'habitude de ficher sur la tombe soit un épieu, soit des armes de chasse et de guerre[3]. — Enfin certaines tribus tasmaniennes brûlaient les cadavres des leurs et ensuite en recueillaient soigneuse-

---

1. Bonwick. *Daily life and origin of the Tasmanians*, 180, 181.
2. Tylor. *Civilisation primitive*, I, 498.
3. H. Spencer. *Sociologie*, I, 217.

ment les débris, qui servaient soit d'amulettes, de préservatifs contre la maladie, soit de gages de succès à la chasse ou à la guerre, ce qui indique aussi la foi en un animisme spirituel[1].

Sur le sort réservé aux défunts dans la vie future, les opinions des Tasmaniens variaient notablement. Ils ne doutaient point de la survivance des ombres ou esprits; mais ils semblaient redouter très fort ces mânes de leurs proches, si l'on en juge d'après la coutume, existant d'ailleurs dans d'autres contrées, de ne plus prononcer le nom des défunts, et, comme, en pays sauvage, les noms d'hommes sont habituellement des noms de choses ou de qualités, de changer par suite, dans leur langue, le mot qui avait servi à désigner le décédé[2]. L'idée que se faisaient les Tasmaniens de la vie future n'avait rien que de consolant : ils espéraient, après la mort, chasser avec une ardeur extrême et un succès certain dans la Tasmanie de l'au-delà[3]. Dans cette Tasmanie des ombres, beaucoup d'insulaires espéraient même revivre à l'état d'hommes blancs et ils semblent avoir eu cette croyance avant la venue des Européens, dans lesquels même ils crurent d'abord reconnaître les ombres de leurs morts. On a supposé que cette idée, à première vue singulière, avait une cause très simple, le fait que la chair de leurs compatriotes écorchés prenait en rôtissant une teinte blanche. Or, les Tasmaniens faisaient souvent cette expérience, car ils étaient cannibales.

La sorcellerie tasmanienne était encore dans l'enfance. On ne cite qu'une seule pratique de magie en usage parmi ces Mélanésiens; c'était une sorte d'envoûtement; pour la pratiquer, il suffisait de se procurer un objet quelconque ayant appartenu à un ennemi, d'envelopper cet objet de graisse et de l'exposer au feu; la santé du propriétaire de la chose ainsi

---

1. Bonwick. *Loc. cit.*, 91.
2. *Ibid.*, 145.
3. H. Spencer. *Sociologie*, I, 259.

traitée devait décliner au fur et à mesure de la fusion de la graisse[1]. Cette magie était trop rudimentaire pour nécessiter l'intervention de sorciers en titre, encore moins de prêtres, car il n'y avait non plus en Tasmanie aucun culte, aucune idole. Les grandes danses, le plus souvent nocturnes, les *corroborys*, que l'on a retrouvées en Australie, ne semblent pas avoir eu de caractère religieux bien déterminé. C'étaient des fêtes, que l'on célébrait, au moins une fois par an, lors de la pleine lune de novembre, et qui étaient, pour diverses tribus ayant des relations pacifiques, une occasion de se rencontrer amicalement[2]. En résumé, les illusions religieuses des Tasmaniens étaient encore à l'état très rudimentaire et leurs congénères, les Australiens, n'ont guère été plus féconds en créations mythiques.

IV. — LA RELIGION DES AUSTRALIENS

Fortement apparentés aux Tasmaniens au point de vue de la race, les Australiens en diffèrent pourtant et on les peut considérer comme des descendants améliorés d'un type humain, analogue ou identique à celui des Tasmaniens. Les Australiens sont notablement supérieurs à leurs cousins de Tasmanie, soit qu'ils aient spontanément progressé, soit plutôt que des croisements avec des noirs du type dravidien aient changé en mieux leur constitution physique et mentale; mais pourtant sans l'écarter beaucoup du type primitif.

Les Australiens sont encore en période animique, mythopoiétique, et arrêtés dans la phase inférieure de cette période. Sans hésitation, ils croient à la réalité objective des apparitions de leurs rêves, par suite à l'existence d'êtres visibles pour eux seuls ou plutôt pour chacun d'eux[3]. — La

---

1. Bonwick. *Loc. cit.*, 178.
2. *Ibid.*, 58.
3. Lubbock. *Orig. civil.* 511.

race australienne est encore en période d'anarchie religieuse ; chaque Australien peut avoir ses dieux individuels ; chaque tribu a aussi les siens. Les Narrinyeri ont plusieurs divinités, entre autres, un dieu principal, qui a tout créé, à qui les Australiens doivent leurs armes de guerre, de chasse, et un dieu chasseur né d'une femme par génération immaculée, par conséquent sans père. Il est curieux de trouver chez une race tellement grossière le mythe embryonnaire de la parthénogénèse mythologique, si commun dans des religions plus développées. Ces dieux australiens ont été ou sont encore de grands chasseurs. Le second d'entre eux, celui qui n'a pas de père, a escaladé le ciel, conçu évidemment dans l'imagination australienne comme une voûte peu distante du sol ; le dieu s'est hissé au niveau de cette voûte en y dardant un javelot barbelé auquel il avait noué une longue corde[1]. Deux autres divinités, malfaisantes celles-là, deux Protées, changeant sans cesse de forme et pleins de mauvaises intentions, épouvantent beaucoup les Narrinyeri. Un troisième personnage mythologique, un esprit des eaux, est aussi très redoutable. Les divinités australiennes sont anthropomorphiques, mais il en est de zoomorphiques et même de phytomorphiques. Des animaux déifiés sont en effet les divinités protectrices des diverses tribus ; chacune a le sien, tantôt un serpent, tantôt un chien sauvage, un oiseau ou un insecte. Ces dieux zoomorphiques sont évidemment des animaux totémiques. Ordinairement chaque tribu s'abstient de tuer son animal totémique, et, quand on se laisse aller à commettre cette coupable action, car ces dieux sont comestibles et l'Australien est souvent affamé, on a bien soin de détruire aussi complètement que possible les débris de l'animal[2], sans doute pour l'empêcher de revivre et de se venger.

1. Woods. *Native tribes of South Australia*, 55, 57.
2. *Ibid.*, 62.

Le principal dieu des Moukouellie — Duckana — les a formés, croient-ils, en les tirant d'un petit lézard noir, qu'il a métamorphosé à cet effet. En même temps, ce dieu a créé le soleil, et cela à la prière des indigènes, pour leur permettre de chasser l'émou; car les Australiens sont fermement anthropocentriques; ils inclinent à croire que le monde, du moins le peu qu'ils en connaissent, a été fait pour leur usage particulier[1].

Ailleurs le tonnerre est la voix d'une divinité créatrice[2]. Les esprits mauvais, fort communs en Australie, sont parfois tenus en échec par les bons. Il est, par exemple, des esprits qui égarent les enfants pour les dévorer; mais il en est d'autres qui les protègent et aident à les faire retrouver[3].

En Australie, tous les dieux animaux ne sont pas totémiques; il existe en effet des dieux zoomorphiques n'ayant rien de commun avec les hommes, par exemple, un serpent malfaisant, appelé *Nocol*, caché dans les étangs, les rivières et guettant les Australiens pour les happer au passage[4]. Enfin il y a des arbres-dieux, qui sont des ancêtres métamorphosés en végétaux[5]; car les dieux australiens sont souvent des hommes divinisés. Ainsi les étoiles d'Orion sont des jeunes gens dansant un *corrobory*. La planète Jupiter a aussi commencé par être le chef d'anciens esprits appartenant à une race d'hommes transférée au ciel, bien antérieurement à l'apparition des Australiens sur la terre[6]. Les Narrinyeri croient aussi que certaines étoiles sont simplement des guerriers morts et montés au ciel. Mais ceci nous conduit à parler des idées australiennes sur la vie future.

---

1. Taplin. *Folklore, Manners of the Australian Aborigines*, 73.
2. Tylor. *Civil. primitive*, I, 485.
3. Cunningham. *Hist. univ. voy.* XLIII, 96.
4. R. Salvado. *Mémoires historiques sur l'Australie.*
5. Woods. *Loc. cit.* 280.
6. Tylor. *Loc. cit.* I, 333.

Logiquement il faut nous occuper d'abord des coutumes funéraires en Australie. Ces coutumes varient suivant les tribus. Assez généralement on inhume le cadavre. Dans la tribu des Maroura, on enfouit le corps au plus vite et sans cérémonie[1]. Le défunt, ordinairement maintenu dans une position accroupie, est déposé dans une fosse peu profonde, la face tournée vers l'est. En arrière de la tombe on élève parfois un monticule demi-circulaire, que l'on couronne de quelques pierres. Les cuisses du cadavre sont quelquefois brisées, sûrement pour qu'il tienne moins de place[2]. On dépose sur la tombe les lances, le couteau de pierre et le marteau du défunt[3].

Certaines tribus brûlent leurs morts, surtout les gens âgés. Dans ce cas, on creuse une fosse; on y allume du feu et on y dépose le corps enveloppé d'écorces[4]. Après l'incinération, on comble la fosse. Il s'agit donc ici d'une sépulture mixte, combinant l'inhumation primitive avec l'incinération, qui lui a succédé. Certaines tribus ont beaucoup compliqué le cérémonial de l'incinération. Ainsi les Narrinyeri brûlaient les enfants, mais faisaient subir aux cadavres d'adultes toute une préparation. Les vieillards étaient tout simplement abandonnés dans le creux des arbres. Le corps des adultes, placé dans la position accroupie traditionnelle, était passé à la flamme, mais auparavant on avait eu soin de coudre tous les orifices de ce corps, sans doute pour empêcher son esprit de s'échapper, et nous verrons tout à l'heure dans quel but[5]. Assez souvent le cadavre était, pendant plusieurs jours, transporté par les gens de la tribu ou du clan, durant leurs perpétuels déplacements, puis finalement brûlé[6]. La curieuse

---

1. Taplin. *Loc. cit.* 18.
2. *Ibid.* 94.
3. Baudin. *Hist. univ. voy.* vol. XVIII, 42.
4. Taplin. *Loc. cit.* 59.
5. *Ibid.* 37.
6. *Ibid.* 65.

tribu des Kurnai, qui mieux que beaucoup d'autres avait conservé les vieilles coutumes, observait des coutumes funéraires très compliquées. Les Kurnai commençaient par s'oindre avec la graisse même du cadavre en putréfaction; puis ils extrayaient ou brûlaient les entrailles du mort; enfin ils brûlaient ou desséchaient le reste du cadavre, qui, soigneusement enveloppé d'écorces, était ensuite emporté dans toutes les migrations par le père, la mère, la femme, les plus proches parents. Les mains, coupées et desséchées, étaient destinées à un usage sur lequel je vais bientôt revenir. Au bout d'un certain temps les os étaient déposés dans le creux d'un arbre[1]. Les objets mobiliers, armes ou ustensiles, qui avaient été la propriété personnelle du défunt, étaient souvent brûlés, évidemment pour que leurs doubles pussent accompagner l'ombre du décédé dans ses pérégrinations *post mortem*[2].

L'inhumation ou la crémation s'accompagnent ordinairement de cris, de lamentations, surtout de la part des femmes: souvent on s'incise la peau avec des pierres tranchantes, soit pour attester les regrets, soit pour apaiser, par cette sorte de sacrifice, l'ombre du mort[3].

Les Australiens ne doutent pas que l'ombre du décédé ne survive à l'accident de la mort; aussi parfois, l'hiver, on lui allume du feu près de la tombe et on lui offre des aliments[4]. Dans certaines tribus, on pratique encore l'anthropophagie funéraire. Un vieillard enlève au cadavre la graisse de la face, des bras, des cuisses et les assistants avalent cette graisse, mais suivant certaines règles rituelles. La mère et les enfants mangent réciproquement leur graisse; les beaux-frères et

---

1. Fison and Howitt. *Kamilaroi and Kurnai.* 244.
2. Taplin. *Loc. cit.* 59, 88, 90.
3. Cook. Premier voyage. *Hist. univ. voy.* vol. VI, 391.
4. Taplin. *Loc. cit.* 71.

belles-sœurs s'entre-mangent aussi; mais le père s'abstient de manger ses enfants[1]. Aucune explication acceptable n'a été donnée de cette étrange coutume.

L'ensemble de ces mœurs funéraires prouve évidemment que les Australiens croient à la survivance au moins temporaire de leurs morts. D'autres pratiques, tout à fait singulières, montrent que, dans leur opinion, le cadavre conserve un certain reste de vie. Ces dernières pratiques se lient à un état d'impuissance mentale fréquent chez les primitifs, et d'où résulte l'impossibilité de croire à la mort naturelle. Pour ces hommes-enfants, toute mort non violente est le résultat de maléfices, aussi les proches ont-ils le devoir étroit de découvrir le sorcier homicide et de venger leur parent décédé. Pour mener à bien cette enquête, les procédés varient. Chez les Moukouellie, le plus proche parent se place sur le bord de la tombe et demande simplement au défunt le nom de l'homme qui l'a tué[2]. Chez les Kurnai, les mains du mort, coupées, desséchées et liées à un cordon d'opossum, guident elles-mêmes les recherches; suspendues au cou de l'individu chargé de l'enquête, elles le pincent ou le poussent à l'approche du meurtrier. Souvent aussi l'on se sert de ces mains comme d'un pendule indicateur, qui, après interrogation convenable, s'agite violemment dans un certain sens pour montrer la direction à suivre[3].

Chez les Narrinyeri, on procède autrement. La nuit qui suit le décès, le plus proche parent se couche la tête sur le cadavre, dont l'esprit doit lui apprendre en rêve le nom de son meurtrier. Autre moyen d'information : le corps est promené dans le campement sur les épaules de quelques hommes. Les parents et amis suivent, en nommant successi-

---

1. Taplin. *Loc. cit.* 71.
2. *Ibid.* 71.
3. Fison and Howitt. *Loc. cit.* 244.

vement tel et tel; aussitôt que le nom de l'assassin est prononcé, le mort donne une secousse à ses porteurs[1]. Une fois éclairés ou au moins mis ainsi sur la piste, les parents s'en vont maudire la tribu supposée homicide; mais ils ont l'obligation morale de venger leur proche; c'est même le seul moyen d'apaiser son ombre furieuse. Il en résulte donc un *casus belli*. On prend jour pour une rencontre ordinairement peu sérieuse, s'il n'y a pas d'autre motif d'inimitié. De part et d'autre, quelques javelots sont lancés. Dès qu'il y a blessure, même légère, les vieillards interviennent et tout s'apaise[2]. — Pourtant l'ombre, l'esprit, du décédé continue à errer dans le voisinage et on ne lui suppose pas de bonnes intentions; car on évite soigneusement de prononcer son nom[3]. Nommer le défunt serait sans doute l'évoquer, et on préfère ne pas attirer son attention ordinairement malveillante.

Que deviennent les doubles des morts? que font-ils? que peut-on en espérer ou en craindre? On cite une tribu, qui n'aurait aucune idée de vie future, ne croirait ni à Dieu ni à diable, serait en même temps dépourvue de légendes et de traditions[4]. Il est permis de penser que les gens de cette tribu ont été mal interrogés; car la croyance à la survie des morts est générale en Australie. Chez les Kurnai, les morts errent à l'état d'ombres dans le pays ou dans les nuages; ils communiquent par le rêve avec les vivants et sont tantôt bons, tantôt méchants. Parfois les ombres causent des maladies. Ces doubles peuvent devenir visibles; puisque chez les Kurnai, les premiers navires à voiles furent pris pour des esprits de décédés[5]. Les doubles des morts peuvent parfois devenir des blancs en chair et en os; car des Anglais et

---

1. Woods. *Loc. cit.* 37.
2. *Ibid.* 20.
3. *Reise der Freg. Novara.* Müller, *Anthrop.* 6, 8.
4. Taplin. *Loc. cit.* 59.
5. Fison and Howitt. *Loc. cit.* 246, 247.

Anglaises ont été reconnus par les indigènes[1]. Souvent aussi les blancs sont appelés des esprits[2].

Le spiritisme est pratiqué, en Australie, à peu près comme il l'est par nos modernes spirites. Les Kurnaï appellent, invoquent les esprits, qui leur répondent[3]. Conformément à une théorie evhémérique poussée à l'excès par H. Spencer, les esprits des morts deviennent quelquefois des dieux. Pour les Narrinyeri, certaines étoiles sont en effet des guerriers morts, puis montés au ciel, d'où ils peuvent descendre d'ailleurs pour se venger des injures reçues. La nuit, ces ombres rôdent autour des campements, aussi ne s'aventure-t-on pas volontiers dans les ténèbres; mais on espère bien aller rejoindre les esprits, dans le ciel, contrée d'ailleurs fort peu éloignée de la terre[4]. Suivant les indigènes de Port Lincoln, les esprits des morts vont souvent dans une île lointaine, où ils n'ont plus besoin de manger. Fréquemment aussi ils se réincarnent dans des corps d'hommes blancs : « Après tout, disait un naturel condamné à mort, je vais devenir homme blanc »[5]. On en voit d'autres passer dieux; ainsi *Puyundu* fut jadis un homme remarquable; maintenant il est la cause du tonnerre et des orages[6].

La sorcellerie dérive très logiquement de ces croyances animiques. Pour l'Australien tout est vivant, sentant dans la nature et le milieu ambiant est peuplé d'esprits anthropomorphes; il y en a sur la terre, il y en a dans le ciel, qui n'est d'ailleurs qu'à une portée de javelot fortement lancé. Par suite, on doit se conduire avec ces puissances occultes comme on le ferait avec des hommes : on les peut

---

1. H. Spencer. *Sociologie*, I, 241.
2. Taplin. *Loc. cit.* 26.
3. Fison and Howitt. *Loc. cit.* 252.
4. Woods. *Loc. cit.* 18, 19. — Taplin. *Loc. cit.* 58.
5. *Ibid.* 234, 235.
6. *Ibid.* 233.

influencer, on peut modifier leurs intentions, diriger leurs actes.

Dans ce but on a recours à des procédés puérils ou féroces, absurdes aux yeux de la plupart des civilisés : leur ensemble constitue la magie, la sorcellerie. On invente des charmes; on prononce des incantations. Toutes les maladies étant attribuées aux maléfices d'ennemis, à des maléfices composés ordinairement d'os d'émou et d'os humains, de chair et de graisse humaine[1], on se défend, comme on peut, souvent en agitant un bouquet de plumes sur la tête des malades[2], parfois en sacrifiant des jeunes filles pour désarmer la colère des méchants esprits; celui de la variole est particulièrement sensible à ce procédé[3]. Un charme peut aussi en neutraliser un autre. Ainsi l'on se rend maître de la vie d'un homme en fabriquant un charme avec les os d'une bête quelconque, qu'il a mangée. Mais l'individu menacé, pour peu qu'il soit averti, se défend de la même manière : ou bien il tâche de se procurer, d'acheter, au besoin à son ennemi, le charme redouté, et alors il s'en débarrasse en le jetant dans un lac ou une rivière[4]; ou bien il fabrique à son tour un charme défensif. Alors les deux influences se neutralisent et il arrive parfois que les adversaires, également épouvantés, désarment, échangent leurs engins de mort[5]. L'incantation primitive, le simple appel du nom, est souvent usitée. En effet, on tue un ennemi rien qu'en prononçant son nom, pourvu qu'en même temps on ait soin de brûler un os de mort[6]. Les reliques des défunts ont des vertus magiques; ainsi un bandeau frontal, tressé avec les cheveux d'un mort,

---

1. Taplin. *Loc. cit.* 18.
2. *Ibid.* 62.
3. Tylor. *Civil. prim.* I, 485.
4. Taplin. *Loc. cit.* 36.
5. Woods. *Loc. cit.* 25, 26.
6. *Ibid.* 26.

rend la vue plus perçante[1], sans doute parce qu'on s'assimile ainsi la faculté visuelle du défunt. L'influence du regard est d'ailleurs considérable; en Australie, on croit au *mauvais œil* et l'homme blanc a très souvent le mauvais œil. Les Kurnai n'osaient pas regarder les blancs : « Ne les regardez pas, ou ils vous tueront », disaient-ils[2].

Étant admis le grand pouvoir des procédés magiques, il est tout naturel de croire que certaines personnes savent les employer avec une habileté particulière. Chacun d'ailleurs s'y essaie et même on y a recours collectivement. Ainsi, quand il y a pénurie d'ignames, on s'assied en cercle; les vieillards, sans doute pour se concilier les esprits, se percent les oreilles avec un os d'émou, en chantant certaines formules, celle-ci entre autres : « Nous rassemblerons les ignames avec un boumerang[3]. » L'expression du souhait doit, croit-on, en amener la réalisation. Mais il y a des hommes particulièrement habiles à commercer avec les puissances invisibles : des sorciers. Le métier n'est pas d'ailleurs sans péril. Très souvent ce sont les sorciers d'un clan ou d'une tribu du voisinage qui sont censés avoir causé la mort, et l'on en tire vengeance, soit en les tuant eux-mêmes, soit en mettant à mort une ou plusieurs personnes de leur tribu[4].

Enfin il existe en Australie des sorciers météorologiques, *faiseurs de pluie*, que nous retrouverons un peu partout dans le monde sauvage[5]. Somme toute, la mythologie des Australiens ressemble essentiellement à celle des Tasmaniens, mais elle est déjà un peu plus complexe. Celle des Papous, qu'il nous reste à examiner, marque encore un pas en avant dans l'évolution.

1. Woods. *Loc. cit.* 20.
2. Fison and Howitt. *Loc. cit.* 248, 249.
3. Woods. *Loc. cit.* 278.
4. Lang. *Lectures on the Aborigines of Australia.* 14. Baudin. *Hist. univ. voy.* vol. XVIII, 37, 39.
5. Woods. *Loc. cit.* 65.

V. — RELIGION DES PAPOUS

Les Papous sont représentés par l'ensemble des tribus mélanésiennes, disséminées sur un grand nombre d'archipels de l'océan Pacifique, particulièrement ceux de Viti, de la Nouvelle-Guinée, des Nouvelles-Hébrides. Les Canaques de la Nouvelle-Calédonie appartiennent à la même race, mais comme, au physique et au moral, ils ont été quelque peu modifiés par des croisements avec les Polynésiens, nous les étudierons à part.

Les Papous qui nous sont le mieux connus, sont les insulaires de l'archipel Viti ; ces Vitiens représentaient aussi le spécimen le plus civilisé de leur race et leur religion est des plus intéressantes, car on y peut retrouver toutes les étapes primitives de l'évolution mythologique. — Les Vitiens étaient encore en pleine période animique, puisqu'ils n'hésitèrent pas à déifier la première presse à imprimer apportée dans leurs îles, de même qu'auparavant ils avaient divinisé divers objets et êtres qui, pour une raison ou pour une autre, avaient excité chez eux des sentiments de crainte ou d'admiration, notamment certaines espèces animales et végétales. Les animaux surtout tenaient une grande place dans leur panthéon : le faucon, le requin, la poule, l'anguille, etc., étaient devenus, chacun pour telle ou telle tribu, des animaux sacrés, et l'on s'abstenait de manger la chair de l'animal, auquel on attribuait un caractère divin[1]. Le dieu le plus généralement adoré par les Vitiens, le grand Ndengei, était représenté par un serpent[2]. Quant aux autres dieux animaux, ils avaient sans doute été simplement des animaux totémiques. A la Nouvelle-Guinée, des indigènes, qui s'abste-

---

1. Williams. *Fiji and the Fijiens*, I, 219.
2. *Ibid.* II, 217.

naient de manger la chair du casoar, l'émou des Australiens, dirent nettement à O. Beccari que ces oiseaux étaient leurs ancêtres transformés[1].

La zoolâtrie des Papous se confondait par là avec l'anthropolâtrie, qui était la forme dominante des mythes. Ainsi l'on racontait que le dieu Ndengei, tout serpent qu'il fût devenu, avait commencé par être un homme[2]. De leur vivant même, les chefs vitiens affichaient hautement leurs prétentions à la divinité[3], et tous les principaux dieux étaient conçus sous la forme humaine, comme des hommes invisibles, mais dotés de toutes les qualités sauvages admirées par les Vitiens. L'evhémérisme semble donc jouer un rôle prédominant dans la religion des Vitiens, puisqu'on adore les chefs vivants, les chefs décédés dont on garde le souvenir et enfin des dieux anthropomorphiques, qui ont bien pu, pour la plupart du moins, avoir la même origine. On distinguait nettement, d'ailleurs, les dieux anciens des personnages récemment promus au grade de divinité. — Les dieux vitiens étaient fort nombreux, mais n'avaient pas tous la même dignité. Le principal, Ndengei, était le créateur, et il réglait à son gré la vie des Vitiens. Les deux fils de Ndengei servaient d'intermédiaire entre lui et les mortels, dont ils lui transmettaient les demandes. Au-dessous de ces divinités de premier ordre, il existait tout un peuple de dieux inférieurs: des dieux nationaux, des dieux de districts, des dieux familiaux, des dieux patrons pour les pêcheurs, pour les charpentiers, etc.[4].

Tous ces esprits divins, surtout ceux de la plèbe divine, étaient censés vivre et se comporter comme le faisaient les féroces insulaires, dont l'imagination animique les avait créés.

---

1. *O. Beccari e suoi viaggi*, par E. Giglioli (*Nuova Antologia*).
2. Waitz. *Anthropology*, I, 372.
3. H. Spencer. *Sociologie*, 535.
4. W. T. Pritchard. *Polynesian reminiscences*, 363.

Tous se délectaient dans des festins anthropophagiques[1]; tous guerroyaient entre eux[2] et commettaient avec ardeur nombre de forfaits, si du moins on les juge d'après leurs noms. Tel d'entre eux s'appelait l'adultère; tel autre le ravisseur nocturne de belles femmes riches; un troisième, le querelleur; un quatrième, le bretteur; un cinquième, le meurtrier; un sixième, le dieu qui sort d'une tuerie[3], etc. — En résumé, ce panthéon vitien est un polythéisme rudimentaire, grossièrement animique encore, et conçu absolument en dehors de toute idée morale : les dieux qui le composent sont simplement le reflet exact des hommes qui les ont imaginés.

Les Papous de la Nouvelle-Guinée sont moins avancés que les Vitiens; aussi leurs créations mythiques sont plus simples tout en restant essentiellement de même ordre. Les Papous de la Nouvelle-Guinée croient à l'existence de génies matériels, généralement malfaisants et habitant tantôt les forêts, tantôt la mer. Chaque brisant, chaque haut-fond est la demeure d'un génie spécial. Les Néo-Guinéens n'auraient point d'animaux sacrés, pas d'idoles non plus; pourtant ils sculptent de grossières images, que, sur l'invocation de leurs parents, les ombres des morts viennent de temps en temps habiter. Ces images sont des doubles artificiels, tout à fait analogues à ceux que l'on a rencontrés dans les hypogées d'Égypte[4].

Comme beaucoup de sauvages, les Papous ne comprennent pas la mort naturelle; ils ne l'admettent pas. Pour eux, les décédés ont encore les besoins des vivants. Ainsi les insulaires d'Alsou remplissent d'aliments, et cela pendant plusieurs jours, la bouche de leurs morts[5]. Les Néo-Guinéens attribuent la mort des enfants à la malveillance d'un génie.

1. Erskine. *Journal of a cruise in the Western Pacific*, 247.
2. H. Spencer. *Sociologie*, I, 271.
3. Williams. *Loc. cit.* I, 218.
4. G. L. Bink. *Bull. Soc. Anthrop.* (Réponses au questionnaire). 1888.
5. H. Spencer. *Sociologie*, I, 220.

qu'ils espèrent désarmer en lui offrant les cadavres des enfants décédés. A cet effet, ils déposent les petits morts sur les branches d'un grand arbre. Quant aux corps des esclaves, on les jette tout simplement à la mer; car ces êtres infimes n'ayant pas été respectés durant leur vie, ne le seront pas après leur mort. On fait plus de façons avec les corps des chefs, qui sont déposés sur une estacade dont les poteaux plongent dans la mer, exactement comme ceux qui supportent beaucoup d'habitations néo-guinéennes. Quand la putréfaction des cadavres est achevée, on recueille les ossements et on les inhume. Sur la tombe on érige des sortes de fûts cylindriques, tantôt en bois, tantôt en pierre, qui pourraient bien être simplement des doubles artificiels offerts aux ombres errantes des décédés; car on dépose près d'eux des ustensiles de chasse et de pêche, une rame, de la vaisselle[1], etc.

Comme les Néo-Guinéens, les Vitiens ne croient pas que la vie puisse être interrompue par le petit accident de la mort. Dans leur opinion, l'homme est triple et contient deux esprits; l'un, « l'esprit sombre », est simplement l'ombre; l'autre est l'image qui se reflète soit dans l'eau, soit dans un miroir. L'un de ces esprits, nous ne savons lequel, peut quitter le corps d'un homme pendant son sommeil et s'en aller tourmenter d'autres personnes endormies[2]. Les Vitiens expliquent ainsi le rêve, phénomène si important aux yeux de tous les sauvages. Au moment de la mort, il se produit, croient-ils, un dédoublement ou un détriplement définitif; mais alors on peut encore parfois, et par un simple appel, ramener l'esprit ou les esprits dans le corps qu'ils viennent d'abandonner[3]. Nous saisissons là sur le nu l'origine de l'évocation des morts, qui joue un rôle important dans la mythologie, et

---

1. G. L. Bink. *Bull. Société d'Anthrop.* (Réponses au questionnaire). 1888.
2. H. Spencer. *Sociologie*, I, 171, 196. — Williams. *Loc. cit.* 183, 242.
3. *Ibid.* I, 218.

cela nous explique en même temps pourquoi, chez nombre de peuples mélanésiens, on évite soigneusement de prononcer le nom des décédés; c'est qu'en le faisant, on pourrait les ramener sur la terre, les évoquer et on en a ordinairement grand'peur[1].

Des deux esprits du Vitien décédé, l'un, l'image reflétée, reste auprès du lieu où l'homme a exhalé le dernier soupir. C'est à cet esprit, fidèle à son ancienne demeure, qu'on offre des armes, des instruments, un double artificiel. L'autre esprit, l'ombre proprement dite, s'efforce de gagner le séjour des mânes, le *Bolotou*, mais le voyage au Bolotou est dangereux et accidenté. L'ombre doit d'abord gagner la pointe occidentale de *Vanna-Levou* et, durant ce voyage, il est important qu'elle tienne à la main l'âme, le double, d'une dent de cachalot; car cette dent doit devenir un arbre au sommet duquel l'ombre grimpe et se perche et où elle doit patiemment attendre la venue des ombres de ses femmes, que l'on a eu le soin pieux d'étrangler afin que leurs doubles fassent escorte à celui de leur époux et maître. Sans toutes ces précautions, l'ombre du Vitien reste tristement assise sur le promontoire fatal, jusqu'à l'arrivée de *Ravouyalo*, dieu féroce qui la tue définitivement et sans remède[2].

Une fois arrivée dans la paradisiaque *Bolotou*, où les ombres continuent à vivre comme l'avaient fait leurs corps, l'accueil réservé à l'ombre nouvelle-venue diffère suivant ses mérites. Pour être bien reçu dans le paradis vitien, il faut avoir été, de son vivant, un grand tueur, pouvoir se vanter devant le peuple des ombres d'avoir abattu beaucoup de guerriers, détruit beaucoup de villages, enfin d'avoir mené une glorieuse existence[3].

1. G. L. Bink. *Loc. cit.*
2. W. T. Pritchard, *Polynesian reminiscences*, 365.
3. H. Spencer. *Sociologie*, I, 271.

L'animisme des Vitiens est donc des plus grossiers; il est aussi des plus étendus, car il ne fait aucune différence entre les hommes, les animaux, les plantes et les objets inorganiques. En effet, dans l'univers vitien, tout a son double. A la mort d'une plante ou d'un animal, leur double se rend immédiatement dans le *Bolotou*. Les porcs, les yams vont aussi dans le *Bolotou*, tout comme les hommes. En détruisant ou brisant les objets inorganiques, quels qu'ils soient, on *tue* ces objets et ils se dédoublent à l'instant. Quand une hache ou un ciseau sont usés, hors de service, on les brise et leurs doubles partent à l'instant pour le Viti d'outre-tombe; il en est de même pour une maison, que l'on abat ou qui est détruite[1], etc. On peut donc dire que les Vitiens sont doués, à leur manière, d'un grand fonds de religion, aussi ont-ils des sorciers qui même méritent déjà le nom de prêtres, tandis que le sacerdoce est encore inconnu à la Nouvelle-Guinée[2]. Les indigènes des îles Arou et Kei ont déjà des pratiques de magie; ainsi avec des feuilles de *pandanus*, ils savent fabriquer des charmes pour retrouver les objets perdus[3]; mais les Vitiens ont des sorciers, capables d'invoquer les dieux de manière à se les incorporer, à en être possédés et à parler alors en leur nom, pendant un accès extatique[4]. Chaque village vitien avait ainsi ses sorciers-prêtres, servant d'intermédiaires entre les dieux et les mortels, transmettant aux premiers les demandes des derniers et recevant communication des volontés divines.

Les dieux vitiens ont déjà des maisons qui leur sont consacrées, des temples rudimentaires. Comme ce sont des dieux anthropomorphiques, on leur offre des cochons et des

---

1. Mariner. *Tonga islands*, II, 137.
2. G. L. Bink. *Loc. cit.*
3. O. Beccari. *Loc. cit.*
4. Williams. *Loc. cit.* I, 224.

bananes, soit pour les apaiser, soit pour se les concilier[1]. Les doubles artificiels, que l'on met à leur disposition, sont vivifiés par l'animisme naïf des Vitiens. De ces idoles primitives les plus remarquables sont des pierres sacrées, fort grossières, rappelant nos *pierres levées* d'Europe, et sur lesquelles on fait des offrandes d'aliments; car il faut bien que les dieux mangent[2]. C'est sûrement au nom de ces divinités que l'on prononce le *tabou*[3], coutume importée de la Polynésie et sur laquelle je vais avoir occasion de revenir en parlant de la Nouvelle-Calédonie.

VI. — RELIGION DES NÉO-CALÉDONIENS

La religion des Canaques néo-calédoniens ressemble essentiellement à celle des Papous néo-guinéens, mais elle est moins grossièrement immorale. A la Nouvelle-Calédonie, on n'a point divinisé les crimes. Les êtres mythiques sont de deux sortes : les uns personnifient les forces naturelles et gouvernent les éléments; parmi eux, il en est un très puissant, appelé l'*Esprit de la terre*[4]. D'autres sont des divinités evhémériques, des ancêtres divinisés, doués aussi d'un grand pouvoir, et souvent pleins de malveillance. Tous ces dieux sont anthropomorphiques. L'un d'eux, nommé *Baou*, est même tellement matériel, qu'il a souvent avec les femmes un commerce intime et d'une manière tout à fait sérieuse, du moins à en croire celles-ci[5]. En général, à la Nouvelle-Calédonie, les esprits des aïeux s'occupent beaucoup des hommes; suivant leur caprice, ils peuvent stériliser ou fertiliser les champs de

---

1. Dumont d'Urville. *Hist. univ. voy.* vol. XVIII, 300.
2. Williams. *Loc. cit.* I, 220. — W. T. Pritchard. *Loc. cit.* 363.
3. F. Müller. *Allgem. Ethnogr.* 312.
4. De Rochas. *Nouvelle-Calédonie*, 211.
5. Moncelon. *Bull. Soc. d'Anthrop.* (Réponses au questionnaire). 1886.

taro; ils protègent les uns et leur infusent dans les combats une irrésistible vigueur, ou bien ils affaiblissent leurs bras et les livrent sans défense aux coups de leurs ennemis[1]. Ces fantômes ancestraux sont très dangereux et très matériels; car ils peuvent se venger exactement comme ils le faisaient durant leur vie[2]. De même qu'en Australie, on croit, à la Nouvelle-Calédonie, que les esprits des morts peuvent à leur gré changer de race, et parfois on les reconnaît en voyant certains hommes blancs; on pense même que ces Canaques blanchis sont malfaisants et capables de déchaîner des maladies redoutables.

Ordinairement les ombres des morts ne restent pas à demeure auprès des cases; elles s'en vont soit dans les forêts, soit dans une autre île, soit dans une résidence sous-marine, pays de cocagne où elles s'ébattent, se livrent à des festins quotidiens, à des danses; car les ignames y surabondent. Dans ce fortuné séjour, les ombres des décédés retrouvent leurs ancêtres et deviennent comme eux, des espèces de divinités[3].

En résumé, les doubles des morts mènent dans les pays d'au-delà imaginés par les Canaques une vie analogue à celle qu'ils avaient menée de leur vivant; ils y conservent les mêmes besoins, comme le disent du reste assez clairement les coutumes funéraires. Les cadavres néo-calédoniens sont tantôt inhumés, surtout si ce sont des chefs, tantôt placés sur les branches d'un arbre ou adossés à son tronc. Parfois on laisse les corps se putréfier dans des cases construites exprès pour cet usage, des habitations mortuaires. Le moment venu, l'on recueille les ossements, qui sont ensuite déposés dans quelque anfractuosité de rocher naturelle ou

---

1. De Rochas. *Loc. cit.* 276.
2. Moncelon. *Loc. cit.*
3. H. Spencer. *Sociologie*, I, 244. — De Rochas. *Loc. cit.* 280.

artificielle, mais ordinairement au fond des bois. La lance, le casse-tête, les bracelets du guerrier sont fixés au-dessus de ses restes[1]. A des perches on suspend des ignames, des avas destinés à subvenir aux besoins du mort ou plutôt de son double. On espère que, trouvant ainsi à sa portée de quoi se nourrir, l'ombre ne viendra pas près des cases chercher à manger[2].

Chaque tribu a son cimetière, lieu sacré, *taboué*, où, autour de chaque tombe, sont fichées des armes, des pagaies[3]. Toujours le cadavre, inhumé ou déposé, est entouré d'étoffes et placé, comme en Australie, dans une position accroupie[4]. A la Nouvelle-Calédonie, il ne semble pas, et cela atteste une certaine supériorité morale des Canaques sur les Papous, que les funérailles s'accompagnent ordinairement de sacrifices humains; mais il n'en a sûrement pas été toujours ainsi. Autrefois, à la Nouvelle-Calédonie, on s'infligeait encore des mutilations funéraires. Aujourd'hui on se borne à des tatouages scapulaires, tatouages par incision, produisant, après cicatrisation, des bourrelets blanchâtres. Quelquefois les incisions sont remplacées par des brûlures. Enfin, à la mort d'un chef, quelques jeunes gens laissent pousser leurs cheveux pendant un an ou deux, jusqu'à une fête spéciale, et, durant la période de deuil, la chasteté est pour eux un devoir[5]. Parfois même la continence funéraire est d'obligation pour tous les hommes de la tribu pendant quinze jours ou un mois, jusqu'à célébration d'une fête commémorative[6]. Tout atténuées que soient ces pratiques douloureuses et ces abstinences, elles ne sauraient avoir d'autre but que

---

1. De Rochas. *Loc. cit.* 270.
2. Moncelon. *Loc. cit.*
3. Cook. (Deuxième voyage). *Hist. univ. voy.* vol. VIII. 452. — De Rochas *Loc. cit.* 270.
4. Moncelon. *Loc. cit.*
5. *Ibid.*
6. De Rochas. *Loc. cit.* 286.

d'apaiser l'ombre du mort, de la désarmer. Sous des formes diverses, nous retrouverons dans nombre de contrées des coutumes analogues.

Toujours avec l'idée d'expier ou plutôt de conjurer la colère des esprits ou des divinités, les Canaques pratiquent une parodie fort comique du sacrifice d'Iphigénie : en cas de maladie d'un chef ou de quelque calamité publique, ils prennent une des plus belles filles de la tribu, la couchent sur le ventre; puis ils la fustigent vigoureusement et sérieusement[1]. Rien de plus commun dans le monde que ces pratiques expiatoires; mais elles ne sont pas toujours aussi bénignes, et celle-ci témoigne en faveur de l'humanisation des Canaques.

La sorcellerie est assez développée à la Nouvelle-Calédonie. On use et abuse à tout propos des talismans, des gri-gris; il y en a pour faire la pluie et le beau temps, pour gouverner les vents, pour déclarer la guerre, pour vouer un individu à la mort[2]; on les compose avec des herbes, des écorces, des pierres taillées; les guerriers en roulent dans leur écharpe avant de s'exposer aux chances d'un combat; on s'en sert pour se garantir du mauvais vouloir des ombres avant d'entrer dans un cimetière; on a soin d'en enfouir dans les plantations nouvelles pour rendre celles-ci fertiles[3]. Le *tabou* lui-même est personnifié par un talisman quelconque, un bâton gravé, des feuilles, des herbes. Comme en Polynésie, ces *tabous* sont très capricieux et leur violation est sévèrement punie, souvent par des peines corporelles, quelquefois par la mort[4]. Cette coutume du *tabou* semble assez répandue en Mélanésie, car on l'a rencontrée en Nouvelle-Guinée et elle doit être d'origine polynésienne[5]. J'aurai achevé de donner

1. De Rochas. *Loc. cit.* 295.
2. Moncelon. *Loc. cit.*
3. De Rochas. *Loc. cit.* 293.
4. *Ibid.* 260, 281.
5. O. Beccari. *Loc. cit.*

une idée de la sorcellerie canaque en disant que les Néo-alédoniens croient fermement au mauvais œil, à la *jettatura*, comme leurs congénères inférieurs d'Australie[1].

La sorcellerie implique l'existence de sorciers. Il n'en manque pas à la Nouvelle-Calédonie. Ce sont souvent des vieilles femmes et, en cas de malheurs publics, elles sont volontiers sacrifiées[2]. Les sorciers mâles ne sont pas encore des prêtres, mais ils sont en voie de le devenir. Les plus estimés d'entre eux ont publiquement des accès de délire extatique, après lesquels ils rendent compte de leurs visions : « Mon cœur, disent-ils, était parti; j'ai vu le père, le frère d'un tel (morts depuis tant d'années); j'ai vu tels et tels esprits; j'ai assisté à une grande fête chez nos ancêtres, etc., etc. ». Un Canaque converti eut aussi le spectacle de l'enfer. Pendant les sermons des missionnaires, il n'est pas rare de voir des Néo-Calédoniennes tomber dans des accès délirants, qui parfois se propagent par contagion imitative[3]. — Pourtant la race est en général peu impressionnable et rebelle à la grâce : « Tu parles beaucoup, disent-ils aux missionnaires; ta bouche est un ruisseau..., mais quand nous donneras-tu des vivres?... Vois-tu, ce qu'il nous faut à nous, c'est ce qui remplit le ventre ». Se remplir le ventre, c'est là le grand point; aussi ce qui frappe le plus les Canaques à bord des navires de guerre, c'est le spectacle du dîner de l'équipage : « Ces Oui-oui, disent-ils, ont beaucoup à manger; ils sont puissants »[4].

---

1. Moncelon. *Loc. cit.*
2. De Rochas. *Loc. cit.* 288.
3. *Ibid.* 135.
4. *Ibid.* 146.

VII. — L'ÉVOLUTION MYTHOLOGIQUE EN MÉLANÉSIE

Voilà terminée la première étape du long voyage que nous avons entrepris dans le domaine des mythes ; elle nous inspire déjà quelques réflexions. Aucun des divers groupes de la race mélanésienne n'est sorti de l'animisme rudimentaire ; pourtant on peut constater une certaine gradation, une évolution, dans les illusions mythiques. Les Veddahs n'ont guère dépassé le respect fétichique de certains animaux et la croyance à la survie, sûrement fort courte, de leurs morts. Ces ombres, ces doubles, ces revenants, ils se les figurent avec la forme et les besoins qu'ils avaient de leur vivant.

L'imagination des Tasmaniens n'avait guère été plus féconde ; mais déjà ils s'efforçaient de peser sur les décisions de leurs fantômes et avaient inventé dans ce but des procédés magiques. En cela les Australiens les ont imités, mais en variant davantage les pratiques ; ils ont aussi imaginé quelques êtres mythiques ayant la forme humaine ou animale, mais n'étant plus seulement les ombres des trépassés. En même temps, les Australiens perfectionnaient, compliquaient leur magie et inventaient des charmes nombreux.

Chez les Papous, nous avons trouvé le même fonds mythopoiétique, mais en outre tout un panthéon de dieux plus abstraits et plus atroces : des crimes divinisés.

En somme tout cela est bien grossier, bien naïf, et, si l'on n'est pas aveuglé par un parti pris très enraciné, il est tout à fait impossible d'y découvrir aucun caractère de mentalité supérieure. Ces conceptions soi-disant religieuses dénotent au contraire une extrême débilité de l'intelligence et de la raison ; la sublimité n'y brille que par son absence. Mais, toutes grossières qu'elles soient, ces illusions enfantines exercent déjà une influence des plus nuisibles. L'imagination des pauvres êtres, qui les ont conçues, est hantée de folles terreurs, qui aggravent beaucoup les conditions d'une existence déjà affreuse. Enfin ces erreurs ont des conséquences sociales terribles, puisqu'elles suscitent incessamment des vengeances atroces et inspirent déjà ces sacrifices humains, dont, chez les Papous, chaque décès est l'occasion, sans parler des mutilations ou blessures funéraires, que les survivants se croient obligés de s'infliger.

Ces mœurs horribles, dont certainement l'humanité n'a pas lieu de s'enorgueillir, nous les verrons, avec des variantes, établies chez toutes les populations primitives et notamment dans l'Afrique nègre.

CHAPITRE III

L'ANIMISME DANS L'AFRIQUE AUSTRALE

Les Bochimans et les Hottentots. — Coutumes funéraires. — Spiritisme. — Mutilations funéraires. — L'inhumation accroupie chez les Hottentots. — Esprits des morts et dieux animiques. — Sacrifices et offrandes. — II. *Les Cafres.* — Faiblesse de l'instinct religieux chez les Cafres. — Témoignages de Moffat et de Livingstone. — *Compelle intrare.* — Tsékelo. — L'ombre en Cafrerie. — Animisme des Béchuanas. — Tonnerre anthropomorphique. — Les doubles humains et les animaux. — *Post hoc, ergo propter hoc.* — Coutumes funéraires. — Inhumation et abandon. — Le filet funéraire. — Rites funéraires. — Offrandes fictives. — Les méfaits des morts. — Funérailles royales. — Hécatombes humaines. — L'ombre du mort. — L'ombre mortelle. — Évhémérisme. — Un Cafre matérialiste. — Dieux evhémériques. — Les *morimos.* — Malfaisance des dieux cafres. — Mythe des Amazoulous. — Un transformiste cafre. — Sorcellerie et magie. — Faiseurs de pluie. — Empêcheurs de pluie. — Sacrifices. — Le sorcier-prêtre. — Deux augures. — Fêtes. — III. *Ce que vaut la religion dans l'Afrique australe.* — Deux genres d'impiété. — Illusions enfantines. — Fâcheuses conséquences des idées religieuses en Cafrerie.

I. — LES BOCHIMANS ET LES HOTTENTOTS

Dans le précédent chapitre, j'ai pu esquisser à grands traits les croyances et pratiques religieuses des Papous, des nègres mélanésiens, qui, tout en étant disséminés sur de nombreux archipels, ne forment en définitive qu'une même race d'importance secondaire dans l'humanité. La race ou plutôt les races noires d'Afrique constituent un rameau beaucoup plus considérable du genre humain et nécessitent une plus longue étude. Dans ce chapitre, je parlerai seulement des noirs et négroïdes de l'Afrique australe, des Bochimans, des Hottentots, et des Cafres, c'est-à-dire de populations chez qui l'instinct, le sentiment dit religieux est au minimum.

On sait que les Bochimans nous représentent les Hottentots primitifs et figurent parmi les types les plus inférieurs du genre humain. Le souci religieux ne les tourmente guère ; pourtant ils ont quelques-unes des croyances animiques, que l'on appelle communément religieuses, et dont certaines pourraient bien provenir de leurs frères ennemis, les Hottentots. Un chef, car leurs hordes nomades ont déjà des chefs, un chef bochiman nommé Makoun déclarait nettement ne pas croire à une autre vie; mais il n'en est pas de même de ses congénères, qui enterrent leurs morts avec leurs arcs et leurs flèches et espèrent, dit-on, revivre dans une contrée giboyeuse[1]. Prenons acte de cette illusion, si commune aux hommes primitifs, et dont j'ai précédemment indiqué la genèse. Les Bochimans admettraient aussi l'existence de certains esprits, les uns mâles, les autres femelles, qui sont probablement les ombres de leurs défunts notables, qui peuvent aussi être tout simplement des emprunts faits aux Hottentots[2]. Quoi qu'il en soit, une coutume en vigueur chez les pauvres Bochimans atteste assez clairement leur croyance en l'existence d'êtres invisibles et malveillants; j'entends parler de leur usage de se désarticuler une phalange du petit doigt. Un vieillard, ainsi mutilé, disait au voyageur Thompson que sa mère lui avait fait subir cette opération aussitôt après sa naissance, pour le préserver du malheureux sort de ses frères et sœurs nés avant lui et tous morts en très bas-âge[3]. Les pratiques de ce genre sont fort communes dans l'humanité primitive, et toujours ce sont des sacrifices faits dans le

---

1. Quatrefages, *Espèce humaine*, 26.
2. Quatrefages. *Loc. cit.*
3. Thompson *Hist. uni voy.* vol. XXIX, 163.

but de désarmer les mauvais esprits, d'apaiser leur soif de sang et de mort, en leur offrant une petite partie du corps afin de sauver le reste. Tient-on à appeler religieuses ces aberrations à la fois barbares et enfantines? soit; mais c'est à coup sûr une religion bien rudimentaire. Quoique plus intelligents et ayant déjà adopté la vie pastorale, les Hottentots n'étaient guère plus religieux que les Bochimans, leurs voisins. Quand un des leurs venait à mourir, ils l'enveloppaient de son plus mauvais vêtement ou *kros*, le plaçaient dans la position accroupie, sûrement pour qu'il occupât moins de place, et l'inhumaient à quelque distance de leur campement, dans une fosse peu profonde, qu'ils comblaient ensuite avec de la terre et des pierres[1]. Or le souci de préserver, d'une manière quelconque, le cadavre de la dent des carnassiers ou du bec des oiseaux carnivores implique généralement la croyance si répandue chez les sauvages, à la survie du double après la mort au moins pendant un certain temps. Les Hottentots devaient donc croire à l'existence des doubles spirituels. Certaines de leurs tribus d'ailleurs, notamment celle des Korannas, usaient et même abusaient des pratiques de la magie. Or, ces deux genres d'aberrations, la magie et la spiritisme, se tiennent de fort près.

Les idées des Hottentots à propos de la vie future étaient très confuses encore[2]. Déjà pourtant ces sauvages redoutaient le voisinage des ombres, que les morts devaient laisser derrière eux, et, après chaque décès, le krâl hottentot se hâtait de décamper[3].

Quant à des croyances en des êtres mythiques méritant d'être appelés *dieux*, l'existence en est fort douteuse chez les Hottentots. Levaillant rapporte que chez une seule tribu,

---

1. Levaillant. *Hist univ. voy.* vol. XXIV, 179.
2. Thompson. *Ibid.*, vol. XXIX, 196.
3. Peschel. *Races of man*, 400.

celle des Kolobiquois, il a rencontré quelque confuse idée d'une divinité[1]; mais, dit le même voyageur, on ne trouva pas trace de cette croyance chez les autres tribus, et sur ce point le témoignage de Levaillant est précieux, car il a devancé les missionnaires européens dans ces régions et par conséquent n'était pas exposé à prendre pour indigènes des croyances importées : genre de méprises qui est très commun. « Pour ce qui est de la religion, du culte, des prêtres, des temples, de l'idée d'une âme immortelle, dit Levaillant, tout cela est nul pour eux; sur ce point, ils sont ce que sont tous les autres sauvages, leurs voisins; ils n'en ont pas la plus légère idée[2]. » Le passage de Levaillant s'applique à la tribu des Grands Namaquois, mais le voyageur en dit autant des Hottentots en général. Un autre explorateur, Kolbe, affirme bien que les Hottentots adoraient un dieu logé dans la lune, la pleine lune, et lui adressaient un culte consistant en danses nocturnes et chants, qu'il déclare d'ailleurs inintelligibles[3]; mais Levaillant déclare que Kolbe, « voyageur en chambre », comme il l'appelle dédaigneusement, s'est grossièrement mépris. Si, ajoute Levaillant, Kolbe avait compris ces chants pour lui inintelligibles, il aurait vu que c'étaient simplement des récits improvisés se rapportant à une aventure quelconque arrivée à un indigène de leur horde ou d'une horde voisine. Ces récits chantés, on les répète indéfiniment, parfois pendant toute une nuit : en résumé on chante et on danse simplement pour s'amuser et, pour cela, l'on préfère la nuit au jour, surtout les nuits claires, parce qu'elles sont plus fraîches[4]. Kolbe aurait donc commis une de ces lourdes bévues dans lesquelles tombent fréquemment les voyageurs naïfs et mal renseignés, qui veulent voir de

---

1. Levaillant. *Loc. cit.* 379.
2. *Ibid.* 342.
3. Prichard. *Hist. natur. de l'homme*, II, 303.
4. Levaillant. *Loc. cit.* 181.

la religion partout et toujours. Ce qui est sûr, c'est que les Hottentots n'ont ni culte, ni temples, ni prêtres[1].

Un autre voyageur, Campbell, qui, lui, n'était pas un voyageur en chambre, croit devoir attester que les Hottentots ont des idées religieuses, mais il le fait dans des termes tout à fait comiques. « Les Namaquois, dit-il, reconnaissent l'Être suprême, mais sans en avoir aucune notion et sans savoir qu'ils ont une âme; ils croient qu'ils meurent tout entiers comme les bêtes[2]. » Certes, il est difficile de plus mal défendre une mauvaise cause. Le passage suivant de la même relation est moins critiquable, puisqu'il affirme seulement l'existence chez les Hottentots de quelques croyances animiques : « Une éclipse de soleil ou de lune, dit Campbell, les alarme beaucoup et leur fait supposer qu'il s'ensuivra de grandes maladies[3]. » Le fait est plus vraisemblable et concorde avec d'autres témoignages, suivant lesquels les Hottentots manifesteraient quelque vénération pour une certaine espèce de coléoptère, croiraient aussi à l'existence d'un esprit méchant, qu'ils se représentent sous les traits d'un petit homme contrefait, grand ennemi des gens de leur race, et l'auteur de tous les maux qui les affligent. Pour apaiser ce démon malfaisant, on lui faisait des sacrifices et offrandes[4]. — Des témoignages plus récents et plus complets ont établi que l'animisme des Hottentots était plus compliqué que ne l'avaient cru les premiers observateurs. Aux yeux des *Khoi-Khoi* (Hottentots), la lune, les Pléiades, la foudre étaient conçus comme des êtres vivants, de forme humaine, et on leur demandait de la pluie, dont les pâturages avaient le plus urgent besoin. En outre, des sorciers, réputés puissants pendant leur vie, étaient invoqués après leur mort. Les doubles de ces sorciers devenaient des sortes

---

1. Levaillant. *Loc. cit.* 51, 342.
2. Campbell. *Hist. univ. voy.*, vol. XXIX, 340.
3. *Ibid.*
4. Prichard. *Loc. cit.* II, 303.

de génies, desquels on attendait de l'aide pour trouver du miel, des racines comestibles, du gibier, etc.[1]. Tout cela est fort acceptable, et nous constaterons l'existence d'illusions de ce genre chez nombre de primitifs, à commencer par les voisins immédiats des Hottentots, les Cafres, dont l'animisme est pourtant réduit à sa plus simple expression.

II. — LES CAFRES

Les Hottentots sont plutôt des négroïdes que de vrais nègres; en outre ils figurent parmi les races tout à fait inférieures. Au contraire, leurs rivaux et voisins, les Cafres, appartiennent à l'aristocratie des races noires et proviennent sûrement de ces colonies éthiopiennes, qui, de tout temps et dans diverses directions, ont essaimé à travers le continent africain. Au point de vue mythologique, l'étude des Cafres offre donc un intérêt particulier. En effet, si, comme on l'a prétendu, l'instinct dit religieux dénote nécessairement un degré supérieur de mentalité, il doit toujours se développer corrélativement à la place qu'occupe un type humain quelconque dans la hiérarchie des races. Or, les Cafres ou Bantous, à ne les juger que par leurs aptitudes mythiques, seraient tout à fait inférieurs. — Toujours ils ont fait le désespoir des missionnaires européens, même de missionnaires extrêmement distingués. Aussi, avant d'exposer leurs conceptions religieuses, il me faut d'abord parler de leur irréligion Nous possédons à ce sujet des témoignages précieux et divers : je ne citerai que les principaux.

Écoutons d'abord M. Moffat, le beau-père du célèbre Livingstone. Dans la très curieuse relation qu'il nous a laissée de ses campagnes évangéliques en Cafrerie, Moffat

---

1. Théoph. Hahn. *Tsuni* || *Goam.* 27, 29, 58, 60, 131.

se lamente longuement à propos de l'obstinée résistance, que les naturels opposaient à ses prédications, et cette résistance ne provenait ni d'apathie, ni d'inintelligence.

« Pendant plusieurs années d'un travail en apparence inutile, dit Moffat, j'ai souvent désiré découvrir quelque idée religieuse qui me donnât accès auprès des indigènes, mais aucune notion de ce genre n'avait jamais traversé leur esprit. Leur dire qu'il existe un créateur, maître du ciel et de la terre, leur parler de la chute de l'homme, de rédempteur, de résurrection, d'immortalité, c'était les entretenir de choses qui leur semblaient plus fabuleuses et plus extravagantes encore que leurs ridicules légendes relativement aux lions, aux hyènes et aux chacals. On peut comparer notre travail aux efforts que ferait un enfant pour saisir la surface polie d'un miroir.... Ils écoutaient volontiers, pourvu qu'on leur donnât un peu de tabac ou quelque autre bagatelle en échange du temps qu'ils accordaient. Quelques-uns même spéculaient sur l'intérêt qu'ils inspiraient aux missionnaires. J'en ai connu plusieurs qui se sont vantés, pendant plusieurs années, de leur habileté à duper les missionnaires, etc., etc.[1].

« Après que le missionnaire s'est efforcé, pendant des heures entières, de leur inculquer l'idée d'un être suprême, ils le déconcertent en disant : « Que voulez-vous dire? » Quand il a réussi à faire entrer dans la tête du sauvage ces idées, pour lui d'une si solennelle importance, on lui dit que « ses fables sont assurément fort merveilleuses, mais que les leurs le sont bien autant[2] ». — « Nous nous efforcions, en public et en particulier, de leur inculquer les grandes vérités de la création et de la Providence; mais nous recevions invariablement cette réponse : « *Makahélo!* (Pur mensonge!)[3] »

---

1. R. Moffat. *Vingt-trois ans de séjour dans le sud de l'Afrique*, 156.
2. *Ibid.* 168.
3. *Ibid.* 202.

Mais les Cafres ne se bornaient pas toujours à de simples dénégations. Un jour, un chef qui, appuyé sur sa lance, avait écouté tranquillement une allocution du missionnaire, appela une trentaine de ses hommes et leur tint à son tour le petit discours suivant : « Voici Ra-Marie (le père de Marie, « Moffat) qui me dit que le ciel et la terre ont été faits par « un commenceur de toutes choses, qu'il appelle *Morimo*. (Nous verrons tout à l'heure quel est le sens du mot cafre « *Morimo* ».) Avez-vous jamais rien entendu de semblable? « Il dit que le soleil se lève et se couche par la puissance de « *Morimo*; que c'est *Morimo* qui fait succéder l'hiver à l'été, « que le vent souffle, que la pluie tombe, que l'herbe pousse « et que les arbres donnent des feuilles; en un mot, ajouta-« t-il en portant sa main au-dessus de sa tête et autour de « lui, Dieu travaille dans tout ce que vous voyez et entendez! « Avez-vous jamais entendu de telles paroles? » Comme il les voyait prêts à éclater de rire, « Attendez, continua-t-il, je « n'ai pas tout dit : « Ra-Marie me dit que nous avons en « nous des esprits, qui ne mourront jamais, et que nos « corps, bien que morts et enterrés, se relèveront et vivront « de nouveau. Ouvrez aujourd'hui vos oreilles; avez-vous « jamais entendu des fables comme celles-là? » Cette allocution fut suivie d'éclats de rire assourdissants et, quand ils s'apaisèrent, le chef me pria de ne plus revenir sur de telles billevesées, de peur qu'on ne me prît pour un fou[1]? » — Consciencieux et honnête comme il l'était, Moffat s'efforça de se rendre compte de l'état religieux des Cafres avant ses prédications : « Je demandai un jour, dit-il, à un homme, dont la mémoire était aussi fidèle que son jugement était sûr : « Quelles étaient vos impressions dans votre état naturel, « avant d'avoir entendu l'Évangile? Quelles étaient-elles « après avoir commis des crimes publics ou secrets, quand

---

1. Moffat. *Loc. cit.* 169.

« vous posiez la tête sur votre oreiller? N'y avait-il point de
« crainte dans votre cœur, point de fantômes devant vos
« yeux, point de conscience qui vous accusât d'avoir fait le
« mal? N'aviez-vous nulle palpitation de cœur, nul effroi de
« l'avenir? » — « Non, répondit-il, comment aurions-nous
« pu sentir ou craindre? Nous n'avions pas l'idée que nous
« fussions vus par un œil invisible. Que pouvions-nous
« savoir d'un autre monde avant que la parole de Dieu nous
« eût apporté la vie et l'immortalité? Quand vous êtes venus
« à nous, nous étions des bêtes et non des hommes[1] ». —
« L'homme, disaient d'autres, n'est pas plus immortel que
« le bœuf et l'âne. On ne voit pas les âmes[2]. »

Livingstone abonde dans le même sens que son beau-père : « Il est difficile, dit-il, de faire comprendre à un Européen le peu d'effet que produit l'instruction religieuse sur ces peuplades sauvages. On ne peut se figurer le degré d'abaissement où est restée leur intelligence au milieu de la lutte incessante à laquelle ils sont condamnés pour subvenir aux premiers besoins de la vie. Ils écoutent nos paroles avec respect, avec attention ; mais, quand nous nous mettons à genoux pour prier un être invisible, nous leur paraissons tellement ridicules, tellement insensés, qu'ils sont saisis d'un rire inextinguible.... J'étais présent, lorsqu'un missionnaire essaya de chanter au milieu d'une réunion de Béchuanas, chez qui la musique était chose inconnue. L'hilarité de l'auditoire fut si grande que chaque visage était baigné de larmes. Toutes leurs facultés sont absorbées par les besoins du corps et il en est ainsi depuis que cette race existe. » — Chez les Makololos, les indigènes les plus intelligents tenaient au missionnaire le langage suivant : « Presque tous les enfants parlent des choses étranges dont vous étonnez leurs

---

1. Moffat. *Loc. cit.* 169.
2. *Ibid.*

oreilles; mais les vieillards secouent la tête en disant :
« Pouvons-nous rien savoir des objets dont il nous entre-
« tient?... D'où cela peut-il venir, ajoutaient quelques-uns
« d'entre eux? Nous conservons toujours ce que l'on nous dit à
« propos des autres choses et, quand vous nous parlez de
« sujets bien plus merveilleux que tout ce que nous avons
« entendu, vos paroles s'enfuient de nos cœurs, etc. » La masse
laissait dire, en s'écriant : « Est-ce que nous savons? Est-ce
« que nous pouvons comprendre[1]? » — Un chef de la tribu des
Bakouins se convertit, terrifié qu'il était par la crainte de
l'enfer, mais ses sujets étaient rebelles à la grâce et, pour les
convertir, leur souverain proposait de recourir à un moyen
très simple : « Vous imaginez-vous qu'il suffise de parler à
« ces gens-là pour leur faire croire ce que vous dites? Moi, je
« ne puis rien en obtenir qu'en les battant. Si vous voulez,
« j'appellerai mes chefs, et, au moyen de nos *litupas* (fouets
« en peau de rhinocéros), nous aurons bientôt fait de les
« décider à croire.[2] » On voit que le « *compelle intrare* » n'a
pas été inventé seulement par les blancs.

Il y a une vingtaine d'années, pendant l'hiver 1869-1870, j'eus
la chance de rencontrer à Paris un principicule cafre, Tsékelo,
alors héritier présomptif de la très petite couronne des
Basoutos, et je ne manquai pas de l'interroger sur l'intéressant
sujet qui nous occupe. Tsékelo avait été amené en Europe
par M. Casalis, fondateur d'une mission protestante chez les
Basoutos; il avait été catéchisé par les missionnaires, mais
avait obstinément refusé le baptême. Il me confirma l'exactitude des témoignages que je viens de citer et dont il lui fut
donné lecture. C'était, disait-il, la première fois qu'il entendait
dire à ce sujet la vérité en Europe. Sans hésitation aucune, il
affirma que les Basoutos étaient athées avant la venue des mis-

---

1. Livingstone. *Explorations*, etc.
2. Livingstone. *Loc. cit.*

sionnaires dont, d'ailleurs ils n'acceptaient les dires qu'avec mesure et discernement, et surtout parce qu'ils sentaient le besoin de se civiliser[1].

L'affaire peut donc être considérée comme entendue et les Cafres doivent à bon droit être considérés comme une population d'athées primitifs. S'ensuit-il qu'ils soient absolument indemnes des illusions, des erreurs de raisonnement, auxquelles les Européens ont l'habitude d'attacher une valeur religieuse? Nous allons voir que non.

Et comment ces populations seraient-elles exemptes d'animisme, illusion inhérente à la primitive constitution mentale de l'humanité[2]. Nombre de nos contemporains des pays civilisés n'ont pas dépassé cette phase première de l'évolution psychique, et nous avons vu qu'aujourd'hui encore elle est l'essence même de l'expression poétique.

J'ai déjà parlé de l'importance considérable que les Cafres donnent à l'ombre; pour eux, ce n'est pas une silhouette, une tache, résultant de l'interception des rayons lumineux, c'est une sorte de double réel accompagnant le corps, pendant la vie, mais ayant une existence propre. Allant plus loin encore que l'auteur de la *Divina Commedia*, ils croient que les cadavres n'ont pas d'ombre[2]. D'autre part, ils vivifient, ils animisent tout ce qui les frappe, tout ce qu'ils ne comprennent pas. Un Béchuana intelligent, voyant pour la première fois un navire européen, le prenait pour un être vivant, pour un animal[3]. Les Cafres, déjà arrivés à la vie pastorale et agricole, ont de la pluie un urgent besoin; aussi s'occupent-ils constamment des nuages, qu'ils considèrent comme des êtres vivants. Les nuées basses, celles qui se résolvent le plus facilement en ondées,

---

1. Letourneau. *Bulletin de la Société d'Anthropologie*, tome VII, 2ᵉ série p. 688 (1872).
2. Lubbock. *Orig. Civil.* 324.
3. Thompson. *Travels and adventures in South Africa* (2ᵉ édition).

s'appellent en Cafrerie *nuages femelles*. Aux faiseurs de pluies, dont je parlerai tout à l'heure, on demande d'ouvrir les mamelles des cieux[1]. L'imagination des Cafres n'a pas manqué non plus de spéculer sur les orages, si habituellement accompagnés de pluies. Le tonnerre est, pour eux, la voix d'un esprit dont les éclairs sont les flèches de feu : « N'avez-vous pas vu notre *morimo*? disaient-ils à Moffat; Ne l'avez-vous pas vu lancer ses flèches de feu? N'avez-vous pas entendu sa voix dans les nuages?[2] » Comme la plupart des sauvages, les Cafres ne distinguent guère entre les animaux et les hommes; ils pensent que les esprits de ces derniers peuvent aisément s'incarner dans le corps des premiers. Chez les Amatongas, il existe une espèce de serpents ayant la réputation de loger des ombres humaines; on reconnaît facilement ces reptiles à une cicatrice spéciale qu'ils portent sur le côté[3]. Certains animaux sont particulièrement respectés; ainsi les Béchuanas ne mangent pas de poisson, sans doute par suite d'une superstition totémique.

Les fausses applications de l'universel « *Post hoc, ergo propter hoc* » sont aussi très communes en Cafrerie. Chez les Matchlappis, il est interdit de couper certains arbres tant que le sorgho est sur pied; cela empêcherait la pluie de tomber. Défense aussi de se mettre en voyage avant le mois de décembre par une matinée nuageuse ou de faire un ouvrage quelconque; cela encore arrête la pluie. Si quelqu'un meurt, il est interdit de sortir ce jour-là de sa case[4], évidemment parce qu'on craint de rencontrer l'ombre du défunt. Mais ce dernier fait nous conduit à parler des coutumes funéraires en usage en Cafrerie. En tout

1. Moffat. *Loc. cit.* 196.
2. *Ibid.* 197.
3. H. Spencer. *Sociologie.* I, 451.
4. Campbell. *Hist. univ. voy.*, vol. XXIX, 353, 354.

pays, il est rare que ces coutumes ne renseignent pas plus ou moins sur l'idée que l'on se fait de la vie future.

Les Cafres Damaras cousent le cadavre dans une vieille peau de bœuf, puis l'enterrent dans un trou; après quoi les assistants ont bien soin de piétiner sur la fosse; car les morts cafres ont une tendance des plus fâcheuses à sortir de leur tombe et ordinairement ils sont animés de très mauvaises intentions. Souvent on préfère abandonner les cadavres dans la campagne, à la dent des loups; on pense qu'une fois dévorés, ils sont entièrement détruits et ne viennent plus tourmenter les vivants[1]. En général on a horreur des cadavres; ceux des pauvres sont habituellement abandonnés aux bêtes.

Moffat a vu un fils traîner tranquillement dans la campagne le cadavre de sa mère, attaché à une courroie, et l'abandonner derrière un buisson, pour qu'il fût dépecé par les hyènes et les chacals. La manière de traiter les morts varie d'ailleurs suivant le mot d'ordre donné par les sorciers, qui, toujours pour avoir de la pluie, prescrivent tantôt l'abandon, tantôt l'inhumation[2]. Pour les cadavres des chefs, on a souvent recours à l'inhumation, qui se fait au sein du village même, dans le forum cafre, dans l'enclos où les hommes se réunissent pour palabrer[3].

Quand on a l'intention d'inhumer les gens, on s'y prépare un peu avant leur mort, au moment de l'agonie, en les empaquetant dans un filet, qui maintient le corps dans la position accroupie, les genoux au menton. Grâce à cette précaution, la fosse peut être étroite; elle n'a guère en effet que trois pieds carrés; mais on lui donne une profondeur de six pieds. Avant l'inhumation, les parois de la fosse sont frottées avec une grosse espèce d'oignon, commune dans le pays; puis on y

---

1. H. Spencer. *Sociologie*, I, 226, 227.
2. Moffat. *Loc. cit.* 194.
3. Burchell. *Hist. univ. voy.* vol. XXIV, 465.

porte le cadavre, qui doit sortir de sa case non par la porte de clôture, mais par une brèche. On a soin de placer le mort dans la fosse, de telle sorte que sa face soit tournée vers le nord, coutume qui doit remonter aux premiers immigrants cafres. Aux pieds du corps on place quelques fragments de fourmilières; puis on enlève le filet mortuaire et on comble la fosse avec de la terre soigneusement expurgée de racines et de cailloux, sans doute pour éviter au défunt des contacts gênants ou douloureux. Cela fait, on jette sur la tombe une petite branche d'acacia et on y élève un monticule de pierres. Après quoi, l'on verse sur le tout un grand baquet d'une infusion d'oignons en criant : « *Poula! Poula!* » (Pluie! Pluie!), évidemment pour que l'ombre du défunt n'oublie pas de songer à l'arrosage des champs. Enfin, une vieille parente apporte les armes du décédé, des semences, des plantes, etc., en disant : « Voilà ce qui est à toi; voilà de quoi manger et de quoi te tenir chaud »; mais ce don est purement symbolique; ce n'est plus qu'une offrande votive; car, après avoir montré au mort ces objets, on les remporte. Pour terminer, on répand plusieurs vases d'eau sur le lieu d'inhumation et l'on se retire, sauf les femmes, qui restent près de la tombe en criant et en gémissant[1]. En Cafrerie, on a des morts une vive crainte. On croit en effet qu'ils peuvent grandement soit influer sur la pluie et le beau temps[2], soit commettre mille méfaits. Le *cairn*, qu'on élève sur la tombe[3], a probablement pour objet d'empêcher les inhumés d'en sortir.

Ces cérémonies, au total assez simples, étaient ou sont encore à l'usage des gens de médiocre importance. Les funérailles des grands, là où les Cafres avaient fondé des monarchies assez considérables, n'étaient pas aussi innocentes.

---

1. Moffat. *Loc. cit.* 194. 195.
2. H. Spencer. *Sociologie*, I, 218.
3. Levaillant. *Loc. cit.* 210.

Avant tout, on s'inquiétait de donner à l'ombre du petit potentat une escorte convenable et, pour cela, des sacrifices humains étaient nécessaires. Nous verrons qu'en tout pays, durant les phases sauvages ou barbares de l'évolution sociale, ces horreurs funéraires sont choses habituelles. En parlant de l'*Évolution de la morale,* j'ai brièvement raconté comment les funérailles de la mère de Tchaka, roi des Zoulous, coûtèrent la vie à environ sept mille personnes, qui, à l'envi, se massacrèrent elles-mêmes ; après quoi on eut soin d'enterrer vivantes douze jeunes filles, destinées à remplir l'office de suivantes près de la reine défunte dans la Cafrerie de l'au-delà[1].

De telles coutumes funéraires proclament hautement que, dans l'opinion des Cafres, l'homme ne meurt pas tout entier. Le quelque chose qui survit après la mort est une ombre matérielle, une « fumée », me disait textuellement Tsékelo[2]. Cette ombre a la forme et le caractère du défunt et elle continue à mener une existence analogue à l'existence terrestre. Les Amazoulous croient même que l'ombre peut encore mourir de mort violente, être tuée, se noyer par exemple, au passage d'une rivière[3].

Les Cafres, qui sont déjà de fervents monarchistes, ont, nous l'avons vu jadis, une forte tendance à diviniser leurs princes, même de leur vivant. Ils les louent durant leur vie avec une exagération lyrique, un enthousiasme délirant, les dotant de toutes les perfections et d'une puissance surhumaine[4] ; aussi n'est-il pas surprenant qu'ils continuent à les adorer après leur mort et à invoquer, le cas échéant, leur intervention surnaturelle[5].

Ces croyances sont habituelles chez les Cafres ; elles n'ont

---

1. Letourneau. *Évolution de la morale,* 214, 215.
2. *Bulletins Soc. d'Anthropologie,* 1873.
3. H. Spencer. *Sociologie,* I, 243.
4. Moffat. *Loc. cit.* 175, *passim.*
5. H. Spencer. *Sociologie,* I, 270.

rien de particulièrement extraordinaire; pourtant tous les Cafres ne les partagent pas. Les citations, que j'ai eu précédemment l'occasion de faire, suffiraient presque à le prouver, mais on en peut trouver de plus précises. Ainsi un faiseur de pluie disait au missionnaire Moffat, en lui montrant son chien : « Quelle est la différence entre moi et cet animal? Vous dites que je suis immortel; pourquoi pas aussi mon chien ou mon bœuf? Quand on est mort, voyez-vous les âmes? Quelle est donc la différence entre les hommes et les animaux? Il n'y en a point, si ce n'est que l'homme l'emporte en friponnerie[1]. »

Comme on peut s'y attendre, d'après ce qui précède, l'imagination mythique des Cafres est très indigente. La plupart de leurs dieux, de leurs esprits plutôt, procèdent directement de leurs idées tout à fait primitives sur la survivance des ombres. Aussi, dans sa théorie evhémérique à outrance, suivant laquelle tous les dieux sans exception seraient des hommes divinisés, H. Spencer triomphe sans trop de peine en prenant les Cafres pour exemple.

Afin de désigner leurs êtres mythiques, les Cafres se servent d'un mot, qui, bien longtemps mal compris par les voyageurs et les missionnaires, a souvent induit en erreur les uns et les autres. Ce terme mystique a été entendu de diverses manières; c'est tantôt « muhïmo[2] », tantôt « murimo[3] », tantôt enfin « morimo[4] », qui semble bien être la véritable expression. Or, les Européens ont, sans hésiter, traduit ce vocable, pour eux inintelligible, tantôt par « Dieu », tantôt par « diable ». Le consciencieux missionnaire Moffat a, le premier, rectifié l'orthographe et le sens du mot « morimo ». C'est, dit-il, une expression composée ou agglutinée : *rimo* veut dire « haut » et « mo » est un pronom personnel; *morimo* fait au pluriel

1. Moffat. *Loc. cit.* 194.
2. Burchell. *Hist. univ. voy.* vol. XXVI, 477.
3. Lichtenstein. *Travels in South Africa*. II, 332.
4. Moffat. *Loc. cit.* 166.

magorino[1]. C'est un terme général servant à désigner les esprits et les ombres. Comme la plupart des superstitions cafres se relient à une idée fixe, celle d'obtenir de la pluie, il est possible que l'esprit anthropomorphique du tonnerre, celui dont les éclairs sont les flèches, ait été le « morimo », l'être par excellence, et ait prêté son nom à tous les autres êtres mythiques, aux « fumées », que laissent derrière eux les morts, aussi bien qu'à certains scarabées, pour lesquels les Cafres ont une vénération particulière[2]. En arrivant chez les Cafres, les missionnaires, embarrassés de trouver un mot convenable pour dire « Dieu », adoptèrent, faute de mieux, le mot « morimo », qui, dans l'esprit des naturels, donnait lieu à de fâcheuses confusions : « Ne dites-vous pas, disait un faiseur de pluie à Moffat, que *Morimo* est le roi du ciel et peut, seul, faire de la pluie? Pourquoi donc ne lui rendrions-nous pas des honneurs[3]? »

Ordinairement, dans l'opinion des Cafres, les *morimos* sont des esprits malveillants et malfaisants; souvent ces *morimos* se blottissent dans des creux de rocher et, quand ils en sortent, c'est pour semer, parmi les hommes et le bétail, la maladie et la mort[4]. C'est aux *morimos* qu'on attribue toutes les calamités : on a l'habitude de les accabler d'injures, aussi les missionnaires ne réussissaient-ils pas à persuader aux indigènes qu'il pouvait déplaire à Dieu, au Dieu chrétien, qu'on l'insultât[5].

Pour les Cafres, les *morimos* sont simplement des hommes invisibles, et on les tuerait bien volontiers si la chose était possible : « Que ne puis-je l'atteindre et le percer de ma lance[6]! »

---

1. Moffat *Loc. cit.* 166.
2. *Ibid.* 115.
3. *Ibid.* 167.
4. *Ibid.* 166.
5. Lichtenstein. *Loc. cit.* II, 332.
6. Moffat. *Loc. cit.* 167.

disait un chef en parlant d'un *morimo*. Nous verrons que la plupart des peuples primitifs se créent ainsi des fantômes, qu'ils redoutent et exècrent, mais qui doublent l'horreur de leur malheureuse existence.

Le mot « morimo » ne traduisant que très imparfaitement le mot « Dieu », les missionnaires et parfois les mythologues, qui se sont occupés de la religion des Cafres, en ont adopté un autre, « *outixo* », employé à la fois par les Cafres et par les Hottentots[1]. Mais Moffat nous renseigne aussi sur la valeur de cette nouvelle expression. *Thiko*, dit-il, usité par les Cafres, est une corruption du mot hottentot *Outi'Ko*, qui s'altère quelquefois en *Outi'houap* ou *Tsui' houap*; cette expression désigne un esprit malveillant, démoniaque, parfois la mort. C'est à lui que pensent les Hottentots quand, durant les orages, ils lancent vers le ciel leurs flèches empoisonnées[2]; et ils le font évidemment avec l'espérance de l'atteindre et de le tuer.

Chez les Cafres, la religion est manifestement réduite au minimum, et il était inévitable, qu'en cherchant dans leur langue des expressions propres à traduire leurs propres conceptions religieuses, les missionnaires européens fissent plus d'une fois fausse route. Leurs déconvenues ont été parfois très amusantes. Dans l'idiome zoulou, le mot *oubomi* désigne littéralement la viande faisandée, dont les indigènes du Natal sont très friands; aussi emploient-ils la même expression au figuré pour exprimer un grand, un vif plaisir. Les premiers missionnaires crurent pouvoir attribuer au mot *oubomi* le sens de « béatitude », de « vie éternelle », et, en traduisant en langue *bantou* leurs textes sacrés, ils produisirent des textes comme ceux-ci : « En lui était la viande pourrie et la viande pourrie était la lumière des

---

1. Tiele. *Manuel d'histoire religieuse*, 30.
2. Moffat. *Loc. cit.* 165.

hommes ». Ou bien : « Elle est étroite, la porte; il est étroit, le chemin, qui conduisent à la viande pourrie ». C'est un missionnaire anglais, J. W. Colenso, évêque du Natal, qui nous fournit ces textes comiques[1]. Ajoutons que ce prélat, bien loin d'avoir christianisé les Cafres, fut par eux à moitié converti à l'impiété.

Il n'y a guère que les Cafres amazoulous chez qui l'on trouve une conception mythique répondant plus ou moins à l'idée que les Européens se font d'un dieu; encore s'agit-il peut-être, comme le veut H. Spencer, d'un ancêtre divinisé. Ce dieu des Amazoulous est créateur : « Ounkoulounkoulou est, dit-on, l'auteur du soleil et de la lune, comme de toutes les choses de ce monde : nous disons aussi qu'Ounkoulounkoulou a fait le ciel lointain. » — « Il a engendré les anciens, il y a longtemps; ils sont morts et ont laissé après eux des enfants; ils en ont engendré d'autres, leurs fils; ils sont morts; ils en ont engendré d'autres; c'est ainsi qu'à la fin nous avons entendu parler d'Ounkoulounkoulou. — « On dit qu'Ounkoulounkoulou, qui est sorti du lit de roseaux, est mort »... « Toutes les nations ont leur Ounkoulounkoulou. *Chacun a le sien* »... Notre Ounkoulounkoulou, à nous noirs, est celui que nous prions en faveur de notre bétail, que nous adorons en lui disant : Père, etc., que j'aie ce que je désire, Seigneur! que je ne meure pas et que je marche longtemps sur la terre. Les vieilles gens le voient, la nuit, dans leurs rêves[2] ». La création de ce mythe anthropomorphique, qu'il soit ou non ancestral, est le plus grand effort mythopoïétique des Cafres. Or, il n'a rien que de très banal et il a été imaginé pour les Amazoulous, c'est-à-dire par le plus civilisé des petits peuples cafres : mais c'est simplement de l'animisme quelque peu développé.

1. *Anthropological review.* Juillet 1866.
2. Canon Callaway (Cité par H. Spencer, *in Sociologie*, I, 394, 396.)

La race Bantou est pourtant assez intelligente; elle a sa place dans l'aristocratie des races noires; c'est même pour cela qu'elle est médiocrement religieuse. Moffat rapporte la paraphrase suivante d'un de ses sermons sur la création, telle que la fit un faiseur de pluie : « Si vous croyez réellement que l'être dont vous parlez a créé tous les hommes, alors, pour être conséquent, vous devez croire aussi qu'en faisant les blancs il a perfectionné son ouvrage. Il commença par s'essayer la main sur les Bochimans; mais ils ne lui plurent point, parce qu'ils étaient trop laids et parlaient comme des grenouilles. Ensuite il donna naissance aux Hottentots, qui ne le satisfirent pas non plus. Après quoi il exerça son pouvoir et enfin il fit les blancs : c'est pour cela, ajouta-t-il d'un air de triomphe, que les blancs sont beaucoup plus sages que nous, qu'ils savent faire des maisons qui marchent (wagons), qu'ils enseignent aux bœufs à les traîner sur les collines et dans les vallées et leur apprennent aussi à labourer leurs jardins au lieu de faire exécuter ce travail par leurs femmes, comme les Béchuanas[1]. » Des gens qui raisonnent aussi ingénieusement et, du premier coup, entrevoient la théorie de l'évolution, doivent évidemment offrir une certaine résistance à l'animisme, et ne se laisser décevoir par lui que dans une mesure restreinte. Il est pourtant certaines illusions dont l'homme primitif, si absolument inexpérimenté encore, ne saurait se défendre entièrement. Je viens d'énumérer les principales, celles qui sont à peu près universelles, mais il y faut joindre la sorcellerie.

La sorcellerie dérive directement de l'animisme. En effet, quand la plupart des êtres, organisés ou non, constituant le milieu extérieur, sont conçus comme doués de sentiment, de volonté, d'intelligence, il est très naturel de chercher à influer sur leur conduite, comme on le ferait si l'on avait

---

1. Moffat. *Loc. cit.* 157.

affaire à des hommes ; il est naturel aussi d'admettre que
certains objets, capricieusement choisis, sont doués de vertus
animiques particulières, d'où les amulettes, ayant la propriété
de faire tomber de la pluie quand on en a besoin[1]. De même on
a grand'peine à croire à la mort naturelle ; le rapide passage
de la santé à la maladie, de la maladie à la mort semble illo-
gique, surnaturel. Le monde étant conçu comme rempli de
forces nuisibles et les hommes ayant, croit-on, le pouvoir
d'influer sur ces forces, il est tout naturel d'attribuer la plupart des décès à la malveillance d'un ennemi, qui avait ensorcelé le défunt et dont il faut tirer vengeance[2]. Sur ce point
les Cafres ne sont pas plus avancés que les Australiens et un
grand nombre d'autres populations sauvages. En Cafrerie, la
magie homicide se pratique souvent au grand jour ; ainsi, chez
les Amazoulous, un chef en ensorcelle toujours un autre avant
de le combattre : il le tue en imagination avant de le frapper[3].

Mais pour la sorcellerie, comme pour toute autre chose, les
aptitudes des individus sont inégales et certaines personnes
savent mieux que les autres dominer les puissances invisibles :
ce sont les sorciers ; mais le principal usage de la sorcellerie
étant de faire pleuvoir, les sorciers sont les faiseurs de pluie.
Comment agissent les faiseurs de pluie ? A ce qu'il semble,
par l'intermédiaire d'esprits cachés, sur lesquels ils ont
acquis de l'empire ; car un chef cafre tint à Moffat et à son
collègue, accusés d'être des empêcheurs de pluie, le langage
suivant : « N'est-il pas vrai que vous vous prosternez dans
vos maisons et que vous parlez à quelque mauvais esprit
caché sous terre[4] » ? Le moyen le plus habituel pour atteindre
par la sorcellerie un but quelconque corrobore nettement la
supposition précédente, puisque c'est toujours un sacrifice

1. Burchell. *Hist. univ. voy.* vol. XXVI, 477.
2. Campbell. *Hist univ voy.* vol. XXIX, 366. Philip. *South Africa*, I, 118.
3. H. Spencer. *Sociologie*, III, 459.
4. Moffat. *Loc. cit.* 203.

sanglant, l'immolation d'un animal domestique, offert à l'esprit qu'on veut se concilier. La valeur de la victime propitiatoire varie avec la difficulté ou l'importance de chaque cas. Dans une longue sécheresse, un célèbre faiseur de pluie répondait aux reproches de la population : « Vous ne me donnez à tuer que des brebis et des chèvres ; je ne puis vous faire que de la pluie de chèvre. Donnez-moi un bœuf gras, et je vous ferai avoir de la pluie de bœuf[1]. »

Mais l'intervention du sorcier est requise dans diverses circonstances : le plus souvent pour obtenir de la pluie, fréquemment aussi pour découvrir un coupable ou guérir un malade, ou bien quand un accident a effrayé la tribu, par exemple, quand un arbre ayant été foudroyé[2], on se croit menacé de l'être. Tous ces sacrifices expiatoires, propitiatoires ou divinatoires se font par le sorcier et ordinairement sur son conseil[3]. — En Cafrerie, le crédit des faiseurs de pluie est considérable ; il l'emporte parfois sur celui des rois eux-mêmes, et ce sont eux surtout qui tiennent les missionnaires en échec[4]. La race bantou est intelligente, c'est dire que beaucoup de faiseurs de pluie sont plus fripons que dupes. « Il n'y a, disait l'un d'eux à Moffat, que des hommes sages qui puissent être faiseurs de pluie ; car il faut beaucoup de sagesse pour tromper un si grand nombre d'hommes. Vous et moi, ajouta-t-il finement, nous savons ce qu'il en est[5]. »

Les sacrifices d'animaux sont évidemment un culte embryonnaire, puisque, partout, les pratiques religieuses ont pour but de se concilier les personnages mythiques, d'apaiser leur courroux ou d'en obtenir une faveur ; mais ces

1. Moffat. *Loc. cit.* 199.
2. *Ibid.* 174.
3. *Ibid.* 174, 193.
4. *Ibid.* 193.
5. *Ibid.* 199.

sacrifices d'animaux constituent l'unique culte des Cafres, qui jamais ne prient, qui n'ont pas de cases-fétiches et dont les seuls prêtres sont les faiseurs de pluie, nullement sacrés, puisqu'ils sont mis à mort sans rémission quand on les soupçonne d'être des empêcheurs de pluie. On offre en outre des sacrifices à certains ancêtres, par exemple, à l'ombre de celui qui est réputé le fondateur de la famille[1] ou plutôt du clan; du moins cette pratique est en usage chez les Amazoulous, les plus civilisés des Cafres. Chez ces derniers encore, on célèbre de grandes fêtes, dont le caractère est mal défini; il en est qui, chaque année, durent trois jours, à l'époque de la maturation du maïs, et avant la célébration desquelles il est interdit sous peine de mort de couper un seul épi[2]; mais cette fête est, selon toute apparence, purement laïque, due seulement à la joie qu'inspire la perspective de la récolte, et l'interdiction de moissonner prématurément doit être une simple mesure de préservation sociale, analogue à notre ban des vendanges.

III. — CE QUE VAUT LA RELIGION DE L'AFRIQUE AUSTRALE

Je viens de terminer un chapitre de notre enquête mythologique. Nous connaissons maintenant l'état dit religieux des peuplades de l'Afrique australe : il suggère forcément quelques réflexions. Prises en masse, ces populations sont mal douées sous le rapport mythologique et l'on y rencontre déjà les deux genres d'impiété existant un peu par toute la terre : l'impiété inintelligente, par défaut de pensée, absence de raisonnement, celle des Bochimans, par exemple, et l'impiété sagace, celle qui plus ou moins contrôle une idée avant de l'admettre; c'est

---

1. H. Spencer. *Sociologie.* I, 534.
2. Delegorgue. *Voy. dans l'Afrique Australe,* I, 181.

l'impiété des Cafres. — Pourtant, malgré le développement relatif de sa raison, la masse des nègres bantous n'a pu se défendre des illusions primitives au sujet des ombres, des spectres et surtout de la sorcellerie; quelquefois même, mais rarement, elle est allée jusqu'à imaginer quelques mythes anthropomorphiques. Si je me hasardais à prétendre que ces conceptions si grossières, dont nous connaissons la genèse fort simple, dénotent de hautes facultés, glorieux apanage de l'esprit humain, sûrement on me rirait au nez. Ce sont évidemment des rêves d'enfants, qui déçoivent aisément la raison primitive, parce que cette raison est débile encore.

Mais au moins ces illusions, religieuses si l'on y tient, sont-elles de quelque secours aux pauvres populations qui n'ont pas su les éviter? Si le faux était manifestement utile, on pourrait encore le traiter avec quelque indulgence. Qui de nous n'a, cent fois, entendu des Européens et surtout des Européennes gémir discrètement sur la perte de leurs illusions métaphysiques ou religieuses? Mais en considérant celles des Cafres, nous sommes bien obligés de conclure qu'ils gagneraient à se dépouiller des leurs. Leur magie grossière ne leur procure pas la pluie, dont ils se préoccupent si fortement, mais elle paralyse leur industrie et les empêche de pourvoir à l'irrigation de leurs champs par des barrages et des réservoirs; de plus elle les livre, proie facile à exploiter, à une nuée de sorciers, qui trop souvent sont des fripons. Enfin, résultat plus grave, là où ils sont parvenus à constituer des groupes ethniques de quelque importance, la croyance à une certaine survivance après la mort pousse les Cafres à pratiquer des sacrifices humains qui, à la mort de leurs rois, prennent la proportion d'hécatombes. C'est que, comme le proclame bien haut toute l'histoire du genre humain, les erreurs générales enfantent trop souvent des horreurs, et l'assertion est vraie surtout dans le domaine mythologique.

CHAPITRE IV

L'ANIMISME DES NÈGRES INFÉRIEURS

I. *Distribution des races noires en Afrique.* — Nègres éthiopiens et nègres inférieurs. — II. *Croyances animiques des nègres inférieurs.* — Animisme fétichique au Gabon. — Gri-gris. — Animaux sacrés. — III. *Coutumes funéraires.* — Abandon et inhumation. — Offrandes funéraires. — Inhumation des rois. — Désolation et chants funéraires. — Le puits funéraire chez les Bongos. — L'inhumation chez les Niam-Niam. La raison des offrandes et sacrifices funéraires. — Sacrifices humains. — IV. *La vie future.* — La croyance au double spirituel. — Le matérialisme des Latoukas. — Curieux dialogues. — Les songes spirituels. — Un rêve cafre. — La consultation des morts chez les M'pongoués. — Les feux pour les revenants. — Evhémérisme. — Réincarnation des doubles. — Revenants nomades. — La peur des revenants. — Malveillance des doubles. — Sorcellerie. — V. *Les dieux.* — Impiété dans l'Afrique Orientale. — Les esprits de l'Albert Nyanza. — Animisme fétichique dans l'Afrique occidentale. — Les idoles. — Idoles familiales. — Idoles des tribus. — Dieux et déesses. — Cases-fétiches. — L'alimentation des dieux. — Dieux errants et malveillants. — La crémation des dieux. — Mythologie noire et mythologie blanche. — VI. *La sorcellerie.* — Fétichisme et sorcellerie. — Les féticheurs. — Leur pouvoir et leurs fonctions. — Rois-féticheurs. — Les féticheurs et les ordalies. — Les féticheurs-exorciseurs. — Un hymne à la lune. — Toute mort est un homicide. — VII. *Des idées dites religieuses chez les nègres.* — Leur origine très humble. — Superstitions et religions. — Malfaisance de l'animisme chez les nègres.

I. — DISTRIBUTION DES RACES NOIRES EN AFRIQUE

Les populations nègres ou négroïdes du continent africain sont bien loin d'être homogènes. Les Cafres, dont j'ai parlé dans le précédent chapitre, se relient à la race éthiopienne, dont les colonies occupent encore une grande partie de l'Afrique orientale. D'autre part, dans la vaste zone vaguement désignée sous le nom de Soudan, et qui occupe environ quinze degrés au nord de l'Équateur, la masse des nègres de race inférieure a été, en maint endroit, subjuguée par des immigrants éthiopiens, berbères, même arabes ; elle s'est naturellement croisée avec les envahisseurs et il en est résulté une population mélangée à des degrés très divers et qui, depuis la Côte d'Or jusqu'au lac Tchad et même au delà, a passé de l'état tout à fait sauvage à l'état barbare. Dans le chapitre prochain, j'étudierai l'état religieux de cette population métissée. Actuellement, je ne veux m'occuper que des nègres les moins développés, des tribus sauvages, massées surtout au Gabon, mais qui s'échelonnent pourtant dans l'est et surtout le sud-est jusqu'au littoral zanzibarien. A l'ouest, ces tribus forment encore une masse compacte ; mais, dans la région orientale, elles vivent souvent côte à côte avec des tribus de race éthiopienne.

II. — CROYANCES ANIMIQUES DES NÈGRES INFÉRIEURS

C'est surtout chez les nègres inférieurs que fleurit l'animisme primitif. Il n'y est du reste nullement réglementé ; chacun s'illusionne à sa manière[1] ; mais le nègre, en général, est très enclin à vivifier tout ce qui l'étonne, tout ce qu'il ne comprend pas. Au Gabon, une petite pendule, apportée par du Chaillu, excitait non seulement l'admiration, mais même la frayeur. Pour les indigènes, cette pendule était un être animé, un puissant esprit veillant attentivement sur le voyageur[2]. Toujours à son gré, suivant sa fantaisie, le nègre sauvage anime, vivifie de cette façon tel ou tel objet inanimé, tel ou tel animal. On désigne ordinairement par le mot

---

1. Du Chaillu. *Afrique équatoriale*, 378.
2. Du Chaillu. *Loc. cit.* 301.

« fétichisme » ce degré tout à fait inférieur de l'animisme. Fétichisme vient du mot portugais « *feiticao* », qui lui-même est apparenté à notre mot « *fées* » ; mais si le mot est portugais, la chose est universelle. Nulle part cependant elle ne s'étale aussi largement qu'en Afrique ; nulle part autant que chez les nègres sauvages on n'abuse des gri-gris, des fétiches. Au Gabon, où le nègre est aussi peu développé que possible, tout le monde se charge de gri-gris, surtout autour du cou, autour de la taille, et ces gri-gris sont de très diverse nature. Ce sont, tantôt des morceaux taillés dans la peau de certains animaux rares, tantôt des serres d'oiseaux de proie, des dents de crocodiles ou de léopards, des lambeaux desséchés de chair ou de cervelle d'animaux, des plumes d'oiseaux curieux, des cendres de certaines espèces de bois, des os de serpents, etc. Chacun de ces gri-gris est doué d'une vertu spéciale. L'un préserve de la maladie, un autre raffermit le cœur du chasseur et du guerrier ; un troisième procure des succès en amour : celui-ci combat la stérilité des femmes ; celui-là est lactogène et fait regorger de lait les mamelles des nourrices[1], etc. Le cerveau du gorille sert à confectionner des charmes, qui donnent au porteur des succès à la chasse et près des belles[2]. Parfois les gri-gris sont de structure plus complexe. Il en est qui se composent d'un cornet et d'une sonnette attachés ensemble. Quand le porteur de ce gri-gri composite est ou se croit en péril, il agite la sonnette magique, dont le tintement a un double effet : celui de chasser les esprits malveillants et d'appeler au contraire les bons esprits, lesquels accourent et, étant d'une extrême ténuité, se blottissent dans le cornet non moins magique que la sonnette[3].

1. Du Chaillu. *Loc. cit.* 381.
2. *Ibid.* 147.
3. *Ibid.* 381.

Au Gabon, il existe aussi des animaux sacrés, que l'on doit s'abstenir de manger ; ces animaux sont dits *roundah*, et le mot *roundah* semble avoir une signification analogue à celle du mot polynésien *tabou*. Un roitelet nègre expliquait que ni lui ni les siens ne pouvaient user de la chair du *Bos brachyceros*, parce qu'à une époque déjà fort ancienne une femme de son clan était accouchée d'un veau. Dans un autre clan familial, une femme avait mis au monde un crocodile et, par suite, cet animal était devenu *roundah* pour les membres de ce clan[1]. Le culte ou la vénération des animaux peut donc résulter de diverses causes ou illusions et n'a point nécessairement une origine totémique.

III. — COUTUMES FUNÉRAIRES

Les coutumes funéraires des nègres sauvages sont intéressantes. Dans aucune des tribus connues le corps n'est abandonné ; mais on en dispose de diverses manières. Parfois il est brûlé[2], plus souvent il est inhumé, quelquefois déposé simplement sur le sol, au pied des arbres, dans un grand cercueil en bois[3]. Souvent l'inhumation ou le dépôt s'effectuent dans des endroits spéciaux, dans des cimetières[4] ; mais il n'en est pas toujours ainsi, surtout pour les chefs. Au Gabon, les restes de ces grands personnages sont abandonnés isolément dans la forêt, mais toujours avec la protection d'un cercueil. Auprès du cercueil, on dépose dans de grands coffres tous les objets précieux ayant appartenu au défunt ; puis, sur ces coffres et entre eux, une énorme quantité de vaisselle, de miroirs, de pots de fer, des sonnettes de bronze et

1. Du Chaillu. *Loc. cit.* 348.
2. *Ibid.* 90.
3. *Ibid.* 90.
4. *Ibid.*

de cuivre, tous objets dont les doubles pourront servir au mort dans le pays d'au-delà[1]. Parfois c'est dans sa case même que le chef est inhumé avec ses ustensiles, armes, bijoux, etc.[2]; mais alors la case devient sacrée, fétiche : on l'abandonne au double du mort et même on s'en éloigne, étant peu soucieux de l'avoir pour voisin[3].

Les rois *m'pongoués* sont enterrés secrètement, par un très petit nombre d'hommes : on veut que le vulgaire ignore le lieu de leur sépulture ; et, dans l'opinion du pays, cela importe grandement au salut public ; en effet, une vertu puissante réside dans les restes princiers, et, s'il advenait qu'une tribu rivale parvînt à s'emparer de la tête royale, elle pourrait faire de sa cervelle un puissant et dangereux fétiche[4].

Dans l'Ouest africain, de grandes démonstrations de douleur ont lieu à l'occasion de chaque décès. Quoique, comme nous le verrons tout à l'heure, la croyance à une survie quelconque après la mort soit sinon universelle, au moins très générale en Afrique, les parents et amis s'affligent beaucoup lors du décès des leurs. Chez les Commis même, la désolation commence avant la mort. Au moment de l'agonie d'un homme, sa première femme vient se jeter sur son lit, le prend dans ses bras, le caresse, lui parle tendrement, lui chante des chansons d'amour. En même temps les gens du village pleurent et se lamentent[5]. Après la mort et pendant un certain nombre de jours, on entonne, chaque soir, un chant funèbre : « Hélas ! Vous ne nous parlererez plus jamais ! — Plus jamais nous ne verrons votre visage ! — Vous ne vous promènerez plus avec nous ! — Vous ne nous aiderez plus dans nos querelles[6], etc. »

---

1. Du Chaillu. *Loc. cit.* 91.
2. P. Barret. *Afrique occidentale*, II, 190, 191.
3. *Ibid.*
4. Du Chaillu. *Loc. cit.* 22.
5. *Ibid.* 444.
6. *Ibid.* 147.

Dans l'Afrique orientale, le mode d'inhumation est variable. Certaines tribus abandonnent entièrement aux vautours et aux hyènes les cadavres de ceux des leurs, qui sont tombés en combattant. Les autres sont inhumés près de la porte de leurs cases et à une très faible profondeur. Pendant plusieurs semaines, on exécute en leur honneur des danses funèbres ; puis, quand le cadavre est décomposé, on l'exhume ; ses os nettoyés sont mis dans un pot en terre et transportés dans le cimetière de la localité, où ils sont abandonnés et même parfois souillés d'ordure, sûrement parce que l'on ne garde plus alors des défunts qu'un très pâle souvenir[1]. Chez les Bongos, on a, comme en divers pays, le souci d'éviter au cadavre, qu'on ne peut croire absolument privé de sentiment, la pression de la terre ; aussi immédiatement après la mort, le corps est lié dans une position accroupie, pour qu'il occupe moins de place ; puis il est recouvert d'une sorte de sac en peau ; enfin, on le descend dans une cavité en forme de puits creusé pour le recevoir ; cependant on a bien soin de le placer, non pas au fond du puits funéraire, mais dans une niche latéralement excavée ; cette précaution prise, on comble la fosse, sur laquelle on élève une pile de pierres, soutenue par des pieux et supportant une cruche en terre, ordinairement celle dont le défunt avait l'habitude de se servir durant sa vie[2].

Les Niam-Niam commencent par orner le cadavre comme pour une fête, par le badigeonner de rouge ; puis ils l'inhument soit en l'asseyant sur un banc, soit après l'avoir placé dans un tronc d'arbre creux faisant office de cercueil ; toujours ils observent une orientation rituelle : le cadavre d'un homme doit regarder l'orient ; celui d'une femme, l'occident. Enfin, pour bien marquer l'acuité de leur douleur, les Niam-

1. S. Baker. *L'Albert-Nyanza*, 142.
2. G. Schweinfurth. *The heart of Africa*, I. 305.

Niam rasent sans pitié l'édifice compliqué de leur coiffure, qui en temps ordinaire est pour eux un motif tout particulier de joie et d'orgueil[1].

De l'étude des coutumes funéraires en Afrique, il ressort un fait curieux, c'est que, là où existe l'habitude d'empiler des pierres sur la tombe, elle peut bien avoir pour but principal d'empêcher le défunt de sortir de sa fosse. Mungo-Park l'affirme nettement pour certaines tribus de l'intérieur[2], et il est permis de se demander si la coutume si répandue de l'inhumation n'a pas eu, en Afrique et dans bien d'autres contrées, ce désir pour cause.

L'habitude de déposer dans la tombe ou près d'elle quantité d'ustensiles, d'armes et d'ornements est très générale en Afrique, comme ailleurs. Elle a sûrement pour objet de pourvoir aux besoins supposés de l'ombre du défunt et elle est, en soi, inoffensive. On n'en saurait dire autant des sacrifices funéraires attestant tout aussi clairement mais plus cruellement la croyance à une survie après la mort et fort communs chez les nègres intertropicaux. Dans nombre de tribus, il ne semble pas séant qu'un mort de quelque importance parte seul pour l'autre monde. Dans la vie future, les femmes, les enfants, les esclaves se tirent d'affaire comme ils peuvent ; mais un homme libre, un père de famille, surtout un chef de clan ou de tribu ne le sauraient. Deux ou trois femmes, à tout le moins, doivent être sacrifiées, pour que leurs ombres accompagnent celle de leur mari[3] ; mais souvent on y ajoute quelques esclaves. Ces victimes funéraires sont souvent immolées d'abord, mais quelquefois on préfère les enterrer toutes vivantes. Autrefois, au Congo, une douzaine de jeunes filles sautaient avec empressement dans la tombe du roi et étaient

---

1. Schweinfurt. *The heart of Africa*, II, 34.
2. H. Spencer. *Sociologie*, 230.
3. Du Chaillu. *Loc. cit.* 383.

inhumées avec lui; parfois, dévouées avec ferveur, elles s'entre-tuaient elles-mêmes[1]. Aujourd'hui encore, dans les mêmes régions, des esclaves sont enterrés tout vivants sous la sépulture royale[2]. Au Gabon, le moindre chef est ainsi escorté dans la mort par une cinquantaine ou une centaine d'esclaves[3]. C'est là un des méfaits assez nombreux[4], résultant ou ayant résulté un peu par toute la terre de cette croyance en une vie future, que tant de civilisés proclament commeé minemment bienfaisante, morale et consolante.

IV. — LA VIE FUTURE

Relativement à la vie future, les idées des nègres africains sont fort analogues à celles des nègres océaniens, dont j'ai parlé dans un précédent chapitre. Comme nous allons le voir, les nègres croient fermement, du moins en général, que les morts laissent derrière eux une ombre, un fantôme; mais ils font une différence radicale entre ce résidu impalpable et l'homme en chair et en os, qu'ils ont connu, aimé ou haï. C'est ce qui a fait croire à plusieurs explorateurs, que les nègres étaient de purs matérialistes. Au Gabon, dans une fête, les femmes, en dansant d'une façon très lascive, chantaient ceci : « Tant que nous sommes vivants et bien portants, — soyons gais, chantons et dansons; — car, après la vie vient la mort; — et alors le corps pourrit, le ver le mange — et tout est fini pour toujours[5] ». Quand une mère voit mourir son enfant, elle s'écrie avec un accent de profonde douleur : « Tout est fini[6]! »

---

1. H. Spencer. *Sociologie*, I, 265.
2. P. Barret. *Afrique occidentale.* II, 190, 191.
3. *Ibid.*
4. Du Chaillu. *Loc. cit.* 91.
5. *Ibid.* 43.
6. *Ibid.* 96.

Il en est ainsi au Gabon, et il n'en va pas autrement dans l'Afrique orientale où les indigènes chantent, lors d'un décès : « Tout est fini et pour toujours[1] ! » Oui, mais dans leur opinion, ce qui est fini, c'est l'être en chair et en os. Celui-là est parti, à jamais disparu, toutefois en laissant derrière lui quelque chose.

Pourtant, dans l'Afrique Orientale, dans la région des Grands Lacs et du Haut Nil, région, il est vrai, où la race éthiopienne domine, le voyageur Baker a rencontré un chef, Commoro, roi des Latoukas, qui semblait absolument affranchi de toute illusion au sujet de la mort, si du moins l'on s'en rapporte au très curieux dialogue publié par le voyageur anglais. Il y a déjà bien des années, j'ai le premier attiré l'attention sur cet instructif entretien[2], actuellement assez connu, mais que je ne puis me dispenser de citer encore, ne fût-ce que pour l'édification des professeurs de métaphysique : « Un jour, dit sir Baker[3], après que les danses funèbres eurent été terminées, j'envoyai chercher Commoro, et par le moyen de mes deux interprètes j'eus avec lui un assez long entretien sur les coutumes du pays. Je voulais, autant que possible, découvrir l'origine de la mode extraordinaire, qui faisait exhumer les cadavres après leur sépulture : peut-être, pensais-je, cet acte tient-il à une croyance en la résurrection.... Je lui demandai pourquoi on laissait sans sépulture les corps des guerriers tués sur le champ de bataille. — C'était une coutume, qui avait toujours existé ; mais il ne pouvait pas m'en expliquer le motif. — Mais, répliquai-je, pourquoi déranger les os de ceux qui ont déjà été enterrés et les exposer hors de la ville ? — C'était l'usage de nos aïeux et nous l'avons conservé, répondit-il. — Ne croyez-vous pas à une autre existence après

---

1. Burton. *Trans. Ethnol. Soc.*, I, 323.
2. *Bulletins. Soc. d'Anthrop.*, 186. — Ch. Letourneau. *Science et matérialisme.* 314.
3. *Albert-Nyanza*, 170.

la mort, et cette croyance n'est-elle pas exprimée par l'acte de déterrer les os après que la chair est tombée en pourriture? — *Commoro.* Existence après la mort! Est-ce possible? Un homme tué peut-il sortir de son tombeau, si nous ne le déterrons pas nous-mêmes? — *Moi.* Croyez-vous qu'un homme est comme une bête brute, pour laquelle tout est fini après la mort? — *Commoro.* Sans doute; un bœuf est plus fort qu'un homme, mais il meurt, et ses os durent plus longtemps : ils sont bien plus gros. Les os d'un homme se brisent promptement : il est faible. — *Moi.* Un homme n'est-il pas supérieur en intelligence à un bœuf? N'a-t-il pas une raison pour guider ses actions? — *Commoro.* Beaucoup d'hommes ne sont pas aussi intelligents qu'un bœuf. L'homme est obligé de semer du blé pour se procurer de la nourriture; le bœuf et les bêtes sauvages l'obtiennent sans semer. — *Moi.* Ne savez-vous pas qu'il y a en vous un principe spirituel différent de votre corps? Pendant votre sommeil, ne rêvez-vous pas? Ne voyagez-vous pas par la pensée dans des lieux éloignés? Cependant votre corps est toujours au même lieu. Comment expliquez-vous cela? — *Commoro* (riant). Eh bien! comment expliquez-vous cela, *vous*? C'est une chose que je ne comprends pas, quoiqu'elle m'arrive chaque nuit. — *Moi.* L'esprit est indépendant du corps; le corps peut être garrotté, non l'esprit; le corps mourra et sera réduit en poussière ou mangé aux vautours; l'esprit vivra pour toujours. — *Commoro.* Où? — *Moi.* Où le feu vit-il? Ne pouvez-vous pas allumer du feu en frottant deux morceaux de bois l'un contre l'autre? Pourtant vous ne voyez pas le feu dans le bois. Cette flamme, qui est sans force et invisible dans le bois, n'est-elle pas capable de consumer le pays tout entier? Quel est le plus fort, le petit bâton qui produit le feu ou le feu lui-même? L'esprit est l'élément qui existe dans le corps de même que le feu est l'élément, qui existe dans le bois; l'élément est supérieur à la substance où il se trouve.

— *Commoro.* Ah! pouvez-vous m'expliquer ce que nous voyons la nuit, lorsque nous sommes perdus dans le désert? Je me suis égaré et, errant dans l'obscurité, j'ai vu un feu au loin; en m'approchant, le feu a disparu; je n'ai pu en savoir la cause, ni retrouver l'endroit où j'ai cru le voir. — *Moi.* N'avez-vous aucune idée de l'existence d'esprits supérieurs à l'homme ou aux animaux? Ne craignez-vous aucun mal hors celui qui provient de causes physiques? — *Commoro.* Je crains les éléphants et les autres animaux, quand je me trouve de nuit dans un fourré, mais voilà tout! — *Moi.* Alors vous ne croyez à rien, ni à un bon ni à un mauvais esprit. Vous croyez qu'à la mort l'esprit périt de même que le corps; que vous êtes absolument comme les autres animaux et qu'il n'y a aucune distinction entre l'homme et la bête? — *Commoro.* Sans doute. — *Moi.* Ne voyez-vous aucune différence entre les bonnes et les mauvaises actions? — *Commoro.* Si, chez les hommes et chez les bêtes, il y a les bons et les mauvais. — *Moi.* Croyez-vous que les hommes, bons ou mauvais ont le même sort, qu'ils meurent les uns et les autres et que c'en est fait d'eux pour toujours? — *Commoro.* Oui. Que peuvent-ils faire? Comment peuvent-ils s'empêcher de mourir? Nous mourrons tous, bons et mauvais. — *Moi.* Les corps périssent, mais les esprits subsistent : les bons dans le bonheur, les mauvais dans la peine. Si vous ne croyez pas dans la vie à venir, pourquoi un homme serait-il bon? Pourquoi ne serait-il pas méchant, si sa méchanceté lui est une cause de prospérité? — *Commoro.* La plupart des hommes sont mauvais; s'ils sont forts, ils pillent les faibles. Les bons sont tous faibles; ils sont bons parce qu'ils n'ont pas assez de force pour être méchants. » — Un peu de blé, continue Baker, avait été tiré des sacs pour la nourriture des chevaux et, comme il s'en trouvait quelques grains sur la terre, j'essayai de démontrer à Commoro la vie à venir au moyen de la sublime métaphore dont saint Paul fait usage. Creusant avec le doigt un petit trou en terre, j'y déposai un grain. « Ceci, dis-je, c'est vous « lorsque vous mourrez ». Puis, recouvrant le grain d'un peu de terre. « Ce grain, continuai-je, périra; mais de lui sortira la plante, qui reproduira sa forme première. — *Commoro.* Très bien. Je comprends cela. Mais ce grain, que vous avez enfoui, ne reparaît pas; il se pourrit, comme l'homme, et meurt. Le fruit produit n'est pas le grain qui a été enseveli; c'est le résultat de ce grain. Il en est ainsi de l'homme. Je meurs, je tombe en corruption et tout est fini; mais mes enfants croissent, comme le fruit du grain. Quelques hommes n'ont pas d'enfants et quelques grains périssent sans donner de fruit; alors tout est fini. » — Je fus obligé de changer de conversation. Ce sauvage n'avait pas même une seule idée superstitieuse, sur laquelle je pusse enter un sentiment religieux. Il croyait à la matière et son intelligence ne concevait rien qui ne fût matériel. Il était extraordinaire de voir une perception aussi claire unie à autant d'incapacité pour saisir l'idéal[1]. » Il importe de remarquer que Commoro et les Latoukas appartiennent à une race noire supérieure, relativement intelligente, à la grande race éthiopienne; mais il est curieux néanmoins, dans cette controverse, de voir quelle lamentable infériorité résulte pour sir Baker de l'éducation religieuse qu'il a reçue en Europe. Les arguments traditionnels, qu'il emploie, sont tous de vrais arguments de sauvage, et la logique toute naturelle de Commoro les met facilement en pièces :

Le plus *simple* des deux n'est pas celui qu'on pense.

Mais ce matérialisme radical a peu de sectateurs parmi les nègres d'Afrique, et n'est intéressant qu'à titre d'exception.

Le seul fait que presque toutes les tribus nègres font au moins

---

1. White Baker. *L'Albert-Nyanza*, 170, 173.

des offrandes, souvent des sacrifices sanglants, à leurs décédés notables ou importants, suffirait à établir qu'en général au moins les nègres sauvages croient fermement à une survivance quelconque après la mort ; mais il existe de ce fait bien d'autres preuves. Ainsi des nègres de la côte occidentale, les Cherbros, ont soin, durant les nuits froides et humides, d'allumer du feu sur les tombes de leurs amis[1]. D'autre part, les nègres voient très souvent en rêve les esprits de leurs morts et ne doutent nullement de la réalité objective de leurs visions. Il en est ainsi au Congo (Reade), et aussi chez les Africains orientaux (Krapf). Sous ce rapport, les nègres tout à fait sauvages ne diffèrent point des Cafres Zoulous ; mais ces derniers, étant plus intelligents, racontent avec plus de détails les entrevues et colloques qu'ils ont, en dormant, avec les ombres. Je citerai, à titre d'exemple, le fait suivant, que je n'ai pas eu l'occasion de mentionner en parlant des Cafres. C'est un Zoulou se plaignant à ses voisins d'avoir été, pendant son sommeil, battu par l'esprit de son frère : « J'ai vu mon frère.... J'ai rêvé qu'il me battait et me disait : « Comment se fait-il que tu ne saches pas qui je suis ? — Si, je sais qui tu es. Comment puis-je faire pour te le montrer ? Je sais que tu es mon frère. » J'avais à peine prononcé ces paroles qu'il me demanda : « Pourquoi, lorsque tu sacrifies un bœuf, ne m'invoques-tu pas ? — Je t'invoque, lui répondis-je, et je te loue par tes titres. Dis-moi quel bœuf j'ai tué sans t'invoquer. Quand j'ai tué un taureau, je t'ai invoqué ; quand j'ai tué une génisse, je t'ai invoqué. — Je veux manger », me dit-il. Je lui refusai, disant : « Non, mon frère, je n'ai pas de bœuf ; en vois-tu dans le parc au bétail ? — Quoiqu'il n'y en ait point, j'en veux, dit-il. Quand je me réveillai, j'éprouvai une douleur au côté[2], etc. »

1. Schœn, cité par H. Spencer, *in Principes de Sociologie*, I, 198.
2. Callaway, cité par H. Spencer. *Loc. cit.* 198, 199.

Les Zoulous se figurent donc les doubles de leurs morts exactement sous la forme que ceux-ci avaient de leur vivant, et les nègres tropicaux font sûrement de même. Ainsi les M'pongoués vont consulter les esprits des morts au lieu même de leur sépulture. Comme les morts sont supposés endormis ou engourdis, on a soin de les faire réveiller par la clochette du féticheur : après quoi, ils apparaissent soit dans un miroir, soit dans un verre d'eau. On invoque surtout les mânes des parents, que l'on suppose plus enclins à montrer de l'intérêt aux personnes de leur sang. On a des égards pour ces mânes et, la nuit, on a soin de leur allumer dans les cimetières des feux pour leur être agréables, pour éclairer leurs promenades[1]. Les doubles, ombres ou esprits des grands personnages, sont, comme de juste, doués d'une puissance bien supérieure à celle des revenants d'extraction humble ou médiocre. Ces esprits aristocratiques, devenus des quasi-divinités, protègent les récoltes, détournent la foudre, font à leur gré de la pluie ou de la sécheresse ; les sortilèges, les maladies, la mort leur obéissent[2]. Certains nègres pensent aussi que l'esprit du mort, l'esprit « mangé », peut se réincarner dans une situation meilleure ou pire[3]. C'est sûrement avec cette idée d'une réincarnation possible que les Kroumans appellent les Européens « la tribu des revenants », et les M'pongoués simplement « des revenants »[4].

Quelle est, dans l'esprit des nègres, la durée de cette existence d'outre-tombe dont en général ils ne doutent pas? Fort courte; elle cesse avec le souvenir du défunt. « Demandez à un nègre où est l'esprit de son arrière-grand-père. Il répond qu'il n'en sait rien, qu'il est fini. Demandez-lui où est l'esprit de son père ou de son frère

---

1. P. Barret. *Afrique occidentale*, II, 192.
2. *Ibid.* 193.
3. P. Barret. *Loc. cit.* 196.
4. Burton, cité par H. Spencer. *Loc. cit.* I, 241.

mort hier; vous le verrez alors épouvanté. Il pense que l'esprit réside près de l'endroit où il a été enterré »[1]. Quoique les nègres se figurent ordinairement les ombres des morts sous la forme qu'ils ont connue, il ne leur répugne pas d'admettre que ces âmes se puissent incarner dans un animal, qui dès lors doit être respecté. Cet animal alors possédé par un homme peut être un oiseau, un singe, etc. Les chimpanzés, ainsi habités par des esprits humains, ravissent les femmes et leur font même violence[2].

L'imagination des nègres est hantée par la crainte de ces revenants, de ces spectres, qui gîtent partout et dont la présence se manifeste dans chaque bruissement du feuillage; aussi, dès la tombée de la nuit, ne se hasardent-ils point à sortir de leurs cabanes[3]. Comme les esprits errent tout spécialement autour de leurs tombes et n'aiment pas à être troublés pour des motifs futiles, les nègres n'entrent guère dans les cimetières que pour s'acquitter de leurs devoirs funéraires[4]. En général ils ont de la mort et des morts une terreur folle. Les nègres d'Angola s'ingénient sans cesse à détourner la colère des trépassés[5]. Au Gabon, quand un homme vient à mourir dans un village, l'inquiétude se répand dans la population; s'il en meurt un second, cette inquiétude se change en épouvante; l'endroit est décidément tenu pour ensorcelé et on en décampe au plus vite[6]. Si le défunt est un chef, il n'est pas besoin d'un autre décès. Dans ce cas, en effet, non seulement l'endroit peut être ensorcelé, mais il est de plus hanté par l'ombre du maître, qui facilement peut tuer tous les habitants. Alors, en grande hâte, la popu-

---

[1] Du Chaillu. *Trans. Ethnol. Soc.* I, 309. et *Afrique équatoriale*, 378, 379.
[2] Du Chaillu. *Loc. cit.* 135.
[3] *Ibid.* 435.
[4] *Ibid.* 90.
[5] H. Spencer. *Loc. cit.* 393.
[6] Du Chaillu. *Afrique équatoriale*, 434.

lation du village enlève des habitations les objets mobiliers, détruit les cases et émigre en masse pour aller s'installer dans un endroit non encore hanté[1].

Cette attribution d'intentions malveillantes aux esprits est générale chez les nègres sauvages. Sur ce point, le nègre de la vallée du Haut-Nil est d'accord avec celui du Gabon ou du Congo ; il affirme catégoriquement que d'un esprit on ne peut attendre que du mal ; il pense d'ailleurs que, moyennant certaines pratiques de sorcellerie, on peut dominer les esprits et même en user, conformément à leur nature malveillante, pour nuire à ses ennemis. Beaucoup de chefs sont censés posséder sur les esprits ce pouvoir dominateur, et cela leur donne sur leurs sujets une grande autorité[2] ; car les fantômes rôdent et errent partout. Cette croyance est générale. Les Bongos du Haut-Nil vivent, comme les Gabonnais, dans la crainte perpétuelle de ces mauvais esprits dont les forêts sont pleines[3]. Dans toute l'Afrique sauvage, les spectres des morts sont donc considérés comme des espèces de divinités malfaisantes, employant à mal faire toute la durée, assez courte, de leur existence posthume. Il existe pourtant d'autres dieux dans le panthéon nègre et il est temps d'en parler.

V. — LES DIEUX

L'aptitude à créer des mythes n'est pas également développée chez toutes les populations nègres de l'Afrique intertropicale. Ainsi les sujets de l'impie Commoro, les Latoukas, paraissent être extrêmement peu religieux. Baker ne semble même pas avoir vu chez eux le moindre faiseur de

---

1. Du Chaillu. *Loc. cit.* 271.
2. G. Schweinfurth. *The heart of Africa*, I, 306.
3. *Ibid.* 306.

pluie. Les Bongos du Haut-Nil croiraient uniquement à des fantômes malveillants et à la sorcellerie[1]. Les indigènes de l'Ounyoro, dans le voisinage des grands lacs, ne croient aussi qu'à la magie, comme ceux de l'Obbo, etc.[2]. Dans l'Afrique orientale, Burton a même constaté plusieurs cas d'impiété radicale. Mais ces cas sont rares et l'animisme règne dans cette région comme dans les autres. Les riverains de l'Albert-Nyanza, au moment de s'embarquer, jettent des verroteries dans le lac pour se concilier les divinités aquatiques, qui, en retour, les protégeront contre les attaques des hippopotames[3]. Dans l'Afrique occidentale, l'animisme primitif est plus développé. Dans ces régions où la vie de l'homme est chose si précaire, les pauvres indigènes sont très disposés à accorder un pouvoir surhumain aux choses et aux gens. En voyant, pour la première fois, les fusils et les calicots à ramages, les nègres disaient aux Européens : « Vraiment, vous êtes des dieux[4] » Un chef gabonnais, recevant Du Chaillu, faisait constamment sonner la clochette, insigne de son pouvoir, pour remercier son fétiche, qui, disait-il, lui avait envoyé un dieu (Du Chaillu, 298). C'est pour ces populations de l'Afrique occidentale que le mot « fétichisme » a été inventé. Les indigènes emploient en effet couramment l'expression « faire fétiche » pour désigner toute pratique religieuse ou magique, ce qui, chez eux, ne se distingue pas. Le Gabonnais fait fétiche avec les âmes des morts[5] ; il fait fétiche quand, de sa pirogue, il jette des offrandes aux esprits des eaux[6]. Il ne se borne pas à faire fétiche, il use et abuse des fétiches, et même des idées

---

1. G. Schweinfurth. *Loc. cit.* 304, 306.
2. S. Baker. *Albert-Nyanza*, 413.
3. *Ibid.* 343.
4. Houzeau. *Facultés mentales des animaux*, II, 273.
5. P. Barret. *Afrique occidentale*, II, 162, 163.
6. *Ibid.* II, 171.

fétichiques, qui au contraire semblent inconnues dans l'Afrique orientale. Chaque village, chaque case ont leurs idoles particulières[1]. D'ailleurs, à moins qu'on n'ait peur de son fétiche, on le délaisse, dès qu'il tarde à vous satisfaire. Le nègre de Guinée traite son fétiche exactement comme un homme ; avant d'en changer, il le bat pour le forcer à obéir. Veut-il dérober à son fétiche la connaissance de ses actions ? il le cache dans sa ceinture[2]. Dans cette région, on a des fétiches pour toute chose. Ainsi, dans l'État libre du Congo, les nègres ont un *fétiche du vol*, qui doit empêcher les blancs de découvrir les voleurs noirs[3].

Dans l'Afrique occidentale, les fétiches d'ordre supérieur deviennent des dieux et on les représente alors par des idoles. Les rois, les chefs ont des idoles plus grandes, mieux peintes que celles du commun peuple. Ces idoles fétichiques ont pour fonction de veiller sur les biens de leur propriétaire, d'écarter les voleurs. A la condition de traiter convenablement ces dieux protecteurs, on est, croit-on, absolument garanti contre tout larcin[4]. Chaque chef de famille a une idole particulière, une sorte de Lare domestique, que toute la famille adore. Mais le culte de ces dieux domestiques est ordinairement tenu secret et le voyageur peut séjourner longtemps dans un village sans soupçonner même l'existence de ces divinités de famille[5]. Au contraire, les dieux de la tribu ou du clan reçoivent un culte public et l'on en rencontre un peu partout. Ces dieux de la communauté, représentés par des idoles de forme humaine, ont cessé d'être des dieux errants, vagabonds, pour devenir des dieux bourgeois, domiciliés, ayant leurs cases à eux. Chez les M'pongoués, il y a cinq

---

1. P. Barret. *Afrique occidentale*, II, 162, 163.
2. Lubbock. *Origines de la Civilisation*, 226.
3. Fuchs. *Mœurs congolaises*. (*Société nouvelle*, oct. 1889.)
4. Du Chaillu. *Afrique équatoriale*, 267.
5. Du Chaillu. *Loc. cit.* 21, 481.

dieux, occupant trois cases seulement ; car quatre d'entre eux forment deux ménages, ayant chacun leur habitation. *Pangeo*, dieu mâle, est marié à *Aleka* ; *Makambi* a pour femme *Abiala*. *Pangeo* a sous sa sauvegarde le roi et le peuple : nuit et jour, il veille à leur sûreté. *Makambi* est un pauvre dieu sans caractère et il est complètement sous le joug de sa femme, virago qui a usurpé l'autorité. Cette déesse tient à la main un pistolet, avec lequel elle peut tuer qui bon lui semble. Aussi en a-t-on grand peur, quoique en définitive elle veuille bien écarter de son peuple différents maux. En cas de maladie, on invoque le secours de cette divinité, en lui faisant en retour des offrandes alimentaires. Le dieu célibataire des M'pongoués s'appelle *Numba* ; c'est un dieu marin ; il gouverne et maîtrise les flots : en outre, il éloigne de son peuple les calamités venant d'outre-mer. A lui tout seul, ce dieu occupe une cabane[1]. Ces idoles vénérées sont en bois et d'assez grande dimension.

Les Commis ont deux grandes divinités, *Abambou* et *Mbuirri*, logées chacune dans une petite cabane, gardées par un féticheur, qui n'y pénètre et n'y laisse pénétrer que respectueusement. Ces dieux des Commis ne sont point casaniers et il n'y a point d'idoles dans leurs cases sacrées. Ces cabanes sont simplement des habitations, qu'on offre aux dieux pour les heures où il ne leur plaît pas d'errer dans les bois. Dans la demeure d'*Abambou* brûle un feu qu'il est interdit d'éteindre. La case fétiche renferme un meuble, un coffre, sur lequel sont déposées des plumes de perroquet rouges et de la craie blanche et rouge, avec laquelle les dévots se font des marques sur le corps. En outre, on a placé dans la cabane fétiche un lit pour que le dieu puisse au besoin s'y étendre et y prendre quelque repos ; mais, comme il a des mœurs nomades, les Commis sont

1. Du Chaillu. *Loc. cit.* 51.

obligés de se plier à ses goûts et ils lui font cuire des aliments, que l'on va déposer dans les endroits les plus isolés des bois, sans préjudice des offrandes de bananes, de cannes à sucre et d'arachides. Force est bien de ménager cet esprit; car c'est un être méchant, rôdant sans cesse près des cimetières ou dans les cimetières, capable de tuer ou d'affliger de maladies quiconque l'offense[1]. Il s'agit, sans doute, d'un double funéraire déifié depuis peu; son souvenir est bien vivant encore; aussi on le prie et on le flatte sans cesse. L'autre dieu, *Mbuirri*, est aussi logé et entretenu par ses adorateurs; mais, comme il est d'humeur débonnaire, il est bien moins honoré que son rival[2]. Parfois tous les deux se promènent, la nuit, dans les villages, et alors on entend leur terrible voix. *Abambou* et *Mbuirri*, qu'ils soient ou non des dieux évhémériques, sont des divinités communes à presque toutes les tribus gabonnaises; mais on ne les représente pas par des idoles. Il existe encore un troisième dieu gabonnais, *Ovengoua*, horriblement méchant, mais n'ayant pas le pouvoir de rendre les gens malades. Sans cesse ce dieu erre dans la forêt, tuant les voyageurs assez malheureux pour le rencontrer. Heureusement, le jour, *Ovengoua* reste habituellement blotti dans quelque caverne. Parfois aussi il s'introduit dans le corps d'un homme et alors bat ou assomme tout ce qu'il rencontre. A ces dieux fous furieux on ne rend point de culte; on tâche seulement de les éviter, quoiqu'il ne soit pas tout à fait impossible d'en venir à bout par la force; on a vu des hommes courageux leur résister, les tuer même; mais alors il faut avoir bien soin de les brûler complètement; car du moindre petit os épargné, on les verrait renaître[3]. Cette croyance, que le feu détruit à la fois le corps et l'ombre, n'est pas rare

---

1. Du Chaillu. *Loc. cit.* 227.
2. *Ibid.* 228.
3. *Ibid.*

et elle peut bien avoir été la raison primitive de la crémation des cadavres, coutume funéraire presque aussi répandue que l'inhumation[1].

Les noirs du Gabon tiennent extrêmement à leurs fétiches et à leurs idoles ; car ils répondent exactement à la tournure animique de leur esprit. A un voyageur, qui les catéchisait, pour leur démontrer l'absurdité de leurs croyances, ils répondaient tranquillement : « Vous êtes blancs et nous sommes noirs. Le dieu qui vous a faits ne nous a pas faits. Vous êtes d'une espèce et nous d'une autre. Vous êtes des esprits, qui n'avez pas besoin de nos fétiches et de nos idoles. Nous sommes de pauvres gens, qui ne pouvons pas nous en passer. Le dieu dont vous parlez vous a donné de bonnes choses; mais à nous, il n'a rien donné[2]. » Toute cette mythologie nègre est, on le voit, fort simple et fort simpliste; mais elle est presque accessoire. A vrai dire, ce qui constitue le fond des idées et pratiques soi-disant religieuses chez les nègres, c'est la magie, la sorcellerie.

VI — LA SORCELLERIE

La sorcellerie, c'est-à-dire la conviction qu'à l'aide de certains procédés on peut dominer toutes les forces réelles ou imaginaires de la nature ambiante, est habituelle chez les sauvages. Dans sa forme la plus simple, c'est tout uniment la croyance aux talismans, aux gri-gris. A un degré plus complexe, on en arrive à penser que quelques individus possèdent mieux que les autres la science fétichique, qu'ils ont le pouvoir de créer à volonté des talismans, qu'ils savent aussi, par don spécial, s'en servir et en général commercer

---

1. Du Chaillu. *Loc. cit.* 380.
2. *Ibid.* 286.

avec tous les êtres nuisibles : alors commence l'ère des sorciers en titre. En Afrique, ces personnages sont extrêmement communs et les Européens les appellent des « féticheurs ». — Les féticheurs n'ont point partout la même importance. Chez les Fans anthropophages, ils ne font guère que consacrer les amulettes, les fétiches, dont tout le monde se couvre[1]; mais chez la plupart des autres races du Gabon, le féticheur en titre a une situation prédominante : c'est l'*ouganga*. Comme chez les Fans, l'*ouganga* sait, par des manipulations convenables, doter de vertus magiques les talismans ou gri-gris; il peut aussi absorber impunément de fortes doses du poison d'épreuve (*mboundou*), dont je parlerai tout à l'heure; il sait, cela va sans dire, faire la pluie et le beau temps; enfin, on a recours à lui pour diverses opérations magiques. Son influence est énorme. Sur son ordre, les villages se déplacent, la guerre se déclare, des individus sont sacrifiés[2]. Le féticheur commande aux doubles des morts et a le pouvoir de les évoquer. Dans ce cas, l'ombre évoquée répond par la bouche de l'évocateur lui-même. C'est par de telles évocations, que l'on tranche les cas épineux, qu'on découvre et désigne les coupables d'un acte réputé criminel. Le féticheur corrige aussi les femmes et les enfants, et alors il se déguise souvent en épouvantail. La nuit, il erre en poussant des cris plaintifs; le jour, les femmes doivent s'enfermer à son approche. Les femmes sont mises à mort pour l'avoir seulement nommé. Pour avoir imité le sifflement du féticheur, on a vu un jeune garçon être étranglé par son père. Des femmes peuvent devenir féticheuses[3].

Souvent le roi nègre est féticheur, et alors son pouvoir est presque sans bornes. On a vu certains de ces roitelets sup-

---

1. Du Chaillu. *Loc. cit.* 174.
2. Du Chaillu, *Afrique orientale*, 383.
3. P. Barret. *Afrique occidentale*, II, 165, 166.

primer une redoutable concurrence commerciale en *fétichant* une rivière[1] par une sorte de *tabou*, qui interdisait d'y naviguer. Souvent le féticheur se prend lui-même au sérieux. « Mes sujets, disait un roitelet de l'Afrique occidentale, le chef de la tribu des Obbos, mes sujets sont des brutes impertinentes. Il faut bien se garder de leur accorder une ondée d'avance. Pas une goutte de pluie pour eux, s'ils ne m'apportent pas du blé, des chèvres, des ignames[2], etc. » Au Gabon, un roi réputé puissant magicien avait lui-même une peur horrible d'être ensorcelé[3]. Dans l'est, c'est ordinairement avec des sifflets en cornes d'antilope que l'on provoque ou arrête la pluie et, quand il se trouve qu'un roi est un bon faiseur de pluie, il délègue à volonté ce don précieux à qui bon lui semble, moyennant une convenable investiture magique[4].

Mais le plus souvent les sorciers en renom, les féticheurs, ne sont pas des têtes couronnées ; ce sont de simples particuliers, qui par grâce spéciale savent gouverner les éléments, dominer les esprits et découvrir la vérité. Leur pouvoir balance souvent l'autorité des chefs, avec lesquels ils s'entendent d'ailleurs volontiers au mieux de leurs intérêts communs. Parfois les rois s'humilient d'eux-mêmes devant le pouvoir surhumain des féticheurs. Au Gabon, du Chaillu a vu un féticheur désensorceler une rue, par laquelle le chef du village n'osait plus passer depuis une vingtaine d'années[5].

Un bon sorcier peut évidemment s'ingérer dans tout ; mais il existe cependant deux catégories de faits pour lesquels on réclame le plus ordinairement son intervention : ce sont les débats judiciaires et les maladies ou les morts. De l'Atlantique à la mer des Indes ces coutumes insensées sont en vi-

---

1. P. Barret. *Afrique occidentale.* II, 170.
2. S. Baker. *L'Albert-Nyanza*, 276.
3. Du Chaillu. *Loc. cit.* 21.
4. S. Baker. *L'Albert-Nyanza*, 231.
5. Du Chaillu. *Loc. cit.* 284.

gueur. Sans insister ici sur le rôle du sorcier dans les débats juridiques[1], je rappellerai seulement que pour découvrir les gens accusés d'un crime, le grand moyen chez les nègres est l'ordalie, presque toujours le poison d'épreuve, parfois aussi l'huile ou l'eau bouillante, dans laquelle l'innocent doit pouvoir plonger impunément les mains[2]. Le féticheur préside d'ordinaire à ces cérémonies, mais quelquefois il se contente de procédés magiques[3]. Solennellement il consulte son fétiche, « il bat le fétiche », dessine, par exemple, des cercles magiques, murmure des paroles mystérieuses, etc. Toujours le fétiche, ainsi interrogé, répond et, par l'intermédiaire du sorcier, désigne le coupable. Le crime est bien souvent imaginaire ; le plus ordinaire est d'avoir empêché la pluie, forfait toujours puni de mort[4].

Mais ce sont particulièrement les maladies et les décès qui mettent en jeu la science des féticheurs. Toute maladie est considérée comme un ensorcellement ; d'où une double nécessité : expulser le démon qui possède le malade, et punir la personne qui a jeté le sort. Le féticheur est invoqué ; il arrive, toujours bizarrement attifé. On essaye de chasser le démon à coups de tam-tam, à coups de fusil, etc.[5], et le sorcier découvre sans peine l'auteur du méfait, qui est très souvent un esclave, si le malade est de rang modeste ; mais pour un chef, il en faut plusieurs, dix, vingt, trente, qui sont immédiatement sacrifiés[6].

S'agit-il d'un roi ? c'est une bien autre affaire ; les sorcières et sorciers les plus renommés sont appelés et toute la population est en émoi. Un roi des Bakalaïs du Gabon étant tombé

---

1. Voir mon *Évolution juridique*.
2. Du Chaillu. *Loc. cit.* 301, 302. — Burton. *Voy. aux grands lacs.* 656.
3. Fuchs. *Mœurs congolaises. in Soc. Nouv.* oct. 1889.
4. Burton. *Loc. cit.* 664.
5. Du Chaillu. *Loc. cit.* 270.
6. P. Barret. *Loc. cit.* II, 178.

malade, ordonna à ses sujets de consulter pour son cas un esprit nommé *Ilogo*, qui habitait dans la lune. Au bruit du tam-tam et avec force cris les femmes du village s'assemblèrent sur cet ordre au clair de la lune et, pendant que, l'une après l'autre, les plus excitables s'efforçaient d'avoir un accès extatique, les autres chantaient en chœur une invocation à l'esprit lunaire. « Ilogo, nous t'invoquons! — Dis-nous qui a ensorcelé le roi? — Que devons-nous faire pour guérir le roi? — Les forêts t'appartiennent, Ilogo! — Les rivières t'appartiennent, Ilogo! — La lune t'appartient! — O lune! O lune! O lune! — Tu es la demeure d'Ilogo! — Le roi mourra-t-il? O Ilogo! O Ilogo! O lune! O lune! » Pendant ce temps, l'une des femmes réussissait enfin à tomber en catalepsie, voyait le dieu et, en revenant à elle, pouvait rassurer la population[1].

Chaque mort est aussi l'occasion de cérémonies analogues. On ne comprend ni n'admet la mort naturelle, la mort sans violence; chaque décès résulte donc d'un crime commis par des procédés magiques et il importe extrêmement de découvrir et de châtier le meurtrier, à moins qu'il ne s'agisse de femmes, d'enfants ou d'esclaves[2], dont la mort est chose négligeable. Dans ces occasions, tout le monde sans exception peut être accusé de sorcellerie. On ne tient compte ni du sexe, ni de l'âge, ni de la condition sociale[3]; les chefs eux-mêmes doivent plier sous la commune loi. — La peur de la mort et des sortilèges étant extrême, il suffit qu'un homme se croie ensorcelé pour en perdre le boire et le manger, avoir des visions et souvent communiquer sa terreur à tout le village, qui ne peut retrouver le repos qu'en immolant le coupable supposé[4].

1. Du Chaillu. *Loc. cit.* 449.
2. *Ibid.* 383.
3. *Ibid.* 383.
4. *Ibid.* 383.

VII. — DES IDÉES DITES RELIGIEUSES CHEZ LES NÈGRES SAUVAGES

Une vue générale se peut aisément tirer de cette exposition analytique. Déjà nous commençons à être familiers avec la mentalité de l'homme primitif. Cette religion africaine, nous l'avons déjà trouvée, nous la trouverons encore en d'autres points du globe. Néanmoins, nulle part peut-être on ne la peut voir plus à nu que chez le nègre d'Afrique. Il est presque superflu de remarquer que cette mythologie grossière n'est point faite pour nous rendre très fiers de notre dignité d'homme : c'est, à parties égales, un mélange de naïveté puérile et de férocité. — L'homme primitif ne sait rien encore ; s'il est supérieur à l'animal, ce n'est guère que dans le pouvoir de s'illusionner, d'accorder une réalité objective aux visions qui le hantent dans la veille et le sommeil. Sa débile intelligence lui sert surtout à se tromper ; son imagination affolée l'empêche de croire à l'honnête témoignage de ses sens. Tout plein de lui-même, il reflète sa pauvre personnalité sur tout ce qui l'environne et prête volontiers aux êtres ambiants, vivants ou non, des passions, des besoins, des sentiments analogues aux siens ; partout il voit ou soupçonne d'invisibles esprits, ordinairement de forme humaine ; il dédouble ses morts et en abstrait des fantômes qui le tourmentent.

Est-il raisonnable de baptiser d'un nom spécial, d'appeler « religieuses », ces puériles illusions d'hommes encore enfants ? Évidemment non. Aussi nombre de sectateurs des grandes religions, que nous étudierons plus tard, flétrissent dédaigneusement toutes ces croyances animiques du nom de « superstitions ». Mais, en suivant la route que nous avons choisie, en étudiant patiemment les faits soi-disant religieux dans tout le genre humain, depuis les races les plus humbles jusqu'aux races supérieures, nous verrons qu'il est absolument impossible de tracer une frontière entre la superstition et la religion. La seconde sort manifestement de la première, comme une plante de sa graine, et même ce sont les croyances dites superstitieuses qui, seules, nous peuvent donner la clef des autres.

Au point de vue de l'utilité sociale, les croyances mythiques des populations dont je viens de parler ne se relèvent en rien. Non seulement ces erreurs faussent la raison débile de l'homme primitif, mais elles empoisonnent toute son existence, le font vivre dans une atmosphère de perpétuelle terreur, enfin le poussent à commettre, sous couleur de piété funéraire, des crimes atroces et incessamment renouvelés, sans parler même des milliers de malheureux accusés, convaincus de magie et sacrifiés pour ce crime imaginaire. Dans l'Afrique Orientale, les routes sont jalonnées de bûchers éteints, ayant dévoré de prétendus sorciers; car, dans cette région, comme dans notre Europe féodale, les sorciers subissent ordinairement la mort par le feu, sans doute parce que l'on espère ainsi détruire à la fois l'esprit et le corps du sorcier.

CHAPITRE V

L'ANIMISME DANS L'AFRIQUE TROPICALE

A. — L'ANIMISME DANS LES TRIBUS PAIENNES

I. *Fétichisme et Mahométisme.* — II. *Les rites funéraires.* — Puits funéraires. Maisons funéraires des Rois. — Tumulus des Bambaras. — Sacrifices et offrandes funéraires. — Sacrifices humains. — La vie future. — III. *Magie et sorcellerie.* — Gri-gris des Bambaras. — La magie à Kaarta. — Baromètre magique. — Le mauvais œil du lièvre. — IV. *Les Dieux.* — Arbres fétiches. — Zoolâtrie. — Anthropolâtrie. — Le Mumbo-Djumbo. — Les esprits des fleuves. — Le dieu *bouri* des Bambaras. — V. *Le culte.* — Cases fétiches. — Sacerdoce fétichique. — Formule d'excommunication. — Festins sacrés. — Offrandes aux esprits des fleuves, aux arbres fétiches. — L'islamisme et le fétichisme. Le dieu Nallah. — Les *saphis* ou gri-gris islamiques. — Le Koran liquéfié. — Culte des nègres mahométans.

B. — L'ANIMISME DANS LES PETITES MONARCHIES

I. *Le Dahomey et l'Achanti.* — La classe des féticheurs au Dahomey. — Sa fonction. — Esprits aériens. — Idoles anthropomorphes. — Zoolâtrie. — Ophiolâtrie. — Le temple des serpents. — Abus des sacrifices humains. — Sacrifices humains funéraires. — Leur importance au Dahomey. — Sacrifices humains à la mort du roi Guézo. — Les *Coutumes*. — II. *Les petites monarchies orientales.* — La montre déifiée. — Les « cornes magiques ». — Le tambour magique. — Esprits mythiques. — Astrolâtrie. — Un roi sceptique. — Poulets sacrés. — Animisme restreint. — III. *L'animisme à Madagascar.* — Rites funéraires. — Dolmens. — Les trois esprits des morts. — La montagne des esprits des morts. — Les *Vazimbas*. — Les esprits malveillants. — Les dieux. — Le *sikidy*. — Les extases prophétiques. — Offrandes et prières primitives. — IV. *L'animisme en Abyssinie.* — Auspices, divinations. — Amulettes sacerdotales. — Le mauvais œil. — La sorcellerie. — Sélénolâtrie. — Ophiolâtrie. — Fleuves sacrés. — Culte des pierres levées. — Danses religieuses. — Danses funéraires.

C. — LA VALEUR DES RELIGIONS AFRICAINES

A. — L'ANIMISME DANS LES TRIBUS PAIENNES

I. — FÉTICHISME ET MAHOMÉTISME

La vaste zone africaine, allant de la Gambie et du golfe de Guinée à l'Abyssinie, est habitée par des races extrêmement mélangées, par des populations nègres ou négroïdes, qui se sont trouvées, en cent endroits, en contact soit avec les Éthiopiens, soit avec les Berbères-Touâreg; souvent ces populations se sont croisées avec les envahisseurs et toujours elles en ont, de bien des manières, subi l'influence. Parfois même elles ont dû adopter, au moins en apparence, la religion de peuples supérieurs par la race. Mais de ces nègres convertis par la force je parlerai un peu plus tard. Dans la première partie de ce chapitre, je veux seulement décrire l'état religieux natif, d'origine évidemment nègre, sans me préoccuper encore des croyances islamiques, qui parfois le recouvrent d'un vernis ordinairement léger. Souvent d'ailleurs l'animisme nègre et le mahométisme vivent tranquillement côte à côte, en déteignant l'un sur l'autre.

Comme je l'ai exposé dans de précédents ouvrages, ces populations mixtes sont relativement civilisées, beaucoup plus que les nègres du Gabon. Ordinairement elles sont constituées en tribus monarchiques et franchement agricoles. Il n'est donc pas sans intérêt de voir ce qu'est devenu le vieux fonds animique sous l'influence de cette civilisation relative. Or, ce fonds primitif persiste, comme nous l'allons voir, dans une large mesure.

II. — RITES FUNÉRAIRES

Dans nombre de districts, les *rites funéraires*, la manière d'enterrer les morts, sont à peu près identiques à ceux des Cafres et semblent bien attester une commune origine. Dans l'Yourriba, au Borgou, à Koulfa, les cadavres sont déposés dans des sortes de puits, profonds d'environ six pieds et fort étroits. Avant d'y introduire les corps, on a soin d'en attacher les poignets au cou, de replier les membres inférieurs et de les lier au tronc, en résumé, de donner au corps la position accroupie. Dans le Borgou, la sépulture est creusée sous la maison même du défunt[1]. A Koulfa, le puits funéraire est souvent pratiqué sur le seuil même de l'habitation, quelquefois dans les bois [2]. A la partie supérieure de la fosse putéiforme, on a soin de ménager une petite ouverture[3]. Chez les Timannis, il existe dans les villes des maisons spéciales servant de charniers où sont déposés les restes des chefs et des rois[4]. Dans le mur de ces maisons, toujours closes, on a ménagé aussi d'étroites ouvertures, dont nous verrons tout à l'heure l'usage. Les Bambaras de Kaarta, qui ne semblent pas user de la fosse en puits, sûrement à cause de l'influence mahométane, élèvent un tumulus sur la tombe, ce qui peut être une tradition berbère, ou bien dressent du côté de la tête une pierre de 50 à 60 centimètres de haut. Leurs tombes sont indifféremment placées soit dans la cour des cases, soit dans les champs, soit sur les bords des chemins, excepté celles des chefs, qui ordinairement sont inhumés à la porte de leur *tata*[5].

1. Clapperton. *Second voyage. Hist. univ. voy.* vol. XXX, 173.
2. *Ibid.* 276.
3. *Ibid.*
4. Laing. *Hist. univ. voy.* vol. XXVIII, 33.
5. Raffenel. *Nouv. voy. au pays des Nègres*, I, 392.

Les pratiques funéraires, usitées dans ces divers pays, ne permettent pas de douter que l'on n'y croie à une survivance après la mort. Ainsi, dans le Borgou, on a bien soin de tuer le cheval et le chien du défunt, pour que leurs ombres accompagnent leur maître dans l'autre monde[1]. A Koulfa, près de l'orifice ménagé à la partie supérieure du puits funéraire, évidemment pour pouvoir communiquer avec le défunt, les parents et amis déposent des *tobés*, des pagnes, en recommandant au mort de distribuer ces objets à tel ou tel parent ou ami précédemment décédé[2].

Au pays des Timannis, des jours sont ménagés dans les parois des charniers et, par ces ouvertures, on introduit à certaines époques, des aliments cuits et du vin de palme. Dans l'opinion des Timannis, ces vivres sont de temps à autre nécessaires pour entretenir la vie des esprits, simples fac-similés des individus vivants et dotés des mêmes besoins, qualités et défauts. En outre, avant de commencer leur repas, les Timannis jettent toujours à terre un peu de leurs aliments pour donner à manger aux esprits des morts[3].

Ces pratiques sont naïves et fort innocentes; mais il en est d'autres qui le sont moins. Nous avons vu les gens du Borgou sacrifier des chiens et des chevaux par sollicitude pour le défunt. On va souvent plus loin, en mettant à mort des êtres humains. A Jenna, dans la vallée du Niger, quand un gouverneur vient à mourir, il faut qu'une ou même deux de ses femmes se donnent la mort, le jour même, afin que le défunt arrive dans son gouvernement d'outre-tombe avec une agréable compagnie[4]. A Katunga, quand le roi meurt, des victimes nombreuses et choisies sont nécessaires. La première femme du monarque défunt, son fils aîné et

---

1. Clapperton. Second voyage. *Hist. univ. voy.* vol. XXX, 173.
2. Clapperton. *Loc. cit.* 276.
3. Laing. *Hist. univ. voy.* XXVIII, 33, 54.
4. Richard et John Lander. *Hist. univ. voy.* vol. XXX, 54.

les principaux personnages du royaume s'empoisonnent sur le tombeau de leur maître et sont inhumés avec lui. De cet usage résulte que jamais le fils aîné ne succède à son père[1]. Même coutume dans l'Yourriba, mais elle y est plus largement appliquée. A la mort du roi, quatre grands dignitaires ou *cabocirs*, quatre femmes du monarque, beaucoup de ses esclaves favoris et un grand nombre d'autres sont obligés de boire du poison, qui leur est administré par des féticheurs dans des coquilles d'œufs de perroquet, et, s'il arrive que ce poison ne produise pas d'effet, les victimes désignées doivent se pendre dans leurs maisons[2]. Ces atroces pratiques se rapprochent déjà de celles du Dahomey, dont je parlerai bientôt.

De ces usages on peut inférer sûrement que les populations qui les ont adoptés croient à une existence d'une certaine durée après la mort, et il est évident que, dans leur opinion, cette survie posthume est un simple calque de la vie terrestre. Les Mandingues admettraient aussi une survie quelconque, mais en déclarant nettement que personne ne peut avoir à son sujet le moindre renseignement[3].

III. — MAGIE ET SORCELLERIE.

Mais toutes ces croyances ne diffèrent en rien de celles des nègres les plus inférieurs, et il en est de même de la foi animique aux gri-gris, aux talismans. De ces gri-gris, beaucoup sont identiques à ceux des nègres gabonnais les plus grossiers. Ainsi, en dépit de leur mahométisme, les Bambaras sont littéralement couverts de racines, coquilles,

1. *Journal de Richard et John Lander*, 290.
2. Clapperton. *Second voyage*, 94.
3. Mungo-Park. *Hist. univ. voy.* vol. XXV, 298.

cornes, pierres, dents, morceaux de peau desséchés, etc. Une certaine racine préserve sûrement des balles, aussi les guerriers en portent sur eux une véritable charge[1]. De même, dans l'Yarriba, on use et abuse des gri-gris. Tout peut devenir et devient en effet fétiche : des calebasses, des plumes, des coquilles d'œufs, des os d'animaux[2].

Tout en n'ayant pas un rôle aussi considérable que chez les tribus tout à fait sauvages, la magie primitive persiste encore parmi ces populations. A Kaarta, on est toujours bien persuadé que, par des pratiques convenables, on peut à volonté soit faire pleuvoir, soit empêcher la pluie de tomber. En voyant le baromètre et les autres instruments de l'explorateur français, Raffenel, les indigènes de Kaarta, y reconnurent sans hésiter des appareils magiques et, comme précisément en ce moment la sécheresse était grande, ils allèrent trouver le voyageur et lui tinrent le langage suivant : « Nous voulons que tu fasses pleuvoir »; et, dit Raffenel, ils jetaient un regard courroucé sur mon baromètre; « nous avons trop attendu. Tu ne nous feras pas croire que ce que tu fais là avec ces machines (ils désignaient du doigt les instruments), en regardant en l'air et en écrivant des gri-gris, soit innocent. Jamais, dans les pays, on n'a vu la pluie tant tarder à tomber, et jamais un homme n'a fait ce que tu fais. Arrange-toi comme tu voudras; mais il nous faut de la pluie pour ce soir[3]. »

Les mêmes indigènes de Kaarta croient aussi à nombre d'autres influences magiques. Dans leur opinion, le lièvre est un animal qu'il y a bien des inconvénients à rencontrer : il a le mauvais œil. Ainsi il suffit à une femme enceinte de regarder la tête d'un lièvre pour accoucher d'un enfant mort.

---

1. Raffenel. *Nouv. voy. au pays des Nègres*, I, 435.
2. R. et J. Lander. *Hist. univ. voy.* vol. XXX, 77.
3. Raffenel. *Loc. cit.* I, 522.

Si la femme n'est pas grosse, cette funeste rencontre suffira à la rendre stérile. Sur les hommes, la vue de cette tête maudite a des effets non moins fâcheux; car sur-le-champ la timidité de l'animal se transmet à l'homme qui l'a regardé et les plus braves guerriers se trouvent affligés d'un cœur de lièvre[1]. Voilà bien tout un ensemble de croyances dont l'origine est évidemment très primitive. Les mythes, les dieux, si l'on veut, ne sont pas d'une nature plus relevée.

IV. — LES DIEUX

Dans toute la région dont je m'occupe en ce moment, l'intelligence des populations est encore foncièrement animique; aussi a-t-on vivifié et divinisé des végétaux, des animaux, même des hommes. Sur les confins du Bondou, Mungo-Park a vu un arbre fétiche aux branches duquel étaient suspendus d'innombrables chiffons ou bandes d'étoffes[2], offrandes propitiatoires faites par les voyageurs. A Chaadou, dans le Yarriba, R. et J. Lander ont rencontré un arbre fétiche analogue. Plusieurs pieux également fétiches formaient à ce végétal une enceinte protectrice. Comme nous le verrons, cette divinisation des plantes, cette phytolâtrie, est universelle. La zoolâtrie n'est pas rare non plus chez les nègres de l'Afrique moyenne; mais elle prédomine surtout sur la Côte d'Or, où l'on a déifié le crocodile, l'hyène, les vautours, les serpents[3]. Les Cambris du bas-Niger adorent aussi des animaux et disposent des têtes d'hippopotames et d'alligators sur des plates-formes, qui leur servent de temple[4]. A Koulfa, les cases-fétiches, dont je parlerai tout à l'heure, contiennent

1. Raffenel. *Loc. cit.* I, 311.
2. Mungo-Park. *Travel*, I, 64.
3. Hutton. *Hist. univ. voy.* vol. XXVIII, 380.
4. Clapperton. *Second voyage*, 210.

des idoles sculptées figurant des lézards, des crocodiles, des tortues, des boas et quelquefois pêle-mêle des hommes et des femmes¹.

L'adoration de certains hommes qui, pour une raison quelconque, semblent doués de pouvoirs surhumains, est évidemment de même nature que la zoolâtrie et souvent coexiste avec elle. A vrai dire, les sorciers sont toujours des hommes en train de devenir dieux. Lander rapporte que, dans la plupart des villages africains traversés par lui, on le traitait comme un demi-dieu². Chez les Timannis, Laing vit un sorcier fétichisé, déifié. Ce personnage était attifé d'une manière étrange, fort propre à frapper l'imagination de ses naïfs compatriotes. Sa tête était surmontée d'un véritable dais composé de crânes, de fémurs et de plumes; quantité de morceaux de fer et de sonnettes suspendus le long de ses membres cliquetaient ou tintaient à chacun de ses mouvements. Quand on voulait consulter ce sorcier pour découvrir un voleur ou pour toute autre chose, on le priait de se rendre à l'assemblée du peuple. La requête entendue, il faisait siffler plusieurs fois dans l'air une baguette qu'il tenait à la main, s'en allait méditer quelque temps dans les bois, et revenait donner une réponse³. Abstraction faite des différences de mise en scène, les plus fameux oracles de la Grèce ne procédaient pas autrement.

A Kayage, chez les Mandingues et ailleurs encore, un homme-fétiche, du même genre, a pour fonction sociale de punir les femmes mal-vivantes. Le soir, quand toute la population se divertit et palabre, il apparaît, revêtu d'un costume bizarre, fait de franges d'écorce, costume qui, le jour, reste suspendu à un poteau situé hors du village⁴.

1. Clapperton. *Second voyage.* 276.
2. R. and J. Lander. *Niger Expedition*, III, 198.
3. Laing. *Hist. univ. voy.* vol. XXVIII, 25.
4. Gray et Dochard. *Hist. univ. voy.* vol. XXVIII, 314.

Ainsi accoutré, le mystérieux personnage, le *Munbo-Djumbo*, se promène au milieu des femmes, qui se hâtent de lui faire des présents afin de l'apaiser. Mais pour celles à qui il ne lui convient pas de pardonner, il leur administre une vigoureuse fustigation[1]. L'exécution achevée, le sorcier se retire, comme il était venu, mystérieusement.

En maint endroit les fleuves sont vivifiés et déifiés. J'ai déjà parlé des démêlés conjugaux du fleuve Niger avec la rivière Mossa, son épouse légitime. Celle-ci est d'une jalousie absolument folle, à ce qu'assurent les riverains, et, quand on navigue sur ses eaux, il faut se garder de nommer à haute voix une autre des rivières affluentes, si du moins l'on tient à sa vie[2]. De même, avant de laisser R. et J. Lander s'embarquer sur le Niger, un roi de Boussa eut bien soin d'aller, accompagné d'un féticheur, consulter le fleuve sur ses intentions à l'égard des voyageurs. L'esprit du fleuve, en ce moment d'humeur débonnaire, jura de conduire les voyageurs sains et saufs au terme de son cours[3].

Il va sans dire que le tonnerre est souvent divinisé. C'est, disent les Fantis, le bruit résultant du passage d'une divinité, *Yaung Coumpon*, qui fend rapidement l'atmosphère.

Chez les Bambaras, une sorte de religion générale a été créée par l'initiative de quelques indigènes, qui avaient voyagé hors de leur pays. Ils rapportaient qu'en d'autres contrées, ils avaient vu un dieu appelé *Bouri*, dont le pouvoir était très grand, et à leur instigation tous les chefs se créèrent un *Bouri*. Les fondateurs de cette nouvelle religion furent eux-mêmes très vénérés, et on leur faisait leur part de butin dans toutes les expéditions guerrières. Les *Bouris* eurent bientôt des temples et on les consultait souvent. Pour

---

1. *Hist. univ. voy.* vol. XXVIII, 306.
2. *Journal de Richard Lander*, 284.
3. R. et J. Lander. *Hist. univ. voy.* vol. XXX, 228.

cela, il suffisait de couper à demi le cou d'une poule et de bien noter quelle était la position du volatile, quand il mourait. Si la poule expirait en tombant en arrière, c'est que *Bouri* disait « oui »; tombait-elle, au contraire, la tête en avant, c'était « non[1] ».

Toutes ces croyances sont bien primitives, bien ordinaires aussi; elles ne sont pas plus intelligentes que celles des nègres du Gabon et même des plus sauvages de ces nègres. Pourtant, dans la vaste zone dont je parle, l'évolution religieuse a fait un pas en avant. Les fétiches sont de même ordre, l'animisme est le même que chez les nègres les plus inférieurs; mais presque partout le culte s'organise, le prêtre naît et le temple s'élève. Dans l'Afrique occidentale, les Kourankos et les Mandingues ont, à l'entrée de chacun de leurs villages, une case-fétiche[2]. Il en est de même chez les Timannis[3], et dans toute la vallée du bas et moyen Niger. Sur le bord de la rivière Moussa, Clapperton a vu une case-fétiche, entourée d'un espace soigneusement sarclé, purgé de plantes gênantes. La porte de cette cabane sacrée était fermée par une natte, qu'il était interdit de soulever. Les dévots se contentaient de se prosterner devant cette entrée et glissaient discrètement derrière la natte quelques *cauris*, la monnaie du pays, afin d'obtenir de la pluie, et par suite des grains et des ignames[4]. A Koulfa, où la population est mi-partie musulmane et païenne, on a des cases sacrées, pleines de figures sculptées représentant des animaux et des hommes[5]. A Damaggou, près du Niger, les frères Lander virent un temple rudimentaire, pauvre petit hangar supporté par quatre piliers et recouvert de chaume. Cet édicule abritait un fétiche

---

1. Raffenel. *Nouv. voy. au pays des Nègres*, I, 238.
2. Laing. *Hist. univ. voy.* vol. XXVIII, 70.
3. Laing. *Loc. cit.* 35.
4. Clapperton. *Second voyage*, 122.
5. Clapperton. *Loc. cit.* 276.

religieusement gardé par deux jeunes gens et une femme, et qui avait les mêmes goûts et les mêmes besoins que ses adorateurs. En effet les voyageurs, ayant tué un taureau pour s'alimenter eux et leur escorte, on les pria de faire rôtir leur viande au-dessous de l'idole, placée sur une estrade, afin qu'elle pût humer l'odeur de la chair brûlée et même en manger un petit morceau, si le cœur lui en disait. En même temps on enjoignit aux voyageurs de se bien garder de faire cuire des yams à l'endroit consacré; car c'était une nourriture trop vulgaire, indigne du dieu[1]. Sur le Niger, les mêmes voyageurs virent une île sacrée servant de résidence au *diou-diou* ou grand prêtre fétiche. Ce personnage habitait dans l'île, seul avec ses femmes, et nulle autre personne n'avait le droit de s'y fixer[2].

Ces populations ont donc constitué déjà les éléments principaux des cultes sérieusement organisés, de ceux qui ont pris un si énorme développement dans les pays plus civilisés; puisqu'elles ont des dieux figurés, des idoles placées dans des cases spéciales et très vénérées, et qu'en outre ces temples rudimentaires ont leurs gardiens et leurs prêtres attitrés.

Le culte proprement dit consiste là, comme partout, soit à s'humilier devant l'idole, soit à lui faire des offrandes, en résumé, à s'efforcer de capter sa bienveillance pour utiliser à son profit le pouvoir qu'on lui suppose. Mais le rôle du sorcier, de l'intermédiaire entre les fétiches et leurs adorateurs, est encore mal défini : le sorcier n'est pas tout à fait un prêtre. Bien souvent le dévot s'adresse directement à son dieu et parfois il le fait d'une façon originale. Ainsi un Timanni, voulant se venger d'un homme qui avait souillé le tombeau de son père, s'en alla à la case-fétiche, où il offrit au dieu un peu de vin de palme et le sacrifice d'un poulet; puis

---

1. R. et J. Lander. *Hist. univ. voy.* vol. XXX, 405.
2. *Ibid.* 468.

il invoqua son intervention vengeresse, en récitant une sorte de formule d'excommunication fort curieuse : « S'il mange, disait-il, que ses aliments le suffoquent ! — S'il marche, que les ronces le déchirent ! — S'il se baigne, que les alligators l'avalent ! — S'il va en canot, qu'il coule ! etc. » Cette litanie farouche était psalmodiée sur un air pathétique et accompagnée de gestes expressifs[1].

A Jourriba, le culte s'est déjà quelque peu régularisé. On célèbre une grande fête annuelle, durant laquelle on immole dans la case du fétiche des poules, des moutons, des chèvres, des vaches, des chevaux. Comme les fétiches ne sauraient consommer eux-mêmes toutes ces victuailles, les adorateurs s'en chargent, d'où un grand festin, auquel les convives, hommes et femmes, doivent, dit-on, assister dans un état de complète nudité[2].

En dehors des temples rudimentaires, il existe quantité d'endroits hantés, consacrés et dangereux, où l'on ne passe qu'avec crainte et souvent en faisant quelque légère offrande. Sur le Niger, les conducteurs de canot interpellent les fétiches riverains à chaque sinuosité du fleuve. S'il arrive qu'un écho réponde, alors ils versent dans le courant du rhum et y jettent des morceaux d'yam et de poisson : « C'est pour le fétiche, disent-ils ; si nous ne le nourrissons pas bien, il nous tuera ou nous rendra pauvres et malades[3]. »

Partout la valeur des offrandes est strictement proportionnelle à l'importance de l'affaire, à laquelle on désire intéresser le fétiche ou l'esprit. Ce peut être un mouton, un chien, un bœuf, etc. ; mais on fait une grande consommation de volailles, soit comme offrande pour les mêmes affaires, soit pour en tirer des augures. Un Serrawouli, qui cependant avait

---

1. Laing. *Loc. cit.* vol. XXVIII, 35.
2. Clapperton. *Loc. cit.* 99.
3. R. et J. Lander. *Hist. univ. voy.* vol. XXX, 468.

résidé sept ans en Angleterre, attachait encore un poulet, un poulet blanc, aux branches d'un arbre fétiche pour que son voyage fût heureux. C'était, disait-il, pour se rendre favorables les esprits des bois, divinités très puissantes ayant une forme humaine et une longue chevelure ondoyante. Les esprits sylvains sont blancs ; c'est pourquoi il leur avait offert une poule de leur couleur[1].

De ces croyances ou pratiques, il n'en est pas une qui dénote un progrès bien marqué sur celles des nègres les plus inférieurs ; toutes dérivent également du fonds animique, commun à la race entière. Cependant la plupart des populations, dont je viens de parler, ou bien sont frottées de mahométisme ou vivent en contact avec des nègres soi-disant convertis au mahométisme, religion introduite par les Arabes et propagée avec énergie par divers peuples indigènes, surtout par les Foulahs, Pouls ou Peulhs. Il est intéressant de voir comment l'Islamisme, religion soi-disant supérieure, a été compris par ces races encore si peu développées. Il l'a été fort mal. Les Bambaras font ce qu'ils peuvent pour être monothéistes, mais sans y réussir. Allah est devenu, pour eux, Nallah, créateur du monde, tonnant dans les airs pour épouvanter les méchants. Nallah dispense à son gré le courage, la force, la beauté ; il multiplie les animaux utiles, fertilise les champs. Il aime qu'on le prie et vient au secours de ses fidèles, dans les moments de danger, de maladie, de famine. Nallah est un dieu invisible, mais il ne perd pas les hommes de vue et récompense, après leur mort, les gens de bien par d'indicibles joies. Sa demeure est au ciel, bien au-dessus des nuages. Mais, à côté de Nallah, les Bambaras adorent aussi un dieu indigène, plus à leur portée : c'est Bouri, dont j'ai déjà parlé ; en même temps ils continuent à prier les esprits de leurs ancêtres, à sacrifier des poules et à répandre du mil dans cer-

---

1. Mungo-Park. *Hist. univ. voy.* vol. XXV, 91.

tains endroits fétiches, quand ils ont une faveur à implorer[1].

En outre, les Bambaras se couvrent littéralement de gri-gris : seulement ils attribuent une valeur plus grande à ceux qui sont écrits par les marabouts[2]. En effet, pour les nègres de la zone tropicale, l'écriture est une sorte de magie et partout les gri-gris écrits ou *saphis* sont fort estimés, se vendent et s'achètent fort cher. Ces *saphis* sont des versets du Koran, que les marabouts écrivent soit sur des morceaux de papier, soit sur des morceaux de bois, et l'on en fait souvent un singulier usage. Pour se guérir d'une blessure, un sultan de Sackatou lavait simplement un de ces talismans, puis buvait l'eau du lavage[3]. A Djenné, près de Kano, une femme, hôtesse de Clapperton, fit laver ainsi treize morceaux de bois consacrés par l'écriture et en fit ensuite boire la dilution à toute sa maison; elle en offrit même au voyageur, lequel se contenta de répondre « que jamais il ne buvait d'eau sale[4] ». Les gri-gris islamiques n'empêchent nullement d'user des anciens gri-gris préislamiques : racines, coquillages, cornes, dents, etc. L'un des plus précieux de ces gri gris vieux style est le cordon ombilical, que les enfants portent attaché à leur cou[5]. On voit aussi de zélés mahométans confier aux fétiches de leurs pères le soin de garder l'entrée de leur maison[6]. Cependant beaucoup d'Africains observent, que bien que mal, le rituel mahométan. Ordinairement ils remplacent, il est vrai, les ablutions par une simple mimique, mais ils se prosternent et font, cinq fois par jour, leurs prières, en langue arabe qu'ils ne comprennent pas[7]. Surtout ils sont fermement

1. Raffenel. *Loc. cit.* vol. I, 396, 397.
2. *Ibid.* I, 435.
3. *Journal de Richard Lander*, 209.
4 Clapperton *Second voyage.* 253.
5. Raffenel. *Loc. cit.* I, 404.
6. R. et J. Lander. *Hist. univ. voy.* vol. XXX, 131.
7. Clapperton. *Loc. cit.* I, 247, II, 105.

persuadés que les biens, les femmes et les enfants des infidèles leur appartiennent de droit divin et qu'il est légitime d'injurier, de voler ou de tuer un mécréant. En résumé, l'Islamisme n'a pas plus changé la nature des nègres que la couleur de leur peau : il les a seulement rendus plus insolents et plus féroces.

Je n'ai encore parlé que des nègres groupés en tribus ou très petits Etats monarchiques, situés, soit dans la vallée du bas et moyen Niger, soit dans une zone allant de la Côte d'Or au Bornou. Il me reste à décrire l'état religieux de populations ayant constitué des monarchies un peu plus importantes, soit à l'ouest sur le littoral du golfe de Guinée, soit à l'est dans la région des grands lacs. Je commencerai par les premières, c'est-à-dire par le Dahomey et l'Achanti.

B. — L'ANIMISME DANS LES PETITES MONARCHIES

I. — LE DAHOMEY ET L'ACHANTI

Dans ces royaumes occidentaux, le fétichisme des nègres africains s'est développé jusqu'à ses conséquences dernières. Au Dahomey et dans l'Achanti, les sorciers, les féticheurs, sont devenus de vrais prêtres, formant une classe sacerdotale organisée, ayant ses degrés. Au Dahomey, le grand féticheur, toujours âgé, car il a dû passer par les grades inférieurs, a sous sa direction toute une armée de petits féticheurs des deux sexes dispersés dans les villes et les villages. Le pouvoir de ce pape féticheur est considérable. C'est lui qui, par des incantations, des sacrifices humains convenables, apaise les esprits qui pourraient incommoder l'armée royale en campagne[1]. Ce sont les féticheurs, qui désignent au

1. Laffitte. *Le Dahomé*, 118.

populaire les objets fétiches, qui consacrent tel arbre, telle fourmilière, etc. Ces fétiches changent au gré du prêtre. Pour qu'un objet quelconque devienne fétiche, il suffit que le fêticheur dise : « Il y a là un dieu[1] ». Les Dahoméens croient aussi que des esprits invisibles voltigent çà et là dans l'air et, au coucher du soleil, ils ont soin de placer près de leurs cases des aliments à l'usage de ces esprits aériens[2]. Toujours les maladies résultent du mauvais vouloir des esprits[3] et on les peut combattre au moyen de gri-gris appropriés[4]. Les Dahoméens se fabriquent aussi des dieux anthropomorphes, des idoles d'argile qui gardent l'entrée des cases. D'autres idoles sont disséminées dans la campagne au pied des plus beaux arbres ; parfois pourtant on leur construit une case circulaire. A ces idoles on offre de la viande, des fruits, des légumes, car elles ont besoin d'aliments, et l'on a soin de leur sacrifier des poulets, des moutons, des boucs[5] à peu près comme on le fait dans tous les pays nègres. De même que les autres populations nègres, les Dahoméens recourent aussi aux épreuves judiciaires[6].

Tout cela est ordinaire ; mais le Dahomey, l'Achanti, etc., se distinguent des autres pays nègres par l'exagération de la zoolâtrie et des sacrifices humains. On y adore divers animaux, notamment la chauve-souris[7]. Comme dans l'antique Égypte, chaque localité a ses animaux sacrés. A Agbomé, on exècre tous les reptiles ; à Ouidah, on les adore. Le boa surtout est vénéré. Il a sa case à lui, plusieurs serviteurs et un médecin spécialement chargé de surveiller

---

1. Laffitte. *Le Dahomé*, 123.
2. *Ibid.* 124.
3. *Ibid.* 117.
4. *Ibid.* 123.
5. *Ibid.* 123.
6. *Journal de Richard Lander*, 293. — Bowdich. *Hist. univ. voy.* vol. XXVIII. 426.
7. Laffitte. *Loc. cit.* 121.

ses digestions. Une fois par an, on promène cérémonieusement le boa fétiche avec musique et cortège, mais après avoir pris la précaution de le gorger de viande pour l'engourdir. Pendant cette procession sacrée, les portes de toutes les maisons doivent être closes et, sous peine de mort, il est interdit aux habitants de sortir de chez eux ou même de jeter un furtif regard par la porte ou la fenêtre[1]. Le boa est le plus grand des dieux; mais il n'est pas le seul. On a construit un temple rempli de beaux serpents à la robe vert-sombre et rayée de noir. Ces animaux divins sont libres; ils errent par les rues, entrent dans les cases; ordinairement, le soir, ils réintègrent leur domicile et se suspendent aux bambous de la toiture. Si l'un deux s'égare, on va prévenir le féticheur, qui le prend, l'enroule respectueusement autour de son bras et le rapporte au temple[2]. Cette zoolâtrie est absurde, mais, à tout prendre, innocente. On n'en peut pas dire autant des sacrifices humains, dont l'objet est assez varié. Toute victoire est suivie de sacrifices humains, destinés à remercier les dieux. Après une victoire remportée sur les Tidas, un roi dahoméen fit décapiter quatre mille captifs, dont les têtes amoncelées formèrent un imposant trophée[3]. A Ouidah, un tremblement de terre ayant renversé les idoles du temple, le grand féticheur déclara qu'il était nécessaire de décapiter trente esclaves pour apaiser les dieux irrités[4]. Un enfant étant né avec des dents, un féticheur le fit noyer dans la lagune; car, avec sa pénétration sacerdotale, il avait reconnu dans ce nouveau-né le roi défunt, Guézo, qui s'était réincarné dans la méchante intention de dévorer son fils[5].

1. Laffitte. *Le Dahomé*, 120, 121.
2. *Ibid.* 121, 122.
3. Prichard. *Hist. natur. de l'homme*, II, 323.
4. Laffitte. *Le Dahomé*, 127.
5. *Ibid.* 127.

Mais les sacrifices humains les plus habituels sont du genre funéraire, et ils résultent très logiquement de la foi profonde de ces populations en une survivance après la mort. De même qu'on a bien soin, au Dahomey, d'inhumer avec le défunt les objets ou ustensiles qui lui ont appartenu[1] et même des vêtements de rechange, qu'il revêtira en arrivant dans la terre des morts[2], on trouve tout naturel de pousser la sollicitude plus loin encore et de donner à l'ombre du décédé une escorte d'ombres. Dans l'Achanti, quelques esclaves sont immolés à la porte de la maison de tout homme notable. A la mort du roi, c'est une bien autre affaire : ses parents courent, comme affolés par les rues, en fusillant tout ce qu'ils rencontrent. Après quoi, on égorge solennellement plusieurs milliers d'esclaves[3]. Au Dahomey, les sacrifices funéraires sont un privilège royal ; mais on les pratique sur une effrayante échelle. A la mort du roi Guézo, son fils Gréré ordonna des sacrifices humains qui durèrent un mois et demi. Au moment même de l'inhumation, il y avait eu déjà 600 morts volontaires. Toutes les femmes du défunt s'étaient empoisonnées et leurs cadavres avaient été rangés dans une fosse autour de celui de leur maître, dans l'ordre de la préséance. Mais ce n'était là qu'un début d'horreurs. La piété filiale du nouveau roi ne pouvait se satisfaire à si bon compte, ni s'affranchir en un moment de ses devoirs envers l'ombre de son auteur. Aussi espaça-t-il sur un intervalle de plus de deux mois une série de sacrifices, dont un témoin oculaire nous a dressé la liste. Le 13 juillet 1860, un cabocère, un chef, fut noyé. Auparavant on avait eu soin de le revêtir de tous les attributs attestant sa position sociale et on l'avait chargé d'une mission con-

---

1. Laffitte. *Le Dahomé*, 125.
2. H. Spencer. *Sociologie*, I, 260. — *Le Dahomé*, 125.
3. Bowdich. *Hist. univ. voy.* vol. XXVII, 428.

sistant à porter au roi défunt, dans le Dahomey d'outre-tombe, des nouvelles du Dahomey d'avant la tombe. On pensait aussi que ce sacrifice aurait encore un autre effet utile, quoique singulier pour un esprit européen, celui d'attirer les navires de commerce. — Le 16, le ministre de la justice présenta au roi régnant, pour qu'il lui donnât quelques commissions, un captif bâillonné. Plusieurs grands chargèrent aussi le même messager de diverses communications pour l'ombre royale, et le courrier funèbre promit de les faire exactement. Suivant l'usage, on lui donna à titre de frais de route une piastre et une bouteille de tafia. Deux heures après, le même jour, quatre autres envoyés furent expédiés de la même manière en même temps qu'un vautour, une biche, et un singe, bâillonnés comme eux. — Le 23, sacrifice de 23 cabocères musiciens ; ces artistes avaient pour mission de charmer l'oreille du roi défunt. Le 30 et le 31, sacrifices spontanés faits par divers notables : plus de cinq cents têtes tombèrent en deux nuits. Le 4 août, 15 captives furent poignardées : on les envoyait ainsi au roi Guézo pour que, avec leur sollicitude féminine, elles en prissent soin dans l'autre monde. Le 5 août, sacrifices funéraires au nom du roi lui-même : décapitation de 15 femmes et de 35 hommes, tous bâillonnés, ficelés, dans la position accroupie que l'on donne aux cadavres. On y joignit quatre noirs magnifiques destinés à servir d'ombres de cochers à l'ombre d'un petit carrosse, que l'on adressait au monarque mort. Le roi régnant assistait tranquillement, sur une estrade et la pipe à la bouche, à ces immolations. Les massacres continuèrent ainsi pendant deux mois, et, après chacun d'eux, on avait soin de faire étalage des cadavres.

Tous ces meurtres pieux eurent lieu sans préjudice des fameuses *Coutumes*, qui se célèbrent, chaque année, vers la fin d'octobre, et durant lesquelles on abat sept à huit cents têtes. Aussitôt terminée la série des sacrifices, dont la mort de Guézo avait été le signal, le roi régnant devait se mettre en campagne pour se procurer le personnel de prisonniers nécessaires à ces *Coutumes* traditionnelles.

Dans le Dahomey et l'Achanti, nous venons de voir l'animisme africain exalté jusqu'au délire. Transportons-nous maintenant à l'autre extrémité de la zone tropicale, dans la région maintenant célèbre des grands lacs, où se sont constituées de petites monarchies, assez analogues au Dahomey comme importance et civilisation. Là, nous trouverons le même animisme, mais réduit à de modestes proportions, ce qui est évidemment une affaire de race.

II. — LES PETITES MONARCHIES ORIENTALES

Les populations, qui ont fondé ces petites monarchies, appartiennent, comme les Cafres de l'Afrique australe, à la grande race éthiopienne, la première des races nègres ; aussi, tout en étant animiques, comme le sont tous les hommes peu civilisés, à quelque race qu'ils appartiennent, ces noirs orientaux n'ont pas poussé leur animisme jusqu'à ses conséquences les plus absurdes. Les populations du Karagoué et de l'Ouganda, pays voisins du lac Albert, professent des croyances mythiques à peu près semblables : elles animisent tout ce qui les frappe. Ainsi une femme du roi M'tésa fut épouvantée par la montre du capitaine Speke et y reconnut sur-le-champ le *loubari*, l'un des dieux du pays[1]. Le roi de l'Ounyoro, Kamrasi, considérait la montre et la chaîne du voyageur comme un talisman, une « corne magique »[2], c'est le nom générique des fétiches. L'une des « cornes magiques » pos-

1. Hanning Speke. *Sources du Nil*, 345.
2. *Ibid.* 479.

sédées par le même prince avait, croyait-il, la vertu de gratifier son porteur du don des langues[1]. Le monarque ne doutait pas qu'avec des charmes, des « cornes magiques » convenables, tout ne fût possible, et il demanda à Speke « un charme qui lui pût gagner le cœur de ses sujets »[2].

La croyance à la magie est générale dans toute cette région. Un indigène vint tout tranquillement demander à Speke un sortilège pour tuer son frère[3]. Le roi M'tésa, lui, aurait voulu une « médecine » qui le préservât de la foudre[4]. Dans l'Ouganda il y a des sorciers et des sorcières, bizarrement attifés, qui conjurent le mauvais œil, retrouvent les objets volés, guérissent les maladies, dues ordinairement à des maléfices[5]. Le cordon ombilical constitue un fétiche de premier ordre et on le conserve avec grand soin[6]. Évidemment on croit à la survivance après la mort, puisque les cadavres des grands sont soigneusement momifiés par une lente dessiccation et placés sous la garde perpétuelle des femmes favorites du mort[7], mais il ne semble pas qu'on soit hanté par la terreur des spectres, comme en tant d'autres régions de l'Afrique. Des procédés magiques sont employés pour discerner, en cas de compétition, le légitime prétendant à la couronne. Il est certain tambour symbolique, chargé de talismans, qui acquiert un poids énorme pour tout le monde, excepté pour le prédestiné au trône[8].

La nature, croit-on, est peuplée de génies; il y en a dans certains rapides et ils ont disposé à dessein des roches au milieu des courants[9]. Au fond du lac Albert réside aussi un

1. Hanning Speke. *Sources du Nil*, 485.
2. *Ibid.* 486.
3. *Ibid.* 179.
4. *Ibid.* 386.
5. *Ibid.* 152, 236, 485.
6. *Ibid.* 220.
7. *Ibid.* 220.
8. *Ibid.* 191.
9. *Ibid.* 510.

esprit puissant, manifestant ses volontés par l'intermédiaire d'un sorcier. Le soleil et la lune ont chacun leur esprit. Quand l'esprit du soleil se jette sur la lune pour la dévorer, il y a éclipse, et l'on s'efforce d'épouvanter l'esprit sélénophage par des chants et du tapage[1]. On sacrifie des chèvres aux divinités pour en obtenir du secours, notamment la guérison des maladies[2]. Ces divinités ont des résidences diverses. Un dieu génésique et hermaphrodite loge sous l'écorce d'un arbre[3]. Au contraire, le *loubari* réside dans le ciel[4].

On le voit, toutes ces croyances sont relativement innocentes et les plus intelligents des naturels ne les prennent même pas au sérieux. Le roi Roumanika immolait, tous les ans, une vache devant le tombeau de son père. Pourquoi? Il ne le savait trop, disait-il; mais pourtant il lui semblait que cela devait être utile aux moissons[5]. De même il offrait à certaines grosses pierres dans la montagne du grain et du *pombé* (bière), tout en sachant très bien qu'elles ne les consommeraient pas. De même encore, étant en campagne, il battait en retraite quand il entendait, à gauche, l'aboiement d'un renard, présage de défaite. Tout le monde, disait-il, faisait ainsi.

Dans toute cette région, la croyance aux augures est générale et le roi de l'Ounyoro, Kamrasi, passait sa vie à découdre des poulets pour deviner l'avenir d'après les mouvements péristaltiques de leurs intestins; mais Kamrasi était un monarque bigot. De même le roi de l'Ouganda, M'tésa, qui se conduisait comme un enfant tout-puissant et féroce, prenait très au sérieux les superstitions de son pays : il avait des cases fétiches remplies de « cornes magiques » et il s'y retirait de temps en temps pour contempler et classer ces

1. Hanning Speke. *Loc. cit.* 222.
2. *Ibid.* 567.
3. *Ibib.* 510.
4. *Ibid.* 393.
5. *Ibid.* 209.

précieux talismans; en outre, il vénérait et dotait richement ses sorciers. Néanmoins on est fondé à dire que, dans toute cette région, l'animisme est réduit au minimum. Il ne hante pas l'esprit des indigènes, ne tient dans leur existence qu'une place médiocre et ne leur inspire pas d'actes atroces.

III. — L'ANIMISME A MADAGASCAR

Pour compléter l'examen des croyances africaines, tel que j'ai entrepris de le faire dans ce chapitre, il me reste à parler de Madagascar et de l'Abyssinie.

A l'époque indéterminée où les immigrants malais, les Hovas, abordèrent dans la grande île africaine, ils y trouvèrent sûrement une population, sans doute éthiopienne pour une grande part. En petit nombre, comme ils l'étaient certainement au début, les nouveaux venus durent compter avec les premiers occupants et s'imprégnèrent largement de leurs croyances. Aussi la religion des Hovas ressemble-t-elle essentiellement aux autres religions animiques de l'Afrique, ainsi qu'il résulte de leurs coutumes funéraires, de leurs mythes et de leur magie.

Les morts malgaches sont enterrés avec leurs vêtements, leurs meubles; on y ajoutait autrefois leurs armes. Le cadavre, enroulé dans un nombre plus ou moins grand de pièces de soie indigène, est disposé sur une table de pierre dressée dans un caveau funéraire[1]. Ces caveaux mortuaires sont ordinairement mégalithiques. Autour de Tananarive et dans la ville même, il en existe un grand nombre. Les plus simples sont de vrais *dolmens* formés de quatre pierres verticales, disposées en carré et d'une cinquième pierre, d'une table, servant de couvercle. La

---

1. Dupré. *Trois mois de séjour à Madagascar*, 159.

plate-forme est souvent recouverte de cailloux et surmontée alors d'une pierre levée, d'un *menhir*. Cette plate-forme doit être d'une seule pièce et, quand il s'agit de personnages importants, elle est parfois énorme. La table du tombeau de Rainihiare, ancien commandant en chef, a 13 mètres de côté et plus de 60 centimètres d'épaisseur. Elle cube environ 90 mètres et a été amenée d'une dizaine de lieues de distance. Pour ce traînage, il a fallu requérir vingt mille hommes environ[1]. Il est vraisemblable que les constructeurs préhistoriques de nos *dolmens* d'Europe ne procédaient pas autrement, et il est permis de conjecturer qu'en Europe et à Madagascar les initiateurs de ces coutumes ont été les peuples berbères, premiers occupants de l'Europe méridionale et de l'Afrique septentrionale.

Relativement aux esprits des morts, les croyances malgaches ne diffèrent de celles des nègres d'Afrique que par plus de complexité. Selon eux, l'homme aurait non pas un, mais trois esprits : l'un de ces esprits, appelé *saina*, s'évanouit au moment de la mort; un deuxième, nommé *aina*, se transforme en air pur; enfin un troisième, le *matentou*, est le double ordinaire, le fantôme, qui longtemps erre autour du tombeau[2] et, pour l'usage duquel évidemment, on prépare à grand'peine le caveau mégalithique. A chaque nouvelle inhumation dans la maison mortuaire, les Malgaches ont soin de pénétrer avant le mort dans le tombeau et d'annoncer aux parents, qui y sont inhumés, qu'un des leurs va venir les rejoindre, qu'ils aient donc à lui faire bon accueil[3]. Il est clair cependant, que les doubles des décédés ne résident pas toujours dans leur tombeau, puisqu'une grande montagne,

---

1. Dupré. *Trois mois de séjour à Madagascar*, 160, 161.
2. Tylor. *Civil. primitive*, 1, 503.
3. H. Spencer. *Sociologie*, 1, 249.

située au sud de l'île, leur est assignée pour séjour et non seulement à eux, mais aussi aux doubles des animaux[1].

D'après les traditions des Hovas, la région centrale de l'île aurait été occupée d'abord par un autre peuple, celui des *Vazimbas*, exterminé par les Hovas. Beaucoup de pierres, disséminées dans la province, sont, d'après les Hovas, les tombeaux des Vazimbas. Les souvenirs de ces Vazimbas hante l'imagination des Hovas; ils pensent qu'un jour ils reviendront réoccuper leur pays et, pour les apaiser, ils leur rendent un culte[2]. Il est encore, pour les Hovas, d'autres esprits redoutables; ce sont ceux des criminels, les *lolo-ratzié* (mânes pervers) ou *ango-dratzy* (méchants esprits des fosses). Ces revenants, animés de très mauvaises intentions, cherchent sans cesse à nuire aux vivants[3]. Ce sont des esprits méchants qui ressemblent fort aux lémures de l'ancienne Rome.

Le panthéon des Malgaches est ou était, avant leur conversion officielle et superficielle, fort analogue à celui des nègres. Dans la province d'Emirne, le dieu le plus respecté était *Zanahary*, « le seigneur qui a eu la puissance de créer[4] »; mais il avait des rivaux en grand nombre. Dans l'Emirne il en existait quatre, qui avaient une existence légale, des cases, des apanages, des prêtres. Leurs idoles accompagnaient la reine dans ses voyages, et, sur leur route, la population devait s'empresser de leur rendre hommage[5]. Le pouvoir de ces dieux était considérable; c'était, par exemple, un jeu pour eux que d'éteindre un incendie[6].

1. H. Spencer. *Sociologie*, I, 252.
2. Dupré. *Loc. cit.* 163.
3. Henry de Régnon. *Madagascar et le roi Radama*, II, 36.
4. *Ibid.* 30.
5. H. de Régnon. *Loc. cit.* 55.
6. *Ibid.* 39.

Les grands fétiches ne suffisent pas aux Hovas, ils en avaient et en ont encore quantité de petits, des *gri-gris*, qui préservaient des accidents, rendaient invulnérables[1]. Avec les *sikidy*, grains d'un certain arbre, on fait des combinaisons qui servent à dévoiler l'avenir, à découvrir les voleurs, à retrouver les objets perdus[2]. — En tout pays, les talismans supposent presque toujours les sorciers. Ceux-ci, chez les Malgaches, ont des accès extatiques ou cataleptiques, pendant lesquels, possédés par un esprit, ils rendent publiquement des oracles[3].

Le culte malgache est ou était tout à fait primitif et, l'on peut dire, négroïde. On faisait aux dieux ou aux esprits des offrandes de riz cuit et de poules : on priait pour apaiser les esprits des morts, pour hâter la fin d'une éclipse, et les invocations ou supplications étaient ordinairement chantées[4]. Mais la prière malgache était aussi primitive que le culte. Quand on s'adressait aux êtres mythiques, ce n'était pas pour leur rendre hommage, mais simplement pour leur demander un service ou une faveur. Un indigène répondit naïvement à un missionnaire qui lui disait « Viens à la prière » : — « Prier quoi? », c'est-à-dire : « en ce moment-ci je n'ai besoin de rien[5] ». Quand il s'agissait d'une chose importante, par exemple, d'obtenir une bonne récolte, on allait jusqu'à immoler un bœuf à Zanaharry. Le sacrifice se faisait en cérémonie, avec chants, cassolettes d'encens et par les mains d'un chef de clan ou de tribu. Une fois l'offrande achevée, l'animal était dépecé et les morceaux en étaient emportés par les assistants. Le dieu devait donc se contenter de l'intention. Les missionnaires européens ont travaillé et travaillent encore en ce mo-

---

1. H. de Régnon. *Loc. cit.* 30, 37.
2. Le père H. de Régnon. *Loc. cit.* 37.
3. *Ibid.*
4. *Ibid.* 34.
5. *Ibid.* 32.

ment à convertir les Malgaches. On peut prédire, qu'ils réussiront tout au plus à recouvrir l'animisme indigène d'un vernis chrétien; c'est, comme nous l'allons voir, ce qui est arrivé en Abyssinie.

IV. — L'ANIMISME EN ABYSSINIE

Les Abyssiniens passent pour chrétiens; en effet, ils construisent des églises à profusion, pratiquent plus ou moins exactement les cérémonies du culte, méprisent cordialement les infidèles; mais il n'est pas nécessaire de creuser bien profondément leur foi pour atteindre le sous-sol animique. Je citerai quelques faits à titre d'exemples.

Les Abyssins croient aux auspices, à la divination par le chant et le vol des oiseaux[1]. Ils usent et abusent des amulettes. Les prêtres en font même commerce et vendent des bandes de parchemin, sur lesquelles ils écrivent en caractères éthiopiques ou dessinent des images de saints. Ces amulettes, renfermées dans des étuis, se portent en colliers et l'on en met aux ânes et aux mules (Combes et Tamisier, III, 195).

Les prêtres vendent aussi des morceaux d'arbres foudroyés, qui ont la vertu de guérir les maladies et d'en préserver; ils font encore commerce de dents d'hyène, qui servent d'égide contre les sortilèges[2]. La foi aux gri-gris est universelle en Abyssinie. Les femmes demandent aux voyageurs des talismans qui les rendent fécondes[3]; on supplie les Européens d'en écrire sur des morceaux de papier[4]. La superstition du mauvais œil est générale. Les femmes se voilent jusqu'aux yeux pour

---

1. A. D'Abbadie. *Douze ans dans la Haute Ethiopie*, 522.
2. Combes et Tamisier. *Voyage en Abyssinie*, III, 193.
3. *Ibid.* II, 17.
4. *Ibid.* 241.

se garantir de ses effets funestes[1]. C'est surtout en mangeant qu'on est exposé à la pernicieuse influence du mauvais regard, aussi a-t-on soin de masquer d'un rideau, pendant leurs repas, les personnages quelque peu importants[2]. On va même jusqu'à recouvrir d'une toile leur vase à hydromel; parfois on couvre les grands, quand ils crachent[3]. En fait, la croyance aux sorciers et à la sorcellerie forme la vraie foi du pays. Quand des voyageurs jettent derrière eux quelque harde, on ne doute pas qu'ils n'aient dessein d'ensorceler la contrée[4].

Les sorciers abyssins sont extrêmement redoutés. On en a vu, dit-on, habiter en troupe telle ou telle caverne et terrifier tout un district; car ils commandent à leur gré aux éléments[5]. Les prêtres abyssins eux-mêmes croient que, par des artifices magiques, on peut à distance sucer le sang d'un ennemi, que les sorciers ont le pouvoir de métamorphoser un homme en un animal quelconque[6]. De même les forgerons, sorte de sorciers, peuvent revêtir, s'il leur plaît, une forme animale (H. Spencer, *Sociologie*, I, 444). Les prêtres ne doutent pas que les démons ne puissent s'introduire dans le corps des hommes; selon eux, les épileptiques sont tous des possédés[7]. D'autre part, ils sont convaincus qu'il suffit d'invoquer un saint pour l'obliger à venir écouter complaisamment ce qu'on peut avoir à lui dire[8].

Les Abyssins soi-disant chrétiens adorent toujours des divinités animiques. Ils invoquent la nouvelle lune, en se couronnant de fleurs[9]; ils prient les serpents, qui, comme celui de

1. Combes et Tamisier. *Voyage en Abyssinie*, I. 241.
2. *Ibid*. I, 142.
3. *Ibid*. I, 244.
4. *Ibid*. I, 332, II, 12.
5. Combes et Tamisier. *Loc. cit.* II, 335.
6. *Ibid*. III, 197.
7. *Ibid*. I, 278; III, 197.
8. *Ibid*. VI, 137.
9. *Ibid*. I, 253.

l'Éden, possèdent la science du bien et du mal[1]. On n'ose ni se baigner, ni laver quoi que ce soit dans le Nil Bleu, fleuve sacré[2]. On célèbre la Pâque en égorgeant un mouton, dont on a auparavant tourné la tête vers Jérusalem[3]. En Abyssinie, il y a, comme à Madagascar, des pierres levées et elles sont très vénérées; on les couvre d'amulettes, de péritoines d'animaux; on y verse des parfums; on les oint de beurre; on y dispose des fils votifs de diverses couleurs; on y aiguise ses armes pour être victorieux[4].

Les danses religieuses sont fréquentes, et elles ont aussi une origine lointaine, nullement chrétienne : on danse pour chasser le démon du corps d'un malade; on danse quand un enfant naît, quand on le circoncit, quand un ami vient à mourir, et les femmes exécutent ces danses rituelles en chantant et avec une frénétique ardeur[5].

Les danses funéraires sont souvent accompagnées de sacrifices animaux. On immole, par exemple, un bœuf, qui doit jouer un rôle expiatoire, prendre à sa charge les fautes du défunt[6].

Enfin nombre d'Abyssins croient volontiers que les blancs sont une race divine, « issue du ciel et pouvant y remonter[7] »; c'est-à-dire qu'ils seraient volontiers anthropolâtres.

En résumé, l'exemple des Abyssins, comme celui des nègres convertis à l'islamisme, nous montre clairement qu'en Éthiopie le pseudo-christianisme, tout machinal, n'a rien changé à la mentalité grossière, et il n'y pouvait rien changer. Forcément tout homme aussi bien que tout peuple sont impuissants à dépasser le niveau naturel de leur esprit,

---

1. Bruce. *Hist. univ. voy.* vol. XXIII, 454.
2. *Ibid.*
3. Combes et Tamisier. *Loc. cit.* I, 141.
4. D'Abbadie. *Loc. cit.* 285.
5. Matteucci. *In Abissinia*, 39, 58.
6. *Ibid.* 57.
7. Combes et Tamisier. *Loc. cit.* III, 242, 243.

et il faut avoir l'aveugle foi des zélateurs pour croire qu'un nègre devient musulman dès qu'on le circoncit, chrétien dès qu'on le baptise.

C. — LA VALEUR DES RELIGIONS AFRICAINES

Nous voici parvenu au terme de notre voyage d'exploration à travers les religions de l'Afrique nègre, et il nous reste à en retracer la physionomie générale. Or, d'un bout à l'autre de ce vaste continent, nous avons trouvé des populations plongées dans l'animisme le plus étroit. A leurs yeux, tout est ou peut devenir vivant. Leur pauvre personnalité mentale déborde sur toute la nature. Dans toute l'Afrique nègre, les pierres, les montagnes, les fleuves, les plantes, les animaux, les phénomènes météorologiques, etc., sont conçus comme étant doués d'une mentalité humaine ou doublés d'ombres humaines. Les nègres sont impuissants à distinguer le vivant de l'inanimé et surtout ils ne sauraient admettre, encore moins comprendre la mort naturelle, ni s'empêcher de donner une existence objective à leurs souvenirs et à leurs rêves. On croit donc, en Afrique, à une survivance posthume; mais il faut bien noter que l'ombre, le double du défunt, tels qu'on se les figure, n'en sont pas du tout l'image exacte. Ce qui persiste au delà du tombeau, c'est un fantôme, presque toujours animé des plus détestables intentions, un être terrible, dont on a l'imagination hantée. Aussi, de très bonne foi, les nègres déclarent-ils que tout est fini après la mort. Oui : tout est fini, sauf le fantôme, la larve redoutable.

Mais ces fantômes funèbres, il importe grandement de les apaiser; d'où les offrandes, les sacrifices, souvent des flots de sang humain. Il y a grand avantage aussi à se servir de ces esprits, à les utiliser au mieux de ses intérêts, besoins ou passions ; d'où la magie et les sorciers, qui deviennent toujours des prêtres, dès que la société adopte une organisation un peu complexe. Toutes ces illusions, que les Européens veulent bien appeler religieuses, sont donc simplement des rêves d'enfants bornés et féroces ; elles dénotent tout le contraire de la supériorité mentale.

Un point qu'il importe de bien retenir, c'est que ces rêves soi-disant religieux n'élèvent encore aucune prétention morale. Même quand il existe des sorciers en titre, des sorciers sacerdotaux, ces *médiums* n'ont jamais l'idée de régenter les mœurs. Leur prétention est simplement de connaître, mieux que le commun des hommes, la changeante humeur des esprits, des génies, des divinités. A leur gré, ils communiquent avec ces puissances invisibles ; ils sondent leur caractère, pénètrent leurs intentions, savent même les flatter, les circonvenir, les dominer, les désarmer. Quant au bien ou au mal moral, ils n'en ont cure ni souci. Le bilan religieux de l'Afrique nègre et en général des races noires est donc des plus indigents.

DEUXIÈME PARTIE

LA MYTHOLOGIE DES RACES JAUNES

CHAPITRE VI

L'ANIMISME EN POLYNÉSIE

1. *Les rites funéraires.* — Animisme primitif. — Le capitaine Cook divinisé. — Blessures funéraires. — Sacrifices humains. — Suicides funéraires. — Têtes préparées à la Nouvelle-Zélande. — Momification aux Marquises, aux îles de la Société, etc. — Inhumation et funérailles aériennes. — Canot funéraire. — Les *Moraïs*. — II. *Les esprits.* — La survivance, privilège aristocratique. — Émancipation du double spirituel pendant le rêve. — Cannibalisme par précaution. — L'œil gauche, siège de l'esprit sidéral. — L'œil droit et l'esprit terrestre. — L'esprit-souffle. — La malveillance des revenants. — Les doubles des choses. — III. *La vie future.* — La *Pônani* ou séjour des doubles à la Nouvelle-Zélande. — L'île des doubles aux Marquises. — Le canot funéraire et son équipage. — Le *Bolotou* ou paradis des Tongans. — Survivance aristocratique à Tonga. — La purification des doubles à Taïti, etc. — Le *Rohoutou* ou paradis taïtien. — Les délices du *Rohoutou*. — La morale religieuse à Taïti. — IV. *Les dieux.* — Le panthéon polynésien. — Anthropomorphisme et anthropolâtrie. — Astrolâtrie. — Les dieux pathologiques. — Le mythe de *Rangui* à la Nouvelle-Zélande. — Les dieux néo-zélandais. — Les dieux de Tonga. — Dieux volcaniques. — Évhémérisme à Havaï. — Zoolâtrie. — Le dieu *Rono*. — Cook. — Anthropolâtrie aux îles de la Société. — Le panthéon des îles de la Société. — Dieux cosmogoniques. — Les *Tiis*. — Plèbe divine. — V. *La sorcellerie.* — Les maladies pénales. — L'ensorcellement. — Les prêtres-sorciers. — VI. *Les prêtres.* — Leurs fonctions. — Caste sacerdotale. — Sa puissance. — VII. *Le culte.* — Les idoles. — Les *moraïs*. — Les *Tiis*. — Le *pihé* néo-zélandais. — Prière utilitaire. — Offrandes alimentaires. — Sacrifices humains. — Le droit royal à l'œil. — Le *tabou*. — Les fêtes. — VIII. *La morale religieuse en Polynésie.* — Le ciel, copie de la terre. — Morale purement rituelle. — Pas de morale laïque. — Les *Aréoïs*.

I. — LES RITES FUNÉRAIRES

Dans de précédents ouvrages, j'ai eu, bien des fois, l'occasion de faire remarquer combien, en dépit des différences de race, de pays, de climat, la nature humaine est essentiellement la même. Cette unité psychique du genre humain sera mise en lumière avec plus d'éclat encore par la présente enquête, et il ne peut en être autrement, puisque les croyances, les illusions, dites religieuses, naissent surtout durant l'époque primitive, l'enfance des civilisations. Sous de très-nombreuses différences de détail, nous devons donc nous attendre à trouver, chez les Polynésiens, des éléments mythiques très-analogues à ceux que nous avons rencontrés en Afrique. Comme le nègre, le mongoloïde de la Polynésie est animique; comme lui, il dote de vie, de sentiment, d'intelligence, d'une mentalité analogue à la sienne, tout ce qui le frappe ou l'étonne, dans le monde ambiant. A la Nouvelle-Zélande, l'habitacle du navire et l'astrolabe, furent sans difficulté reconnus pour le dieu des blancs[1]. Quand les Néo-Zélandais aperçurent le vaisseau du capitaine Cook, ils n'hésitèrent pas à le prendre pour une baleine, une baleine étrange, une baleine à voiles[2]. A Havaï, quand le même navigateur Cook aborda pour y trouver la mort, les indigènes crurent que ses navires étaient des forêts flottantes, dont les arbres étaient dépouillés de leurs feuilles. Sans hésiter davantage, ils déclarèrent que les matelots anglais étaient des dieux, mangeant et buvant du sang (du vin); dans les flancs de ces dieux il y avait des trous (des poches) où ils plongeaient leurs mains. Ces personnages divins lançaient la foudre. Cook fut immédiatement reconnu pour le dieu Lono,

1. *Voyage de l'Astrolabe*, 178.
2. H. Spencer. *Sociologie*, I, 186.

dont j'aurai à reparler. Lui « et sa compagnie de dieux » lançaient, le soir, des flèches de feu contre les étoiles[1], etc. Ces flèches de feu étaient des fusées. Mais le simple exposé des coutumes et croyances mythiques en Polynésie contiendra forcément quantité d'autres faits animiques. Je commencerai, comme précédemment, par les rites funéraires.

A la Nouvelle-Zélande, on supposait évidemment que le cadavre conservait, quelque temps au moins, un reste de sentiment. On commençait en effet par parer le mort, l'oindre d'huile, orner sa chevelure de plumes. Ensuite on le plaçait debout dans un coffre en bois ; puis, agenouillés devant le corps, les amis lui parlaient, poussaient des cris, se lacéraient la peau[2]. Cette coutume de manifester sa douleur, ou plutôt d'apaiser l'ombre du mort en s'infligeant des incisions ou des mutilations, était générale en Polynésie et surtout dans les archipels les moins civilisés ; car on ne l'a guère signalée à Taïti. A la Nouvelle-Zélande, au contraire, les femmes portaient toujours, en guise de pendant d'oreille, une dent de requin, spécialement destinée à ces sanglantes pratiques funéraires[3]. En poussant des hurlements plaintifs, des lamentations, pressant leurs visages les uns contre les autres, elles mêlaient leurs larmes et leur sang[4]. A l'envi les unes des autres, elles se déchiraient la figure, les épaules, la poitrine[5]. Ces pratiques étaient usitées même dans des circonstances où le deuil n'avait rien à voir, par exemple, quand des amis revenaient après une absence, fût-elle assez courte[6] : elles étaient sûrement alors des sacrifices propitiatoires.

Mêmes coutumes aux îles Marquises, à la mort des proches

---

1. De Varigny. *Quatorze ans aux îles Sandwich.*
2. *Voy. de l'Astrolabe* (Pièces justificatives), 259.
3. Duperrey. *Hist. univ. voy.* vol. XVIII, 153.
4. *Voy. Astrolabe* (Pièces justificatives), 384.
5. *Ibid.* 24, 54, 145, 206. — Cook (Premier voyage). *Hist. univ. voy.,* vol. VII, 23.
6. *Ibid.* 24.

ou des chefs. Là non plus cette sauvage ferveur n'indiquait pas toujours la douleur, le regret inspirés par la mort; puisque Porter a vu, à Noukahiva, une veuve se prostituer aux matelots américains, quoiqu'elle eût encore le cou, les bras, la poitrine zébrés d'incisions funéraires toutes fraîches[1]. Aux Marquises, avant de s'infliger des blessures, les femmes se livraient à une mimique des plus curieuses. Tout en chantant un hymne funèbre, la veuve et quelques jeunes filles dansaient devant les cadavres et prenaient des poses lascives; puis elles se penchaient sur le mort en disant : « Il n'a pas bougé... Il ne bouge plus... Hélas! hélas! Il n'est plus de ce monde! »[2]

La pratique des incisions n'était pas le seul rite funéraire sanglant ou douloureux usité en Polynésie. A Tonga, on se brûlait la peau[3]; on se plongeait une pique dans la cuisse, les joues, les flancs[4], ou bien l'on s'amputait une phalange du petit doigt ou de l'annulaire[5]. A la mort du grand Tamehameha, le Napoléon des îles Havaï, tous ses sujets s'arrachèrent une dent et même ils recommençaient cette avulsion dentaire à chaque anniversaire de cette grande perte[6]. Nomalianna, veuve du roi, avait fait tatouer sur son bras droit l'inscription suivante : « Notre bon roi, Tamehamcha, est mort le 6 mai 1819. » Plusieurs indigènes se firent tatouer la même inscription sur la langue[7]. A l'occasion de la mort du grand roi, son palais fut réduit en cendres, la plupart des cochons de l'archipel furent égorgés pendant les obsèques[8]. Mais les incisions, amputations de pha-

1. Porter. *Hist. univ. voy.* vol. XVI, 331.
2. Max Radiguet. *Derniers sauvages*, 290.
3. Th. West. *Ten yars in South Central Polynesia*, 268.
4. Cook. (Troisième voy.) *Hist. univ. voy.* vol. X, 80.
5. Cook. (Deuxième voy.) *Hist. univ. voy.* vol. VIII, 61.
6. Kotzebue. *Hist. univ. voy.* vol. XVII, 439.
7. Kotzebue. *Loc. cit.*
8. Freycinet. *Hist. univ. voy.* vol. XVIII, 89.

langes, etc., n'étaient vraisemblablement que l'atténuation de sacrifices plus graves, usités encore dans certains archipels et dans certaines circonstances. A la Nouvelle-Zélande, une mère, dont l'enfant s'était noyé, exigea qu'une femme esclave fût mise à mort pour accompagner le petit défunt au *Reinga*[1]. A la mort des chefs, des esclaves étaient toujours sacrifiés pour les escorter et aussi pour empêcher leurs ombres de revenir sur la terre et d'exterminer leurs amis (*Journal of* Mr *Marsden*. Second visit, p. 294). Car, en Polynésie comme en Afrique, les doubles des morts étaient souvent animés d'intentions fort malveillantes. Dans le même archipel, le suicide des veuves, sans être obligatoire, était recommandé et admiré comme il l'est en Chine[2]. Anciennement les femmes étaient toujours étranglées sur la tombe de leurs maris[3]. Aux Marquises, deux hommes du peuple, deux *kikinos*, étaient ordinairement sacrifiés à la mort d'un chef. Leurs ombres devaient escorter celle du maître, en portant, l'une, la ceinture du défunt, l'autre, la tête de porc servie au festin funéraire, objets sans lesquels on ne pouvait pénétrer dans le séjour des esprits[4]. Aux îles Havaï, plusieurs indigènes se suicidèrent pour avoir l'honneur d'accompagner l'ombre de Tamehameha, et l'on sacrifia aussi un certain nombre de victimes humaines[5].

Mais ce sont là des coutumes universelles chez les sauvages de toute race. Certaines pratiques de conservation funéraire sont plus spéciales aux Polynésiens ou du moins à certains d'entre eux, et toutes montrent bien que, pour ces insulaires, rien n'était fini à la mort. — A la Nouvelle-Zélande, le plus archaïque des archipels polynésiens, au point de vue de la

1. *Missionary Register for* 1828, p. 615.
2. Dumont d'Urville. *Hist. univ. voy.* vol. XVIII, 269.
3. Mœrenhout. *Voy. aux îles du Grand Océan*, II, 187.
4. Radiguet. *Derniers sauvages*, 170.
5 Beechey. *Hist. univ. voy.* vol. XIX, 347.

civilisation, on s'attachait surtout à conserver la tête des décédés. On commençait par en extraire le cerveau ; puis on séchait la cavité cranienne en la remplissant de pierres chauffées. Enfin on desséchait la tête elle-même en l'exposant d'abord à la chaleur artificielle et ensuite à celle du soleil. Convenablement conduite, cette dessiccation permettait de conserver ensuite indéfiniment la relique funéraire[1] dont les orbites étaient soigneusement remplies de résine[2]. Les particuliers préparaient ainsi les têtes de leurs parents et même de leurs parentes ;[3] mais le plus souvent on conservait surtout les têtes des chefs ennemis tués dans les combats. Ces trophées, très précieux pour les vainqueurs, étaient souvent rendus aux vaincus[4], quand on désirait faire la paix avec eux.

A Noukahiva, le cadavre était conservé au milieu des vivants ; chaque nuit, des femmes le frottaient d'huile de coco et, chaque jour, on l'exposait au soleil. Si la préparation réussissait, on enveloppait le corps de bandelettes, à la manière d'une momie égyptienne[5]. Aux îles Gambier, à Taïti, on extrayait d'abord les intestins par l'anus ; car, dans la croyance des Taïtiens, les viscères étaient le siège même de la vie mentale[6]. Puis le corps était placé sur une estrade (*fata*) et lentement desséché au soleil[7]. Aux îles Gambier, les momies, convenablement entourées de bandelettes et d'étoffes, étaient déposées dans des grottes[8]. Dans ce dernier archipel, le corps était couché tout de son long. Aux îles de la Société, au contraire, on lui donnait une

1. Voy. *Astrolabe*, 241.
2. *Ibid.* 210.
3. *Ibid.* (Pièces justificatives), 321.
4. *Ibid.* 165, 279, 305, 304.
5. Radiguet. *Derniers sauvages*, 293.
6. Vancouver. *Hist. univ. voy.* vol. XIV, 52.
7. Mœrenhout. *Loc. cit.* I, 101.
8. *Ibid.* I, 100.

position accroupie[1], et si le cadavre venait à se putréfier, la tête était cérémonieusement enlevée et portée dans quelque caverne secrète et difficilement accessible[2]. Les femmes, qui avaient travaillé à la préparation des cadavres, étaient *tabouées* pendant des mois, surtout s'il s'agissait d'un chef, et ne pouvaient plus se servir de leurs mains pour manger[3].

Toutes ces coutumes impliquent évidemment la croyance à une survie posthume, et nous allons voir qu'il en est de même dans les autres archipels polynésiens.

Dans certains districts de la Nouvelle-Zélande, on inhumait le cadavre, maintenu dans une position accroupie; puis on empilait sur la tombe un tas de pierres et on y déposait quelques vivres[4]. Dans les autres archipels, le corps était encore garrotté dans une attitude accroupie, reste évident de l'ancienne coutume d'inhumer; mais les sculptures étaient le plus souvent aériennes. A la Nouvelle-Zélande, le cadavre des chefs, bien enveloppé, était déposé sur une plate-forme[5]. Le plus ordinairement, on plaçait les corps dans des caisses en bois; puis, après la décomposition, les os étaient soigneusement recueillis et placés dans le tombeau de la famille[6]. Les ossements des chefs étaient ainsi relevés à quatre ou cinq reprises et conservés comme des reliques sacrées[7]. A chaque exhumation, une nouvelle explosion de douleur de commande se manifestait par de nouvelles lamentations et de nouvelles blessures funéraires[8]. Souvent, à la Nouvelle-Zélande, un canot ou des débris de canots étaient placés à côté de la sépulture. A Samoa, on disait d'un chef mort,

1. Mœrenhout. *Loc. cit.* I, 101.
2. *Ibid.* I, 554.
3. Cook. (Troisième voyage.) *Hist. univ. voy.* vol. IX, 429.
4. Dumont d'Urville. *Hist. univ. voy.* vol. XVIII, 278.
5. *Voy. Astrolabe.* (Pièces justificatives), 197.
6. *Ibid.* 228, 230.
7. *Ibid.* 228.
8. Mœrenhout. *Loc. cit.* II, 243.

« qu'il avait mis à la voile[1] ». A Noukahiva, le corps, momifié et entouré de bandelettes, était déposé soit dans un cercueil creusé dans le tronc d'un arbre à pain, soit dans une pirogue que l'on recouvrait même d'une autre embarcation exactement semblable et formant couvercle. Le tout, bien amarré ensemble, était placé dans la campagne sur une estrade élevée[2] ou bien dans une case spéciale[3].

A Tonga, les cadavres des chefs étaient placés dans des tombes formées de blocs de grès. Quelques-unes de ces tombes, surtout des anciennes, étaient de vrais monuments, des *moraïs* de grande dimension[4]. Dans les lieux de sépultures, on plantait des *casuarinas*, essence choisie à cause de son port mélancolique[5].

Les Taïtiens, après avoir enroulé une de leurs belles étoffes de papier autour du cadavre, le laissaient se décomposer sur une estrade, puis recueillaient les os et les enterraient dans leur cimetière. Sur le châssis, près du mort, on avait soin de placer des fruits à pain, du poisson, parfois des armes, et en outre, près de la tête, les coques de noix de coco, dont le défunt s'était servi, de son vivant, pour boire. Des planches sculptées, représentant des hommes, des oiseaux, notamment[6] des volailles, étaient dressées dans les lieux mortuaires[7]. Les *moraïs* de grande dimension, séjour définitif des morts, servaient en même temps de temples. On y faisait constamment des offrandes de fruits, de poissons, de chiens, de porcs[8]; on y célébrait des cérémonies religieuses. C'était aussi sur les *moraïs* qu'on immolait les victimes humaines, tantôt en les

---

1. H. Spencer. *Sociologie*, I, 289, 290.
2. Paulding. *Hist. univ. voy.* vol. XVI, 428. — Porter. *Ibid.* 309. — Radiguet. *Derniers sauvages*, 295.
3. Porter. *Loc. cit*, 333.
4. Th. West. *Ten years in South Central Polynesia*, 268.
5. Cook. (Deuxième voyage.) *Hist. univ. voy.* vol. VIII, 48.
6. Cook. (Premier voyage.) *Hist. univ. voy.* vol. V, 117, 118, 178, 179.
7. *Ibid.* VI, 201.
8. *Ibid.* 211.

assommant d'un seul coup, tantôt en les torturant lentement. Les enfants sacrifiés étaient écrasés sur les marches mêmes du *moraï* et leurs membres offerts en pâture aux doubles des morts, aux ombres malveillantes, voraces et cannibales. Les *moraïs* étaient de diverse sorte. Il y en avait de petits, des *moraïs* particuliers ; d'autres, de très grande dimension, servant à toute l'île. A Taïti, le grand *moraï* d'*Ata-Hourou* formait une pyramide de 250 pieds de long sur 90 de large et et avait 50 pieds de hauteur. Son esplanade supérieure mesurait encore 170 pieds de longueur et 6 de largeur. Des degrés, de 6 pieds de haut chacun, conduisaient au sommet et l'ensemble rappelle singulièrement les *téocallis* du Mexique[1]. Les célèbres plates-formes et statues de l'île de Pâques sont aussi évidemment des *moraïs*.

De tout cet ensemble de faits force est bien de conclure que les Polynésiens croyaient fermement à une survie du double après la mort et aussi que ce double, d'habitude malintentionné, avait les mêmes besoins, les mêmes goûts que l'individu avait ressentis durant son existence terrestre. Mais nous n'en sommes pas réduits à ces constatations générales pour savoir ce que pensaient les Polynésiens à propos des doubles, des ombres et de leur genre d'existence.

II. — LES ESPRITS

Les Polynésiens croyaient aux doubles, aux esprits, mais non pas à ceux de tous les morts indistinctement ; du moins les doubles des chefs, des grands, avaient seuls une survivance sérieuse. A la Nouvelle-Zélande, les *Koukis*, les gens de la plèbe, mouraient tout entiers[2]. Même croyance à Tonga et à

---

1. Mœrenhout. *Loc. cit.* vol. I. 467.
2. *Cruise's journal*, 282.

Noukahiva¹. A la Nouvelle-Zélande et ailleurs, les âmes pouvaient se séparer des corps pendant la vie; on expliquait le rêve par un dédoublement momentané; l'esprit quittait le corps endormi et ses impressions et aventures constituaient les songes². Les esprits sans corps, ceux des ancêtres, venaient aussi visiter leurs descendants, parfois sous une forme animale, sous celle d'un lézard, par exemple³. Quand il arrivait à un Néo-Zélandais d'en tuer un autre dans un combat, il prenait autant que possible diverses précautions contre la vengeance de son ombre; mais toutes ces précautions étaient d'un caractère anthropophagique. On commençait par goûter un peu du sang du mort, afin de désarmer son double (waidoua ou eatoua); car à l'homme qui avait absorbé ainsi une parcelle de la substance du vaincu, l'esprit de celui-ci ne pouvait plus nuire⁴. Si l'on réussissait à manger tout entier le corps de l'ennemi tué, on était mieux garanti encore; car alors l'individu était complètement détruit, corps et esprit⁵.

A tout le moins fallait-il manger l'œil gauche; car l'œil gauche, surtout celui d'un chef, était un esprit qui, après la mort, montait au firmament pour s'y transformer en étoile. Par le seul fait d'avoir mangé l'œil gauche d'un ennemi, on doublait la spiritualité du sien, qui, plus tard, deviendrait pour cette raison une étoile bien plus éclatante⁶. L'œil droit, au contraire, semble avoir été particulièrement le siège d'un autre esprit, mais terrestre, d'un esprit, qui, pendant trois jours après la mort, voltigeait autour du cadavre en entendant fort bien tout ce que l'on disait, et s'en allait ensuite au séjour des ombres, au *Reinga*⁷. La séparation définitive de

---

1. Klemm. *Allgem. Culturgeschichte der Mensh.* vol. IV, 551.
2. H. Spencer. *Sociologie*, I, 195.
3. *Ibid.* I, 454.
4. *Voy. Astrolabe* (Pièces justificatives), 305.
5. Tylor. *New-Zealand*, 101.
6. *Voy. Astrolabe* (Pièces justificatives), 305.
7. *Proceedings of church Missionary Society*, vol. V, 557, 558.

cet esprit et du corps, le troisième jour après la mort, était, croyait-on, annoncé par un souffle léger mais perceptible[1].

A Noukahiva, l'esprit, le double, paraît avoir été conçu plutôt comme le dernier souffle; aussi, pendant l'agonie, avait-on soin de comprimer le nez et la bouche du moribond pour empêcher ou retarder au moins son dédoublement[2]. A Noukahiva encore, on savait que ces doubles, ces esprits des morts, étaient fort méchants; la nuit, ils se couchaient en travers des chemins, pour faire choir d'abord et étrangler ensuite les imprudents qui s'aventuraient dans les ténèbres; aussi avait-on bien soin de se munir de torches de roseaux[3].

Des croyances analogues étaient en vigueur dans les autres archipels. Les insulaires de Havaï pensaient que les esprits, les mânes de leurs parents leur apparaissaient en rêve et qu'ils ne cessaient pas de veiller sur eux[4]. Pour les Havaïens, comme pour les Noukahiviens, c'était le souffle, qui représentait le double[5]. Partout les esprits des morts avaient exactement les besoins des vivants, et, à Taïti, un prêtre avait bien soin, à divers moments de la journée, d'offrir des aliments aux défunts illustres[6].

En général, dans les divers archipels polynésiens, on dotait généreusement de doubles non seulement les hommes, mais même les choses. Ainsi les Tongans ne manquaient pas de *tuer*, en les brisant, les instruments offerts aux morts, afin que leurs doubles pussent accompagner ceux des défunts dans le séjour des esprits[7]. Les Taïtiens accordaient aussi des doubles aux animaux, aux arbres, aux fruits, même aux pierres. Quand, pendant les cérémonies funèbres, on brisait

1. *Voy. Astrolabe* (Pièces justificatives), 81.
2. Radiguet. *Derniers sauvages*, 251.
3. *Ibid.* 234.
4. H. Spencer. *Sociologie*, I, 198.
5. Cook. (Troisième voyage). *Hist. univ. voy.* vol. XI, 292.
6. H. Spencer. *Sociologie*, I, 220.
7. Mariner. *Tonga Islands*, II, 157.

ou brûlait ces objets inanimés, leurs ombres étaient, croyait-on, comme celles des hommes, « mangées » par les dieux[1]. Mais quel était donc le sort réservé aux doubles des morts? C'est ce qu'il nous faut maintenant examiner.

III. — LA VIE FUTURE

Avec quelques variantes, on retrouve dans tous les archipels polynésiens des croyances très analogues au sujet de la vie future. A la Nouvelle-Zélande, l'âme, le double, l'ombre du défunt, après avoir voltigé, pendant trois jours, autour du cadavre, s'envolait vers le *Reinga*, montagne située au cap nord de la grande île. Elle y était parfois emportée par un esprit (*eatoua*) bienveillant, qui même la disputait à un autre esprit plein de mauvaises intentions[2]. Arrivée sur le promontoire, l'ombre (*Waidoua, Varoua*) plongeait ou était plongée dans la mer, à travers les profondeurs de laquelle elle arrivait dans le monde des doubles[3]. Dans ces Champs-Élysées sous-marins, les esprits menaient une existence calquée sur celle des vivants. La guerre était leur principale occupation dans le *Pônani* (Nuit éternelle)[4] et, pour se refaire des fatigues guerrières, les esprits des Néo-Zélandais faisaient dans ce *Pônani* de copieux festins. Cette existence future, si peu spirituelle, était en conformité parfaite avec les goûts des insulaires et ils n'en voulaient pas admettre d'autre. A un missionnaire wesleyen prêchant devant une assemblée de naturels, l'un des assistants répondit avec véhémence « qu'il ne voulait pas aller dans le ciel des chrétiens, encore moins dans leur enfer, où il n'y avait que du feu

---

1. Cook. (Third voyage), vol. II, 166.
2. *Voy. Astrolabe.* (Pièces justificatives), 81.
3. Marsden. *Journal of third visit*, 444.
4. *Voy. Astrolabe*, 229.

à manger; mais qu'il entendait séjourner après la mort dans le *Po* néo-zélandais pour y manger des patates douces avec les amis qu'il avait perdus »[1].

A Noukahiva, la terre ou plutôt l'île des morts était située à l'ouest. Les doubles des chefs et des prêtres s'y rendaient après la mort, mais il leur fallait pour cela un canot monté. Dix hommes étaient nécessaires pour former l'équipage de cette embarcation funéraire. Ces hommes étaient des gens du peuple, des *taïpis*, égorgés à cet effet, et le défunt devait attendre pour se mettre en route que le nombre réglementaire fût atteint. Chaque guerrier, chaque prêtre avait son canot funéraire[2], dans lequel on plaçait aussi des provisions. Ceux qui avaient été tués dans un combat et dont le corps avait été emporté par les ennemis, ne pouvaient parvenir à l'île des ombres que si l'on munissait leurs canots d'un équipage d'ennemis; quant à eux, ils y étaient représentés en effigie.

Cette île des ombres était un séjour paradisiaque, un pays de cocagne, où abondaient toutes les bonnes choses[3] et que parfois on plaçait dans les nuages.

De même les indigènes de Tonga ou plutôt leurs doubles s'en allaient, après la mort, dans une sorte de paradis terrestre, le *Bolotou*, grande île située, croyait-on, au nord-ouest et où croissaient à foison toutes sortes de plantes superbes et utiles, qui renaissaient aussitôt cueillies[4]. C'étaient seulement les esprits des chefs qui faisaient ce voyage d'outre-tombe, d'ailleurs long et dangereux[5]. On n'était pas bien sûr que les gens du peuple, les *touas*, eussent une âme. Dans le *Bolotou*, les ombres des nobles devenaient les serviteurs du génie gouvernant le peuple des morts, aussi leur faisait-on des sacrifices

---

1. *Missionary Register for* 1826, p. 164.
2. Porter. *Hist. univ. voy.* vol. XVI, 309.
3. *Ibid.* 315.
4. Mariner. *Loc. cit.* II, 108.
5. Cook. *Troisième voyage*, vol. X, 84.

afin qu'ils intercédassent auprès des dieux pour leurs compagnons encore vivants[1]. Nous avons précédemment trouvé la croyance au *Bolotou* en vigueur chez les Vitiens, qui sûrement la tenaient des Polynésiens de Tonga.

Les Havaïens et les Taïtiens disaient dans leur langage courant que les ombres des morts étaient « mangées » par les dieux. Ce doit être une expression métaphorique; car ces insulaires décrivaient avec détail eur Tartare et leurs Champs-Élysées. A Taïti, les doubles, aussitôt sortis des corps, se réunissaient sur une petite éminence située à l'ouest de l'île, et où il y avait deux roches. Les ombres innocentes, c'est-à-dire celles des gens qui, de leur vivant, avaient scrupuleusement observé les rites religieux, se posaient sur la pierre de droite; les autres, sur la pierre de gauche. Les premières étaient aussitôt admises dans le *Po*. Les autres avaient au préalable besoin d'être purifiées, c'est-à-dire d'être livrées aux dieux domestiques (*Oromatouas*), qui leur grattaient soigneusement les os afin d'en enlever la chair[2]. Mais, en définitive, toutes les ombres se réunissaient dans un paradis, le *Rohoutou noa noa*, le *Rohoutou* parfumé, lumineux séjour où les esprits menaient une vie de délices et où le soleil brillait toujours. Parfois la demeure des doubles était située dans le soleil même où régnait le dieu *Toutoumo*, belle divinité anthropomorphique, ornée d'une chevelure qui lui tombait jusqu'aux pieds[3]. Mais, selon l'opinion générale, le *Rohoutou* était situé dans l'air au-dessus d'une haute montagne de Raïatea. Un dieu, préposé à ce service, conduisait les ombres à ce délicieux paradis. Le *Rohoutou* était spécialement destiné aux membres de la confrérie des *Aréoïs*, dont je parlerai tout à l'heure, aux chefs et aux amis des chefs.

1. Th. West. *Loc. cit.* 255.
2. Mœrenhout. *Loc. cit.* I, 432, 433.
3. Cook. (Deuxième voyage). *Hist. univ. voy.* vol. VIII, 296.

A force d'offrandes, de cadeaux aux prêtres, on pouvait pourtant obtenir de ceux-ci qu'ils fissent passer les ombres du *Po* ténébreux dans le radieux *Rohoutou*. Le *Po* était donc une sorte de purgatoire analogue à celui des catholiques; mais il en coûtait si cher pour en sortir, que les gens de peu n'espéraient guère arriver jamais à la demeure des bienheureux. Les hôtes du *Rohoutou* y menaient une existence délicieuse. Dans ce paradis polynésien, le soleil brillait toujours, l'air était embaumé; on n'y connaissait ni la vieillesse, ni les maladies, ni la douleur, ni la tristesse; les fleurs étaient toujours fraîches; les fruits toujours mûrs. On y mangeait sans cesse des fruits à pain et du porc. Les chants, les danses, les fêtes étaient sans fin. On y goûtait même les plaisirs de l'amour et avec des femmes éternellement jeunes et belles[1]. Les époux se retrouvaient dans la terre des esprits; ils y avaient une habitation séparée et procréaient même des ombres d'enfants. Les ennemis s'y rencontraient aussi et pour s'y livrer des combats furieux, mais toujours sans résultat; car ils étaient devenus invulnérables[2]. En résumé, les doubles aristocratiques menaient dans le ciel la même vie de plaisir que celle des *aréoïs* sur la terre. La perspective de la vie future n'aurait donc rien eu d'effrayant, pour les Taïtiens et les Havaïens, si les dieux n'avaient été extrêmement exigeants au point de vue du culte, des hommages qui leur étaient dus sur la terre. Aussi les individus qui s'étaient rendus coupables d'infractions aux rites religieux mouraient-ils parfois dans d'épouvantables transes, en invoquant l'intercession des prêtres[3], à peu près comme mourut, paraît-il, notre célèbre Bossuet : tant peuvent se ressembler les effets des religions en apparence es plus différentes.

1. Mœrenhout. *Loc. cit.* I, 454.
2. Cook. (Deuxième voyage.) *Hist. univ. voy.* vol. X, 239.
3. Mœrenhout. *Loc. cit.* 433, 434.

IV. — LES DIEUX

Les dieux des Polynésiens étaient fort nombreux ; ils constituaient une véritable population divine assez analogue à celle de leurs archipels. En tête de la hiérarchie trônaient de grands dieux monarchiques ; venaient ensuite des dieux de districts, enfin des dieux de famille, etc. La plupart des divinités étaient conçues sous une forme humaine, et certaines étaient manifestement des hommes déifiés, des ancêtres, des dieux évhémériques. On adorait même sans difficulté des hommes vivants ; ce qui était fort simple, puisque tout pouvait devenir dieu. A la Nouvelle-Zélande, le plus intéressant des archipels, parce que tout y était plus près des origines, les chefs prétendaient volontiers à la divinité. L'un d'eux, Shongui, que les relations des missionnaires ont rendu célèbre, était couramment appelé « dieu » par ses sujets : « Viens ici, lui disait-on ; viens ici, Dieu ! » (*Aire maï, Aire maï, Atoua*). Après la mort des chefs, on adorait leurs « esprits partis » et l'on en exagérait le pouvoir. Ainsi « l'esprit parti » du père de Shongui était comparé par les indigènes à la gloire du soleil[1]. Shongui et un autre chef, Akida, étaient, disaient-ils, les dieux de la mer, ou bien c'était en eux que résidaient les dieux de la mer. Suivant un autre chef nommé Tara, le dieu du tonnerre avait choisi son front, à lui Tara, pour séjour[2].

Les dieux néo-zélandais vivaient exactement comme les insulaires. Ainsi, quand le ciel était semé de nuages bien déchiquetés, les Néo-Zélandais disaient que l'*Atoua* ou *Eatoua* d'en haut plantait des patates douces.

---

1. *Voy. Astrolabe*, 329.
2. *Ibid.* (Pièces justificatives), 246.

Les dieux des Néo-Zélandais étaient le plus souvent conçus sous une forme humaine[1]. Dans la lune siégeait une divinité protectrice, l'ombre d'un homme qui, il avait bien longtemps, avait visité la Nouvelle-Zélande et n'avait pas cessé de s'y intéresser depuis cette lointaine époque[2]. Il y avait cependant des dieux zoomorphes. Le lézard, par exemple, inspirait aux Néo-Zélandais une grande frayeur ; ils n'osaient le toucher. Les maladies étaient souvent causées par un *Atoua* à forme de lézard, qui s'introduisait dans le corps et rongeait les entrailles. Le tonnerre était un immense poisson, dont les mouvements produisaient le grondement de la foudre[3]. Des dieux spécialistes occasionnaient toutes les maladies. Le dieu-lézard causait surtout les maladies de poitrine ; pourtant la phtisie avait son dieu spécial ; elle en avait même deux : *Rongomaï* et *Touparitapou*. L'estomac avait aussi son dieu pathologique (*Tu-tangata-Kino*) ; il y avait un dieu des pieds et des chevilles (*Titi-haï*). Le dieu *Tonga* causait les maux de tête et les maux de cœur ; il avait même élu domicile dans le front. Un dieu spécial, *Koro-Kio*, s'occupait surtout des accouchements[4].

Les dieux néo-zélandais s'intéressaient volontiers à la conduite des hommes, participaient même à leurs actions. Ainsi *Tauriki*, le dieu du tonnerre, qui fait penser à l'*ou-ra-kan* des Mexicains), conduisit lui-même à la Nouvelle-Zélande le premier homme qui y aborda, le célèbre *Maoui*, qui, à la suite de troubles publics, avait dû quitter son pays. Dans cette occasion, *Tauriki* eut la bonté de se placer à l'avant de la pirogue de *Maoui* et il l'amena, sain et sauf, à l'embouchure de la rivière Tamise, à *Chouraki*[5]. *Maoui* lui-même fut

---

1. *Voy. Astrolabe*, 196.
2. *Ibid.* (Pièces justificatives), 219.
3. Dumont d'Urville. *Hist. univ. voy.* vol. XVIII, 274.
4. Yate. *New-Zealand*, 141.
5. *Voy. Astrolabe* (Pièces justificatives), 352.

ensuite déifié et l'on a voulu retrouver dans son histoire un mythe retraçant l'alternance du jour et de la nuit[1].

En général les mythes et légendes de la Polynésie avaient une forme anthropomorphique. A la Nouvelle-Zélande, le ciel (*Ranguî*) et la terre (*Papa*) avaient été séparés par le dieu des forêts et ses fils, et voici comment. *Tanè Mahouta*, père des forêts, dit un jour à ses cinq grands fils : « Faut-il les tuer ou bien les séparer? » — « Il vaut mieux les séparer, dirent les fils, placer le ciel au-dessus de nos têtes et la terre sous nos pieds, » etc.[2]. Dans cette légende cosmogonique, le ciel, *Ranguî*, et la terre, *Papa*, sont conçus comme des êtres humains, formant un couple, progéniteur de tous les hommes et de tous les êtres vivants. Toujours engendrant, toujours accouplés, ils ne laissaient entre eux qu'un étroit espace où les hommes végétaient dans une perpétuelle obscurité. Après délibération et même vote, les fils du ciel et de la terre prirent la résolution de séparer coûte que coûte leurs parents l'un de l'autre. Cinq frères, sur six, s'y décidèrent et chacun d'eux l'essaya à son tour ; mais, seul, le père et le dieu des forêts et des animaux sylvains finit par y réussir. Le texte de la légende est fort curieux : « Des bras et des mains il repousse ses père et mère. Vains efforts! Alors il s'arrête. Renonce-t-il? Non! La tête et le dos à terre, les pieds au ciel et l'échine tendue, il raidit les jarrets, s'appuie et pousse ferme et fort, fort et ferme. « Tu défonces tes parents; tu « les déchires; tu les tues; c'est affreux; c'est un crime! » Ainsi crient, gémissent et se désolent *Ranguî* et *Papa*. Mais *Tanè Mahouta*, ferme et fort, fort et ferme, persiste. Loin, bien loin, très loin il enfonce la terre sous lui. Et loin, bien loin, très loin il repousse le ciel au-dessus. Une fois que Ranguî et Papa furent arrachés l'un de l'autre, la lumière, les ténèbres, les

---

1. Tylor. *Civilisation primitive*, I, 393.
2. Tylor. *Loc. cit.* 369.

humains, bref, tous les êtres cachés jusqu'alors entre eux devinrent manifestes. Tel fut l'effet du prodigieux effort de *Tanè.* »... Depuis leur séparation, le ciel et la terre sont restés constamment éloignés l'un de l'autre; mais leur amour n'a pas faibli. Le matin, les soupirs tendres et tièdes que *Papa* laisse échapper de son sein, remontent les vallées, puis les coteaux boisés des montagnes, puis se font nuages et puis gagnent le ciel. — Et, le soir, les pleurs que *Rangui* répand en souvenir de sa bien-aimée, coulent abondants sur sa poitrine, traversent l'espace et nous arrivent enfin gouttes de rosée[1]. Ce qui frappe tout d'abord dans ce mythe gracieux, c'est sa grande ressemblance avec le mythe grec d'*Ouranos* et de *Gaia*, du ciel et de la terre helléniques; d'où l'on peut inférer soit une très lointaine communauté d'origine dans l'Asie préhistorique, soit une mentalité très analogue chez les primitifs Hellènes et chez les Néo-Zélandais.

Il est certain que les deux races ont un animisme de même ordre, un animisme anthropique. En effet, tous les dieux principaux du panthéon polynésien ont la forme humaine. Le mythe néo-zélandais de *Rangui* et de *Papa* nous fait connaître les principaux dieux de la race, qui tous sont des dieux anthropomorphes, personnifiant les grandes divisions de la nature : le dieu et père des vents et tempêtes (*Tabouhiri-matéa*), le dieu et le père des aliments cultivés (*Rongo-ma-tanè*), *Tangaroa*, père des poissons et reptiles, le père et dieu des aliments sauvages (*Haoumia-tiki-tiki*), enfin *Tanè-Mahouta*, père et dieu des forêts et des animaux sylvains[2].

Dans les autres îles et archipels, les noms et attributions des dieux varient; mais tous sont de la famille des divinités néo-zélandaises.

1. G. Grey. *Polynesian Mythology*, etc. traduit par A. E. Foley, *in Quatre années en Océanie*, 266.
2. G. Grey. *Loc. cit.*

A Noukahiva, tout était ou pouvait devenir *atoua* ou divin. Les vaisseaux européens descendaient du haut des nues; leur canon, c'était le tonnerre[1]. On reconnaissait des divinités supérieures, gouvernant les éléments, et d'autres, de second ordre, hantant les montagnes, les vallées, les bois et les ruisseaux, toujours à la manière hellénique. La paix, la guerre, le tatouage, les danses et chansons, la pirogue et la case avaient leurs *atouas*[2]. Tous les hommes distingués à un titre quelconque possédaient des *atouas* ou étaient eux-mêmes *atouas*. Il en allait ainsi pour les prêtres, les rois, les Européens[3]. En mourant, les prêtres et les guerriers redoutables laissaient derrière eux des doubles, des *atouas*. Les esprits des guerriers étaient malveillants, farouches. C'était leur voix, que l'on entendait dans la foudre, les rafales, l'ouragan, le mugissement des flots[4].

Même polythéisme primitif à Tonga, seulement les noms des dieux changent; chaque île a le sien ou les siens. Lors du passage de Cook, la plus puissante divinité des Tongans était de sexe féminin; elle s'appelait *Kalla foutonga*. Sa demeure était au ciel, d'où elle régentait le tonnerre, les vents, la pluie, etc. Sa mauvaise humeur se manifestait par des coups de foudre, de mauvaises récoltes, la maladie, la mort des cochons, des chiens, des hommes. D'autres dieux étaient disséminés un peu partout. Les nuages, la brume avaient leurs dieux; l'Océan en logeait plusieurs[5]. Un dieu, tantôt *Maoui*, tantôt *Lofia*, était couché au fond du cratère du volcan *Tofoua*. Son lit était bien dur, aussi se retournait-il de temps à autre, et par cela même causait, chaque fois, un tremblement de terre[6].

1. Krusenstern. *Hist. univ. voy.* vol. XVII, 13.
2. Radiguet. *Derniers sauvages*, 226.
3. Krusenstern. *Loc. cit.*
4. Radiguet. *Loc. cit.* 226.
5. Cook. (Troisième voyage.) *Hist. univ. voy.* vol. X, 82.
6. Th. West. *Loc. cit.* 114.

A Samoa, il y avait des animaux sacrés, probablement totémiques, que l'on ne pouvait manger sans encourir la colère de ceux qui les vénéraient[1].

Comme les insulaires de Tonga, ceux de Havaï avaient placé une divinité dans leur volcan. C'était la déesse Pélé, qui inspirait à ses adorateurs une vive frayeur mêlée de respect. Pélé pouvait sortir de son cratère, même se loger dans le corps de ses prêtresses, qui alors devenaient ses instruments et avaient la faculté de guérir les malades[2]. En même temps, les Havaïens reconnaissaient nombre d'autres dieux et esprits. Les doubles des rois, des héros, des prêtres formaient une légion de dieux inférieurs, hiérarchisés comme sur la terre. Ces esprits étaient parfois très malveillants et on les exorcisait. Il y avait aussi beaucoup de dieux marins. Enfin chaque chef avait ses dieux particuliers. Aux divinités et aux esprits on faisait des offrandes et des sacrifices, même des sacrifices humains. On ne répugnait pas non plus à adorer des animaux. Le requin avait ses fidèles, qui souvent lui offraient des victimes humaines. On pensait qu'après s'être assimilé les doubles, les ombres, de ces victimes, l'animal épargnerait plus volontiers les membres de la famille qui lui avait fait l'offrande[3].

A plus forte raison adorait-on les hommes, et rien n'atteste mieux le tour anthropolâtrique de la pensée mythique chez les Polynésiens que la déification du capitaine Cook par les Havaïens. Une légende havaïenne racontait l'aventure d'un très ancien chef, *Lono*, qui, après avoir tué sa femme par jalousie, était parti sur une pirogue à voile triangulaire pour des régions inconnues, en disant qu'un jour les arrière-petits-enfants des indigènes le verraient revenir sur une île flottante[4]. A première

1. Woods. *Native tribes*, 64.
2. *Revue britanique*. 1826.
3. Freycinet. *Hist. univ. voy.* vol. XVII, 95.
4. De Varigny. *Quatorze ans aux îles Sandwich*, 16.

vue, les prêtres reconnurent dans les navires anglais les îles flottantes annoncées par *Lono* et Cook devint le dieu *Lono* accompagné d'un troupe de dieux inférieurs. Mais ces dieux inférieurs, les matelots anglais, s'emparèrent un beau jour de poissons destinés à la déesse Pelé, puis détruisirent pour en faire du bois de chauffage l'enceinte d'un *moraï*; enfin, chose extraordinaire, le *Lono* anglais ne comprenait pas la langue du pays et surtout, étant pressé trop fortement, il eut la faiblesse de pousser un cri de douleur: « Il crie; ce n'est donc pas un dieu ». On le tua aussitôt, lui et plusieurs de ses sous-dieux. Étrange! Le sang coulait des blessures de ces êtres supérieurs [1]. Néanmoins les os de Cook furent recueillis par les indigènes et devinrent même des reliques sacrées, que promenaient les prêtres pour percevoir des tributs.

Dans les îles de la Société, surtout à Taïti, la religion des Polynésiens avait pris tout le développement dont elle était susceptible. Les hommes divinisés n'y étaient pas rares non plus. A Borabora, Cook vit un vieillard paralytique, qui était le dieu de l'île [2]. A Taïti, le roi et le dieu se confondaient presque, se partageaient l'autorité; parfois l'identification était complète [3]. La phraséologie en usage pour parler du monarque ou de ce qui l'environnait avait un caractère religieux. La maison du roi, c'était « les nuages du ciel »; son canot, c'était l'arc-en-ciel; sa voix, c'était le tonnerre; les torches de la maison royale étaient des éclairs. En voyant la personne sacrée du roi, l'on disait que « l'éclair brillait dans les nuages » [4]. Dès leur plus bas âge, les chefs étaient des sortes de divinités dont on n'approchait qu'en tremblant, et, à leur mort, pour peu qu'ils eussent accompli quelque

---

1. De Varigny. *Quatorze années aux îles Sandwich*, 18, 23.
2. Cook. (Troisième voyage.) *Hist. univ. voy.* vol. X, 252.
3. Ellis. *Polynesian Researches*, II, 341.
4. H. Spencer. *Sociologie*, I, 532.

action d'éclat, ils étaient tout à fait mis au rang des dieux[1].
Il y avait des dieux pour les différentes îles et même pour les divers districts. Comme les divinités helléniques, celles des îles de la Société se mêlaient aux hommes. Les insulaires de Borabora disaient que leur dieu *Oraa* combattait avec eux. On adoptait aussi très volontiers les dieux des tribus ou peuplades qui avaient été victorieuses[2]. Il y avait des dieux personnels ou de famille, très capricieusement choisis, comme les fétiches des nègres. Souvent ces dieux subalternes ou *Oromatouoas* étaient des animaux sauvages, des reptiles, des poissons, etc. On les consultait; on en attendait des secours, etc.[3]

Les dieux supérieurs, souvent astronomiques ou météorologiques, résidaient dans sept cieux hiérarchiquement superposés[4]. Chacun de ces grands dieux avait sa légende; on se racontait, on chantait ses aventures. Le dieu *Rii* avait séparé la terre des cieux, qu'il avait étendus au-dessus d'elle, comme un rideau. Le dieu *Mahoui* avait tiré la terre, ou plutôt l'île, du fond des eaux; il avait réglé le cours du soleil et créé ainsi le jour et la nuit. *Rou*, le dieu du vent d'est, du vent alizé, avait gonflé la mer et émietté la terre en îles nombreuses. D'autres dieux, toujours anthropomorphes, avaient pêché des îles au fond de l'océan avec des hameçons de nacre, etc. Mais le plus grand, le plus honoré de ces dieux, à Taïti et dans beaucoup d'autres îles, c'était *Taaroa*, dont « l'univers n'était que la coquille ». Il faut noter au passage cette métaphore hardie, comme celles des enfants, qui représente l'univers sous la forme d'un grand mollusque testacé, blotti dans sa coquille[5]. Tous les *Atouas* supérieurs

1. Mœrenhout. *Loc. cit.* II, 16.
2. Cook. *Loc. cit.* 236.
3. Mœrenhout. *Loc. cit.* I, 455.
4. *Ibid.*. I, 442.
5 *Ibid.* I, 437.

étaient fils ou petits-fils de *Taaroa*[1]. Les *Tiis* eux-mêmes, qui, dans toute la Polynésie, semblent bien avoir été d'abord les esprits des morts, avaient fini par devenir, à Taïti, les enfants de *Taaroa* et de la Lune[2]. Enfin, en dehors de ces dieux classés, il existait tout un peuple de génies, d'hercules, de géants, de nymphes très comparables aux naïades, aux dryades, aux dieux sylvains, aux faunes, des Grecs, etc. Chaque objet, chaque substance avait son double divin. Même chaque état particulier, chaque travail de l'homme avaient leurs divinités tutélaires. Les unes veillaient à la croissance des plantes, d'autres à la maturité des fruits, etc.[3], etc. En somme, on peut appliquer à la Polynésie le vers de Musset : c'était un pays,

Où quatre mille dieux n'avaient pas un athée.

V. — LA SORCELLERIE

Les Polynésiens avaient donc fait de vraies orgies d'animisme. Autour d'eux, tout était vivant; tout avait des intentions. Or, un pareil état mental suscite toujours des tentatives pour influer sur les actes des êtres divinisés : d'où la magie, les sorciers et les prêtres. — A un degré équivalent de développement, le fonds mental de l'humanité est partout à peu près le même. Aussi la magie et la sorcellerie des Polynésiens ne différaient pas beaucoup de celles des nègres de l'Afrique centrale. Pour eux, les maladies étaient toujours dues à la malveillance des esprits, des *atouas*, qui s'introduisaient avec de mauvaises intentions dans le corps humain. Du reste les dieux supérieurs eux-mêmes étaient des « mangeurs

---

1. Mœrenhout. *Loc. cit.* I, 442.
2. *Ibid.* I, 458.
3. *Ibid.* I, 451.

d'hommes »[1]. Aussi les parents du malade ne se gênaient pas pour proférer, contre l'*atoua* coupable, d'effroyables imprécations[2]. Les souffrances du malade étaient, croyait-on, causées par les morsures de l'*atoua*[3]. De leur côté, les dieux lares, les *oromatouas*, étaient souvent accusés de causer les maladies, et l'on tâchait de les apaiser en les priant et adorant avec plus de régularité[4]. Mais les hommes savaient aussi s'ensorceler mutuellement. Pour cela, il suffisait de se procurer quelque chose ayant appartenu à la personne à qui l'on voulait du mal : une mèche de cheveux, un morceau de vêtement, un peu de ses aliments, etc. Sur ces objets, on récitait ensuite certaines formules (*karakias*) ; puis on les enterrait[5]. Il en était ainsi à la Nouvelle-Zélande, où l'organisation du sacerdoce était encore assez imparfaite, et aux îles de la Société on avait des croyances analogues. Le prêtre ou le sorcier consulté indiquait parfois la personne qui, par ses pratiques de magie, avait causé tout le mal. Quand l'accusé était un membre de la famille, sa situation devenait alors critique ; et souvent on le voyait crier, se lamenter, pleurer, aller même, la corde au cou, se prosterner devant les divinités du *moraï*[6].

Pour obtenir la guérison du malade, on pratiquait des cérémonies ; on recourait même aux sacrifices. A plus forte raison en faisait-on, après la mort, pour empêcher l'esprit du défunt de revenir se venger, et l'on se hâtait de lui offrir des esclaves dont le sacrifice était censé l'apaiser[7].

En Polynésie, les sorciers étaient, presque tous, devenus prêtres, et on supposait qu'ils pouvaient user, à mauvaise

1. *Voy. Astrolabe* (Pièces justificatives), 245.
2. *Ibid.* 245.
3. *Ibid.* 234.
4. Mœrenhout. *Loc. cit.* I, 543.
5. Tylor. *New Zealand and its inhabitants*, 89, 167.
6. Mœrenhout. *Loc. cit.* I, 543.
7. *Voy. Astrolabe.* (Pièces justificatives), 285.

intention, de leur pouvoir sur les esprits et les dieux. Ainsi, à la Nouvelle-Zélande, on n'hésita point à attribuer aux agissements du révérend Marsden près de son dieu une épidémie, qui avait décimé la population d'un district[1]. Les prêtres avaient aussi le pouvoir de faire passer un esprit dans le corps de telle ou telle personne. Le délire, la folie étaient attribués à des causes de ce genre. C'était, croyait-on, les *oromatouas*, dieux lares, ou les *tiis*, dieux ou esprits funéraires, dont la malice des prêtres se servait ainsi en usant de charmes ou d'enchantements[2]. Ces prêtres connaissaient personnellement les *atouas*, savaient converser avec eux et utiliser leur pouvoir soit pour le bien, soit pour le mal; aussi les priait-on d'intervenir, soit pour apaiser les flots soulevés, soit pour chasser des plantations une invasion de chenilles, etc., etc.[3], exactement comme le faisaient les prêtres catholiques durant notre Moyen âge. Certains prêtres polynésiens, dompteurs de flots, étaient même couramment employés comme pilotes[4].

VI. — LES PRÊTRES ET LE CULTE

Dans toute la Polynésie, les sorciers sérieux, promus au rang de prêtres, jouissaient d'une grande considération et de beaucoup d'influence. A la Nouvelle-Zélande, ils passaient leur vie à interpréter la volonté des *atouas*; ils célébraient des cérémonies lors des naissances, des mariages et des morts[5]; ils interprétaient les songes; ils consultaient les *atouas* pour savoir s'il convenait de faire la paix ou la guerre.

---

1. *Voy. Astrolabe*, 168.
2. Mœrenhout. *Loc. cit.* 481. — *Voy. Astrolabe.* (Pièces justificatives), 315.
3. *Voy. Astrolabe.* (Pièces justificatives), 321, 339, 340, 341, 342.
4. *The New-Zealanders*, 242.
5. Duperrey. *Hist. univ. roy.* vol. XVIII, 157.

Sur les champs de bataille, les prêtres présidaient aux festins anthropophagiques[1]. Les chefs supérieurs étaient souvent prêtres[2], mais le sacerdoce était ordinairement héréditaire. A la fois médecins et sorciers, les prêtres avaient le pouvoir d'exiger au nom des dieux des victimes humaines et de prononcer le *tabou*, dont je parlerai bientôt.

Aux îles de la Société surtout, les prêtres constituaient une caste toute-puissante. Les premiers d'entre eux appartenaient toujours à la haute aristocratie. D'un signe, d'un mot, ils pouvaient tuer qui leur déplaisait soit en le désignant pour victime, soit simplement en vouant l'individu, qui, terrifié par cette malédiction, dépérissait et le plus souvent mourait[3]. Pour décourager les guerriers et briser le pouvoir d'un chef, il suffisait au prêtre de signaler un mauvais présage[4]. Dans un combat, si l'on avait eu auparavant le malheur de négliger quelque rite religieux, le plus léger contact d'une lance ennemie devenait mortel[5].

Avec une foi si vive et un sacerdoce si puissant on ne peut manquer d'avoir un culte, des images divines et des lieux consacrés. A la Nouvelle-Zélande, tout se passait encore en cérémonies et les idoles sculptées étaient peu ou point en usage[6].

Dans presque tous les autres archipels il y avait des idoles et des sortes de temples funéraires, appelés *moraïs*. Les unes et les autres existaient aux îles Marquises. De grandes idoles grossièrement sculptées tantôt en bois, tantôt en pierre, étaient dressées sur la plate-forme des moraïs. Pourtant Porter en vit une accroupie, à la manière d'un Bouddha. Dans cet

---

1. *Voy. Astrolabe.* (Pièces justificatives), 314.
2. *The New-Zealanders*, 258.
3. Mœrenhout. *Loc. cit.* 314.
4. *Ibid.* 10, vol, II.
5. *Voy. Astrolabe.* (Pièces justificatives), 377.
6. *Ibid.* 220, 226.

archipel, la plate-forme du *moraï* était construite en pierres dures et avait à peu près la hauteur d'un homme[1]. Outre ces grandes idoles, les Noukahiviens en avaient de petites, devant lesquelles ils faisaient des répétitions d'exercices religieux. Porter a vu un chef (Gattanioua), ses fils et plusieurs autres indigènes rester assis, en frappant des mains, pendant des heures devant une foule de petits dieux en bois, logés dans de petites maisons alignées[2]. Aux îles Sandwich, il existait, en dehors des statues des *moraïs*, des idoles placées soit à l'extérieur, soit à l'intérieur des cases. Chacune de ces images était tantôt en faveur, tantôt délaissée. Dans le premier cas, on lui offrait des plumes rouges, des porcs, des chiens, qu'on laissait se putréfier devant elle, ou bien des fruits; en outre on lui battait du tambour ou on lui chantait des hymnes[3].

Les images des *moraïs* étaient conçues comme de vrais corps artificiels, offerts aux doubles des morts, aux *tiis*, et ils en portaient le nom[4]. Les images des *tiis* se plaçaient de préférence aux extrémités de la plate-forme des *moraïs*, mais on en érigeait aussi sur le rivage. Les colossales et célèbres statues de l'île de Pâques, de Pitcairn, de Laïvavaï étaient simplement d'énormes *tiis*[5].

Les *moraïs* avaient souvent la forme de pyramides tronquées et étaient pourvues d'un escalier sur chacune de leurs faces. Les prêtres officiaient et sacrifiaient sur la plate-forme même[6]. La ressemblance des moraïs avec les *téocallis* mexicains est très grande et vient fortifier l'opinion qui place en Amérique au moins l'une des origines de la race polynésienne.

1. Radiguet. *Derniers sauvages*, 65. — Porter. *Loc. cit.* 309.
2. Porter. *Loc. cit.* vol. XVI, 319.
3. Cook. Troisième voyage. *Hist. univ. voy.* vol. XI, 293.
4. Cook. Deuxième voyage. *Hist. univ. voy.* vol. VIII, 295.
5. Mœrenhout. *Loc. cit.* I, 467.
6. *Ibid.* I, 467.

Le culte proprement dit variait quelque peu dans les divers archipels, comme les monuments religieux. A la Nouvelle-Zélande, où il n'y avait pas de *moraïs* et peut-être pas d'idoles, le culte consistait surtout, en dehors des cérémonies sacerdotales, à chanter sur le champ de bataille le *pihé*, poésie composée d'un certain nombre de strophes et accompagnant ordinairement les offrandes de vivres aux dieux[1]. Car les dieux étant, en Polynésie, conçus comme des êtres humains, les offrandes sacrées étaient toujours considérables.

On n'avait pas encore inventé chez les Polynésiens la prière méthodique, quotidienne et à heures fixes. Un prêtre néo-zélandais déclarait même ne rien comprendre à la manière de prier des Européens. Quant à lui, il ne s'adressait à l'*atoua* que dans les moments où il en avait besoin[2].

Sur les *moraïs*, dont même les prêtres ne devaient approcher que nus jusqu'à la ceinture[3] et dont l'accès était, sous peine de mort, interdit aux femmes[4], on offrait sans cesse des fruits, des porcs, etc.; mais très fréquemment, dans toute circonstance un peu grave, il fallait des victimes humaines. A Tonga, on en sacrifiait rien que pour solenniser le paiement des tributs des îles vassales[5]. Les dieux polynésiens aimaient les victimes humaines; ils s'en nourrissaient et, quand on avait satisfait leur gourmandise cannibale, on pouvait tout leur demander et tout en obtenir[6]. Ordinairement les victimes humaines étaient assommées à l'improviste et leurs corps portés ensuite au *moraï*. Parfois cependant les chefs les avertissaient symboliquement en leur

---

1. *Voy. Astrolabe.* 105.
2. *Voy. Astrolabe.* (Pièces justificatives), 341.
3. Mœrenhout. *Loc. cit.* I, 507.
4. *Ibid.* I, 169.
5. Cook. (Troisième voyage). *Hist. univ. voy.* vol. X, 21.
6. *Ibid.* 130.

offrant un petit caillou. Le malheureux ainsi choisi pour le sacrifice n'avait pas même l'idée de protester. Il répondait simplement « *voti* » (Cela suffit ou j'y consens) et était sur-le-champ assommé[1]. Pendant la cérémonie qui suivait, au *moraï*, le prêtre extrayait soigneusement l'œil gauche de la victime et l'offrait d'abord au roi, qui ne le mangeait pas, mais devait pourtant ouvrir rituellement la bouche[2]. Le droit de manger l'œil, ou plutôt d'en faire semblant, était un privilège royal; car cet œil était, comme nous l'avons vu, le siège du *Ouaidoua*. En Polynésie, on usait et abusait des sacrifices humains. La seule appréhension d'une guerre suffisait pour en motiver[3]. Certains aspects de la lune rendaient aussi un sacrifice humain nécessaire[4]. Quand un chef contractait une alliance guerrière avec un autre, il sanctionnait le pacte par un sacrifice humain[5], etc., etc. Enfin toute violation d'un *tabou* et même la simple abolition d'un *tabou* exigeaient des victimes.

Trop de fois j'ai eu occasion de parler de la coutume du *tabou* en Polynésie pour m'y attarder beaucoup en ce moment. On sait, que le *tabou* était un interdit lancé par les prêtres ou même imposé par la seule coutume dans nombre de circonstances de la vie. Il y avait des *tabous* tutélaires, par exemple ceux qui interdisaient, en cas de mauvaises récoltes, la consommation des bananes et ignames sauvages[6]; ceux aussi qui tabouaient telle ou telle baie, en y prohibant la pêche aux flambeaux, quand le poisson s'en éloignait[7]; ceux encore qui arrêtaient la consommation des poules ou des cochons, quand ces ani

---

1. Mœrenhout. *Loc. cit.* I, 510.
2. Cook. Troisième voyage, vol. X, 119, 130.
3. Mœrenhout. *Loc. cit.* I, 524.
4. Voy. de Bougainville, 244.
5. Mœrenhout. *Loc. cit.* I, 527.
6. *Ibid.* I, 527.
7. Radiguet. *Loc. cit.* 165.

maux devenaient rares. Mais quantité d'autres *tabous* étaient vexatoires ou capricieux. La personne des prêtres, des chefs était tabouée[1]. Les mets des hommes étaient taboués pour les femmes[2]. La nouvelle accouchée était tabouée et ne pouvait porter elle-même ses aliments à sa bouche[3], etc. Le pouvoir de prononcer le *tabou*, d'en châtier la violation, etc., donnait aux prêtres, généralement d'accord avec les chefs, un pouvoir énorme.

Cette coutume du *tabou* avait sûrement beaucoup contribué à faire l'éducation religieuse des Polynésiens, à leur persuader que les dieux petits ou grands s'intéressaient à tous les actes de leur vie. Ainsi, avant d'abattre un arbre pour construire une pirogue, ils allaient, la hache à la main, au *moraï* pour en donner avis aux dieux et leur apporter le premier morceau détaché de l'arbre. La pirogue achevée, on ne la lançait à l'eau qu'après des prières au *moraï* et en présence d'un prêtre. On devait offrir aux *atouas* une partie des aliments, que l'on partageait avec un ami; avant de recevoir un étranger, il fallait encore consulter l'*atoua*[4]. Comme les Polynésiens se figuraient leurs *atouas* tout à fait semblables à eux-mêmes, ils essayaient parfois de ruser avec eux. Ils offraient, par exemple, sur le *moraï*, des fruits verts ou des aliments de mauvaise qualité, en disant : « Voilà tout ce que nous avons; faites mûrir les fruits; donnez-nous une abondante récolte... alors nous apporterons ce que nous aurons de meilleur[5]. »

La religion jouait donc un très grand rôle dans la vie polynésienne; aussi, en dehors des cérémonies ou offrandes occasionnelles, on avait déjà institué des fêtes régulières,

1. Mœrenhout. *Loc. cit.* I, 522.
2. *Ibid.* I, 532.
3. *Ibid.* I, 535.
4. *Ibid.* I, 437.
5. *Ibid.* I, 523.

périodiques, notamment quatre grandes solennités correspondant aux saisons[1], ce qui rappelle encore la religion mexicaine. Mais cette religion polynésienne était néanmoins très primitive, essentiellement animique.

VII. — LA MORALE RELIGIEUSE EN POLYNÉSIE

La religion polynésienne exigeait des indigènes une foule d'actes religieux, de cérémonies, de sacrifices; mais elle n'avait aucun but moral. Les dieux étaient simplement des rois, des chefs invisibles, aux exigences desquels il fallait obéir, devant lesquels il fallait s'humilier, que l'on devait nourrir d'offrandes. Ces dieux punissaient sévèrement les infractions aux rites, exactement comme les rois châtiaient avec fureur toute désobéissance à leurs ordres, tout acte irrespectueux. Personne ne croyait que les dieux réservassent aux ombres des morts des châtiments ou des récompenses dans la vie future, en conséquence de la conduite tenue pendant la vie. C'était sur la terre que les divinités, courroucées par une offense quelconque, sévissaient sur les coupables[2], et cela suffisait pour terrifier les Polynésiens[3].

En résumé, les insulaires de la Polynésie n'avaient aucune idée du bien et du mal moral, comme nous les entendons. Durant la vie, on était fort ou faible, vainqueur ou vaincu; mais les dieux ne s'occupaient pas des actes et mœurs[4]. Ainsi les *atouas* ne punissaient pas le vol en tant que vol, puisqu'il y avait un dieu des voleurs, *Hiro*[5]; ils ne punissaient pas l'as-

---

1. Mœrenhout. *Loc. cit.* I, 515.
2. *Ibid.* I, 429.
3. Radiguet. *Loc. cit.* 231.
4. Cook. (Premier voyage). *Hist. univ. voy.* vol. V, 312. — Dumont d'Urville. *Ibid.* vol. XVIII, 276.
5. Mœrenhout. *Loc. cit.* I, 440.

sassinat comme assassinat; mais ils châtiaient sévèrement toute action faite sans qu'on les en eût prévenus[1]. Aucun excès génésique n'était considéré comme blâmable ou coupable, puisqu'un dieu spécial présidait aux amours contre nature[2]. L'avortement, l'infanticide étaient tenus pour des actions absolument insignifiantes, et la célèbre confrérie religieuse des *Aréoïs*, que je me contenterai de rappeler ici, l'ayant déjà décrite antérieurement, n'avait d'autre but que la satisfaction sans frein ni mesure des appétits lubriques; aussi dans ce but avait-elle érigé en obligation la communauté des femmes et l'infanticide. Or, cette confrérie était sous le patronage du dieu *Oro*, fils de *Taaroa*, le Jupiter polynésien, et c'était une société aristocratique[3].

En Polynésie, il n'existait donc point de morale, au sens propre du mot, et la religion n'avait aucune visée éthique. Pourtant il est sûr que, par le *tabou*, par la terreur sacrée que les prêtres et les dieux inspiraient au peuple, la religion avait déjà commencé le dressage moral de la population. Elle inculquait aux indigènes, non pas sans doute des préceptes moraux, mais l'idée que certaines choses étaient illicites et qu'il fallait sans murmurer obéir aux ordres des dieux et aux ministres de ces dieux. En bien des contrées, ce dressage a façonné ainsi les hommes et les a habitués à obéir, sans le moindre raisonnement, à des préceptes venus d'en haut. C'est même là l'une des principales origines de l'instinct moral, c'est-à-dire du penchant inné à faire ou à ne pas faire telles ou telles actions réputées bonnes ou mauvaises.

1. Mœrenhout. *Loc. cit.* I, 441.
2. *Ibid.* I, 167.
3. *Ibid.* I, 484-503.

CHAPITRE VII

L'ANIMISME CHEZ LES INDIENS SAUVAGES D'AMÉRIQUE

A. INDIENS DE L'AMÉRIQUE MÉRIDIONALE ET CENTRALE

I. *Les rites funéraires.* — Inhumation à la Terre de Feu. — Les origines de l'idée de survivance posthume. — Inhumation en Patagonie. — Crémation des offrandes funéraires. — Sacrifices funéraires. — Aliments funéraires. — Blessures funéraires chez les Charruas. — Croyance à la sensibilité du cadavre. — Sacrifices humains funéraires chez les Caraïbes. — II. *La vie future.* — La vie future chez les Patagons, etc., etc. La vie future en Colombie, chez les Abipones. — La malveillance des doubles. — III. *Les dieux.* — Dieux météorologiques des Fuégiens. — Dieux fétichiques dans les *pampas*. — Génies anthropomorphiques au Nicaragua. — IV. *La sorcellerie.* — Les sorciers dans l'Amérique méridionale. — Les sorciers à métamorphoses chez les Abipones.

B. LES INDIENS PEAUX-ROUGES

I. *L'animisme des Indiens peaux-rouges.* — Faits d'animisme. — Dédoublement pendant le rêve. — La malveillance des esprits. — II. *Coutumes funéraires.* — Abandon, inhumation, crémation, funérailles aériennes. — Canots funéraires tués. — Offrandes alimentaires aux morts. — Le feu pour les ombres. — Dons funéraires. — Sacrifices humains funéraires. — Mutilations funéraires. — Deuil. — La fête des morts. — III. *La vie future.* — Matérialisme des Californiens. — Le voyage des doubles. — Champs-Élysées peaux-rouges. — La crémation destructive des doubles. — Le Tartare peau-rouge. — IV. *Les dieux.* — Les manitous. — Zoolâtrie. — Le filet vivifié. — Astrolâtrie. — Héliolâtrie. — Légendes religieuses. — V. *Le culte.* — Le calumet sacré. — Offrandes aux esprits. — Danses religieuses. — Confréries religieuses. — VI. *La sorcellerie.* — Visions et extase. — Le nom incommunicable. — Les sorciers. — Leur initiation. — Le sac-médecine. — L'homme-médecine. — Cruelle initiation. — VII. *La religion des Natchez.* — Héliolâtrie. — Culte. — Chefs divinisés. — Victimes funéraires. — VIII. *L'évolution animique.*

A. INDIENS DE L'AMÉRIQUE MÉRIDIONALE ET CENTRALE

I. — LES RITES FUNÉRAIRES

Les plus inférieurs des indigènes américains et peut-être des humains, les naturels de la Terre de Feu, inhument ordinairement leurs morts, mais les brûlent quelquefois, quand le décès a eu lieu loin du campement ordinaire. Dans les deux cas ils ne pratiquent aucune cérémonie ni n'élèvent aucun monument funéraire. On trouve cependant chez eux l'idée du double, du fantôme, mais à l'état tout à fait embryonnaire. Certains individus seulement laisseraient derrière eux une ombre, qui leur survit quelques années; ces êtres à survivance sont les hommes dangereux, ceux que nous appelons des criminels, c'est-à-dire ceux qui, par leurs méfaits, ont gravé leur souvenir plus ou moins profondément dans la mémoire de leurs compagnons. Les ombres de ces personnages redoutés errent, après leur mort, sous des formes fantastiques et en s'efforçant de nuire aux vivants, exactement comme ils le faisaient avant le petit accident de la mort. Ces doubles mal intentionnés sont conçus par les Fuégiens comme des êtres matériels[1].

Les autres Indiens sauvages, du détroit de Magellan à l'Amérique centrale, sont tous intellectuellement plus développés que les Fuégiens et tous rendent à leurs morts des devoirs funéraires. Les voisins immédiats des habitants de la Terre de Feu, les Patagons, enterrent leurs morts sous de grandes pierres, ornent ces tombeaux de coquillages, y peignent des flèches rouges, y déposent tous les objets qui étaient la propriété personnelle du défunt[2]. Souvent les Patagons brûlent ce mobilier au lieu de le déposer

---

1. Hyades. *Ethnographie des Fuégiens* (Bull. Soc. d'Anthropologie, 1887).
2. Candish. *Hist. univ. voy.* vol. XVI, 184.

simplement comme offrande funéraire[1]. Les Araucans des
Pampas, les Puelches, les Charruas font de même[2], et il est
permis de supposer que cette crémation a pour but de dégager
les doubles des armes, vêtements, etc., afin qu'ils puissent
accompagner l'ombre du décédé. Quand on ne brûle pas tout
ce mobilier funéraire, on a soin de l'inhumer avec le cadavre,
qui est toujours orné, peint, paré. Ainsi procédaient les Ancas,
les Chiquitos, les Chiriguanos. Ce n'est pas tout; il faut que
l'ombre du défunt soit non seulement armée, mais encore
convenablement pourvue pour le voyage d'outre-tombe : dans
ce but, les Ancas, les Charruas, les Araucans, les Pampas, les
Patagons égorgent sur la tombe de leur compagnon décédé au
moins son meilleur cheval, souvent plusieurs chevaux et des
chiens[3]. Enfin on a soin de placer à côté du mort une certaine
quantité d'aliments. Les Abipones suspendaient à un arbre,
près du tombeau, un habillement complet, pour que le défunt
pût se vêtir, s'il lui prenait fantaisie de sortir de sa tombe.
Les Charruas vont plus loin, jusqu'aux blessures funéraires ;
chez eux, les femmes, sœurs ou filles du défunt se lardent, avec
la lance ou le couteau du mort, la peau des bras, des seins,
des flancs ; les hommes se passent, en sétons, des roseaux
tranchants dans la peau du bras, mais seulement à la mort
de leur père[4]. — Notons en passant que chez ces Indiens les
morts sont généralement inhumés dans la position accroupie,
coutume funéraire si fréquente en pays sauvages et dont nous
avons vu la raison[5]. — Souvent enfin le clan du défunt se
lamente, le matin, pendant un certain nombre de jours, en
exaltant les hauts faits du compagnon disparu[6].

1. A. d'Orbigny. *Homme américain*, I, 196, 238.
2. *Ibid.* I, 196, 405 ; — II, 90, 168, 405.
3. H. Spencer. *Sociologie*, I, 260.
4. A. d'Orbigny. *Loc. cit.* II, 90.
5. *Ibid.* I, 405.
6. *Ibid.* I, 196.

Dans beaucoup de tribus on ne peut croire que les cadavres aient perdu toute sensibilité, et l'on s'efforce de les garantir des chocs ou des pressions douloureuses. Certaines, entre autres, celles des Aroacas, prennent simplement la précaution de couvrir le corps d'une épaisse couche de feuilles de bananier[1]. C'est vraisemblablement le souci de sauvegarder la sensibilité du cadavre, qui a donné à tant de peuples de l'Amérique centrale l'idée de placer le corps accroupi, dans un sac ou dans un grand vase de terre, quand l'art du potier était assez avancé[2]. Ainsi faisaient les Chiriguanos, et ils enterraient ensuite le mort dans sa propre maison[3]. Les Caraïbes le laissaient d'abord, pendant un mois lunaire, dans son hamac, sous la garde de ses femmes, puis ils l'inhumaient; enfin, au bout d'un an, ils l'exhumaient pour recueillir ses os, et les mettre dans un panier, que l'on suspendait à la paroi de la maison. Les Guaranis, riverains de l'Orénoque, recueillaient de même les ossements, mais après les avoir fait nettoyer par les poissons du fleuve dans lequel ils plongeaient le cadavre attaché à une corde[4]. A Costa-Rica dans l'isthme, plusieurs nations, avant d'inhumer les restes des leurs, les déposaient dans une petite hutte en feuilles de palmier avec des aliments, des boissons, des armes, et il les laissaient dans ce séjour d'attente pendant plusieurs années[5].

Nous avons vu que beaucoup de tribus américaines sacrifiaient des animaux domestiques sur la tombe de leurs morts. Les sacrifices humains n'étaient pas très rares non plus: ils ne sont pas moins logiques que ceux des animaux, si l'on admet la survivance des doubles humains. Ainsi les Caraïbes

---

1. *Voyage à la Terre Ferme*, I, 292. — Mollien. *Hist.-univ. voy.* vol. XLII, 419.
2. A. d'Orbigny. *Loc. cit.* II, 338.
3. *Ibid.* II, 338.
4. Mollien. *Loc. cit.* — *Voyage à la Terre Ferme*, I, 202.
5. Bancroft. *Native States*, I, 780.

enterraient toujours avec le cadavre d'un chef l'une de ses femmes et, de préférence, celle qui avait été mère[1]. A la Vera-Paz, les Indiens n'attendaient pas la mort du chef pour perpétrer ces pieuses immolations. Dès qu'il était à l'agonie, ils tuaient tous ses esclaves afin qu'ils allassent d'avance préparer un logis à leur maître dans le pays des ombres[2].

Rien de tout cela ne saurait plus nous étonner. Toutes ces coutumes funéraires, nous les avons déjà rencontrées en d'autres régions, chez d'autres races, et nous commençons à voir que partout l'homme primitif a, sur la mort, les mêmes idées erronées, suscitant les mêmes pratiques trop souvent féroces.

II. — LA VIE FUTURE

La croyance à une survivance quelconque après la mort inspire presque nécessairement aux hommes quelques conjectures sur le genre de vie que doivent mener les doubles, les ombres des défunts. Sur ce sujet si intéressant, les Indiens de l'Amérique méridionale n'ont guère été plus inventifs que les nègres. Les Patagons sont convaincus que l'ombre, le double, se rend quelque part dans des cavernes pour y couler une existence des plus agréables. Dans ce paradis souterrain règnent les esprits des boissons enivrantes et les ombres peuvent s'en donner à cœur joie[3]. Les Guarayos adorent une divinité bienveillante, le *tamoï*, qui, du haut d'un arbre planté à son intention près de leurs cases, enlève les doubles des morts vers l'Orient et les dépose dans un pays analogue au leur, où ils reprennent tout simplement la suite leur existence terrestre[4].

1. *Voyage à la Terre Ferme*, I, 293.
2. H. Spencer. *Sociologie*, I, 264.
3. A. d'Orbigny. *Loc. cit.* II, 73, 74. — H. Spencer. *Sociologie*, I, 203.
4. *Ibid.* II, 330.

Au XVIIe siècle, les Indiens vivant près de l'embouchure du fleuve des Amazones, croyaient aussi à l'existence d'un pays d'outre-tombe fort lointain, magnifique, couvert de bois, de plantations ; mais tous les esprits ne pénétraient point dans cet *eldorado* posthume ; c'était un séjour uniquement réservé aux braves guerriers. Les lâches s'en allaient rejoindre une divinité malfaisante, nommée *Agnan*. Du séjour de la félicité, les ombres pouvaient communiquer avec les sorciers de leur tribu[1]. C'est la conception première et très grossière encore de l'idée si répandue suivant laquelle la vie future sert de sanction morale à la vie terrestre. La vertu la plus prisée étant chez les Indiens le courage guerrier, c'est elle seule qui est récompensée *post mortem*.

De même, au Nicaragua, les bons, c'est-à-dire les ombres des hommes tués à l'ennemi, s'en allaient du côté de l'Orient pour y retrouver les dieux et les servir. Au contraire, les ombres des lâches s'enfonçaient sous terre[2]. Nous retrouverons des croyances analogues chez les Peaux-Rouges et, toutes grossières qu'elles soient, elles attestent pourtant un certain effort moral et intellectuel. Ce n'est plus seulement l'idée tout à fait rudimentaire de la survivance, dont nous connaissons les origines si peu sublimes. Sans doute on ne songe pas encore à s'affranchir de cette illusion primitive ; mais on essaie de la rattacher à une certaine rémunération d'après le mérite ou le démérite, tels qu'on les conçoit.

Les Indiens de la Colombie sont moins avancés. Ils pensent simplement que l'esprit des morts va errer dans les mêmes bois où l'individu avait coutume de chasser de son vivant ; quelquefois cependant cet esprit fait un plus long voyage ; il se rend, voguant à travers certains lacs, dans un pays délicieux où les doubles passent le temps à danser et à s'enivrer.

1. Thevet. *Singularitez de la France antarctique,* 181.
2. H. Spencer. *Sociologie,* I, 295.

Les animaux ont des doubles tout comme les hommes; aussi, quand un chasseur a tué un animal sauvage, il a bien soin de lui verser dans la gueule un peu de *chicha*, etc. L'âme de la bête morte fera, croit-on, savoir aux animaux de son espèce l'agréable manière dont elle a été traitée et ils voudront se faire tuer aussi pour jouir de la même faveur[1]. Les Abipones, eux, pensent tout simplement que l'ombre du mort erre dans les forêts avec des intentions malveillantes ; l'écho est la voix de cette ombre et ils en ont grand' peur[2]. Les Indiens de l'embouchure du fleuve des Amazones croyaient aussi que les esprits de leurs parents saisissaient toutes les occasions de nuire aux vivants. C'étaient ces esprits, qui soulevaient des tempêtes et submergeaient les pirogues, soit dans la mer, soit sur le fleuve[3]. Qu'est-ce que cet esprit du mort ? Les indigènes du Nicaragua pensent que c'est quelque chose qui s'exhale de la bouche au moment de la mort, exactement le *spiritus* des Latins[4]; car rien n'est plus commun que cette grossière explication.

III. — LES DIEUX

Au point de vue de la création des mythes proprement dits, les Indiens de l'Amérique du Sud ne sont pas tous arrivés au même degré d'évolution. Les Fuégiens n'ont pas encore franchi la première étape dans la voie de l'illusion religieuse. Certains d'entre eux croiraient, cependant, qu'un grand homme noir erre par les bois et les montagnes et a le pouvoir d'influer sur le temps et sur la conduite des hommes[5]. La

---

1. Mollien. *Loc. cit.* 416. — *Voy. à la Terre Ferme,* I, 290.
2. H. Spencer. *Sociologie,* I, 175.
3. Thevet. *Loc. cit.* 182.
4. Tylor. *Civil. primit.* I, 500.
5. H. Spencer. *Sociologie,* I, 539.

crainte du mauvais temps, de la pluie, de la neige, est très vive à la Terre de Feu ; aussi les indigènes ont-ils déjà fait des applications de l'adage européen : « *Post hoc, ergo propter hoc* ». Le chirurgien du *Beagle* ayant tué des canards, l'un des Fuégiens ramenés d'Angleterre s'écria : « Oh ! Mr Bynse ; beaucoup de neige ; beaucoup de vent ! » Le même indigène disait que son frère ayant un jour tué « un sauvage » (peut-être un fou), les orages, la pluie, la neige s'étaient déchaînés[1]. Ce sont là simplement de faux raisonnements, comme en font très souvent les hommes primitifs, et on ne saurait vraiment y trouver le moindre caractère religieux. Aussi les voyageurs s'accordent-ils à dire que les Fuégiens sont dépourvus de toute religion[2]. Ces Indiens ne semblent même pas croire aux esprits des morts ; du moins ils ne les redoutent pas ; car Jemmy Button, Australienne ramenée à bord du *Beagle*, disait avec fierté que « dans son pays il n'y avait pas de diables[3] ».

Au contraire, les Indiens des Pampas, les Patagons, les Puelches, les Charruas, etc., croient à l'existence de génies souvent malveillants, qu'ils tâchent de se concilier[4]. Ils ont aussi des dieux simplement fétichiques, par exemple, des arbres sacrés[5]. De même, les Yuracarès ont des génies malfaisants, qu'ils détestent. Ce sont *Mororoma*, dieu du tonnerre, *Chanchu*, dieu de la guerre, un troisième génie, *Papezu*, qui emporte les Indiens pendant qu'ils traversent les forêts[6]. Chez les Ancas et les Araucanos, on trouve des croyances analogues[7]. Les Chiquitos reconnaissaient dans les

---

1. Darwin. *Descendance*, etc. 101.
2. Hyades. *Ethnographie des Fuégiens* (*Bull. Soc. d'Anthropol.* 1887).
3. Darwin. *Descendance*, 101.
4. Head. *Hist. univ. voy.* vol. XLI, 339. — D'Orbigny. *Loc. cit.* II, 23. — P. Mantegazza. *Rio de la Plata*, 429.
5. Darwin. *Researches in Geology and Natural history*, 79.
6. A. d'Orbigny. *Homme américain*, I, 364.
7. *Ibid.* I, 405.

éclairs les âmes de leurs morts. La lune était pour eux une femme, leur mère, et, lors des éclipses, elle était attaquée par des chiens[1]. Chaque village des Moxos avait ses dieux : le génie du tonnerre, celui de la pêche, celui de la chasse ; mais la principale divinité était le *jaguar*, auquel on dressait des autels desservis par les individus qui avaient eu la rare chance de sortir vivants de ses griffes. A ce dieu trop réel on prodiguait les offrandes[2].

Comme les ombres des morts, ces dieux ou génies primitifs sont presque toujours malintentionnés pour les pauvres humains. *Agnan*, personnage mythique, adoré autrefois près de l'embouchure du fleuve des Amazones, persécutait, jour et nuit, les indigènes, les battait sans cesse durant la vie et les tourmentait encore après la mort[3]. Les Abipones ne croyaient aussi qu'à des esprits méchants, et il en était de même des Coroados[4]. Les Guaranis avaient, comme tant d'autres primitifs, déifié le tonnerre ; c'était *Toupan*, un fort grand et fort redoutable dieu[5]. Par exception pourtant, leur divinité principale était un dieu bienfaisant, *Tamoï*, « le vieux du ciel », qui les protégeait encore après la mort et semble bien être un ancêtre divinisé. On honorait *Tamoï* depuis les côtes brésiliennes jusqu'aux Andes, et son culte était même organisé. On lui bâtissait des cabanes octogones, analogues aux cases fétiches de l'Afrique équatoriale. C'était cette divinité bienfaisante qui avait enseigné l'agriculture aux Guaranis ; c'était elle qui, après la mort, les transportait dans d'admirables territoires de chasse où tous, sans exception, se retrouvaient. On priait *Tamoï*, mais sans lui faire ni offrandes, ni sacrifices. Les sorciers,

---

1. A. d'Orbigny. *Homme américain*, II, 168.
2. *Ibid.* II, 234, 235.
3. Thevet. *Loc. cit.* 108.
4. Lubbock. *Orig. civil.* 219.
5. Robertson. *Hist. Amér.* liv. IV.

Payes ou *Piaches*, lui servaient d'interprètes[1]. En résumé, il y avait là tous les principaux éléments d'un culte en voie d'organisation complexe.

Plus au nord, à Taltique, dans l'Amérique centrale, un vieil Indien avait été déifié de son vivant. On l'avait habillé d'une manière spéciale, puis installé dans une case fétiche où on allait lui faire des offrandes et célébrer devant lui, certains rites[2].

Nous trouvons donc dans l'Amérique du Sud à peu près tous les genres de religion primitive : l'athéisme par impuissance intellectuelle à la Terre de Feu, ailleurs les dieux-fétiches, la zoolâtrie, l'anthropolâtrie, enfin le culte des génies. Mais ces génies étaient conçus exactement comme des hommes, ainsi qu'il résulte d'un curieux dialogue entre le moine Bobadillos et les indigènes du Nicaragua. Les *teotes*, les dieux, étaient hommes et femmes, mais toujours jeunes. Ils mangeaient du maïs ; ils buvaient le sang et dévoraient le cœur des hommes et des oiseaux. On leur offrait de l'encens et de la résine[3] pour les apaiser, pour les calmer. En général les dieux et les ombres des morts, souvent identifiés, étaient des êtres malveillants, acharnés à tourmenter les pauvres humains. C'étaient des ennemis insaisissables, invisibles ; le monde en était infesté et l'imagination des hommes en était hantée. De telles croyances, un tel état d'esprit sont éminemment favorables au développement de la sorcellerie.

IV. — LA SORCELLERIE

La sorcellerie, nous l'avons déjà vu maintes fois, résulte tout naturellement de l'animisme primitif. Aussi les pauvres

---

1. A. d'Orbigny. *Loc. cit.* II, 233, 319.
2. H. Spencer. *Sociol.* I, 535.
3. *Ibid.* I, 598, 400.

Fuégiens avaient déjà leurs sorciers-médecins, traitant les malades par des jongleries, des gestes, etc[1]. Là où l'imagination est plus vive, où l'on vivifie tout, où l'on croit, par exemple, comme les Indiens de l'Orénoque, que les étoiles sont des hommes « crachant la rosée[2] », on va beaucoup plus loin dans les pratiques de la magie. Ainsi les Patagons usent de charmes, à leurs yeux fort redoutables. Leurs magiciens peuvent tuer un individu quelconque, pourvu qu'ils aient en leur possession un peu de ses cheveux ou de ses ongles[3]. Toutes les autres nations nomades des Pampas ont aussi leurs sorciers ou sorcières, qui sont en même temps des guérisseurs[4].

Les riverains de l'embouchure du fleuve des Amazones avaient une foi entière dans les visions de leurs rêves, mais, quand il leur arrivait de les comprendre difficilement, ils se les faisaient interpréter par leurs sorciers (*pagès* ou *piaches*[5]). Ces sorciers étaient nomades, ne se montraient dans les villages que de loin en loin, et alors on les comblait de présents ; car ils avaient l'oreille des esprits ou des génies[6]. On se prosternait devant ces êtres puissants ; on leur adressait des requêtes, comme à des dieux ; on les suppliait d'éloigner la mort, d'accorder la santé, etc.[7]. De leur côté, ils savaient évoquer tel ou tel esprit, soit en particulier, soit en public. L'esprit, convenablement appelé, finissait toujours par arriver « sifflant et flustant », dit un vieux chroniqueur, mais néanmoins toujours invisible. Puis il répondait aux questions du sorcier[8].

1. *Voy. de Bougainville*, 172.
2. H. Spencer. *Sociol.* I, 149.
3. *Ibid.* I, 339.
4. D'Orbigny. *L'Homme américain*, II, 23.
5. Thevet. *Loc. cit.* 170, 171.
6. *Ibid.* 172.
7. *Ibid.* 174.
8. *Ibid.* 175.

Dans tout le midi et le centre de l'Amérique, on rencontrait ou l'on rencontre encore de semblables sorciers. Partout ils guérissent les malades; à la Guyane, ils retrouvent en outre les objets perdus[1]. Chez les Abipones, ils avaient le pouvoir de se changer à volonté en tigres, et par cette seule menace ils terrifiaient et suggestionnaient leurs compagnons, qui entendaient quelquefois leurs rugissements, voyaient leur peau se tacheter, leurs ongles se transformer en griffes (Dobritzhoffer, cité par Taylor. *Civil. prim.*, I., 355). Dans l'isthme, ils prédisaient l'avenir[2]. Mais presque partout on ne devenait sorcier qu'après un noviciat ou une pénible initiation, consistant en une longue reclusion, en jeûnes, etc. Les anciens sorciers initiaient les nouveaux[3] et, une fois ordonnés, tous exerçaient une grande autorité, d'où force présents; au Nicaragua, on leur reconnaissait même ce que nos historiens du moyen âge appellent « le droit du seigneur »[4].

Le fonds animique est tellement semblable chez les hommes de toute race, que les indigènes américains demandent à leurs sorciers ou plus généralement à la magie exactement ce que les nègres d'Afrique s'efforcent d'en obtenir. Tout d'abord on s'ingéniait à faire pleuvoir par divers procédés, dont le plus singulier consistait à conserver des crapauds auxquels on accordait le pouvoir de faire la pluie et le beau temps, et que l'on fouettait, s'ils ne gouvernaient pas les éléments au gré de leurs adorateurs ou clients[5]. Les sorciers exerçaient souvent cette royauté météorologique. Un cacique chibcha faisait pleuvoir à volonté; un autre, plus puissant encore, menaçait ses sujets désobéissants de toutes sortes de maladies[6]. Enfin,

---

1. Watterton. *Hist. univ. voy*, vol. XLI, 247.
2. Bancroft. *Native States*, I, 777.
3. Mollien. *Hist. univ. voy.* vol. XLII, 411.
4. Bancroft, II, 671.
5. *Voy. à la Terre ferme*, par Dupons, I, 289.
6. Spencer. *Sociologie*, III, 460, 474.

comme les indigènes américains ne croyaient pas plus que les nègres à la mort naturelle, à la mort par maladie, les sorciers étaient souvent consultés pour désigner l'auteur des maléfices homicides dont il fallait tirer vengeance[1].

Après nos précédents voyages d'exploration mythologique en Mélanésie, en Afrique, en Polynésie, tous ces faits, dont il serait facile d'allonger indéfiniment la liste, n'ont plus pour nous le charme de la nouveauté ; mais ils nous suggèrent déjà que, partout et par le seul fait de sa constitution mentale, l'homme primitif s'illusionne de la même manière. L'étude des Indiens de l'Amérique Septentrionale, des Peaux-Rouges, va fortifier encore cette vue générale. Elle l'élucidera même beaucoup plus complètement ; car il s'agit cette fois d'une population bien mieux étudiée et dont la vie sociale n'a plus pour nous de mystères.

B. LES INDIENS PEAUX-ROUGES

I. — L'ANIMISME DES INDIENS PEAUX-ROUGES

Les Peaux-Rouges ne le cèdent pas aux nègres de l'Afrique en fait d'animisme. Comme l'avait déjà remarqué Charlevoix, « ils croient aussi que tout est vivant dans la nature »[2]. Pour les Ahts de l'île Vancouver, le tonnerre est le grondement d'un puissant oiseau ; l'éclair est sa langue fourchue[3] : c'est là une conception mythique assez générale en Amérique. Pour les Chippyouais, tout ce qu'ils ne comprennent pas est un esprit[4]. J'ai déjà cité précédemment le mot de l'Arraouak,

---

1. D'Orbigny. *Loc. cit.* I, 229. — Head. *Loc. cit.* vol. XLI, 359. — Stevenson, *Travels in South America*, I, 60.
2. Charlevoix. *Histoire de la Nouvelle-France*, VI, 78.
3. Tylor. *Civil. primitive*, I, 417.
4. H. Spencer. *Sociologie*, I, 532.

disant au voyageur Brett, en voyant sa boussole de poche : « C'est vivant »[1]. Pour les Carriers hyperboréens, la lecture et l'écriture étaient des arts magiques[2], évidemment l'œuvre des esprits.

Dans l'opinion des Peaux-Rouges, tout être, tout corps a son ombre, son esprit, son double animé. Les Chippyouais pensent que les animaux sont aussi pourvus de doubles, ils en accordaient même à un chaudron. (Keating, cité par H. Spencer. *Sociol.* I, 247). Les rêves sont, pour eux, des représentations réelles, pendant lesquelles les doubles agissent suivant leur fantaisie ; aussi l'on y attache une grande importance. Les Chippyouais jeûnent afin de se donner des songes[3]. Pendant le sommeil, le double, l'esprit quitte le corps, se promène, et le rêve retrace ses aventures. Pendant le rêve encore, les doubles des objets visitent le dormeur, le génie familier vient lui donner des avis. Aussi le songe est-il considéré comme une chose sacrée. Un Indien ayant rêvé qu'on lui coupait un doigt, se le fit amputer à son réveil. Les rêves sont aussi des avertissements symboliques ; ainsi rêver d'élans est signe de vie ; au contraire rêver d'ours signifie mort prochaine[4]. Les Iroquois célébraient en l'honneur des songes une grande fête appelée « le renversement de la cervelle », des espèces de saturnales, pendant lesquelles on faisait toute sorte de folies[5].

Tout étant animé dans la nature aux yeux des Peaux-Rouges, le moindre phénomène a pour eux son importance ; en voyant des étoiles filantes, ils se jettent à terre, en proie à une profonde terreur ; le bruissement des feuilles les épouvante, car il est l'œuvre de malveillants esprits, prêts à fondre

---

1. H. Spencer. *Sociologie*, I, 187.
2. Bancroft. *Native States*, I, 126.
3. H. Spencer. *Sociologie*, I, 198.
4. Charlevoix. *Loc. cit.* VII, 79.
5. *Ibid.* 82.

sur le voyageur et à le mettre en pièces[1]. — Les sorciers peuvent ainsi appeler à leur aide le vent, la pluie, etc.[2]. On croit aux augures, aux présages, aux sorts. — En résumé, de toutes ces aberrations animiques il résulte pour les Indiens comme une atmosphère morale d'inquiétude et d'épouvante.

II. — COUTUMES FUNÉRAIRES

Les coutumes funéraires des Peaux-Rouges sont loin d'être uniformes, mais toujours elles accusent la croyance à une survie après la mort. Pourtant certains Indiens hyperboréens, peut-être croisés avec des Esquimaux, abandonnent les cadavres des leurs aux oiseaux et bêtes de proie, comme le font les Tartares d'Asie, à la race desquels ils se rattachent sans doute[3]. Les autres pratiquent tantôt l'inhumation, tantôt la crémation, tantôt la sépulture aérienne sur une estrade ou dans les branches des arbres. — Les Indiens d'Onolaska enterrent leurs morts au sommet des collines et élèvent sur la tombe un petit mondrain[4]. Presque toutes les tribus sédentaires avaient ainsi près de leur village de vrais cimetières. Certaines inhumaient leurs morts dans les bois ou desséchaient les cadavres et les conservaient ensuite dans des sortes de caisses[5]. Les Indiens de la Californie pratiquaient tantôt l'inhumation, tantôt la crémation. Dans le premier cas, le cadavre était placé dans la position accroupie que tant de peuples ont adoptée pour leurs morts[6]. Les Iroquois, quand ils inhumaient leurs morts, avaient soin de ménager dans la tombe une petite ouverture, pour que le double pût

1. Bancroft. *Loc. cit.* I, 358.
2. *Ibid.* I, 358.
3. Bancroft. *Native States*, I, 119.
4. Cook. *Troisième voyage*, vol. XI, 123.
5. Charlevoix. *Loc. cit.* VI, 109.
6. Bancroft. *Native States*, I, 356.

sortir et rentrer à son gré[1]. Les Indiens du Mexique déposaient leurs morts dans des tombes, après les avoir revêtus d'habits de coton, et ils plaçaient près d'eux des aliments[2]. Les Chibchas pratiquaient l'inhumation, mais élevaient ensuite sur la tombe une colline artificielle, un *tumulus*[3].

La sépulture aérienne était très usitée chez les Peaux-Rouges, parfois concurremment avec l'inhumation ou la crémation. Les Hurons, les Iroquois commençaient par habiller le défunt, l'asseoir sur une natte ; puis ils le haranguaient, en lui racontant ses exploits et ceux de ses ancêtres. Ensuite ils le plaçaient dans la cabane des morts, pendant vingt heures, durant lesquelles les assistants exécutaient des danses funèbres et faisaient le festin mortuaire. Puis, porté par des esclaves que les parents suivaient en dansant, le corps était placé sur une estrade, élevée d'une dizaine de pieds, et enfermé dans un double cercueil d'écorce avec des armes, des pipes, du tabac, du maïs[4]. Les Mandans, Dacotahs, Chippyouais plaçaient de même leurs morts sur des estrades où ils pouvaient « vivre », croyaient-ils, à l'abri des loups et des chiens[5]. Les Assiniboins avaient des coutumes funéraires semblables, mais se servaient souvent du branchage des arbres.[6]. Certaines tribus n'adoptaient la sépulture aérienne que pour ceux de leurs guerriers morts pendant les grandes chasses[7]. Les Indiens de la Colombie britannique et des régions plus septentrionales encore pratiquaient la sépulture aérienne; mais ils plaçaient les cadavres dans des pirogues, avec des armes et des aliments[8]. Les Chinouks recouvraient parfois le canot funéraire

---

1. H. Spencer. *Sociol.* I, 247.
2. Bancroft. *Native States*, I, 667.
3. H. Spencer. *Sociol.* 230.
4. Lahontan. *Voy. dans l'Amér. Sept.* II, 166.
5. H. Spencer. *Sociologie*, I, 228.
6. Domenech. *Voy. pittoresque*, 548.
7. Charlevoix. *Loc. cit.* VI, 109.
8. Vancouver. *Hist. univ. voy.* vol. XIV, 223, 245.

d'une seconde pirogue protectrice. Toujours on avait soin de forer des trous dans le canot, et de briser les armes et ustensiles déposés près du mort[1], c'est-à-dire de *tuer* tous ces objets.

La crémation était ou est encore d'un usage assez fréquent. Les Thlinkits combinent la crémation et la sépulture aérienne. Ils commencent par brûler le cadavre, en recueillent les débris et les placent sur des estrades dans des sarcophages en bois[2]. Les Hurons et les Iroquois pratiquaient la crémation seulement pendant la guerre, et ils rapportaient soigneusement les cendres dans leurs villages[3]. On brûlait aussi ceux qui, accidentellement, mouraient de mort violente et dont les ombres, croyait-on, n'avaient dans la vie future aucune relation avec les doubles ordinaires[4]. Les Tahkalis brûlent aussi leurs morts, mais pendant que le cadavre se consume, un sorcier prétend, au moyen de gestes appropriés, s'emparer de l'ombre du mort et la pouvoir insuffler dans le corps d'une personne vivante, qui après cette cérémonie prend le nom du défunt et son rang[5]. Les Shoshoniens brûlent le cadavre avec tout ce qui lui appartenait[6]. Les Coras du Mexique brûlent aussi le cadavre, mais dans une grotte choisie d'avance par l'individu lui-même. Au lieu de brûler ce qui appartenait au défunt, ils placent tous ces objets près de la porte de son ancienne demeure pour que son double les puisse prendre sans entrer dans la case. Ils lui offrent aussi de la viande fichée sur des pieux plantés dans la campagne, afin que cette ombre, cet esprit, dont ils ont grand'peur, ne vienne pas enlever leurs troupeaux. Pour plus de sûreté, ils ont recours à des sorciers qui adjurent le double redoutable

---

1. Vancouver. *Loc. cit.* 223. — Bancroft. *Native States*, I, 247.
2. Bancroft. *Native States*, I, 113. — La Pérouse. *Hist. univ. voy.* vol. XII, 180.
3. Bancroft. *Loc. cit.* I, 356.
4. Charlevoix. *Loc. cit.* 113.
5. Domenech. *Loc. cit.* 547.
6. *Ibid.* 541.

d'avoir à s'éloigner[1]. En Californie, les Indiens brûlaient ordinairement leurs morts avec leurs armes et effets de toute sorte[2]. Au Nouveau-Mexique les morts sont tantôt brûlés, tantôt inhumés dans des grottes ou des tombes avec leurs armes, vêtements, ustensiles[3]. Toujours on a soin de placer aux pieds du mort ses mocassins, afin que son double les puisse chausser. On croit si bien à la persistance de la vie après la mort, que les mères font tomber des gouttes de leur lait sur les lèvres de leurs enfants décédés[4]. Les Iroquois étaient si fermement persuadés de la survivance du double, qu'ils allumaient, la nuit, du feu sur la tombe, pour que l'esprit pût préparer ses aliments[5].

Les dons, la destruction d'objets précieux pour des sauvages, les sacrifices et mutilations funéraires proclament bien haut la ferme croyance de tous ces Indiens à une existence posthume. — Si l'on sacrifie ainsi quantité d'objets mobiliers, qui sont tantôt inhumés, tantôt exposés et abandonnés, tantôt brisés et brûlés avec le cadavre, c'est pour diverses raisons: un peu par affection pour le défunt, afin que son double arrive suffisamment pourvu dans le séjour des ombres; beaucoup par crainte, pour que l'esprit du mort, si souvent mal intentionné, ne songe pas à venir tourmenter les vivants.

Je n'ai encore parlé que des offrandes ou destructions d'objets; mais la sollicitude ou la crainte des survivants va souvent plus loin. Ainsi les Indiens de Sitka égorgeaient toujours deux esclaves sur le tombeau de leur maître. Ces victimes étaient choisies et désignées bien avant le décès de leur propriétaire et se résignaient placidement au triste sort qui

1. Bancroft. *Native States,* I, 640.
2. *Ibid.* I, 356.
3. *Ibid. Loc. cit*, I. 522.
4. *Ibid.* 590.
5. H. Spencer. *Sociologie*, I, 225.

les attendait[1]. On ne se borne pas toujours à sacrifier des esclaves. Un chef chinouk mourant voulait qu'on tuât sa femme, pour qu'elle le pût accompagner dans l'autre monde[2]. — Chez les Talkotins, qui brûlent leurs morts, on fait le simulacre de brûler les veuves, soit qu'on les ait réellement brûlées autrefois, ce qui est le plus probable, soit que l'on commence seulement à en avoir l'idée. La veuve ou les veuves montent sur le bûcher funèbre et y restent jusqu'à ce qu'elles soient à demi suffoquées ou que leurs cheveux commencent à roussir[3]. Chez d'autres Hyperboréens, les Natiotitains, les femmes s'amputent une phalange et font cette opération au-dessus de la tête de leurs proches parents décédés[4]. Le 24 décembre 1890, une dépêche d'Helena (Montana) nous apprenait que, dans la fosse de quatre Indiens exécutés pour meurtres, une *squaw* avait jeté deux de ses doigts, coupés à cet effet. Une autre s'était balafré la figure. Toutes deux faisaient couler leur sang dans la fosse et avaient auparavant scalpé leurs enfants. (*Le XIX*e *Siècle*, 26 décembre 1890.)

Nous savons que tous ces sacrifices sont destinés à conjurer la colère des ombres.

Les Hurons et les Iroquois mouraient stoïquement après avoir pris congé des leurs et ordonné un festin. Avant qu'ils eussent rendu le dernier soupir, on égorgeait des chiens pour que ces animaux allassent dans l'autre monde annoncer la prochaine arrivée de leur maître[5]. Ces Indiens déposaient le cadavre, peint et paré, dans une fosse tapissée de pelleteries et en ayant bien soin que la terre ne touchât point le corps, supposé sensible encore. Évidemment on avait peur du mort; car, pendant un certain temps, on évitait soigneusement de

---

1. Kotzebue. *Hist. univ. voy.* vol. XII, 414.
2. Kane. (Cité par H. Spencer. *Sociologie*, I, 266.)
3. Bancroft. *Loc. cit.* I, 124.
4. *Ibid.*
5. Charlevoix. *Loc. cit.* 105, 106.

prononcer son nom, c'est-à-dire de l'évoquer[1]. En outre, et sans doute afin d'apaiser l'ombre du défunt, on se coupait les cheveux, on se noircissait la figure, on s'abstenait, pendant une couple d'années, de tout plaisir et même de se chauffer[2]. Enfin les esclaves allaient, tous les jours, offrir du tabac à l'esprit de leur maître[3]. — Dans l'opinion des Osages, le plus signalé service que l'on pût rendre à un parent ou ami mort, était de tuer un ennemi et d'en suspendre le scalp sur la tombe; car le double de la victime devenait alors, dans le séjour des ombres, l'esclave du guerrier à l'intention duquel on avait fait le sacrifice[4]. — Les Peaux-Rouges californiens immolaient quelquefois sur la tombe le cheval favori et la femme favorite du défunt. Encore très animiques, ils croyaient que la Mort était un esprit méchant qui étouffait peu à peu les malades[5]. Ces Indiens brûlaient non seulement les objets mobiliers du défunt, mais même sa maison, et en répandaient les cendres sur sa tombe sûrement pour lui expédier les doubles de toutes ces choses. Enfin la veuve, quand elle n'était pas sacrifiée, devait rester, pendant plusieurs jours, assise ou même à demi enfouie sur la tombe de son mari[6]. De même les Peaux-Rouges du Nouveau-Mexique expédiaient bien souvent dans la Terre des esprits les femmes de leurs morts[7].

Dans beaucoup de tribus indiennes, les os des cadavres exposés ou inhumés n'étaient point abandonnés après la cérémonie funéraire. Chaque année, à la fête des morts, on recueillait les ossements des corps décomposés et on les portait d'abord dans les cabanes; puis la cérémonie se continuait par des festins, des danses, des jeux, des combats analogues à

---

1. Charlevoix. *Loc. cit.* VI, 107, 109.
2. *Ibid.* 111.
3. Lahontan. *Voy. dans l'Amér. Sept.* II, 168.
4. J. M. Coy. *Histor. of Baptist Indians Missions*, 360.
5. Bancroft. *Loc. cit.* I, 420, 459.
6. *Ibid.* 356.
7. Bancroft. *Loc. cit.* I, 522.

ceux qui, en Étrurie, donnèrent naissance aux spectacles de gladiateurs. De temps en temps on poussait des cris, les « cris des âmes ». Finalement, les os étaient portés dans une commune sépulture tapissée de pelleteries[1]. En cas d'émigration, chaque tribu emportait les ossements des siens, ou, si elle ne le pouvait, elle avait soin de les déposer dans une caverne ou de les enterrer soit sur une colline, soit dans un bois[2]. Dans leur ensemble ces pratiques, toujours naïves même quand elles sont féroces, attestent clairement une ferme croyance à une survivance quelconque après la mort. Il nous reste à voir sous quelle forme cette future existence se présentait à l'imagination des Indiens peaux-rouges.

III. — LA VIE FUTURE

Sur ce point si intéressant de la vie future, les opinions n'étaient pas unanimes et ne pouvaient l'être, puisqu'il n'y avait pas encore de religion organisée. Pour certains Indiens de la Californie, il n'existait point d'au-delà et la mort était l'annihilation complète de la personnalité[3]; mais cette manière de voir était fort rare. Selon la croyance des Hurons et des Iroquois, le double demeurait près du cadavre jusqu'à la fête des Morts; puis il se rendait dans le pays des âmes. Qu'y devenait-il ? Suivant quelques Indiens, l'ombre s'y transformait en tourterelle[4]. Pour la plupart, elle conservait la forme humaine et toutes les inclinations que l'individu avait eues de son vivant. La région des âmes était située vers l'occident, mais bien loin; car il fallait aux ombres plusieurs mois de voyage pour y arriver et ce voyage n'était pas sans péril. Entre

---

1. Charlevoix. *Loc. cit.* VI, 114.
2. Domenech. *Loc. cit.* 551.
3. *Native States.* I, 358.
4. Charlevoix. *Loc. cit.* VI, 74.

autres épreuves, les doubles devaient passer un fleuve, être tourmentés par un chien, supporter l'assaut vengeur des prisonniers de guerre jadis torturés[1]. Aussi, comme il est bien naturel, les pauvres ombres n'entreprenaient qu'à contre-cœur cette dangereuse pérégrination. Elles s'oubliaient volontiers près de leurs anciens corps et il fallait les chasser par des cris et des coups de baguette[2]. Pourtant, au terme de leur route, les doubles trouvaient un séjour enchanteur, un pays où régnait un printemps éternel, où la chasse et la pêche étaient aussi faciles qu'abondantes, où tout travail était inutile et enfin où l'on pouvait goûter tous les plaisirs sensuels. Mais ce paradis était réservé aux élus, savoir : aux braves guerriers, aux habiles chasseurs, à ceux qui avaient beaucoup tué, beaucoup brûlé d'ennemis, en résumé à ceux qui avaient mérité l'estime de leurs compagnons[3].

De même, les Comanches faisaient de la vie future le privilège des vaillants, des hardis enleveurs de chevelures ou voleurs de chevaux[4]. Seule, cette élite s'en allait dans le beau pays de l'au-delà, où l'on trouvait d'immenses troupeaux de bisons bien gras. Les Dacotahs espéraient, que dans le séjour des ombres, ils continueraient à guerroyer contre leurs anciens ennemis[5]. Après la mort, les Cricks se rendaient dans un pays où le gibier foisonnait, où les denrées étaient à bon marché, où le grain mûrissait toute l'année, où jaillissaient des sources cristallines[6].

Pour d'autres tribus, la *terre promise* d'outre-tombe est située au midi. C'est une région de prairies, pleines d'arbres et de fleurs. Quantité de buffles et de chevreuils s'y pro-

1. Charlevoix. *Loc. cit.* 76.
2. *Ibid.* 77.
3. *Ibid.* 77.
4. H. Spencer. *Sociol.* I, 256, 258.
5. *Ibid.* I, 259.
6. *Ibid.* I, 258.

mènent et on les tue très facilement, sans verser leur sang. Leur chair, qui a une saveur spéciale, procure le bien-être et le bonheur. L'*enfer*, au contraire, est un pays septentrional, couvert de neige et de glace. On y souffre du froid, de la faim, de mille maux. (Domenech, *loc. cit.* 585.)

Sur ce qui attendait l'homme après la mort, les Peaux-Rouges de la Californie étaient divisés d'opinions. Ceux des vallées du Sacramento et du San Joaquim affirmaient, qu'après la mort leurs compatriotes n'allaient pas, comme les blancs, habiter un autre pays, parce qu'ils brûlaient leurs cadavres, opération qui, selon eux, détruisait à la fois le corps et son double[1]. Cette idée, que la crémation annihile les ombres, n'est pas très rare. Un Indien de l'Amérique méridionale l'affirma au voyageur français Crevaux ; j'en ai cité d'autres exemples précédemment, et ce peut bien avoir été l'un des motifs qui ont poussé tant de peuples à brûler leurs morts.

Des Peaux-Rouges de le baie Monterey avaient imaginé, pour les ombres, un double séjour : un paradis et un enfer. Le paradis était situé dans les nuées et les élus y trouvaient une délicieuse fraîcheur, jouissance qu'ils n'avaient pas connue durant la vie, au milieu des sables brûlants de leur pays. Les réprouvés, au contraire, restaient cantonnés dans le fond des vallées profondes, véritables fournaises[2].

Somme toute, les Indiens peaux-rouges projetaient simplement dans l'au-delà l'image embellie de leur vie terrestre. Mais, et c'est un point à noter, la vie des ombres commençait déjà à être pour eux une sorte de sanction de la vie terrestre.

1. Schoolcraft. *Indian Tribes*, III, 107.
2. La Pérouse. *Hist. univ. voy.* vol. XII, 243.

IV. — LES DIEUX

Pour les mythes comme pour la vie future, les diverses *nations* peaux-rouges n'étaient pas arrivées au même degré de développement. Les Shoshoniens, les Comanches n'avaient presque aucune idée religieuse[1]. — En général pourtant les Indiens étaient tous très animistes et appelaient *génie* ou *esprit* tout ce qui surpassait la capacité de leur entendement. Un cadran solaire, un réveil étaient, à leurs yeux, des esprits. Ces esprits étaient tantôt bons, tantôt mauvais. Un fusil qui éclatait était, au même titre que le tonnerre et la grêle, un mauvais esprit[2]. — L'esprit s'appelait *manitou* et le nombre des *manitous* était considérable. Le tonnerre était un oiseau, attribut du Grand Esprit, du grand *manitou*[3]. Le printemps et l'hiver étaient aussi des esprits[4]. Chaque homme avait son génie tutélaire, son *manitou*; ce *manitou* gardien était la chose à laquelle l'enfant avait le plus souvent rêvé, et on lui en tatouait l'image sur le corps[5]. Les *manitous* individuels étaient souvent des amulettes, des gri-gris, et on leur adressait toute sorte de requêtes[6]. Le manitou-amulette est ou était souvent une pierre verte, insérée dans un morceau de bois, recouverte d'une peau de serpent et entourée de bandelettes[7].

La zoolâtrie est aussi fort commune chez les Peaux-Rouges. Chaque bête a son génie, son *manitou* conservateur; elle a son double, qui, après la mort, va comme le double humain dans le pays de l'au-delà[8]. On consulte même les mânes des

---

1. Tiele. *Manuel Hist. relig.* 50.
2. Lahontan. *Voy. Amér. Sept.* II, 137.
3. Tylor. *Civil. primit.* I, 416.
4. *Ibid.* 344.
5. Charlevoix. *Loc. cit.* VI, 67, 69.
6. Robertson. *Hist. amér.* IV. — Charlevoix. *Loc. cit.* 67.
7. Domenech. *Voy. pittoresq.*, 24.
8. Charlevoix. *Loc. cit.* VI, 78.

bêtes tuées pour savoir où l'on en pourra trouver d'autres. L'ours est honoré d'une particulière vénération. Quand il arrive à un chasseur de tuer l'un de ces respectables plantigrades, il a soin de lui introduire entre les dents le tuyau de sa pipe allumée et de souffler dans le fourneau pour remplir de fumée la gueule de la bête morte. En même temps il supplie l'animal ou plutôt son double de ne point lui nuire dans ses chasses futures. Pour terminer, il coupe et emporte le filet sublingal de l'ours et le jette au feu aussitôt qu'il est de retour dans sa cabane. Si ce filet se rétracte en brûlant, ce qui est ordinaire, on tient que l'esprit de l'animal « est apaisé »[1]. Une femelle d'ours ayant été tuée par le naturaliste Franklin, une vieille Indienne prit la tête de l'animal dans ses mains, la caressa et la baisa plusieurs fois en lui demandant pardon. D'autres indigènes appelaient cette ourse tuée leur « grand'mère », leur « parente », et la priaient de ne point leur en vouloir, puisque sa mort était après tout l'ouvrage d'un Anglais[2]. Peut-être l'ours était-il l'animal totémique des indigènes dont parle Franklin; mais les Peaux-Rouges adoraient sûrement un grand nombre d'animaux : les Natchez et les Mandans vénéraient le serpent; d'autres, l'ours, le bison, le lièvre, le loup, des oiseaux, etc., etc.[3]. — Les Indiens déifiaient aussi des arbres, de vieux arbres[4], parfois même des objets fabriqués; ainsi, avant de se servir de leur grand filet, de leur senne, les Hurons et les Iroquois le mariaient à deux jeunes filles, entre lesquelles on le plaçait pendant le festin nuptial. Puis on exhortait le filet, si honorablement traité, à prendre beaucoup de poissons[5].

Mais c'était surtout l'astrolâtrie animique qui était en

1. Charlevoix. *Loc. cit.* V, 171, 173 (Lettre VI).
2. Franklin. *Vie des animaux*, I, 100.
3. Lubbock. *Orig. civil.* 267, 269.
4. Lafitau. *Mœurs des sauvages*, I, 136.
5. Charlevoix. *Loc. cit.* V, 225 (Lettre IX).

faveur chez les Peaux-Rouges. Les Pléiades étaient, pour eux, des danseurs et des danseuses. Pendant les éclipses, ils lançaient des flèches vers le ciel afin d'écarter les ennemis de la lune et du soleil[1]. Partout le soleil était le grand *manitou*, le *Grand Esprit* ; il était en même temps le dieu des combats ; son nom servait de cri de guerre ; c'était le souverain des esprits, des *manitous*[2]. « Ne croyez-vous pas, disaient les Indiens au père Lejeune ; ne croyez-vous pas à ce dieu, à ce soleil, qui nous voit et nous punit, lorsque nous le méritons?[3] » En effet, le grand *manitou* solaire châtiait certaines actions répréhensibles, par exemple, la violation d'une convention après qu'on avait fumé le calumet. Aussi, dans ces pactes, avait-on bien soin de pousser vers l'astre la fumée du tabac[4]. — Le soleil était l'objet d'un vrai culte. Avant chaque délibération importante dans la cabane d'un chef, celui-ci présentait trois fois la pipe allumée au soleil levant; puis, la tenant avec les deux mains, il la promenait d'orient en occident en priant l'astre du jour d'être favorable à la nation : « Grand Esprit, lui disait-il, maître des autres *manitous*, commande aux bons de nous être favorables, aux méchants de s'éloigner de nous. Donne force et courage aux guerriers, etc. »[5]. Ces cérémonies s'appelaient « fumer le soleil ».

A leur astrolâtrie les Peaux-Rouges ont rattaché des légendes cosmogoniques, dont certaines ont manifestement une origine asiatique. Suivant certaines de ces légendes, les hommes sont nés d'une femme, qu'un génie avait lancée sur la terre d'un coup de pied. Cette femme accoucha de deux jumeaux, dont l'aîné tua le cadet[6]. Les hommes périrent dans un déluge,

---

1. Charlevoix. *Loc. cit.* 148.
2. *Ibid.* V, 307, (Lettre XIII.) — Lafitau. *Mœurs des sauvages* I, 115, 116, 119, 121.
3. Tylor. *Civil. primit.* I, 330.
4. Charlevoix. *Loc. cit.* V, 311 (Lettre XII).
5. *Ibid.* t. V, 267 (Lettre XI). — Lahontan. *Voy. dans l'Amér. septent.* II, 137.
6. *Ibid.* VI, 147. — Lafitau. *Loc. cit.* I, 223.

sauf un seul, qui épousa une femelle de rat musqué et ainsi repeupla la terre, etc., etc.[1].

Si primitive que fût leur religion, les Peaux-Rouges y étaient fermement attachés ; « Vous avez vos dieux, disaient-ils au père Charlevoix, et nous avons les nôtres. C'est un malheur pour nous qu'ils ne soient pas plus puissants que les vôtres »[2], etc.

V. — LE CULTE

Sans avoir encore de sacerdoce organisé, les Peaux-Rouges ont déjà un culte ou du moins des pratiques religieuses intervenant dans les diverses circonstances de la vie. Nous les avons vus tout à l'heure « fumer le soleil ». C'est que le calumet est, pour eux, un objet sacré. Il y a en effet des calumets pour sanctionner chaque traité. Même durant le combat, on peut « offrir le calumet » ; l'ennemi a le droit de refuser l'offre, mais, s'il accepte, il doit immédiatement mettre bas les armes[3]. Chaque clan n'a ordinairement qu'un seul calumet, dont le chef est détenteur, mais sans pouvoir en faire un usage personnel. Il le garde seulement dans sa tente, bien enveloppé dans des bandes de peau d'élan ou de chevreuil. Toujours on préserve le calumet sacré du contact des profanes et on ne s'en sert que dans les grandes occasions, quand il s'agit de conclure un traité de paix, une trêve, un pacte d'alliance, etc.[4]. Les pipes sacrées s'emploient aussi pour faire offrande au tonnerre, surtout lors du premier orage printanier, ou quand on entend le bruit de la foudre, ou bien encore en partant pour une expédition guerrière. Alors on les tire respectueusement de leur enveloppe et on

1. Charlevoix. *Loc. cit.* VI, 147.
2. *Ibid.* V, 389 (Lettre XVII).
3. *Ibid* V, 311.
4. Doménech. *Voy. pittoresque*, 485.

les fume, après avoir auparavant adressé une petite allocution à l'esprit du tonnerre : « Vous effrayez vos petits enfants, homme vénérable, en frappant ainsi avec votre bâton, etc.[1]. » Dans les tribus nombreuses, les calumets ont leurs gardiens désignés, dont la fonction consiste à les offrir aux chefs, les jours de conseil, etc.[2]. Si le chef est toujours le fumeur sacré, c'est que, chez les Peaux-Rouges, la religion ne se distingue pas du gouvernement et se relie à toute l'organisation sociale : à la médecine, aux coutumes guerrières, au système du clan, etc.[3].

En dehors des usages du calumet sacré, les principales pratiques religieuses sont les offrandes et les danses. Quand on arrive sur les bords d'un lac ou d'un fleuve, on fait une offrande à l'esprit qui réside dans ces eaux[4] ; on y jette du tabac, des oiseaux égorgés, etc.[5]. Le plus ordinairement, c'est dans le feu que sont lancées les offrandes. Elles consistent en maïs, cuisses de chevreuil, d'ours, etc.; souvent elles se font en l'honneur du soleil, pour lui demander de bonnes chasses, une bonne récolte de maïs, la victoire, etc.[6]. Ce sont évidemment des repas symboliques, que l'on sert ainsi au génie, au *manitou* de l'astre. Dans les cérémonies, la danse joue un rôle important ; jamais elle n'est un divertissement ; c'est une occupation grave, ayant toujours un sens symbolique. On danse, par exemple, avant d'aller à la chasse à l'ours, pour se concilier le *manitou* des ours[7].

Il existe des confréries spéciales, prétendant avoir des communications surnaturelles, magiques, avec tels ou tels animaux ou plutôt avec les esprits de ces animaux, avec les

1. Owen Dorsey. — *Omaha Sociology* (Smithsonian Report, 368).
2. *Ibid.* 363.
3. *Ibid.* 363.
4. Carver. *Travels*, 383,
5. Charlevoix. *Loc. cit.* VI, 70.
6. Lafitau. *Loc. cit.* I, 164, 191.
7. Domenech. *Loc. cit.* 445.

ours, les buffles, les chevaux, etc. Chacune de ces confréries a sa peinture spéciale et aussi sa danse spéciale, mimant les mœurs et allures de l'animal choisi[1]. Il existe aussi des sociétés secrètes, se transmettant certains mythes, certaines doctrines[2].

En dépit de toutes ces idées et pratiques religieuses et de l'importance qu'ils y attachent, les Peaux-Rouges n'avaient pas encore de temples, de cases fétiches. Pourtant la maison du conseil et le feu du conseil étaient revêtus d'un caractère sacré, à cause des liens étroits qui rattachaient la vie publique à la religion[3]. En tout pays, quand le temple n'est pas encore bâti, il est assez ordinaire que le sacerdoce ne soit pas non plus constitué. En effet, les Peaux-Rouges n'avaient pas de prêtres reconnus; mais ils avaient des prêtres en puissance, des sorciers et de la sorcellerie.

VI. — LA SORCELLERIE

La croyance à la magie est tout aussi vivante chez les Peaux-Rouges que chez les nègres d'Afrique. Comme ces derniers, ils ont foi à quantité d'influences magiques, mystérieuses, aux songes, aux visions de l'extase. On jeûne pour se donner des rêves révélateurs[4]; on cherche, au moyen de bains à vapeur à très haute température, à se procurer de l'extase, de la catalepsie[5]. On considère le nom comme une sorte de double et on n'aime pas à le dire, de peur qu'il ne soit volé. Donner son nom à un ami, c'est se donner soi-même[6].

---

1. Domenech. *Loc. cit.* 445. — Owen, *Omaha Sociology, Loc. cit.* 347, 350.
2. Waitz. *Anthropologie der Naturvœlker*, etc. III, 215.
3. Lafitau. *Loc. cit.* I, 153.
4. Lubbock. *Loc. cit.* 251.
5. Tiele. *Loc. cit.* 31.
6. Bancroft. *Loc. cit.* I, 245.

Un songe, un cri d'animal suffisent pour faire abandonner une entreprise[1]. Les sorciers et leurs agissements rappellent beaucoup ceux de l'Afrique.

Les sorciers, qui souvent sont de sexe féminin, ont commerce avec les *manitous*; entre eux et les esprits il y a une espèce de pacte résultant de jeûnes, de cris, du battement de tambours magiques. Souvent les Indiens ont, dans leurs étuves, des accès de délire sacré. Ils pratiquent l'envoûtement en perçant le cœur de petites figurines, exactement comme on le faisait en Europe au Moyen âge. La grande intimité des sorciers avec les *manitous* leur permet de prédire les événements, de pénétrer tous les secrets, etc. Comme en Afrique, il y a chez les Peaux-Rouges de bons sorciers et de méchants sorciers; mais ces derniers, quand on les découvre, sont mis impitoyablement en pièces[2]. Chez les Natchez, il existait des vieillards faiseurs de pluie, récompensés, en cas de réussite, châtiés, parfois tués, en cas d'insuccès[3]. Les sorciers aiment à exalter leur pouvoir : « Je suis comme un dieu », disent-ils souvent. Cette puissance magique des sorciers réside surtout dans un *sac-médecine*, contenant divers objets : de l'indigo, du vitriol bleu, du vermillon, etc.[4] On appelle ordinairement les sorciers *hommes-médecines*; car leur principale fonction est de guérir les maladies, en conjurant les mauvais esprits, ou bien en suçant du sang de la région malade ou en y exerçant des pressions. En cas d'insuccès, le sorcier risque sa vie[5]. Durant ses invocations médicales, l'*homme-médecine* demande de l'aide aux *manitous* des sources, du vent, de la pluie, des feuilles, etc.[6]

---

1. Charlevoix. *Loc. cit.* III.
2. *Ibid.* VI, 88.
3. *Ibid.* VI, 187.
4. Franklin. (Premier voyage). *Hist. univ. voy.* vol. XL, 480.
5. Bancroft. *Loc. cit.* I, 286. — Kotzebue. *Hist. univ. voy.* vol. XVII, 417.
6. *Ibid.* I, 558.

Parfois les sorciers essaient de tirer avec leurs doigts la maladie hors de la bouche du patient; ou bien une sœur du malade, un enfant leur vient en aide, en se coupant le petit doigt de la main droite et laissant couler le sang sur la partie malade[1], ce qui constitue évidemment un sacrifice expiatoire, destiné à désarmer la colère des mauvais esprits.

Souvent la mort, surtout celle des personnages importants, est attribuée à la sorcellerie. On consulte alors l'*homme-médecine*, pour qu'il désigne l'auteur du maléfice[2], qui, une fois découvert, est mis à mort sans qu'il soit besoin, tant est grand le forfait, de consulter ni juges, ni assemblée[3].

Le chef Peau-Rouge peut être un sorcier[4]; néanmoins le fait est moins commun qu'en Afrique. D'ailleurs on ne devient ordinairement un sorcier sérieux qu'après une initiation souvent fort pénible ou douloureuse. Chez les Mandans, par exemple, le candidat devait subir l'insertion de courroies passées sous ses muscles pectoraux et servant à le maintenir à demi couché, le tronc soulevé au-dessus du sol, pendant qu'il regardait fixement le soleil, des heures durant (Catlin). Il existait donc chez les Peaux-Rouges tous les éléments constitutifs, mais dissociés encore, d'une religion. Dans la petite monarchie des Natchez de la Louisiane, ces éléments étaient organisés.

VII. — LA RELIGION DES NATCHEZ

Le grand *manitou* des Natchez était le soleil, représenté par un feu perpétuel brûlant dans un petit temple. Ce feu sacré,

---

1. Bancroft. *Loc. cit.* I, 568.
2. Charlevoix. *Loc. cit.* 90.
3. Owen. *Loc. cit.* 364. — Bancroft. *Loc. cit.* I, 172.
4. Bancroft. *Loc. cit.* 170.

placé au milieu de l'édifice, était entretenu au moyen de trois bûches disposées en triangle et se touchant par leurs extrémités[1]. On avait d'ailleurs de la vénération pour toute espèce de feu[2]. Le grand chef des Natchez portait le nom de « Soleil », et il est probable qu'on le considérait comme fils de l'astre du jour, puisque certaines nations de la Floride avaient cette opinion au sujet de leur chef et même lui sacrifiaient solennellement leurs premiers-nés[3].

Quand le monarque-dieu ou sa plus proche parente, la femme-chef, venaient à mourir, il leur fallait un nombreux cortège de victimes. Tous leurs gardes les escortaient dans le séjour des ombres; beaucoup de parents, d'amis, de serviteurs tenaient même à honneur d'accompagner dans la vie future leurs dieux terrestres[4]. A la mort de la femme-chef, son mari, toujours plébéien, était étranglé. On étranglait encore quatorze autres personnes, qui, des années à l'avance, avaient brigué ce funèbre honneur et fabriqué de leurs mains la corde fatale. Douze petits enfants étaient aussi étranglés, sur un ordre donné par la fille aînée de la femme-chef[5].

Ces sanglantes pratiques nous reportent au Dahomey et prouvent, une fois de plus, que les mêmes folies religieuses peuvent engendrer partout les mêmes atrocités. Pourtant il ne semble pas qu'il ait existé chez les Natchez de sacerdoce organisé comme au Dahomey. Pas de féticheurs en titre. C'étaient les chefs de famille ou plutôt de clan, qui faisaient eux-mêmes, dans le temple, des offrandes distribuées ensuite par le roi-soleil à sa guise[6].

Cette religion des Natchez, qui sembla si curieuse aux

---

1. Charlevoix. *Loc. cit.* VI, 173. — Lafitau. *Loc. cit.* 153.
2. Tiele. *Loc. cit.* 32.
3. Lafitau. *Loc. cit.* I, 166.
4. Charlevoix. *Loc. cit.* VI, 178.
5. *Ibid.* VI, 177, 182.
6. *Ibid.* VI, 184.

ethnographes du siècle dernier, n'est évidemment que la régularisation, l'exagération des croyances religieuses encore à l'état d'anarchie dans les tribus républicaines des Peaux-Rouges. C'est sans doute à la fondation d'un pouvoir monarchique absolu chez les Natchez qu'était dû le développement d'un culte à la fois plus régulier et plus féroce. Presque partout, nous verrons ainsi la religion se constituer solidement avec la royauté absolue, à ce moment de l'évolution sociale où l'on en arrive à ne plus guère distinguer le chef, le roi-dieu, des dieux-rois qui gouvernent despotiquement les éléments et les hommes.

VIII. — L'ÉVOLUTION ANIMIQUE

Pour terminer ce chapitre j'esquisserai une vue générale de l'évolution animique, telle que nous l'avons pu suivre jusqu'ici, en accumulant les faits d'observation. Déjà, en effet, nous avons interrogé une notable portion du genre humain : les nègres océaniens, les nègres d'Afrique, les Polynésiens, les Indiens sauvages du Nouveau Monde. Toutes ces populations de race si diverse, nous les avons vues s'illusionner de la même manière dans leurs conceptions dites religieuses. Partout l'homme primitif, à peine doté d'une intelligence d'enfant, toujours faible et sans expérience, disputant sa vie à mille dangers, a commencé par animer, en imagination, tout ce qui l'environnait, surtout ce qui pouvait lui nuire. D'autre part, ne réussissant jamais ni à comprendre la mort naturelle, ni à croire à l'anéantissement total de sa personnalité et de celle des autres, il a peuplé le monde ambiant d'êtres fictifs, sortis de son imagination ou de sa mémoire. Son panthéon s'est ainsi rempli de dieux animiques, de dieux ancestraux, de dieux animaux, etc.;

mais à toutes ces créations de sa fantaisie il a prêté des sentiments humains, des pensées et des volontés humaines. D'où l'idée d'apaiser ces êtres redoutables, de se les concilier par des offrandes et des sacrifices souvent sanglants; car ces dieux sont féroces, comme leurs adorateurs.

De cet état mental des primitifs est née tout naturellement la sorcellerie. Par une foule de pratiques on a tenté d'user, dans un intérêt personnel, des dieux fétiches ou animiques, et l'on s'est efforcé de pénétrer leurs intentions. Bien vite aussi la sorcellerie a engendré le sorcier, l'homme particulièrement habile à traiter avec les puissances invisibles, à les invoquer et à les évoquer. Enfin, quand l'organisme social s'est consolidé, hiérarchisé, surtout quand on a dû obéir à des chefs monarchiques, les sorciers ont monté en grade; ils sont devenus des prêtres, qui, en régularisant les offrandes, les sacrifices, les prières, les pratiques de la magie, en ont fait un culte organisé.

Telle est, nous sommes fondé à le dire, la loi de l'évolution religieuse durant ses phases premières, alors que la religion est simple encore et n'élève aucune prétention à régenter la morale. Dans le prochain chapitre, en étudiant la religion des grands empires de l'Amérique centrale, nous commencerons à voir ce qu'elle devient ultérieurement.

CHAPITRE VIII

LA RELIGION DES GRANDS EMPIRES AMÉRICAINS

A. LE PÉROU

I. *Les rites funéraires.* — L'origine des Américains indigènes. — Funérailles primitives. — Inhumation. — Offrandes alimentaires. — Funérailles des Incas. — Sacrifices humains funéraires. — Croyance à la résurrection. — Le double et le rêve. — II. *La vie future.* — Sensibilité du cadavre. — Momification. — Tumulus. — Les mondes supérieur et inférieur. La société posthume. — III. *Les dieux.* — Animisme fétichique. — Héliolâtrie. — Dieux météorologiques. — Soleil céleste et soleil terrestre. — Dieux métaphysiques. — Astrolâtrie. — IV. *Les prêtres et les vierges élues.* — Les sorciers. — Les prêtres. — Les couvents des « Vierges élues ». — L'Inca, époux des vierges élues. — V. *Le culte.* — Offrandes sanguinaires. — Offrandes alimentaires. — Les fêtes religieuses. — Le feu sacré. — Les temples. — Fonction des prêtres.

B. LA RELIGION DU MEXIQUE

I. *Rites funéraires.* — Crémation et inhumation. — Offrandes funéraires. — Talismans funéraires. — Sacrifices funéraires. — II. La vie future. — Paradis et enfer. — Le roi-dieu. — III. *Les dieux.* — Le polythéisme mexicain. — Dieux pathologiques. — La légende du dieu de la guerre. — IV. *Le clergé et les temples.* — La classe sacerdotale et ses obligations. — Ordres religieux. — Ecoles cléricales. — La multitude des temples. — V. *Le culte.* — L'animisme mexicain. — Sorciers et prêtres. — Baptême mexicain. — Les vœux. — La confession. — Eucharistie cannibale. — Offrandes et sacrifices. — Sacrifices humains. — L'extraction du cœur. — Origines de cette coutume. — Cruauté raffinée. — VI. *Valeur intellectuelle et morale des religions américaines.*

A. LE PÉROU

I. — LES RITES FUNÉRAIRES

Selon toute vraisemblance, les populations américaines ne sont point autochtones, car elles se rattachent visiblement à la grande race mongolique, dont le foyer est en Asie, et, en outre, il n'existe en Amérique aucune espèce, ni contemporaine ni fossile, de singe anthropomorphe. Il est donc très probable que le continent américain a été surtout peuplé par des immigrants asiatiques, pour la plupart venus par la région septentrionale et ayant progressivement essaimé du nord au sud. Ces immigrations ont dû commencer à une époque extrêmement lointaine et procéder par courants successifs. Il y a donc lieu de penser que, plus on descendra vers le sud, plus on aura chance de rencontrer les rejetons des races les plus anciennes. A ce titre, l'ancien Pérou doit être plus archaïque que l'ancien Mexique, et il y a intérêt à étudier sa religion avant celle de l'empire des Aztèques, dont la fondation, on le sait d'ailleurs, ne remontait qu'à quelques siècles au moment de la conquête espagnole. Voyons donc quelles étaient les coutumes funéraires dans l'empire des Incas.

Quoique relativement civilisés, les Péruviens avaient gardé de leur antique période de sauvagerie la coutume de déposer autant que possible leurs morts dans des fentes de rocher[1]; mais le plus habituellement le cadavre, vêtu et dans une attitude accroupie, était placé soit dans une fosse, dont les parois étaient revêtues d'une muraille en pierres sèches, soit dans un caveau de famille construit dans la maison même du défunt, soit enfin dans une sépulture commune où chaque famille avait son asile funèbre. Toujours on rangeait devant le mort des vases remplis de maïs, de pommes de terre, de bananes desséchées, de bière de maïs (*Chicha*)[2]. Ces pratiques funéraires, absolument grossières, indiquent nettement, au Pérou comme ailleurs, l'idée d'une survivance après la mort et d'une survivance calquée sur la vie terrestre.

Au fond, on ne procédait pas différemment pour les souve-

1. H. Spencer. *Sociologie*, I, 229.
2. A. d'Orbigny. *Homme américain*, I, 284.

rains, pour les Incas, mais on le faisait avec beaucoup plus
de faste, de profusion et aussi de férocité. Comme on ne
pouvait admettre que le monarque défunt fût disparu pour
toujours, on conservait religieusement tout ce qui lui avait
appartenu. Ses palais étaient fermés et abandonnés; ses
meubles, ses vêtements restaient exactement dans l'état où
ils se trouvaient au moment de son décès. Force était donc
au successeur de se pourvoir à nouveau de tout ce qui
était nécessaire au train somptueux de sa maison. On ne se
permettait pas de dire grossièrement que l'Inca était mort,
mais on déclarait « qu'il avait été rappelé dans les demeures
du Soleil, son père ».

Les Péruviens paraissent avoir eu sur les fonctions des
entrailles les mêmes idées que nous avons rencontrées en
Polynésie. A leurs yeux, c'était évidemment des organes physiologiquement très relevés. On les extrayait du cadavre de
l'Inca et on les allait pieusement déposer à cinq lieues de
Cuzco, dans le temple de *Tampoa*. Avec ces précieux restes
on ensevelissait quantité de vaisselle et de bijoux ayant
appartenu au défunt et, ce qui était beaucoup plus grave, on
immolait en même temps des centaines, parfois un millier
de victimes choisies parmi ses esclaves et ses concubines
favorites[1]. Ces dernières d'ailleurs briguaient ardemment
l'honneur d'accompagner l'ombre du maître. Force était de
faire un choix parmi les postulantes et de n'en accepter
qu'une partie[2].

Le corps du roi défunt était soigneusement embaumé et
placé à Cuzco dans le grand temple du Soleil, où se trouvait
déjà la série de ses prédécesseurs tous rangés en files, les
rois à droite, les reines à gauche; tous aussi, revêtus des
somptueux costumes qu'ils avaient portés pendant leur vie,

1. W. Prescott. *Conquête du Pérou*, I, 46.
2. H. Spencer. *Sociologie*, 265.

étaient assis sur des sièges d'or, les mains croisées sur la poitrine[1]. L'ensemble de ces coutumes dénote une ferme confiance dans une survivance *post mortem*; mais l'imagination des Péruviens était allée plus loin. Ils attendaient une résurrection, un retour à la vie terrestre, et, dans cette prévision, ils avaient soin de recueillir et conserver, pendant leur vie, leurs cheveux et leurs ongles, afin de les retrouver sans peine, au grand jour de la réincarnation, moment, disaient-ils, où il y aurait inévitablement une très grande confusion (Garcilasso). Mus par les mêmes préoccupations, les Péruviens suppliaient les Espagnols de ne pas disperser les os des morts, quand ils violaient les tombeaux indigènes[2]. Le dernier Inca, Atahualpa, exécuté par les Espagnols, consentit *in extremis* à se convertir au catholicisme uniquement afin de mourir par la corde, supplice qui, laissant son corps entier, permettrait au Soleil, son père, de le ressusciter plus facilement[3].

Mais, en attendant la résurrection, les morts avaient nombre d'aventures. Les Péruviens croyaient, comme les Polynésiens, comme les Peaux-Rouges, à l'existence des esprits, des doubles. Ils avaient même sur les rêves une opinion assez commune chez les sauvages. Le sommeil, pensaient-ils, était une fonction du corps seul; le double, ne pouvant dormir, quittait le corps endormi, et ce qu'il voyait pendant ces libres promenades constituait les rêves[4]. A plus forte raison croyait-on à la survivance du double après la mort. Aujourd'hui encore, conformément sans doute à une coutume fort ancienne, les Péruviens répandent autour de leurs habitations de la farine de maïs et de *quinua*, pour découvrir, d'après les empreintes de pas, si les doubles des morts sont venus errer

---

1. W. Prescott. *Loc. cit.* 49.
2. Garcilasso. *Loc. cit.* I, Liv. II, ch. vii, 183.
3. H. Spencer. *Sociologie*. I, 237.
4. Garcilasso. *Incas*, I, 185.

autour de leurs maisons[1]. Quel sort était donc réservé à l'esprit, au double du défunt, durant le temps forcément très long, qui devait s'écouler entre le moment de la mort et celui de la résurrection? quelle idée les Péruviens se faisaient-ils de la vie future?

II. — LA VIE FUTURE

Comme beaucoup de primitifs, les Péruviens ne pouvaient admettre que le cadavre fût immédiatement après la mort privé de sensibilité. Ils construisaient pour leurs morts des caveaux qui les garantissaient contre toute violence; il leur répugnait beaucoup de laisser enfouir les corps dans les fosses brutalement comblées, à la mode espagnole, et, autant que possible, ils exhumaient ceux des leurs que les Espagnols avaient enterrés dans les églises, et qu'ils supposaient très mal à l'aise, sous la pression de la terre[2].

Tout en restant sensible, le corps avait néanmoins perdu son esprit, son double, qui s'en séparait à la mort, mais pour y rentrer un jour. En vue de cette résurrection future, on prenait grand soin des cadavres, au moins de ceux des grands. On commençait par les dessécher, en les exposant à l'action de l'atmosphère froide, sèche et rare des montagnes; puis on les plaçait dans une sorte de *tumulus* oblong, percé de galeries se croisant à angles droits. Des vêtements, des meubles, des trésors étaient déposés près de la momie. Les ombres de ces objets devaient sans doute accompagner celles de leur propriétaire dans l'au-delà, où les doubles menaient une existence calquée sur l'existence terrestre. Pour la même raison, les femmes du défunt, ses serviteurs favoris

---

1. H. Spencer. *Sociologie*, I, 242.
2. *Ibid.* I, 221.

étaient sacrifiés pour l'accompagner dans le séjour des ombres, situé au-dessus des nuages[1].

L'univers, croyait-on, se partageait en trois mondes : une région élevée, au-dessus des nuages (*Hanan pacha*), une région inférieure, souterraine (*Ven pacha*), et le monde intermédiaire des vivants. Dans le monde supérieur, les bons, les élus, menaient une voluptueuse existence, toute de repos et de loisir; ils s'y délassaient des travaux obligatoires, auxquels ils avaient été assujettis dans le Pérou terrestre. Au contraire, les méchants ou plutôt les réprouvés, du moins leurs doubles, expiaient, dans le monde inférieur, par de très pénibles travaux, les fautes commises durant la vie[2].

Le monde posthume était d'ailleurs taillé exactement sur le patron du Pérou terrestre. L'Inca, fils du Soleil, allait tout simplement après la mort retrouver son père, l'astre du jour, évidemment conçu comme ayant une forme humaine. Les plébéiens ne mouraient pas tout entiers, comme la plèbe polynésienne; le monde futur leur était ouvert; mais ils continuaient à y travailler, à y servir les Incas, et n'avaient d'autre plaisir que d'y retrouver leurs amis et parents[3].

Toutes ces illusions sur la vie future n'auraient donc aucune originalité, si, pour la première fois, nous n'y rentrions nettement exprimée une prétention morale, l'idée de faire de l'existence posthume non plus seulement la prolongation imaginaire de l'existence terrestre, mais la sanction de cette existence : une récompense ou un châtiment.

1. W. Prescott. *Conquête du Pérou*, I, 100.
2. Garcilasso. Liv. II, ch. vii, 180, 181.
3. A. d'Orbigny. *Loc. cit.* I, 304.

III. — LES DIEUX

Le panthéon péruvien était fort peuplé, mais monarchiquement organisé, comme l'empire des Incas. Le mot péruvien *guacas*, employé pour désigner les divinités, signifiait simplement *esprit*[1], c'est-à-dire *double*, et en effet les dieux étaient conçus comme les personnifications des choses, des forces de la nature. En cela d'ailleurs il faut distinguer les croyances populaires de celles des classes supérieures. Le culte fétichique des animaux, des plantes, des objets inanimés était extrêmement répandu. Les sauvages habitants de la province des Antis, nous dit Garcilasso, adoraient les tigres, de grands serpents longs de 25 à 30 pieds, l'herbe *coca*[2]; mais ces croyances animiques n'étaient pas spéciales aux Antis, du moins avant que les Incas eussent imposé aux populations subjuguées le culte du Soleil. Chaque rue, chaque maison, chaque famille avaient leurs dieux différents. On adorait des herbes, des fleurs, des arbres, des montagnes, des cavernes, des précipices, de grosses pierres, des cailloux colorés, l'émeraude; des animaux, le tigre, le lion (*puna*), l'ours, les singes, les renards, le chien; des oiseaux, surtout le condor (*cuntur*), des aigles, des faucons, des serpents, des lézards, etc., et il est très probable que la plupart de ces êtres vénérés avaient un caractère totémique, représentaient la souche mythique des clans. Garcilasso, qui nous énumère ces dieux inférieurs, dit même expressément que le condor était tenu pour totémique[3]. Malgré le culte suprême du Soleil, l'adoration de cette foule de dieux subalternes persista et l'on continua à diviniser, à animiser plutôt, tout

---

1. Tiele. *Manuel. hist. relig.* 34.
2. Garcilasso. *Loc. cit.* IV, ch. xvii, 66.
3. *Ibid.* liv. I, ch. ix, 51, 52.

ce qui donnait une impression de grandeur ou de force : les vents, les grandes montagnes, les grands fleuves[1], la terre nourricière, le feu, le maïs, les fruits et légumes. Les Péruviens du littoral adoraient la mer (*Mamacocha*, mère), la baleine, certains poissons; ils croyaient à l'existence dans le ciel d'un poisson-esprit, qui généreusement leur envoyait ses enfants, les sardines, les raies, les dorades, etc., pour leur servir de nourriture[2].

Mais le dieu des dieux était le Soleil, divinisé d'ailleurs à peu près par tous les Indiens de l'Amérique. Au Pérou, on attribuait la fondation de la religion solaire à Manco-Capac, l'Inca légendaire, qui l'avait imposée, ordonnée, en affirmant que les arbres, animaux, etc., n'étaient que les créatures de l'astre-roi. La foudre, les éclairs devinrent facilement les serviteurs, les exécuteurs de la justice solaire; aussi les lieux foudroyés étaient-ils réputés maudits[3]. Les souverains, les Incas, jouissant d'un pouvoir prestigieux, furent considérés, comme la descendance du Soleil et on leur rendit les honneurs divins[4], en confondant à peu près le monarque du ciel avec celui de la terre. Le plus ancien temple solaire était situé dans l'île de Titicaca, d'où la race royale passait aussi pour être isssue[5].

Nous avons vu, dans les tribus sauvages, la qualité de sorcier doubler souvent celle de chef et donner ainsi au titulaire un prestige considérable. Au Pérou, l'identification du souverain et de la divinité était presque complète, et il en était résulté la monarchie la plus absolue que l'on puisse rêver[6]. Même les membres de l'énorme famille des Incas

---

1. W. Prescott. *Loc. cit.* I, 104.
2. Garcilasso. *Loc. cit.* I, ch. x, 54.
3. *Ibid.* liv. I, ch. i, 141, 143, 144.
4. *Ibid.* 141.
5. W. Prescott. *Loc. cit.* I, 105.
6. Voir mon *Évolution politique*.

étaient tenus pour des êtres d'une essence supérieure, et mettre l'un d'eux en colère était un sacrilège[1]. Le Soleil, celui du ciel, ne perdait jamais de vue son fils terrestre et, quand il lui plaisait de le rappeler à lui, il lui expédiait des messagers spéciaux, c'est-à-dire des maladies personnifiées, des esprits pathologiques[2]. De son côté, l'Inca, cet homme-dieu, devait se conduire respectueusement vis-à-vis de son père céleste; il n'avait pas le droit, par exemple, de le regarder trop longtemps, et, pour avoir commis cette irrévérence, l'Inca Huayna-Capac se fit rappeler à l'ordre par le grand prêtre. S'il arrivait que le Soleil, l'Inca céleste, eût besoin de faire à son fils terrestre une communication toute particulière, il lui dépêchait à cet effet un dieu de second ordre. Ainsi Viracocha, le dieu de la mer, apparut un jour au fils de l'Inca Yahuar-huanac, appela le jeune homme « son neveu », lui dit qu'il était envoyé par le Soleil et lui annonça qu'une révolte allait bientôt éclater[3].

Parmi les autres divinités principales du Pérou, il faut citer encore un dieu malveillant et malfaisant, *Cupay*, qu'on ne nommait jamais sans cracher à terre[4]. A deux Incas vint, paraît-il, l'idée d'un dieu invisible, plus puissant que le Soleil lui-même. En 1440, l'Inca Tupac-Yupangui, en consacrant un temple à Cuzco, proclama, dit-on, une divinité nouvelle, *Illatici-Viracocha-Pachacamac*, dominant le Soleil, et à ce dieu suprême il éleva, à Callao, un temple sans image[5]. Cette divinité toute-puissante aurait même été créatrice[6]; son nom principal viendrait de *pacha*, monde, et *camac*, animer. Ce nom sacré, on ne le devait prononcer qu'en s'inclinant,

---

1. Garcilasso. *Loc. cit.* liv. II, ch. xv, 224.
2. *Ibid.* liv. II, ch. viii, 189.
3. *Ibid.* liv. IV, ch. xxi, 86.
4. *Ibid.* liv. II, ch. ii, 146.
5. Tiele. *Loc. cit.* 35. — Garcilasso. *Loc. cit.* liv. II, ch. ii, 148.
6. Zarate. *Hist de la découv. et conq. du Pérou.* liv. II, ch. v.

courbant la tête, serrant les épaules, portant les mains ouvertes sur l'épaule droite et donnant des baisers à l'air[1]. Remarquons cependant que, parmi le nom de ce dieu des dieux, se trouve le nom du dieu de la mer, *Viracocha* (écume de la mer). *Pacha-camac* signifierait créateur du monde, et *Illatici*, vase du tonnerre. Deux de ces dénominations sont donc grossièrement animiques, et il est probable que les Espagnols ont prêté à l'Inca Tupac-Yupangui leur manière de concevoir la Divinité.

Un autre prince, Netzalcoatl, roi de Cuzco, aurait aussi élevé un temple de neuf étages, sans images, sans sacrifices sanglants, à une divinité, cause des causes et trônant au-dessus des neuf cieux. Mais, bien vite, les Péruviens donnèrent à ce nouveau dieu une image matérielle. Dans tous les cas, ni l'un ni l'autre de ces dieux ne devint national et tous les deux résultaient ou seraient résultés de fantaisies individuelles.

En fait, il y avait au Pérou d'abord un peuple de divinités inférieures, fétichiques, puis un grand dieu monarchique, le Soleil, autour duquel se rangeaient respectueusement tout un groupe de divinités astrolâtriques ou météorolâtriques. C'était pour propager le culte dit supérieur du Soleil, que les Incas guerroyaient constamment contre leurs voisins. C'était le dieu-soleil, qui était censé régenter le genre humain, distribuer la vie. C'était à lui, qu'on élevait des temples dans chaque ville, à lui qu'on faisait des offrandes. Pourtant la lune était aussi déifiée; c'était en même temps la femme et la sœur du Soleil; quant aux étoiles, elles faisaient partie du cortège solaire. Parmi elles, on avait remarqué Vénus, le dieu *Chasca* ou « le jeune homme aux cheveux bouclés », page du dieu-soleil et l'accompagnant toujours à son lever ou à son coucher. Le tonnerre, l'éclair étaient les redoutables servi-

---

1. Garcilasso. *Loc cit.* liv. II, ch. II, 146.

teurs du Soleil. L'arc-en-ciel était aussi adoré comme une glorieuse émanation du maître céleste[1].

Toute cette mythologie a donc un caractère essentiellement primitif : ce n'est que l'animisme sauvage, mais coordonné en une hiérarchie céleste, servilement copiée sur l'ordre social du Pérou. Seulement le culte s'était compliqué, régularisé, organisé, comme il arrive ordinairement dans les grandes sociétés, quelles qu'elles soient.

IV. — LES PRÊTRES ET LES « VIERGES ÉLUES »

Bien des fois déjà j'ai dit que partout le sacerdoce est sorti de la sorcellerie. Le fait n'est, nulle part, plus évident qu'au Pérou. D'abord les sorciers pullulaient dans le pays[2], comme dans les tribus peaux-rouges. Dans tous les rangs de la société on croyait aux devins et aux augures ; ainsi, quand le dieu *Viracocha* apparut au fils de l'Inca Yahuar-Huacac, les plus proches parents du monarque lui conseillèrent-ils de consulter à ce sujet les devins et les augures[3]. Enfin le nom même, le titre du grand prêtre péruvien, second personnage de l'État, signifiait devin ou sorcier, et en effet ce pape péruvien se conduisait exactement comme le plus vulgaire sorcier de la plus sauvage tribu. Il avait l'oreille du Soleil ; il savait communiquer avec lui ; il le consultait au besoin et transmettait ensuite aux fidèles les ordres reçus d'en haut[4].

Ce grand prêtre était nommé par le monarque, qui le choisissait parmi ses frères ou ses plus proches parents. A son tour il désignait les membres du corps sacerdotal, extrêmement nombreux. A Cuzco, tous les prêtres étaient choisis

---

1. W. Prescott. *Loc. cit.* I, 102.
2. Garcilasso. *Loc. cit.* liv. I, ch. xiv, p. 75.
3. *Ibid.* liv. IV, ch. xxi, 88.
4. *Ibid.* liv. III, ch. xxii, 407.

dans la famille sacrée, parmi les Incas. Dans les provinces, les desservants des temples étaient pris dans la famille des *curacas*, gouverneurs ou préfets[1]; mais toujours le prêtre principal appartenait à la famille des Incas[2]. Les membres du clergé péruvien ne se distinguaient d'ailleurs par aucun insigne ou costume particulier. Ils n'étaient pas non plus chargés de l'instruction publique, comme l'était le clergé mexicain. Leurs devoirs étaient purement religieux, mais pour tout le reste ils se confondaient avec les nobles[3]. J'ai dit ailleurs[4] comment on avait largement pourvu aux besoins du culte et de la classe sacerdotale, en assignant au clergé le revenu du tiers des terres arables.

Les dépenses nécessitées par la religion étaient d'ailleurs considérables. Il fallait d'abord entretenir de véritables couvents de femmes, couvents très peuplés : les maisons des « vierges élues ». Ces recluses à moitié vestales, puisqu'une de leurs principales fonctions consistait à alimenter le feu sacré, étaient dès l'enfance vouées au service divin et élevées par des matrones vieillies dans l'enceinte des cloîtres. On leur enseignait à filer et tisser en étoffes de la belle laine de vigogne, puis à broder ces tissus destinés à habiller l'Inca, à orner ses palais et aussi les temples du Soleil. Absolument cloîtrées, les vierges élues ne voyaient que la reine, la *coya*, et l'Inca. La virginité était, pour elles, d'obligation stricte; si elles enfreignaient ce devoir imposé, elles devenaient sacrilèges; car elles avaient été consacrées au Soleil et l'infidélité à ce grand dieu était un crime inexpiable, aussi la rigueur de la punition était-elle proportionnée à la grandeur de la faute. La coupable était enterrée vivante, exactement comme la vestale romaine souillée du même forfait. L'amant était

---

1. Prescott. *Loc. cit.* I, III.
2. Garcilasso. *Loc. cit.* liv. II, ch. ix, 191.
3. Prescott. *Loc. cit.* I, 111. — Garcilasso. *Loc. cit.* liv. II, ch. ix, 191
4. Voir mon *Évolution politique* et mon *Évolution de la propriété*.

étranglé, sa ville natale était rasée et l'on en semait de pierres l'emplacement. Au contraire, l'Inca, en sa qualité de soleil terrestre, pouvait librement se choisir des concubines dans les maisons des vierges élues. C'était, pour celles-ci, un grand honneur ; elles étaient alors doublement « élues », et, quand, ayant cessé de plaire à leur divin époux, celui-ci les renvoyait dans leurs familles, elles conservaient jusqu'à la mort un grand train de maison.

A Cuzco, les « vierges » étaient toutes du sang des Incas. Dans les provinces, les couvents se recrutaient parmi les filles des *curacas* et aussi parmi les plus belles personnes de la classe inférieure. Partout la permission de bâtir une maison pour les « vierges du Soleil » était considérée comme une insigne faveur. A Cuzco, le grand couvent modèle renfermait au moins quinze cents pensionnaires. Toute la vaisselle de cet établissement sacré était d'or ou d'argent ; des plantes, des fleurs des mêmes métaux ornaient le jardin du cloître[1].

Trop souvent et surtout trop légèrement, on a voulu assimiler absolument les maisons péruviennes des vierges élues aux couvents catholiques, mais l'analogie est assez lointaine. Dans la religion de l'ancien Pérou, le Soleil était un dieu anthropomorphique, un Inca habituellement céleste sans doute, mais à qui il pouvait prendre fantaisie de descendre sur la terre et auquel il convenait, par suite, d'offrir de nombreuses épouses, des harems, comme en avait son fils l'Inca terrestre. Enfin, comme ce dernier était le représentant direct du monarque céleste, il était tout naturel qu'il usât à son gré de ces vierges, que le Dieu-soleil dédaignait toujours. Pourtant, quand nos écrivains mystiques du catholicisme parlent, dans leurs effusions, d' « époux divin », d' « union avec Dieu », ils se rapprochent évidemment de l'idée très grossière qui avait poussé les Péruviens à fonder des harems solaires.

---

1. Prescott. *Loc cit.* I, 118. — Garcilasso. *Loc. cit.* liv. IV, ch. iii, 11, 19, et ch. i, 5.

V. — LE CULTE

Dans son essence, et malgré la somptuosité des temples et la haute situation du clergé, le culte péruvien s'accordait avec l'animisme de toute la religion. A part les féroces tribus des Antis, originaires du Mexique[1], les Péruviens ne pratiquaient plus les sacrifices humains. Pourtant la trace de ces sauvages coutumes persistait encore dans leurs agissements religieux. On offrait souvent aux dieux du sang, que l'on se tirait des bras et des cuisses[2]. A Cuzco, ce sang se prenait dans l'espace intersourcilier et, soigneusement reçu sur une masse de pain ou plutôt de pâte alimentaire, il était ensuite offert aux dieux[3] : symbolisme anthropophagique qui se rapportait évidemment à d'anciennes et cruelles mœurs abandonnées.

Les offrandes ordinaires étaient de genre alimentaire. C'étaient des lamas, souvent toute une portée de lamas nouveau-nés, des lapins privés, qu'on appelait *coy*, des oiseaux comestibles, par exemple des perdrix, des épis de maïs, des légumes, de l'herbe *coca*, de la *chicha* ou bière de maïs, qu'on offrait symboliquement, en trempant son doigt dans le breuvage, secouant la goutte qui y restait suspendue et donnant à l'air plusieurs baisers. On offrait en outre des habits de fines étoffes. Les animaux étaient égorgés ou brûlés; les objets toujours détruits par le feu[4]. En entrant dans un temple, on faisait semblant de s'arracher un poil des sourcils et de le souffler en l'air[5]. Le poil simulait sans doute l'offrande symbolique de toute la personne. Dans des occasions solen-

---

1. Garcilasso. *Loc. cit.* liv. I, ch. xi, 59.
2. *Ibid.* 61.
3. *Ibid.* liv. II, ch. x, 201.
4. *Ibid.* liv. I, ch. xi, liv. II, ch. viii.
5. *Ibid.* liv. II, ch. vii et viii.

nelles, lors de la naissance d'un héritier au trône ou après une grande victoire, on sacrifiait encore des êtres humains : un enfant, une jeune fille (Prescott, I, 114).

On célébrait, chaque année, quatre grandes fêtes correspondant aux solstices et aux équinoxes. La plus magnifique était celle du solstice d'été, de Raymi. A Cuzco, l'Inca, sa cour et toute la population allaient ce jour-là épier le lever du soleil, que l'on saluait par des chants et des fanfares. Puis le souverain offrait à son père céleste, dans un vase d'or, de la *chicha* ou du *maguey*, qu'il goûtait d'abord et distribuait ensuite à ses parents[1]. Après quoi on allumait un feu sacré, à l'aide d'un miroir métallique concave, qui concentrait les rayons solaires sur du coton sec. Ce feu d'origine solaire servait à allumer ceux que les vierges élues avaient mission d'entretenir. — L'une des quatre fêtes avait pour objet spécial de chasser les maladies. Pendant sa célébration un Inca sortait de la forteresse royale; il était censé un courrier du Soleil; à ce titre, il touchait de sa lance celles de quatre autres Incas et leur ordonnait d'expulser les maladies à coups de lance[2], ce qui montre bien qu'on les considérait comme des êtres, des esprits. Toutes ces fêtes étaient précédées de jeûnes alimentaires et génésiques[3].

Les temples péruviens étaient aussi somptueux que possible. A dessein sans doute, celui du Soleil n'était couvert qu'en bois et en chaume; mais les parois en étaient lambrissées de plaques d'or, les portes lamées d'or. Au fond, une énorme plaque d'or massif, représentant un visage rond entouré de rayons, figurait le Soleil[4]. Au temple du Soleil en attenaient plusieurs autres, plus petits. Dans l'un de ces petits temples, la lune était figurée par une lame d'argent. Un autre était

1. Prescott. *Loc. cit.* I, 113.
2. Garcilasso. *Loc. cit.* liv. VII, ch. v, 27.
3. *Ibid.* 27.
4. *Ibid.* liv. III, ch. xx, 400.

consacré aux étoiles, cour brillante de la sœur du Soleil. Un troisième était le temple de l'Arc-en-ciel, que l'on y avait figuré avec d'éclatantes couleurs; un quatrième était le temple du Tonnerre et de l'Éclair, ministres vengeurs de l'astre-roi[1].

Tous les ornements ou ustensiles religieux du temple solaire étaient d'or ou d'argent; même les canaux qui amenaient l'eau au temple étaient en or. Dans les jardins attenants on avait imité, en or et en argent, les plantes domestiques et même les animaux.

Quantité d'autres temples inférieurs, beaucoup de luxueuses maisons de « vierges élues » existaient encore. A Cuzco et dans les environs, on en comptait plusieurs centaines. Tout l'or, tout l'argent, toutes les pierreries de l'empire[2] servaient à l'ornement des temples et des maisons des vierges élues[3].

Les prêtres étaient de service dans les temples, à tour de rôle, chacun pendant une semaine lunaire. Ils dirigeaient les cérémonies, dont le rituel était fort compliqué; ils sacrifiaient les victimes et tiraient des présages des mouvements péristaltiques de leurs intestins. Pendant leur semaine de service, ils ne sortaient pas du temple et l'abstinence sexuelle était, pour eux, un devoir[4].

Au luxe près, résultant simplement d'une civilisation relativement avancée, il n'y a, dans cette religion des Incas, où les Espagnols ont retrouvé tant d'analogie avec le Catholicisme, rien qui dépasse les grossières conceptions religieuses des Peaux-Rouges. Nous allons voir que la religion du Mexique n'est pas plus relevée.

1. Prescott. *Loc. cit.* I, 107. — Garcilasso. *Loc. cit.* liv. II, ch. iv; liv. III, ch. xxi.
2. Prescott. *Loc. cit.* I, 110.
3. Garcilasso. *Loc. cit.* liv. IV, ch. v, 21.
4. *Ibid.* liv. III, ch. xxi, 406.

B. LA RELIGION DU MEXIQUE

I. — RITES FUNÉRAIRES

Les coutumes funéraires n'étaient pas uniformes chez toutes les populations de l'ancien Mexique ; mais toutes accusaient aussi la croyance à une continuation quelconque de l'existence après la mort.

Les Yucatèques pauvres brûlaient leurs morts, mais après leur avoir mis du blé dans la bouche. — Beaucoup de tribus mayas inhumaient les corps dans une attitude accroupie, mais en ayant soin de placer sur la tombe des aliments et des boissons. Auparavant on introduisait dans la bouche du défunt une pierre, qui était censée recevoir pour un temps l'âme et que l'on gardait pieusement. En cas de crémation, on brûlait avec le cadavre presque tous les objets qui lui avaient appartenu[1].

Les Aztèques pratiquaient tantôt la crémation, tantôt l'inhumation. Dans ce dernier cas, ils usaient de caveaux souterrains, maçonnés, où le défunt n'avait pas à craindre la pression de la terre, où il était assis sur un siège bas (*Icpalli*), ayant à côté de lui les instruments de sa profession : un bouclier et un sabre, s'il s'agissait d'un militaire ; un fuseau et une navette, s'il s'agissait d'une femme. Il n'y avait pas de cimetières au Mexique. Les sépultures étaient situées dans les montagnes, dans la campagne, etc., mais souvent près des *téocallis* et des temples[2]. — Les grands étaient ordinairement brûlés[3] ; leurs cendres étaient soigneusement recueillies dans un vase, puis conservées dans la maison du mort[4], parfois inhumées[5].

1. Bancroft. *Native States*, II, 798, 799.
2. Bullock. *Hist. univ. voy.*, vol. XLI, 127.
3. Müller. *Allgem. Ethnogr.*, 264.
4. Prescott. *Conquête du Mexique*, I, 50.
5. Bullock. *Loc. cit.*

Après la mort, on commençait toujours par revêtir le défunt d'habits particuliers en rapport avec sa divinité protectrice, son patron. Puis on le liait dans une position accroupie ; on lui versait un peu d'eau sur la tête et on plaçait dans son suaire un petit vase plein d'eau ; enfin on le couvrait de papiers portant des inscriptions pictographiques. Les inscriptions de ces talismans étaient relatives aux incidents et dangers du voyage d'outre-tombe que l'ombre allait entreprendre. L'une disait : « Voici avec quoi vous passerez entre les deux *sierras* qui se touchent ; » d'autres : « Voici avec quoi vous passerez par le chemin où le serpent vous attend » ; « Voici pour passer les huit déserts » ; « Voici pour passer le vent des *navajas* », etc. etc. On plaçait aussi près du cadavre un petit chien, portant autour du cou un fil de coton à peine tordu. Ce chien était brûlé avec le mort et son ombre devait soutenir celle du défunt au passage infernal appelé « les neuf eaux ». On brûlait les armures conquises pour les hommes, les ustensiles de tissage pour les femmes, surtout les vêtements des uns et des autres. Les doubles de ces vêtements servaient à diverses fins ; d'abord l'ombre du décédé offrait ces doubles aux mauvais génies en même temps que les talismans en papier, afin de les amadouer durant le voyage ; en outre les ombres des morts portaie ces ombres de vêtements pour se garantir du froid.

Enfin les sacrifices funéraires étaient de rigueur pour les morts de qualité. Une vingtaine d'esclaves étaient ordinairement immolés pour que leurs doubles pussent accompagner celui de leur maître[1]. Mais ce sont là des horreurs sur lesquelles nous sommes déjà blasés. Nous les retrouvons ici et les retrouverons partout, parce qu'elles procèdent logiquement de la croyance à une vie d'outre-tombe.

---

1. Bernardin de Sahagun. *Histoire générale des choses de la Nouvelle-Espagne* (Traduction Jourdanet), liv. III, Appendice, ch. i. — Prescott. *Loc. cit.* I, 50.

II. — LA VIE FUTURE

Il semble qu'à l'imitation de beaucoup de primitifs, les anciens Mexicains aient cru d'abord que le double du défunt séjournait quelques jours près du cadavre; du moins les Pipiles, nation *maya*, avaient coutume de se lamenter près du corps de leurs chefs décédés, mais seulement pendant quatre jours; le cinquième jour le grand prêtre arrêtait toute cérémonie, en annonçant que l'ombre du chef était arrivée dans le séjour des dieux[1].

Mais tout le monde n'avait pas le bonheur de rejoindre les dieux. Les Mexicains croyaient à l'existence de trois pays d'outre-tombe : un enfer, un paradis et la demeure du Soleil. L'enfer était réservé à ceux qui mouraient de maladies, sauf certaines exceptions que je signalerai tout à l'heure. Dans l'enfer[2], les ombres trouvaient un esprit méchant, un esprit à la longue chevelure, *tzontemoc* (*tzontli*, chevelure; *temoc*, tombante), et sa femme *Mictecacinatl* (*cinatl*, femme; *teca*, qui prend soin; *micque*, des morts). — Le paradis, appelé *Tlalocan*, était réservé aux foudroyés, aux noyés, aux lépreux, aux goutteux, aux hydropiques. Le *Tlalocan* était un fort agréable séjour. Il y régnait un été perpétuel; on s'y réjouissait; on y trouvait des rafraîchissements, des épis verts de maïs, des tomates, des haricots verts[3]. Mais le séjour des bienheureux était le ciel où vivait le Soleil.

La demeure céleste du Soleil s'ouvrait aux ombres de ceux qui tombaient sur le champ de bataille ou de ceux qui, faits prisonniers, succombaient torturés par l'ennemi à la manière des Peaux-Rouges, à ceux qu'on lardait avec

---

1. Bancroft. *Loc. cit.* 801.
2. L. B. Sahagun. *Loc. cit.* Appendice, ch. i.
3. *Ibid.* Appendice, ch. ii.

des roseaux pointus, que l'on brûlait vifs, qui mouraient tués en combat singulier à ceux qu'on martyrisait en leur appliquant sur le corps des torches allumées. Ces doubles glorieux avaient la joie de pouvoir regarder le Dieu-Soleil à travers des trous pratiqués dans leurs rondaches; ils recevaient aussi très bien au ciel les offrandes qui leur étaient faites sur la terre. Enfin, après quatre ans de séjour dans le ciel, ils étaient métamorphosés en oiseaux au riche plumage, qui allaient pomper le nectar des fleurs dans les parterres célestes[1].

Sauf un maladroit essai de répartition des ombres dans divers séjours, il n'y a rien que de très sauvage dans ces conceptions mexicaines relativement à la vie future, et tout cela sent son origine peau-rouge.

Or, les dieux, les mythes ne sont pas d'une nature plus relevée. Il faut considérer, comme l'un d'eux, le roi, oint par les prêtres, initié par eux[2], le monarque que l'on n'osait regarder, devant lequel on se prosternait et qui, en montant sur le trône, jurait, entre autres choses, d'obliger le soleil à suivre son cours régulier, les nuages à donner de la pluie, les rivières à couler, et les fruits à mûrir[3]. Dans l'Yucatan, on éleva même des autels à un roi décédé, dont l'ombre rendait des oracles[4], survivance évidente du culte des ancêtres.

III. — LES DIEUX

Les dieux mexicains, les vrais dieux, étaient fort nombreux, et beaucoup d'entre eux étaient des divinités grossièrement animiques. Les Mexicains, étant agriculteurs,

1. B. Sahagun. *Loc. cit.* Appendice, ch. III.
2. Lafitau. *Mœurs des sauvages*, II, 34.
3. Bancroft. *Loc. cit.* III, 295.
4. H. Spencer. *Sociologie*, I, 537.

s'étaient beaucoup préoccupés des phénomènes météorologiques. En conséquence, ils avaient imaginé un grand nombre de divinités pluviales : c'étaient les dieux *Tlaloque*. Toutes les montagnes élevées où s'assemblaient les nuages étaient aussi déifiées et on les représentait par des idoles[1]. Une déesse de l'eau (*Chalchiuh'licue*), sœur des dieux de la pluie, gouvernait les tempêtes; elle était la patronne des marchands d'eau[2], etc. Le dieu *Tlaloc* dispensait à son gré la grêle, la foudre, les trombes[3]. Un dieu des vents (*Quezalcoatl*, serpent emplumé) balayait les chemins devant le dieu de la pluie[4] et avait inventé l'art de fondre les métaux.

La Lune était tenue, comme le Soleil, pour une divinité vivante. En temps d'éclipse, les Yucatèques la croyaient attaquée et mangée par les fourmis, et ils frappaient leurs chiens afin de les faire hurler pour effrayer les fourmis sélénophages[5].

Un dieu créateur du ciel et de la terre (*Titlacanan*) dispensait aux hommes l'abondance, la richesse ou bien l'indigence, les maladies[6]. Il y avait un dieu du feu (*Xiuhtecutli* : *Xiutl*, comète, et *tecutli*, seigneur), seigneur des comètes, « dieu antique[7] ». Le dieu *Macuilxochitl* (*macuilli*, cinq; *xochitl*, fleurs), dit source des fleurs, était adoré par les gens des seigneurs et des princes[8]. Le dieu *Yacatecutli* (*yaqui*, voyageur; *yauli*, aller; *tecutli*, seigneur) avait inventé les marchés et le commerce. C'était le dieu des marchands[9]. Le dieu *Opochtli* (gaucher) avait inventé les filets et les harpons, les rames, des lacets à prendre les oiseaux ; et

---

1. B. Sahagun. *Loc. cit.* liv. I, ch. xxi.
2. *Ibid.* liv I, ch. xi.
3. *Ibid.* liv. I, ch. iv.
4. *Ibid.* liv. I, ch. iv.
5. Bancroft. *Loc. cit.* t. II, 798.
6. B. Sahagun. *Loc. cit.* liv. III, ch. ii.
7. *Ibid.* liv. I, ch. xiii.
8. *Ibid.* liv. I, ch. xiv.
9. *Ibid.* l v. I, ch. xix.

un dieu des banquets, *Omacatl*, présidait aux festins[1]. *Tezcatzoncatl* (*tezcatl*, miroir ; *tzoma*, couvrir de paille), l'un des douze dieux du vin (*lab de pulque*), était considéré comme étant l'auteur direct de tous les méfaits commis par les gens ivres, qui par conséquent n'en étaient pas responsables. On ne devait même jamais médire du vin ou d'un ivrogne, puisque ce dernier était possédé d'un dieu. On a même accusé les Mexicains de s'enivrer à dessein, quand ils voulaient commettre un crime[2].

Les maladies et les remèdes avaient donné naissance à divers dieux. Ainsi les dieux des montagnes guérissaient les maladies causées par le froid[3]. Au dieu *Xipe-Totec* (l'écorché) on attribuait la variole, les abcès, la gale, les maladies des yeux[4]. Une déesse des remèdes et des plantes médicinales, *Cinteotl* ou *Centeotl* (*cintli*, maïs ; *teotl*, dieu) était spécialement la patronne des maisons de bains[5]. On adorait un bon nombre d'autres déesses : *Chicome-coatl*, divinité de tous les aliments et de toutes les boissons (Sahagun. Liv. I, ch. vii) ; *Cinacoatl* (*cinatl*, femme ; *coatl*, serpent), dispensatrice des adversités (Sahagun. Liv. I, ch. vi). Les femmes mortes de leurs premières couches étaient déifiées, mais leurs doubles étaient des esprits malveillants, errant dans les carrefours, pénétrant dans le corps des passants et infligeant des maladies aux enfants[6].

Tlacolteol personnifiait quatre sœurs, déesses de la luxure, ayant le pouvoir d'éveiller à leur gré les désirs érotiques et aussi de pardonner les fautes commises sous l'influence de ces désirs[7].

1. B. Sahagun. *Loc. cit.* liv. I, ch. xv.
2. *Ibid.* liv. I, ch. xxii.
3. *Ibid.* liv. I, ch. xxi.
4. *Ibid.* liv. I, ch. xviii.
5. *Ibid.* liv. I, ch. viii.
6. *Ibid.* liv. I, ch. x.
7. *Ibid.* liv. I, ch. xii.

Sur l'origine et les aventures des dieux mexicains il courait des légendes, qui rappellent assez celles de la Polynésie. Un jour, dit une de ces légendes, les dieux s'assemblèrent et se demandèrent : « Qui doit gouverner? Qui doit être le soleil?.... Puis le Soleil naquit et tous les dieux moururent »[1]. Une autre légende raconte la naissance de *Uitzilopochtli* (oiseau-mouche, côté gauche), dieu de la guerre, sorte d'Hercule[2]. Pendant qu'une femme, nommée *Coatlicue* (de *coatl*, serpent) s'occupait à balayer, une petite boule de plumes tomba sur elle. *Coatlicue* prit la boule, la mit sur son ventre et devint aussitôt grosse par immaculée conception. Proscrite néanmoins pour sa mauvaise conduite supposée, cette femme se sauva et fut poursuivie par les Indiens. Chemin faisant, l'enfant dont elle était enceinte l'encourageait : « N'aie aucune crainte. Je sais ce que j'ai à faire ». De temps en temps, ce fœtus merveilleux, *Uitzilopochtli*, demandait à sa mère éplorée : « Où sont-ils? ». Puis, au moment où la fugitive allait être atteinte, *Uitzilopochtli* naquit, la tête ornée de plumes, les cuisses et les bras peints, portant une rondache bleue d'une main, un dard de l'autre, et il tua presque tous les Indiens qui avaient poursuivi sa mère[3]. Rien de plus naïf que tous ces dieux, de plus enfantin que ces mythes. C'est qu'au Mexique, comme au Pérou, la civilisation générale était plus développée que la religion; mais cette disparité est un fait à peu près constant dans tous les temps et dans tous les pays; puisque toutes les religions constituées élèvent d'abord une prétention, à laquelle elles se cramponnent désespérément : celle d'être immuables.

1. B. Sahagun. *Loc. cit.* liv. III, ch. I.
2. *Ibid.* liv. I, ch. I.
3. *Ibid.* liv. III, ch. I.

IV. — LE CLERGÉ ET LES TEMPLES

Au Mexique, le clergé était très nombreux, mais point héréditaire, et il n'existait pas de culte sacerdotal[1], seulement les prêtres étaient toujours des nobles. A Tezcuco, à Tlacopan, le grand pontife était ordinairement choisi parmi les membres de la famille royale. A Mexico, ce pontife était d'habitude le chef de l'armée et il était élu, comme le roi[2], mais par deux grands prêtres. Sa fonction consistait à surveiller le clergé et le culte. Les dieux, étant fort nombreux, avaient chacun leurs prêtres, auxquels il semble bien qu'on accordât le pouvoir de gouverner chacun sa divinité; car tout prêtre s'appelait « maître » de tel ou tel dieu[3].

Pour les membres de la classe sacerdotale, la chasteté était d'obligation. A Téothinacan, le prêtre qui avait fait œuvre de chair était livré au peuple et tué à coups de bâton. A Jehcatlan, pour la même faute, le grand prêtre était mis en pièces et, à titre d'avertissement, on présentait les morceaux de son corps à son successeur. Ailleurs la maison du prêtre infidèle à son vœu était rasée, le coupable banni et ses biens confisqués[4]. J'ai dit ailleurs[5] qu'au Mexique, toutes les écoles étaient cléricales, aussi bien pour les filles que pour les garçons. L'instruction donnée était donc avant tout religieuse, et grâce à elle le clergé se recrutait sans peine. Du reste, dès les premières années de la vie, un certain nombre d'enfants étaient voués au culte par leurs familles[6]. Les filles étaient souvent consacrées aux autels dès l'âge de quarante

---

1. Bancroft. *Loc. cit.* II, 200.
2. *Ibid.* II, 201.
3. B. Sahagun. *Loc. cit.* liv. II (Appendice).
4. Bancroft. *Loc. cit.* II, 469.
5. *Évolution politique*, 134, 135.
6. Bancroft. *Loc. cit.* II, 245.

jours. Les garçons étaient reçus dans les monastères à l'âge de quatre ans. Dans de grands séminaires, annexés aux temples, on élevait, jusqu'à leur mariage, les filles des princes et des seigneurs ; ce, sous la surveillance de matrones, de vestales. Les pensionnaires dormaient dans des dortoirs surveillés et apprenaient à faire des ouvrages en plumes, à filer, à coudre des manteaux, etc.

En dehors du clergé proprement dit, il existait des ordres religieux d'hommes et de femmes, dont l'existence était une longue macération. A minuit, ces religieux devaient se plonger dans l'eau ; puis ils veillaient jusqu'au jour, en chantant des hymnes et accomplissant divers actes de pénitence[1].

La grande fonction sacerdotale consistait à présider aux cérémonies du culte, dont je parlerai tout à l'heure ; mais il me faut auparavant dire quelques mots des édifices religieux.

Immense était le nombre des temples mexicains. D'après Torquemada, on en comptait environ 40 000 dans l'empire et 2 000 dans la capitale. Clavigero évalue à un million le nombre des prêtres, dont 5 000 environ étaient attachés au seul grand temple de Mexico. La quantité d'idoles était aussi énorme ; on en avait érigé non-seulement dans les temples, mais encore dans les rues, dans les maisons, dans les bois. — La forme consacrée pour les temples était ordinairement la pyramide tronquée, à quatre faces et à gradins, sur la plate-forme de laquelle se célébraient les sacrifices : c'est le *téocalli*, dont nous avons trouvé des spécimens en Polynésie. A Mexico, le grand *téocalli* occupait le centre de la ville et, avec tous les édifices qui en dépendaient, il couvrait un emplacement considérable. Au dire de Cortez, on aurait pu édifier dans l'enceinte carrée, qui entourait le temple, une ville de 500 maisons[2]. A Mexico, il existait 78 temples prin-

1. L. Biart. *Loc. cit.*
2. Bullock. *Hist. univ. voy.* vol. XLI, 124, 125.

cipaux. Sur le grand temple, s'élevait une tour à deux sommets, consacrés l'un à Uitzilopochtli, dieu de la guerre; l'autre à *Tlaloc*, principal dieu de la pluie[1]. La tour à neuf étages, que Nezalmalcoyotl, roi de Tezcuco, fit élever à sa « divinité invisible », se dressait aussi sur un *téocalli*[2].

La multiplicité des temples au Mexique s'explique d'abord par le grand nombre des dieux indigènes, mais aussi par le culte rendu aux divinités des nations conquises auxquelles on élevait des temples spéciaux[3]. Cette population de prêtres et de temples suppose une extrême ferveur religieuse, par suite un culte exigeant des cérémonies incessantes. En effet, tel était le cas au Mexique.

V. — LE CULTE

Pour les dévots mexicains, tout, dans la nature, était animé, divinisé, tout avait des intentions, tout pouvait influer sur la destinée humaine. Si une femme enceinte avait l'imprudence de regarder une éclipse, elle accouchait d'un enfant affligé d'un bec de lièvre[4]. Le rugissement d'une bête féroce annonçait un malheur imminent[5]. Les visions nocturnes indiquaient qu'on mourrait bientôt ou qu'on serait fait prisonnier à la guerre[6]. Le doigt *médius* d'une femme en couches ou ses cheveux étaient des reliques, qui, fixées au bouclier, donnaient de la vaillance[7]. Les maladies étaient souvent la conséquence d'actions jugées mauvaises par les dieux[8].

1. Sahagun. *Loc. cit.* liv. II (Appendice).
2. W. Prescott. I. 154.
3. Waitz. *Anthropology*, 370.
4. Sahagun. *Loc. cit.* liv. V (Appendice).
5. *Ibid.* liv. V, ch. I.
6. *Ibid.* liv. V, ch. xi.
7. *Ibid.* liv. VI, ch. xxix.
8. Bancroft. *Loc. cit.* II, 794.

Chaque individu naissait sous un signe astrologique, qui lui imposait son caractère. Ainsi les hommes nés le second jour du signe *ome tochtli* étaient fatalement ivrognes[1]. Les hommes, qui étaient nés sous le signe *ce xochitl*, étaient gais, ingénieux, aimaient la musique; les femmes étaient laborieuses, mais folles de leur corps, etc.[2].

On attribuait à certains sorciers la faculté de revêtir telle forme animale qui leur plaisait[3]. Nous savons que du sorcier au prêtre, il y a peu de distance. On peut dire que l'un est un franc-tireur de la superstition, tandis que l'autre sert dans l'armée régulière. Le rôle du sorcier consacré, du prêtre, était, au Mexique, très considérable, car il était l'intermédiaire obligé entre les hommes et les divinités. De là découlaient beaucoup de cérémonies, de pratiques, dont certaines rappellent celles du catholicisme. D'abord une sorte de baptême à l'instant de la naissance. Au moment du lever du soleil, la sage-femme, tournée vers l'est, appelait le nouveau-né « aigle, tigre, etc. », lui déclarait qu'il était un présent des dieux, lui touchait la poitrine avec ses doigts mouillés, lui versait de l'eau sur la tête, etc.[4]. D'après Las Cases, le vingt-huitième ou le vingt-neuvième jour après sa naissance, l'enfant, porté au temple, y était circoncis, si c'était un garçon, ou défloré par un doigt sacerdotal, si c'était une fille[5].

La pratique des vœux était usuelle. On en faisait surtout au Soleil, pour obtenir de lui secours ou faveur; pour cela il fallait manger de la terre, en prenant un engagement solennel. Devant les tribunaux, on prêtait aussi un serment religieux[6]. Mais ce ne sont pas là les seules analogies avec le catholi-

---

1. Bancroft. *Loc. cit.* liv. IV, ch. v.
2. *Ibid.* liv. III, ch. vii.
3. *Ibid.* II, 797.
4. *Ibid.* II, 273.
5. *Ibid.* II, 278.
6. Sahagun. *Loc. cit.* liv. II (Appendice)

cisme et il en est de plus frappantes; ainsi les Aztèques se confessaient et faisaient ensuite pénitence, mais seulement une fois dans leur vie; aussi attendaient-ils ordinairement un âge avancé[1]. Nous avons vu que cette absolution avait chez eux une valeur juridique, qu'elle innocentait les coupables[2].

Les jeûnes, les macérations étaient la monnaie courante du culte. A la fête du dieu *Camaxth*, les prêtres jeûnaient, 160 jours durant, et se passaient des baguettes à travers la langue. Les gens du peuple scarifiaient ceux de leurs organes qui avaient péché : l'oreille, pour l'inattention; la langue, pour les mauvaises paroles, etc., etc.[3]. A certains jours consacrés, les dévots mexicains se perçaient la langue; les prêtres se tiraient du sang des jambes, en se piquant avec des épines de *maguey*[4].

Le culte de Uitzilopochtli, le dieu de la guerre, avait fait imaginer une sorte d'eucharistie cannibale. On commençait par faire de ce dieu une idole en pâte de maïs, pétrie avec du sang humain provenant des scarifications; puis on la brisait et les fidèles en mangeaient les morceaux. « Satan, dit à ce propos un chroniqueur espagnol, s'efforce d'usurper l'honneur et le service qui est dû à Dieu seul, quoiqu'il y mêle toujours ses cruautés et ses ordures[5]. »

Les offrandes, à la manière primitive, étaient fort communes au Mexique. Les plus usuelles consistaient en comestibles : haricots, épis de maïs[6], etc. Jour et nuit on brûlait de l'encens, du *copal*, sous le nez des idoles et sur de la braise contenue dans des encensoirs en terre cuite, ornés et ajourés[7].

Les sacrifices d'animaux, surtout ceux de cailles, n'étaient

---

1. Prescott. *Loc. cit.* I, 54, 55. (Introduction.)
2. Ch. Letourneau. *Évolution juridique.*
3. Bancroft. *Loc. cit.* II, 302.
4. Sahagun. *Loc. cit.* liv. II (Appendice).
5. Acosta, liv. V, ch. xxiv.
6. Sahagun. *Loc. cit.* liv. II (Appendice).
7. *Ibid.* liv. II (Appendice).

pas rares; mais les plus solennels, ceux qui donnent vraiment à la religion mexicaine un caractère atroce, étaient les sacrifices humains. On recourait à ces immolations en mainte circonstance et pour honorer diverses divinités, mais surtout le dieu de la guerre, Uitzilopochtli. La victime, souvent un prisonnier de guerre, parfois un esclave, était placée en travers sur le sommet d'une pierre conique érigée sur la plateforme du *téocalli*. Cinq aides maintenaient les bras, les jambes, la tête du patient. Le sixième lui ouvrait le thorax avec un couteau d'obsidienne, en arrachait le cœur et l'offrait tout palpitant au Soleil. Le propriétaire de l'esclave recueillait dans une écuelle un peu du sang écoulé, et y trempait un papier avec lequel il frottait ensuite la bouche des statues[1]; puis il emportait le cadavre, qui devenait le maître plat d'un somptueux festin offert aux amis[2].

Lors de la dédicace du grand temple de Uitzilopochtli, en 1446, on sacrifia 70 000 captifs, réservés à cet effet depuis plusieurs années[3]. Des sacrifices semblables étaient offerts à toutes les divinités et, si l'on en croit Zumarragua, 20 000 victimes humaines étaient ainsi immolées, chaque année, dans la seule ville de Mexico. On évalue à 50 000 le total annuel des victimes pour tout l'empire[4].

Pas un chroniqueur, pas un auteur ne semble avoir trouvé l'origine de cette épouvantable coutume. C'est simplement l'adoption religieuse d'une pratique usitée aujourd'hui encore par les plus sauvages des Indiens peaux-rouges et qui a été primitivement commune à toute la race : celle d'ouvrir la poitrine du guerrier vaincu, de lui arracher le cœur et d'y mordre à belles dents[5]. Dans le culte mexicain, le Soleil, le

---

1. Sahagun. *Loc. cit.* liv. II (Appendice).
2. W. Prescott. *Loc. cit.* I, 62.
3. *Ibid.*
4. Bullock. *Hist. univ. voy.* vol. XLI, 126.
5. Ch. Letourneau *Bull. Soc. d'anthropologie*, 1885, 1887.

dieu ou son idole, remplaçait simplement le guerrier vainqueur et on lui offrait le morceau qui lui était dû.

Des sacrifices de ce genre se pratiquaient en l'honneur de la plupart des dieux, dont j'ai donné l'énumération, mais quelquefois avec des raffinements. Ainsi, à la fête de Xipe-Totec, dieu de la variole, de la gale, etc., on célébrait un tournoi, durant lequel les partisans de la divinité se couvraient de peaux d'hommes fraîchement écorchés[1].

Ces pieuses horreurs étaient fréquentes; car les dieux étaient nombreux et les fêtes l'étaient encore plus. Aux fêtes de Tlaloc, le dieu de la pluie, quantité d'enfants à la mamelle étaient immolés sur les montagnes ou noyés dans le lac de Mexico[2]. Chaque mois lunaire avait ses jours de fête; chaque dieu avait aussi la sienne ou les siennes; mais à lui seul, le farouche Uitzilopochtli en avait trois, chaque année[3]. Chacune de ces fêtes s'accompagnait de musique, de processions, de danses, dont le coryphée portait parfois la tête de la victime, si, comme il arrivait souvent pour la plupart des dieux et toujours pour Uitzilopochtli, il y avait eu sacrifice humain[4]. Mais les captifs n'étaient pas toujours égorgés selon le rituel précédemment indiqué; ils étaient parfois noyés, précipités, brûlés vifs[5].

Pour célébrer la fête de *Titla-canan*, le dieu des dieux, on pratiquait un sacrifice raffiné, celui d'un jeune homme nourri pendant une année au milieu de toutes les délices imaginables. Quelques jours avant d'être mené au supplice, ce captif, si choyé, jouissait de la société des plus grands personnages. Puis, au moment de l'exécution, pendant qu'il marchait au *téocalli* pour y être immolé, les quatre femmes

1. Sahagun. *Loc. cit.* liv. ch. xviii.
2. Bancroft. *Loc. cit.* II, 304.
3. Sahagun. *Loc. cit.* liv. II (Appendice).
4. *Ibid.* liv. II, ch. xvii et *passim.*
5. *Ibid.* liv. II, ch. xii. — *Ibid.* liv. II, ch. v.

qu'on avait eu soin de lui donner, l'abandonnaient en chemin, mais l'une après l'autre. En gravissant les degrés de la pyramide, la victime brisait elle-même sur chacun d'eux les flûtes qui l'avaient charmée durant son année de plaisirs. Enfin on arrachait le cœur du malheureux conformément aux rites et sa tête était ensuite exposée sur un poteau. Étant donné le caractère atroce du culte mexicain, il est probable, que, dans ce sacrifice, on avait voulu, non pas faire une allégorie sanglante à la brièveté des joies humaines, mais ajouter simplement aux souffrances physiques, les regrets, la douleur morale, résultant du contraste entre le supplice final et les voluptés antérieures.

VI. — VALEUR INTELLECTUELLE ET MORALE DES RELIGIONS AMÉRICAINES

Après l'exposition analytique qui précède, il n'est pas difficile de se prononcer sur la valeur des religions américaines en général; or cette valeur a été plus que négative. Aucun de ces cultes n'avait dépassé l'animisme le plus grossier, la croyance aux doubles, aux esprits cachés dans le corps des animaux, des hommes, des êtres inanimés. Partout ces conceptions enfantines sont les premières, dont s'abuse elle-même l'intelligence primitive. Or, non seulement elles sont chimériques, mais elles sont funestes; car elles barrent le chemin à toute interprétation plus juste, et une fois consacrées comme religions instituées, tout particulièrement vénérables, elles entravent tyranniquement toute spéculation rationnelle.

Du côté moral et social, les grandes religions américaines, pour ne pas parler des autres, ne rachètent point leur pauvreté intellectuelle. Au Pérou et au Mexique, où l'on faisait du souverain une divinité et de la soumission absolue un dogme, les religions ont forcément brisé les caractères, avili les classes sacrifiées et affolé les autres en sanctifiant leur bon plaisir. Au Mexique, la religion avait fait de toute la nation une agglomération de bêtes fauves, toujours en quête, chez les nations voisines, des victimes exigées par des divinités cannibales. Au dire de Montézuma lui-même, le Mexique ne tolérait l'existence indépendante de la république de Tlascala que pour guerroyer contre elle et y capturer des prisonniers destinés aux incessantes immolations exigées par le culte.

Dans les deux pays, la croyance à la vie future n'agissait nullement comme sanction morale. Au Pérou, l'au-delà était simplement conçu comme la continuation de la vie terrestre; c'était un Pérou chimérique, mais exactement calqué sur l'autre. Au Mexique, les joies du paradis étaient uniquement réservées aux guerriers malheureux, et n'étaient par conséquent qu'une prime offerte à la férocité. L'étude de ces religions américaines ne justifie donc nullement l'opinion courante, trop facilement admise, qui fait de toute religion, de la croyance à la vie future et à l'existence d'êtres divins, la base de toute morale et la condition de tout progrès.

Un dernier mot encore. Les religions de l'Amérique centrale ont été pratiquées, pendant des siècles, par des millions d'hommes déjà en voie de se civiliser; on les peut donc considérer comme de grandes religions; mais elles n'ont évidemment été que la floraison de l'animisme primitif. Si elles se distinguent de cet animisme, ce n'est point par le fond, mais seulement par la forte organisation de leur culte, par leurs temples, leur sacerdoce, leur rituel obligatoire. Pour les conceptions métaphysiques, elles ne dépassent pas le niveau mental des sauvages les plus inférieurs. Nous aurons souvent occasion de voir, en continuant notre voyage d'exploration à travers les religions, que trop souvent le progrès mythique s'est accompli de cette manière.

CHAPITRE IX

LA RELIGION DES MONGOLS ET MONGOLOÏDES ASIATIQUES

I. *Primitive religion des Malais et des Indo-Chinois.* — Animisme fétichique des Tagals. — Animisme spiritique. — Les *anitos*. — Rites funéraires à Sumatra. — Animisme spiritique à Sumatra. — Animisme fétichique. — L'éléphant blanc à Siam. — Animisme spiritique des Cochinchinois. — Rites funéraires en Indo-Chine. — II. *Primitive religion des Esquimaux et des Tartares.* — Rites funéraires des Esquimaux. — Les doubles ou « possesseurs ». — Le paradis et l'enfer des Esquimaux. — Les esprits errants. — Zoolâtrie. — La sorcellerie. — Les talismans. — Les « *tulipaks* ». — L'initiation des sorciers. — Les *angekoks*. — L'exorcisme. — III. *L'animisme primitif en Mongolie.* — Les *Chamans*. — L'animisme spiritique. — Rites et sacrifices funéraires. — Offrandes funéraires. — Les doubles artificiels. — Les idoles des Tartares. — Dieux pénates. — Dieux des hordes. — Les esprits malveillants. — IV. *L'animisme primitif au Thibet.* — L'abandon des cadavres. — Les esprits alpestres. — Sorcellerie et amulettes. — V. *Le Grand Lama.* — Théocratie lamaïque. — Infaillibilité et immortalité du Grand Lama. — Réincarnation lamaïque. — Lettres d'un empereur chinois. — VI. *Le clergé lamaïque.* — La hiérarchie cléricale. — Les *houtouktous* ou cardinaux lamaïques. — Les grades dans les ordres sacrés. — Les couvents lamaïques. — Les couvents de femmes. — Confréries laïques. — Le recrutement des lamas. — Les réincarnations cléricales. — Les pèlerinages. — Le culte des reliques. — Revenus des couvents. — Les moines lamaïques. — VII. *Le culte lamaïque.* — Les idoles. — L'image hiératique du Bouddha. — Les offrandes. — Le culte des esprits alpestres. — Les gri-gris fétichiques. — Prières flottantes. — Prières moulues. — Prières écrites. — Prières parlées. — La ressemblance entre le Lamaïsme et le Catholicisme. — Raison de cette ressemblance. — VIII. *De l'instinct religieux chez les Mongols.*

I. — PRIMITIVE RELIGION DES MALAIS ET DES INDO-CHINOIS

Par ses traits essentiels la religion indigène des populations de race malaise est identique avec l'animisme primitif, que nous avons rencontré déjà sur une notable portion du globe terrestre. Ainsi, avant d'être conquis par les Espagnols, les Tagals des Philippines adoraient les vieux arbres, faisaient des offrandes aux écueils, aux caps, aux rochers et surtout aux alligators, quand ils naviguaient sur les rivières. Le soleil, la lune, l'arc-en-ciel étaient aussi pour eux des divinités. D'autre part, ils avaient un culte pour ceux de leurs ancêtres qui de leur vivant s'étaient distingués par des hauts faits mémorables. Par suite d'une illusion totémique extrêmement commune, ils plaçaient les crocodiles parmi leurs aïeux et les appelaient « grands-pères ». Même avant leur mort, les vieillards très âgés étaient déjà considérés comme des êtres divins; eux-mêmes prenaient leur divinité au sérieux et se paraient du titre d'*anitos*.

Le mot tagal *anito* ressemble singulièrement au mot peau-rouge *manitou* et de plus il a le même sens. En effet, toutes les idoles des Tagals s'appelaient *anitos*. Il y avait des *anitos* de la maison, des dieux lares; des *anitos* des montagnes, auxquels on demandait la permission de franchir les défilés; des *anitos* agricoles, près desquels on sollicitait de bonnes récoltes; des *anitos* des ancêtres; des *anitos* marins, de qui dépendaient la pêche et la navigation; etc., etc. A tous ces esprits les Tagals faisaient des offrandes et des sacrifices. Ils n'avaient pas encore de temples; mais ils avaient des sorcières, qui guérissaient les malades à force de contorsions et de catalepsie, qui ouvraient les tortues et tiraient des augures de l'inspection de leurs intestins, etc.[1].

Des croyances et des pratiques très analogues à celles des Tagals se rencontrent chez toutes les populations malaises. Les Bougis, les Macassars, etc., croient aussi à leur parenté avec les crocodiles. A de certains jours fériés, ils chargent même un bâteau de provisions, de bétel, de tabac et, avec

1. W. Marsden. *Histoire de Sumatra*, vol. II, 110-113.

accompagnement d'invocations, de chants, de musique, ils jettent toute leur cargaison à l'eau, dès qu'ils aperçoivent un de ces reptiles soi-disant ancestraux[1]. Les Tikopiens croient aux esprits et ne mangent jamais sans jeter à terre une portion de leurs aliments, destinée à ces hôtes invisibles[2]. Les Dayaks expliquent le rêve par des excursions de leurs doubles pendant le sommeil du corps, comme on l'a fait en tant de pays[3].

En général les sépultures aériennes sont en usage chez les populations malaises, qui n'ont pas adopté les coutumes arabes, par exemple à Timor[4]. Pourtant, à Sumatra, les indigènes pratiquaient souvent l'inhumation, mais avec des précautions propres à garantir de la pression de la terre le cadavre, qu'ils ne pouvaient croire insensible. Pour cela, sur l'une des parois d'une grande fosse, ils creusaient une cavité, où ils déposaient le mort. Puis ils clôturaient cette niche avec des planches avant de combler la fosse principale. Nous savons déjà combien sont communes cette crainte de la pression de la terre et ces précautions. Ces mêmes insulaires ne doutaient pas non plus de la survivance après la mort. En célébrant, un an après le décès, un festin funéraire, ils avaient soin de placer sur la tombe, à titre d'offrande, la tête du bison tué pour la circonstance[5]. Les Malais de Sumatra vénéraient extrêmement leurs cimetières et ne pouvaient se résoudre à en éloigner leurs résidences[6]. Ils invoquaient les ombres de leurs ancêtres, les prenaient à témoin dans leurs serments et ne doutaient pas que les esprits des hommes ne pussent se loger dans le corps des tigres. D'ailleurs certains hommes vivants avaient la faculté de se changer en tigre.

1. Cook. (Premier voyage). *Hist. univ. voy.* vol. VII, 99.
2. Dumont d'Urville. *Hist. univ. voy.* vol. XVIII, 334.
3. H. Spencer. *Sociologie*, I, 196-212.
4. Wallace. *Malay, Archipelaga*, I, 196.
5. W. Marsden. *Loc. cit.* II, 97, 98.
6. *Ibid.* II, 105.

Ces Indiens parlaient toujours très respectueusement des tigres, les appelaient « ancêtres, vieillards »[1], et allaient même jusqu'à croire que, quelque part, dans l'intérieur de Sumatra, il existait une nation de tigres, ayant une ville, une cour, un gouvernement[2]. Les alligators inspiraient, comme les tigres, un respect mêlé de terreur[3].

En cas de péril, les *Rejangs* de Sumatra imploraient le secours d'esprits, « d'hommes subtils, impalpables », capables de nuire ou être utiles, et devenant visibles à volonté[4]. Mais les doubles des morts ne restaient pas toujours sur la terre; certains d'entre eux, les doubles des grands, se rendaient après la mort dans un séjour spécial où les ombres du populaire n'entraient jamais[5].

L'animisme des indigènes de Sumatra s'appliquait à tous les êtres. Les vieux arbres, surtout les figuiers-banians, étaient des esprits. Certaines pierres étaient animées, se relevaient d'elles-mêmes, quand elles glissaient ou tombaient, et même, dans cette occasion, elles avaient le pouvoir d'exciter une tempête[6]. Les habitants de l'intérieur du *Lampoun* rendaient un culte à la mer, conçue comme une divinité anthropomorphique, à laquelle ils offraient des gâteaux, des confitures, en la priant de ne point leur nuire. A leurs yeux, la mer était un être vivant; ses mouvements étaient volontaires. Un jour, un indigène imagina de vider dans un lac un vase plein d'eau de mer, espérant que cette eau, si essentiellement mobile, communiquerait à celle du lac la vie et le mouvement[7].

Rien d'original dans ce naïf animisme des races malaises;

---

1. W. Marsden. *Loc. cit.*
2. *Ibid.* 106.
3. *Ibid.* 106.
4. *Ibid.* II, 101.
5. *Ibid.* II, 103.
6. *Ibid.* II, 107.
7. *Ibid.* II, 108, 109.

nous commençons à être blasés sur ces primitives aberrations de l'esprit humain. Ce qui est surtout intéressant, c'est la persistance de ces croyances, que l'on peut appeler primaires, à côté de l'Islamisme propagé, imposé, dans la Malaisie par les dominateurs arabes. Mais, en tout pays, chacun se crée quand même une religion à la taille de son esprit.

En Indo-Chine, le Bouddhisme, établi depuis déjà bien des siècles, n'a pas réussi non plus à déraciner nombre d'anciennes pratiques. Ainsi, à Siam, la découverte d'un éléphant blanc est encore tenue pour un événement d'importance. Le découvreur reçoit comme récompense une couronne d'argent et une étendue de terrain mesurée par la distance d'où peut s'entendre le cri d'un éléphant; en outre, lui et sa famille sont déclarés exempts de taxes et de servitude jusqu'à la troisième génération[1]. Les Siamois supposent, en effet, que l'éléphant albinos est toujours habité par le double d'un roi. Sans doute ces réincarnations animales sont bien conformes à la doctrine bouddhique; mais elles ne lui sont pas particulières et celle dont je viens de parler a bien certainement une origine locale.

Un voyageur français[2] nous a conservé un bout de dialogue entre un mandarin siamois et un messager annonçant la découverte d'un éléphant de couleur royale. Ce dialogue ne manque pas de saveur et vaut d'être conservé : « *Le mandarin*. Heureux événement! Avez-vous, ô Nai Mouet! été favorisé de la vue du saint éléphant? — *Le messager*. Illustre seigneur, que n'en est-il ainsi! Mais je ne le connais que par la proclamation de l'auguste Thao-Phaja, de Kôrat, dont je reçois les ordres, moi cheveu. Il a déclaré avoir reconnu un éléphant mâle, de noble race, marqué de tous

---

1. Finlayson. *Hist. univ. voy.* vol. XXXIV, 160.
2. H. Mouhot. *Voy. dans les royaumes de Siam, Cambodge et Laos.*

les signes divins. — *Le Mandarin.* Bien! Très bien! Alors sa couleur peut être comparée à celle d'une marmite de terre neuve. — *Le Messager.* Illustre seigneur, je reçois vos ordres. Il en est ainsi. — *Le Mandarin.* Parfaitement. Et quelle est sa taille? — *Le Messager.* Illustre seigneur, il a au moins quatre coudées de hauteur. — *Le Mandarin.* Ah! Il est jeune encore? Et a-t-il une bonne apparence? — *Le Messager.* Illustre seigneur, je reçois vos ordres. Il est majestueux. — *Le Mandarin.* Et quand devons-nous l'attendre en ces lieux? — *Le Messager.* Illustre seigneur, si je puis énoncer une opinion à cet égard, moi cheveu, il sera ici vers le milieu de la prochaine lune. — *Le Mandarin.* Bien! très bien! Tout sera prêt pour sa réception. Heureux événement! Heureux événement! » D'autant plus heureux qu'en ces occasions les mandarins, sous prétexte de faire honneur au pachyderme sacré, ont l'habitude de tondre de très près leurs administrés.

Cette zoolâtrie n'est pas la seule pratique primitive qui persiste sous le Bouddhisme indo-chinois. Ainsi les Cochinchinois continuent à faire des offrandes de viandes sur leurs autels bouddhiques[1]. En outre, les offrandes aux doubles des morts se font encore et parfois sur une grande échelle. En 1843, aux funérailles de Thien-Tri, roi de Cochinchine, quantité d'objets, de parures, de vêtements, de provisions furent déposés dans le cercueil. Dans la tombe, qui était un édifice clos et bâti en pierres, on enferma à perpétuité celles des femmes du défunt qui n'avaient point d'enfants, afin qu'elles pussent veiller sur le mort, lui préparer ses aliments, etc.[2].

Les coutumes funéraires sont, en tout pays, celles qui changent le plus difficilement; aussi les Indo-Chinois des

---

1. Finlayson. *Loc. cit.* 413.
2. Tylor. *Civil. primit.* I, 569.

classes inférieures pratiquent-ils encore l'abandon bestial des cadavres; quant aux morts de qualité, ils sont parfois inhumés, le plus souvent incinérés; mais on enterre souvent les os après la crémation[1]. A Siam, les cadavres des pauvres sont jetés sans cérémonie dans le fleuve[2]. Fréquemment, avant de procéder à l'incinération, les riches coupent en menus morceaux les parties molles du cadavre et les offrent aux vautours et aux chacals; ce qui est manifestement une survivance, attestant l'ancienne coutume de l'abandon. Les os, brûlés, pulvérisés, sont pétris, avec les cendres, en figurines de Bouddha et deviennent des dieux lares[3]. A Siam encore, il est d'usage d'inhumer les femmes mortes en état de grossesse; mais on a soin de monter la garde près de leur tombe; car les sorciers du pays pourraient bien extraire le corps du fœtus et en composer des charmes extrêmement puissants[4], etc., etc. Ces quelques faits suffisent à établir, qu'en Indo-Chine le sous-sol animique persiste encore bien solide sous l'alluvion bouddhique.

Dans la région septentrionale de l'aire si vaste occupée par la race mongolique, on trouve aussi des peuplades tartares, fortement empreintes d'animisme primitif et conservant encore nombre de pratiques usitées chez les Esquimaux d'Asie et d'Amérique. Il semble bien que ces populations aient conservé jusqu'à nos jours la primitive religion des races mongoliques.

II. — PRIMITIVE RELIGION DES ESQUIMAUX ET DES TARTARES

Les Esquimaux paraissent tout à fait dépourvus de ce que nous appelons « la religion des morts ». Ainsi les

1. Cox. *Hist. univ. voy.* vol. XXXIV, 458.
2. Finlayson. *Loc. cit.* 246.
3. *Revue Britannique* 1826.
4. Finlayson. *Loc. cit.* 256.

Kamt͡hadales donnent les corps des leurs à manger à leurs chiens et se contentent de traîner avec une courroie les cadavres hors de leurs huttes. Cet abandon est une espèce d'offrande destinée à apaiser les méchants esprits, qui ont causé la maladie. En même temps on jette dehors les vêtements du défunt[1]. Les corps ainsi délaissés se décomposent sur place et leurs ossements se mélangent à ceux des ours et des veaux marins, qui jonchent les abords des habitations. De ces débris osseux les Esquimaux visités par Parry ne respectaient pas plus les uns que les autres[2]. Cependant certains Esquimaux inhument ou brûlent déjà leurs morts. Ceux qui les inhument, déposent auprès de la tombe des harpons, des arcs, des flèches, etc. (*Hist. univ. voy.* Beechey. Vol. XIX, 462). Ils ont d'ailleurs la conviction que le poids de la terre pressant sur le cadavre lui fait mal[3].

Selon les Grœnlandais, l'homme a un double, qui peut se séparer du corps pendant le sommeil, « oublier le corps »[4]. Ce double du corps s'appelle son « possesseur ». D'après eux, tous les êtres sont ainsi possédés : les animaux, les objets, aussi bien que les hommes. Le double, le possesseur, d'un homme peut très bien se loger dans un corps d'animal[5]. Cette ferme croyance au double entraîne logiquement la foi en une survivance après la mort. Et en effet, selon les Grœnlandais, il existe deux séjours où se réunissent les ombres : un séjour supérieur et un inférieur. Dans le monde d'en haut, qui est le mauvais, on souffre continuellement du froid et de la faim; aussi les ombres affamées et gelées essaient-elles de faire diversion à leur misère en jouant à la balle avec une tête de morse, et c'est ce jeu des ombres qui

1. Steller *Hist. du Kamtchatka*, II, 212, 213.
2. Parry. *Hist. univ. voy.* vol. XL, 422.
3. H. Spencer. *Sociologie*, I, 225.
4. *Ibid.* I, 195.
5. Rink. *Tales and traditions of the Eskimos*.

produit les aurores boréales. Dans le monde inférieur, où se rendent seulement les doubles des hommes courageux, des habiles chasseurs de veaux marins, ceux des noyés et ceux des femmes mortes en couches, il règne un éternel été; des veaux marins, des poissons, des oiseaux aquatiques nagent dans des eaux limpides et s'y laissent prendre complaisamment. Déjà même certains de ces animaux sont en train de bouillir dans des chaudières, sur un feu qui ne les consume point[1].

Les mêmes illusions se retrouvaient au Kamtchatka (Steller. *Loc cit*, 165). Chez les Itelmes, la ferme croyance en une vie d'outre-tombe, meilleure que celle-ci, déterminait parfois les pères à se faire étrangler par leurs enfants[2]. Mais il existait des esprits nomades, ne résidant ni dans l'un, ni dans l'autre séjour des ombres. Ainsi les Kamtchadales croyaient à un esprit nommé Koutka ou Koutkou, plus puissant que les autres, mais malveillant, et ils le maudissaient quand il arrivait quelque malheur[3]. De nombreux esprits moins redoutables hantaient les forêts, les montagnes les torrents[4].

Les Esquimaux d'Amérique sont sans cesse préoccupés des agissements de ces esprits ou *tourngou*; car il y en a de bons et il y en a aussi de méchants; à tous ils font des offrandes de poissons et de viandes[5].

Ne faisant pas de différence tranchée entre les hommes et les bêtes, les Esquimaux vénèrent infiniment les animaux dangereux, et ils prient humblement les baleines de ne pas renverser leurs embarcations; les ours de ne point leur faire de mal[6].

1. Rink. *Loc. cit.*
2. Peschel. *Races of Man*, 390.
3. Steller. *Loc. cit.* II, 165. — Kotzebue. (Deuxième voyage), vol. XVII, 389.
4. Kotzebue. *Loc. cit.*
5. Parry. (Troisième voy.) *Hist. univ. voy.* vol. XL, 460. — Steller. *Loc. cit.* I, 165, 166.
6. Steller *Loc. cit.* II, 165.

Toutes ces croyances, d'ailleurs sans originalité, constituent un terrain très favorable au développement de la sorcellerie, qui forme en effet le trait caractéristique de l'animisme chez les Esquimaux. Tous attachent une grande importance aux songes[1]. Tous ont des amulettes ordinairement faites en peau et certains de ces talismans donnent à leur porteur la faculté de prendre à volonté la forme de l'animal, de la peau duquel ils ont été tirés. D'autres gri-gris appelés « *tulipak* » équivalent au double de l'animal, qui les a fournis. Si l'on a, par exemple, le *tulipak* d'un ours, c'est-à-dire une image d'ours taillée dans la peau de la bête, il suffit de charger cette image d'aller mettre à mort un ennemi, pour qu'un ours en chair et en os exécute l'ordre donné[2].

Mais, pour être efficaces, ces précieux talismans doivent être fabriqués par des sorciers. Le sorcier joue en effet un rôle capital dans la vie des Esquimaux. Les Kamtchadales n'avaient pas encore de sorciers professionnels; mais toutes leurs femmes étaient sorcières, habiles à interpréter les songes, à faire des conjurations, à guérir les malades[3], etc. Chez tous les autres Esquimaux, il existe ou il existait des sorciers, les uns vulgaires, les autres sorciers en titre ou *angekoks*. Ces derniers s'imposaient une initiation volontaire : un temps de retraite, des jeûnes, après lequel ils finissaient par avoir des visions, des convulsions. Au Grœnland, le sorcier novice invoquait et priait le grand esprit *Torngarsuk* ou *Tornasouk*, qui finissait par lui apparaître et mettre à sa disposition un esprit gardien, un *torngark* ou *tornak*[4], dont l'assistance faisait vraiment de lui un *angekok*, une espèce de prêtre, qui même pourchassait et exterminait les

---

1. Beniouski. *Hist. univ. voy.* vol. XXXI, 416.
2. Rink. *Tales and Traditions of the Eskimos.*
3. Steller. *Loc. cit.* II, 172.
4. Crantz. *Hist. of Greenland*, I, 210. — Rink. *Tales and Traditions*, etc.

sorciers non initiés, excerçant illégalement le métier[1]. — L'*angekok* est souvent appelé près des malades, et alors, pour se mettre en relation avec son esprit gardien ou familier, il se livre à des simagrées diverses. Tantôt il agite rapidement sa tête à droite et à gauche pendant un certain temps ; tantôt il met simplement ses doigts dans sa bouche et reste immobile, causant durant ce temps avec son esprit familier ; enfin il donne réponse aux intéressés[2].

Mais l'angekok a de bien autres pouvoirs. Au Grœnland, il sait exciter ou calmer les orages, éloigner ou attirer les veaux-marins, etc.[3]. A l'est de la région américaine hyperboréenne, chez les Koniagas, Esquimaux mélangés, le sorcier s'appelle *chaman*, comme en Sibérie ; c'est l'homme-médecine, le sorcier spirituel de sa tribu. Pour exorciser les méchants esprits, qui possèdent les malades, le *chaman* des Koniagas prononce des incantations, se sert d'un tambourin magique, parfois se précipite sur le patient, fait mine de saisir de ses mains l'invisible esprit et l'expulse. Souvent ce sorcier-prêtre a, quand il officie, des aides des deux sexes[4]. Ce sorcier koniaga représente exactement le sorcier sibérien, dont il porte même le titre, et cette similitude ne peut guère s'expliquer que par la commune origine.

Sauf l'extrême développement de la sorcellerie, de ce que l'on a appelé le *chamanisme*, tout cela n'est que de l'animisme ordinaire et, comme d'habitude, les indigènes ont une foi robuste dans le bien fondé de leurs illusions. Ce ne fut pas chose aisée que de gagner les Grœnlandais au christianisme. « Nous l'avons invoqué, votre dieu, disaient-ils aux missionnaires, quand nous manquions de vivres, quand nous étions malades, et rien ne nous montre qu'ils nous ait

[1]. Rink. *Loc. cit.*
[2]. Parry. (Deuxième voyage). *Hist. univ. voy.* vol. XL, 412-417.
[3]. Ross. *Hist. univ. voy.* vol. XL, 20.
[4]. Bancroft. *Native States*, I, 85.

entendus. Nous pensons que ce que vous en dites est vrai ; mais puisque vous le connaissez mieux que nous, faites en sorte par vos prières qu'il nous donne suffisamment de quoi manger, un corps exempt de maladies, une maison sèche. C'est tout ce dont nous avons besoin, tout ce que nous désirons de lui. Pour notre âme, nous trouvons qu'elle est assez bien comme elle est[1], etc. »

III. — L'ANIMISME PRIMITIF EN MONGOLIE

Le *chaman* des Koniagas américains est exactement celui des Mongols nomades de l'Asie septentrionale, des Kalmouks, des Kirghises, des Ostiaks, des Vogouls, etc., etc. Ces sorciers de la Mongolie sauvage ont toujours attiré l'attention des voyageurs et fait imaginer par les ethnographes et les mythologues une religion appelée *chamanisme*, c'est-à-dire une grosse erreur. Dans toute l'humanité sauvage ou barbare, la sorcellerie est en grand honneur et il y a des sorciers en titre. Les sorciers mongols ont seulement été plus remarqués que les autres ; mais, essentiellement, ils ne diffèrent pas des sorciers de l'Afrique centrale. Comme ces derniers, ils sont bizarrement attifés, chargés de sonnettes, de ferraille ; comme eux, ils conjurent les mauvais esprits, opèrent des guérisons. Ce qu'ils ont de particulier, ce n'est guère que la manière d'opérer : elle consiste surtout à battre du tambourin magique et à fixer, en sautant et hurlant, une ouverture pratiquée dans la partie supérieure de la hutte ou de la tente. Tous exercices, qui quelquefois les font tomber en catalepsie, accident tenu pour très heureux ; car c'est surtout après ces attaques que les chamans peuvent sûrement rendre des oracles. — La seule existence de ces sorciers mongols

---

1. Prichard. *Hist. natur. de l'homme*, II, 287.

implique celles de toutes les illusions animiques, que nous avons rencontrées partout, et tout d'abord la croyance aux doubles, à la survivance après la mort.

La survivance, dont on doute le moins en Mongolie, est celle des *chamans* et des grands. Les premiers, ordinairement enterrés sur des collines, deviennent de malveillants esprits[1]. Dans l'opinion des Mongols, les doubles des chefs restent dans le pays et s'ingénient aussi à nuire. Pour les apaiser, on leur fait des offrandes, des sacrifices[2].

Les rites funéraires des Mongols nomades sont souvent sauvages, surtout pour le vulgaire; ainsi l'abandon des cadavres sur les collines ou dans les ravins est très ordinaire[3]. Seuls, les riches, les grands, sont brûlés dans une sorte de fourneau pyramidal. Après l'incinération de ces privilégiés, leurs os sont recueillis, pulvérisés; la poudre en est mélangée avec de la farine et forme une pâte, que l'on pétrit en sorte de gâteaux. Puis ces gâteaux sont déposés dans une tourelle funéraire, dont un *chaman* a désigné l'emplacement[4].

Pour les rois, les rites funéraires sont plus compliqués encore et moins innocents. Ces pasteurs des peuples ne sont pas brûlés. Du temps de Marco-Polo, on les portait cérémonieusement en terre et, sur le passage du convoi, l'on tuait toutes les personnes que l'on rencontrait en leur disant : « Allez servir votre seigneur dans l'autre monde ». On égorgeait aussi le meilleur cheval du défunt, afin que celui-ci eût une bonne monture dans la Tartarie de l'au-delà. Marco-Polo parle de royales funérailles, qui avaient ainsi coûté la vie à plus de 20 000 personnes[5]. Ces morts de princes entraînent d'autres immolations encore. Le cadavre est, en effet,

---

1. Timkowski. *Hist. univ. voy.* vol. XXXIII, 337.
2. *Ibid.*
3. Huc. *Voy. dans la Tartarie*, I, 114.
4. *Ibid.*
5. Marco-Polo. Liv. I, ch. xiv. (Édition Muller Greiffenhag.)

placé dans un vaste édifice en briques construit à cet effet et orné de figures d'hommes et d'animaux, dont l'idée est tirée de la mythologie bouddhique ; car la plupart des Mongols sont bouddhistes ou plutôt lamaïstes. Or, avec le prince décédé, on dépose dans le tombeau non-seulement de grosses sommes d'argent, des habits somptueux, des pierreries, mais aussi les cadavres de bon nombre d'enfants empoisonnés pour la circonstance, avec du mercure, dit-on. Ces jeunes victimes, placées debout autour de l'illustre cadavre, continuent en quelque sorte à le servir et portent à cet effet, l'un, la pipe ; l'autre, la fiole de tabac à priser ; un troisième, l'éventail du maître[1], etc., etc.

Dailleurs les offrandes, les sacrifices, au moins les sacrifices d'animaux, accompagnent la plupart des funérailles. Les Kirghises et les Yakoutes enterrent avec le mort ses chevaux favoris[2]. Sur le bord des routes, on trouve, dans les steppes de la Tartarie, des cadavres d'enfants enfermés dans des sacs de cuir, sur lesquels on a déposé des morceaux de peau de mouton, du millet et du pain[3].

Les Ostiaks de Sibérie, comme beaucoup d'autres peuples, offrent aux doubles de leurs morts des corps artificiels, des figures en bois. On croit évidemment que les doubles peuvent se loger dans ces simulacres ; car dans les repas de commémoration funéraire, on place des aliments devant ces grossières statues de bois. D'autre part, les veuves, celles du moins qui ont beaucoup aimé leurs maris, couchent avec ces images de leurs époux, les ornent et ne mangent jamais sans leur offrir une part des mets[4].

Toutes ces coutumes attestent éloquemment la croyance au spiritisme et à une vie future, et c'est cette foi qui pousse

1. Huc. *Loc. cit.* I, 117.
2. H. Spencer. *Sociologie*, I, 202.
3. Timkowski. *Loc. cit.* 150.
4. Lubbock. *Orig. civilis.* 347.

les Tartares à réclamer l'intervention et le secours du sorcier, du *chaman*. Le *chaman* vient près du malade, comme exorciste, et aussi pour protéger l'ombre du mort contre les méchantes entreprises des esprits. Ceux-ci, en effet, sont toujours aux aguets, prêts à s'emparer des doubles humains au moment de la mort. Seul, le *chaman*, qui connaît très bien ces esprits malveillants, peut les amadouer, faire avec eux des conventions amiables, sauver le double de son client. Les *chamans* ne s'occupent point des esprits bienveillants[1]; à quoi bon? ce sont des êtres dont on n'a rien à redouter. Parmi ces esprits débonnaires ils classent le dieu des chrétiens[2].

Outre les esprits ou ombres des morts, les Tartares ont des dieux mythiques de diverses sortes. En premier lieu, ils honorent des dieux pénates, peut-être ancestraux, notamment l'idole d'Orgon, faite de toiles rouges et de haillons, que les femmes implorent, à qui elles font des offrandes[3]. Marco-Polo a déjà signalé l'existence, chez les Mongols, d'une idole du même genre. Cette idole s'appelait alors *Natagay*; sa fonction consistait à protéger les enfants, les troupeaux et les biens. Fait de feutre et de drap, Natagay avait une femme et des enfants de même étoffe. Au moment des repas, on frottait la bouche de ces dieux pénates avec de la viande bien grasse et on répandait à leur intention du bouillon devant la porte[4]. Chez les Tartares ces dieux familiers ne sont pas les seuls. Chaque horde nomade a ses divinités, auxquelles elle fait des offrandes et des sacrifices, souvent des sacrifices de moutons, de boucs, de bœufs. En outre, chaque montagne a son génie et son *cairn* entassé sur le sommet à l'intention de ce génie. Sur cette cime on se prosterne, on

---

1. Gmelin: *Hist. univ. voy.* vol. XXXI, 269.
2. *Ibid.* 268.
3. Timkowski. *Loc. cit.* 152.
4. Marco-Polo. *Loc. cit.* h. LVIII.

brûle de l'encens, on jette de l'argent, etc.[1]. Enfin les Tartares se créent des dieux professionnels. Ainsi une bande de brigands, fixée dans une gorge de montagnes, adorait une idole, qui était la divinité du brigandage[2]. Des Tartares de l'Altaï s'étaient donné un dieu, qu'ils se représentaient sous les traits d'un vieillard à longue barbe, vêtu d'un uniforme d'officier des dragons russes[3]. En Tartarie, la vieille foi en la sorcellerie et la magie persiste même à côté de la foi lamaïque ou en s'associant avec elle. Pour les Tartares, tout phénomène naturel fâcheux est attribué à quelque malveillant esprit. Les maladies surtout sont réputées l'œuvre de ces ombres acharnées à mal faire; exactement comme dans l'Afrique centrale[4].

Essentiellement rien n'est plus commun que toutes ces aberrations. Les peuples de tout pays, de toute race, en ont imaginé d'analogues. Celles des Tartares nomades sont même particulièrement plates; elles dénotent une race mal pourvue du côté de l'imagination. Mais ces croyances sont curieuses en ce qu'elles se rattachent directement aux idées religieuses des Esquimaux d'Asie et d'Amérique, et surtout en ce qu'elles durent et persistent malgré la religion lamaïque adoptée par presque toutes ces populations. Il nous reste à étudier chez lui ce Lamaïsme, que nous trouverons aussi fort mélangé d'animisme primitif.

IV. — L'ANIMISME PRIMITIF AU THIBET

Au Thibet et au Boutan, le Bouddhisme est la religion officielle, celle qui attire l'attention des rares voyageurs

1. Huc. *Loc. cit.* I, 25.
2. *Ibid.* II, 191.
3. Lubbock. *Orig. civil.* 227.
4. Préjevalsky. *Mongolia*, I, 79.

européens traversant le pays; mais au-dessous du Bouddhisme, persiste un vieux fonds de croyances primitives, avec lequel a dû se marier la religion de Cakya-Mouni. C'est même ce vieux fonds animique, qui a donné au Bouddhisme thibétain sa physionomie spéciale, qui en a fait le Lamaïsme. Pour la plupart, les vieilles croyances mongoliques se retrouvent au Thibet. Ainsi les morts sont habituellement abandonnés à la dent ou au bec des animaux de proie[1]. L'abandon est même devenu rituel et l'on porte les cadavres sur le sommet des montagnes pour les y faire dévorer[2]. Parfois on a soin de dépecer au préalable les corps, pour faciliter la besogne aux corbeaux, aux vautours[3], aux chiens qui aident souvent les oiseaux de proie et suivent assidûment toutes les funérailles[4]. Or, nous nous savons que la coutume de l'abandon bestial des cadavres est essentiellement d'origine mongolique.

Il en est de même pour les mythes, et l'animisme primitif n'a nullement désarmé devant la religion du Bouddha Chaque montagne du Boutan et du Thibet continue à avoir son génie spécial, son *devvta*, dispensant à son gré sur le pays environnant les biens et les maux, plus volontiers les maux, particulièrement les maladies[5]. Aussi, pour ne pas irriter ces esprits dangereux, il faut de toute nécessité, quand on arrive sur le sommet d'une montagne, jeter une pierre sur un *cairn* ou même y déposer une pièce de monnaie à titre d'offrande[6]. On va jusqu'à célébrer, sur ces cimes hantées, des cérémonies religieuses et à planter sur les *cairns* des drapeaux blancs, qui neutralisent la colère des *devvtas*, toujours irrités

---

1. Turner. *Ambassade au Thibet*, I, 296.
2. *Ibid.* II, 97.
3. *Ibid.* II, 96.
4. *Ibid.* I, 296.
5. Turner. *Loc. cit.* I, 163.
6. *Ibid.* I, 77, 220. — Vereschagin. *Souvenirs*, etc., 179.

à cause de l'inclémence du climat sur les hauts lieux[1]. De même les lacs, les rivières sont le séjour d'esprits aquatiques, qu'il importe également d'apaiser, en passant, par une offrande, ne fût-ce que celle d'une branche d'arbre[2].

La sorcellerie et les talismans sont aussi en grand honneur au Thibet, puisque les lamas eux-mêmes viennent faire auprès des malades des conjurations thérapeutiques[3]. De plus ces lamas sont des astrologues, que l'on consulte avant toutes les entreprises, spécialement à propos des mariages et des noms à donner aux enfants[4]. — Les amulettes sont d'usage général et Lhassa, la ville sainte, le séjour du Grand Lama, fait un grand commerce de petits papiers, sur lesquels sont écrites des prières[5]. Les bijoux, les menus objets provenant des ancêtres deviennent aussi des talismans, que l'on coud dans ses vêtements[6]. Des objets divers, notamment des griffes d'ours, ont la même fortune[7]. C'est sûrement cette croyance superstitieuse au pouvoir des sorciers et à la sorcellerie en général, si invétérée chez les Mongols de tout pays, qui est la raison de l'énorme prestige dont jouissent les lamas et particulièrement leur chef, le Grand Lama.

V. — LE GRAND LAMA

Tous les voyageurs ont été frappés de l'extrême ressemblance entre l'organisation lamaïque et l'organisation catholique. La théocratie de Lhassa et celle de l'ancienne Rome

---

1. Turner. *Loc. cit.* I, 58, 295.
2. *Ibid.* I, 318. — Vereschagin. *Souvenirs*, etc. 133.
3. Turner. *Loc. cit.* I, 164.
4. *Ibid.* II, 99, 100.
5. Vereschagin. *Souvenirs*, etc. 185.
6. *Ibid.* 76.
7. *Ibid.* 128.

pontificale semblent en effet calquées l'une sur l'autre[1]. Comme l'était le pape, le *Talé* ou *Dalaï-Lama* est à la fois un chef religieux et un chef politique. En théorie, la toute-puissance législative, exécutive et administrative réside dans ses seules mains[2]. Le titre de Dalaï-Lama signifie le lama omnivoyant, auquel rien n'échappe[3]. En fait cependant ce pape thibétain est surtout le chef religieux et il a, à côté de lui, un *Pan-tchou-Lama* ou *Teschou-Lama* qui se charge de l'administration civile et politique. Pas d'administration militaire; car les Thibétains ont une telle foi dans le pouvoir de leur dieu terrestre, qu'ils ne croient pas nécessaire d'entretenir des armées pour la défense du pays[4].

Le Boutan, pays limitrophe, est exactement organisé comme le Thibet, seulement son pape religieux s'appelle *D'herma-Rajah*, et son pape civil, *Deb-Rajah*.

Tous ces demi-dieux cléricaux sont infaillibles, comme les papes romains; mais ils ont sur ces derniers un inappréciable avantage : ils sont immortels. Leur mort apparente est simplement une transmigration. Quand ils semblent s'éteindre, leur double ne fait que déménager, quitter simplement une enveloppe usée pour se réincarner aussitôt dans le corps d'un enfant. Toute la question consiste donc à retrouver et reconnaître l'Enfant-Dieu. Cette tâche est bien facilitée, quand, avant de mourir, le pontife a eu soin d'indiquer la localité où il avait l'intention de reprendre pied dans l'existence[5]. L'identité entre l'ancien lama et le nouveau s'affirme d'ailleurs par divers signes, notamment en ce que l'enfant reconnaît ses amis d'autrefois, les objets qu'il avait possédés et se souvient des volontés qu'il avait exprimées durant son existence anté-

1. Le père Huc. *Voy. dans la Tartarie*, II, 279.
2. *Ibid.* II, 279.
3. Turner. *Loc. cit.* II, 270.
4. *Ibid.* II.
5. *Voyage au Boutan par un auteur hindou*, in *Revue britannique*, 1827.

rieure[1]. Au reste, l'affaire ne va pas sans un mûr examen; c'est le Collège des *houtouktous* ou cardinaux bouddiques qui la doit décider. Ce Sacré-Collège s'assemble à Lhassa et l'on soumet ordinairement à son examen éclairé trois petits candidats, trois *chaberons*. Les *houtouktous* commencent par faire dans un temple une retraite préparatoire et un jeûne de six jours. Puis, en leur présence, on agite dans une urne trois fiches en or, portant chacune le nom d'un *chaberon*; le doyen du Sacré-Collège tire au hasard l'une des fiches. L'élu est immédiatement proclamé[2].

Il va sans dire que le corps des pontifes en état de mort apparente n'est pas jeté, comme les cadavres vulgaires, aux corbeaux et aux vautours. On le conserve au contraire pieusement, après lui avoir donné l'attitude de la méditation bouddhique. Les pontifes prévoyants règlent eux-mêmes, avant de mourir, la manière dont ils veulent que soit traitée jusqu'à nouvelle réincarnation l'habitation de chair et d'os qu'ils abandonnent. Un Dherma-Rajah du Boutan ordonna, que l'on eût soin d'abord de faire frire son corps dans l'huile, puis de l'enfermer dans un coffre. Ensuite, il entendait qu'on lui servît tous les jours du thé, du riz et des aliments végétaux, comme de son vivant. Il promettait d'utiliser ces aliments, qui nourriraient, disait-il, l'enfant, dans lequel son double se réincarnerait. En même temps il recommandait de continuer à entretenir sa maison et ses serviteurs[3].

En 1779, un Teschou-Lama thibétain, nommé ou qualifié *Erteni*, se rendit à Pékin, à la sollicitation de l'empereur chinois Tchien-Long, épris de la religion de Fo. Malheureusement le pontife thibétain mourut de la petite vérole dans la capitale chinoise. A ce sujet, l'empereur adressa au Dalaï-Lama

---

1. Turner. *Loc. cit.* II, 185.
2. Huc. *Loc. cit.* II, 348.
3. *Voyage au Boutan*, etc. *Loc. cit.*

une lettre des plus curieuses, dont je ne puis malheureusement citer que quelques courts fragments : « *Il* (le *Pan-tchou Erteni*) *changea tout à coup de demeure*.... Le cœur plein de chagrin et les yeux baignés de larmes, je me rendis au temple jaune, où je brûlai moi-même des parfums en l'honneur du *Pan-tchou* Erteni.... Je sais bien qu'il est indifférent pour le *Pan-tchou* Erteni *d'aller et de venir*. Malgré cela, quand je songe qu'il a fait un long et pénible voyage dans l'intention d'honorer par sa présence mon *Ouan-chéou* (chaque dixième anniversaire de la naissance) et qu'après être venu jusqu'ici, il n'a pas pu retourner, comme je l'espérais, dans le lieu *qu'il habitait ordinairement*, je ne puis m'empêcher d'être pénétré d'une amère tristesse [1]. »

La place me manque pour décrire le faste religieux qui entoure le Dalaï-Lama. Je dirai seulement en passant que ce pontife habite près de Lhassa une sorte de Vatican, aux toits dorés, qui, avec les bâtiments attenants, compte, dit-on, dix mille chambres, le plus souvent occupées par des lamas d'ordre inférieur. — On n'approche du *Dalaï-Lama*, dieu terrestre, qu'après neuf prosternations, et c'est un bien grand bonheur de toucher du front la plante de ses augustes pieds. Mais j'ai maintenant à parler du clergé lamaïque et de son organisation ; car le Grand Lama n'est que le chef d'une très nombreuse classe de religieux répandue dans le Thibet, le Boutan et la Tartarie.

VI. — LE CLERGÉ LAMAÏQUE

Le clergé lamaïque est surtout monastique, mais il forme une vaste classe hiérarchisée, dont le Dalaï-Lama est la tête. Ce saint personnage est un pape-roi, gouvernant tout le Thibet sous la suzeraineté nominale de la Chine. Comme nous

---

[1]. Turner. *Loc. cit.* Appendice, I.

l'avons vu, le Dalaï-Lama est secondé par un collègue aussi sacré que lui, mais s'occupant plus de l'administration civile (*Pan-Tsin-Erdeni*). Viennent ensuite les cardinaux, les *Houtouktous*, dont celui d'Urga, chef religieux de la Tartarie, est le principal. Les autres sont dispersés dans toute la *lamaïcité*, et il y en a une centaine en Mongolie. On en trouve même jusqu'à Pékin[1].

Les provinces thibétaines sont gouvernées par des *Lamas-Houtouktous*, auxquels le *Dalaï-Lama* donne l'investiture et qui sont de vrais princes guerroyant même souvent entre eux[2]. Les *Houtouktous* confèrent des grades religieux à l'armée cléricale, qui est au-dessous d'eux et qui comprend quatre degrés : *Kamba*, *Hehlung* (Gelung), *Hehtsul* et *Bandi*. Chaque degré a son habit distinctif, ses règles, sa place marquée dans les cérémonies. Dans ce clergé hiérarchisé, on ne monte en grade qu'après un examen portant sur la connaissance des livres bouddhiques, et les Houtouktous eux-mêmes doivent passer par la série des épreuves réglementaires. Les lamas du premier degré (kamba) confèrent les grades au-dessous du leur[3].

Les gros bataillons de cette vaste classe cléricale sont monastiques et comprennent une très notable portion de la population. En effet, rien que dans les trois provinces de *Oui*, de *Kzang* et de *K'ham* il existe 3 000 couvents, gouvernant chacun leur petit district. Ces 3 000 monastères logent 84 000 religieux[4], et il est certains couvents qui abritent jusqu'à 3 000 moines[5].

Tous les lamas, petits et grands, sont extrêmement vénérés, et partout on les reconnaît à leur robe jaune et à leur tête

---

1. Préjevalsky. *Mongolia*, I, 76.
2. Huc. *Loc. cit.* II, 280.
3. Préjevalsky. *Mongolia*, I, 79.
4. Turner. *Hist. univ. voy.* vol. XXXI, 452.
5. Huc. *Loc. cit.* II, 382.

rasée[1]. Tous font vœu d'observer la règle monastique, d'être sobres et de s'abstenir de tout commerce avec l'autre sexe[2]. Pourtant un lama peut être individuellement autorisé par l'autorité ecclésiastique à contracter mariage, et il est des couvents dont les prieurs se succèdent de père en fils[3].

Les couvents de femmes ne sont pas moins nombreux que les couvents d'hommes. Ils devraient même l'être davantage, puisque le pays vit en régime polyandrique[4]. Les monastères féminins recrutent ordinairement leur personnel parmi les veuves; car les femmes ne sont admises à faire profession qu'à un certain âge. Les femmes-lamas ont aussi les cheveux rasés et la robe jaune[5]. Les religieux des deux sexes peuvent se faire mutuellement visite, mais il leur est rigoureusement interdit de passer les nuits dans un couvent de l'autre sexe[6]. Enfin il existe une classe de religieux séculiers, laïques, et mariés, n'ayant point la tête rasée et portant une ceinture rouge[7]. Ces derniers constituent des associations très analogues à nos confréries et congrégations laïques. Le recrutement des couvents d'hommes s'effectue sans difficulté. Dans la plupart des familles, un des fils au moins, souvent plusieurs, mais rarement l'aîné, aspirent à entrer dans les ordres. Ce sont les familles, qui décident elles-mêmes et à leur gré de la vocation de leurs enfants mâles et, de très bonne heure, leur rasent la tête, si elles les destinent à l'Église[8]. Les novices sont d'ailleurs reçus au couvent dès l'âge de huit ou dix ans; on leur y donne la meilleure éducation du pays et ils servent leurs instituteurs. A l'âge de vingt et un à vingt-quatre ans, après

1. Timkowski. *Hist. univ. voy.* vol. XXXIII, 14.
2. Turner. *Ambassade au Thibet*, I, 133, 155.
3. Vereschagin. *Souvenirs*, 101.
4. Voir mon *Évolution du mariage*.
5. Préjevalsky. *Mongolia*. I, 79.
6. Turner. *Loc. cit.* I, 142, II, 88.
7. Tinkowski. *Loc. cit.* 343.
8. Huc. *Loc. cit.* I, 194.

un minutieux examen, ils sont ordonnés[1]. La règle monastique à observer est rigoureuse. Les religieux ne doivent dormir que dans la position hiératique du Bouddha, cependant on leur laisse la faculté de s'adosser au mur. Un lama surveillant fait régulièrement des rondes nocturnes avec une lumière pour découvrir les contrevenants et un fouet pour les châtier[2].

La plupart de ces monastères lamaïques subsistent sans peine; quelques-uns deviennent même opulents. Leurs revenus sont multiples. Il en est qui reçoivent une dotation de l'État. Beaucoup d'autres ont été fondés et dotés par de riches fonctionnaires, et ces fondateurs lèguent souvent à leur monastère leur fortune individuelle, qui est partagée entre les religieux proportionnellement au nombre des *réincarnations* de chacun[3]. D'autre part, les pèlerins affluent dans les monastères en renom. En Tartarie, ces pèlerins forment des caravanes qui apportent aux établissements religieux des lingots d'or et d'argent, en échange desquels ils reçoivent des reliques, des lambeaux d'habits portés par un lama renommé pour sa sainteté, des sentences imprimées, des statuettes religieuses, des pilules souveraines contre toutes les maladies[4], etc. Enfin les novices ne sont ordinairement admis que moyennant une dot versée par leur famille[5], et on les fait travailler soit pour le couvent, soit pour eux. Certains moines sont marchands; d'autres sont tailleurs, teinturiers, bottiers, etc.; d'autres fabriquent des planches stéréotypées pour l'impression en caractères thibétains des livres lamaïques. D'autres encore constituent des sociétés en commandite pour la préparation des thés offerts à la communauté par les pèlerins[6]. Enfin, si, au Thibet, le mariage est un simple engagement tout laïque

1. Turner. *Ambassade au Thibet*, I, 256, II, 87.
2. Turner. *Hist. univ. voy.* vol. XXXI, 446.
3. *Voy. au Boutan par un auteur hindou.* (*Revue Britannique* 1827).
4. Huc. *Loc. cit.* II, 282.
5. *Voy. au Boutan. Loc. cit.*
6. Huc. *Loc cit.* 124.

entre les intéressés, les funérailles sont religieuses. Ce sont les lamas qui découpent les morts et en jettent les débris soit aux chiens (ensevelissement terrestre), soit aux vautours (ensevelissement céleste). Or, en rémunération de ce grand service, ils reçoivent la moitié des biens mobiliers du défunt. (Turner, *Hist. Univ. voy.* vol. XXXI, 454).

J'ai parlé tout à l'heure des régénérations des lamas. C'est qu'en effet, tous les lamas de marque jouissent, comme le *Dalaï-Lama,* de la faculté de se réincarner. Il en est même qui ont, à ce qu'on affirme, passé par huit ou dix naissances connues. Quand un de ces saints hommes vient à mourir, c'est-à-dire à transmigrer, on lui conserve son bien pendant un délai de huit années, et si, durant ce laps de temps, on découvre le nouveau corps qu'il a revêtu, on remet honnêtement à ce régénéré les biens conservés en dépôt[1]. D'ordinaire, c'est l'autorité supérieure de Lhassa, qui donne avis de la réincarnation au couvent intéressé[2].

Il est impossible de n'être pas frappé de la grande ressemblance entre les ordres monastiques du Lamaïsme et ceux du Catholicisme. La similitude est augmentée encore par l'existence d'ermites lamaïques, de moines contemplatifs, vivant dans de solitaires retraites, souvent dans les montagnes, parfois dans des réduits inaccessibles où ils hissent avec des cordes les aumônes dont ils vivent, ressuscitant ainsi les mœurs et pratiques des anachorètes de la Thébaïde[3]. Il n'est pas rare, au Thibet, de voir des hommes abandonner tout à coup des postes honorables et lucratifs, pour se retirer dans un coin solitaire, s'y bâtir eux-mêmes un ermitage et vivre de la vie contemplative[4]. — J'aurai à revenir sur ces mœurs si curieuses en parlant du Brahmanisme et du Bouddhisme.

1. Vereschagin. *Souvenirs,* 121-214.
2. *Ibid.* 201. — Huc. *Loc. cit.* I, 279-282.
3. Huc. *Loc. cit.* II, 148.
4. Turner. *Ambassade au Thibet,* I, 256.

VII. — LE CULTE LAMAÏQUE

Pour la première fois, dans notre course à travers les religions, nous en trouvons une qui se rapproche des grandes religions dites supérieures, de celles que nous sommes habitués à entendre vanter comme résultant des plus puissants efforts de la pensée humaine. En effet, le Lamaïsme n'est qu'une dérivation, une déviation du Bouddhisme, que nous étudierons bientôt. C'est une religion d'origine aryenne, mais altérée, accommodée aux goûts mongoliques. Son culte nous rappelle donc quelque chose de connu, de « déjà vu », comme disent nos littérateurs modernes. Cependant par certaines exagérations ce culte nous étonne; il outre l'absurdité. — Au fond, pourtant, il ne diffère pas de tous les autres cultes du monde. Il s'agit toujours d'honorer, de séduire les êtres divins, supposés très puissants, en usant d'offrandes, de prières, de toutes les pratiques qui les peuvent flatter ou toucher : nécessairement tout culte consiste à faire sa cour à des rois invisibles.

Cette invisibilité a bien des inconvénients. Elle accorde un champ trop libre à l'imagination des fidèles; elle risque aussi de laisser indifférents ceux qui n'ont pas d'imagination; aussi l'on tâche ordinairement de faire voir l'invisible, en fabriquant des idoles, des images saintes. Dans les temples et hors des temples du Thibet, on trouve des statues du Bouddha, dans l'attitude sacramentelle. Le Médiateur est représenté, accroupi à l'orientale, la main droite appuyée sur sa cuisse, le pouce renversé sur la paume de la main. Le bras gauche fléchi est accolé au corps; la main est ouverte et le pouce dans l'extension forcée, afin de toucher le haut de l'épaule. Les yeux baissés et à demi clos indiquent la contemplation intérieure[1]. Dans les tentes tartares, les statues du

---

1. Turner. *Loc. cit.* II, 10.

Bouddha sont de petite dimension et devant chacune d'elles sont rangés neuf petits vases en cuivre, pas plus grands que nos verres à liqueur. Dans ces minuscules petits récipients les Tartares font des offrandes, tout à fait primitives, d'eau, de lait, de beurre, de farine[1]. Des statues de même genre, mais plus grandes, se trouvent dans les temples thibétains. Mais on en a érigé un grand nombre en dehors des édifices religieux, surtout dans certaines passes de montagnes. Ces idoles alpestres sont gigantesques et pas toujours conformes au type consacré; car il en est qui, à la mode hindoue, ont quatre mains[2]. Certaines, plus correctes, sont simplement sculptées en bas-reliefs[3]. Ailleurs, surtout dans les lamaseries, d'autres idoles sont placées à côté de celle du Bouddha. — Des caravanes de pèlerins viennent incessamment, souvent de fort loin, faire des offrandes à ces idoles et aussi des présents aux lamas. De ces dons les lamas font souvent deux parts, dont une est pour les mauvais esprits[4]. L'offrande rituelle est fréquemment un bol de riz, dans lequel on plante un cierge allumé[5].

Les cérémonies lamaïques s'accompagnent souvent de musique. Les instruments sont d'énormes trompettes, des gongs et surtout des tambours, les tambours des *chamans* mongols, quelquefois une sorte de flûte faite d'un tibia humain[6]. Ces instruments, si bruyants, sont sans doute destinés à attirer l'attention des idoles. Le côté grossier, archaïque de tout ce culte est évident; mais à côté des cérémonies bouddhiques, il en est de moins orthodoxes, destinées spécialement à honorer les dieux animiques, les dieux des mon-

---

1. Huc. *Loc. cit.* I, 64.
2. Vereschagin. *Souvenirs*, 194.
3. Turner. *Loc. cit.* I, 332.
4. Vereschagin. *Souvenirs*, 112.
5. Turner. *Loc. cit.* I, 64.
6. *Ibid.* I, 66, II, 81.

tagnes neigeuses; quoique les lamas président à ces fêtes, elles n'en comportent pas moins des danses sacrées exécutées par des femmes[1].

Comme le Catholicisme, le Lamaïsme pratique le culte des saints, devant le tombeau desquels on entretient un feu perpétuel[2] et dont on vénère grandement les reliques. Les chapelets, dont un saint lama s'est servi durant sa vie, ont une grande valeur[3]. On attache même un grand prix aux empreintes, qu'un lama vénéré imprime avec sa main, convenablement enduite de safran, sur des feuilles de papier[4]. En même temps on use de charmes, de gri-gris pour éloigner les mauvais esprits, pour guérir les maladies. De ces gri-gris les lamas font même commerce[5].

Dans les lamaseries célèbres, où les pèlerins affluent, c'est une pratique ordinaire aux dévots de faire le tour du couvent, en se prosternant et s'allongeant successivement un nombre suffisant de fois.

En Tartarie, pour soutenir la ferveur des pèlerins, les lamas ont recours à des jongleries. Un lama, par exemple, s'ouvre le ventre, en fait sortir ses entrailles, puis les réintègre sans accident dans son abdomen[6]. Les lamas du Boutan font le commerce d'objets de religion : de cachets magiques portant l'empreinte d'un dieu et bénis par le Dalaï-Lama, de chapelets faits avec des morceaux de crâne humain, de tasses à thé faites avec des crânes[7], probablement avec des crânes vénérables.

La prière lamaïque est devenue tout à fait rituelle, machinale, même mécanique; puisqu'on a imaginé des instru-

1. Vereschagin. *Souvenirs*, 112. Turner. *Loc. cit*, I, 63.
2. *Ibid*. I, 8.
3. Turner. *Loc. cit*. I, 11.
4. *Ibid*. II, 303.
5. Vereschagin. *Souvenirs*, 140. — Turner. *Loc. cit*. I, 321.
6. Huc. *Loc. cit*. I, 309, 326.
7. *Ibid*. 141.

ments, qui remplacent avantageusement la parole humaine et qui méritent d'être signalés. Il y a la prière *flottante*, consistant en formules écrites sur des drapeaux; le vent agite ces drapeaux et la prière est faite, sans compter qu'elle se prolonge indéfiniment. Ces bannières priantes s'arborent près des temples ou sur les temples[1]. La prière *moulue* est plus usitée que la prière flottante. Elle consiste à faire tourner des moulins, à l'intérieur desquels sont écrites des formules religieuses. Certains de ces ingénieux appareils sont portatifs; il y en a d'autres, que le vent ou un cours d'eau maintiennent perpétuellement en activité[2]. Enfin, pour compléter les prières mécaniques, il y a les pièces *inscrites*. Ce sont des formules consacrées, écrites en lettres colossales, sur les roches, le long des chemins. Les lettres sont tantôt sculptées, tantôt formées de pierres incrustées dans le roc[3]. Presque toujours la formule usitée est ce que les Bouddhistes appellent le *mani*. Elle est ainsi conçue : *Om mani padmé hum*. (Oh! le joyau dans le lotus! Amen[4]). Selon les lamas, cette formule a une vertu magique. Elle rachète les fidèles des peines de la vie future; elle les perfectionne moralement[5]. Chaque dévot répète mille fois par jour cette formule hindoue, qu'il ne comprend pas toujours; mais, selon le Lamaïsme, comprendre est chose inutile[6].

L'analogie de toutes ces pratiques avec celles du Catholicisme est frappante; mais la ressemblance va bien plus loin encore et, sur ce point, je laisserai parler un prêtre catholique, le père Huc : « La crosse, la mitre, la dalmatique, la chape ou pluvial, que les grands lamas portent en voyage ou

---

1. Turner. *Loc. cit.* I, 152. — Vereschagin. *Souvenirs*, 73, 214.
2. Turner. *Loc. cit.* I, 302. — Vereschagin, 76, 108. — Huc. *Loc. cit.* I, 378.
3. Turner. *Loc. cit.* I, 153. — Tinkowski. *Loc. cit.* 53. — Vereschagin. *Souvenirs*, 84.
4. Huc. *Loc. cit.* II, 342, 341.
5. Timkowski. *Loc. cit.* 20.
6. *Ibid.* 343.

lorsqu'ils font quelque cérémonie hors du temple, l'office à deux chœurs, la psalmodie, les exorcismes, l'encensoir à cinq chaînes et pouvant s'ouvrir et se fermer à volonté, les bénédictions données par les lamas en étendant la main droite sur la tête des fidèles, le chapelet, le célibat ecclésiastique, les retraites spirituelles, le culte des saints, les jeûnes, les processions, les litanies, l'eau bénite. Voilà autant de rapports que les bouddhistes ont avec nous. » Le costume du Grand Lama « est rigoureusement celui des évêques catholiques. Le pape lamaïque « portait une mitre jaune, un long bâton en forme de crosse était dans sa main droite. Ses épaules étaient recouvertes d'un manteau en taffetas violet, retenu sur la poitrine par une agrafe et ressemblant en tout à une chape[1] ». Mais une telle foule de similitudes de détail ne sauraient être spontanées. L'un des cultes a dû copier l'autre. Or le Bouddhisme est l'aîné de plusieurs siècles et il existait des communautés bouddhistes en Asie Mineure durant les premiers siècles de l'ère chrétienne[2].

Dans ce chapitre je me garderai de parler de la métaphysique bouddhique. Le Lamaïsme n'est en effet qu'une caricature de la religion de Çakiâ-Mouni, mise ainsi à la portée de populations encore barbares. Un peu plus loin, j'aurai à exposer en détail les doctrines du véritable Bouddhisme.

VIII. — DE L'INSTINCT RELIGIEUX CHEZ LES MONGOLS

Après cette rapide excursion mythologique dans une très grande partie de l'Asie mongolique, il me reste à formuler quelques conclusions. En premier lieu, je constaterai, que les croyances animiques des Mongols et des Mongoloïdes sau-

---

1. Huc. *Loc. cit.* II, 103, 112.
2. Burnouf.

vages ou barbares sont d'une essence très peu relevée et ne se distinguent de celles des populations les plus inférieures que par la place prédominante faite à la sorcellerie, c'est-à-dire par l'exagération d'une grossière erreur. On a prétendu et l'on prétend encore quelquefois, que certaines illusions sont respectables, parce qu'elles sont utiles; mais qui oserait élever une telle prétention à propos du Chamanisme des Tartares et des Esquimaux ou de leur animisme rudimentaire? Les enfantines imaginations de ces peuplades au sujet des esprits, de la vie future, etc., ne sauraient certainement favoriser en rien leur progrès intellectuel ou moral : il n'est pas douteux au contraire qu'elles n'y fassent très sérieusement échec.

Au point de vue particulièrement anthropologique, à celui de la psychologie des races, ce qu'il faut relever chez les Tartares, c'est la pauvreté de l'imagination mythique. Dans le fond et dans la forme, leurs illusions religieuses sont plates, terre à terre. Avec combien plus de grâce se sont trompées des races très peu civilisées, par exemple les Polynésiens! La religion des Tartares indique une race, dont l'impressionnabilité est faible, l'imagination sans ailes. Remarquons, pour finir, que les peuples tartares se sont montrés incapables même d'adopter intelligemment le Bouddhisme, qui leur est venu de l'Inde; ils n'en ont vu que les petits côtés et ont fait de la doctrine de la transmigration une application des plus sottes. En résumé, le Lamaïsme thibétain n'est qu'une caricature de la religion bouddhique. — Mais, pour en finir avec la mythologie des races jaunes, il nous reste encore à étudier les plus civilisées des nations, qu'elles ont réussi à constituer : le Japon et la Chine.

CHAPITRE X

LA RELIGION EN CHINE ET AU JAPON

A. — LA RELIGION AU JAPON

I. *Le Sintoïsme.* — Les doubles. — Le *Royaume des racines* et les *Champs hauts*. — Les temples et le culte. — Les offrandes. — Les *Kamis* ou ancêtres divinisés. — Les génies et les dieux. — Formule de serment. — Morale rituelle.

B. — LA RELIGION DE LA CHINE

I. *L'animisme primitif en Chine.* — Les doubles. — Crémation. — Offrandes votives. — Sacrifices humains votifs. — Inhumation. — L'amour du cercueil. — Le deuil. — Tablettes funéraires. — II. *Les dieux primitifs.* — Les génies. — Les esprits des choses. — Le *ciel*. — Culte impérial du ciel. — Culte des ancêtres. — La plèbe des esprits. — Sorcellerie et magie. — Le culte des grands hommes. — Dieux abstraits. — Les idoles. — III. Le Taoïsme. — Laou-tze. — Le *taou*. — Dédain des esprits. — Morale du Taoïsme. — Doctrines politiques du Taoïsme. — Glorification de l'humilité. — L'échelle de la dégradation morale. — Épicuréisme. — Délire métaphysique. — Les dieux du Taoïsme. — La mort civile des bonzes taoïques. — Les temples et le clergé. — La durée de la vie sanctionne la morale. — IV. *Le Confucianisme.* — Confucius. — Les grades *post mortem*. — Le culte de Confucius. — Les offrandes. — Les temples. — Confucius, ancêtre intellectuel. — Les esprits et Confucius. — L'évolution du mythe de *Chang-ti* ou le ciel. — Le ciel d'après Confucius. — Développement moral et récompenses terrestres. — Le sage. — L'homme supérieur. — Le stupide. — Les seize maximes. — L'indifférentisme chinois. — V. *Les religions importées*. — Le Judaïsme. — L'Islamisme. — Le Christianisme. — Le Bouddhisme ou religion de Fo. — VI. *L'esprit religieux des races mongoliques.* — Médiocre développement du sentiment religieux.

A. LA RELIGION AU JAPON

I. LE SINTOISME

Dans le précédent chapitre, nous avons passé en revue les croyances et les cultes de divers peuples se rattachant plus ou moins directement à la grande race mongole. Pour achever d'étudier l'homme jaune, au point de vue de sa mythologie, il me reste à parler du Japon et de la Chine. Je commencerai par le Japon, où, en dehors des cultes importés, l'évolution religieuse a été plus courte et s'est moins détachée de l'animisme primitif. — La religion japonaise, indigène, le *Sintoïsme* (*sin-to*, religion des *sin* ou esprits), n'est guère en effet que le culte des esprits ancestraux et des éléments ou êtres de la nature ambiante. Je pourrai donc me borner à à en faire un très court exposé.

Selon les sintoïstes, l'ombre, le double de l'homme, s'en va après la mort soit dans le ciel, soit sous terre, dans « le royaume des racines. » Au contraire le séjour céleste, où les ombres sont fort heureuses, est situé immédiatement au-dessous de la demeure des dieux. Ce paradis se nomme « les champs hauts », appellation qui montre suffisamment l'idée que s'en font les croyants. Les doubles, qui habitent les *champs hauts*, sont tout particulièrement ceux qui ont convenablement adoré les divinités et par leur ferveur ont réussi à se les rendre favorables[1]; mais les doubles des impies vont sous terre dans le « royaume des racines », après avoir longtemps erré dans le monde des vivants[2].

Ce que les Japonais demandent à ces esprits ancestraux déifiés, ce sont surtout des bonheurs temporels; car ils ont de l'autre vie un souci médiocre[3]. C'est particulièrement par des pèlerinages et une exacte observance des fêtes, que l'on gagne la bienveillance des esprits divinisés, des *Kamis*[4]. Aucun rituel déterminé ne s'impose. Chacun demande aux dieux ce qu'il lui plaît et comme il lui plaît[5]. Point de sacerdoce

---

1. Kaempfer. *Histoire du Japon*, tome II, 3, 16.
2. Kaempfer. *Loc. cit.* II, 16.
3. *Ibid.* II, 3.
4. *Ibid.* 17.
5. *Ibid.* 21.

non plus. Les temples, fort nombreux, sont desservis par des laïques et entretenus par des dons et legs ou des subsides accordés par le *Mikado*[1]. Souvent les temples ou *mias* renferment des idoles ; mais ils en sont quelquefois dépourvus. Les divinités japonaises sont cependant conçues sous une forme très matérielle. Ainsi à la porte de beaucoup de temples est suspendue une cloche, qu'en entrant les fidèles mettent en branle, afin de réveiller le dieu ou la déesse et de fixer son attention[2]. Dans les temples (*mias*), on fait des offrandes de thé et de *saki*. Les jours de fête, on offre du riz, du poisson, du chevreuil. Autrefois on a pratiqué des sacrifices humains. Souvent les fidèles font des offrandes en pleine campagne. Les gorges des montagnes, les caps du rivage ont leurs génies, auxquels on offre des aliments.

Les *Kamis* sont très souvent des ancêtres ou des grands personnages déifiés. Après leur mort, les empereurs du Japon deviennent presque tous des dieux, des *Kamis*[3]. De leur vivant même les *mikados*, images et descendants des illustres ancêtres divinisés, jouissent d'un prestige divin et ont la faculté d'enrichir le Panthéon de leur pays, en canonisant l'esprit de tel ou tel personnage vénéré et en lui faisant bâtir un temple, un *mia*[4].

Pourtant les dieux japonais ne sont pas tous ancestraux. L'animisme tout à fait grossier a créé, au Japon comme partout, un grand nombre d'êtres divins. Ainsi les trombes sont animées par un dragon d'eau, pourvu d'une longue queue et qui s'élève dans l'air en volant[5] ; les tremblements de terre sont causés par une grosse baleine, qui se traîne sous le sol. Le renard loge en lui un esprit malveillant et même les

---

1. Kaempfer. *Loc. cit.* 13.
2. Smith. *Ten weeks in Japan.* — Kaempfer. *Loc. cit.* II, 11.
3. J. de la Gravière. *Voy. en Chine*, I, 232. — Kaempfer, II, 4.
4. Kaempfer. *Loc. cit.* 5, 15.
5. *Ibid.* II, 17.

impies, après leur mort, peuvent être transformés en renards[1]. Des divinités inférieures gouvernent l'eau et tous les éléments[2]. Les marchands ont des dieux de la fortune et de la prospérité[3].

Au-dessus de ces dieux inférieurs, on reconnaît sept grands esprits célestes, dont l'un a eu de sa divine épouse cinq enfants, dieux terrestres, qui jadis ont gouverné le Japon très longtemps ; car ce pays a été le seul existant pendant plusieurs millions d'années[4].

Il existe aussi une divinité de la lumière, qui, s'étant un jour cachée dans une caverne, a éteint, par sa seule absence, le soleil et les étoiles[5]. Bien d'autres dieux encore sont reconnus au Japon et la formule suivante, usitée pour prêter serment, donnera une idée de leur variété: « Si je n'observe pas religieusement tous les articles ci-dessus spécifiés, puissent les quatre grands dieux du ciel immense, les dieux de toutes les provinces, tous les grands et petits dieux, les dieux soudainement vengeurs et sévères de *Idyn*, les dieux de *Fakkone*, de *Rioussu*, le dieu de *Missima*, le dieu *Fatzman* et le dieu *Temmandaï-Tensin*, faire tomber leur courroux et leur indignation sur moi. Puisse toute ma famille, puissent tous mes parents et amis ressentir le poids de leur juste colère et de leur châtiment ! Ainsi soit-il »[6]. Cette religion, d'essence si inférieure, n'a pas de sacerdoce organisé. Pourtant le Sintoïsme a ses couvents de moines et de nonnes. Ces dernières passent même pour avoir souvent une conduite peu exemplaire. Les prêtres sintoïstes sont volontiers des sorciers. Par leurs charmes, par leurs conjurations, ils prétendent don-

---

1. Kaempfer. *Loc. cit.* II, 17.
2. Kaempfer. *Loc. cit.* 3.
3. *Ibid.* II, 33.
4. *Ibid.* II, 6.
5. *Ibid.* II, 44.
6. *Ibid.* II, 284.

ner le pouvoir de manier impunément des charbons ardents, d'éteindre le feu, de faire bouillir l'eau glacée, de fixer si solidement les sabres au fourreau qu'on ne puisse dégainer, de rendre invulnérable, etc., etc.[1]. Le Sintoïsme n'a pas de prétention morale, mais il a des observances rituelles et prescrit surtout d'éviter telle ou telle souillure. On devient impur en mangeant de la chair de certains animaux, peut-être totémiques. Surtout on devient impur par la mort des proches et d'autant plus que les liens du sang sont plus étroits, etc., etc.

Tout cela est très banal, très ordinaire. Les créations mythiques des Japonais ne sont pas plus ingénieuses que celles des peuples les plus inférieurs; elles contrastent même avec le reste de la civilisation du pays et semblent avoir été frappées d'un arrêt de développement. En ce moment, je n'ai pas à parler des religions importées au Japon, notamment du Bouddhisme, qui y compte de nombreux sectateurs : il sera étudié plus tard.

Sans avoir été d'une grande fécondité religieuse, le puissant voisin du Japon, le Céleste Empire, offre néanmoins aux mythologues un champ d'exploration plus digne d'intérêt.

B. LES RELIGIONS DE LA CHINE

I. — L'ANIMISME PRIMITIF EN CHINE

Même dans des pays civilisés, où l'esprit est moins conservateur qu'en Chine, les antiques chimères animiques, dont s'est bercée la crédulité de l'homme primitif, persistent, mal cachées par le manteau des grandes religions dites supérieures. Dans le Céleste-Empire, où l'on a le culte du passé,

---

1. Kaempfer. II, *passim*.

on s'est détaché moins qu'ailleurs de ces croyances, qui, pour la longue série des générations préhistoriques, ont été une intarissable source de préoccupations, d'émotions et de tourments.

Comme presque tous les peuples, celui de la Chine a cru à une survivance après la mort ainsi qu'à l'existence des doubles, des ombres. Marco Polo nous parle de Chinois qui, pendant six mois, gardaient dans des caisses les cadavres des leurs et avaient soin de leur servir chaque jour des aliments[1]. Encore aujourd'hui, les Chinois pratiquent une ouverture dans le toit de leur maison pour laisser passer le double au moment de la mort[2], et ils servent des repas splendides, soit devant la bière, tant qu'elle reste dans la maison, soit sur le tombeau après l'inhumation. Sans doute les Chinois éclairés ne croient plus que les ombres mangent réellement les offrandes; mais les ancêtres l'ont cru et le peuple le pense encore[3].

Dans l'opinion des anciens Chinois, chaque homme avait deux esprits, dont l'un montait au ciel au moment de la mort, tandis que l'autre restait sur la terre[4].

Autrefois, du moins dans certains districts du vaste Empire du Milieu, on brûlait les morts et avec eux, rapporte Marco Polo, des « parchemins » taillés en forme de chevaux sellés, d'armures, de vêtements en drap d'or. « Ils disent, a écrit le vieux chroniqueur, que le corps aura toutes ces choses à son commandement et que les instruments qu'ils font sonner, ainsi que le chant des idoles, viendront à sa rencontre en l'autre monde »[5]. C'est là un exemple de ces offrandes funéraires dites votives, fort communes dans le monde, fort an-

---

1. Marco Polo (Voyages de) vénitien. Liv. 1. Ch. 45 (Edit. A. Muller Greiffenhag).
2. Tylor. *Civilis. primitive*, I, 527.
3. Huc. *Empire Chinois*, II, 250, 251.
4. Tiele. *Manuel hist. relig.*, 45.
5. Marco. Polo. *Loc. cit.* 165.

ciennes aussi ; puisqu'elles étaient déjà pratiquées par nos ancêtres préhistoriques. Ces offrandes votives substituant l'apparence des choses à leur réalité, sont un usage économique qu'on adopte partout alors que la fois s'attiédit en même temps que grandit beaucoup le souci des biens de ce monde. Ces rites votifs persistent toujours en Chine, et aujourd'hui, quoique la crémation y soit généralement abandonnée, on brûle encore sur les tombes de charmantes maisons en papier, luxueusement meublées en papier, munies de clefs en papier pour ouvrir des coffres en papier, contenant de l'or et de l'argent en papier[1]; en même temps on jette aussi dans les flammes des bateaux, des chaises à porteurs et même, pour les gens importants, des dames d'honneur et des pages nobles[2], le tout en papier. Ces dernières offrandes funéraires nous renseignent sur le passé et attestent très clairement qu'autrefois les funérailles s'accompagnaient souvent de sacrifices humains.

Aujourd'hui l'inhumation a remplacé la crémation et même les Chinois tiennent extrèmement à avoir un beau cercueil en même temps que de riches funérailles. Avec un empressement pieux, les enfants se font un devoir de satisfaire sur ce point le désir de leurs auteurs. Pour se procurer l'argent nécessaire à ces convois coûteux, on a vu des fils se vendre comme esclaves[3] ou se ruiner. Confucius a même cru devoir blâmer ce dernier excès; mais il conseille de consacrer à l'enterrement de ses parents jusqu'à la moitié de ses biens[4]. C'est en grande partie pour s'assurer de belles funérailles et un tombeau soigné, que les Chinois tiennent à avoir des enfants et qu'au besoin ils en adoptent ou en achètent[5].

1. Tylor. *Civil. primit.* I, 574.
2. H. Spencer. *Sociologie*, I, 275.
3. Sinibaldo de Mas. *Chine et puissances chrétiennes*, II, 17.
4. Huc. *L'Empire Chinois*, II, 245.
5. Sinibaldo de Mas. *Loc. cit.* I, 17.

Dans les pays civilisés, le deuil rituel, de pure forme, est la survivance affaiblie, le symbole votif des blessures ou mutilations funéraires des premiers âges. En Chine, ce deuil est relativement rigoureux. Pour un père ou une mère, il dure trois ans, durant lesquels on ne doit rendre aucune visite, ni exercer aucune fonction publique[1].

Le culte des ancêtres est aujourd'hui encore une vivante relique du passé animique de la race. Seulement les Chinois contemporains ont remplacé les grossières idoles ancestrales des Mongols par des tablettes, sur lesquelles on se contente de graver les noms des aïeux. Les pauvres placent ces tablettes funéraires sur une planche ou dans une niche. Les riches ont une sorte de chapelle ancestrale, où ils pratiquent des cérémonies rituelles, brûlent des parfums[2], ou même ils offrent aux mânes des festins auxquels ils invitent leurs amis[3]. Dans ce sanctuaire, les descendants vont gravement donner avis aux ancêtres de toute entreprise importante, de toute faveur reçue, de tout malheur subi[4]. Pourtant, après la cinquième génération, la tablette d'un ancêtre ne reçoit plus de culte[5], et c'est la pratique des sauvages, qui ne s'occupent plus des doubles de leurs morts au bout d'un certain laps de temps.

ii. — LES DIEUX PRIMITIFS

On parle souvent et je parlerai bientôt moi-même de l'indifférentisme religieux des Chinois ; mais ce détachement mythologique est loin d'être général. Les dieux animiques des lointains ancêtres continuent à trôner dans le cerveau de beau-

---

1. Huc. *Loc. cit.* II, 253.
2. *Ibid.* II, 252.
3. Milne. *Loc. cit.* 166.
4. Huc. *Loc. cit.* 252.
5. Wake. *Évolution of morality*, II, 142

coup de leurs descendants et l'ancien culte est même encore officiellement pratiqué.

Beaucoup de Chinois expliquent les phénomènes naturels exactement comme les sauvages. Les trombes d'eau, par exemple, sont des dragons à longue queue, fuyant dans l'air[1].

Beaucoup de dieux animiques sont encore adorés; chaque chaîne de montagnes a son génie, et ce génie a son temple[2]. On croit aussi à des esprits des fleuves. D'autres esprits résident dans le soleil, la lune, les étoiles, les constellations. La terre a son esprit, qui est féminin : Ces esprits des choses prennent parfois des formes animales. Mais le grand esprit, c'est le Ciel. Le Ciel (*Thian*) est le collaborateur de la Terre dans la génération des êtres (*Seng*). Dans le *Yi-King*, le ciel et la terre sont conçus exactement comme mari et femme. Le Ciel est l'empereur des esprits (*Chang-ti*). Sa volonté, c'est le destin; néanmoins, plein d'inconséquence, il punit et récompense les hommes[3]. Seul l'empereur a le droit d'offrir des sacrifices au Ciel, à *Thian*; car le culte est hiérarchisé et les princes doivent se borner à faire des offrandes aux esprits de la terre et aux esprits ruraux. Le culte des cinq esprits domestiques et celui des esprits du vent, de la pluie, du tonnerre, sont réservés aux plus hauts fonctionnaires, etc., etc.

Jadis la plupart des temples étaient consacrés aux mânes des morts et tout le monde pouvait prier le Ciel (*Thian*). Les esprits ancestraux s'intéressaient seulement à leurs descendants et ressemblaient beaucoup aux *Kamis* du Japon. Aujourd'hui l'empereur adore seul, à Pékin et dans les temples spéciaux, le ciel, la terre, le soleil, la lune. Dans ces occasions, il revêt une robe pontificale, dont la couleur change suivant le temple. Le rituel religieux est minutieusement réglé et

---

1. Tylor. *Civil. primit.* I, 334.
2. Milne. *Loc. cit.* 98.
3. Tièle. *Loc. cit.* 43, 44.

sous la surveillance d'un des six ministres[1]. Aujourd'hui encore l'empereur annonce aux esprits tous les événements importants (Douglas, 80). Autrefois on recourait en même temps à la magie : « J'ai, dit un empereur, délibéré avec mes ministres et gens. Les esprits ont acquiescé. La *tortue* et le *gazon* ont été consultés. » (Douglas, 80.)

En dehors des génies classés, sérieux, ayant pignon sur rue, il en existe une foule d'autres. Certains esprits succubes ou incubes tourmentent les nouvelles mariées et les maris fidèles. Certains autres prennent un malin plaisir à briser la vaisselle, à fermer la nuit avec fracas les portes et fenêtres. Heureusement cette plèbe des esprits est d'une extrême poltronnerie ; on la met facilement en fuite par le bruit des pétards, le son éclatant du *gong*, des cymbales[2].

A côté de tous ces dieux si primitifs, la croyance en la magie a tout naturellement subsisté. Longtemps il a existé des magiciens, devins évocateurs, qui étaient à la fois des fonctionnaires[3]. Aujourd'hui, au contraire, le code édicte des peines contre les magiciens, mais cela même prouve que la croyance à la sorcellerie est encore très vivante. Cette croyance est d'ailleurs en parfait accord avec toute cette religion archaïque, et surtout avec l'idée vulgaire et très répandue en Chine que les maladies sont l'œuvre de malveillants esprits[4] ; ce qui est une opinion absolument sauvage.

A tous les dieux ou esprits, dont je viens de faire une énumération très incomplète, il faut ajouter les hommes distingués, par leurs talents, leurs vertus, leurs services et qui sont devenus les patrons des villes et des villages. C'est l'empereur, qui, comme le Mikado du Japon, accorde par décret la sainteté à ces mânes notables, souvent pris parmi ceux des

---

1. Tiele. *Loc. cit.* 46. — Sinibaldo de Mas. *Chine et puissances chrétiennes.* 1,80.
2. J. de la Gravière. *Voyage en Chine*, I, 289.
3. Tiele. *Loc. cit.* 45.
4. J. de la Gravière. *Loc. cit.*

sages et des guerriers célèbres[1]. Ainsi le dieu de l'agriculture, que l'empereur honore chaque année en conduisant la charrue près de son temple, est un dieu ancestral[2]. On fait aussi des offrandes à *Chinnoug*, le dieu de la cuisine, qui a enseigné aux hommes à faire cuire leurs aliments (Milne, *Loc. cit.* 135). *Kouang-ti*, le Mars chinois, que les mandarins militaires ont l'obligation d'adorer, serait aussi ancestral[3]. Ce dieu *Kouang-ti* prend une part efficace aux batailles; il apparait même de temps en temps aux troupes impériales; aussi, après la défaite des *Tai-ping*, l'empereur régnant, *Hian-foung*, crut devoir récompenser le Mars chinois de ses bons services en décrétant qu'à l'avenir il serait honoré à l'égal de Confucius[4].

Je citerai encore, après le Mars des Chinois, leur Plutus, le dieu des richesses, adoré naturellement avec une grande ferveur et auquel, à la fin de chaque année, les marchands font des offrandes, quand leur balance est favorable[5]. Ce dieu a été adopté par les taoïstes. Les bouddhistes, eux, ont introduit en Chine un culte sentimental, celui d'une déesse indienne, la déesse de la Pitié, protectrice des infortunés, et que l'on représente tenant un enfant dans ses bras, comme la vierge Marie des catholiques. Cette divinité est surtout la déesse tutélaire des femmes et spécialement des femmes grosses ou en travail d'enfant[6].

Le large polythéisme ou polyanimisme des Chinois comporte un grand nombre d'idoles et les Chinois du peuple traitent ces idoles comme des êtres vivants, exactement à la manière des nègres d'Afrique. Quand une idole tarde trop à

---

1. S. de Mas. *Loc. cit.* I, 81.
2. Timkowski. *Loc. cit.* 308.
3. Huc. *Loc. cit.* I, 313.
4. R. K. Douglas. *Confucianisme*, 280.
5. *Ibid.* 282.
6. Milne. *Loc. cit.* 117.

exaucer les vœux de ses adorateurs, ceux-ci la battent; puis s'excusent auprès d'elle, en lui disant : « Tu as été un peu lente à nous accorder notre demande... ; mais, si tu veux oublier le passé, nous allons te dorer à neuf »[1]. — Tout ce qui précède suffit grandement à établir, que les croyances animiques des âges primitifs subsistent toujours dans le Céleste Empire ; le gouvernement en a même fait un culte officiel, mais plutôt par respect pour le passé que par conviction. En effet, aucun clergé n'est attaché aux temples de ces dieux primitifs, qui, aux yeux des Chinois éclairés, sont plutôt des monuments commémoratifs[2]. Au reste, à moins de graves raisons d'État, la tolérance religieuse est la règle du gouvernement chinois. A l'abri de cette tolérance, divers cultes étrangers se sont introduits en Chine et une religion indigène s'y est fondée. Cette religion, que j'ai maintenant à examiner, c'est le *Taoïsme*.

III. — LE TAOÏSME

Laou-tze, le fondateur du Taoïsme, naquit, l'an 604 avant J.-C., au village de « la Bienveillance opprimée », paroisse de la « Cruauté », district de « l'Amertume », État de la « Souffrance »[3]. De son vivant, il ne joua aucun rôle important et fut gardien du Trésor ou des Archives, peut-être du Musée Impérial.

Dans la pensée de son fondateur, le Taoïsme fut surtout une doctrine métaphysique. Le mot *taoïsme* vient de *tao* ou *taou*. La première signification du mot *taou* est « la voie», d'où l'on a tiré des sens dérivés : « La vraie ligne de con-

---

1. Astley. Cité par Lubbock. *Orig. Civil.*, 331.
2. S. de Mas. *Loc. cit.* I, 82.
3. Douglas. *Confucianisme et Taoïsme*. 174.

duite », la « raison ». C'est pourquoi les taoïstes sont appelés *tao-sse* ou docteurs de la raison. Confucius se sert constamment du mot *taou* et les bouddhistes l'emploient avec le sens « d'intelligence ». — Pour *Laou-tze*, le *taou* est un premier principe, d'ordre métaphysique. Cause et effet de tout, le *taou* est sans forme ; mais il produit la forme. Le *taou* est l'associé du Ciel ; il s'identifie même avec le Ciel. Il est vide. On ne sait de qui il est fils et il est antérieur aux esprits, qu'il inclut d'ailleurs en lui. C'est lui qui a créé le ciel et la terre ; il est à la fois le Ciel-esprit et le Ciel-matière ; il est la mère de toutes choses ; il pénètre l'impénétrable, produit tout, nourrit tout, contient en puissance toute vie: « au commencement était le *taou* »[1].

Laou-tze n'eut qu'une foi médiocre dans l'existence des esprits ; il admit seulement des esprits d'ordre inférieur, que le sage savait dominer[2]. De son vivant on peut, selon Laou-tze, s'identifier avec le *taou* ; mais ce retour au principe suprême n'est pas l'extinction ; c'est la rentrée du fini dans l'infini[3]. Pour arriver à cette absorption, *Laou-tze* formula toute une doctrine de morale ascétique. Il s'agit de s'effacer, de dompter son égoïsme, de refréner ses désirs ambitieux, de réformer le peuple par son exemple. « Rendez le bien pour le mal. — Veillez aux commencements. — Détruisez les germes. — Tenez vos lèvres closes et aussi vos yeux et vos oreilles ; par là vous éviterez le chagrin. — Gardez-vous de tous les excès, de la gaieté, de l'éclat. — Soyez chastes ; mais ne châtiez point ceux qui ne le sont pas. — Avant tout, il faut se maîtriser[4]. » — Ce code ascétique n'est pas spécial à la Chine ; nous le retrouverons, magistralement exposé, dans les livres sacrés de l'Inde.

1. Douglas. *Confucianisme et Taoïsme*, passim.
2. *Ibid.*, 213.
3. R. K. Douglas. *Loc. cit.* 212.
4. *Ibid.* 192, 209.

Les doctrines politiques de *Laou-tze* sont anarchiques. Il croit à un âge d'or évanoui, durant lequel le peuple avait à peine conscience d'être gouverné, tant les rênes étaient légèrement tenues par ses conducteurs. Puis vint l'âge de la violence, de l'égoïsme ; on vit éclater la guerre, la rapine, etc. — Il faut retourner à l'anarchie de l'âge d'or, car le gouvernement est à la fois un mal et la cause du mal. Un bon souverain doit non pas gouverner, mais laisser « couler le courant fertilisateur ». Une nation est un être en croissance et non pas une manufacture. Les armes spirituelles ne sont pas l'œuvre des règlements. Dans un État bien gouverné, la peine de mort est inutile. A quoi peut-elle servir, quand le peuple ne craint pas la mort ? — Un général vraiment grand ne doit pas aimer la guerre. — Tout pour le peuple ; tout par le peuple. — A ces préceptes s'ajoute la glorification de l'humilité, de l'ignorance et des maximes plus que chrétiennes. « Aujourd'hui les hommes préfèrent le courage à la compassion, l'économie à la libéralité, la première place à la dernière : c'est leur mort. » — « Celui qui monte sera abaissé ; l'humble sera élevé. » — La nature humaine est foncièrement bonne. En suivant ses inspirations on possédera le *taou* ; on y retournera. — L'ignorant vaut mieux que le savant et, pour exprimer sa pensée, il vaut mieux se servir d'une corde à nœuds que de la plume de Confucius. — Il existe toute une échelle de dégradation morale : on commence par perdre le *taou* et la vertu naît ; on perd la vertu, alors apparait la justice. Quand s'évanouit la justice, on voit se fonder la propriété, qui prélude à la confusion[1].

Ces maximes, formulées six cents ans avant Jésus-Christ, devancent même le Bouddhisme, tout en s'inspirant, selon toute apparence, de l'ascétisme brahmanique. Certaines d'entre elles ont un caractère hardi et nous les entendons aujour-

1. R. K. Douglas. *Loc. cit.* 192, 197.

d'hui proclamer autour de nous. Mais, au total, elles glorifient l'inertie, l'apathie, l'ignorance, la soumission passive. Elles sont donc dans leur ensemble anti-sociales. D'autre part, le dogme qui les a inspirées est métaphysique, c'est-à-dire prépare l'esprit à accueillir docilement les plus absurdes superstitions. Aussi les sectateurs du Taoïsme ne manquèrent-ils pas de tirer des enseignements de *Laou-tze* des conséquences, que le fondateur aurait hautement répudiées. — *Leih-tsze*, taoïste de la génération qui suivit *Laou-tze*, déclare que, puisque la vie n'est rien, il est bien inutile de faire de la politique, etc. « Réjouissons-nous, dit-il, et laissons à demain le soin de s'occuper de lui-même[1]. » *Yin-he*, continuateur de *Laou-tze*, poussa la spéculation métaphysique jusqu'au délire. Il se lança dans d'impalpables abstractions et admit l'existence d'entités inintelligibles, du « grand premier », commencement de la forme; du « grand pur », commencement de la matière; du « grand changement », où il n'y avait pas d'esprit, etc., etc.

Une fois entré dans le domaine de l'absurde, toutes les aberrations deviennent possibles. Le métaphycisien *Yin-he*, questionné par le quiétiste *Leih-tsze*, lui répondit, que, pour quiconque est arrivé à la pureté d'esprit, c'est un jeu que de voyager dans les airs, d'entrer dans le feu sans se brûler, etc., toutes folies que la petite secte de nos théosophistes européens entreprend en ce moment de nous faire croire. Selon *Yin-he*, cette pureté toute-puissante ne pouvait s'acquérir par des moyens artificiels. Les imitateurs au contraire affirment qu'on arrive très bien par des procédés magiques à dominer les forces naturelles, à gouverner les saisons, à produire en été de la glace ou du tonnerre, à faire voler les quadrupèdes et à paralyser le vol des oiseaux, etc.[2]

1. Douglas. *Loc. cit.* 223.
2. *Ibid.* 225.

L'impulsion une fois donnée, le Taoïsme devint une religion animique, spiritiste, un retour aux croyances primitives. Le fondateur *Laou-tze* fut déifié ; on en fit même un dieu en trois personnes, les « trois purs », et chaque personne de cette trinité eut son image[1]. Puis on inventa le « précieux dieu impérial », et quantité d'autres divinités. La terre fut déclarée constituée par cinq éléments : métal, bois, eau, feu, terre, que représentaient dans le ciel les planètes Vénus, Jupiter, Mercure, Mars et Saturne. D'autres étoiles furent déifiées ; la Grande Ourse devint le séjour de deux divinités. Le dieu de la foudre fut adoré ; on lui accorda le gouvernement des esprits ; il fut déclaré père des êtres vivants et dieu à métamorphoses. Ce n'était pas encore assez : tout finit par devenir dieu et on rendit un culte à la Mère de la lumière, à l'Esprit de la mer, Roi de la mer, au Seigneur de la marée, surtout au Dragon-roi, qui se manifeste dans les convulsions de la nature[2]. On emprunta au Bouddhisme le dieu de la richesse ; au culte officiel, le dieu de la littérature, esprit d'un officier qui vivait sous la dynastie des *Chou*. Dans les temples, on réserva des niches aux divinités du Rang, du Bonheur, de la Vieillesse. On admit l'existence de trois grands intendants célestes : celui du ciel, qui distribue le bonheur ; celui de la terre, qui pardonne les offenses ; celui de l'eau, qui délivre des dangers, etc., etc.[3]

Les empereurs ont tantôt favorisé, tantôt combattu la propagation du Taoïsme. Un empereur, *T'ai-ho*, fit construire des temples et des monastères taoïstes. Au IIIe siècle, l'empereur *Chi-Houang-ti*, le célèbre destructeur des livres chinois, fit exception pour les écrits taoïstes, ce qui est naturel, puisque lui-même croyait fermement à la puissance des charmes, protégeait des magiciens soi-disant dompteurs des

---

1. Douglas. *Loc. cit.* 274.
2. *Ibid.* 274, 277.
3. *Ibid.* 280, 282.

éléments, expédiait dans l'océan Oriental des navires à la recherche de certaines îles d'or, séjour béni des génies[1]. En 569-583, au contraire, l'empereur *Tai-Kin* décréta l'abolition du Taoïsme, etc., etc.[2] En 650-684, un autre empereur fit canoniser *Laou-tze* et comprendre ses écrits, comme ceux de Confucius, dans les sujets d'examen[3].

Aujourd'hui le Taoïsme n'est ni persécuté, ni favorisé. Ses bonzes et bonzesses, qui ont fait vœu de célibat et pratiquent la magie, l'astrologie, la nécromancie, etc.[4], sont frappés d'une espèce de mort civile. A peine de cent coups de bambou, ils ne peuvent visiter leur père et mère, porter le deuil de leurs parents, sacrifier à leurs ancêtres[5]. La moralité de ces pieux personnages serait, dit-on, très dégradée et leurs monastères de nonnes, établis à l'imitation de ceux des bouddhistes, seraient des lieux de débauche[6]. Pourtant les taoïstes ont quatre temples à Pékin et au moins un dans chaque ville de l'empire[7]. — Dans ces conditions difficiles, le clergé attaché au culte du *taou* ne se recrute pas sans peine. Ordinairement, pour s'assurer un successeur, le desservant d'un temple doit acheter un enfant pauvre, lui raser la tête et en faire à la fois son domestique et son disciple[8].

Pourtant il y a dans le Taoïsme contemporain un côté moral, qui a son importance et qui est résumé dans un petit traité intitulé « *Le Livre des récompenses et des punitions* ».

Les rédacteurs de cet opuscule semblent s'être inspirés à la fois des enseignements du fondateur et des doctrines morales du Bouddhisme. Ils recommandent l'humanité pour les ani-

---

1. Douglas. *Loc. cit.* 238, 237.
2. *Ibid.* 245.
3. *Ibid.* 250.
4. Huc. *Loc. cit.* II, 203.
5. *Ibid.* II, 313.
6. Douglas. *Loc. cit.* 287.
7. S. de Mas. *Loc. cit.* 86.
8. Huc. *Loc. cit.* II, 228.

maux et même pour les plantes, la piété filiale, la pitié pour les orphelins et les veuves. Ils veulent que l'on se réjouisse du succès d'autrui. Ils condamnent la pratique de l'avortement et de l'infanticide. Il ne faut, disent-ils, jamais séparer le mari et la femme, qui sont unis comme la chair et les os. On doit être exempt d'envie. Il ne faut jamais tromper sur la marchandise, etc., etc. Pour la punition des actes coupables, ils ont imaginé un curieux système de sanctions pénales. Sur la terre et dans le ciel, des esprits observent les fautes des hommes et les punissent, mais dans cette vie seulement. L'homme est libre et les conséquences suivent les actes, « comme l'ombre le corps ». Chaque faute abrège la durée de la vie, de la vie terrestre, au minimum de cent jours; mais il y a telle grosse faute, qui fait perdre d'un seul coup douze années d'existence. La punition du coupable est parfois indirecte. Ainsi, pour punir un homme d'avoir amassé des biens mal acquis, les esprits font mourir un nombre plus ou moins grand, suivant les cas, de ses femmes et de ses enfants[1]. Voilà pour le châtiment des fautes. Les bonnes œuvres reçoivent des récompenses de même ordre. Non seulement la vie de l'homme de bien n'est pas abrégée, mais il peut acquérir l'immortalité soit sur la terre, soit dans le ciel. La chose est naturellement difficile. Pour devenir immortel sur la terre, il faut posséder à son actif trois cents bonnes actions; il en faut mille trois cents pour acquérir l'immortalité céleste.

Dans sa morale comme dans sa métaphysique, le Taoïsme est un curieux mélange de sagesse et de folie, de raison et d'insanité. Mais, par son côté animiste et spiritiste, il est tout à fait à la portée des intelligences peu développées, aussi a-t-il eu un certain succès près du populaire. Au contraire le Confucianisme est une religion de lettrés, dans laquelle les considérations de morale pratique dominent tout le reste.

1. Douglas. *Loc. cit.* 256, 267.

IV. — LE CONFUCIANISME

Confucius, contemporain de Laou-tze, mais plus jeune que lui, n'eut pas non plus un grand succès de son vivant. Dédaigné par les souverains, il ne fut pas compris du peuple. Ce fut seulement avec la dynastie des *Han* (206 av. J.-C.) que s'ouvrit l'ère du Confucianisme et que Confucius, son esprit plutôt, s'éleva en dignité, à mesure que les empereurs lui conféraient des titres posthumes selon la coutume chinoise. L'empereur *Kaou-ti* commença par sacrifier un bouvillon sur la tombe du philosophe et vraisemblablement à son esprit. Les successeurs de *Kaou-ti* continuèrent en exagérant toujours. Confucius devint d'abord « le complet et illustre duc *Ne* », puis « l'illustre et honorable comte ». Quatre cents ans après, il fut canonisé comme le « Sage accompli ». Plus tard il fut élevé au grade de « roi accompli et perspicace ». Enfin l'empereur *Thin-tsoung*, de la dynastie *Soung*, lui décerna le titre « d'empereur[1] ».

Dans tout l'empire, des temples furent édifiés à Confucius. Il y a quinze cents de ces temples dans les provinces et on y offre des sacrifices le 1ᵉʳ et le 15 de chaque mois[2]. Le plus somptueux de tous a été élevé à Chan-toung et, chaque année, l'empereur y va célébrer deux cérémonies. Lui, « Fils du ciel », frappe six fois la terre de son front en invoquant la présence de l'esprit du sage Confucius ; puis il lui offre des pièces de satin, du vin, de la viande salée de tigre, du poisson sec, de la venaison, du bouvillon, un mouton et un porc[3]. Tout ce grossier cérémonial date de bien loin ; mais on le conserve religieusement et il atteste une foi profonde en l'existence des doubles, des

---

1. Douglas. *Loc. cit.* 158, 159.
2. *Ibid.* 165.
3. *Ibid.* 161, 164.

ombres. — Ce temple, dans lequel l'empereur s'humilie avec tant de dévotion, renferme les images de Confucius, celles de ses disciples et en outre celles de ses ancêtres auxquels une salle particulière est consacrée. — Dans les quinze cents temples de province dédiés à Confucius, les lettrés offrent régulièrement des sacrifices le 1er et le 15 de chaque mois[1].

Ce n'est pas tout. Dans toutes les écoles de l'empire, on a placé la tablette du maître, comme celle d'un ancêtre intellectuel, et, au commencement et à la fin de chaque classe, maîtres et élèves doivent se prosterner devant ce nom révéré. L'image de Confucius a été mise aussi dans les académies, dans les locaux d'examen où se réunissent les lettrés. Enfin les descendants de Confucius forment la seule noblesse héréditaire de l'empire[2].

Jamais la mémoire d'un homme ne reçut un tel culte; car, en Chine, Confucius est simplement considéré comme un sage[3]. Il nous reste à voir quelle est cette doctrine, qui semble acceptée par l'élite d'une nation de quatre cents millions d'âmes. Un seul empereur, *Houang-ti*, fondateur de la dynastie *Ts'in*, a protesté contre cet engouement en faisant brûler, l'an 212 av. J.-C., tous les livres canoniques et enterrer quatre cent soixante lettrés qui résistaient à cette mesure; mais *Houang-ti* était taoïste et, de plus, ce fut lui qui, malgré les Confucianistes, transforma la féodalité chinoise en une monarchie absolue[4].

Le succès du Confucianisme suffirait, seul, à prouver la timidité d'esprit des Chinois, à montrer combien sont courtes les ailes de leur imagination, combien est vif leur éloignement pour les aventures de l'esprit, combien ils aiment la modération et se délectent dans le juste milieu. En effet, Confucius

1. Douglas. *Loc. cit.* 164, 165.
2. Huc. *Loc. cit.* II, 202, 203.
3. S. de Mas. *Loc. cit.* I, 83.
4. Tiele. *Loc. cit.* 51.

est un sage dénué de toute originalité, un « transmetteur », comme il le dit lui-même[1]. L'audace n'est pas son fort; c'est le plus terre à terre des moralistes. Peut-être ne croyait-il guère aux esprits; mais il s'est bien gardé de le dire. Seulement il a pris soin de rabaisser la puissance des esprits animiques. « Il faut, dit-il, respecter les esprits, mais les tenir à distance »; en ne les révérant point, on mécontente le Ciel, qui peut punir.

Le Ciel, *Chang-ti*, très ancienne divinité chinoise, a commencé par être un dieu personnel, régnant dans l'azur, gouvernant les éléments ainsi que les trônes et les empires. En l'an 2697 av. J.-C., *Chang-ti* avait un temple. Le souverain lui offrait en sacrifice, sur une colline, un premier-né et l'on invoquait son secours dans toutes les circonstances graves. Puis, au fur et à mesure des progrès du rationalisme, la personnalité de *Chang-ti* s'effaça, perdit ses contours, finit par se confondre avec le ciel azuré, impersonnel[2]. Pourtant *Chang-ti* est encore au pinacle du Panthéon officiel et l'empereur l'adore dans l'attitude d'un sujet. Au Ciel, seul, on offre un bâton de jade bleu, emblème de la souveraineté, et en même temps des holocaustes[3].

Pour Confucius, le Ciel est quelque chose comme la Providence chrétienne, une puissance cachée, qui prescrit, mais ne dirige pas. C'est par le Ciel que tout vit, que les êtres humains se perfectionnent. Le Ciel est un feu subtil, éthéré; il entend et voit tout; il récompense les bons et punit les méchants; il tolère les souverains médiocres, mais renverse les tyrans. Il faut se conformer aux lois du Ciel. Pour quiconque développe le côté idéal de sa nature, le Ciel dispose d'une longue vie, de la richesse, des honneurs. En obéissant aux

---

1. Douglas. *Loc. cit.* 47.
2. *Ibid.* 81, 83.
3. *Ibid.* 85, 87.

lois du Ciel, on a *droit* à ses bénédictions : donnant, donnant. Mais la prière est inutile ; car l'intervention du Ciel n'est pas active ; ce n'est pas sa volonté, c'est la mauvaise conduite qui abrège l'existence des hommes¹. L'homme est maître de sa destinée. Il peut seconder les forces du Ciel et de la Terre, même devenir leur égal et former avec eux une trinité. Il peut atteindre la plénitude de son développement et aider à celui des autres hommes, même à celui des animaux et des choses².

La nature humaine est bonne, et sa bonté se manifeste par son attachement aux quatre principes nobles, c'est-à-dire à quatre de ces abstractions vagues, si chères aux moralistes chinois, savoir : l'humanité, la rectitude, la propriété et la connaissance³.

Deux classes d'hommes ne peuvent se modifier : ce sont les sages et les stupides. Le sage naît tout formé ; la connaissance, la pureté parfaite, lui sont des dons naturels ; il possède toutes les qualités morales ; il est comme le Ciel⁴. —

Au-dessous du sage, mais près de lui, est l'homme supérieur, qui, sans être né parfait, le peut devenir. L'homme supérieur est juste, sans reproche, sans crainte. Toujours il recherche la compagnie des savants, des gens d'étude ; toujours il travaille à son perfectionnement ; toujours il s'applique au bien-être du peuple⁵.

A proprement parler, il n'y a rien de religieux dans tout cela. Aussi jamais Confucius ne fait étalage de piété⁶. Il recommande surtout de se mettre en harmonie morale avec le Ciel, et a formulé à cet effet tout un code d'éthique, qu'un empereur, *K'ang-Hi*, a résumé dans les seize maximes suivantes :

1. Douglas. *Loc. cit.* 77, 78.
2. *Ibid.* 68, 69.
3. *Ibid.* 71.
4. *Ibid.* 71, 72.
5. *Ibid.* 87, 90.
6. Huc. *Loc. cit.* II, 199.

« 1. Piété filiale et soumission fraternelle. — 2. Générosité envers les parents. — 3. Cultiver, dans son voisinage, la paix et la concorde. — 4. Labourer et cultiver des mûriers. — 5. Être modéré et économe. — 6. Fonder des collèges et des séminaires. — 7. Écarter les doctrines étranges. — 8. Exposer et expliquer les lois. — 9. Être plein de convenance et de courtoisie. — 10. Travailler à son métier dans l'intérêt du peuple. — 11. Instruire ses fils et ses jeunes frères (il n'est pas question des filles et des sœurs). — 12. Arrêter les accusations fausses. — 13. Admonester ceux qui abritent des déserteurs, pour éviter d'être impliqué dans leurs punitions. — 14. Acquitter ses taxes promptement et exactement. — 15. Organiser des brigades de cent hommes et de dix hommes pour réprimer le vol et le brigandage. — 16. S'étudier à éteindre en soi le ressentiment et la colère[1].

Avec la constitution de notre cerveau aryen, nous ne parvenons pas à comprendre l'extraordinaire admiration, que les Chinois ont éprouvée pour ces plates maximes, où les détails pratiques coudoient les moralités, d'où les « doctrines étranges » sont si soigneusement écartées, qu'il n'y reste plus guère que des banalités. Mais les Célestes trouvent cela très beau et ils ont résumé l'essence de cette morale de boutiquier dans un adage, qu'ils ont toujours à la bouche : « Rapetisse ton cœur »; c'est-à-dire efface-toi, reste blotti dans ton petit coin, ne heurte jamais les usages établis, etc. C'est que le peuple chinois est bien vieux, moralement usé et revenu de bien des choses.

Mais les Chinois éclairés sont surtout revenus de la ferveur pieuse. Leur religion n'est plus guère qu'un rituel machinalement observé[2]; et le souci de la vie future ne les tourmente guère[3]. En Chine, on envisage avec la plus parfaite tranquil-

---

1. Douglas. *Loc. cit.* 168.
2. Huc. *Loc. cit.* II, 240.
3. J. de la Gravière. *Voy. en Chine*, I, 56.

lité l'idée de la mort qui affole, dans notre Occident, la foule des dévots. « Le naître et le mourir, disent les Chinois, sont également dans les lois naturelles. C'est le jour qui fait place à la nuit ; l'hiver qui succède à l'automne[1]. » Offrir à son père un beau cercueil, bien travaillé, est une marque fort prisée d'amour filial[2]. D'autre part, les fils conservent volontiers, à la porte de leur maison, le cercueil de leur père mort, sans que personne s'en émeuve[3]. Les approches de la mort ont rarement, pour les Chinois, les affres cruelles qui rendent si horribles les derniers moments des Occidentaux. Dans le Céleste Empire, on meurt avec quiétude, sans secousse, comme on est né. Le missionnaire, qui me fournit ces détails, attribue lui-même cette fin paisible à l'indifférence religieuse[4], et il n'a pas tort.

Si le Christianisme a été persécuté en Chine, s'il est encore impatiemment toléré, c'est uniquement parce qu'on y voit une doctrine politiquement dangereuse[5]. Pour tout culte qui ne les inquiète pas, les Chinois sont d'une tolérance parfaite. Leur politesse veut même que l'on fasse toujours l'éloge de la religion d'autrui[6]. « Croyez-vous à Jésus-Christ ? demandait un missionnaire anglais à un bonze bouddhiste, qui avait patiemment écouté un long sermon de l'étranger. — Certainement. — Mais comment y croyez-vous ? Êtes-vous convaincu ? — J'y crois parce que vous me le dites[7]. » — L'indifférence religieuse des Chinois se résume dans une brève maxime populaire : « Les religions sont diverses ; la raison est une ; nous sommes tous frères[8] ». Admirable lieu commun, qu'il

---

1. J. de la Gravière. *Voy. en Chine*, I, 291.
2. *Ibid.* — Milne. *Vie réelle en Chine*, 166. — Huc. *Loc. cit.* 40.
3. J. de la Gravière. *Voy. en Chine*, I, 291.
4. Huc. *Loc. cit.* t. II, 43.
5. *Ibid.* II, 227.
6. *Ibid.* 226.
7. Ch. Lavollée. *Chine contemporaine*, 249.
8. Huc. *Loc. cit.* II, 226.

serait bien désirable de voir emprunter aux Chinois par les peuples chrétiens de notre Occident.

V. — LES RELIGIONS IMPORTÉES

La rare et très ancienne tolérance religieuse du gouvernement chinois a favorisé l'introduction dans l'empire de diverses religions étrangères.

Au commencement du IIe siècle, les juifs sont entrés en Chine, où ils ont eu une synagogue seulement à la fin du XIIe siècle, mais leur nombre est insignifiant[1]. — Le Mahométisme est plus répandu et librement professé, puisque ses sectateurs sont admis aux examens et aux emplois. Au IXe siècle, il y avait même un juge mahométan désigné par l'empereur pour rendre la justice aux personnes de sa religion[2], et les mahométans chinois ont leurs mosquées à eux[3].

En dehors du culte officiel, traditionnel et surtout rituel, le gouvernement chinois laisse ordinairement le champ libre aux diverses religions : il s'en désintéresse. On a vu un empereur, *Tao-Kouang*, adresser au peuple une proclamation dans laquelle, après avoir passé en revue toutes les religions pratiquées dans l'empire, y compris le Christianisme, il concluait que toutes étaient fausses et que l'on ferait bien de les mépriser indistinctement[4]. Pourtant le Christianisme, d'abord très favorablement accueilli par un empereur, disparut presque, quand son successeur le persécuta[5]; mais les persécutions dirigées contre les chrétiens ont toujours eu des mobiles politiques; c'est que les propagateurs de

---

1. Milne. *Loc. cit.* 344.
2. *Ibid.* 350.
3. Amhurst. *Hist. univ. voy.* vol. XXXIII. 384.
4. Huc. *Loc. cit.* I, 166.
5. *Ibid.* I, 162.

la religion du Christ n'ont jamais pu séparer le spirituel du temporel. « Vous voulez, disait un empereur aux jésuites, que les Chinois se fassent chrétiens. Votre loi le demande, je le sais bien ; mais, en ce cas-là, que deviendrions-nous ? Les sujets de vos rois. Les chrétiens que vous faites ne reconnaissent que vous ; dans un temps de troubles, ils n'écouteraient d'autre voix que la vôtre. Je sais bien qu'actuellement il n'y a rien à craindre ; mais quand les vaisseaux viendront par 1 000 et par 10 000, alors il pourra y avoir du désordre[1] ». — L'indifférence religieuse des Chinois, leur sens pratique, leur rationalisme terre à terre, les rendent d'ailleurs fort réfractaires au Christianisme, et aujourd'hui, après plusieurs siècles de prédications, de missions, il existe à peine un million de chrétiens dans le Céleste Empire[2], qui compte environ 400 millions d'habitants.

Mieux adapté à la tournure de l'esprit chinois, moins différent par sa métaphysique du Taoïsme, le Bouddhisme s'est largement propagé en Chine. En 845, un empereur, *Hiouan-Tsoung*, ordonna bien de détruire 4 600 bonzeries bouddhiques[3] ; mais d'autres souverains, notamment les empereurs de la dynastie des Han, ont officiellement admis, vers le milieu du Ier siècle, le culte du Bouddha[4]. La religion de Fo, comme les Célestes s'appellent le Bouddhisme, a compté, parmi ses adhérents, des empereurs, des ministres d'État, des lettrés et la majorité de la classe moyenne, surtout des femmes[5], qui peuplent de nombreux couvents de bonzesses, non cloîtrées, ayant à peu près le même costume que les bonzes, et la tête rasée comme eux[6]. Une secte de bonzesses,

1. *Lettres édifiantes*, III, 364. (Cité par le père Huc. *Loc. cit.* I, 170).
2. Huc. *Loc. cit.* I, 166.
3. Marco Polo. (*Les récits de*), annotés par H. Bellenger. p. 234 (note). *Loc. cit.* 234.
4. Huc. *Loc. cit.* II, 212.
5. Milne. *Loc. cit.* 354.
6. Huc. *Loc. cit.* II, 239.

les *abstinentes* légumistes, espèrent qu'en récompense de leur végétarisme, elles renaîtront dans des corps d'hommes[1]. — Mais je n'ai pas à exposer ici la doctrine et le culte bouddhiques; j'y reviendrai en traitant des religions de l'Inde.

VI. — L'ESPRIT RELIGIEUX DES RACES MONGOLIQUES

Ayant maintenant interrogé toutes les races jaunes au point de vue de leurs créations religieuses, nous pouvons concréter en une vue d'ensemble les résultats de notre enquête. — Tout d'abord nous devons constater, que les origines mythiques chez les Mongols ne se différencient pas essentiellement de celles des nègres. Dans l'humanité jaune comme dans l'humanité noire, la religion a débuté par l'animisme fétichique, la vivification imaginaire du monde extérieur, la croyance non moins imaginaire à la survivance des doubles, des ombres des morts, et en même temps à la magie.

Ce qui caractérise la mythologie des Mongols, c'est l'importance relative qu'y ont prise les deux derniers éléments de cette trilogie primitive. Chez les Mongols sauvages, la sorcellerie est devenue le Chamanisme; chez les Mongols civilisés, le culte des ancêtres a pris le pas sur tout le reste. Au Japon, la divinisation des *kamis*, en Chine le Confucianisme, sont la plus haute expression de cette tendance. Ces deux cultes sont laïques, sans clergé organisé. L'un, le Sintoïsme, n'a encore qu'une morale embryonnaire, toute rituelle; l'autre, le Confucianisme, porte au contraire tout son effort du côté de la morale, mais d'une morale laïque : c'est plutôt un code des devoirs qu'une religion et il n'a ni paradis ni enfer. — Dans sa forme primitive, l'autre grande religion chinoise, le Taoïsme, qui s'est peut-être inspiré des vieilles religions indiennes, est

---

1. Huc. *Loc. cit.* II, 267.

plutôt métaphysique que mythique. Le *taou*, d'où proviennent et où doivent retourner tous les êtres, peut être pris à volonté soit pour une entité métaphysique, soit pour la matière primordiale, l'étoffe atomique de l'univers. Comme le Confucianisme, c'est aussi sur l'éthique qu'insiste particulièrement le Taoïsme, mais sa morale verse dans l'ascétisme; quant aux vulgaires aberrations qui l'ont déshonoré, elles ne sont qu'un retour du populaire aux superstitions primitives et ne tiennent pas à l'essence de la doctrine.

En résumé, la masse des renseignements réunis et commentés dans ce chapitre autorise à conclure que, prise dans son ensemble, la race jaune est remarquablement stérile au point de vue religieux, que difficilement elle perd pied pour se lancer dans les espaces imaginaires. Pourtant, chez l'homme jaune, l'évolution religieuse n'a pas débuté autrement que chez le nègre; seulement cette évolution s'est vite terminée par un arrêt de développement. — Il en a été tout autrement pour les races blanches.

TROISIÈME PARTIE

LA MYTHOLOGIE DES RACES BLANCHES

CHAPITRE XI

L'ÉGYPTE ET LES RELIGIONS BERBÈRES

A. — LES PREMIERS HABITANTS DE L'ÉGYPTE

Les Berbères, les Éthiopiens et les Sémites. — Les Guanches, les Touâreg et les Kabyles.

B. — LES GUANCHES

I. *Les rites funéraires.* — Les tumulus. — Les grottes funéraires. — Les momies. — Les embaumeurs. — II. *La vie future.* — Le volcan infernal. — Les revenants. — III. *Les dieux.* — La caste des bouchers. — L'adoration des rochers en pylônes. — L'astrolâtrie. — Les génies. — Les offrandes et sacrifices. — Les *rogations.* — IV. *Le sacerdoce.* — Les prêtresses et leurs fonctions. — Les prêtres. — L'éducation cléricale.

C. — LES TOUAREG

L'impiété des Touâreg. — Aliments impurs. — La terreur des morts. — Leur évocation. — Le signe crucial.

D. — LA RELIGION DES ÉGYPTIENS

I. *Les rites funéraires.* — Pyramide et tumulus. — Sépultures vulgaires. — Momification des riches. — La sépulture de première classe. — Offrandes funéraires. — Offrandes votives. — II. *La vie future.* — Banquets matérialistes. — Double primitif. — Doubles métaphysiques. — Les corps artificiels. — Offrandes funéraires par l'intermédiaire des dieux. — Offrandes verbales. — Diverses opinions sur la vie future. — Le voyage des doubles. — Le jugement d'Osiris. — L'enfer égyptien et ses tortures. — Le bonheur des élus. — Les âmes des rois. — III. *Les dieux.* — La zoolâtrie. — Les animaux sacrés. — Le bœuf Apis. — La conception immaculée. — Le ciel selon les Égyptiens. — Le *Nou* primordial. — Ramsès et Ammon. — Les triades. — Les dieux solaires Ra et Ptah. — Ammon. — Osiris et Typhon. — La caste sacerdotale. — La magie. — IV. *Les phases religieuses en Égypte.*

A. — LES PREMIERS HABITANTS DE L'ÉGYPTE

Quand il s'agit de mettre l'Égypte à sa place dans la hiérarchie des races et des civilisations, on n'est pas peu embarrassé. L'histoire écrite et même l'histoire d'après les monuments ne nous font connaître du pays des Pharaons qu'un peuple déjà parvenu à l'âge adulte, et dont les origines se dérobent dans la nuit du passé. Sur l'enfance et la jeunesse de l'Égypte on en est presque réduit aux conjectures. Ce qui est certain, c'est que trois races diverses se sont rencontrées et plus ou moins fondues ensemble dans la vallée du Nil : une race venue de l'Occident, la race berbère ou libyenne, qui était une race blanche, puis la race éthiopienne, noire de peau, mais ayant les traits presque caucasiens et les cheveux simplement bouclés. Enfin, de l'est, survinrent, mais plus tardivement, des envahisseurs sémitiques. Longtemps on a cru que la civilisation égyptienne était originaire de l'Éthiopie, aujourd'hui encore toute semée de monuments égyptiens. L'étude des faits semble indiquer, au contraire, que le courant civilisateur a remonté et non descendu la vallée du Nil.

D'où venaient donc les premiers occupants de la Basse-Égypte, ceux qui, avant tous les autres, ont engagé la lutte avec le grand fleuve en le canalisant et en desséchant les marais de son Delta? On ne peut guère les croire sémitiques. Les premières agglomérations des Sémites étaient relativement éloignées de l'Égypte. Reste donc la grande race berbère, qui, dès l'âge quaternaire, a occupé une grande partie de l'Europe occidentale et méridionale ainsi que l'Afrique antésaharienne. Par exclusion et conformément d'ailleurs aux traditions égyptiennes elles-mêmes, on est amené à faire venir de l'ouest les premiers habitants du Delta et à les rattacher à ces Berbères préhistoriques, dont des spécimens ont été retrouvés à Cro-Magnon.

S'il en est ainsi, comme tout semble l'indiquer, il importe, avant d'aborder l'étude mythologique de l'Égypte, de faire celle des Berbères. Or les Berbères authentiques, ceux qui ne se sont point totalement fondus avec d'autres races, ceux qui subsistent encore ou existaient à une époque relativement récente, sont : 1° les Guanches des Canaries; 2° les Touâreg du Sahara; 3° les Kabyles. Mais, au point de vue religieux, les Kabyles sont musulmans depuis des siècles. Nous ne pouvons guère nous occuper utilement, pour l'objet de ces études, que des Guanches canariens, brusquement arrêtés dans leur lente évolution par la conquête espagnole, mais sur lesquels les chroniqueurs nous ont conservé nombre de renseignements précis, et des Touâreg sahariens, que leur habitat, leur existence nomade, ont soustrait dans une assez large mesure à l'influence arabe et qui sont musulmans bien plus de nom que de fait.

Chez les Guanches et les Touâreg, nous avons donc quelque chance de retrouver des vestiges d'un état mythologique analogue à celui des Berbères fondateurs de la primitive Égypte, et il importe de résumer tout ce que l'on sait sur leurs croyances religieuses, avant de s'occuper du pays des Pharaons.

B. — LES GUANCHES

J. — LES RITES FUNÉRAIRES

Dans les coutumes funéraires des Guanches canariens, on trouve, à l'état de mélange, à la fois des pratiques en usage chez certains peuples de l'Europe préhistorique et d'autres qui se sont conservées et développées dans l'ancienne Égypte.

Ainsi le *tumulus* funéraire est fort commun aux Canaries ; mais souvent les *tumulus* guanches recouvraient une fosse creusée en pleine terre et entourée de grandes dalles de pierre. Pourtant, dans les sépultures guanches, le tumulus n'est pas de rigueur ; fréquemment même les fosses en sont dépourvues. Il n'est pas rare non plus que les corps aient été simplement déposés dans des grottes travaillées ou naturelles, pratique funéraire, qui est sans doute la plus primitive. Les tumulus guanches sont tantôt en scories volcaniques, et alors ils ne recouvrent jamais qu'une ou deux fosses ; mais les tumulus en terre surmontent ordinairement des fosses multiples, dont chacune est séparée de ses voisines par des pierres placées debout[1]. Souvent un petit monument commémoratif est érigé sur le tumulus ou édifié à côté de lui[2].

Les cadavres inhumés sous tumulus n'ont ordinairement subi aucune préparation ; au contraire les autres ont été sinon embaumés, au moins préparés et conservés. Ces momies préparées étaient ordinairement transportées dans des grottes de difficile accès et on les y couchait sur des tréteaux ou des branches. A côté d'elles on trouve un mobilier funéraire assez pauvre : des grains de collier, des pendeloques, des bâtons en bois dur, des poteries d'argile à forme préhistorique. Dans certaines îles, un vase plein de lait était placé près de la tête du cadavre[3].

Ces offrandes funèbres suffiraient, seules, à indiquer que les Guanches croyaient à une survivance après la mort et elles rappellent fort, comme il est naturel, les coutumes de nos ancêtres préhistoriques. Mais la pratique de la conservation des cadavres fait forcément songer à l'Égypte. Sur ce point intéressant, les chroniqueurs espagnols nous ont laissé

---

1. R. Verneau. *Cinq années de séjour aux îles Canaries*, 79. 82.
2. *Ibid*. 83.
3. *Ibid*. 81.

des renseignements assez précis. Les embaumeurs guanches formaient, comme en Égypte, une corporation spéciale, comprenant des embaumeurs masculins pour les hommes, des embaumeuses pour les femmes. Les procédés en usage se rapprochent aussi de ceux employés dans le royaume des Pharaons. Souvent l'on commençait par ouvrir le corps avec un couteau en pierre (*taboua*) afin d'en retirer les entrailles. Assez fréquemment aussi le cerveau était extrait du crâne. Pourtant beaucoup de momies sont restées intactes[1]. L'opération principale consistait à dessécher le cadavre, ce qui se faisait en l'exposant à la fumée, au soleil, à l'air dans les hautes altitudes. A Ténériffe, aujourd'hui encore, à une certaine altitude, les cadavres se dessèchent d'eux-mêmes, à l'air, sans se putréfier[2].

Une fois desséchée, la momie guanche était enveloppée dans plusieurs peaux superposées, 5, 6 jusqu'à 12. Les peaux étaient cousues et fixées à l'aide de lanières de cuir; mais on avait soin de mettre les plus fines en dedans, sûrement pour ménager la sensibilité du mort. A la Grande Canarie, les peaux étaient remplacées par des nattes de jonc. — Enfin, quelquefois on peignait la momie avant de l'envelopper[3].

II. — LA VIE FUTURE

Sur les idées, que pouvaient se faire les Guanches à propos de la vie future, aucun renseignement ne nous est parvenu; mais nous pouvons hardiment affirmer que, pour eux comme pour tous les peuples sauvages, l'au-delà n'était qu'une image plus ou moins altérée de la vie terrestre. Le volcan de

---

1. R. Verneau. *Loc. cit.* 80.
2. *Ibid.* 80.
3. *Ibid.* 81.

Ténériffe tenait une place importante dans les croyances des insulaires à propos de l'autre vie ; les Guanches le regardaient en effet comme le séjour de leurs damnés[1], qui y trouvaient un mauvais génie nommé *Yruena*. L'astrolâtrie devait jouer un rôle dans la mythologie guanche ; puisque l'on considérait certains esprits comme enfants du soleil.

La superstitieuse terreur, qu'inspirent aux descendants actuels des Guanches les revenants, les ombres des morts, et surtout celles des anciens insulaires, peut bien n'être qu'une survivance traditionnelle du temps où les doubles errants étaient tenus pour des esprits malfaisants, suivant la commune croyance des primitifs. Nous allons tout à l'heure retrouver des idées de ce genre chez les Touâreg.

III. — LES DIEUX

Les mythes et les dieux des Guanches étaient, pour la plupart, de nature fétichique. L'horreur des Guanches pour les bouchers, qui formaient une sorte de caste impure, tenait manifestement à la zoolâtrie. En effet, à quiconque n'appartenait pas à la caste des bouchers il était interdit d'immoler un animal vivant, surtout une chèvre, sous peine de déshonneur. Dans le serment, que le *Faycan* ou prêtre-chef exigeait des Guanches, avant de les anoblir, les candidats devaient jurer que jamais ils n'avaient tué même un chevreau[2].

Les dieux guanches étaient fort nombreux. Certains rochers escarpés, en forme de pylônes monolithiques, étaient adorés. On les supposait animés et toujours enclins à tomber volontairement ; or, leur chute était considérée comme un très

---
1. *Les Iles Fortunées*, I, 280.
2. *Ibid.* I, 277.

grand malheur. Dans l'île de la Palme, un de ces obélisques naturels était regardé comme particulièrement dangereux, et l'on ne passait près de lui qu'en tremblant. Pour l'apaiser, on lui offrait les entrailles d'animaux sacrifiés à son intention. Deux personnes, dont un prêtre, apportaient l'offrande, et dialoguaient comme suit : « Tomberas-tu, *Idafe?* » — « Donne-lui, disait l'autre, ce que tu portes, et il ne tombera pas ». Parfois on offrait au monolithe des victimes entières, précipitées à dessein du haut des montagnes voisines[1].

Le soleil, la lune, les étoiles et, disent les chroniqueurs, diverses autres choses, étaient adorées[2]. On croyait en outre à l'existence de génies, d'esprits, dont l'un, avec de la terre et de l'eau, avait modelé les premiers hommes et les premières femmes. Ces premiers êtres humains, nés sans parents, étaient des nobles. Plus tard, le même esprit façonna des plébéiens, mais, comme il avait fait don à ses premières créatures de tous les moyens d'existence, il dut les charger de l'entretien de la plèbe tard venue.

Comme il arrive ordinairement, durant cette phase mythologique, on avait, parmi les esprits, accordé la prééminence à l'un d'entre eux. Cet esprit, plus puissant que les autres, portait, dans chaque île, un nom différent, mais toujours très louangeur; on l'appelait conservateur, grand, sublime, soutien du ciel et de la terre, etc.[3] Dans toutes les îles, on admettait l'existence d'esprits malveillants[4].

Pour se concilier tous ces dieux divers, en obtenir des faveurs ou les apaiser, on recourait aux moyens ordinaires: aux offrandes, aux sacrifices. Les offrandes consistaient en fruits, en graisse, en beurre, en viande et entrailles d'animaux, en lait, que l'on répandait de haut sur la terre, en

1. R. Verneau. *Loc. cit.* 94.
2. *Ibid.* 84.
3. *Ibid.* 93.
4. *Ibid.* 94.

se servant d'un vase spécial, consacré à cet usage[1]. Parfois on faisait des holocaustes, des sacrifices d'animaux, brûlés à ciel ouvert, dans des espèces de fours circulaires. En résumé, on servait aux esprits les repas qu'on jugeait de leur goût. Dans certaines occasions, on allait même jusqu'aux sacrifices humains[2]. Les cérémonies du culte se pratiquaient toujours sur les lieux élevés[3].

L'eau étant rare aux Canaries, les périodes, trop fréquentes, de sécheresse étaient considérées comme des calamités; aussi n'avait-on pas manqué d'instituer des cérémonies, des *rogations*, pour décider les esprits à faire pleuvoir. On débutait par un jeûne de trois jours, que l'on imposait aussi aux animaux domestiques. Cette abstinence devait porter en outre sur les plaisirs sexuels; et l'on avait bien soin de séparer les animaux mâles des femelles pendant la durée du jeûne. Pendant ces trois jours on faisait, autour des rochers, des lieux sacrés, des processions de suppliants. Les prêtresses, dont je vais parler tout à l'heure, précédaient la foule en portant des branches, des feuilles de palmier, des vases pleins de lait et de graisse, qu'elles allaient briser sur les cimes, à titre d'offrandes. Ces cérémonies avaient évidemment pour objet de fléchir les esprits dispensateurs de la pluie, ceux des montagnes, des nuages, etc. Pour terminer, on descendait sur le rivage et là les prêtresses châtiaient à coups de verges les flots, dont les esprits étaient évidemment trop avares de leur eau[4].

1. *Les Iles Fortunées*, I, 280. — Verneau. *Loc. cit.* 90.
2. Waitz. *Anthropology*, I, 326.
3. *Les Iles fortunées*, I 280.
4. R. Verneau. *Loc. cit.* 91, 92.

IV. — LE SACERDOCE

Les prêtresses canariennes appartenaient à une caste spéciale, celle des vierges, des *harimaguädas*, vivant en commun dans des sortes de couvents d'où elles ne sortaient que pour aller aux bains ou aux pèlerinages sacrés. Elles étaient vêtues de longues robes en peaux blanches. A l'âge de vingt ans, si elles étaient nobles; de trente, si elles étaient plébéiennes, elles pouvaient se marier. Jusque-là, leur fonction consistait à élever les jeunes filles; elles leur enseignaient à préparer les peaux, dont on faisait les vêtements, à tresser des nattes de joncs et de palmes, à fabriquer de la poterie, des colliers, à se servir des couleurs, à moudre le grain à l'aide de petits moulins de pierre, à deux pièces, dont la supérieure tournait sur l'inférieure[1] et dont on se sert encore en Kabylie. Certaines d'entre les prêtresses avaient une grande influence sociale; elles prédisaient l'avenir et servaient d'arbitres[2].

Les prêtres, constitués aussi en caste, jouaient un rôle plus important encore que les prêtresses. A la Grande Canarie, le grand prêtre, le *faycan*, était presque l'égal du chef et, comme ses collègues d'ailleurs, il portait le costume royal. Seul, le *faycan* avait le pouvoir de donner l'investiture aux nouveaux nobles. Chacun des deux rois de la Grande Canarie avait près de lui un *faycan* choisi parmi les plus proches parents. Des prêtres subalternes officiaient dans chaque sanctuaire. Les fonctions des prêtres étaient multiples; ils conservaient les traditions historiques, présidaient aux cérémonies, prédisaient l'avenir, tiraient des présages et enfin instruisaient les enfants du sexe masculin. Ceux qui étaient

1. R. Verneau. *Loc. cit.* 86.
2. *Ibid.* 84.

de race noble s'occupaient de l'éducation des enfants nobles ; les autres, de celle des enfants plébéiens [1].

Si incomplets que soient ces renseignements, ils donnent cependant une idée approximative de l'état religieux des Guanches canariens. Ce qu'on y trouve de plus remarquable, ce sont certaines analogies frappantes avec l'ancienne Égypte, notamment : le régime des castes et surtout l'existence d'une caste des embaumeurs, le respect religieux des animaux, la momification des cadavres, l'usage des tumulus pour les chefs, l'importance du rôle social accordé aux femmes, quoique en Égypte on ne les admît pas à la prêtrise. Toutes ces analogies fortifient singulièrement l'hypothèse, que j'ai émise au début de ce chapitre, savoir : que les Berbères ont été les plus primitifs fondateurs de l'Égypte ancienne.

C. — LA RELIGION DES TOUAREG

Les Guanches, malheureusement trop mal étudiés par les Espagnols, qui mirent pourtant plus de quatre-vingts ans à les soumettre, sont néanmoins, pour l'anthropologie, d'un extrême intérêt, puisqu'ils nous représentent un fragment ethnique de notre âge de la pierre miraculeusement conservé jusqu'au XVIe siècle. Des autres populations incontestablement berbères, celles des Touâreg sont les seules qui, à notre point de vue spécial, soient intéressantes ; car elles n'ont pas trop subi l'influence des civilisations et des religions d'Europe et d'Asie, le Sahara et la vie nomade les en ayant garanties dans une large mesure. Aujourd'hui les Touâreg sahariens sont musulmans de nom, mais ils ne pratiquent guère, si l'on fait exception de leurs marabouts et de quelques dévots. Chez eux, ni *imâm*, ni *mufti*, ni mosquées, ni chapelles ; comment

---

1. R. Verneau. *Loc. cit.* 84, 86.

observeraient-ils les pratiques les plus obligatoires du culte islamique? Il leur manque le temps pour prier, le superflu pour faire l'aumône, l'eau pour les ablutions. Et comment s'astreindre à des jeûnes religieux, quand on a toujours faim[1]?

On a donc grande chance de rencontrer chez les Touâreg plus d'une croyance primitive. Nous y trouvons d'abord la distinction entre les aliments purs et impurs, mais traditionnellement et sans qu'on en donne la raison, ce qui rend le fait plus intéressant encore. Ainsi les Touâreg nobles ne mangent que la viande de chameau, de mouton et de chèvre; ils refusent et repoussent les poissons, les oiseaux et leurs œufs tandis que tous les Sahariens non Touâreg dévorent indifféremment toute substance alibile, même le chien et le lézard. Cette abstinence singulière des Touâreg, dans un pays où le problème de l'alimentation est assez dificile à résoudre, est donc singulière et il est permis de la rapporter à d'anciennes observances religieuses dont l'origine est oubliée.

Mais il existe, chez les Touâreg, d'autres survivances mythiques, notamment la terreur des esprits, des morts, des revenants. On ne pleure pas les morts; on s'efforce même, non d'en garder le souvenir, mais de les oublier. Après le décès d'un compagnon, on change vite de campement et l'on se garde soigneusement de nommer le défunt, de peur d'évoquer son double; aussi jamais on n'appelle un homme « un tel, fils d'un tel », comme le font les Arabes. Les Touâreg évitent soigneusement les tombes et ne permettent même pas qu'on parle des morts en leur présence[2]. Pourtant, en cas de très longue absence d'un homme, les femmes vont sur les tombes chercher des renseignements. Pour cela, après s'être parées de leurs plus beaux atours, elles se couchent sur une sépulture et invoquent un esprit. Cet esprit, *idebui*, leur apparaît

1. Duveyrier. *Touâreg du nord*, 413, 414.
2. Duveyrier. *Loc. cit.* 415-431.

ordinairement sous la forme d'un homme, et, si l'évocatrice a su lui plaire, il lui raconte ce qu'elle désire savoir; sinon il l'étrangle[1]. Cette coutume est en usage dans le Sahara, depuis une très haute antiquité, puisque Pomponius Mela en parle : « Les Augiles (Augilæ) regardent les mânes, comme autant de dieux; ils jurent par eux; ils les consultent comme des oracles, et après les avoir priés en se couchant sur les tombes, ils considèrent leurs songes comme des réponses »[2].

D'autres croyances anciennes, quelque peu modifiées, sont encore debout. Les Touâreg croient à l'existence d'un grand esprit, nommé *Amanaï*, à un paradis céleste où les hommes sont récompensés, à un enfer brûlant où règne le diable. Partout, sur l'alphabet, les armes, les boucliers, le pommeau de la selle, les vêtements, les ornements, les Touâreg portent un signe crucial, une croix à quatre branches égales, qu'ils se tatouent aussi sur le front et le dos de la main. Les poignées des sabres, celles des poignards sont également façonnées en croix[3], et il est permis de voir là un signe cabalistique, aussi antérieur au christianisme que l'était en Égypte la croix ansée.

Dans les croyances religieuses des Touâreg, nous ne retrouvons rien de bien original; rien surtout qui rappelle particulièrement l'Égypte, sauf peut-être les vives préoccupations au sujet des doubles des morts; c'est que, tout en étant congénères des Guanches, les Touâreg n'ont pu vivre comme eux en dehors du mouvement général de l'humanité. Les Guanches, ces derniers survivants des âges primitifs, ont été, grâce à leur situation insulaire, conservés comme les mammouths dans les glaces sibériennes.

---

1. Duveyrier. *Loc. cit.* 415.
2. Pomponius Mela. *De Situ orbis*, ch. IX.
3. Duveyrier. *Loc. cit.* 414.

D. — LA RELIGION DES ÉGYPTIENS

I. — LES RITES FUNÉRAIRES

Tant d'hommes distingués ont, dans tous les pays civilisés, étudié avec le plus grand soin les croyances religieuses des Égyptiens, qu'il serait présomptueux de les vouloir résumer en quelques pages, si l'on n'y apportait une méthode capable de tout rajeunir : la méthode comparative et évolutive. Je n'essayerai donc point d'exposer en détail la mythologie égyptienne, mais simplement d'en indiquer les origines, d'en marquer les phases, et je commencerai naturellement par les rites funéraires.

A ce sujet, il faut noter tout d'abord deux grandes analogies avec les coutumes des Guanches : l'usage des pyramides funéraires, pour les souverains et l'embaumement. Il est vraisemblable, que les rites funèbres, relatifs aux sépultures des rois, se sont modifiés plus lentement que ceux des simples particuliers. Mais la pyramide égyptienne peut être regardée comme un perfectionnement du tumulus guanche, surtout si on la fait dériver des grandes sépultures des rois numides, qui subsistent encore en Algérie et qui s'écartent bien moins de la forme du tumulus, par exemple, du fameux *Tombeau dit de la Chrétienne*. Avec raison, M. Maspéro voit dans la pyramide un tumulus régularisé[1]; le fait est démontré par l'évolution funéraire à Memphis, où, à l'ouest, dans la ville des morts, les rois eurent d'abord des tumulus, puis des pyramides existant au nombre de soixante dix sur le plateau rocheux[2]

Pour les sépultures vulgaires, les Égyptiens, malgré leur fétichisme funéraire, faisaient beaucoup moins de façon que

---

1. Maspéro. *Histoire ancienne des peuples de l'Orient*, 58.
2. Duncker. *Egyptiens* 101 102.

pour les sépultures distinguées. On enterrait ces cadavres de peu tout uniment dans le sable, sans cercueil et à peine à un mètre de profondeur. C'était sans doute les équivalents de ces gens de rien, que les Guanches se contentaient de déposer dans des cavernes. A Memphis et à Thèbes, on a largement appliqué, cependant avec plus d'industrie pour les particuliers, l'ensevelissement guanche dans les cavernes. Mais, comme il n'existait pas de cavernes naturelles à Thèbes, on en faisait d'artificielles en creusant dans la roche des chambres funéraires, des galeries, des puits, etc. A Thèbes, les rois eux-mêmes ont des tombeaux ainsi excavés et l'on en compte quarante[1]. Aux défunts, qui n'étaient pas tout à fait indigents ou de caste servile, on constituait, en Égypte, un domicile funéraire économique, une petite chambre rectangulaire grossièrement bâtie en briques jaunes. Le mobilier funéraire de cette chambre se composait uniquement de quelques vases en terre, contenant des provisions pour le voyage d'outre-tombe[2]. Ce dernier trait est tout à fait primitif et nous allons le voir persister, en se symbolisant, pour les sépultures des gens riches. Les cadavres de ces derniers étaient livrés, comme chez les Guanches, à la corporation des embaumeurs, lesquels commençaient par extraire la cervelle à travers les narines à l'aide d'un instrument recourbé en fer, puis, avec un *pierre* dite *éthopienne*, ils incisaient le flanc du mort et lui enlevaient les entrailles. Ensuite, après avoir lavé la cavité abdominale, l'avoir remplie de parfums broyés, ils recousaient l'incision. Pour terminer, le cadavre était desséché, pendant soixante-dix jours, dans du natron; puis il était lavé de nouveau, entouré de bandelettes de lin, placé dans un cercueil ayant forme humaine et enfin dressé contre la paroi de la chambre sépulcrale. Tel était l'embaumement

---

1. Maspéro. *Loc. cit* 51.
2. *Ibid.*

qu'on peut appeler de première classe. Il y en avait d'autres, plus simples, de seconde et même troisième catégorie, mais la place me manque pour les décrire[1]. En Égypte, l'embaumeur, dont pourtant on n'avait pas su se passer, était tenu pour impur, et toutes les fois qu'il venait d'exercer son métier, il lui fallait s'enfuir à toutes jambes pour ne pas être lapidé[2].

Convenablement préparé, le mort de distinction était déposé dans sa résidence funéraire, dans sa « *maison éternelle* », que l'on construisait avec beaucoup plus de soin que la demeure des vivants; car elle devait durer toujours[3]. La tombe monumentale se composait d'une chapelle extérieure, ayant la forme d'une pyramide tronquée, parfois même à gradins. Dans un coin de cette chapelle, un puits, plus ou moins dissimulé et rectangulaire, plongeait dans le sol. Au fond de ce puits, qui avait de 12 à 30 mètres de profondeur, s'ouvrait un couloir horizontal, menant à la chambre funéraire, taillée dans le roc, et au milieu de laquelle se dressait un grand sarcophage tantôt en calcaire fin, tantôt en granit rose, tantôt en basalte noir. Ce sarcophage une fois scellé, on déposait sur le sol, près de lui, les quartiers d'un bœuf, sacrifié dans la chapelle d'en haut, et de grands vases en poterie rouge, remplis d'eau[4]. On voit que le tumulus guanche recouvrant une fosse, limitée par des dalles dressées, peut à bon droit être considéré, comme le schéma de la sépulture égyptienne.

La chapelle extérieure contenait une stèle colossale, au pied de laquelle était placée une table à offrandes en albâtre, granit ou pierre calcaire. Cette table supportait deux obélisques ou deux petits autels évidés au sommet pour recevoir

1. Hérodote, II, 86, 87, 88.
2. Maspéro. *Loc. cit.* 75.
3. Plutarque. *De Isis et Osiris*. Amyot.
4. Maspéro. *Loc. cit.* 57.

les victuailles offertes au double « les pains, les boissons, etc. » La stèle était gravée et représentait le défunt assis devant sa table. On avait même gravé à côté de la figure le menu du repas. Sur la porte était représentée l'image en pied du mort. Au-dessus, sur une large dalle, était en outre gravée une inscription conçue à peu près en ces termes : « Proscynême fait à Anoupou, résidant dans le palais divin, pour que soit donnée une sépulture dans l'*Amentit, la contrée de l'Ouest*, la très grande et très bonne, au parfait selon le dieu grand, pour qu'il marche sur les voies où il est bon de marcher, le parfait selon le dieu grand ; pour qu'il ait des offrandes en pains, farines et liqueurs, à la fête du commencement de l'année, à la fête de Thot, au premier jour de l'an, etc., etc.[1]. » Nous reviendrons tout à l'heure sur ce commode système des offrandes fictives, substituant des inscriptions à la réalité. Pour le moment, contentons-nous de remarquer, à la louange des Égyptiens, que les sacrifices sanglants étaient, chez eux, réduits au minimun. Ils ne pratiquaient pas non plus les blessures, ni les mutilations funéraires. Seulement, à la mort d'un parent, les femmes se souillaient de fange et erraient au dehors, les seins nus, en se frappant la poitrine. Les hommes eux-mêmes les imitaient et s'associaient à leur bruyante douleur[2].

II. — LA VIE FUTURE

Tous ces rites funéraires proclament bien haut que les Égyptiens croyaient à une survivance après la mort ; mais, d'autre part, nous connaissons très exactement leurs opinions à ce sujet. Pourtant ces idées étaient peut-être, au

1. Maspéro. *Loc. cit.* 51.
2. Hérodote, II, 85.

moins pour certains individus, plus rituelles que réelles; car les riches, nous raconte-t-on, faisaient placer dans la salle de leurs joyeux banquets l'image en bois sculpté d'un cadavre dans un cercueil et le sculpteur, s'adressant aux convives, leur disait : « Vois celui-ci; bois et sois en joie; tel tu seras après la mort »[1]. Mais c'étaient là sans doute les doctrines de quelques épicuriens antérieurs à Épicure. Pour la masse des Égyptiens, l'homme possédait réellement un double et il finit même par en avoir plus d'un. A l'époque la plus ancienne, l'être humain se composait seulement d'un corps et d'un double (*ka*), exacte effigie du corps, mais fait d'une matière plus subtile, quoique colorée. Puis l'on quintessencia : le corps de l'homme fut censé contenir un double atténué, un oiseau impalpable (*Bi, Baï*) ou une parcelle de flamme ou de lumière (*khou*), la « lumineuse ». Mais, comme les Égyptiens étaient essentiellement conservateurs, leurs dévots ne renoncèrent point au double primitif (*ka*); ils se contentèrent de lui surajouter les doubles d'invention plus récente (*Bi, Baï, Khou*), de sorte que tout Égyptien finit par posséder plusieurs doubles, esprits ou âmes[2].

Pour survivre à sa dépouille mortelle, le double, du moins le double primitif, avait besoin d'un corps sérieux. Sans doute on faisait bien le possible pour lui conserver celui qu'il avait quitté; mais, pour plus de sûreté, on fabriquait en bois ou en pierre des suppléants à ce corps momifié. Ces statues, ces corps de rechange, multipliaient, pour le double du défunt, les chances de durée; aussi avait-on soin de les sculpter aussi semblables que possible au mort et d'en entasser un grand nombre dans la chapelle funéraire[3]. Grâce à ces précautions, le double avait à sa disposition plus d'un

---

1. Hérodote, II, 78.
2. Maspéro. *Loc. cit.* 35, 36.
3. *Ibid.* 55, 56.

asile et risquait moins de mourir à son tour, comme on semblait le craindre; mais, ainsi maintenu vivant, il avait besoin d'être nourri. Or, comme il n'était pas aisé de communiquer directement avec l'ombre, on chargeait un dieu de lui transmettre les offrandes. A ce dieu, qui était ordinairement Anubis à la tête de chacal ou le Dieu grand, Osiris, on dédiait le sacrifice à la condition, qu'il prélèverait pour la remettre à l'ombre du défunt la part destinée à ce dernier. Cette part, bien entendu, ne parvenait pas à destination en nature, mais sous forme de doubles de pains, de viandes, de boissons. Comme les offrandes réelles étaient fort onéreuses, on finit par les faire votives ou plutôt verbales, et le premier venu pouvait, rien qu'en répétant la formule de l'offrande, procurer au double du mort la possession des doubles de tous les objets énumérés[1]. Ainsi une inscription placée sur une stèle funéraire recommande aux vivants de dire : « Offrande à Ammon, maître de Karnak, pour qu'il donne des milliers de pains, des milliers d'oies, des milliers de vêtements, des milliers de toutes les choses bonnes et pures au *double* du prince d'*Entiou*[2]. »

Il semble que, comme tant de peuples sauvages, les Égyptiens aient pensé que le corps, la momie, conservait encore quelque vitalité; car la chambre mortuaire communiquait avec l'extérieur par une ouverture carrée, ménagée à dessein. Peut-être aussi cet orifice était-il seulement destiné à faciliter le va-et-vient du double éthéré venant faire visite à son corps. De leur vivant, les grands faisaient des donations aux prêtres pour qu'ils leur offrissent, après la mort, les sacrifices convenables. Les terres ainsi données constituaient *les biens du tombeau* et elles fournissaient tout ce qui était

---

1. Maspéro. *Loc. cit.* 52.
2. Maspéro. *Histoire des âmes dans l'Égypte ancienne* (Révue scientifique). 1879.

nécessaire à la maison du mort[1]. Les scènes de la vie usuelle, gravées ou peintes sur la paroi du tombeau, avaient sans doute pour objet votif de révivifier l'ombre du défunt, qui était censée faire elle-même tout ce qu'elle voyait représenté.

Il est probable que les primitifs Égyptiens n'allèrent pas beaucoup plus loin dans leurs chimériques suppositions au sujet de la vie future. Comme tous les sauvages, ils se bornèrent à faire de la survivance simplement une continuation de la vie terrestre. Mais peu à peu leurs conceptions à ce sujet se compliquèrent en même temps que leurs mythes, surtout quand ils en arrivèrent à voir dans la vie future la sanction pénale ou la rémunération de l'existence dans ce bas monde. Les théories égyptiennes à propos de la vie future devinrent alors hybrides, multiples et diverses; car on conserva les croyances anciennes à côté des nouvelles. Conformément à la foi primitive, le double avait faim et soif et il était poursuivi par des animaux monstrueux, le menaçant d'une seconde mort; il lui fallait donc un abri, des aliments, un cortège[2]. Suivant Hérodote, les Égyptiens pensaient qu'au moment de la mort, le double, l'âme, se réincarnait dans un animal né à cet instant même, pour le quitter plus tard à sa mort et se réincarner encore dans un autre animal d'une espèce différente, etc., etc.[3].

Pour d'autres, la vie terrestre n'était qu'un stade passager d'une existence ininterrompue. Après la mort, l'esprit de l'homme devenait Osiris et s'enfonçait dans la nuit jusqu'à une nouvelle renaissance[4]. Toutes ces opinions dissemblables, sûrement nées à des époques différentes, ont longtemps coexisté. Il semble bien qu'entre elles on fût libre de choisir. Mais

1. Maspéro. *Peuples de l'Orient*, 53, 54.
2. Maspéro. *Loc. cit.* 36.
3. Hérodote, II, 123.
4. Maspéro. *Loc. cit.* 55.

voici la plus répandue des croyances, celle que nous racontent surtout les monuments funéraires.

La vie future se passait dans « une autre terre » et, pour arriver à ce séjour posthume, à l'*Amentit*, il importait de partir d'un lieu spécial, d'Abydos; car « l'autre terre » se trouvait à l'ouest de ce point. A la fin de sa course diurne, la barque du soleil, évidemment imaginée d'après les embarcations du Nil, se glissait avec son cortège de dieux par « la bouche de la fente » et entrait dans la nuit. Les doubles des morts plongeaient avec la barque solaire dans le même orifice sous la protection d'Osiris[1]. C'était le double seul, l'esprit, non le corps, qui devait se rendre à Abydos[2].

Une fois arrivés dans le vestibule du monde inférieur, qui était la salle de justice, les doubles comparaissaient devant le juge des morts, Osiris, siégeant au milieu de quarante-deux esprits du monde inférieur, un pour chaque péché capital. Ces juges infernaux étaient parés de plumes d'autruche, emblèmes de la vérité et de la justice. L'ombre commençait, en donnant ses raisons, par supplier Osiris de la vouloir bien accueillir. Dans une inscription, Ramsès V énumère devant le Grand Juge tous les péchés qu'il n'a point commis : il n'a point volé; il n'a point commis d'homicide volontaire: il ne s'est point fait voir quand il priait; il n'a pas été hypocrite; il n'a ni volé le bien de Dieu, ni dérobé les offrandes d'aliments; il n'a point calomnié; il n'a point eu à ronger son cœur (il n'a point eu à se repentir); il n'a été ni ivrogne, ni adultère; il ne s'est point souillé d'impureté; il n'a pas secoué la tête en entendant des paroles de vérité; il n'a point allongé inutilement ses discours; il n'a injurié ni le roi son père, ni les dieux; il n'a point méprisé les dieux dans son cœur; il n'a point arraché les bandelettes de lin

---

1. Maspéro. *Loc. cit.* 53.
2. *Ibid.*

des morts[1], etc., etc. Une longue et suppliante litanie du même genre se trouve dans le *Livre des Morts*, dont on munissait les défunts, qui sûrement étaient censés réciter ces formules rituelles : « Louange à toi, grand Dieu, seigneur de vérité... Puissé-je vous reconnaître, seigneurs de la vérité! C'est la pure vérité, que j'apporte devant vous. Couvrez mes fautes! Je n'ai été ni trompeur, ni méchant. Je n'ai point tué. Je n'ai pas trompé la justice. Je n'ai point fraudé l'homme sur le salaire de sa journée. Je n'ai point été paresseux.... Je n'ai ni opprimé, ni affamé, ni fait pleurer personne. Je n'ai pratiqué aucune tromperie.... Je n'ai rien dérobé aux statues des dieux.... Je n'ai point pratiqué l'usure. Je n'ai point fréquenté les femmes de mauvaise vie.... Je n'ai point troublé les gazelles dans leur gîte. Je n'ai point cherché à prendre le poisson des dieux.... Je n'ai point arrêté ni détourné le cours des fleuves. Je n'ai point frustré les dieux des cuisses des victimes. Je n'ai point pourchassé les troupeaux sacrés. Je suis pur! Je suis pur! Je suis pur! Je suis pur! etc., etc. »[2]. —

Ces textes nous prouvent qu'à l'époque où ils ont été rédigés, la religion non seulement s'occupait de la morale, mais même se confondait avec elle; puisque le *Livre des Morts* ne fait aucune différence entre les infractions à la morale laïque et les infractions à la morale religieuse.

Le tribunal souterrain d'Osiris avait à apprécier la sincérité de ces déclarations. Pour cela, il pesait, dans une balance, le cœur du mort auquel une plume d'autruche, placée dans l'autre plateau, faisait équilibre. Auprès du plateau du double, se tenait Anubis à la tête de chacal. Horos à la tête d'épervier était auprès du plateau de la plume. Thot, assis, consignait par écrit le résultat de l'épreuve et la sentence.

1. Champollion. *Lettres*. 242.
2. Bunsen. *Ægypten*, V, II, 551.

Si cette sentence était défavorable, le condamné était expédié en enfer et cet enfer se subdivisait en soixante-quinze districts gardés par des démons armés de glaives. Les ombres coupables sont peintes sur les fresques et gravures en couleur noire. Elles sont suppliciées par des tortionnaires de couleur rouge. On les hache à coups de glaive; on les pend la tête en bas. Il y en a qui sont décapitées; d'autres, que l'on fait bouillir dans des chaudières et qui, par une amère dérision, tiennent à la main un éventail pour se rafraîchir[1], etc., etc. Les scorpions, les serpents piquaient et mordaient ces ombres damnées, réduites à se nourrir d'aliments immondes. Enfin, après mille tortures, les doubles réprouvés arrivaient à la vraie mort, à l'anéantissement final[2] : leur supplice n'était pas éternel. C'est bien certainement cet enfer égyptien, qui a été le prototype de celui du Christianisme.

Un sort bien différent était réservé aux ombres des justes. A ces ombres élues les juges remettent la plume d'autruche, talisman avec lequel elles traversent impunément le monde inférieur pour rejoindre « le plus haut des dieux ». Ensuite les voyageuses arrivent dans les campagnes de Râ, le dieu-soleil, et là elles ont la joie de contempler face à face ce dieu puissant. Les peintures nous montrent ces âmes bienheureuses menant une vie très analogue à la vie terrestre, coupant du blé avec des faucilles, cueillant des fleurs et des fruits, se baignant et nageant dans un bassin. *Râ* leur parle et les encourage à se distraire[3]. Les ombres élues se mêlent à la troupe des dieux et marchent avec eux en adorant le dieu du soleil[4]. Une dernière épreuve attendait ces esprits bienheureux; c'était parmi eux que le dieu choisis-

1. Champollion. *Lettres*, 233.
2. Maspéro. *Loc. cit.* 37.
3. Champollion. *Lettres*, 234.
4. Maspéro. *Loc. cit.* 38.

sait les âmes des rois. Les ombres ainsi élues devaient donc se réincarner sur la terre ; mais si, dans ce nouvel état, elles honoraient les divinités et rendaient leurs peuples heureux, elles rentraient dans le divin séjour, cette fois pour l'éternité[1].

On voit combien, sans changer essentiellement, l'idée très grossière du double survivant à la mort s'est agrémentée, compliquée, soudée aux mythes divins ; comment surtout elle est devenue la sanction de la morale. Telle est, partout où la civilisation se développe, l'évolution ordinaire ; mais elle n'est pas toujours aussi facile à suivre. Si la tâche est relativement aisée en Égypte, cela tient à l'esprit conservateur de la race qui embaumait ses croyances comme ses morts. Pour ce qui concerne les mythes proprement dits, les dieux, il est également facile, et pour la même raison, de remonter à leurs origines.

III. — LES DIEUX

Nous venons de voir qu'en Égypte, le culte des morts, des doubles, ne différait que par les accessoires des grossières illusions que se font, au sujet de la survivance après la mort, les sauvages de tout pays et de toute race. Or, les dieux proprement dits, les mythes, ont la même racine animique. Ce sont ou des animaux divinisés, ou des dieux mal dégagés de l'animalité et en ayant plus ou moins conservé les formes, même quand ils sont devenus la personnification chimérique des forces de la nature. L'adoration des animaux, en Égypte, tenait de très près à l'animisme fétichique, très analogue et si florissant encore chez les nègres d'Afrique.

Chaque localité révérait son animal sacré, qui, nous dit

---

1. Champollion Figeac. *Égypte ancienne*, 143.

Diodore, avait commencé par être un animal totémique[1]. Les habitants du nome de Thèbes s'abstenaient de brebis et sacrifiaient les chèvres; ceux du nome de Mendès sacrifiaient les brebis et s'abstenaient de chèvres, surtout des *boucs*[2]. Autour de Thèbes et du lac Mœris, le crocodile était sacré. Les habitants élevaient de ces reptiles, les apprivoisaient, les ornaient de bijoux, les nourrissaient d'aliments choisis, provenant des sacrifices. Après leur mort, ils les embaumaient et les déposaient dans des sépultures consacrées. Au contraire, à Éléphantine, on mangeait sans scrupule les crocodiles[3]. Ces dissemblances confirment tout à fait l'assertion de Diodore relativement à l'origine totémique du culte des animaux et cette origine totémique rend aussi raison du grand nombre des animaux sacrés, dont certains étaient honorés dans plusieurs nomes. Les loutres, l'oie d'Égypte, le lépidote et l'anguille étaient sacrés, et il en était de même, près de Thèbes, de petits serpents à cornes[4]. La vénération pour les chats était générale; on les embaumait soigneusement, et c'est pourquoi leurs momies sont en tel nombre qu'on les transporte aujourd'hui en Angleterre pour y servir d'engrais. En cas d'incendie, les Égyptiens songeaient d'abord à sauver leurs chats, puis à éteindre le feu[5]. Les chiens et les ichneumons étaient inhumés chacun dans une chambre séparée[6]. Pour tous les Égyptiens, le scarabée était un animal sacré. On adorait aussi un animal poétisé, presque imaginaire, le phénix, héron au beau plumage, qui arrivait dans le pays chaque année, juste au moment du débordement du Nil et, pour cette cause, était devenu un animal divin[7]. Pour la plupart, les animaux étaient

1. Diodore, I, 86-89.
2. Hérodote, II, 42, 46.
3. *Ibid.* 69.
4. Hérodote, II, 72, 74.
5. *Ibid.* 66, 67.
6. *Ibid.* 67.
7. Duncker. *Égyptiens*, 86

consacrés chacun à une divinité spéciale, ou plutôt des dieux-animaux, personnifications mythiques, prototypes de l'espèce, avaient fini par être enfantés par l'imagination échauffée des dévots. Le scarabée était consacré à Ptah; l'ibis à Thoth; le chien et aussi le cynocéphale et le chacal, à Anubis; l'épervier, à Râ et à Horos; le chat, à Pacht; le vautour, à Mout; le bouc, à un dieu phallique, Chem; le crocodile, à Set, etc. Le taureau était dédié à Ptah, Râ, Osiris, aux déesses de la conception et de l'enfantement, Neith, Hathor, Isis. On n'immolait pas les vaches dans les sacrifices, mais bien les taureaux, pourvu cependant qu'ils réunissent certains signes[1].

Les animaux sacrés commencèrent par être adorés pour eux-mêmes, puis seulement comme la demeure de telle ou telle divinité[2]. Des spécimens choisis de ces animaux sacrés étaient élevés et choyés dans les temples de dieux correspondants. Clément d'Alexandrie raconte qu'au fond de sanctuaires splendides, derrière des rideaux, des chats, des serpents, des crocodiles se vautraient sur de superbes tapis de pourpre[3]. On lit dans Strabon, comment les prêtres nourrissaient leurs crocodiles avec du poisson grillé, des gâteaux, une boisson au miel. Deux desservants ouvraient la gueule de l'animal; le troisième y jetait les aliments[4].

Quiconque avait l'heureux malheur d'être tué par un crocodile était pieusement embaumé par les soins des habitants de la localité[5]; mais tuer, de parti pris, un animal sacré était un acte sacrilège et puni de mort. L'animalicide accidentel s'expiait au prix d'une pénitence imposée par les prêtres. Pour le meurtre volontaire ou accidentel d'un chat ou d'un ibis, le meurtrier était parfois lynché par le peuple. Sous

---

1. Duncker. *Égyptiens*, 79-82.
2. Maspero. *Loc. cit.* 88.
3. Duncker. *Égyptiens*, 78, 79.
4. Strabon, XVII. — Diodore, I, 84.
5. Hérodote, II, 90.

Ptolémée Aulète, un Romain, qui avait tué un chat, fut, malgré les efforts du roi, assailli à Alexandrie même, dans sa maison, et mis à mort[1]. Tuer une vache ou simplement manger de sa chair faisait encourir l'anathème. On raconte, dit Diodore, que, durant une famine, les Égyptiens pratiquèrent l'anthropophagie plutôt que de toucher aux animaux sacrés[2].

Certains animaux étaient l'objet d'une vénération spéciale, particulièrement le bouc de Mendès, qui était « l'âme d'Osiris », le phénix d'Héliopolis, le bœuf Mnévis « l'âme de Râ » et le bœuf Apis ou plutôt Hapi, de Memphis. La mort du bœuf Apis était pleurée pendant 70 jours; quoiqu'on ne laissât jamais l'animal vivre plus de 25 ans. On embaumait son corps avec le plus grand soin et l'on a trouvé dans une galerie souterraine soixante-quatre momies d'Apis remontant jusqu'au xvie siècle avant J.-C. Le bœuf Apis était un animal divin; l'on croyait qu'un rayon de soleil avait fécondé la vache qui l'avait enfanté : nouvel exemple d'immaculée conception. A la mort du bœuf Apis son double passait simplement dans le corps d'un autre taureau. Les inscriptions des sarcophages appellent le bœuf Apis « l'Osiris rendu à la vie[3] ». Comme cet animal procédait aussi de Ptah, on l'appelait simultanément « la vie de Ptah[4] ». Semblable en ce point au pape thibétain, le bœuf Apis était donc un être toujours réincarné, par suite immortel.

Tout cela n'est en définitive que du fétichisme quintessencié. La conception première des dieux égyptiens non animaux est tout aussi grossière. En Égypte, comme en Judée, on se figurait le ciel comme une masse liquide séparée de la terre par un firmament solide. Les planètes étaient des génies à formes humaines ou animales, voguant en barque sur l'océan céleste

1. Diodore, I, 83.
2. Ibid. 84.
3. Duncker. *Égyptiens*, 83.
4. Maspéro. *Loc. cit.* 30.

d'Osiris situé au-dessus du firmament. Les étoiles fixes étaient des lampes suspendues à la voûte céleste et que, chaque soir, une puissance divine allumait pour éclairer les nuits de la terre[1]. Le ciel, probablement la voûte supposée du firmament, est représenté sous la figure d'une grande femme, vêtue de bleu et arc-boutée, les pieds à une extrémité de la terre, les bras à l'autre[2].

Quand évolua la métaphysique religieuse, l'océan céleste, le *Nou*, devint un être primordial, au sein duquel, dans les profondeurs infinies du ciel, avaient flotté d'abord les germes de toutes choses. C'était « l'unique », celui qui existe par essence », « le père des pères, la mère des mères »[3]. Mais évidemment on n'eut pas, au début, une idée aussi complexe.

Le grand dieu Ammon fut aussi bien longtemps conçu sous une forme humaine ; en effet, le fameux *Poème de Pentaour*, gravé sur le mur méridional du temple de Karnac et reproduit sur un papyrus du Musée britannique, met dans la bouche de Ramsès, tombé dans une embuscade tendue par les Chétas, les paroles suivantes, adressées à Ammon : « Quelle est la volonté de mon père Ammon ? Est-ce un père que celui qui renie son... fils ? Ne t'ai-je pas donné des fêtes solennelles ? N'ai-je pas rempli ta maison de mon butin ? Je t'ai élevé des temples en pierres de taille.... Je t'ai immolé trente mille taureaux avec des herbes odorantes et toutes sortes de parfums.... Ne me suis-je pas mis en campagne sur ta parole ? » etc.[4]. Ces objurgations sont tout à fait familières ; c'est presque d'égal à égal que le roi traite la Divinité ; il lui parle comme à un ami coupable d'ingratitude et même de mauvaise foi.

Les dieux égyptiens étaient fort nombreux. Chaque nome

---

1. Maspéro. *Loc. cit.* 71.
2. Duncker. *Égyptiens*, 45.
3. Maspéro. *Loc. cit.* 278.
4. Duncker. *Loc. cit.* 190 et trad. E. de Rougé. *Bibliothèque orientale*, t. II. p. 157.

avait les siens et on les peut classer en grandes catégories : dieux des morts, dieux solaires, dieux des éléments (la terre, l'eau, le Nil, etc.[1]). Ces divinités étaient tantôt mâles, tantôt femelles; souvent elles formaient des familles; chacune d'elles se mariait, avait un fils et constituait ainsi une triade qui s'alliait avec une autre triade[2], etc.

Les deux Égyptes, la haute et la basse, longtemps indépendantes, avaient chacune leur panthéon spécial dominé par l'un des dieux. Or, les dieux souverains sont, dans l'un et l'autre royaume, des dieux solaires. A Memphis, c'est Ptah, le dieu du disque solaire. A Héliopolis, le grand dieu est aussi une divinité solaire, Râ, « le Seigneur des deux mondes, qui trône dans le disque solaire, qui pousse son œuf, qui se révèle dans l'abîme du ciel[3] ». Ptah est le dieu qui crée et qui forme. Râ est le dieu qui entretient la vie et le monde; il sert de modèle aux rois, qui s'intitulent bravement « fils de Râ[4] ». Râ est le dieu de la lumière émanant du disque solaire.

Les dévots au soleil divinisé se figuraient leur divinité sous une forme aussi enfantine que grossière. Le Soleil-Dieu navigue, d'orient en occident, dans une barque, sur l'océan céleste; sur son trajet, d'heure en heure, il reçoit la visite d'esprits différents. La nuit, toujours dans sa barque, le dieu, halé contre le courant d'une sorte de Nil souterrain, remonte ce fleuve infernal. Dans le ciel, il a rencontré les ombres justifiées; dans le monde inférieur, il voit les ombres condamnées[5].

Parmi les autres divinités de la Basse-Égypte, il faut remarquer Néith, déesse de Saïs, personnifiant le principe femelle de la nature, et la déesse de Bubasti, Pacht, l'amante de Ptah, que les inscriptions appellent « mère »[6].

1. Maspero. *Loc. cit.* 25.
2. *Ibid.* 26. — Champollion-Figeac. *Egypte ancienne*, 245.
3. Duncker. *Les Égyptiens*, 57.
4. *Ibid.* 58.
5. Duncker. *Égyptiens*, 57, 59.
6. *Ibid.* 60, 61.

Dans la Haute-Égypte, on adorait des dieux différents, mais de nom surtout : car leur nature était la même. La grande divinité solaire de Thèbes était Ammon ou Amon. C'était aussi dans une barque qu'Ammon effectuait ses voyages quotidiens : « Tu t'éveilles, dit une inscription, bienfaisant Amon-Râ-Harmakhis... seigneur des deux horizons ! O bienfaisant, resplendissant, flamboyant ! Ils rament, tes nautonniers ! »[1].

Je ne saurais naturellement songer à passer en revue toutes les divinités de l'ancienne Égypte. Il me faut pourtant mentionner encore Isis et Osiris, les seuls dieux adorés dans tout le pays. Le mythe d'Isis et d'Osiris est tellement connu, qu'il est inutile d'en parler ; il me suffira de rappeler le caractère attribué à Osiris : c'est le civilisateur[2], le dieu bon par excellence, l'adversaire de Typhon, son assassin, qui personnifiait la sécheresse, la tempête et tous les phénomènes nuisibles de la nature. Les mythologues considèrent Osiris comme un dieu solaire, une variante de Râ, et Typhon comme la divinité des ténèbres. On a beaucoup raisonné et même déraisonné au sujet de ces interprétations mythologiques, sur lesquelles je n'ai pas à insister ici. Étant donné le but de ce livre, il me suffit d'avoir établi que par ses origines, son caractère, ses concepts divins, la mythologie égyptienne est une mythologie de sauvages à peine voilée par une métaphysique religieuse, dénuée de toute sublimité. Dans des études antérieures, j'ai décrit la constitution et les privilèges de la caste sacerdotale en Égypte ; j'ai dit aussi de quel pouvoir excessif jouissaient les Pharaons, adorés comme des dieux, des dieux solaires[3], faisant « luire leur visage sur l'Égypte »[4].

1. Maspero. *Loc. cit.* 280.
2. Diodore, I, 14.
3. *Ibid.* I, 90.
4. Duncker. *Égyptiens,* 270.

Il va de soi que l'Égypte, ayant gardé essentiellement le culte des ancêtres sauvages, n'avait pas répudié la sorcellerie.

Ainsi toute maladie était censée due à un « esprit possesseur » et tout médecin devait doubler son ordonnance d'une conjuration magique, comme celle-ci par exemple : « O démon, qui loges dans le ventre d'un tel, fils d'un tel, etc. »[1]. En mythologie, les absurdités s'enchaînent avec une rigoureuse logique et on peut leur appliquer le mot d'Hamlet : « Il y a de la méthode dans cette folie ».

IV. — LES PHASES RELIGIEUSES EN ÉGYPTE

Si nous essayons maintenant de reconstituer les phases de la religion égyptienne, nous voyons que l'état religieux des Guanches semble bien avoir été celui des Berbères, premiers occupants probables de la Basse-Égypte. Dans tous les cas, la primitive religion de l'Égypte a ressemblé à celle de tous les autres peuples et elle a été constituée par la trinité fondamentale : les doubles, les dieux animiques, la magie. Cette triple illusion est commune à toutes les races peu développées. Par conséquent, quand nous la trouvons très vivante en Égypte, nous avons le droit d'affirmer qu'elle représente les origines religieuses.

De ce point de départ, commun à tout le genre humain, la religion égyptienne a évolué, mais dans d'étroites limites. On le constate aisément, si l'on veut bien se garder de l'enthousiasme surchauffé qui a égaré tant d'Égyptologues. Trop souvent les savants, qui, au prix de laborieuses recherches, ont réussi à exhumer l'antique civilisation de la vallée du Nil, ont été dupes d'une sorte de mirage. Ce mystère, qu'ils avaient

---

1. Maspero. *Loc. cit.* 77.

tant de peine à pénétrer, leur a paru ne pouvoir cacher que des choses sublimes. Les inscriptions, qu'ils traduisaient assez imparfaitement, ils ne pouvaient s'empêcher d'en exagérer le sens et de les interpréter avec emphase. *A priori*, les Égyptiens devaient avoir eu une métaphysique pleine de profondeur : on les en a donc gratifiés. Enfin, comme il est admis, dans notre Occident, que le monothéisme est une forme supérieure de la religion, il a bien fallu le retrouver en Égypte ; en conséquence, Ammon-Râ est devenu un *être suprême* et la religion égyptienne un *monothéisme pur*, se manifestant extérieurement par un *polythéisme symbolique*[1]. C'est vraiment un tour de force que de faire sortir le monothéisme du polythéisme animique et zoolâtrique le plus délirant qui fut jamais. Il est vrai que cette découverte a été faite par Porphyre et Jamblique, deux demi-aliénés.

L'enquête que nous avons poursuivie nous garantit contre de telles illusions. Il est trop évident que l'animisme primitif est le fonds du culte égyptien ; seulement cet animisme s'est compliqué et régularisé, parce que l'esprit de la race était éminemment conservateur ; mais son plus grand effort a été l'astrolâtrie anthropomorphique et zoomorphique : au fond, l'Égypte est toujours restée essentiellement fétichique. Des gens, pour qui le ciel est une voûte solide supportant un océan supérieur, sur lequel le dieu-soleil navigue dans une barque, ne sauraient être en général susceptibles de raffinements métaphysiques. Nous avons vu aussi que leur conception des doubles était tout à fait sauvage.

Comme toutes les religions des peuples assez avancés en civilisation, celle de l'Égypte a fini par élever des prétentions morales et admettre une sanction posthume de la vie ; mais elle a fait d'une façon très grossière et sans jamais essayer de distinguer la morale réelle de la morale rituelle.

---

1. Champollion-Figeac. *L'Égypte*, 244, 245.

Si maintenant nous nous demandons de quelle utilité a pu être cette bizarre religion pour les habitants de la vallée du Nil, nous n'en verrons guère qu'une : elle a dû contribuer à cimenter l'édifice national, et cela à cause de son absurdité même, qui ne lui permettait guère de faire des prosélytes au delà des frontières.

CHAPITRE XII

L'ISLAMISME

I. *Les rites funéraires chez les Arabes.* — Funérailles chez les Bédouins. — Les anges guetteurs des doubles. — Sensibilité posthume. — Les funérailles joyeuses. — II. *La vie future.* — Sacrifice funéraire. — Le double ailé. — Les corps purs. — Le jugement dernier. — La balance des œuvres. — Le pont « al Sirat ». — Le pardon final. — L'enfer. — Le paradis islamique. — Les origines. — Les conditions du salut. — III. *Les dieux et la religion des Arabes antéislamiques.* — La litholâtrie. — La pierre noire. — Les idoles de la Kaaba. — L'astrolâtrie. — Animisme fétichique. — Dieux ancestraux. — Allah Taala. — Sorciers. — La vie future. — IV. *Religion des Bédouins actuels.* — Impiété. — Les esprits. — Sacrifices. — V. *Le Koran.* — Ses origines. — Légendes. — La révélation par les prophètes. — Les gri-gris. — Métaphore incomprise. — VI. *Les anges d'après l'Islamisme.* — Les *djinns.* — Eblis. — Les relations avec Dieu. — VII. *Allah.* — Ses actes. — Son omnipotence. — Fatalisme. — VIII. *Le culte.* — Ses origines. — Les cinq devoirs. — Les sacrifices. — Aliments impurs. — Les mois et les jours sacrés. — Les fêtes. — Astrologie et magie. — Sorcellerie. — Le clergé. — Les couvents. — IX. *La morale islamique.* — La haine de l'infidèle. — L'ivrognerie corrigée. — Les Tartufes arabes. — X. *Le bilan de l'Islamisme.*

I. — LES RITES FUNÉRAIRES CHEZ LES ARABES

Les Bédouins actuels ayant, dans une forte mesure, conservé les us et coutumes des Arabes préislamiques, leurs rites funéraires sont particulièrement intéressants à connaître. Or, ces rites proclament clairement la foi en une survivance. Voici comment procèdent les Bédouins après la mort d'un des leurs. Dès que le malade a cessé de vivre, l'*imâm* étend le cadavre sur des espèces de claies en branches de palmier, le lave à l'eau chaude et au savon, l'habille de ses plus beaux vêtements et même, autant que possible, l'orne de ses parures de noce. Cela fait, l'*imâm* bouche avec du coton tous les orifices du corps, que l'on dépose ensuite dans un cercueil ressemblant à un grand berceau. A la tête de ce berceau funéraire est fixée une perche, qui, après l'inhumation, sort de terre et sur laquelle on place soit un turban, soit une coiffe de femme, suivant le sexe du décédé[1].

Avant d'emporter le cadavre, les assistants se dispersent autour du campement en criant : « Hélas! hélas! O fils des vivants, sachez, hélas! » c'est-à-dire « apprenez la mort de l'un de nous ». L'*imâm* et ceux de la tribu, qui connaissent les prières des morts, prennent en psalmodiant la tête du cortège funéraire. Les autres suivent, y compris les femmes, qui crient et se lamentent. En outre, des pleureuses à gages poussent des cris aigus, s'arrachent les cheveux et improvisent des chants mortuaires. En même temps tous les assistants font à l'envi l'éloge du défunt[2].

Le cercueil est ensuite déposé dans une fosse creusée d'avance; mais avant que cette fosse soit comblée l'*imâm* y descend et murmure à l'oreille du mort les paroles suivantes : « Si Naker et Nékir viennent te trouver, ne leur réponds rien de plus ou de moins », ce qui signifie en langage ordinaire : « ne réponds rien de bien ni de mal à l'ange rebelle ». C'est un avis salutaire, que l'*imâm* donne au décédé; car, avec beaucoup de Musulmans, les Bédouins croient que, durant les trois jours qui suivent immédiatement la mort, le double, l'âme, revient visiter son pauvre corps et qu'elle est alors guettée par les mauvais esprits, acharnés à sa perte[3]. Cette

---

1. Mayeux. *Les Bédouins*, III, 197-199.
2. *Ibid*. III, 199-201.
3. *Ibid*. 203.

idée, que le double a grand'peine à abandonner son corps et rôde quelque temps autour de lui, est tout à fait primitive: plus d'une fois déjà nous l'avons rencontrée.

Il en est de même du souci d'éviter au pauvre mort la pression du sol. Or, ce désir doit exister encore chez certaines populations sémitiques, puisqu'on l'a constaté chez les Arabes qui font le commerce des esclaves dans l'Afrique centrale. Pour soustraire le cadavre au contact brutal de la terre, ces chasseurs d'esclaves recourent à un procédé qui est aussi usité assez fréquemment. Sur l'une des parois verticales de la fosse, ils creusent une tranchée horizontale, dans laquelle on place le corps et que l'on ferme ensuite avec des briques protectrices [1].

Les Arabes actuels, sauf les Bédouins, ne pratiquent plus de sacrifices funéraires; mais leurs ancêtres préislamiques attachaient un chameau près de la fosse et l'y laissaient mourir de faim : c'était évidemment une monture pour l'autre monde [2].

En Arabie, quelques tribus de Bédouins ont réussi à voir la mort sous un aspect joyeux. Elles parent le défunt comme pour une noce, lui peignent les yeux de collyre, les pieds et les mains de *henné*, puis le portent en terre avec des acclamations et en chantant l'hymne nuptial, pendant que leurs femmes poussent le *lililili*, signe sacramentel d'allégresse [3]. Les funérailles joyeuses sont exceptionnelles, paradoxales; elles répondent sûrement à des idées particulières sur l'au-delà évidemment conçu comme un agréable séjour. Ces idées doivent être préislamiques; malheureusement on ne s'est pas préoccupé de les recueillir. Dans tous les cas, de même que les rites exprimant la douleur, ces joyeuses funérailles attestent d'une autre manière l'existence de la foi en une vie

---

1. S. Baker. *Albert Nyanza*, 37.
2. Mayeux. *Loc. cit.* 206.
3. Reland. *La religion des Mahométans* (1721), p. 277.

future. Comment les Arabes se sont-ils figuré et se figurent-ils actuellement cette survivance?

II. — LA VIE FUTURE

Nous n'avons guère de renseignements sur ce que pensaient les Arabes préislamiques au sujet de l'au-delà; mais le sacrifice funéraire d'un chameau suffit à montrer que, comme tous les autres peuples, ils ne voyaient dans la vie future qu'une continuation de la vie terrestre. Certains Arabes préislamiques croyaient pourtant à la métempsycose. Selon eux, le sang du cerveau devenait un oiseau, appelé *hamath*, qui visitait la tombe une fois tous les cent ans. D'après une autre opinion, cet oiseau était animé par le double des personnes mortes de mort violente; c'est pourquoi il criait constamment : « *Oscûni, Oscûni* », c'est-à-dire « donnez-moi à boire », demandant ainsi le sang du meurtrier[1].

Relativement aux visites que fait l'âme après la mort et aux dangers qui en résultent pour elle, le Koran a simplement enregistré les croyances des Bédouins; seulement il n'accorde à cette épreuve que la durée d'une nuit. Selon le Koran, deux anges, Munkir et Nakir, qui sont sans doute des génies préislamiques, viennent interroger le mort, qui, ranimé par leur présence, se dresse sur son séant, les écoute et leur répond. Les génies font des questions au défunt pour éprouver la solidité de sa foi en Dieu et au Prophète, pour savoir si la *Kaaba* a été sa *Kibla* et le *Korân* sa direction[2].

Aux yeux d'un bon musulman, ce qui doit importer avant toute chose, c'est la vie future; « la vie de ce monde n'est

---

1. G. Sale. *Observ. sur le Mahom.*, Lect. I.
2. *Korân.* Sourates XLVII, 29; VIII, 52. — G. Sale. *Obs. hist. et crit. sur le Mahom.*, section IV.

qu'un jeu, une frivolité, un vain ornement;... elle ressemble à la pluie, qui produit des plantes, dont les incrédules s'émerveillent; mais ces plantes se fanent, jaunissent, devienne des fétus de paille[1] ». « Que l'homme, dit le Korân, n'aie pas d'inquiétude au sujet de son retour à la vie : « Ne se souvient-il pas que nous l'avons créé, quand il n'était rien?[2] »

Pour les Musulmans, c'est un article de foi de croire qu'après l'examen du sépulcre les esprits, les âmes, passent dans des corps purs, que Dieu, Allah, a créés à cet effet pour conserver ainsi les doubles jusqu'à la résurrection universelle, moment où chaque double s'empressera de reprendre avec joie possession de son ancien corps[3]. On a peine à comprendre la satisfaction malsaine, qu'éprouvera le double, en quittant « un corps pur » pour rentrer dans son impure guenille d'autrefois; d'autant plus que cette cérémonie de la résurrection ne terminera rien et pourtant ne sera pas une petite affaire.

Allah commencera par anéantir tous les êtres, les anges, les démons et les hommes, dès que sonnera la terrible trompette de l'ange *Israfil*[4] : « La trompette sonnera et toutes les créatures des cieux et de la terre expireront, excepté celles dont Dieu disposera autrement[5] ». Le dernier être qui rendra le dernier soupir sera l'ange *Azariel*, l'ange de la mort, et cela est parfaitement logique. Les montagnes s'affaisseront, la mer prendra une couleur de sang[6] : « Lorsque le ciel se fendra, qu'il aura obéi au Seigneur, et se chargera d'exécuter ses ordres; lorsque la terre sera aplanie, qu'elle aura secoué tout ce qu'elle portait et restera déserte, qu'elle aura obéi au

1. *Korân.* Sourate LVIII, 19.
2. Sourate XIX, 67, 68.
3. Reland. *Histoire du Mahométisme* (Éclaircissements, 254).
4. *Ibid.* (Confession, etc., V).
5. *Korân.* Sourate XL, 68.
6. Reland. *Loc. cit.* (Confession, V).

Seigneur et se chargera d'exécuter ses ordres; alors, ô mortel! toi qui désirais voir ton Seigneur, tu le verras[1] ». Mais ce n'est encore là que le premier acte. « La trompette sonnera une seconde fois, et voilà que tous les êtres se dresseront et attendront l'arrêt[2]. » — « On enflera la trompette et ils sortiront de leurs tombeaux et accourront en hâte auprès du Seigneur[3]. » Allah aura eu soin de niveler au préalable une grande plaine, où seront rassemblées toutes les créatures[4]. A chaque personne sera remis un livre ou catalogue de ses œuvres, bonnes et mauvaises. Les bons tiendront ce livre de la main droite; les méchants, de la main gauche[5]. Chacun sera d'ailleurs jugé avec la plus stricte impartialité[6]. Comme en Egypte, les œuvres seront pesées dans une balance; mais la balance sémitique est suspendue entre le paradis et l'enfer et peut contenir le ciel et la terre[7]. La pesée se fera avec un soin scrupuleux. A celui qui aura diffamé son frère Dieu ôtera une certaine quantité de bonnes œuvres pour les transporter dans le plateau du diffamé. Si, par hasard, il y avait défaut absolu de bonnes œuvres, Allah prendrait une certaine portion des misères du diffamé pour les mettre au compte du diffamateur[8]. Le jugement prononcé, il s'agira pour le jugé de passer le pont « al Sirât », plus fin qu'un cheveu, plus tranchant que le fil d'un sabre[9]. Ce pont si étroit a, par une fâcheuse compensation, la longueur du monde; les justes le franchiront avec la rapidité de l'éclair; les méchants, les blasphémateurs, les infidèles, etc., tomberont dans les feux de l'enfer[10]. Au con-

1. *Korân.* Sourate LXXXIV, 1-6.
2. *Ibid.* XL, 68.
3. *Ibid.* XXXVI, 51.
4. Reland. *Loc. cit.* (Confession, VI).
5. *Ibid.* (Confession, VII).
6. Sourate XXXVI, 53, 54.
7. Sourate XXXIII, 104, 105.
8. Reland. *Loc cit.* (Confession, IX).
9. Sourate XXIII, 104, 105.
10. Reland. *Loc. cit.* (Confession, XI).

traire ceux dont les bonnes œuvres auront fait trébucher le plateau de la balance divine entreront dans le paradis. Un séjour mitoyen recevra ceux qui n'auront été ni bons ni mauvais, ceux dont les bonnes œuvres et les mauvaises se seront fait équilibre[1]. Ce jugement, quoique dernier, ne sera point sans appel : Mahomet, que Dieu aura pris soin de ressuciter tout d'abord en même temps que l'Ange de la mort, intercédera pour son peuple. A la première intercession du Prophète, Allah fera la sourde oreille; à la seconde, il se laissera toucher et tous les fidèles Musulmans seront transportés dans un état glorieux; plus blancs que la neige, plus éclatants que le soleil, ils iront en paradis (Reland, Confession, XII). Quant aux infidèles, point de merci pour eux[2].

Mais sûrement un long laps de temps s'écoulera entre les deux intercessions; car le Koran nous décrit complaisamment le séjour des réprouvés et celui des justes. L'enfer islamique est emprunté au Judaïsme, qui l'avait pris au Parsisme. Allah et Iblis, Dieu et le Diable, équivalent à Ormuzd et Ahriman[3]. Le feu infernal brûlera les damnés sans les toucher; des vers, des serpents les mordront et piqueront sans les atteindre[4]. Les réprouvés se nourriront de fruits ressemblant à des têtes de démons et qui pousseront sur un arbre, dont les racines sont au fond de l'enfer. « Ils s'en rempliront le ventre; puis ils boiront de l'eau bouillante[5], comme un chameau altéré » (Sourate LVI, 54). Ils boiront aussi du pus[6] : « Les hommes de la gauche, oh! les hommes de la gauche! ils seront au milieu des vents pestilentiels et d'eaux bouillantes, dans l'obscurité d'une fumée noire. Autrefois ils

1. Reland. *Loc. cit.* (Confession, X).
2. *Ibid.* (Confession, VI, VIII).
3. Dozy. *Hist. Islam*, 153.
4. Reland. *Loc. cit.* (Confession, XIII).
5. Sourate XXXVII, 62, 66.
6. *Ibid.* 56, 57.

menaient une vie aisée ; ils persévéraient dans une haine implacable et disaient : « Quand nous serons morts, quand « nous ne serons plus qu'un amas d'os et de poussière, « serons-nous ranimés de nouveau, ainsi que nos aïeux ?[1] »

Dans un grand nombre de sourates, le Koran nous dit quels seront ces réprouvés ; ce seront, en premier lieu, les infidèles[2], ceux qui achètent la vie de ce monde au prix de la vie future[3], ceux qui veulent un autre culte que la résignation à Dieu (*Islam*)[4], les hypocrites et les infidèles, *qui resteront éternellement dans la géhenne*[5], l'impie[6], ceux qui n'ont jamais fait ni la prière ni l'aumône[7], etc., etc.

Si l'enfer islamique n'est qu'un plagiat, le paradis semble bien être un produit de l'imagination arabe, sans doute la vie future, telle que se la représentaient les nomades préislamiques, en projetant dans l'au-delà, à la manière de tous les sauvages, une image améliorée de leur existence terrestre. C'est probablement cet au-delà archaïque qui motivait les funérailles joyeuses, conservées par certaines tribus à titre de survivances. Les élus mahométans doivent en effet trouver dans le paradis toutes les jouissances sensuelles les plus recherchées des Arabes. Beaux, jeunes, robustes, resplendissants, ils verront Mahomet et Allah[8] dans des jardins arrosés par de frais ruisseaux[9] : « Les hommes de la droite (qu'ils seront heureux les hommes de la droite !) séjourneront parmi les arbres de lotus sans épines et les bananiers chargés de fruits depuis le sommet jusqu'en bas, sous des ombrages, qui s'étendront au loin, près d'une eau courante, au milieu de

1. *Korân.* Sourate LVI, 40-48.
2. *Ibid.* II, 156.
3. *Ibid.* II, 80.
4. *Ibid.* III, 79.
5. *Ibid.* IX, 69.
6. *Ibid.* LXXIX, 37.
7. *Ibid.* LXXV, 43, 46.
8. Reland. *Loc. cit.* (Confession, XII).
9. Sourates II, 23 ; IX, 101.

fruits en abondance, que personne ne coupera, dont personne n'interdira l'approche »¹. « Accoudés à leur aise et se regardant face à face, ils seront servis par des enfants doués d'une jeunesse éternelle, qui leur présenteront des gobelets, des aiguières et des coupes remplies de vin exquis; sa vapeur ne leur montera pas à la tête et n'obscurcira pas leur raison »². « Dans les jardins d'Eden, ils seront ornés de bracelets d'or, de perles et revêtus de robes de soie »³. Mais le grand attrait paradisiaque, la plus enivrante récompense seront, pour le juste, les Houris aux yeux noirs, « au teint éclatant, comme une perle dans sa coquille »⁴. Leur peau a la couleur des œufs d'autruche; leur sein est voluptueusement arrondi. Ces Houris, au regard modeste, seront jeunes comme les élus; de plus, elles seront vierges et ont été créées exprès pour le bonheur des justes : exemptes de toutes les souillures des mortelles⁵, « elles ressemblent à l'hyacinthe et au corail ». « Jamais homme ni génie n'a profané leur pudeur »⁶. Enfin les époux de ces belles créatures se reposeront sur des coussins verts et de magnifiques tapis⁷.

A quelles conditions le vrai croyant peut-il entrer, après sa mort, dans cet éden si sensuel? C'est surtout au prix d'une foi robuste et de l'observance des commandements religieux. Avant tout il faut éprouver la crainte de Dieu⁸; il faut trembler devant la majesté du Seigneur⁹, écouter Dieu et l'apôtre¹⁰. Il faut aussi pratiquer les bonnes œuvres¹¹. Les guerriers

---

1. *Korân.* Sourate, LVI, 26, 32.
2. *Ibid.* LVI, 11, 20.
3. *Ibid.* XXXV, 30.
4. *Ibid.* XXXVII, 47.
5. *Ibid.* II, 23; LVI, 34, 35; XXXVII, 52; III, 13, etc., etc.
6. *Ibid.* LV, 56, 58, 70, 74.
7. *Ibid.* LV, 76.
8. *Ibid.* LII, 17, 21.
9. *Ibid.* LXXIX, 40.
10. *Ibid.* IV, 17.
11. *Ibid.* IV, 60, 121.

morts en combattant pour l'Islâm entrent de droit au paradis : « ils ne sont pas morts: ils vivent près de Dieu et reçoivent de lui leur nourriture »[1]. « Dieu a acheté les biens et la personne des croyants, en échange du Paradis. Ils combattront dans le sentier de Dieu ; ils tueront et seront tués »[2]. Pourtant, et c'est un bon point à donner à l'Islamisme, le paradis n'est pas seulement réservé aux Mahométans ; les Juifs, les Chrétiens, les Sabéens, tous ceux qui auront cru en Dieu et pratiqué le bien, seront récompensés par le Seigneur : « la crainte ne descendra point sur eux et ils ne seront point affligés »[3].

La vie future, selon l'Islamisme, n'est donc plus simplement, comme dans les religions tout à fait primitives, la prolongation imaginaire de la vie terrestre ; elle en devient la sanction ; mais cette sanction a un caractère religieux. C'est de l'exacte observance des cinq pratiques obligatoires du culte que dépend l'admission dans le séjour des houris. Or, de ces cinq obligations, une seule, l'aumône, a une certaine valeur sociale. Les autres sont uniquement des exercices ayant pour but de gagner les bonnes grâces de l'Émir du ciel.

III. — LA RELIGION DES ARABES ANTÉISLAMIQUES

Rien de plus animique que la religion des Arabes préislamiques. Au vi⁰ siècle encore les Arabes adoraient les belles pierres qu'ils rencontraient sur leur chemin. A défaut de pierre, ils amoncelaient un tas de sable et trayaient dessus une chamelle, c'est-à-dire faisaient une offrande de lait au tas de sable déifié, puis continuaient à l'adorer tant qu'ils campaient près de lui[4]. Ce culte des pierres était fréquent

---

1. *Korân.* Sourate III, 163.
2. *Ibid.* X, 602.
3. *Ibid.* II, 59.
4. Dozy. *Histoire de l'Islamisme,* T.

dans les tribus, et souvent de grandes pierres brutes tenaient lieu d'idoles[1]. Depuis le IIIe siècle, on adorait dans la *Kaaba* de la Mecque une pierre noire, qui était un morceau de basalte volcanique, peut-être un aérolithe. Ce célèbre fétiche, brisé, durant ce siècle, par les Wahabites, a été reconstitué; on en a rassemblé les fragments en les reliant avec de l'argent et on l'adore toujours[2]. Burckardt a vu et décrit cette pierre sacrée, qui a environ sept pouces de diamètre, une forme ovale et est usée par des millions d'attouchements[3], comme le pied de la statue dite de saint Pierre à Rome. La Kaaba contenait en outre une statue en agate, celle du dieu Hobal, apportée de l'étranger, et 360 idoles, une pour chaque jour de l'année; parmi ces idoles avaient pris place Abraham, la vierge Marie, l'enfant Jésus, des anges[4].

Mais le culte dominant était l'astrolâtrie. On adorait le soleil, les étoiles fixes, Aldébaran, Sirius, les planètes. Chaque tribu choisissait son astre protecteur et certains de ces corps célestes avaient leurs temples spéciaux. Il existait notamment sept temples correspondant aux sept planètes[5]. Le culte du soleil, des étoiles, des pléiades, était commun à toutes les tribus arabes et les Bédouins actuels invoquent encore l'astre-roi au moment de son lever[6]. On adorait aussi les arbres, les montagnes, les ancêtres, et on le faisait à la manière spirite[7]. On croyait à des génies, à des *djinns*, peuplant les déserts, les montagnes; on voyait ces esprits sous des formes bizarres; on les entendait même crier. Ces génies, faits d'air et de feu, habituellement invisibles, se propageaient comme les hommes; ils habitaient les arbres, les pierres, les statues. Chaque tribu

---

1. G. Sale. *Observations sur le Mahométisme*, section I.
2. Dozy. *Loc. cit.* 522.
3. Burckhardt. *Voyage en Arabie*, I, 129, 182.
4. Dozy. *Loc. cit.* 7.
5. G. Sale. *Loc. cit.* section I.
6. Palgrave. *Arabie Centrale*, 141
7. Tiele. **Manuel d'histoire religieuse**, 92, 93

ou groupe de tribus avait son *djinn,* son arbre, son idole, auxquels se rattachait ordinairement une famille sacerdotale. On faisait des offrandes à ces dieux fétichiques[1] ; car il fallait se les rendre favorables. Les tribus des Koréish, etc., adoraient un acacia (*al Uzza*) ; *Ouad,* le ciel, sous la forme d'un homme, recevait aussi un culte. Il y avait en même temps des déesses, une entre autres appelée *Saoua.* Les dieux animaux ne manquaient pas non plus : une divinité avait la forme d'un lion ; une autre, d'un cheval ; une troisième, d'un aigle. Chaque père de famille avait ses dieux pénates[2]. Pour beaucoup de tribus il existait une sorte de grand esprit, quelque chose comme le grand *manitou* des Peaux-Rouges : c'était *Alhah-Taala*[3]. Vis-à-vis de ce grand esprit, les Arabes se considéraient comme des esclaves. C'était « le Cheik des esprits » : « Je me consacre à ton service, disaient les Sabéens,... tu es absolument le maître de ton compagnon et de tout ce qui est à lui »[4]. Ce dieu despotique semble bien être le prototype de l'Allah islamique. Pour les anciens Arabes et même pour ceux d'aujourd'hui, les dieux inférieurs sont simplement « les compagnons de Dieu », considéré comme un roi[5]. Dans les tribus des Arabes préislamiques, il y avait des sorciers, des voyants, qu'on appelait *Kâhin,* le *Cohen* des Hébreux. Ces voyants étaient vénérés, souvent consultés. D'autre part, des familles spéciales étaient chargées du culte des idoles[6]. Vers la fin du vi[e] siècle, la secte des *Hônifs* inclinait déjà vers le monothéisme et sa doctrine donnait aux actes une sanction religieuse[7].

En général les Arabes préislamiques avaient foi en une

---

1. Dozy. *Loc. cit.* 5.
2. G. Sale. *Loc. cit.*
3. *Ibid.*
4. *Ibid.* — Tiele. *Loc. cit.* 94.
5. *Ibid.* — Dozy. *Loc. cit.* 5.
6. Tiele. *Loc. cit.* 94.
7. Dozy. *Loc. cit.* 12.

survivance après la mort, comme le prouve leur coutume d'enterrer un chameau ou de le laisser mourir de faim auprès de la tombe de son maître[1], et même ils honoraient leurs ancêtres d'un culte grossier, spirite. Pour certains d'entre eux, l'esprit s'échappait du corps au moment précis de la mort sous la forme d'un hibou et voletait autour de la tombe avec des cris plaintifs[2]. Mais en général la race arabe était médiocrement religieuse. Beaucoup d'Arabes niaient même la vie future. Jamais leurs poètes ne parlent de religion et l'un d'eux a écrit ceci :

> Vivre, mourir, puis revivre !
> Sottes fables que tout cela, ô femme ![3]

IV. — LA RELIGION DES BÉDOUINS ACTUELS

Malgré l'estampille islamique qu'ils portent, les Bédouins de nos jours ne sont pas plus religieux que leurs ancêtres d'avant Mahomet. Ce sont bien les légitimes descendants de ces Arabes du désert, que le Prophète déclarait être « les plus endurcis dans leur impiété »[4]. Beaucoup d'entre eux disent encore, comme les Touâreg, que la religion islamique n'est pas faite pour eux ; car ils n'en peuvent garder les observances : « Comment faire des ablutions? Nous n'avons pas d'eau; l'aumône, nous n'avons pas d'argent; jeûner le Ramadhan, nous jeûnons toute l'année. Pourquoi aller à la Mecque? Dieu est partout »[5]. Jamais les Bédouins ne demandent à un voyageur quelle est sa foi ; ils ne connaissent pas le Koran et leur coutume de la circoncision est antérieure à l'Islamisme[6]. « Quel est

1. Dozy. *Loc. cit.* 12.
2. H. Spencer. *Sociologie*, I, 457.
3. Dozy. *Loc. cit.* 12.
4. *Le Koran.* Sourate IX, 98.
5. Dozy. *Loc. cit.* 526.
6. Mayeux. *Les Bédouins*, III, 114.

votre Dieu demandait un voyageur arabe à un nomade, près de Basra? » C'était Fadi, répondit l'interpellé (un gouverneur de province); mais, depuis sa mort, je ne sais plus qui est dieu maintenant »[1]. « Après la mort, disait un jeune Bédouin, j'irai trouver Dieu et je le saluerai; s'il me donne des vivres et du tabac, je resterai auprès de lui; sinon je monterai sur mon cheval et je partirai »[2].

Ces prétendus Mahométans font encore des sacrifices sur les tombeaux de leurs ancêtres, dont les doubles doivent se nourrir de sang[3]. L'idée qu'ils ont d'Allah est tout à fait primitive. Ainsi Burton a entendu une vieille femme de la tribu des Eésa, souffrant d'une rage de dents, s'écrier : « Oh! Allah, puissent tes dents et tes gencives te faire autant de mal que les miennes![4] » Pour les Châamba du Sahara, le mirage est l'œuvre des malfaisants esprits, toujours aux aguets et qu'ils essaient d'écarter en disant, le soir, avant de s'endormir : « Que l'esprit malfaisant s'éloigne! » Par des nuits de simoun, le bruit des vagues de sable est pour ces Bédouins d'Afrique la bataille souterraine des guerriers morts et prisonniers de l'esprit du mal. Les feux follets sont les âmes de ces maudits; le bruit strident des broussailles sèches, agitées par le vent, c'est le rire des revenants, des fantômes : il présage souvent un malheur[5].

Mais les Bédouins n'ont pas le privilège de ces primitives croyances. Dans la mer Rouge, les marins indigènes croient qu'au fond de l'eau résident de bons et de mauvais génies, qu'ils tâchent de se concilier en leur jetant les prémices de leurs repas : des dattes, de la farine, des pains entiers[6]. A

---

1. Palgrave. *Loc. cit.* 83.
2. *Ibid.* 56.
3. *Ibid.* 56.
4. Burton, cité par Lubbock. (*Civilisation primitive*, 221).
5. Hugues Le Roux (*Le Temps*, 1ᵉʳ novembre 1890).
6. Ch. Didier. *Séjour chez le Grand Chériff de la Mecque*, 105 — Burckhardt, *Voy. en Arabie*, II, 195.

Yamba, qui est le port de Médine, les habitants, en temps de peste, promènent par la ville un chameau expiatoire, qui est ensuite sacrifié dans un lieu consacré[1]. Les sacrifices sanglants sont ordinaires. On en fait souvent sur les tombeaux des gens morts en odeur de sainteté et auxquels on immole des chèvres ou des brebis[2]. A la Mecque, sur le mont Arafâte, lieu présumé du sacrifice d'Abraham, on précipite dans une vallée des brebis égorgées[3]. Ce sont là manifestement d'innocentes survivances du culte préislamique, des temps plus sauvages où, à la Mecque même, on sacrifiait des jeunes filles[4]. Mais, pour la religion comme pour tout, rien ne se crée de rien, et c'est de ce vieux fonds de croyances animiques qu'est sorti l'Islamisme. Il en a même conservé plus d'un stigmate, comme nous allons le voir en examinant de près cette religion prétendue monothéique.

V. — LE KORAN

Le Koran, code à la fois civil et religieux dont se contentent encore tant de millions d'hommes, a juxtaposé sans ordre ni critique les principales croyances des Arabes idolâtres, de larges emprunts faits à la Bible et quelques traditions persanes. Les divers chapitres ou *sourates* du Koran (*sourate*, série de pierres fichées dans un mur, d'où l'idée de lettre) ont été écrits au fur et à mesure par les fidèles, sur des pierres blanches, des feuilles de palmier, des morceaux de cuir, des omoplates de mouton ou de chameau. Certaines sourates furent même conservées simplement par tradition orale. Sous le calife Abou-Bekr, quand on réunit tous ces fragments épars, on les classa,

---

1. *Ibid.* 113.
2. Dozy. *Loc. cit.* 512.
3. Mayeux. *Bédouins*, 48
4. Tiele. *Loc. cit.* 94.

sans se soucier de leur contenu, uniquement par ordre de longueur, et il en résulta le Koran (de l'hébreu *kara*, lire), recueil nécessairement fort décousu et très peu original[1]. — Mais, à force de torturer les textes du saint livre, les docteurs de l'Islam sont parvenus à en extraire un système complet de théologie et de morale; puis, quand la philosophie grecque fut étudiée à la cour des califes, ces mêmes docteurs firent passer, comme articles de foi, des subtilités métaphysiques étrangères à la foi primitive, par exemple, l'imperceptibilité de Dieu[2]. En outre, il s'est créé un recueil de soi-disant traditions orales, émanant du Prophète et appelé la *Sunnah*. De tout cela est résulté un assemblage fort hétérogène, contre lequel se sont élevés, au commencement de ce siècle, les Arabes Wahabites du Nedjed, en s'efforçant de revenir à la prétendue pureté originelle de l'Islâm.

Néanmoins, tel qu'il est, le Koran est encore le livre fondamental de la foi islamique; et c'est lui qu'il importe d'étudier avant tout. Le Koran a la prétention non seulement de servir de direction aux croyants, mais encore de constituer une preuve de la miséricorde divine envers les fidèles[3]. On y défie les incrédules d'apporter seulement dix sourates de même valeur que celles du Livre, à moins que Dieu lui-même ne leur vienne en aide[4]. Cet ouvrage divin nous paraît pourtant très peu digne d'admiration, aussi les peuples quelque peu développés ne l'ont guère accepté que grâce à la propagande du sabre et, convertis malgré eux, ils ont volontiers versé dans l'hérésie.

L'incohérence du Livre sacré des Musulmans, la large place, qu'y tiennent les croyances animiques, ont laissé le champ

---

1. Dozy. *Loc. cit.* 111, 112. — Stobart. *Islam and its founder*, 86, 87.
2. W. Muir. *The Corân*, 50.
3. Sourate, XXVII, 79.
4. *Ibid.* XI, 16.

libre aux imaginations de dévots fort peu éclairés. De là sont nées, dans le Koran et à côté de lui, quantité de légendes absurdes. Ainsi l'on raconte tranquillement que, la mère de Mahomet étant enceinte du Prophète, il en émana une lumière si éblouissante qu'elle pouvait voir, en dépit de la distance, les palais de Boçrâ[1]. Dans le Koran, Mahomet affirme lui-même qu'il a été miraculeusement transporté de la Kaaba au Temple de Jérusalem. On croit que l'habitude de Dieu est de se révéler par des prophètes sans nombre. Adam, Noé, Abraham, Moïse, Jésus, enfin Mahomet sont les derniers venus; mais auparavant il y en avait eu dix mille autres[2]. Le Koran n'a pas non plus détrôné les gri-gris préislamiques; il est lui-même devenu gri-gri. De petits exemplaires du Koran, des versets de ce livre ou même simplement certains des noms donnés à Dieu, même les noms des Sept Dormants et de leur chien, servent d'amulettes[3].

Comme le Judaïsme et le Parsisme, le Koran enseigne la résurrection de la chair; mais les croyants ajoutèrent que les morts ressusciteraient avec les habits, qu'ils portaient au moment de leur décès[4]. L'enfer des Juifs, emprunté lui-même au Parsisme, devint article de foi pour les Musulmans, et ceux-ci crurent docilement, d'après les rabbins, que cet enfer avait sept portes et sept divisions[5].

Les Arabes contemporains de Mahomet avaient l'intelligence si peu ouverte encore, qu'ils prirent au pied de la lettre même les métaphores du texte sacré. Le Prophète ayant déclaré dans le Koran que lui aussi avait été idolâtre, mais que Dieu lui avait ouvert le cœur[6], ces expressions donnèrent lieu

1. Dozy. *Loc. cit.* 130.
2. *Ibid.* 137.
3. *Ibid.* 511.
4. *Ibid.* 153.
5. *Ibid.*
6. *Koran*, XCIII, 7; XCIV, 1.

à une légende, suivant laquelle, pendant le sommeil de Mahomet, un ange lui avait *ouvert* le cœur, avait lavé ce viscère dans un bassin d'or rempli de foi, puis l'avait remis à sa place dans le péricarde[1]. Mais les idées fondamentales du Koran lui-même sur Dieu et les compagnons de Dieu, les anges, ne sont guère moins absurdes que toutes les aberrations populaires.

VI. — LES ANGES D'APRÈS L'ISLAMISME

D'après le Koran, les génies des idolâtres ou plutôt certaines catégories d'entre eux devinrent des « anges » ou des « démons ». Pourtant, en dehors des anges et des démons, il resta un peuple de génies, de *Djinns*, les uns fidèles, les autres non ; les uns se convertissant, les autres se pervertissant[2]. Les anges sont des corps subtils, purs, formés de lumière. Ces êtres glorieux ne mangent, ni ne boivent, ni ne dorment ; ils n'ont pas de sexe et sont nés sans père[3]. Le Koran admet sans aucune hésitation l'existence des anges et des démons. Tout homme est entouré d'anges, qui se relayent entre eux pour le surveiller[4]. Les démons enseignent aux hommes la magie[5]. Leur chef est Eblis (διαβολός), ancien archange autrefois nommé Azazil, qui fut précipité du ciel pour avoir refusé, malgré l'ordre de Dieu, de se prosterner devant Adam, tandis que les autres anges s'étaient docilement inclinés. Eblis refusa nettement d'obéir à Dieu, alléguant qu'il était, lui, d'une essence supérieure à celle d'Adam, puisqu'il avait été créé de feu et Adam seulement de limon[6] ; il obtint même de Dieu, un peu

---

1. Dozy. *Loc. cit.* 126.
2. Reland. *Loc. cit.* Éclaircissement, 133.
3. *Ibid. Abrégé de la Religion*, 11.
4. *Koran.* Sourate XIII, 12.
5. Sourate II, 96.
6. *Ibid.* VII, 9-17.

faible ce jour-là, la permission de tenter les hommes jusqu'à la résurrection : « Attire par ta voix ceux que tu pourras; fonds sur eux avec tes cavaliers et tes piétons, etc.;... mais tu n'auras aucun pouvoir sur mes serviteurs : il leur suffira d'avoir Dieu pour patron »[1].

L'Eblis musulman, descendant manifeste de l'Ahriman persan et du Satan juif, traite donc avec Dieu de puissance à puissance. Il a d'ailleurs sous ses ordres toute une armée de génies et de démons. Les étoiles filantes sont des projectiles lancés par l'artillerie du ciel contre les génies et les diables, qui sans cesse rôdent autour du royaume céleste, afin d'en saisir les secrets[2]. De temps à autre Dieu fait acte d'autorité; c'est ainsi qu'il obligea les génies à travailler pour Salomon, à lui bâtir des palais, à lui construire des statues, même à lui fabriquer des chaudrons solidement étayés, comme des montagnes[3]. Quant à la Mecque, elle fut bâtie par Adam, sur l'ordre de Dieu, avec l'aide des anges[4]. Rien dans ces élucubrations saugrenues, qui s'élève au-dessus des conceptions analogues des sauvages. Or l'idée, que l'Islamisme se fait de Dieu, de son pouvoir, de sa manière d'agir n'est pas plus intelligente.

VII. — ALLAH

L'Allah de l'Islamisme n'est qu'une contrefaçon grossière de l'Iaveh biblique. Dans l'espace de six jours, Allah a créé les cieux et la terre. Avant la création, son trône était sur les eaux[5], sans doute sur les eaux situées au-dessus de la voûte cristalline du firmament. En deux jours cet archi-

---

1. Sourates XVII, 63,-67; XV, 28, 29.
2. Stobart. *Islam and its founder*, 109.
3. Sourate XXXIV, 11, 12.
4. Dozy. *Loc. cit.* 141.
5. *Koran.* Sourate XI, 9.

tecte de l'univers avait subdivisé le ciel en sept sous-cieux, ayant chacun leur fonction, et il avait orné de flambeaux le ciel inférieur, en le pourvoyant de gardiens, c'est-à-dire d'anges[1]. Sans l'appuyer sur des colonnes, il a édifié la voûte céleste; il met en mouvement le soleil et la lune; il a étendu la terre, creusé le lit des fleuves, donné des sexes aux animaux[2], établi la lumière et les ténèbres[3]. C'est un dieu faiseur de pluie; il gouverne les torrents, fait germer les plantes et mûrir les fruits. Tout cela, il l'a fait pour l'usage de l'homme[4]. Les anges le glorifient; le tonnerre chante ses louanges et lui le lance sur ceux qui disputent à son sujet[5]. Père de tout ce qui vit, il connaît nommément chaque animal et son repaire, l'endroit précis où l'animal ira mourir. Tous ces détails sont couchés dans son livre, livre de compte ou journal. Il nourrit toutes les créatures[6]. Avec de l'argile il a modelé l'homme, comme un potier fait un vase[7]; puis il a divisé cette argile en deux portions égales et avec une suprême indifférence jeté l'une en enfer, l'autre au ciel, en disant : « Ceux-ci pour le feu éternel; ceux-là pour le paradis »[8]. C'est lui encore qui a créé les génies avec du feu sans fumée[9]. Un verset semble bien admettre l'existence d'autres dieux, distincts d'Allah : « Les dieux, que vous adorez à l'exclusion du Dieu unique, ne sauraient vous procurer l'existence journalière »[10]. Le Levant et le Couchant appartiennent à Allah, qui sait tout[11]. Pour qu'une chose existe, il lui suffit de dire :

1. *Koran.* Sourate XLI, 11.
2. *Ibid.* XIII, 2, 3.
3. *Ibid.* VI, 1.
4. *Ibid.* XIII, 18; XIV, 37.
5. *Ibid.* XIII, 14.
6. *Ibid.* XI, 8.
7. *Ibid.* VI, 1; LV, 13.
8. W. G. Palgrave. *Arabie centrale,* I, 324.
9. *Koran.* Sourate LV, 14.
10. *Ibid.* XXIX, 16.
11. *Ibid.* II, 109; XX, 98.

« Sois », et elle est[1] ; mais c'est là un pur plagiat biblique. Sans hésiter davantage, le Koran adopte et fait sienne la légende d'Adam et d'Ève[2].

L'omnipotence et l'omniscience d'Allah ne l'empêchent pas de recourir à la ruse; ainsi il répondit aux complots des infidèles par d'autres complots beaucoup mieux ourdis[3]. Allah peut à son gré guider ou égarer[4] : « Tu ne trouveras pas de sentier pour celui que Dieu égare[5] ». La destinée de chaque homme est « fixée autour de son cou ». Allah fait ce qu'il veut; sa volonté, c'est la raison; c'est un tout-puissant despote, dont on ne discute pas les décrets : « Si Dieu avait voulu, il n'aurait établi qu'un seul peuple professant la même religion[6] ». Aussi la religion de Dieu s'appelle « *Islâm* », c'est-à-dire « résignation à la volonté divine ».

En résumé, Allah est un souverain oriental, exerçant une autorité sans contrôle; de ses mains toutes-puissantes il a bâti l'univers et modelé l'homme, dont le devoir étroit est de l'adorer et de lui obéir.

VIII. — LE CULTE

De cette théologie si simple et même si simpliste découle pour l'homme l'obligation de plaire à Dieu, s'il veut goûter les joies sensuelles du paradis. Pour cela, le Prophète lui prescrit des procédés pratiques, empruntés en grande partie aux coutumes religieuses des Arabes préislamiques. Ceux-ci faisaient déjà de fréquentes prières en se tournant vers la

1. *Koran.* Sourate II, 3, 112.
2. *Ibid.* XXI, 119, 120.
3. *Ibid.* VIII, 30.
4. *Ibid.* IV, 90, 142; XVII, 99 et *passim*.
5. *Ibid.* XLII, 6; XXI, 96.
6. *Ibid.* III, 17.

Kaaba, panthéon de leurs idoles; ils allaient en pèlerinage à la Mecque; les plus dévots d'entre eux s'abstenaient de vin; ils faisaient des sacrifices, dont le plus solennel était l'immolation du premier-né d'un chameau[1]. Or, le Koran impose aux fidèles cinq grands devoirs : 1° débiter régulièrement les formules attestant la foi en Allah et en Mahomet; 2° faire les prières et les ablutions prescrites; 3° jeûner ; 4° faire l'aumône; 5° aller en pèlerinage à la Mecque. Chacun de ces actes doit être précédé de la formule : « Au nom de Dieu miséricordieux, le compatissant ».

Ces cinq devoirs constituent « le pilier de l'Islamisme[2] »; c'est en les observant et seulement en les observant qu'on peut gagner le paradis[3]. On doit prier cinq fois par jour, à cinq moments déterminés, après les purifications prescrites et autant que possible dans la mosquée. Les prières consistent à réciter des formules du Koran. Il faut jeûner durant le mois du Ramadhân. Les aumônes obligatoires, les *zakât*, constituent une sorte de taxe des pauvres. Elles servaient aussi jadis à subvenir à la guerre sainte, à racheter des esclaves. Ce sont elles qui alimentent le trésor public et les jurisconsultes en ont exactement déterminé le montant[4]. Les fidèles incapables de supporter le jeûne nourriront un pauvre à titre d'expiation[5]. Dans l'opinion des casuistes, quantité d'actes peuvent rompre le jeûne ou du moins le priver de toute vertu; par exemple, sentir une odeur exquise ou prendre un clystère. Le commerce sexuel, l'onanisme, les règles rompent aussi le jeûne[6]. Le pèlerinage de la Mecque doit se faire dans les mois prescrits[7]. Si l'on en est empêché, il faut envoyer quel-

---

1. Reland. *Loc. cit.* (Éclaircissements, etc. 277).
2. Dozy. *Loc. cit.* 138.
3. Stobart. *Islam*, etc. 197.
4. Dozy. *Loc. cit.* 138, 139.
5. Sourate II, 180.
6. Reland. *Loc. cit.* (Abrégé de la religion, 61).
7. Sourate II, 193.

qu'un porter une offrande¹. Pendant le pèlerinage, on doit être continent, éviter les rixes, observer les préceptes².

Des cinq préceptes, un seul a un effet humanitaire; c'est l'aumône; mais le but en est égoïste; car Dieu paiera aux donateurs une récompense³. On y met pourtant une certaine délicatesse; ainsi il est prescrit de donner des meilleures choses acquises et de ne pas faire des largesses avec des choses viles⁴. Il faut secourir d'abord les parents, les proches, puis les orphelins, les pauvres, les voyageurs, et se hâter; « car un jour viendra où il n'y aura plus ni vente ni achat⁶ ». L'aumône publique est bonne; l'aumône secrète est meilleure; mais l'une et l'autre servent à effacer les péchés⁷; car la note de l'intérêt bien entendu revient toujours. Néanmoins cette obligation de l'aumône relève un peu le culte musulman : on est du reste en droit d'admettre que l'habitude de donner, de s'entr'aider, est, chez les Arabes, fort antérieure à l'Islamisme. L'aumône est encore dans les mœurs des Bédouins actuels; d'autre part, le poème d'Antar cite des traits d'hospitalité poussée jusqu'à l'héroïsme⁸ et sans nul espoir de récompense après la mort. Le sacrifice des chameaux, déjà en usage avant Mahomet, est adopté par le Koran, qui en fait une occasion d'aumône, ce qui peut être une habitude ancienne. En effet, il est prescrit de manger la victime et d'en donner à qui en demande⁹.

Mais le grand devoir qu'Allah impose aux fidèles, c'est de croire en lui, en lui seul. « Il pardonnera tout, excepté le crime de lui associer d'autres divinités »¹⁰. Même il lui déplaît

---

1. *Koran.* Sourate, II, 192.
2. *Ibid.* II, 193.
3. *Ibid.* II, 275.
4. *Ibid.* II, 269.
5. *Ibid.* II, 211.
6. *Ibid.* II, 255.
7. *Ibid.* II, 273.
8. *Aventures d'Antar* (Trad. Devic, 150).
9. Sourate XXII, 37.
10. Sourates IV, 116; IV, 136.

qu'on adore les anges et les prophètes[1]. D'ailleurs on n'est pas difficile sur la valeur des actes de foi. Dans les contrées où l'islamisme est bien chez lui, on cite des exemples historiques de chrétiens qui ayant, sans y penser, répété la formule islamique : « Il n'y a d'autre Dieu que Dieu et Mahomet est son prophète », ont dû choisir ensuite entre l'abjuration du Christianisme ou la mort[2].

Une orthodoxie tellement bigote ne va pas sans des obligations et prohibitions aussi absurdes que rigoureuses. Les croyants doivent s'abstenir de manger les animaux morts, le sang, la chair de porc, « tout ce qui a été tué sous l'invocation d'un autre nom que celui de Dieu, les animaux suffoqués, assommés, tués par une chute ou un coup de corne; ceux qu'aura entamés une bête féroce, à moins qu'on ne les ait purifiés par une saignée; ce qui a été immolé sur les autels des idoles »[3]. Un vase dans lequel ont bu un chien ou un pourceau doit être récuré sept fois[4].

Au point de vue religieux, les mois ne sont pas tous égaux. Il y en a quatre qui sont sacrés : « Pendant ces mois, n'agissez point avec iniquité envers vous-mêmes, mais combattez les idolâtres dans tous les mois »[5]. — Il existe aussi un grand nombre de jours sacrés et de fêtes. Pour les Chiites, les dix premiers jours du *Moharram* sont des jours de deuil; pour les orthodoxes, ce sont des jours bénis, pendant lesquels les Djinns vous visitent, la nuit. Le dixième jour du *Moharram* est particulièrement saint, car c'est l'anniversaire du jour où Adam et Ève se sont rencontrés après leur expulsion d'Éden, où Noé est sorti de l'arche, où Hosaïn est mort martyr[6]. La fête de la naissance d'Hosaïn se célèbre

---

1. Sourate III, 74.
2. Reland. *Loc. cit.* (Éclaircissements, 105).
3. Sourates V, 4; II, 168; VI, 146.
4. Reland. *Loc. cit.* (*Hist. du Mahométisme*, 195).
5. Sourate IX, 36.
6. Dozy. *Loc. cit.* 504.

pendant quinze nuits et quatorze jours; celle de la naissance du Prophète pendant neuf jours et neuf nuits. On fête aussi la nativité des saints moins importants, etc., etc.[1].

Les Arabes n'ont pas cessé d'avoir une foi robuste dans l'astrologie préislamique[2].

Les gri-gris et la magie jouent aussi un rôle important aux yeux de tous les musulmans, qui usent et abusent des amulettes. Les plus usitées sont de petits papiers chargés de caractères, ordinairement de versets du Koran. Certaines de ces amulettes protègent à la guerre; d'autres conjurent les sorts, le mauvais œil. Il y a des *papiers à boire*, c'est-à-dire des amulettes, que l'on boit après les avoir fait dissoudre dans l'eau. D'autres papiers sont des *papiers d'amour et de consentement*, qui fortifient la fidélité amoureuse. — Les talismans contre les sorts sont très utiles; car ces *sorts* sont nombreux. En effet, il faut se défendre contre le *lien*, qui rend l'époux impuissant; la *zizanie*, que certains caractères magiques sèment entre amis; la *possession du diable*, qui fait passer un démon dans votre corps; etc., etc.[3].

Les mauvais augures sont de tous les instants. Avaler de travers est un signe très fâcheux; les tintements d'oreilles, la démangeaison aux mains, les clignotements, le passage d'un corbeau sont de mauvais augures. Près d'une tente renfermant un malade, le hurlement d'un chien ou le chant d'une poule présagent la mort[4].

Toutes ces croyances sont connexes de la sorcellerie proprement dite, qui est en effet très pratiquée, surtout chez les Bédouins, où l'on trouve quantité de sorciers de tout âge et de tout sexe[5]. Pour devenir un sorcier sérieux, il faut d'abord

1. Dozy. *Loc. cit.* 506.
2. Niebuhr. *Description de l'Arabie*, I, 171.
3. Mayeux. *Bédouins*, III, 132, 139.
4. *Ibid.* 139.
5. *Ibid.* III, 120.

s'isoler autant que possible dans une caverne et y jeûner pendant quarante jours (pratique qui rappelle singulièrement le jeûne de J.-C.). Durant ce noviciat, on ne mange chaque jour que trois dattes et trois amandes et l'on fait au diable un certain nombre d'invocations. Cela fait, on a contracté avec Eblis *le pacte de la confraternité* (*Roubâth-el-Koûah*) et l'on partage son pouvoir. On devient alors capable d'accomplir quantité de prodiges : par exemple, de faire venir des pièces d'or sous le tapis magique sur lequel on est assis, d'évoquer sur les plats tels aliments que l'on désire, de se rendre invisible, etc., etc.[1]. Les femmes, à ce qu'on assure, ont sur le diable plus d'empire que les hommes. Elles savent en outre lire le passé et l'avenir dans un petit miroir et peuvent rendre des oracles, pourvu qu'elles tiennent à la main un chapelet de coquillages marins[2]. Un sorcier parvient, par des calculs cabalistiques, à donner des nouvelles d'un absent, à découvrir les choses cachées[3]; il est habile à lancer des maléfices et ceux-ci sont inévitables, pourvu qu'ils ne contrarient pas le destin[4].

IX. — LE CLERGÉ

Dans la plupart des pays musulmans, des marabouts réguliers ont remplacé les sorciers d'autrefois et parfois on leur en attribue encore la puissance magique[5]. Mais c'est surtout en Turquie que le clergé musulman s'est sérieusement organisé. Le sultan, chef de la religion, délègue ses pouvoirs au mufti de la capitale, au *cheik-al-islâm*, nommé à vie. Celui-ci juge les causes religieuses et a la haute main sur la nom-

1. Mayeux. *Bédouins*, III, 128.
2. *Ibid.* 126.
3. *Ibid.* 124.
4. *Ibid.* 131.
5. Hanoteau et Letourneux. *Kabylie*. — Dozy. *Loc. cit.* 516.

breuse population des derviches, qui compte trente-deux ordres monastiques ayant chacun leurs statuts et leur couvent. Dans ces couvents, les moines ont des cellules, mais beaucoup d'entre eux exercent une profession. Il en est pourtant, par exemple les Bektachis, qui vivent uniquement d'aumônes ; mais le cas est exceptionnel. Aucun vœu ne lie les derviches ; ils ont toujours la liberté de changer d'ordre à volonté et même de renoncer à la vie monastique[1].

Ces moines musulmans ne sont pas plus raisonnables que ceux des autres religions ; quoique l'esprit du Koran ne soit ni mystique, ni ascétique. Leurs pratiques les plus usitées sont le « *zikr* » et les danses. Le « zikr » consiste à répéter machinalement les sept noms de Dieu quatre-vingt-dix-neuf fois de suite, en s'aidant d'un rosaire pour compter juste[2]. Les danses sont plutôt des gesticulations analogues à celles des chamans mongols et elles peuvent très bien être originaires de l'Asie centrale. Ces danses consistent à exécuter en présence du cheik, accroupi dans une niche sur une peau de mouton, des mouvements gradués et accélérés aboutissant ordinairement à une explosion de cris et de sanglots[3]. Les derviches dansants sont les plus populaires de tous à Constantinople.

En dépit de ces folies, communes à bien d'autres religions, l'Islâm a été relativement sage dans l'institution de son clergé. Sans doute il a ses marabouts et ses derviches, ses prêtres et ses moines, mais point de caste ou de classe sacerdotale, ayant la prétention de représenter Allah par délégation divine et de lui dérober une part plus ou moins grande de sa toute-puissance.

1. Dozy. *Loc. cit.* 494, 496.
2. Stobart. *Islâm*, etc. 203.
3. Dozy. *Loc. cit.* 496.

X. — LA MORALE ISLAMIQUE

Je ne saurais terminer cette courte étude sans parler de la morale islamique ou plutôt de quelques points de cette morale; car je n'ai pas à revenir ici sur ce que j'ai déjà eu occasion d'en dire à propos du mariage, de la propriété, de la justice, etc. Le grand devoir du croyant est de haïr l'infidèle, fût-ce un père, un fils, un allié, et cette obligation sauvage semble bien empruntée à la Bible[1]. Les ennemis de Dieu et de son apôtre doivent être expulsés ou mis en croix, à moins qu'on ne leur fasse subir l'amputation alternée des mains et des pieds[2]. Allah hait les infidèles[3]. La tentation à l'idolâtrie est pire que le carnage et la guerre[4]. L'enfer attend tout meurtrier d'un croyant[5]; mais celui-ci a le devoir de guerroyer contre l'infidèle, à moins que ce dernier ne se convertisse[6]. « Faites la guerre à ceux qui ne croient pas en Dieu et au jour dernier »[7]. Du reste c'est Dieu qui tue; le fidèle n'est que son instrument[8]. Cette guerre sainte, il est excusable de la faire même dans le mois sacré[9]. « Les mois sacrés expirés, tuez les idolâtres partout où vous les trouverez; faites-les prisonniers; assiégez-les et guettez-les dans toute embuscade »[10] : Allah réserve aux guerriers des récompenses particulières[11]; sur la terre, il les met en possession d'un riche butin[12]. On peut, sans aucune formalité, faire

1. *Korân*. Sourate LVIII, 22.
2. *Ibid.* V, 37.
3. *Ibid.* II, 92.
4. *Ibid.* II, 186.
5. *Ibid.* IV, 95.
6. *Ibid.* IX, 11, 29.
7. *Ibid.* IX, 29.
8. *Ibid.* VIII, 17.
9. *Ibid.* II, 214.
10. *Ibid.* IX, 5.
11. *Ibid.* IV, 97.
12. *Ibid.* XLVIII, 18, 19.

des concubines de ses captives de guerre[1]. Sur ce chapitre des « mœurs » le Koran est fort large, puisqu'il autorise la polygamie et la répudiation au gré du mari. De pieux hypocrites ont même abusé de cette tolérance et, à la fin du ɪɪᵉ siècle, un zélateur connu, *Abdallâ hibn Yâsîn*, répudiait, chaque mois, ses quatre femmes pour en prendre immédiatement quatre autres[2].

Sur un point pourtant, l'Islamisme a réformé avantageusement les mœurs. Les anciens Arabes étaient de grands buveurs ; ils s'enivraient même avec ostentation. Mais l'interdiction religieuse du vin, qu'Omar sanctionna par la peine du fouet, a rendu l'ivrognerie très rare chez les croyants.

La morale islamique est grossière, simple. Elle prête mal à l'hypocrisie. Pourtant les casuistes en ont su tirer de singulières conséquences. Le Prophète a eu beau dire que la vertu consiste à accomplir ses devoirs et non « à tourner son visage du côté du levant ou du couchant »[3], toute morale strictement fondée sur la religion, comme celle de l'Islamisme, prête toujours le flanc à deux abus. Toujours, en effet, l'on peut distinguer entre l'éthique sociale et la morale spécialement religieuse; par exemple, ne point se gêner pour mentir, voler, tuer, faire la débauche, etc., et compenser ces légers écarts dans les mœurs par une stricte observance du culte, de la prière, etc., etc. C'est ce que font, paraît-il, beaucoup de Turcs[4]. On peut aussi justifier de honteuses actions par des raisonnements subtils, par exemple se sauver lâchement devant une épidémie, malgré la croyance à la prédestination, et donner des raisons comme celles-ci : « Dieu, dans sa miséricorde, nous envoie cette maladie pour nous appeler en sa présence; mais nous sommes pénétrés de notre indignité et

---

1. Muir. *The Corán*, 58.
2. Dozy. *Loc. cit.* 358, 359.
3. Sourate II, 172.
4. Dozy. *Loc. cit.* 509.

nous sentons, que nous ne méritons pas cette grâce; c'est pourquoi nous croyons qu'il est mieux de la refuser en ce moment[1]. » Tartufe s'accommode de toutes les religions; il peut être circoncis aussi bien que baptisé.

XI. — LE BILAN DE L'ISLAMISME

Si maintenant, pour conclure, nous essayons d'établir le bilan intellectuel et moral de l'Islamisme, la tâche sera vite terminée. Dans notre Occident, il est entendu qu'en sa qualité de religion monothéique, l'Islamisme est une grande religion, ayant même un caractère quelque peu sublime. Pourtant, en quoi le culte d'Allah l'emporte-t-il, au point de vue intellectuel, sur les religions préislamiques? Le dieu de l'Islâm est l'un des anciens dieux arabes et il n'est pas plus intelligemment conçu que les autres; Allah s'est borné à détrôner un grand nombre de petits dieux locaux pour prendre leur place, sans même cesser de s'entourer d'une armée de génies, d'esprit, d'anges et sans subjuguer tout à fait l'Esprit du mal, avec lequel il traite de compère à compagnon.

La vie future, pour tout ce qui n'est pas emprunté à d'autres religions, est, selon l'Islâm, une conception absolument sensuelle et barbare.

La croyance en un monarque céleste, aussi despotique que tout-puissant, dont la volonté irraisonnée fait le destin, ne saurait évidemment avoir d'autre effet que de briser les caractères et de paralyser les intelligences. L'espoir de posséder après la mort les houris célestes et de boire du vin qui n'enivre pas, n'est guère propre non plus à inspirer une moralité de haut vol. Aussi l'éthique de l'Islâm est-elle tout à fait banale, beaucoup plus rituelle que socialement utile.

---

1. Burckardt. *Voyage en Arabie*, t. II, 170.

Elle serait même uniquement religieuse, si elle n'avait érigé en obligation l'aide mutuelle, l'aumône; mais, ce faisant, elle a seulement sanctionné d'antiques coutumes. La seule obligation sérieuse ajoutée par l'Islâm à la morale des Arabes dits idolâtres, a été seulement l'obligation de guerroyer contre l'infidèle, c'est-à-dire de dévaster le monde.

De tout cela, force nous est bien de conclure que la première religion monothéique, rencontrée par nous dans notre voyage mythologique, n'a pas constitué un progrès bien notable pour les peuples qui l'ont adoptée.

CHAPITRE XIII

LE JUDAISME ET LES RELIGIONS MÉSOPOTAMIENNES

A. — LE JUDAISME

I. *La Bible.* — Sa valeur réelle. — II. *Rites funéraires.* — Cavernes funéraires et inhumation. — Survivances archaïques. — III. *L'âme et la vie future.* — Le souffle. — Le *Chéol.* — La création des âmes d'après le Talmud. — L'enfer et le paradis talmudiques. — IV. *Le polythéisme primitif en Judée.* — Dieux multiples. — Les temples. — Les offrandes. — Iahveh, dieu astrolâtrique. — Sacrifices des nouveau-nés. — Les Hébreux et les dieux des Gentils. — La création des démons d'après le Talmud. — Origine des Païens d'après le Talmud. — V. *Iahveh.* — Anthropomorphisme de Iahveh. — Le *maléak* de Iahveh. — Culte commercial. — VI. *Magie et sorcellerie.* — Sorcellerie biblique. — Miracles d'Élisée. — Rabbins. — Sorciers du Talmud. — Songes et présages. — VII. *Le culte et le sacerdoce.* — Sacrifices sanglants. — Les pénitences. — Sorciers et prêtres. — Les Esséniens. — Pierres sacrées. — Mégalithes. — Le Tabernacle. — Les fêtes. — Les *Kadeschim.* — Iahveh d'après le Talmud. — VIII. *La morale biblique.* — La morale de l'*Hebdalogue.* — Morale religieuse. — Le crime d'impiété. — La morale talmudique.

B. — LA RELIGION MÉSOPOTAMIENNE

Valeur du monothéisme. — Animisme des Sumériens et des Accadiens. — Le ciel et la terre d'après les Chaldéens. — Les doubles et l'*abîme*. — Dieux mi-partie animaux. — Les grands dieux. — Les esprits. — Trinités chaldéennes. — Les démons. — Les sorciers-prêtres. — Les amulettes. — Les temples. — Sacrifices humains et prostitution sacrée.

C. — LA VALEUR DES RELIGIONS SÉMITIQUES

A. — LE JUDAISME

I. — LA BIBLE

En elle-même, la religion des Juifs n'offre qu'un intérêt assez secondaire. Si je suis obligé pourtant de lui accorder dans ces études une place relativement considérable, c'est surtout parce que d'elle sont sortis le Christianisme et, pour une bonne part, l'Islamisme, sans compter qu'elle tient aussi aux vieilles religions de la Chaldée, de l'Assyrie, de ces antiques empires, fort antérieurs à la nation juive et auxquels cette dernière a emprunté une bonne partie de sa civilisation.

Dans cet exposé de la religion judaïque, je devrai forcément m'appuyer principalement sur la Bible, mais je ne le ferai pas à la manière des hébraïsants, encore moins à celle des croyants, qui, dans chaque syllabe des Livres réputés sacrés, voient et vénèrent la parole même d'un Dieu tout-puissant.

Pour tout esprit libre, la Bible est simplement un document ethnographique, comme un autre, comme le Koran, comme le Code de Manou, etc. Aujourd'hui, du reste, la sublimité et même l'antiquité des écrits bibliques ont été ramenées à leur juste valeur par tous les savants qui les ont étudiés sans préjugé. Nous savons que la Bible est simplement un recueil de traditions, de chants religieux ou psaumes, d'homélies, de prophéties, de petites *thoras*, formant, comme le disait Spinoza, « une réunion confuse de matériaux, que l'auteur n'a pas eu le temps de classer et d'ordonner régulièrement »[1]. Quant aux questions de chronologie biblique, à propos desquelles on a versé des flots d'encre, elles sont, pour nous, anthropologistes, d'intérêt secondaire. L'amas des légendes et traditions bibliques a sûrement des origines polychroniques. Le plus vraisemblable est que la refonte, la rédaction définitive des principaux de ces documents a eu lieu approximativement vers l'époque de la captivité de Babylone, et qu'au point de vue historique cette rédaction mérite une médiocre confiance. Mais ce qui nous importe, à nous, c'est le point de vue sociologique, et sous ce rapport la Bible est un précieux recueil.

1. Spinoza. *Traité théol. polit.* XI.

Notre tâche consiste à résumer les croyances, qui y sont formulées, à retracer leur évolution, à voir si cette évolution est conforme à celle que nous avons observée jusqu'ici chez des races et des peuples divers, à appliquer, en résumé, au Judaïsme la méthode comparative.

II. — RITES FUNÉRAIRES

Quand il s'agit de populations tout à fait primitives, l'étude des rites funéraires est de grande importance ; car elle procure de précieux renseignements sur l'idée, que l'on se fait à propos de l'âme et de la vie future. Pour les peuples plus civilisés, bien connus, dont les doctrines religieuses sont exposées dans des livres, l'étude des rites funéraires perd beaucoup de son intérêt et il n'est plus nécessaire d'y insister longuement. Chez les Hébreux, le mode habituel d'ensevelissement est l'inhumation. Mais il est vraisemblable que les ancêtres les plus lointains déposaient leurs morts dans des cavernes. Le mot *chéol* (schéol), dont on se sert aussi pour désigner le séjour des ombres, signifie « caverne »[1], et la Bible nous montre Abraham achetant une caverne pour en faire un usage funéraire[2].

Comme j'ai déjà eu l'occasion de le dire, les coutumes funéraires varient avec une grande lenteur, surtout quand la religion les prend sous sa garde. Les rites funèbres observés aujourd'hui encore par les Israélites sont donc utiles à connaître. Dans les contrées d'Europe où les Juifs ne se sont pas fondus plus ou moins avec la population environnante, le mort est transporté au cimetière au pas accéléré. Pendant le trajet, des jeunes garçons poussent des cris afin d'écarter les

1. H. Spencer. *Sociologie*, I, 287.
2. *Genèse*, XXIII, 9.

esprits malveillants, surtout l'ange de la Mort[1]. Au cimetière, il y a un moment dangereux pour les assistants, c'est celui de la séparation définitive de l'âme et du corps : on croit qu'elle a lieu seulement alors. Les fossoyeurs jettent le mort dans la fosse en se retournant et les assistants, le dos tourné aussi à la fosse, s'en écartent rapidement en priant pour éloigner d'eux le double du défunt. Ce double est en effet fort dangereux et pourrait très bien entraîner l'une des personnes présentes dans le monde des âmes[2].

III. — L'AME ET LA VIE FUTURE

S'il s'agissait de sauvages, ces coutumes nous prouveraient, à elles seules, que les Juifs croient et ont cru à l'existence des doubles ; mais nombre de textes bibliques le proclament clairement : « Un souffle, dit l'*Ecclésiaste* lui-même, retourne à Dieu, d'où il est venu ; la poussière à la terre »[3]. « Dépouillé de ma peau, privé de ma chair, je vois (ou je verrai) Dieu »[4]. — Où va donc le double après la mort ? Dans le *Chéol*, séjour souterrain, profonde caverne « où il n'y aura plus ni activité, ni pensée, ni savoir, ni sagesse »[5]. Dans le *Chéol*, les ombres juives mènent une existence morne. D'ailleurs elles ont conservé les besoins des vivants ; il faut les nourrir, les honorer. En retour, ces doubles protègent leurs parents[6]. — De ce séjour souterrain on peut évoquer leurs ombres par des procédés magiques et rien qu'en prononçant leurs noms. La Bible nous montre Samuel ainsi évoqué par une sorcière et obligé

---

1. Joukowsky. *Judaïsme*, 208.
2. *Ibid.* 208.
3. *Ecclésiaste*, XII, 7.
4. *Job*, XIX, 25, 26.
5. *Ecclésiaste*, IX, 10.
6. *Genèse*, XXXI, 19, 30, 34; XXXV, 4. — *Juges*, XVIII, 14. — I, *Samuel*, XIX, 13, 16.

de quitter momentanément le Chéol, ce dont il se plaint même
énergiquement à Saül : « Pourquoi m'as-tu troublé ?...
Pourquoi m'interroges-tu ? Iahveh s'éloigne de toi, etc. »[1]. Le
texte sacré nous apprend aussi que le double de Samuel n'est
pas nu, qu'il monte des profondeurs souterraines couvert d'un
manteau (*mehil*), à vrai dire, d'une ombre de manteau[2] et en
ayant l'aspect d'un dieu, d'un *Elohim*. Telle est la doctrine
biblique et elle est relativement raisonnable, c'est-à-dire
qu'elle ressemble à toutes les imaginations que se sont faites
les peuples primitifs au sujet du double. Le *Talmud* est beaucoup plus extravagant.

D'après le *Talmud*, en effet, l'âme ne quitte pas le corps
avant qu'il soit rendu à la terre et, jusqu'à l'instant de cette
délivrance, elle souffre de vraies tortures. Il importe donc,
dans l'intérêt du double, d'enterrer le corps au plus vite[3]. Les
âmes juives, seules, viennent de Dieu ; elles en sont des particules. Pendant les six jours de la création, Dieu a façonné
toutes les âmes qui existent. Il les tient renfermées dans un
magasin et, au moment précis de la naissance d'un enfant
juif et de sexe masculin, Dieu laisse échapper l'âme qui lui
est destinée. Les femmes et les infidèles n'ont pas d'âme. Au
contraire, Caïn avait trois âmes, etc., etc.[4]. Pendant le sommeil, l'âme juive s'envole du corps, ce qui est exactement la
croyance des sauvages, et elle est remplacée par un mauvais
esprit[5].

Toujours d'après le *Talmud*, l'Enfer est plein de boue, de
fumier. C'est un séjour ténébreux, infect, où résident les
esprits des maladies contagieuses ; mais les pécheurs juifs n'y
resteront pas éternellement. Sur le Paradis, le Talmud s'est

---

1. I. *Samuel*, XXVIII, 10-21 (Trad. Ledrain).
2. *Ibid.*
3. Joukowsky. *Judaïsme*, 105.
4. *Ibid.* 105-123.
5. *Ibid.* 122.

procuré quelques renseignements particuliers. Ainsi, à l'en croire, le manteau d'Élie, que le prophète avait couvert avec les feuilles d'un arbre du Paradis, exhala longtemps un parfum exquis ; donc l'atmosphère du Paradis est pleine de délicieuses odeurs[1], etc., etc. Je cueille toutes ces folies au milieu de beaucoup d'autres et les cite seulement à titre d'échantillons, montrant qu'à propos de l'âme, la pensée juive est toujours restée bien au-dessous des régions du sublime.

IV. — LE POLYTHÉISME EN JUDÉE

Nous venons de voir que la primitive conception du double, en Judée, ne diffère en rien de celle des sauvages. Les mythes originels des Hébreux ne sont point d'une essence plus relevée. Les hébraïsants nous disent en effet que l'expression « *elohim* » signifie « les dieux ». Ce mot nous représente un pluriel dit de majesté comme *adonaï*, « les seigneurs », et *schaddaï*, « les forts[2] ». C'est qu'à son début la religion d'Israël ne différait guère des autres religions cananéennes. On y reconnaissait des dieux de famille[3] et des dieux de district, exigeant l'hommage de quiconque traversait le pays[4]. On adorait des *téraphim*, idoles-fétiches en bois pourvues de pendants d'oreilles[5]. Du temps d'Israël, les *scheïrim* étaient des esprits des champs ou des bois ; des fantômes nocturnes (*lilith*) couraient le pays[6]. Lors de la fête de réconciliation, on chassait dans le désert un bouc, offrande à *Azazel*[7]. On répandait sur le sol des cendres tamisées pour découvrir la trace des démons ou des doubles malintentionnés

---

1. Joukowsky. *Judaïsme*, 124.
2. Ch. Bellangé. *Loc. cit.* 16.
3. Maspero. *Histoire ancienne des peuples de l'Orient*, 343.
4. Ch. Bellangé. *Loc. cit.* 205.
5. *Ibid.* 202.
6. *Isaïe*, XIII, 21 ; XXXIV, 14, 16.
7. *Lévitique*, XVI, 8, 10, 26.

rôdant autour des maisons¹. Béthel et Dan avaient leur veau d'or. A Samary, à Guilgal, on adorait un dieu-taureau². Chaque divinité avait son temple ou son autel, son *bamoth*, situé ordinairement sur les hauteurs. Dans ce lieu sacré, on célébrait des fêtes; on faisait des offrandes et des sacrifices, souvent de chevreaux³.

A ces divinités locales et indigènes s'en ajoutaient d'autres, des dieux importés, par exemple, Dagon, dieu-poisson de Babylone que l'on adorait à Ascalon. — Astarté semble bien être l'Ishtar babylonienne⁴. Parmi les dieux astrolâtriques et météréologiques figurait Iahveh, dieu d'Israël, comme Kamoch était la divinité nationale de Moab et Melkarth celle de Tyr. De même que les autres dieux cananéens, Iahveh avait, pour représentations, des images d'homme, de taureau, de serpent, des colonnes, des pierres brutes. La foudre était sa voix; le vent son souffle; la lumière son vêtement. C'était un dieu pluvial et il ouvrait ou fermait les écluses du ciel suivant qu'on l'avait apaisé ou irrité; car il était d'un caractère violent, impressionnable, impulsif⁵. Dans le principe on fit sûrement à Iahveh le sacrifice de l'enfant premier-né; car il aimait les offrandes sanglantes et il importait de se le concilier, sa puissance étant considérable et l'usage qu'il en faisait capricieux. C'est Iahveh qui a fait les cieux; la gloire de la lumière les précède. Auprès de lui tous les *elohim* des gentils sont des néants⁶. — Néanmoins le peuple de Dieu retournait sans cesse à ces « néants ». En cent versets, les rédacteurs de la Bible le constatent, s'en désolent ou s'en irritent. Iahveh le tout-puissant a beau prendre la parole lui-

1. H. Spencer. *Sociologie*, I, 242.
2. *Osée*, VIII, 5 ; XII, 11.
3. Maspero. *Loc. cit.* 337, 344, 345.
4. *Ibid.* 337.
5. *Ibid.* 343.
6. *Chroniques*, XVI, 16-28 (Traduction Ledrain).

même, dire à son peuple : « Tu ne feras point de sculpture, ni d'image d'aucune sorte de ce qui est aux cieux, en haut, sur la terre, en bas ou dans les eaux au-dessous de la terre, etc. », déclarer, qu'il est un dieu jaloux, qu'il châtiera l'iniquité jusqu'à la troisième et la quatrième génération[1], interdire la magie, les incantations, les augures, l'évocation des morts, etc.[2]; à chaque instant Israël retourne à son vomissement, s'en va sacrifier sur les hauts-lieux et rebâtit les *bamoth*, sans cesse détruits par les princes zélateurs[3]. Toujours aussi les Hébreux reviennent au culte de Baal, érigent des idoles sculptées, adorent des veaux d'or, etc.[4], et les « élus de Dieu », Jéroboam, Manassé, etc., donnent eux-mêmes l'exemple[5], restaurent les vieux cultes, épousent des femmes infidèles, etc.[6]. Le sage Salomon surtout se distingua dans ces iniquités : « Alors Schelomo bâtit un haut-lieu à Kemosch, abomination de Moab, sur la montagne qui est à l'ouest de Jérusalem, et à Molok, abomination de Benê-Ammon »[7]. « Schelomo aimait Iahveh, marchant dans les prescriptions de David, son père; seulement, sur les *bamoth*, il faisait des sacrifices et des encensements »[8]. De temps en temps un potentat pieux déclarait la guerre à ces dieux de contrebande, détruisait les *bamoth* et renversait les *ashéras* ou pieux phalliques[9] selon le vœu de Iahveh, qui ordonne même de passer au fil de l'épée non seulement tous les habitants des bourgs où l'on adore les faux dieux, mais même les bestiaux de ces bourgs (*Deutéronome*, XIII, 6-16). — Rien n'y faisait; on ne pouvait extirper la racine du mal.

1. *Deutéronome*, V, 1, 14 (Trad. Ledrain).
2. *Ibid*. XVIII, 4-16.
3. II. *Rois*, XVII, 5, 11. — *Chroniques*, XXXIII, 1, 8.
4. *Ibid*. XVII, 11-28 (Trad. Ledrain). — *Chroniques*, XXXIII, 1, 8.
5. *Ibid*. XIII, 25; XIV, 7; XXIII, 7-13. — *Chroniques*, XXXIII, 1-8 et *passim*.
6. I. *Ibid*. XVI, 27 (Trad. Ledrain).
7. *Ibid*. XI, 4-12.
8. *Ibid*. III, 7.
9. II. *Ibid*. XVIII, 1-9; XXIII, 7-13; II, XXXIV, 3-9.

Des traces de ces primitives croyances subsistent aussi dans le *Talmud*, mais avec plus de fantaisie. Ainsi, au dire des Talmudistes, les démons provinrent d'une simple distraction de Iahveh, qui les créa, le vendredi dans la soirée ; de sorte que la nuit étant survenue et le lendemain étant le jour du Sabbat, le créateur ne put parachever son ouvrage, en donnant aux esprits créés un corps et des vêtements. Ces démons, résultat d'une inadvertance, s'accouplent et ainsi se multiplient à l'infini ; d'où les rêves impurs. Sans cesse ils nous suivent et épient toutes nos actions. En ayant soin de saupoudrer, le soir, les abords de son lit, on est sûr d'y trouver, le lendemain, les traces de leurs pas, ressemblant à celles d'une poule. — Adam a eu, pendant cent trente ans, pour concubine une diablesse nommée Lilis, et de ce commerce sont nés tous les Païens[1]. Mais laissant de côté les folies talmudistes, qui sont des survivances sauvages, nous voyons que le Temple lui-même donna, plus d'une fois et de plus d'une manière, asile aux faux dieux. Les chevaux et les chars de Baal y entrèrent ; les courtisanes sacrées y dressèrent leurs tentes ; des pleureuses s'y lamentaient sur la mort d'Adonis[2]. Tant il est difficile aux hommes, et même aux Hébreux, de croire au monothéisme !

V. — IAHVEH

Mais qu'était-ce donc que Iahveh dans l'esprit même de ses plus fidèles adorateurs ? Les textes bibliques sont sur ce point d'une extrême clarté. Iahveh n'est qu'un roi céleste extrêmement puissant. On le voit, en effet, façonner le firmament de ses mains divines, comme le ferait un ouvrier, et séparer les eaux « d'en haut » de celles « d'en bas » par la construction

---

1. Joukowski. *Loc. cit.* 122, 123.
2. Maspero. *Loc. cit.* 546.

d'une voûte solide[1]. La forme de Iahveh est exactement celle d'un homme, puisqu'il modèle Adam à sa ressemblance[2]; on le voit se tromper dans son ouvrage et corriger ses fautes. Ainsi il fait tout d'abord d'Adam un être hermaphrodite; puis lui enlève un *côté* (non pas une côte) pour en façonner Ève[3].

Iahveh est d'un très méchant caractère; il est horriblement susceptible, jaloux, colère; il châtie jusqu'à la quatrième génération et récompense jusqu'à la millième. Il tonne dans les cieux[4] et de là décoche ses flèches. Quand il se met en colère, les fondements des cieux chancellent. Volontiers il descend de sa demeure céleste à califourchon sur un *keroub* et vole[5]. — Ayant mis pied à terre, un jour dans le jardin d'Éden, Iahveh s'y promenait comme le propriétaire du lieu[6]. De ses mains il confectionna à Adam et Ève des tuniques de peau pour les couvrir[7]. Plus tard, quand Noé fut entré dans l'arche, Iahveh prit soin de fermer lui-même derrière lui la porte de l'embarcation[8]. Quand Noé brûle un holocauste, les narines de Iahveh en sont agréablement chatouillées[9]; car il aime l'odeur de la viande grillée.

Avec son serviteur Moïse, Iahveh est au mieux, *à tu et à toi*: « Bouche à bouche je lui parle, visiblement, non dans l'obscurité. » C'est la forme même de Iahveh, que Moïse contemple[10]. Iahveh conseille aux Hébreux de l'avertir par le son de leurs trompettes, quand ils iront au combat[11]. Les hommes ayant un beau jour entrepris la construction de la tour de Babel,

---

1. *Genèse*, I, 4-22 (Trad. Ledrain).
2. *Ibid.* I, 22-31.
3. *Ibid.* II, 20 (Trad. Ledrain).
4. *Exode*, XIX, 13, 24.
5. II. *Samuel*, XXII, 7, 16 (Trad. Ledrain).
6. *Genèse*, III, 1-15 (Trad. Ledrain).
7. *Ibid.* III, 15-24.
8. *Ibid.* VII, 7-19.
9. *Ibid.* VIII, 17.
10. *Nombres*, XII, 6-16.
11. *Ibid.* X, 7-10.

Iahveh en ressentit une vive inquiétude. Les cieux de Iahveh sont évidemment assez près de la terre ; car le dieu craignit qu'on ne le vint troubler chez lui et il descendit « pour voir la ville et la tour »[1], cette tour qui lui donne de l'ennui. — Sur le Sinaï, Iahveh parle à Moïse « face à face, comme quelqu'un parle à son compagnon[2], mais avec une voix de trompette et du sein d'un nuage, qu'il incendie de sa *gloire*, et où il séjourne toute une semaine[3]. »

A mesure que s'écoulent les années et les siècles, Iahveh devient moins prodigue de sa personne ; c'est en songe qu'il apparaît à Abimélech ; c'est par l'intermédiaire d'un voyant qu'il fait connaître ses intentions à David[4]. Quand Saül lui déplaît ; quand « son esprit s'en éloigne », il a soin d'envoyer au roi un mauvais esprit, qui lui donne des accès de folie[5]. C'est la nuit, et sans doute en songe, qu'il apparaît à Salomon et lui déclare accepter avec grand plaisir la maison (le Temple) que celui-ci a fait bâtir[6].

Iahveh n'est donc, dans l'esprit biblique, qu'un homme très-puissant, un monarque tenant sa cour au-dessus du firmament et en descendant, quand bon lui semble. Dans la Bible, on lui donne souvent le titre de « roi »[7]. Dans son ciel, Iahveh trône, comme le Jupiter hellénique dans l'Olympe, au milieu d'anges (ἄγγελοι, messagers), d'archanges, de dieux inférieurs, « de fils de Dieu ». Satan se tient à sa droite et est compté parmi ses fils. Job parle d'une rébellion d'anges (*Job*, IV, 19). Gabriel, Raphaël, Uriel, Jérémiel, Séalthiel, Michaël forment le Conseil de Dieu. *Sabaoth*, c'est l'armée des astres divinisés, (Ch. Bellangé, *Loc. cit.* 249-251). Iahveh châtie les hommes,

---

1. *Genèse*, XI, 3-9.
2. *Exode*, XXXIII, 2, 10.
3. *Ibid.* XX, 13, 24 ; XXIV, 12, 18.
4. I. *Chroniques*, XXI, 5-15 (Trad. Ledrain).
5. I. *Samuel*, XVI, 15.
6. I. *Rois*, VIII, 9-19.
7. *Psaumes*, LXVII, 14 ; XCVI, 1-9. Isaïe, VI, 5 ; XLIV, 6.

puis s'en repent, va aux nouvelles, se poste en embuscade, etc.[1]. Au sujet d'Achab, il tient conseil avec ses serviteurs et reçoit des avis[2].

Mais il y a quelque chose de bien plus singulier; quand Iahveh ne daigne pas descendre en totalité sur la terre, il y envoie simplement son double, son *maléak*. C'est ce double qui, dans le camp d'Aschour, frappe en une nuit 185 000 Ninivites[3]; c'est ce *maléak* qui va à la recherche d'Agar dans le désert[4]. David ayant, paraît-il, déplu à Iahveh, en ordonnant un dénombrement, le *maléak*, le double divin, lui apparut, menaçant, entre ciel et terre, et étendant son épée sur Jérusalem[5]. Ce *Maléak* est bien un équivalent de Iahveh; il agit; il parle[6] et on lui parle; bien plus, et ceci est fort difficile à comprendre, Iahveh parle lui-même à son double. Quand le *maléak* de Iahveh en colère eut fait périr de la peste 70 000 hommes, entre Dan et Beërschéba, et eut étendu la main sur Jérusalem pour la détruire, « Iahveh se repentit d'avoir lancé le fléau, et il dit au *maléak*, qui détruisait un peuple nombreux : « Arrête ta main »[7].

Entre Iahveh et Israël, son peuple élu, tout se traite donnant donnant, commercialement; qu'on l'aime, et il fera à ses fidèles largesse des dépouilles des infidèles et même de leur pays[8]; il fera pleuvoir abondamment dans la saison favorable aux fruits de la terre; « le foulement du blé ira jusqu'à la vendange et la vendange jusqu'aux semailles. Vous aurez à satiété à manger et en sécurité vous habiterez votre sol »[9]; mais il

---

1. Ch. Bellangé. *Judaïsme*, 198.
2. H. Spencer. *Sociol*. I, 268.
3. II. *Rois*, XIX, 30-36.
4. *Genèse*, XVI, 5-13.
5. *Chroniques*, XXI, 15-24.
6. I. *Ibid*. XXI, 15, 24.
7. II. *Samuel*, XXIV, 10-17 (Trad. Ledrain).
8. *Josué*, XXIII, 7, 16 (Trad. Ledrain).
9. *Lévitique*, XXVI, 1-8.

châtie et promptement et sévèrement qui le hait[1]. Iahveh est friand d'offrandes, de sacrifices, même de sacrifices humains. Sans doute nous le voyons retenir le bras d'Abraham, alors que, sur son ordre, celui-ci va sacrifier Isaac ; mais il n'arrête point le bras de Jephté, qui, pour avoir la joie de battre les Beni-Ammou, lui a promis un holocauste humain et se voit obligé de lui sacrifier sa fille, en laissant seulement à la vierge deux mois pour pleurer sa virginité[2].

En résumé, et si l'on veut bien apprécier la Bible à sa valeur sans admiration préconçue, Iahveh est tout simplement un dieu de sauvages.

VI — MAGIE ET SORCELLERIE

Avec des croyances aussi grossières, comment Israël n'aurait-il pas cru à la magie, à la sorcellerie ? Aussi, en dépit des ordres très précis de Iahveh[3], nous voyons les Hébreux s'adonner à chaque instant à ces pratiques superstitieuses et braver la peine capitale édictée par le code contre ce crime. D'ailleurs la Bible admet sans difficulté une sorcellerie orthodoxe. Ainsi, c'est sur l'ordre de Iahveh, que Moïse fabrique un serpent d'airain, un reptile magique, qu'il suffit de regarder pour être guéri des morsures de serpent[4] ; c'est encore sur l'ordre de Iahveh, que le même Moïse change un bâton en serpent, puis rechange ce serpent en bâton[5]. — Avec l'aide de Iahveh-Elohim, Joseph interprète les songes du Pharaon[6]. C'est en faisant le serment de Iahveh que Saül

---

1. *Deutéronome*, VII, 8-17.
2. *Le Livre des Juges*, XI, 19-33.
3. II. *Rois*, XXIII, 20-29. — *Lévitique*, XIX, 27-37; XX, 27.
4. *Nombres*, XXI, 3-9.
5. *Exode*, IV, 1-5 (Trad. Ledrain).
6. *Genèse*, XI, 3-13.

décide la sorcière à « faire monter » par ses invocations l'ombre de Samuel[1].

Le *Nabi* Élisée est un véritable sorcier semant autour de lui les prodiges. En frappant, au nom de Iahveh, les eaux du Jourdain avec le manteau d'Eliyahou, on vit les eaux du fleuve se séparer et livrer passage aux piétons. Avec un peu de sel jeté, au nom d'Iahveh, dans la source polluée de Jéricho, Élisée purifia, « guérit ces eaux ». En appliquant sa bouche sur celle d'un enfant mort, etc., Élisée le ressuscite. Au nom de Iahveh, Élisée opère, avant J.-C, le miracle de la multiplication des pains ; il guérit la lèpre en sanctifiant l'eau du Jourdain. Toujours au nom de Iahveh, Élisée frappe de cécité toute une troupe d'hommes, etc., etc.[2].

La magie de la Bible a tout naturellement débordé dans le *Talmud*. Dans ce recueil, on admet l'existence de pierres thérapeutiques, qui guérissent les malades[3]; on y parle de rabbins, qui ont le pouvoir de tuer et de ressusciter, de créer des veaux pour le souper du jour, de métamorphoser une femme en âne[4]; on mentionne des talismans, parchemins-fétiches, qui guérissent telle ou telle maladie[5]; on interprète les songes. Aujourd'hui encore, les Juifs de l'Europe orientale croient aux présages : mauvais présage, si un lièvre traverse la route ; bon présage, si c'est un loup. La rencontre d'un pope russe ou d'un prêtre catholique est de très mauvais augure, etc., etc.[6]. Israël a donc vécu en pleine atmosphère magique ; ce qui d'ailleurs était le corollaire obligé de ses croyances mythiques.

---

1. I. *Samuel*, XXVIII, 3-21.
2. II. *Rois*, II, 11, 19 (Trad. Ledrain).
3. Joukowsky. *Loc. cit.* 129.
4. *Ibid.* 130.
5. *Ibid.* 212.
6. *Ibid.* 213.

VII. — LE CULTE ET LE SACERDOCE

Le culte de Iahveh est, en bien des points, aussi grossier que celui rendu par les nègres à leurs fétiches. Il consiste surtout en sacrifices et en holocaustes, c'est-à-dire en copieux repas offerts au roi du ciel. Dans les premiers temps, Iahveh semble même avoir été cannibale. Abraham offre à Iahveh son fils unique; Achaz l'imite; Jephté sacrifie sa fille; Samuel coupe en morceaux les prisonniers sur l'autel de Guilguaal[1]. D'autre part, la circoncision, exigée par Elohim[2], paraît bien être le symbole de la phallotomie, par laquelle le guerrier scellait son triomphe sur le vaincu; Iahveh se délecte à la vue des sacrifices sanglants. En remerciement pour le don du pays de Chanaan, Iahveh veut qu'on lui offre tous les premiers-nés[3]. Il aime par-dessus tout qu'on lui immole un mâle sans défaut choisi dans le bétail. L'animal, dépecé selon les rites, doit être brûlé sur l'autel et avec la graisse de son épiploon : « Ce sera un holocauste, un feu d'agréable odeur pour Iahveh[4] ». Plus les victimes étaient nombreuses, plus Iahveh était satisfait. On nous raconte que Salomon immola, avec le concours d'Israël tout entier, 22 000 pièces de bétail et 12 000 de menu troupeau pour faire la dédicace du Temple[5]. Au temps de J.-C., les abords du Temple étaient encore encombrés de marchands de bœufs, de moutons, de colombes, qui fournissaient aux sacrifices[6] les victimes nécessaires. Iahveh se repaît aussi de la douleur humaine; il aime que ses adorateurs s'imposent des priva-

---

1. Ch. Bellangé. *Loc. cit.* 233.
2. *Genèse*, XVII 3-4 (Trad. Ledrain).
3. *Exode*, XIII, 3, 15.
4. *Lévitique*, I, 5, 17; III, 8-17.
5. I. *Rois*, VIII, 58, 65.
6. Ch. Bellangé. *Loc. cit.* 321, 522.

tions et des souffrances, qu'ils jeûnent. Les rois d'Israël eux-mêmes portent parfois des cilices[1].

En Judée, nous trouvons un sacerdoce fortement organisé et richement doté, puisqu'il prélève la dîme sur les troupeaux et les productions du sol, reçoit les premiers-nés des animaux, le prix de rachat des enfants mâles[2]. Mais je n'ai pas à décrire ici l'organisation fort connue de la classe des Lévites, qui avait la suprématie sur les rois mêmes, auxquels son onction sainte était indispensable : « Je suis roi par l'onction », dit David[3]. En Judée, comme partout, le sacrifice par l'intermédiaire des prêtres ne s'organisa que tardivement. Tout d'abord chacun était libre d'égorger et d'offrir lui-même sa victime à Jahveh[4]. Les Lévites succédèrent sûrement aux sorciers, selon l'ordre invariable. La Bible distingue encore le prêtre sacrificateur, celui qui donne les sorts, par l'*Ourimtommim* et l'*éphod*, du devin possédé, de l'irrégulier, des bandes plus ou moins prophétiques[5], des assemblées de mystiques s'excitant jusqu'au délire. L'art d'interroger Iahveh finit par devenir un secret, qui s'acquérait après un long noviciat. Pourtant le sacerdoce, même restreint, n'était pas strictement un privilège, et l'on pouvait entrer dans les ordres par simple vocation[6].

En évoluant, le sacerdoce juif produisit les Pharisiens, à la fois docteurs et casuistes, et enfin des moines, les Esséniens, qui fondèrent une importante communauté dans l'oasis d'Engaddi. La règle des Esséniens leur imposait le célibat, l'austérité, les repas communs, l'abandon à la communauté des

---

1. II. *Rois*, VI 22 (Trad. Ledrain).
2. II. *Chroniques*, XXIV, 6-14 ; XXXI, 2-10. — *Lévitique*, XXVII, 22, 23. — *Josué*, XII, 8-21.
3. II. *Samuel*, III, 39.
4. I. *Ibid.* XIV, 34.
5. Ch. Bellangé, *Judaïsme*, 31 .
6. Maspero. *Loc. cit.* 346.

biens personnels. Les Esséniens se consacraient à l'enseignement, à l'éducation des enfants, à la médecine [1].

Le culte de Iahveh a évolué, s'est organisé peu à peu, comme le sacerdoce. Nos exégètes en sont arrivés aujourd'hui à se demander si le fameux temple de Salomon, dont on ne peut retrouver les restes, a jamais existé [2]; mais il existe des traces d'un culte moins fastueux et plus ancien. Dans la Transjordanie, il y avait des autels en pierres brutes et des *galeëds* ou monceaux de témoignages, qui semblent bien avoir été des *cairns* [3]. Sur ces autels en pierres brutes on faisait des sacrifices. On adorait aussi des pierres sacrées, qu'il fallait oindre d'huile [4]. Iahveh lui-même demande des monuments mégalithiques : « Quand tu auras traversé l'Iardèn (le Jourdain), tu érigeras ces pierres-là, ainsi que je te l'ordonne aujourd'hui, sur le mont Ebal, et tu les enduiras de chaux. Là, tu bâtiras à Iahveh, ton Elohim, un autel de pierres sur lesquelles on n'aura pas agité le fer. C'est avec des pierres entières, que tu dresseras l'autel de Iahveh, ton Elohim, pour y offrir des holocaustes [5] ».

Si l'existence du Temple est douteuse, il n'en est pas de même de celle du Tabernacle, dont il est l'amplification, et de l'arche, coffre sacré, sorte de temple portatif, ressemblant beaucoup aux coffres dans lesquels les prêtres d'Égypte renfermaient les objets sacrés [6]. L'arche était cachée au plus profond du Tabernacle; Moïse la façonna de ses mains et y renferma deux tables de pierre, sur lesquelles Iahveh lui-même, durant un colloque sur le Sinaï, avait pris la peine de graver le texte de sa loi [7].

1. Ch. Bellangé. *Judaïsme*, 335.
2. *Ibid.* 169.
3. *Ibid.* 224.
4. *Genèse*, XXVIII, 18. — I. *Samuel*, VI, 18.
5. *Deutéronome*, XXVII, 1, 9 (Trad. Ledrain).
6. Ch. Bellangé. *Loc. cit.* 257.
7. *Deutéronome*, IX, 27; X, 5 (Trad. Ledrain).

Beaucoup de fêtes juives sont d'origine égyptienne et la plupart sont rurales ou saisonnières. La fête des azymes, la Pâque primitive, c'est la fête du printemps. La fête de la moisson (*kasir*) marque le commencement de l'été. Celle des *soukkoth* ou tabernacles correspond aux vendanges. Ces fêtes s'accompagnent de danses, festins, sonneries de trompettes. La Pâque juive, comme les fêtes d'*Ammon-Râ* en Égypte, a lieu à l'équinoxe du printemps, et l'on devait, dans les deux pays, y sacrifier un agneau ou un bélier. D'autre part, nombre de pratiques religieuses ont été importées de la Chaldée en Israël : le sabbat et la semaine, le calendrier, la superstition des nombres, les litanies et les *keroubs*[1], etc., etc.

Aux Tyriens, les Israélites avaient fait un emprunt plus immoral, celui des *Kedeschim* (saints, voués) ou *Kalbim*, *Kelebim* (chiens). Le Deutéronome est obligé de protester contre cette coutume; en effet, les *Kedeschim* et les *Kedescha* étaient des prostitués sacrés, des deux sexes, versant dans le trésor du Temple le produit de leur industrie : « Qu'il n'y ait point, dit le Deutéronome, de *Kedescha* parmi les filles d'Israël, ni de *Kedesch* parmi ses fils. — Par aucun vœu, tu n'apporteras le salaire d'une paillarde, ni le prix d'un chien (prostitué) à la maison de Iahveh, ton *Elohim*, car l'un et l'autre sont en abomination à Iahveh[2] ». — Inutile d'insister davantage. Le culte d'Israël est juste à la hauteur de sa croyance. Ce qui y manque le plus, c'est la sublimité et même l'originalité.

Dans leur conception de Dieu, les rabbins, rédacteurs du Talmud, ont poussé les idées juives jusqu'au ridicule. Ils nous racontent qu'après avoir créé Ève, Iahveh délia ses tresses et se mit à danser avec sa créature. La destruction de son temple, qu'il a eu l'insigne faiblesse de tolérer, lui a, disent-ils, porté un coup funeste. Souvent, la nuit, Iahveh rugit comme un

1. Ch. Bellangé. *Loc. cit.* 263, 265.
2. *Deutéronome*, XXIII, 18 (Trad. Ledrain).

lion de la forêt d'Élaja, et s'écrie : « Malheureux, pourquoi ai-je laissé ruiner ma maison et disperser mes enfants[1]! » Suivant les rabbins, voici comment est réglée maintenant l'existence de Iahveh : pendant trois heures, il lit la *Thora*; pendant trois heures, il juge; pendant trois heures, il nourrit le monde; et enfin, pendant trois heures de récréation il s'amuse avec le roi des Poissons, Léviathan. La nuit, il étudie le Talmud[2]. Ces imaginations bigotes nous semblent extravagantes; c'est qu'on ne nous a point dressés à les respecter. En fait, elles ne sont pas plus déraisonnables que certains récits de la *Genèse*.

Pour terminer cette rapide étude sur le Iahvéisme, il me reste à parler de sa morale.

VIII. — LA MORALE BIBLIQUE

Ayant déjà, dans de précédents ouvrages, traité de la morale israélite au point de vue des intérêts laïques, je me bornerai à dire ici quelques mots de la morale biblique spécialement religieuse. La distinction n'est pas impossible à faire; quoique, chez les Juifs, la vie religieuse et la vie sociale fussent intimement unies. Je laisse donc de côté le Décalogue, qui fut d'abord seulement un *Hebdalogue*[3]. On n'y trouve guère d'ailleurs que la morale courante, que l'on peut appeler banale, celle qui est commune à tous les peuples quelque peu civilisés.

La Bible ne distingue pas la morale civile de la morale religieuse; aux yeux de ses rédacteurs, il est sûrement plus mal de manger sur les hauts-lieux ou de sacrifier à Baal que de violer une femme ou d'assassiner un homme. Travailler le

---

1. Joukowsky. *Loc. cit.* 121.
2. *Ibid.*
3. *Deutéronome*, V, 14, 22 (Trad. Ledrain).

jour du Sabbat est un crime capital et nous voyons des Hébreux se laisser tranquillement égorger, eux, leurs femmes, leurs enfants et leur bétail, plutôt que de violer, en se défendant, le repos sabbatique[1]. On encourt le *kérith*, le retranchement, quand on ne jeûne pas, le jour de la fête des Expiations; l'extermination, si l'on a travaillé ce jour-là[2].

Les Hébreux, ayant commis l'énorme faute d'épouser des femmes étrangères, déclarent à leur Elohim, que, s'il veut bien leur pardonner, ils chasseront sans aucun scrupule leurs épouses et leurs enfants[3]. Quiconque mange de la graisse d'une victime, graisse dont Iahveh est très friand, commet un crime abominable; il doit être retranché[4].

A l'imitation des Égyptiens, Israël a ses animaux impurs : tous les insectes, les sauterelles exceptées[5]; tous les reptiles[6]; tous les animaux aquatiques, dépourvus de nageoires et d'écailles[7], etc., etc. — Manger du sang est rigoureusement interdit : « Contre le mangeur de sang, je mettrai ma face et je le retrancherai du milieu de mon peuple[8] ». — « Toute bête qui a l'ongle divisé, mais non le pied fourchu, et qui ne rumine pas, sera impure; quiconque y touchera sera impur[9] », Par ce contact ou celui d'un être impur, quel qu'il soit, on devient impur[10]. On est coupable, si l'on viole un des commandements de Iahveh sans le savoir, et, pour se laver de la faute, on doit faire le sacrifice de la coulpe, immoler un bélier si l'on est laïque[11]; un taureau, si l'on est prêtre[12]. Les rele-

1. *Macchabées*, II, 29, 43. *Exode*, XX, 5-17.
2. *Lévitique*, XXIII, 20, 31.
3. *Esdras*, X, 3, 11.
4. *Lévitique*, VII, 15-29.
5. *Ibid.* XI, 10-28 (Trad. Ledrain).
6. *Ibid.* XI, 40-47.
7. *Ibid.* XI, 10-28.
8. *Ibid.* XVII, 7-15.
9. *Ibid.* XI, 10-28.
10. *Ibid.* V, 3.
11. *Ibid.* 12-25.
12. *Ibid.* IV, 1-7.

vailles, le contact d'un lépreux, d'une femme mal réglée, etc., etc., exigent un sacrifice d'expiation. (*Lévitique*, VI, 6, 7. — *Lévitique*, V.)

Mais le crime des crimes, c'est l'impiété, l'idolâtrie. Qui outrage le *nom* de Iahveh doit être lapidé (*Lévitique*, XXIV, 8-20). Exterminer l'infidèle, c'est faire œuvre agréable à Dieu. Une ville infidèle refuse-t-elle de se soumettre et de payer tribut ? il en faut passer tous les mâles au fil de l'épée et « piller à son profit » les femmes, les enfants, les bêtes (*Deutéronome*, XX, 6-19). Le commandement « Tu ne tueras point » ne s'applique qu'au Juif. Dans les villes spécialement octroyées par Iahveh à son peuple « en héritage », Israël doit tout exterminer[1].

Le Talmud tire bravement les conséquences de la morale d'Israël. On peut, dit-il, causer du dommage à l'étranger, au *goïm*, qui n'est pas compris dans le prochain[2]. Selon Maimonide, le commandement « tu ne voleras point » signifie « tu ne voleras point le Juif[3] ». En revanche, le Talmud demande gravement si, le jour du Sabbat, un prêtre qui a trouvé un insecte dans le Temple, doit l'emporter dans sa ceinture ou avec une pince de bois « pour ne pas propager l'impureté dans l'étoffe, etc., etc.[4] ».

Dans la rapide revue que je viens de faire, je me suis gardé autant que possible de tout jugement préconçu, de toute admiration de commande, de tout dénigrement systématique. Pas à pas, je me suis avancé, en m'appuyant toujours sur des textes authentiques. Mais, étudiée ainsi, la Bible perd tout le prestige dont tant de millions d'hommes se sont plu, se plaisent encore à l'orner. Chacun de ses versets nous crie bien haut qu'il est l'expression d'un état mental inférieur et répond à un état social barbare.

1. *Deutéronome*, XX, 10, 17.
2. Joukowsky. *Loc. cit.* 111.
3. *Ibid.*
4. *Ibid.*

Il nous reste maintenant, pour achever le tour religieux du monde sémitique, à examiner les antiques cultes de la Mésopotamie.

B. LA RELIGION MÉSOPOTAMIENNE

L'Islamisme et le Judaïsme, ce dernier en se christianisant, se sont tellement répandus dans le monde, que force m'a été dans ma revue mythologique, de leur accorder une place relativement grande. D'ordinaire on considère les cultes d'Allah et de Iahveh, comme des religions monothéiques et, pour cette seule raison, on leur accorde, dans notre Occident, un caractère de grande supériorité. Nous avons vu à quoi se réduit ce prétendu monothéisme, qui est simplement l'hypothèse d'une monarchie céleste, analogue aux monarchies absolues de la terre; une divinité despotique gouvernant des dieux inférieurs. Dans un précédent chapitre, j'ai déjà fait remarquer que le monothéisme parfait n'a pas d'existence en dehors du cerveau de nos métaphysiciens. A vrai dire, il n'y a pas de religion purement monothéique, et, s'il en existait, on aurait le droit de se demander en quoi le monothéisme serait supérieur au polythéisme, puisque le dieu unique ne saurait être d'une autre essence que les dieux multiples. Dans le ciel, comme sur la terre, la monarchie absolue diffère de la monarchie féodale ; mais on ne saurait prétendre qu'elle lui est essentiellement supérieure. — En quoi le dieu Iahveh, dont la Bible nous donne une idée si grossière, est-il plus admirable que les dieux voisins, dont il est si violemment jaloux, que les dieux des Cananéens, Araméens, Phéniciens, etc.? Ceux-ci, de même que les divinités des Arabes méridionaux, des Sabéens, semblent bien être nés dans un foyer d'où sont aussi provenues, à une époque préhistorique, les religions des grandes nations mésopotamiennes[1].

1. Tiele. *Manuel hist. relig.* 115, 119.

Toutes ces religions sont astrolâtriques et toutes ont des dieux analogues, à côté desquels siègent des divinités particulières, sans doute locales. La place me manque absolument pour exposer, même brièvement, toutes ces croyances. D'ailleurs le but de ce livre est, non pas de faire l'histoire détaillée de toutes les religions, mais de noter à grands traits les points principaux de l'évolution religieuse dans toutes les races humaines. — Je dois même me borner à rappeler en passant ce que les Phéniciens avaient fait du culte de *Baal* et de sa femme *Tanit*, leurs sacrifices d'enfants, leur prostitution sacrée, leur culte d'Adonis, etc.[1]. Pour me renfermer utilement dans mon sujet, je parlerai surtout de la région chaldéenne.

C'est sur les vieux cultes animiques des primitives populations de la Chaldée, des Sumériens et Accadiens, que se greffa la religion chaldéenne. Les Accadiens croyaient à l'existence d'esprits malfaisants, divinités inférieures, au-dessus desquelles siégeaient des dieux animiques : un dieu du ciel (*Ana*, *Anna*) dont la résidence était dans les étoiles fixes, un dieu de la terre et des eaux (*Ea* ou *Héa*), un dieu du feu (*Gibil*), des dieux du soleil (*Sama*) et de la lune (*Sin*), des dieux de l'orage et de la tempête, etc.[2].

Le Panthéon chaldéo-assyrien adopta sans difficulté beaucoup de ces dieux[3]. Mais les idées des premiers Chaldéens n'étaient pas plus raffinées que celles des Accadiens et leur manière de se figurer la terre et le ciel n'était pas plus intelligente que celles de nos sauvages contemporains. La terre revêtait dans leur imagination la forme d'une de ces barques rondes, figurées dans les bas-reliefs et en usage encore chez les tribus du Bas Euphrate. — Cette barque terrestre était renversée et creuse en dessous. Ce creux de la terre, c'était

---

1. Tiele. *Manuel hist. relig.* 119, 120. — Maspero. *Loc. cit.* 343.
2. Tiele. *Loc. cit.* 99.
3. *Ibid.* 108.

l'abîme, l'abîme ténébreux, séjour de la Mort. Autour de la terre coulait le fleuve océan (*Abzou*)[1]. Le ciel (*Anna*) était une grande calotte hémisphérique reposant sur les bords de la barque terrestre. « Déployé au-dessus de la terre, comme une couverture, le ciel pivotait en entraînant les étoiles fixes, fichées sur sa voûte. Entre la terre et le firmament en cloche, qui la recouvrait, circulaient sept grands animaux, les planètes, et en outre les nuages, les vents, la pluie, que l'on se figurait aussi comme des êtres vivants[2].

Les doubles des hommes et les divinités étaient également conçus de la manière la plus primitive. Pas de sanction morale après la mort; c'était durant la vie terrestre qu'on pouvait être puni ou récompensé. Les doubles, les ombres s'en allaient dans l'abîme inférieur où le dieu *Moullilla* et la déesse *Ninlilla* les recevaient. Après avoir traversé le fleuve éternel, les doubles arrivaient au pied de la grande montagne d'Occident, derrière laquelle se couche le Soleil, et pénétraient dans le pays immuable (*Le Kournoudê*), le pays d'où l'on ne revient pas, le pays où les ombres remplissent la grande voûte, comme des volées d'oiseaux, où l'on erre dans les ténèbres[3].

Les dieux chaldéens sont souvent conçus, comme un mélange de formes animales et humaines. Le Ciel, « l'antique, le père des dieux, etc. », est un homme à queue d'aigle, coiffé d'une tête de poisson, etc. Bel, « le seigneur du monde, le souverain des esprits, etc. », est un roi assis sur son trône. *Éa*, « l'Esprit posté sur les eaux, le maître de la vie, de la gloire, des sciences, etc. », a quatre ailes éployées[4]. Comme les dieux de l'Inde, ces dieux chaldéens projettent une forme passive, femelle, *Anat* (Anaïtis), *Bélit* (Bêltis, Mylitta), etc.

Tous les êtres surnaturels sont classés en deux grandes

1. Maspero. *Loc. cit.* 134.
2. *Ibid.* 134.
3. *Ibid.* 155.
4. *Ibid.* 140.

catégories : les dieux proprements dits et les esprits. Les dieux gouvernent le monde, règlent la marche des corps célestes et des saisons, soufflent le vent, versent la pluie, font germer les plantes, tuent ou protègent. Ils sont nombreux; mais chacune des trois grandes régions de l'univers a son dieu suprême : *Anna* dans le ciel; *Ea* sur la terre; *Moullilla* dans l'abîme[1]. Pourtant *Ea* habite surtout le fleuve océan. Souvent on appelle ce dieu « le grand poisson de l'océan, le poisson sublime »; parfois *Ea* parcourt son empire sur un vaisseau, manœuvré par les dieux, ses enfants[2].

Au-dessous de ces grands dieux existe un peuple de dieux inférieurs et d'esprits : *Oulou*, le dieu du soleil, qui déjoue les complots, dissipe les mensonges, etc.[3]; *Bilgi*, le dieu du feu, supérieur au soleil. « Je suis, dit le dieu Bilgi, la flamme d'or, la grande flamme jaillissant des roseaux secs, etc[4] ». *Ishtar* est la déesse de la génération, de la volupté. *Nabou* est le « capitaine de l'univers, l'ordonnateur de la nature[5] ». *Ashmoun* et *Koumout* sont des dieux de constellations. *Baou* est le chaos[6].

Les dieux chaldéens ne furent pas d'abord hiérarchisés. Chaque ville avait sa divinité de prédilection, qu'elle imposait aux autres, quand elle était la plus forte[7]. Puis *Anou*, *Ea* et *Bel* formèrent une trinité supérieure, à laquelle on en adjoignit une seconde composée du dieu-lune (*Sin*), du dieu-soleil (*Shamesh*) et du dieu-atmosphère (*Ramânou*)[8]. Ensuite venaient les dieux planétaires, parmi lesquels *Ninip*, l'hercule assyrien, que l'on représente étouffant un lion[9].

1. Maspero. *Loc. cit.* 135.
2. *Ibid.*
3. *Ibid.*
4. *Ibid.* 136.
5. *Ibid.* 141.
6. *Ibid.* 143.
7. *Ibid.* 139.
8. *Ibid.* 140.
9. *Ibid.* 141.

Au dernier rang des êtres divins sont les démons et les mauvais esprits échappés de l'Enfer. Ces derniers sont vraisemblablement les doubles des morts : les uns sont mâles; les autres femelles; d'autres n'ont pas de sexe. Certains s'efforcent de perturber la nature; d'autres s'attachent à nuire aux hommes; « ils se glissent dans les portes, comme des serpents; empêchent l'épouse d'être fécondée, ravissent l'enfant sur les genoux de l'homme, etc., etc.[1] ».

La peste, la fièvre sont des esprits méchants; il existe aussi des esprits incubes et des succubes[2]. Quand le Noé babylonien (*Hasisadro*) offrit un holocauste après le déluge, les dieux qui « se rassemblèrent comme des mouches, attirés par la bonne odeur[3] », appartenaient sûrement à cette plèbe des esprits.

Pour se défendre contre ces invisibles ennemis, on a recours au prêtre chaldéen, qui est encore plus d'à moitié sorcier. Un sacerdoce entièrement magique coexistait même avec le sacerdoce officiel; il comprenait des conjurateurs, des médecins, des théosophes. La fonction de ces magiciens consistait à conjurer le mal, à procurer le bien par des enchantements, des purifications, des sacrifices[4]. Le sorcier chaldéen pratiquait l'envoûtement, déchaînait par ses imprécations les esprits de l'abîme. Tout malade était tenu pour ensorcelé et ne pouvait être guéri que par une conjuration faisant échec à celle qui avait causé sa maladie[5]. Le livre chaldéen des *Mauvais Esprits* est plein d'exorcismes, d'invocations, d'incantations, de formules préservatrices.

De pareilles pratiques ne vont jamais sans l'ordinaire appareil des gri-gris, des amulettes; les Chaldéens en usaient et

1. Maspero. *Loc. cit.* 136.
2. *Ibid.* 137.
3. H. Spencer. *Sociologie,* I, 454.
4. Maspero. *Loc. cit.* 137-142.
5. *Ibid.* 143.

abusaient. C'étaient des bandes d'étoffe, des fétiches en bois, en pierre, en terre cuite, des statuettes de génies, etc. Ces talismans permettaient de braver même les dieux. Un talisman est « une borne, qu'on n'enlève pas, que les cieux ne franchissent pas, qu'aucun dieu ne déracine », etc.[1].

L'espace me manque pour parler du culte chaldéen proprement dit. Les temples étaient ordinairement à terrasses en nombre variable ; tantôt trois (trois mondes) ; tantôt cinq (cinq planètes) ; tantôt sept (cinq planètes, le soleil et la lune). Au sommet des terrasses, peintes chacune d'une couleur différente, s'élevait une chapelle carrée, logeant une idole : c'était littéralement la maison du dieu. Une inscription dit que le dieu *Nabou* habitait le temple de Bit-Zida[2].

Les sacrifices humains étaient fréquents surtout en Assyrie. La prostitution sacrée était commune à toute la Mésopotamie, mais surtout pratiquée à Babylone, où, au dire d'Hérodote, toute femme devait se prostituer religieusement au moins une fois dans sa vie. — Au total, toute cette religion, que nos Assyriologues s'épuisent à élucider, que beaucoup s'efforcent d'admirer, n'est qu'un animisme compliqué, tout à fait au niveau de l'animisme égyptien et mélangeant aussi l'astrolâtrie et la zoolâtrie. Les divinités sont conçues de la manière la plus concrète ; on leur construit des maisons, qu'elles sont censées habiter réellement. La croyance aux doubles est tout à fait banale et l'*abîme* chaldéen, dont le *Chéol* hébreu n'est qu'une émanation affaiblie, ne sert même pas de sanction posthume aux actes de la vie terrestre[3].

Et maintenant nous pouvons apprécier, d'une manière générale, la valeur des religions sémitiques.

1. Maspéro. *Loc. cit.* 142.
2. Tiele. *Loc. cit.* 110.
3. *Ibid.*

C — LA VALEUR DES RELIGIONS SÉMITIQUES

En étudiant la religion égyptienne et ses origines, nous avons dû constater, que le premier groupe des races blanches, celui des races berbères, n'avait point, dans ses conceptions religieuses, dépassé le niveau des races de couleur. Mais on peut alléguer qu'en Égypte, les Berbères ont été adultérés de bonne heure par des croisements avec la race éthiopienne. Au contraire les Sémites ont pu fonder, sans grands mélanges, des États, même des empires, indépendants; de plus ils représentent une importante fraction de l'humanité blanche. Or, nous avons successivement analysé les croyances religieuses des Arabes, des Hébreux, des Mésopotamiens, tous peuples célèbres par l'exubérance de leur ferveur. Se dégage-t-il de tous ces cultes quelque grande conception, une de ces vues lumineuses, qui puissent légitimement servir de phare à l'esprit humain? Nullement.

Chez les Juifs et les Arabes, nous trouvons une religion animique, qui est née et s'est développée exactement comme les croyances des races inférieures. Le prétendu monothéisme de ces peuples est simplement une apparence. Allah et Iahveh résident dans un ciel, très grossièrement conçu, au milieu d'un cortège de dieux et de génies inférieurs; l'imagination des fidèles ne voit en eux que des hommes très puissants, des monarques capricieux et despotiques, qu'il importe de se concilier par des prières, des offrandes selon leur goût.

En Mésopotamie, la religion est franchement polythéique; elle coïncide d'ailleurs avec une civilisation plus avancée, ce qui suffirait à prouver qu'en lui-même le monothéisme, plus ou moins réel, n'est point le signe et le sceau d'une mentalité supérieure. Au fond d'ailleurs le Iahvéisme et l'Islamisme sont essentiellement de même valeur psychique que le polythéisme mésopotamien. Ce dernier est surtout astrolâtrique et zoolâtrique ; mais Iahveh a sûrement commencé par être un dieu solaire et Allah n'est qu'une copie de Iahveh. On est en droit de dire que, sans exception, toutes les divinités sémitiques résultent de conceptions sauvages ou barbares, d'enfantines explications données aux phénomènes du monde extérieur.

Ajoutons que, dans tous ces cultes, le progrès moral est tout aussi absent que le progrès intellectuel. L'éthique est surtout rituelle ; elle consiste principalement, sauf quelques prescriptions de morale courante et laïque, à observer un certain nombre de règles religieuses, la plupart dépourvues d'utilité pratique ; et ce sont précisément les infractions à ces règles rituelles que les dieux châtient avec le plus de rigueur. Ajoutons qu'en Judée et en Mésopotamie ces châtiments frappent le transgresseur uniquement dans la vie terrestre. La vie future ne sert pas encore de sanction morale ; elle est conçue tout à fait à la manière primitive. S'il en est autrement dans l'Islâm, cela est sûrement dû à l'influence chrétienne. Nous n'avons donc rien à admirer dans les religions sémitiques. Toutes ont été aussi inintelligentes que féroces, et, pour trouver des conceptions religieuses plus larges, il nous faudra arriver aux Aryens d'Asie.

CHAPITRE XIV

LES RELIGIONS DES ABORIGÈNES DE L'INDE ET DES ARYAS VÉDIQUES

A. — LES ABORIGÈNES DE L'INDE

I. *Les rites funéraires.* — Funérailles aériennes. — Inhumation. — Menhirs commémoratifs. — Dolmens rudimentaires. — Crémation. – Offrandes funéraires. — II. *La vie future.* — Les doubles nomades. — Les doubles des choses. — Vie future pastorale. — III. *Les dieux et la sorcellerie.* — Dieux ancestraux. — Zoolâtrie. — Astrolâtrie. — Héliolâtrie. — Dieux pluviaux. — Génies. — Dieux anthropomorphes. — Malveillance des revenants. — Esprits des maladies. — Les sorciers. — Le laitier sacré des Todas. — IV. *Le culte.* — Les offrandes et sacrifices. — Sacrifices humains. — Les *mériahs*.

B. — LA RELIGION VÉDIQUE

I. *Les rites funéraires et la vie future.* — La crémation. — Inhumation et tumulus. — Voyages des doubles. — Vie future dispersée. — Réincarnation du double. — Rétribution après la mort. — Le ciel et l'enfer. — II. *Les dieux.* — Le *soma* déifié. — Indra, dieu solaire. — Le drame de la pluie. — Glorification d'Indra. — Varouna, le dieu du ciel. — L'aurore et les Açwins. — Les Marouts. — Agni, le dieu du feu. — Dieux panthéistiques. — III. *Le culte.* — Libations de Soma. — Offrandes intéressées. — Le sacrifice du cheval. — Prières intéressées. — Familles sacerdotales. — Les esprits des maladies.

C. — LES RELIGIONS ET LES RACES

A. — LES ABORIGÈNES DE L'INDE

I. — LES RITES FUNÉRAIRES

Avant d'aborder l'étude des grandes et célèbres religions de l'Inde, il nous faut, pour rester fidèle à la méthode comparative et évolutive, résumer les croyances religieuses de populations beaucoup moins développées, les unes contemporaines, les autres depuis longtemps disparues, savoir, des aborigènes actuels de l'Inde et des ancêtres directs des Hindous actuels, des Aryas védiques. C'est parmi ces populations, les unes sauvages, les autres barbares, que nous avons chance de retrouver les croyances originelles, celles qui ont précédé le Brahmanisme, le Bouddhisme et leurs dérivés.

Que le Brahmanisme descende directement du Védisme, c'est un point généralement admis; mais le Védisme lui-même n'était déjà plus une religion primitive; il était issu de cultes plus élémentaires encore et dont nous pourrons peut-être rencontrer les analogues chez les sauvages de l'Inde contemporaine. Sans doute ces tribus survivantes sont loin d'être homogènes; anatomiquement, elles se rattachent aux grandes races qui ont occupé l'Inde, tantôt aux races tamiles, tantôt aux Mongols, tantôt aux Aryens; mais nous savons qu'aux stades inférieurs de leur développement les races humaines ont, toutes, une mentalité très analogue. Celles-ci, malgré leur bigarrure, ont subi des influences de même ordre, parfois ont communiqué entre elles. Elles sont les débris ultimes de peuples ayant jadis occupé une aire plus vaste; les envahisseurs d'origine védique ont eu sûrement à compter avec leurs ancêtres et ont même pu, bon gré mal gré, leur faire certains emprunts et certains prêts. Nous devons donc glaner, chez ces épigones de l'Inde très ancienne, des renseignements profitables à nos études et il importe de les y chercher.

Je commencerai par interroger leurs rites funéraires. Ces rites sont divers. Les Koukis déposent simplement le cadavre sur une estrade, à la manière des Peaux-Rouges, parfois sous un hangar; mais, dans tous les cas, ils ont bien soin de lui apporter, chaque jour, des aliments et des boissons, de nourrir son double[1]. Un certain nombre de tribus pratiquent l'inhumation. Les Koukis commencent par dessécher lentement les cadavres au feu, puis ils les habillent, les ornent et les exposent, durant un mois ou deux, dans leurs maisons; enfin ils les inhument. La coutume de l'abandon semble bien avoir précédé celle de l'inhumation; car parfois on n'enterre le cadavre qu'après l'avoir auparavant laissé, pendant quelques jours, gisant dans une clairière. On a soin de munir le défunt de tout ce qu'on suppose nécessaire à son double, et on l'enterre avec des aliments, des boissons, des crânes d'animaux immolés à la fête funéraire. Autrefois, un crâne humain bien frais devait orner la tombe du rajah, sûrement afin que le noble personnage eût un serviteur dans le pays d'outre-tombe[2]. Les Khalikata-Michmis inhument leurs morts dans une clairière de la forêt et déposent dans la fosse les armes et les habits du défunt. Le sens de ces offrandes funéraires semble d'ailleurs perdu pour eux. L'homme, à ce qu'ils disent aujourd'hui, meurt tout entier et les vers s'en repaissent; s'ils font des offrandes à leurs morts, c'est simplement pour donner à leur mémoire des marques d'affection[3].

Dans cette Inde primitive, l'usage de la crémation semble plus répandu que celui de l'inhumation. Parmi les incinérateurs, les Jyntias et les Khasias ont acquis en ethnographie une certaine notoriété par leur coutume d'élever des monuments mégalithiques. Ceux-ci sont de deux sortes : tantôt ce sont de larges dalles circulaires supportées par de courts piliers et sous lesquelles on dépose les cendres du mort. Tantôt ce sont des pierres levées, très analogues à nos *menhirs*, et qui sont tout simplement des monuments commémoratifs du défunt, dont il ne reste rien, puisqu'il est brûlé;

1. H. Spencer. *Sociologie*, I, 223.
2. Dalton. *Ethnol. Bengal.* 47.
3. *Ibid.* 21.

mais il ne l'est pas tout de suite. Son corps est d'abord lentement desséché pendant quatre ou cinq mois, puis incinéré en cérémonie en même temps que des offrandes de fruits et de bétail. Les cendres sont recueillies dans un vase de terre et déposées solennellement sous une des tables dont j'ai parlé[1]. Ces rites mélangés semblent bien indiquer une évolution. On a dû d'abord placer le cadavre sous un dolmen rudimentaire; puis on a adopté la crémation, tout en conservant l'ancienne coutume et, de plus, on a joint au dolmen le menhir commémoratif.

Les Moundas et les Hos ont des coutumes très analogues à celles des Khasias. Leurs morts notables sont brûlés dans un cercueil avec des bijoux, ustensiles et vêtements. Puis les débris osseux, recueillis dans un vase, sont processionnellement portés dans une lourde tombe mégalithique. Avant de fermer le dolmen avec la table, on a soin de jeter du riz dans la tombe. Parfois l'individu lui-même a eu, de son vivant, la prévoyance de préparer sa dernière demeure. Enfin des alignements de menhirs commémoratifs sont érigés; aussi des groupes de ces monuments mégalithiques existent-ils près de chaque village. Il s'agit bien de véritables mégalithes. En effet, les tables horizontales peuvent avoir 17 pieds de long sur 9 de large. Les pierres levées ont de 6 à 15 pieds de hauteur. A défaut de pierres, on se sert de bois pour dresser ces monuments funéraires; mais alors on y grave des images d'oiseaux et d'autres animaux[2].

Les Kharrias brûlent leurs morts, en recueillent les cendres dans un vase de terre, puis les jettent à la rivière. Ensuite ils érigent près de leurs maisons de hauts menhirs qui représentent le défunt et auxquels ils font des offrandes quotidiennes[3].

---

1. Dalton. *Loc. cit.* 55.
2. Dalton. *Ethnol. Bengal.* 202, 204.
3. *Ibid.* 160.

Les Oraons brûlent aussi leurs morts, après des offrandes de riz ; puis les os sont recueillis dans un vase de terre, qui est suspendu à un poteau dressé devant la maison du défunt. Une fois par an seulement, tous les vases funéraires sont déposés dans une fosse commune, recouverte d'une large dalle. Les mariages ne se célèbrent qu'après cette fête funéraire annuelle[1]. Enfin les Koch ou Kocch brûlent simplement leurs morts sur la rive d'un cours d'eau[2]. Partout, et quel que soit le rite funéraire, la coutume des offrandes est en vigueur. Les Karens en font même avant et après l'ensevelissement. Les Bhils font une offrande de riz cuit sur la tombe et une seconde au seuil de la dernière habitation du défunt ; celle-ci est particulièrement destinée au double, à l'esprit[3]. Plus prodigues, les Todas enterrent avec le mort tout le troupeau qu'il possédait de son vivant[4]. On est donc en droit d'affirmer que tous ces aborigènes, quelle que soit leur race, croient fermement à la survivance des doubles, des ombres.

II. — LA VIE FUTURE

Sur ce que peut faire pendant la vie et devenir, après la mort, le double, les opinions varient. Les Karens, comme bien d'autres peuples, pensent que, durant le sommeil, le double (le *là*) quitte le corps, voyage au loin et que les rêves retracent ses aventures. Convaincus que leur double les peut quitter à chaque instant, de leur vivant même, ce qui rend sans faute malade ou languissant, ils sont toujours inquiets et, quand ils reviennent d'une cérémonie funèbre, ils ont soin de se munir de petits crocs en bois avec lesquels

---

1. Dalton. *Loc. cit.* 964.
2. *Ibid.* 91.
3. H. Spencer. *Sociologie*, I, 221, 222.
4. *Ibid.* I, 262.

ils s'efforcent d'accrocher derrière eux leur double, auquel il pourrait prendre fantaisie d'aller tenir compagnie à celui du mort[1]. Ces Karens ont abusé de la théorie du dédoublement. Chaque homme, pensent-ils, a un double principal, qui préexistait à sa naissance et survivra à sa mort. Ces doubles principaux peuvent aller, après la mort, dans des séjours différents, sortes de paradis, d'enfer et de purgatoire où un dieu, *Phi-pho*, les envoie. Certains doubles vicieux sont condamnés à errer sur la terre et ils troublent les esprits des hommes. Mais ce n'est pas tout; la tête humaine est le siège d'un esprit spécial, dont la fonction consiste à écarter les doubles malveillants. Un autre esprit, le « Thah », nous incite aux bonnes ou aux mauvaises actions. Même chaque passion mauvaise a son double, son esprit[2].

Les choses ont aussi leurs doubles, spécialement le riz, et, quand cette indispensable céréale est malade, on invoque son double, son esprit, par une incantation : « Viens, Riz-Kelah; viens de l'ouest; viens de l'est, viens du gosier de l'oiseau, de l'estomac du singe, de la gorge de l'éléphant... de tous les greniers. Viens! »[3]. Certains Santals croient à une sorte d'enfer où les égoïstes seront éternellement mangés par des vers et des serpents, tandis que les bons s'en iront au milieu d'arbres chargés de fruits.

Les Todas croient que le double du mort continuera, dans le pays des ombres, à vivre des vaches qu'on lui a sacrifiées, exactement comme il le faisait de son vivant. Le sacrificateur a même soin de dire expressément au mort qu'on lui a immolé telles ou telles bêtes du troupeau[4].

Les Koukis pensent que, dans la vie future, le double d'un

---

1. H. Spencer. *Sociologie*, I, 196, 211.
2. Dalton. *Loc. cit.* 117.
3. *Ibid.*
4. H. Spencer. *Sociologie*, I, 218.

ennemi tué devient l'esclave de son vainqueur[1], etc., etc. Leur paradis est situé dans le nord. C'est une région, où le gibier foisonne et où le riz pousse spontanément. On y retrouve non-seulement ses amis, mais les animaux qu'on a mangés dans les festins[2]. En résumé, pour ces peuplades, la vie future est ordinairement la continuation de la vie terrestre.

III. — LES DIEUX ET LA SORCELLERIE

Tous les dieux de ces aborigènes sont animiques; mais il est parmi eux nombre d'esprits ancestraux. Ainsi les Karens de la Birmanie font des offrandes aux ancêtres, lesquels président aux mariages et aux naissances[3]. Les Kisans adorent aussi leurs ancêtres[4]. — Les Moundas et les Hos font des offrandes à certains revenants ou doubles errants, qu'il importe de se concilier[5].

La zoolâtrie n'est pas rare chez les aborigènes de l'Inde. Ainsi les Gonds croient que leurs fous furieux sont simplement possédés par le dieu-tigre (Dalton, 280-281). — Les Kisans mêlent la zoolâtrie à leur religion des ancêtres. Le tigre est pour eux un être divin, auquel ils prodiguent les appellations flatteuses : « Beau rajah! Seigneur des jungles! », etc. Ils lui rendent un culte et espèrent bien qu'en retour il les épargnera; mais ils adorent aussi le soleil et la lune[6]. En cela ils ne sont point les seuls. On peut même dire que le culte dominant chez les aborigènes de l'Inde, c'est l'astrolâtrie.

Les Kacharis adorent « l'armée des étoiles »[7], le *sabaoth*

1. H. Spencer. *Sociologie*, I, 67.
2. *Ibid.* 45, 46.
3. Dalton. *Ethnology of Bengale*, 117.
4. *Ibid.* 132.
5. *Ibid.* 304.
6. *Ibid.* 132.
7. *Ibid.* 85.

des juifs. — L'une des quatre divinités des Bhuiyas est Boram, le soleil, et ce dieu astral n'est point, comme les autres, représenté par une idole. Comme les moissons dépendent beaucoup du bon vouloir de Boram, on lui offre un coq blanc à l'époque des semailles[1]. — Chez les Kharrias, le soleil déifié porte le nom de Bero et chaque chef de famille doit, durant sa vie, lui faire cinq sacrifices sur un tertre de fourmilière. Au premier sacrifice on immole des poulets; au second, un porc; au troisième, une chèvre blanche; au quatrième, un bélier; au cinquième, un buffle[2].

Chez les Moundas, les Hos, etc., le soleil est aussi la divinité principale; c'est Sing-Bouga, auquel chaque chef de famille doit obligatoirement quelques sacrifices. On le prie, on le remercie. C'est un père qui châtie ses enfants égarés. On lui accorde le pouvoir d'écarter les maladies. Il est le Grand Esprit, et les autres divinités lui sont subordonnées[3]. Le dieu Dharmi des Oraons est aussi le soleil. C'est lui qui a créé les hommes, et il est plein de bonnes intentions pour la pauvre humanité; mais son bon vouloir est souvent paralysé par de méchants esprits, qu'il importe beaucoup de se concilier[4].

Chez les Todas, qui ont la religion de la vache ou plutôt du lait, on adorait aussi le soleil; mais le laitier sacré, le prêtre du lait, le *pâlâl*, prétendait, lui, traiter d'égal à égal avec l'astre divin. « Sans doute mes compatriotes saluent le soleil; mais moi, disait-il, en se frappant légèrement sur la poitrine, pourquoi le saluerais-je[5]? » Les deux principales divinités des Kandhs sont un dieu du soleil (*Bela-Penou*) et un dieu de la lumière (*Boura-Penou*). C'est ce dernier qui a

1. Dalton. *Ethnology of Bengale*, 131.
2. Dalton. *Loc. cit.* 159.
3. *Ibid.* 185, 186.
4. *Ibid.* 256.
5. H. Spencer. *Sociologie*, I, 533.

créé les végétaux, les animaux et les hommes, afin d'être adoré; car sa femme ne lui accordait aucune vénération et même, un jour, avait poussé l'irrévérence jusqu'à refuser de lui gratter le derrière. (Dalton, 296.)

Le soleil n'est pas le seul dieu; il existe tout un peuple de divinités des bois, des montagnes, des plantes, des champs. Chez les Padam, chaque département de la vie humaine est régi par un dieu sylvain[1]. — Chez les Abors, les montagnes à avalanches, le torrent, la jungle, l'eau, la maison, les champs ont leurs divinités[2]. Les Kacharis adorent une euphorbe, la plante *siji*[3]. Les Mundaris croient à des dieux nomades, invisibles, que l'on peut par des sacrifices fixer dans certains lieux, sur certains rochers, dans certains coins de forêts où l'on a eu soin de respecter les arbres, et il les faut épargner, sans cela les dieux sylvains ne veulent plus accorder de pluies[4]. Or, les Indiens étant tous plus ou moins agriculteurs, le souci de la pluie est chez eux très vif. Les Khonds ont aussi un dieu pluvial, qui produit les ondées en versant de l'eau à travers un tamis[5]. Les Karens ont confié le soin de leurs champs à une divinité très bienveillante (*Phili-Ya*), qui surveille le riz. Les Koukis ont logé des dieux dans les forêts, les rivières, les montagnes, les rochers, les métaux; mais ils ont toute une famille de dieux anthropomorphes : un dieu bienveillant, *Poulhen*, qui juge les hommes; sa femme peut intercéder près de son mari et, s'il lui plait, infliger des maladies, aussi lui rend-on un culte. *Poulhen* a un fils illégitime, méchant, vindicatif, marié à une femme acariâtre (*Ghoummou*) et mauvaise comme lui. Leur fille chasse de race; elle empoisonnne les aliments. On a soin

1. Dalton. *Loc. cit.* 25.
2. *Ibid.* 38.
3. *Ibid.* 85.
4. *Ibid.* 185, 186.
5. Tylor. *Civilisation primitive.* I, 341.

de faire à toutes ces divinités dangereuses des sacrifices pour les apaiser[1].

Chez les Michmis, les dieux, ou du moins certains d'entre eux, sont devenus plus abstraits. On a des dieux de la chasse, du savoir, de la richesse, de la destruction[2], etc.

La croyance à des démons ou esprits malveillants est très répandue. Ce sont souvent les doubles de certains morts. Ainsi chez les Oraons, les doubles des femmes en couches deviennent des revenants pleins de malveillance[3]. Dans un grand nombre de tribus, les maladies sont toujours regardées comme l'œuvre des démons, des esprits méchants, des sorciers. Les Padam essaient, par le sacrifice d'un porc, soit de désarmer la colère de l'esprit qui cause la maladie, soit d'obtenir l'intervention tutélaire d'un esprit plus puissant[4]. Souvent, pour guérir les malades, on a recours à la magie. Ainsi font les Moundas[5]. Les Kacharis ont toute une classe d'exorcistes, qui s'occupent des malades, cherchent et trouvent souvent l'auteur du maléfice qui a causé la maladie; alors ils lui arrachent à coups de bâton l'aveu de son crime et l'expulsent du pays[6], etc., etc.

Presque tous ces petits peuples, si primitifs encore, n'ont que des sorciers et pas de sacerdoce sérieux. Les Moundas croient aux présages, interprètent les cris des oiseaux, des singes[7]. Les Oraons ont des sorciers, qui savent indiquer les auteurs des malheurs privés[8]. Les Padam ont des sorciers-augures, qui savent lire dans les entrailles des oiseaux, le foie des porcs[9]. Déjà, chez les Oraons, la sorcellerie-prêtrise

1. Dalton. *Loc. cit.* 45, 46.
2. *Ibid.* 16.
3. *Ibid.* 247.
4. *Ibid.* 25.
5. *Ibid.* 199.
6. *Ibid.* 85.
7. *Ibid.* 201.
8. *Ibid.* 257.
9. *Ibid.* 25

est assez souvent héréditaire. Parfois cependant, pour découvrir l'homme, le devin, ayant les qualités requises, on se sert d'un crible magique, qui de lui-même conduit à la maison du personnage prédestiné[1].

L'apothéose du prêtre est complète chez les Todas, où le laitier sacré est déifié et seul a le droit de nommer les autres dieux ses compagnons[2]. Les Mampuris ont des sorcières inspirées; mais il faut qu'elles soient sujettes à des attaques convulsives : c'est le signe spécial de leur vocation[3].

IV. — LE CULTE

Dans presque toutes les tribus, le culte consiste en offrandes et sacrifices offerts aux dieux, à défaut de prêtres ou de sorciers en titre, soit par un vieillard, comme chez les Jouangs[4], soit par les chefs de famille, comme chez les Kharrias[5]. Les sacrifices consistent ordinairement en immolations d'animaux, volailles, porcs, chèvres, buffles. Les sacrifices humains, fort rares, n'ont guère été observés que chez les Kandhs ou Gonds ou plutôt chez une de leurs sectes, chez les adorateurs de la déesse de la terre, de *Tari*. Cette bonne divinité ayant autrefois fertilisé le sol en y versant de son sang, on estimait qu'il était nécessaire d'entretenir l'effet salutaire de cette première effusion en sacrifiant de temps à autre des victimes humaines, appelées *mériahs*. Peu importait l'âge ou le sexe des victimes; mais elles devaient être achetées, à moins qu'elles ne fussent enfants de *mériahs* et, pendant le laps de temps souvent fort long qui précédait le sacrifice, on

---

1. Dalton. *Loc. cit.* 247.
2. H. Spencer. *Sociologie*, I, 533.
3. Dalton. *Loc. cit,* 50.
4. *Ibid.* 157.
5. *Ibid.* 159.

encourageait autant que possible les *mériahs* à se reproduire, même en s'unissant à des personnes non *mériahs*.

Le sacrifice, réglé par un prêtre, était long et compliqué. Après avoir rasé les cheveux de la victime et l'avoir baignée, on allait dans un bois sacré annoncer à la déesse *Tari* qu'on lui préparait un sacrifice. Suivaient trois jours de débauche, à laquelle la déesse était censée exciter. Le second jour, la *mériah*, convenablement ointe et ornée de fleurs, était liée à un poteau planté dans le bosquet des esprits. On l'adorait; on se disputait les objets qui lui avaient appartenu. Le matin du troisième jour, on déliait la *mériah*; *il le fallait*, mais pour l'empêcher de s'évader, on lui brisait les bras et les jambes ou on la narcotisait avec de l'opium. Puis, dans une allocution pieuse, le prêtre remerciait la déesse Tari de la disparition des tigres, de l'accroissement des troupeaux; il racontait la tradition du sacrifice, en exposait la nécessité, engageait la *mériah* à supporter patiemment son sort, puisqu'elle n'avait été achetée que pour cela. Ensuite il la blessait légèrement avec sa hache; c'était le signal : la foule se ruait alors sur la *mériah* et la mettait en pièces, mais sans toucher ni à la tête, ni aux intestins. Le jour suivant, les restes étaient brûlés; les cendres, quand elles n'étaient pas jetées sur les champs, servaient à faire une pâte avec laquelle on barbouillait les parquets des maisons et les greniers. On gratifiait d'un taureau le père de la *mériah* ou la personne qui l'avait procurée. Un autre taureau était sacrifié et mangé[1]. Cela fait, la déesse *Tari* était parfaitement satisfaite et la fertilité du sol consolidée.

Dans certains districts, la *mériah* était brûlée à petit feu. On estimait, qu'il fallait lui faire verser autant de larmes que possible; car ces larmes obligeraient la déesse à faire tomber sur les champs une quantité de pluie proportionnelle. Quant

[1]. Dalton. *Loc. cit.* 280,-287.

à la *mériah*, en récompense de son sacrifice pour le bien du peuple, elle devait devenir après sa mort une divinité. Tout était donc pour le mieux.

En somme, ces cultes des aborigènes de l'Inde ressemblent d'une manière générale à ceux des primitifs de toute race. Avec un peu plus de poésie et quelquefois d'idée, la religion des Aryas védiques, que je vais maintenant résumer, est de même ordre que ces grossières croyances; mais nous ne la connaissons guère que par des hymnes, qui nécessairement passent sous silence nombre de traits inférieurs, vivants encore dans les religions des aborigènes contemporains.

B. — LA RELIGION VÉDIQUE

I. — LES RITES FUNÉRAIRES ET LA VIE FUTURE

Les populations védiques, celles qui, avant d'envahir l'Inde, s'établirent dans le Pays des sept rivières (*Haptahindou*), probablement sur les bouches de l'Indus, n'ont eu aucune communauté d'origine avec les débris de peuples dont nous venons de nous occuper; mais, quoiqu'un peu plus avancés en civilisation, ces Aryas étaient, au point de vue religieux, dans un état mental analogue, ainsi qu'il est facile de l'établir en s'appuyant sur le recueil beaucoup trop admiré de leurs hymnes, sur le Rig-Véda. Malheureusement ces hymnes pieux sont écrits en style tendu, exagéré, métaphorique et vague, de sorte que les renseignements pratiques, assez clairsemés, ne s'en laissent pas aisément extraire. En ce qui concerne spécialement les rites funéraires et la vie future, à peine trouve-t-on, dans ce poème si touffu, quelques versets intéressants à connaître. Certains passages se rapportent à l'usage de la crémation, qui semble pourtant à peu près abandonnée : « O Agni, garde-toi de brûler, de consumer ce trépassé, ne déchire pas sa peau ni son corps[1] ». D'autres versets parlent d'inhumation ou plutôt d'ensevelissement sous un tertre, un *tumulus*, et ils montrent que les Aryas védiques, à l'exemple de tant d'autres peuples, craignaient beaucoup que le brutal contact de la terre ne froissât douloureusement les membres du mort : « Va trouver la terre, cette mère large et bonne, qui s'étend au loin. Toujours jeune, qu'elle soit douce, comme un tapis, pour celui qui a honoré les dieux..., qu'elle te protège.... O Terre, soulève-toi; ne blesse pas ses membres. Sois, pour lui, prévenante et douce. O Terre, couvre-le, comme une mère son enfant, d'un pan de ta robe. ». — « J'amasse la terre autour de toi; je forme ce tertre pour que tes membres ne soient pas blessés....[2] » « Qu'un noir oiseau, que la fourmi, que le serpent ni la bête de proie ne touchent pas à ton corps[3] ».

Pour les Aryas védiques tout n'est pas fini à la mort. Le double subsiste; il s'en va visiter la contrée de Yama, dieu de la mort, ou le ciel, ou la terre au loin; mais on peut le ramener dans le monde des vivants : « Ton âme visite au loin le Ciel et la Terre; nous la rappelons ici, à ta maison, à la vie[4]. » On a bien soin de placer l'ombre du défunt sous la spéciale protection des ancêtres, des *Pitris* (patres). Ces Pitris daignent, quand on les invoque, protéger les vivants, les morts et les doubles[5].

Dans un hymne relativement récent on nous apprend quel est le sort réservé, après la mort, au double et au corps : « Que l'œil aille dans le soleil; le souffle (respiratoire) dans Vâyou. Remets au ciel et à la terre ce que tu leur dois. Va

---

1. *Rig Véda*. Section VII, Lecture VI, Hymne II, v. 1.
2. *Ibid*. Sect. VII, Lect. VI, Hymne XIII, v. 10, 11, 13.
3. *Ibid*. Sect. VII, Lect. VI, Hymne XI, v. 6.
4. *Ibid*. Sect. VIII, Lect. I. Hymne XIII, 1, 3.
5. *Ibid*. Sect. VII, Lect. VI, Hymnes IX, X, XIII.

donner aux eaux et aux plantes les parties de ton corps, qui leur appartiennent ». — C'est déjà la doctrine indienne de l'absorption dans le Grand Tout; mais il s'agit encore d'une absorption matérielle. Le double, lui, ne se dissocie point et l'on demande même au dieu Agni de le faire revivre, se réincarner : « Il est de son être une portion immortelle. C'est elle qu'il faut réchauffer de tes rayons, enflammer de tes feux ». La phrase suivante semble indiquer la croyance à séjour céleste : « Dans le corps fortuné, formé par toi, transporte-le au monde des pieux ». Mais, avec l'agrément d'Agni, le double peut redescendre parmi les ancêtres, les *Pitris*, et même se réincarner : « O Agni, fais-le redescendre ensuite parmi les Pitris. Qu'il vienne au milieu des invocations et des offrandes. Revêtu de la vie, qu'il prenne une enveloppe.... Qu'il s'unisse à un corps[1]. » Dans tous les cas, le double peut descendre du ciel et venir, matin et soir, savourer les libations offertes aux ancêtres, aux *Pitris*[2].

Les versets où il est fait mention d'une rétribution après la mort sont très rares; il en est cependant quelques-uns; on y parle d'une récompense posthume : « L'homme bienfaisant se prépare une place dans le ciel et se range parmi les dieux.... Les hommes généreux (c'est-à-dire qui ont de la libéralité) ont une destinée miraculeuse; leurs soleils brillent au ciel; ils ont part à l'ambroisie et prolongent leur existence[3]. » Les hymnes sont plus sobres encore, en nous parlant du châtiment. Ils nous disent cependant, qu'une sorte d'enfer est réservé aux impies; mais ce sont les infractions aux devoirs religieux et non à la morale laïque, que les dieux punissent : « O Indra et Soma, précipitez les impies dans leur noire prison, au sein des immenses ténèbres. Qu'aucun

---

1. *Rig-Véda*. Section VII, Lecture VI, Hymne XI, 3, 5.
2. *Ibid*. Sect. VII, Lect. VI, Hymne IX, 9.
3. *Ibid*. Sect. I, Lect. I, Hymne III, 5, 6.

d'eux n'en puisse jamais sortir, que votre puissance irritée confonde leur force. » Du reste les dieux punissent aussi sur la terre, et Indra peut et sait foudroyer les pécheurs[1].

Les Aryas védiques abordaient donc à peine la seconde période de la spéculation religieuse à propos des doubles; ils commençaient à se dire que la vie posthume pouvait bien être une sanction de la vie terrestre, idée que contrarierait d'ailleurs une tendance panthéistique à croire à l'absorption et à la dispersion dans le Grand Tout.

II. — LES DIEUX

La plupart des dieux védiques sont simplement animiques. Les êtres, les phénomènes de la nature, le ciel, le soleil, l'aurore, les nuages, etc., sont conçus sous une forme humaine ou animale. L'*Asclepias acida*, d'où l'on tire une boisson enivrante, est vivifiée; elle est la reine des *plantes sages*[2]. Le breuvage qu'on en tire, le *soma* sacré, est un dieu, le *sage Soma*. C'est avec conscience que, durant le sacrifice, le *soma* passe à travers le filtre de laine[3]; il se plaît au milieu des chants religieux[4]. C'est une divinité des plus sérieuses, à laquelle sont adressés un grand nombre d'hymnes.

Le ciel et la terre ont été aménagés par le grand dieu solaire, Indra, qui a étalé et consolidé le sol, construit le firmament solide et rempli d'air l'espace intermédiaire[5]. Le Dieu-Soleil, Indra, a la forme d'un homme; sa chevelure est couronnée de rayons; son char est traîné par sept coursiers,

1. *Rig-Véda*. Section V, Lecture VII, Hymne IV, 3, 4.
2. *Ibid.* Sect. VIII, Lect. V, Hymne III, 18.
3. *Ibid.* Sect. VI, Lect. VIII, Hymne VIII, 1.
4. *Ibid.* Sect. VI, Lect. VII, Hymne XII, 8.
5. *Ibid.* Sect. II, Lect. VI, Hymne VII, 2.

que lui-même a pris la peine d'atteler[1]. Si ce dieu est particulièrement honoré, c'est qu'à volonté il peut faire pleuvoir. L'histoire de la production de la pluie est simple et les hymnes la ressassent à satiété. Les nuages sont des vaches et le grand Indra les trait, s'il lui convient; mais s'en abstient s'il lui plaît : « C'est lui, qui saisissant la mamelle l'ouvre ou la ferme à son gré »[2]. Un des exploits d'Indra, exploit qu'on ne cesse de glorifier, c'est d'avoir délivré les vaches pluvigères. Un dieu malveillant les avait emprisonnées dans une caverne; survint Indra, qui, après avoir tué, de sa foudre, Vritra, le gardien, le geôlier des vaches, mit en liberté[3] pour le salut du monde ces animaux sacrés.

Indra est le roi de l'univers, des animaux et des hommes[4]. Il est terrible, et superbe à la fois, quand il brandit sa foudre, son arme étincelante, hérissée de mille pointes[5]. Sans lui, que deviendrait ce monde? Les rivières trouvent une voix pour le louer[6]. Il remplit le ciel et la terre[7]. Son essence réside dans tous les êtres vivants[8] : « De son ombilic est provenu l'air. Le Ciel est sorti de sa tête; la terre de ses pieds.... Il est l'auteur de tous les mondes »[9]. On n'a pas assez d'hyperboles pour le louer. « Le dieu au germe d'or apparaît. Il vient de naître et déjà il est le seul maître du monde. Il remplit la terre et le ciel. A quel autre dieu offririons-nous l'holocauste? » « Il donne la vie et la force. Tous les êtres, même les dieux, sont soumis à sa puissance. L'immortalité et la mort ne sont que son ombre.... Sa grandeur, ce sont ces montagnes cou-

---

1. *Rig-Véda.* Section I, Lecture IV, Hymne IV, 8, 9.
2. *Ibid.* Sect. I, Lect. IV, Hymne VI, 3.
3. *Ibid.* Sect. I, Lect. II, Hymne XIII, 11.
4. *Ibid.* Sect. I, Lect. II, Hymne XIII, 15.
5. *Ibid.* Sect. I, Lect. VI, Hymne V, 9.
6. *Ibid.* Sect. III, Lect. II, Hymne IV, 6.
7. *Ibid.* Sect. III, Lect. II, Hymne I, 11.
8. *Ibid.* Sect. IV, Lect. V, Hymne VIII, 5.
9. *Ibid.* Sect. VIII, Lect. IV, Hymne V, 14.

vertes de neige, cet océan avec ses flots, etc. A quel autre dieu offrirons-nous l'holocauste[1]? »

La divinisation du soleil, sous la forme anthropomorphique d'Indra, peut remonter à l'origine du culte védique; mais celle du ciel, pris dans son ensemble, doit lui être postérieure; car elle est plus complexe. Le dieu du ciel, c'est Varouna (οὐρανὸς). Le soleil n'est que son œil[2]; il s'en sert, comme d'une mesure, pour arpenter la terre et réside, lui, au milieu de l'air[3]. Varouna est le créateur de ce grand corps, qui semble s'affaisser sous son poids; le ciel, la terre, l'air sont son ouvrage[4]. Rien ne lui échappe; il sait; il voit tout : la voie de l'oiseau qui vole dans l'air, celle du vaisseau qui vogue sur la mer, la marche des douze mois (lunaires) et du mois complémentaire, la carrière du vent, la demeure élevée des dieux[5]. Varouna est le roi de ses collègues divins[6].

Mais la grande divinité, celle qui occupa longtemps le centre du panthéon védique, c'est le soleil. Les hymnes célèbrent cet astre sous différents noms : *Indra, Surya, Savitri*. Des dieux de second ordre annoncent et précèdent l'astre du jour. Ce sont d'abord deux courriers, les *Açwins*, dont le char est traîné par des ânes[7], et surtout l'Aurore, la plus gracieuse divinité du panthéon védique. L'Aurore est la femme du Soleil; sur son passage elle sème les présents[8]; toute colorée des feux de son époux ou amant, elle ouvre les portes du ciel, en chassant la Nuit, sa sœur[9]. L'Aurore montre ses belles formes, comme une danseuse; elle découvre son

---

1. *Rig-Véda*. Section VIII, Lecture VII, Hymne XI, 1,-5
2. *Ibid*. Sect. V, Lect. V, Hymne II, 1.
3. *Ibid*. Sect. IV, Lect. IV, Hymne XXIII, 5.
4. *Ibid*. Hymne XXIII, 3.
5. *Ibid*. Sect. I, Lect. I, Hymne VI, 7-9.
6. *Ibid*. Sect. III, Lect. VII, Hymne X, 1.
7. E. Burnouf. *Le Véda*, 397.
8. *Rig-Véda*. Section V, Lecture V, Hymne XVI, 5.
9. *Ibid*. Sect. I, Lect. VI, Hymne XII, 11.

sein, comme la vache[1]. Pour célébrer l'Aurore, les chantres védiques trouvent non seulement de l'inspiration poétique, mais même des réflexions philosophiques : « Fille du Ciel, tu apparais jeune, couverte d'un voile brillant, reine de tous les trésors terrestres.... Suivant les pas des aurores passées, tu es l'aînée des aurores futures, des aurores éternelles. Viens ranimer tout ce qui est vivant, Aurore! Viens vivifier ce qui est mort ».... « Ils sont morts, les humains qui ont vu l'éclat de l'antique aurore; nous aurons leur sort, nous qui voyons celle d'aujourd'hui; ils mourront aussi ceux qui verront les aurores futures ».... « L'Aurore ne connaît pas la vieillesse; elle est immortelle; elle s'avance, toujours parée de nouvelles beautés[2]. »

A côté de l'Aurore, on peut placer, dans la hiérarchie divine, les vents, les Marouts. Les Marouts sont aussi portés sur un char, mais ce char est traîné par des daims. On entend leur voix retentissante et le claquement de leur fouet[3]. Ce sont des dieux pluvigères : ils aident Indra à crever les nuages. Parfois ils boivent l'eau des nuées pour la répandre ensuite, on ne nous dit pas comment. D'un verset, dont le texte manque de précision suivant l'habitude, on peut supposer que les Marouts ont avec les nues un commerce intime, après lequel la nuée, gonflée, enceinte d'eau, s'en va arroser la terre[4].

Dans bien des contrées, le culte du soleil a donné l'idée de celui du feu. Il en fut ainsi chez les Aryas védiques, et bien longtemps le feu, *Agni* (Ignis), siégea parmi les plus grands dieux. Agni est latent au sein du bois, d'où on le voit jaillir alors que l'on imprime à la pièce mâle de l'*arâni* un mouvement de rotation assez rapide[5]. La flamme resplendit,

---

1. *Rig-Véda*. Section I, Lecture VI, Hymne XII, 4.
2. *Ibid*. Sect. I, Lect. VIII, Hymne I, 7,-13.
3. *Ibid*. Sect. I, Lect. III, Hymne V, 1,-3.
4. *Ibid*. Sect. II, Lect. IV, Hymne II, 4. — *Ibid*. Lect. VII, Hymne I, 4
5. *Ibid*. Sect. I, Lect. I. Hymne V, 3.

quand on l'arrose avec le beurre consacré[1]. Grâce aux spéculations de la métaphysique religieuse, Agni finit par égaler en puissance les principales divinités. Tantôt Agni a une forme humaine[2]; tantôt on le gratifie de trois têtes et de sept rayons[3]. Enfin on semble identifier Agni avec le Soleil, quand on le dote d'une roue à douze rayons, tournant, sans repos dans le ciel[4].

Tous ces dieux sont animiques; les Aryas védiques n'ont pas été seuls à les adorer; mais, comme ils appartenaient à une race supérieure, leur imagination a sans cesse modifié ces conceptions, sans doute très grossières à l'origine; ils en ont élargi les attributs, subtilisé l'essence; enfin ils ont été enclins à donner aux principaux d'entre eux le caractère panthéistique, si fréquent chez les dieux brahmaniques. Aussi quelques hymnes, composés sans doute alors que le Brahmanisme naquit du Védisme, ne contrastent-ils pas trop avec certains autres, célébrant simplement Indra, Varouna, Agni. Dans ces hymnes, on chante Vichnou, qui, en trois pas, a formé l'étendue céleste[5], Vichnou au corps immense, incommensurable[6]. — On célèbre Pouroucha aux mille têtes, aux mille pieds, qui, de ses dix doigts, a pétri la terre en boule; Pouroucha, créateur de ce qui fut, de ce qui est, de ce qui sera. Ses pieds, ce sont tous les êtres[7]. Pouroucha semble bien s'identifier avec le Siva brahmanique; mais ces divinités panthéistiques du Brahmanisme sont proches parentes du Varouna védique.

A tous ces dieux animiques, mais parfois largement conçus, du Véda, il faut ajouter des divinités abstraites : *Vivaswat*,

1. *Rig-Véda*. Section II, Lecture II, Hymne VII, 7.
2. *Ibid*. Sect. I, Lect. II, Hymne XII, 11.
3. *Ibid*. Sect. II, Lect. II, Hymne X, 1.
4. *Ibid*. Sect. II, Lect. III, Hymne VII, 11.
5. *Ibid*. Sect. II, Lect. II, Hymne XVIII, 1, 2.
6. *Ibid*. Sect. V, Lect. VI, Hymne XIX, 1.
7. *Ibid*. Sect. VIII, Lect. IV, Hymne V, 1,-3, 11,-12.

la force créatrice, *Manou*, symbole de la pensée humaine, *Yama*, le dieu de la mort, qui est, et cela est naturel, le fils de Vivaswat[1], etc., mais ces mythes métaphysiques tiennent au total peu de place dans le Véda, dont les grandes divinités sont Indra et Agni, d'une conception moins difficile pour le vulgaire. Partout le populaire forme nécessairement la masse des dévots et partout aussi il est rebelle aux abstractions quintessenciées. Son esprit a la vue courte et marche au but par le chemin le plus simple : il lui faut des dieux à la taille de son esprit.

III. — LE CULTE

Un bon nombre d'hymnes consacrés aux cérémonies, au culte, montrent combien était naïf et grossier l'animisme des Aryas védiques. Ce sont les hymnes, dans lesquels on divinise non seulement la liqueur des libations, le *soma*, mais même le mortier qui sert à broyer la plante sacrée. La liqueur fermentée de l'*Asclepias acida* est promue au rang des dieux. Dans le *soma* réside une sorte de double divin, que l'on invite à venir dans le foyer[2]. Le *soma* est un roi; il aime les louanges et peut préserver de la mort[3]. Il est pur, il est sage, etc.[4]. Les mortiers broyeurs eux-mêmes reçoivent des prières[5].

Les hymnes ne nous laissent pas le moindre doute sur le sens et le but des offrandes et des libations de *soma*. Rien de moins compliqué. Le *soma* étant un breuvage exquis et capiteux, il faut en offrir aux dieux, les enivrer si c'est possible, puis profiter de la circonstance pour obtenir des

---

1. E. Burnouf. *Le Véda*, 390,-392.
2. *Rig-Véda*. Section I, Lecture III, Hymne XI, 9.
3. *Ibid*. Sect. I, Lect. VI, Hymne, XI, 5, 6.
4. *Ibid*. Sect. I, Lect. VIII, Hymne I, 2.
5. *Ibid*. Sect. VIII, Lect. III, Hymne V, 8.

faveurs, non pas dans la vie future, mais dans celle-ci. On invite donc Indra à *remuer ses mâchoires* pour boire le *soma*[1]. Il faut que son ventre se remplisse[2] et on a soin de le lui dire. « Viens donc vers nous, Indra. On dit que tu aimes le *soma*. Nous t'en avons préparé. Bois-en jusqu'à l'ivresse. Remplis tes larges entrailles[3]. » On l'engage à s'abreuver comme un cerf altéré, et en même temps on lui chante des hymnes louangeurs. A ce propos les prières sont personnifiées ; ce sont des femmes, accourant pour s'unir aux dieux, comme des épouses à l'époux[4]. C'est la sainte Prière, qui implore et qui verse le *soma*[5].

Comme Indra ne saurait boire sans manger, on ajoute souvent au *soma* des grains d'orge frits et arrosés de beurre. Il se pourrait cependant que cette offrande fût destinée particulièrement aux chevaux d'Indra, afin de les encourager à amener rapidement leur maître[6].

C'est habituellement par des offrandes de *soma* que l'on s'efforce d'allécher Indra. Pour attirer Agni, on préfère le beurre, le beurre clarifié et versé sur le feu, qui a jailli de l'*Arâni*. « Je répands le beurre sacré ; le beurre est la matrice d'Agni ; Agni est enfermé dans le beurre ; le beurre est son rayon »[7].

Les offrandes de *soma* et de beurre sont les plus simples, celles de tous les jours. Dans les occasions solennelles, on a recours à des sacrifices sanglants, surtout au sacrifice d'un cheval, qu'il est bon de faire précéder de celui d'un bouc[8]. C'est avec regret et même avec pitié que les Aryas védiques

---

1. *Rig-Véda*. Section VI, Lecture V, Hymne IX, 10.
2. *Ibid*. Sect. V, Lect. VII, Hymne VI, 1.
3. *Ibid*. Sect. I, Lect. VII, Hymne X, 9.
4. *Ibid*. Sect. I, Lect. IV, Hymne I, 11.
5. *Ibid*. Sect. I, Lect. VII, Hymne XV, 4.
6. *Ibid*. Sect. I, Lect. I, Hymne XVI, 2.
7. *Ibid*. Sect. II, Lect. V, Hymne XI, 11.
8. *Ibid*. Sect. II, Lect. III, Hymne V, 2.

se décident à sacrifier un cheval. Un hymne engage l'animal à bien prendre les choses, puisqu'il va rejoindre les dieux. On lui promet une mort rapide, point douloureuse; « la souffrance n'est pas faite pour lui[1] ». On ne doit rien perdre de cette précieuse victime. Tout entière elle doit être pour les dieux, les *dévas*, qui attendent; pourtant on en peut couper quelques tranches pour ceux des assistants, que la bonne odeur du cheval rôti au feu d'Agni mettrait en appétit[2].

Ces libations, ces prières, ces offrandes, ces sacrifices ont un but très nettement indiqué dans les hymnes. L'Arya védique traite avec ces dieux donnant donnant. S'il leur offre des festins, c'est pour en être payé au centuple et pas dans l'autre monde : dans celui-ci. On demande aux dieux la richesse, l'opulence, c'est-à-dire des chevaux, des vaches, de riches moissons, de la pluie, enfin des enfants et des amis : « O Indra, viens à notre secours. Donne-nous de l'or : l'or procure l'opulence, la victoire, la force, etc. »[3]. — « O Indra, tu peux nous donner des chevaux, des vaches, de l'orge.... De tout temps tu fus célèbre par ta libéralité; tu ne sais pas tromper nos désirs; tu te montres l'ami de tes amis. C'est pour cela que nous t'adressons cet hymne »[4].

— « Sages que nous sommes, nous demandons l'amitié d'Indra. Nous voulons des vaches, des chevaux, d'abondantes moissons, des épouses[5]. » — « Indra vient prendre le bien de l'avare et le donne à son serviteur, dont il comble les désirs[6]. » — « O Mitra et Varouna... la pluie est votre bien ; nous désirons l'eau, qui donne la vie[7]. » — « La prière sainte a souvent contribué à l'heureux établissement de

1. *Rig-Véda*. Section II, Lecture III, Hymne V, 20.
2. *Ibid*. Sect. II, Lect. III, Hymne V, 11, 12.
3. *Ibid*. Sect. I, Lect. I, Hymne VIII, 1, 2.
4. *Ibid*. Sect. I, Lect. IV, Hymne VII, 2.
5. *Ibid*. Sect. III, Lect. V, Hymne XIII, 16.
6. *Ibid*. Sect. III, Lect. II, Hymne II, 7.
7. *Ibid*. Sect. IV, Lect. IV, Hymne I, 2.

l'homme. Elle lui a valu des chevaux, des vaches, des biens de toute espèce. Aurore... envoie-moi le bonheur des riches »[1]. — « O Agni, accorde-nous, avec la sagesse, une opulence qui nous procure tous les plaisirs de la vie, etc.[2]. »

Qui se chargeait de diriger ces cérémonies? Sans doute, au début et comme partout, les chefs de clans. Mais la plupart des hymnes védiques ont été composés par des prêtres et ils attestent l'existence de familles sacerdotales, d'une classe de prêtres avides, quémandant sans cesse aux chefs des vaches, des chevaux, des chameaux, des femmes[3], et portant les donateurs aux nues, quand ils sont parvenus à leur soutirer des présents. Comment d'ailleurs les Aryas védiques n'auraient-ils pas eu leurs prêtres, puisqu'ils pratiquaient la magie et la sorcellerie? puisqu'ils se croyaient entourés et assaillis par de méchants esprits, prenant à leur gré toutes les formes animales[4]? Ils invoquent Indra contre les magiciens[5]. Ils ne doutent pas que les maladies ne soient de malveillants esprits, indûment introduits dans les organes, et ils ont même des formules, des incantations pour les exorciser : « De tes yeux, de ton nez, de tes oreilles, de tes lèvres, de ta cervelle, de ta langue, j'enlève la maladie qui attaque la tête. » — « De ton col, de tes nerfs, de tes os, de tes jointures, de tes épaules, de tes bras j'enlève la maladie qui attaque le haut du corps » — « De tes intestins, de ton fondement, de ton ventre, de ton cœur, de tes flancs, de ton foie, de tes chairs j'enlève la maladie »[6]. La transformation à peu près fatale du sorcier en prêtre s'est effectuée chez les Aryas védiques, comme ailleurs. Un hymne nous apprend

---

1. *Rig-Véda*. Section I, Lecture IV, Hymne II, 2.
2. *Ibid.* Sect. I, Lect. V, Hymne XVIII, 9.
3. *Ibid.* Sect. II, Lect. I, Hymne V, 2, 3, etc., etc.
4. *Ibid.* Sect. V, Lect. VII, Hymne IV, 22.
5. *Ibid.* Sect. V, Lect. VII, Hymne IV, 24.
6. *Ibid.* Sect. VIII, Lect. VIII, Hymne XXI, 1, 2, 3.

même que ces prêtres se coiffaient d'une manière spéciale, que, sur le côté droit, de la tête ils portaient les cheveux disposés en crête[1] : déjà ils tenaient à se distinguer du vulgaire et tendaient à se constituer en caste, à devenir ce qu'ils furent dans l'Inde : des Brahmanes.

C. — LES RELIGIONS ET LES RACES

Le rapide résumé que je viens de faire des croyances religieuses chez les races sauvages de l'Inde contemporaine et chez les Aryas védiques, c'est-à-dire chez les aborigènes actuels et chez ceux d'autrefois, ne nous apprend et ne saurait nous apprendre rien de bien nouveau au sujet de la mythologie générale. Chez les uns et chez les autres, nous trouvons le vieux fonds animique, commun à tout le genre humain durant les phases premières de son développement. Pourtant de cette confrontation des croyances nous pouvons tirer un enseignement : c'est qu'en religion, comme en toute autre chose, les races dites supérieures, c'est-à-dire moins lentement perfectibles, mettent déjà plus d'intelligence dans leur animisme.

Essentiellement, chez toutes les races peu développées, les croyances, les illusions dites religieuses, sont les mêmes; toujours elles consistent à prêter à certains êtres ou phénomènes du milieu extérieur, surtout aux astres et aux accidents météorologiques, la vie et la pensée, une mentalité analogue à celle de l'homme. Sous ce rapport les aborigènes actuels et les Aryas védiques se ressemblent. Leur religion n'a guère de prétention morale. Les uns et les autres se figurent la portion de l'univers, qui frappe leurs sens, comme étant dominée et dirigée par des êtres, ordinairement in-

---

1. *Rig Véda.* Section V, Lecture III, Hymne XIV, 1.

visibles, mais ayant les besoins, les idées, les caprices de l'homme; ils s'efforcent donc de se concilier ces personnages puissants par des offrandes, des sacrifices, des prières, c'est-à-dire des sollicitations et des flagorneries. Mais les Aryas védiques et les aborigènes actuels procèdent différemment. Déjà les premiers savent revêtir leurs conceptions grossières d'un manteau poétique; leurs divinités ont de l'éclat, de la grâce, des formes artistiques. Comme les Aryas védiques, les Oraons et nombre de sauvages actuels de l'Inde ont divinisé le soleil; mais jamais ils n'ont été capables de composer le bel hymne à l'Aurore dont j'ai cité des fragments, et où l'on trouve déjà le sentiment mélancolique et philosophique résultant du contraste entre l'éphémère durée de l'homme et l'apparente pérennité des phénomènes astronomiques. Enfin et surtout, jamais les aborigènes de l'Inde actuelle n'ont soupçonné l'idée panthéistique, qui se formule déjà dans quelques hymnes védiques et qui est devenue la base des grandes religions fondées dans l'Inde.

Est-ce à dire qu'il faille considérer les aborigènes de l'Inde actuelle et en général les races dites inférieures comme inhabiles à tout progrès? Nullement. Ces races sont sûrement moins bien douées que ne l'étaient les Aryas védiques; mais, si la conquête étrangère ou telle autre circonstance n'avait entravé leur développement, elles auraient certainement évolué à leur manière, quoique avec une lenteur relative. Le changement en mieux ou en pire, le progrès ou le déclin, constitue la loi du monde organique et inorganique; mais cette transformation nécessaire est plus ou moins rapide. Si certaines races, certains peuples nous semblent immobiles, c'est que les conditions extérieures ou historiques, le milieu, la conquête, etc., les ayant paralysées pendant des milliers d'années, elles sont devenues, physiquement et intellectuellement, plus stables que les autres; leur type s'est consolidé.

On hérite en effet de la tendance à l'immobilité comme de la tendance au mouvement ; mais rien n'est immuable, et l'archéologie préhistorique proclame hautement, que les races tenant aujourd'hui la tête du mouvement civilisateur descendent d'ancêtres très inférieurs, ayant, des milliers d'années durant, croupi dans la plus bestiale sauvagerie. — Ne désespérons donc pas des races inférieures et surtout ne les exterminons pas. Certaines d'entre elles pourraient, avec le temps, devenir la souche d'une lignée qui vaudrait mieux que nous.

CHAPITRE XV

LE BRAHMANISME

I. *Les origines du Brahmanisme.* — Du panthéisme védique. — La *Trimourti* brahmanique. — Animisme fétichique du Brahmanisme. — II. *Le Brahmanisme.* — Le panthéisme brahmanique. — Dogmes des *Oupanichads.* — Les *Kalpas* cycliques. — La métaphysique de la *Bhagavad-Gita.* — L'être des êtres. — Les quatre âges d'un *Kalpa.* — Les incarnations de Vichnou. — La transmigration. — Le châtiment ou la récompense par l'incarnation. — L'*Union.* — La science ascétique. — Le détachement. — Les macérations. — III. *L'Hindouisme.* — La crémation. — Le « corps subtil ». — L'importance des rites funéraires. — Le corps intermédiaire. — Les *Stradhas.* — Métempsycose progressive ou régressive. — L'essence de la doctrine brahmanique. — Brahman. — La syllabe trinitaire. — Panthéon universel. — Les sectes. — Le Sivaïsme. — Le Vichnouvisme. — L'évolution du culte brahmanique. — Sacrifices et pénitences. — Toute-puissance de l'ascétisme. — Les *mantras.* — La caste brahmanique. — Polythéisme brahmanique — Idoles et fétiches. — IV. *Valeur philosophique et pratique du Brahmanisme.* — Le côté scientifique du panthéisme.

I. — LES ORIGINES DU BRAHMANISME

Dans le précédent chapitre, nous avons pu comparer l'animisme des sauvages actuels de l'Inde avec celui des Aryas védiques et constater entre eux certaines différences. En effet, relativement aux aborigènes de l'Inde, les Aryas védiques étaient de race supérieure. Leur animisme était moins étroit, plus susceptible de développement. Chez les Aryas, le sentiment religieux avait même une tendance caractéristique, celle d'élargir le concept des divinités animiques, de leur accorder un pouvoir énorme, de les confondre avec l'ensemble de l'univers ambiant, de réunir en elles des attributs divers, puis de personnifier chacun de ces aspects du dieu primitif, en lui donnant un nom particulier. Ainsi Sûrya, « le soleil », fut regardé comme une autre forme d'Agni, du dieu du feu, dont Indra, le *Jupiter pluvius* des Aryas védiques, se rapproche aussi beaucoup. De là sortit la trinité védique, Indra, Agni, Sûrya[1]. Mais, chaque divinité étant ainsi susceptible d'un grand nombre de modifications, transformations ou émanations, [il en résulta que le Panthéon tout entier devint flottant; les dieux ne purent avoir des contours nets, arrêtés, comme ceux des divinités helléniques, par exemple. D'autre part, ces dieux védiques, si ondoyants, ordinairement anthropomorphes, s'unissent, se reproduisent, procréent d'autres divinités. Ainsi la Terre, Prithivi, la « large terre », s'accouple avec le Ciel (Dyaus), et il en résulte divers dieux nouveaux[2]. Par suite des fluctuations de la mode religieuse, on voit à certains moments telle divinité prédominer sur telle autre, sans que, pour cela, le fond des croyances se soit notablement modifié : le changement porte surtout sur les noms et les attributs.

Dès la période védique, les tendances panthéistes de la race s'accusent et elles se formulent très nettement dans l'un des hymnes les plus récents du *Rig-Véda* : « Pouroucha a mille têtes, mille yeux, mille pieds. Il a pétri la terre de ses dix doigts et en a formé une boule, au-dessus de laquelle il domine…. Pouroucha est réellement plus grand encore. Son pied, ce sont tous les êtres ; mais il a, dans le ciel, trois autres pieds immortels…. De Pouroucha sort tout ce qui est étendu, animé et inanimé…. Le Brahmane a été sa bouche ; le prince, ses bras ; le Vaicya, ses cuisses. Le Soûdra est né de ses pieds…. De son ombilic est venu l'air. Le ciel est sorti de sa

---

1. Monier Williams. *Hinduism*, 24.
2. *Ibid.* 24.

tête. Il a formé de ses pieds la terre ; de son oreille les régions de l'air : il est l'auteur de tous les mondes »[1]. Un autre hymne est plus explicite encore : « L'esprit incarné a mille têtes, mille yeux, mille pieds ; de tous côtés il enveloppe la terre. Cependant il n'occupe que l'espace d'un empan. Il est lui-même cet univers ; il est ce qui est, a été ou sera ; il est le seigneur de l'immortalité. Toutes les créatures sont un quart de son être ; trois quarts représentent ce qui est immortel dans l'atmosphère »[2].

Une telle métaphysique religieuse se prêtait sans peine à toutes les transformations et l'on n'eut aucune difficulté à en faire sortir la trinité du Brahmanisme, la Trimurti : Brahma créateur, Vichnou conservateur, Siva destructeur, adorés simultanément ou successivement. Siva, le dernier venu de la triade, remplaça un autre dieu, Roudra. A chacun des membres de cette trinité suprême on adjoignit une moitié féminine, plus agissante, une *sakti*. Sur les monuments, chacune des émanations femelles des grands dieux est figurée avec des dimensions au moins dix fois plus petites que celles de la divinité mâle, à laquelle elle est subordonnée. De même, dans le *Rig-Véda*, chaque dieu principal a une femme ; mais ces déités féminines du Véda : Indrani, Agnayi, Asvini, Varamâni, etc., ne reçoivent pas de culte[3].

Dans le *Rig-Véda*, on ne songe pas encore à la grande doctrine de la transmigration, qui est la base même des systèmes brahmanique et bouddhique ; mais l'idée de la métempsycose peut évidemment découler sans peine du panthéisme.

Tout à l'heure j'exposerai les points principaux de la métaphysique brahmanique ; mais cette doctrine relativement

---

1. *Rig-Véda.* (Traduction Langlois). Section VIII, Lecture IV, Hymne V.
2. *Ibid.* (Mandala X, 90.) Cité par Monier Williams.
3. Monier Williams. *Hinduism*, 27.

élevée n'a pas détrôné l'animisme primitif; car en tout pays les subtilités raffinées constituent un régal goûté seulement du petit nombre. Au vulgaire il faut des dieux concrets, de conception facile. Aujourd'hui encore, tous les Hindous, qu'ils soient Vichnouvistes ou Sivaïstes, adorent, chaque jour, le soleil (Sûrya) et un dieu animal, Ganésa à la trompe d'éléphant[1]. Dans toute l'Inde méridionale on voit, presque dans chaque champ, quatre ou cinq pierres dressées peintes en rouge. Les indigènes les considèrent comme les dieux gardiens du sol et les appellent les cinq Pandous[2].

D'autre part, on peut dire que le Gange est l'objet d'une véritable adoration fétichique; puisque le seul fait de mourir sur ses rives ou dans ses flots suffit pour effacer toute culpabilité et assurer au double un long séjour dans une région délicieuse, où il pourra attendre fort agréablement sa réincarnation[3]. A Bénarès, des centaines, peut-être des milliers de pèlerins venaient, chaque année, se noyer dans l'onde sacrée pour assurer ainsi leur salut éternel. Attachés entre deux grandes cruches, ils gagnaient aisément le milieu du fleuve; après quoi, il leur suffisait de laisser leurs flotteurs se remplir pour être à la fois submergés et sauvés[4].

Bénarès, la ville sainte, où il y a 25 000 brahmanes, deux cents temples et des millions d'idoles, est pleine d'animaux sacrés. Les saints taureaux de Siva, doux et familiers comme des chiens, circulent dans les rues étroites, s'y couchent en travers et il ne faut les déranger qu'avec tous les égards dus à leur rang. Dans certains quartiers, des milliers de singes grimpent sur les toits, sur les moindres saillies des temples, s'introduisent dans les boutiques des fruitiers et des confiseurs, enlèvent aux enfants leur pitance, etc. Malgré

1. Monier Williams. *Hinduism*, 135.
2. Lubbock. *Orig. civil.* 301.
3. *Lettres édifiantes*, XV, 13.
4. Heber. *Hist. univ. voy.* vol. XXXVI, 154.

cette zoolâtrie, Bénarès est par excellence une ville sainte; elle repose sur le trident de Siva; et le plus grand des criminels, un mangeur de bœuf, par exemple, est sûr de son salut, s'il a la chance de mourir dans ce « Lotus du monde[1] ».

Partout, dans l'Inde, le vieux culte animique subsiste, naïf, à côté du Brahmanisme. On reconnaît et l'on honore cinq lacs divins; les sources et les embouchures des rivières sont très souvent des lieux sacrés[2]. Les vingt-sept divisions du zodiaque lunaire sont considérées comme des divinités, ayant le pouvoir d'influer sur la destinée des hommes[3]. Dans le Népaul, on adore, à côté des divinités hindoues, mais de préférence, les génies habitant les grottes, les rochers, les vallons[4]. Chaque *tiba* ou cime de montagne est surmontée soit d'un *cairn*, soit d'une colonne, soit d'un édicule sacré[5]. A Déosa, dans le Rajpoutana, on jette encore, en grande cérémonie, dans les rivières, des statuettes en terre d'hommes et de femmes, survivance symbolique d'anciens ssacrifices humains offerts aux génies des cours d'eau[6].

II. — LE BRAHMANISME

Toutes ces survivances de l'animisme archaïque représentaient le côté inférieur du Brahmanisme; elles proviennent, pour une part, directement de la primitive religion védique et, pour une autre, des religions très inférieures, celles des aborigènes avec lesquelles il a bien fallu composer. La métaphysique du Brahmanisme n'a pourtant rien de commun avec ces

1. Heber. *Loc. cit*, 143.
2. Monier Williams. *Hinduism*, 174.
3. *Ibid.* 180.
4. Fraser. *Hist. univ. voy.* vol. XXXV, 437.
5. *Ibid.* 465.
6. Heber. *Loc. cit.* 309.

croyances tout à fait sauvages, si ce n'est qu'elle les peut englober toutes dans sa vaste conception panthéistique.

C'est l'idée panthéistique en effet, qui est le fond du Brahmanisme proprement dit et même des sectes dérivées, du Sivaïsme, du Vichnouvisme. Ces sectes ont simplement donné la prééminence à tel ou tel des personnages divins, mais sans altérer la base même, la doctrine. Si les divinités sont seulement des manifestations et personnifications du Grand Tout, il est en effet assez indifférent d'adorer tel ou tel des personnages de la *Trimurti* ou trinité hindoue, Brahma, Vichnou ou Siva. Or, les plus anciens *Oupanichads*, c'est-à-dire les traités s'occupant de « ce qui est au-dessous de la surface », sont tous panthéistiques. Tous abolissent la personnalité; tous affirment que rien n'existe en dehors de l'être nécessaire, de « l'identique », avec lequel les hommes doivent aspirer à se confondre : « Tout ce qui existe dans l'univers, dit l'*Ousa Oupanichad,* doit être considéré comme enveloppé par le Grand Seigneur comme par un vêtement. Cet être est le seul existant, immobile, mais imprimant un mouvement plus prompt que la pensée.... Il meut et cependant est immobile; il est loin et pourtant proche; il est dans cet univers[1]. »

Tous les *Oupanichads* s'accordent sur un certain nombre de points de doctrine : 1° L'âme est éternelle, sans commencement ni fin; 2° la matière, la substance de l'univers, est éternelle; 3° pour agir, l'âme a besoin d'une enveloppe corporelle et d'être jointe à l'esprit (*manas*); 4° l'union de l'âme et du corps produit la servitude et la misère; 5° l'âme occupe divers séjours, à titre de récompense ou de punition, mais temporairement; 6° la transmigration indéfinie de l'âme explique l'existence du mal dans le monde[2].

---

1. Fragment cité par Monier Williams *in Hinduism*, 44.
2. Monier Williams. *Hinduisme*, 49.

Cette métaphysique fondamentale du Brahmanisme, supérieure de fort haut à nos petites métaphysiques d'Occident, s'accorderait presque avec les données dernières de la science moderne, si l'on y voulait voir simplement l'unité de la substance matérielle de l'univers, fluant, comme disait Bacon, en une infinité de combinaisons passagères. L'ensemble de la doctrine est exposé avec une grande noblesse d'expression dans un fragment du *Mahabharata* bien connu des Indianistes, dans la *Bhagavad-Gîta*, entretien supposé entre le dieu Krichna et le prince Kchatriya, Ardjouna, qui, sur le point de livrer bataille aux Pandous, ses parents, recule devant l'horreur de cette destruction guerrière. Vaudra-t-il la peine de vivre, se demande-t-il, après la mort violente de tous ceux qu'il devrait aimer? Mais Krichna le rassure, en lui exposant en substance que rien ne se crée ni ne se perd. Sans que le fonds primordial s'altère en rien, toutes les choses visibles en sortent périodiquement pour y rentrer : c'est la grande loi de l'univers. L'intervalle entre cette émanation et cette dissolution dure un *kalpa* (4 320 000 000 d'années). A ce sujet, Krichna, forme de Vichnou, s'identifiant avec le monde, parle en ces termes : « Comme dans l'air réside un grand vent soufflant sans cesse de tous côtés, ainsi résident en moi tous les êtres…. A la fin du *kalpa*, les êtres rentrent dans ma puissance créatrice; au commencement du *kalpa*, je les émets de nouveau. Immuable dans ma puissance créatrice, je produis ainsi par intervalles tout cet ensemble d'êtres, sans qu'il le veuille et par la seule vertu de mon émanation[1] ». Dans une telle conception, qu'est-ce donc que Dieu? « Dieu, sans commencement et suprême, ne peut être appelé un être ni un non-être. Doué en tous lieux de mains et de pieds, d'yeux et d'oreilles, de têtes et de visages, il

---

1. *Bhagavad-Gîta* (traduction E. Burnouf), 115.

réside dans le monde qu'il embrasse tout entier[1]. » « J'ai, dit Krichna, pour matrice la divinité suprême; c'est là que je dépose un germe, qui est l'origine de tous les vivants. — Des corps qui prennent naissance dans toutes les matrices, Brahme (la substance universelle) est la matrice immense et je suis le père qui fournit la semence[2]. » « Je suis égal pour tous les êtres; je n'ai, pour eux, ni haine ni amour; mais ceux qui m'adorent sont en moi et je suis en eux[3]. » « Quelle que soit la personne divine, à laquelle un homme offre son culte, j'affermis sa foi en ce dieu. Tout plein de sa croyance, il s'efforce de le servir et il obtient de lui les biens qu'il désire et dont je suis le distributeur[4]. » « Je suis l'âme, qui réside en tous les êtres vivants; je suis le commencement, le milieu et la fin des êtres vivants[5]. » « Dans le brahmane doué de science et de modestie, dans le bœuf et l'éléphant, dans le chien même et dans celui qui mange du chien, les sages voient l'Identique[6]. » « Au-dessus de moi, il n'y a rien; à moi est suspendu l'univers, comme une rangée de perles à un fil. Je suis dans les eaux, la saveur; la lumière dans la lune et le soleil;... le son dans l'air; la force musculaire dans les hommes; le parfum pur dans la terre; dans le feu, la splendeur; la vie dans tous les êtres[7]. » En résumé, tout est Dieu ou partie de Dieu : « L'offre pieuse est Dieu, le beurre clarifié, le feu, l'offrande sont Dieu[8]. » — « Je suis le sacrifice; je suis l'adoration; je suis l'offrande aux morts; je suis l'herbe du salut; je suis l'hymne sacré; je suis l'onction; je suis le

---

1. *Bhagavad-Gita* (traduction E. Burnouf), 169.
2. *Ibid.* 177.
3. *Ibid.* 123.
4. *Ibid.* 101.
5. *Ibid.* 131.
6. *Ibid.* 75.
7. *Ibid.* 97.
8. *Ibid.* 63.

feu ; je suis la victime.... Je suis la naissance et la destruction.... C'est moi qui échauffe, qui retiens et laisse tomber la pluie. Je suis l'immortalité et la mort, l'être et le non-être[1]. » Ce dieu panthéistique est donc bien réellement l'univers ; mais l'univers qui a conscience de lui-même, non point notre univers scientifique, sourd et aveugle, ignorant les incessantes transformations de sa substance.

Dans la *Bhagavad-Gîta*, le guerrier Ardjouna, émerveillé des révélations que lui fait son divin compagnon, l'âme du monde incarnée sous une apparence humaine, implore et obtient la faveur de voir le dieu sous sa forme réelle. Il en est naturellement ébloui et épouvanté : « O Dieu, je vois en ton corps tous les dieux et les troupes des êtres vivants et le seigneur Brahma assis sur le lotus et tous les Richis et les célestes serpents. — Je te vois avec des bras, des poitrines, des visages et des yeux sans nombre, avec une forme absolument infinie. Sans fin, sans milieu, sans commencement, ainsi je te vois, Seigneur universel, forme universelle[2] ! » — « Tous ces fils de Dritarâchtra avec les troupes des maîtres de la terre.... et ces fils du Cocher avec les chefs de nos soldats courent se précipiter dans ta bouche formidable. Quelques-uns, la tête brisée, demeurent suspendus entre tes dents[3]. »

Après avoir ainsi contemplé l'être des êtres et vu par avance le résultat de la bataille qui va se livrer, c'est-à-dire le retour, par la destruction et la mort, de tous ces guerriers dans le sein du Grand Être, Ardjouna est saisi d'une horreur sacrée : « Ta grande forme, dit-il à Krichna, où sont tant de bouches et d'yeux, de bras, de jambes et de pieds, tant de poitrines et de dents redoutables : les mondes, en la voyant, sont épouvantés ; moi aussi ». — « Car en te voyant toucher la

---

1. *Bhagavad-Gita. Loc. cit.* 117.
2. *Ibid.* 143.
3. *Ibid.* 147.

nue et resplendir de mille couleurs; en voyant ta bouche ouverte et tes grands yeux étincelants, mon âme est ébranlée; je ne puis retrouver mon assiette ni mon calme, ô Vichnou[1]! »
— « Depuis que j'ai vu la merveille que nul n'avait pu voir, la joie remplit mon cœur, mais la crainte l'agite. Montre-moi ta première forme, ô Dieu[2]! »

C'est qu'en effet l'esprit, le double de l'univers peut, dans la conception brahmanique, s'incarner, quand il lui plaît, sous forme humaine; mais il ne s'y décide point par simple caprice. A ce qu'il semble, cet esprit ne demanderait pas mieux que de se reposer, sans forme spéciale, au sein du monde; malheureusement, à la fin de chaque *kalpa*, l'intervention divine devient nécessaire. Car, à travers les quatre milliards trois cent vingt millions d'années de chaque période, le monde va dégénérant sans cesse, en passant par quatre âges successifs appelés *Krita*, *Treta*, *Dvapara* et *Kali*. Le dernier âge, l'âge Kali, est le débordement de toute espèce de corruption. Plus de castes, plus de rangs, plus de Védas. Toute noblesse morale s'est évanouie. Le monde humain est alors dominé par un seul maître, le plus vil de tous : l'argent. Les femmes, tombées au dernier degré de la dissolution, n'aiment que celui-là qui les paie. Le pouvoir politique est aux mains d'ambitieux pleins d'astuce. Les rois ne sont plus les pasteurs, mais les pilleurs de leurs peuples, qu'ils écrasent de taxes iniques. La propriété n'est plus respectée, parce qu'elle n'est plus respectable[3]. Alors la Divinité intervient, comme Krichna-Vichnou le déclare lui-même à Ardjouna : « J'ai eu bien des naissances et toi aussi, Ardjouna : je les sais toutes, mais toi, héros, tu ne les connais pas. — Quoique sans commencement et sans fin

---

1. *Bhagavad-Gîta. Loc. cit.* 147.
2. *Ibid.* 153.
3. Monier Williams. **Hinduism**, 121.

et chef des êtres vivants, néanmoins, maître de ma propre nature, je nais par ma vertu magique. — Quand la justice languit, Bhârata, quand l'imposture se relève, alors je me fais moi-même créature et je nais d'âge en âge pour la défense des bons, pour la ruine des méchants, pour le rétablissement de la justice[1]. »

Cette conception brahmanique de la Divinité et de son rôle tranche avantageusement sur la banalité du fonds mythologique, que nous avons étudié jusqu'ici. En outre elle implique une idée de l'âme, qui lui est corrélative. — Cette doctrine brahmanique de l'âme repose toujours sur la chimérique idée du double, commune à peu près à tout le genre humain, de même que l'idée panthéistique a pour base l'animisme des sauvages; mais ces deux concepts, si naïfs et si grossiers à l'origine, ont été transformés par la métaphysique du Brahmanisme; l'un a produit le panthéisme; l'autre la métempsycose. — C'est en effet sur la doctrine de la transmigration que repose toute la doctrine brahmanique de la vie future et de la sanction des œuvres après la mort.

La *Bhagavad-Gîta* résume clairement et poétiquement tout le système. — Pour réconforter le guerrier Ardjouna, ému à la seule idée d'un carnage qui lui semble funeste et sans but, le dieu lui démontre que la mort est seulement une apparence : « Celui qui n'est pas ne peut être et celui qui est ne peut cesser d'être.... Ces corps, qui finissent, procèdent d'une âme éternelle, indestructible, immuable. Combats donc, ô Bahrata[2] »…. Mourir en combattant, c'est simplement entrer dans le ciel : « Par un tel combat, qui s'offre de lui-même, la porte du ciel, fils de Prithâ, s'ouvre aux heureux Kchatriyas[3] ». — « Tu pleures sur des hommes qu'il ne faut

---
1. *Bhagavad-Gita. Loc. cit.* 57.
2. *Ibid.* 23.
3. *Ibid.* 29.

pas pleurer.... Les sages ne pleurent ni les vivants ni les morts; car jamais ne m'a manqué l'existence, ni à toi non plus, ni à ces princes, et jamais nous ne cesserons d'être.... Comme dans ce corps mortel sont tour à tour l'enfance, la la jeunesse et la vieillesse; de même, après, l'âme acquiert un autre corps et le sage ici ne se trouble pas[1]. » — « L'âme habite, inattaquable, dans tous les corps vivants: tu ne peux cependant pleurer sur tous les êtres[2]. » — « Comme on quitte des vêtements usés pour en prendre de nouveaux, ainsi l'âme quitte les corps usés pour en revêtir de nouveaux. Ni les flèches ne la percent, ni les flammes ne la brûlent, ni les eaux ne l'humectent, ni les vents ne la dessèchent. Inaccessible aux coups et aux brûlures, à l'humidité et à la sécheresse, éternelle, répandue en tous lieux, immobile, inébranlable, invisible, ineffable, immuable, voilà ses attributs : puisque tu le sais, ne la pleure donc pas[3]. »

Pourtant le sort des âmes est fort divers et en stricte corrélation avec la conduite menée pendant la vie terrestre : « Un homme de bien n'entre jamais dans la voie malheureuse. Il se rend à la demeure des purs ; il y habite un grand nombre d'années, puis il renaît dans une famille de purs et de bienheureux ou même de sages.... Alors il reprend le pieux exercice qu'il avait pratiqué dans sa vie antérieure, et il s'efforce davantage vers la perfection ; car sa précédente éducation l'entraîne sans qu'il le veuille, lors même que, dans son désir d'arriver à l'*Union*, il transgresse la doctrine brahmanique[4]. » Tout à l'heure nous verrons ce qu'il faut entendre par l'*Union*. Pour le moment, remarquons en passant que la doctrine brahmanique a constaté et admet la transmission héréditaire des qualités acquises. Mais tous les

1. *Bhagavad-Gita. Loc. cit.* 27.
2. *Ibid.* 24.
3. *Ibid.* 25.
4. *Ibid.* 91.

hommes ne sont pas vertueux, suivant la conception brahmanique, et tous n'ont pas le même destin posthume : « Celui, dit Krichna, qui, à l'heure finale, se souvient de moi et part, dégagé de son cadavre, rentre dans ma substance : il n'y a là aucun doute. Mais si, à la fin de sa vie, quand il quitte son corps, il pense à quelque autre substance, c'est à celle-là qu'il se rend, puisque c'est sur elle qu'il s'est modelé[1]. » Nous trouvons donc ici quelque chose d'analogue à l'acte de contrition finale et parfaite qui, suivant la doctrine des chrétiens, peut, au dernier moment, décider du salut des âmes.

Mais il y a les pervers, ceux dont l'âme est inaccessible au bien : « Égoïstes, violents, vaniteux, licencieux, colères, détracteurs d'autrui, dit le Dieu, ils me détestent dans les autres et en eux-mêmes. Mais moi, je prends ces hommes haineux et cruels, ces hommes du dernier degré, et à jamais, je les jette aux vicissitudes de la mort pour qu'ils renaissent misérables dans des matrices de démons. Tombés dans une telle matrice, s'égarant de génération en génération, sans jamais m'atteindre, ils entrent enfin dans la voie infernale. L'enfer a trois portes par où ils se perdent : la volupté, la colère et l'avarice[2]. »

Pourtant le Brahmanisme n'admet pas le fatalisme absolu. Dans une mesure plus ou moins large, il dépend de l'individu de se perdre ou de se rapprocher du but suprême, de l'Union avec Dieu. Sur ce point, la doctrine s'égare tout à fait et se perd dans le mysticisme. La vie de l'individu n'étant qu'un épisode de sa véritable existence, le but vraiment digne des aspirations du sage étant l'Union, l'absorption en Dieu, ce qu'on appelle les œuvres, est de nulle importance; la *Science*, la vraie science, c'est l'art de se détacher de tout, de mourir avant d'être mort. Ils s'égarent, ceux qui proposent le retour

---

1. *Bhagavad-Gita. Loc. cit.* 105.
2. *Ibid.* 197.

à la vie comme prix des œuvres[1]. Le fruit des œuvres n'est qu'une chaîne, et il la faut rejeter[2]. Ce qui importe, c'est de se détacher des œuvres, bonnes et mauvaises, et de s'appliquer à la méditation, à l'Union mystique[3]. « Celui qui voit le repos dans l'action et l'action dans le repos, celui-là est sage parmi les hommes ; il est en état d'Union, quelque œuvre qu'il fasse d'ailleurs[4]. » Il faut devenir un sage, un Yôgî, c'est-à-dire « trouver en soi-même son bonheur, sa joie, sa lumière, être sur le point de s'éteindre en Dieu, de s'unir à l'être de Dieu[5]. »

La condition nécessaire de cette béatitude négative, c'est de se détacher du monde, d'amortir en soi tous les désirs. Il faut parvenir à vaincre ses sens, à tenir pour égaux le caillou, la natte de terre et l'or[6]. Suivent toute une série de préceptes, formant une sorte de code mystique, dont on peut retrouver l'équivalent dans notre *Imitation de J.-C.* : « Que le Yôgî exerce toujours sa dévotion, seul, à l'écart, sans compagnie, maître de sa pensée, dépouillé d'espérance. — Que dans un lieu pur, il se dresse sur un siège solide, ni trop haut ni trop bas, garni d'herbe, de toile ou de peau ; et que là, l'esprit tendu vers l'Unité, maîtrisant en soi la pensée, les sens et l'action, assis sur ce siège, il s'unisse mentalement en vue de sa purification. Tenant fermement en équilibre son corps, sa tête et son cou, immobile, le regard incliné en avant, ne le portant d'aucun autre côté. Le cœur en paix, exempt de crainte, constant dans ses vœux comme un novice, maître de son esprit, que le Yôgî demeure assis et me prenne pour unique objet de sa méditation[7] ». Le grand ennemi, c'est

---

1. *Bhagavad-Gita. Loc. cit.* 31.
2. *Ibid.* 31.
3. *Ibid.* 33.
4. *Ibid.* 61.
5. *Ibid.* 77.
6. *Ibid.* 81.
7. *Ibid.* 81.

l'amour, « c'est la passion née des ténèbres ; elle est dévorante, pleine de péché.... Comme la fumée couvre la flamme et la rouille le miroir (de métal), comme la matrice enveloppe le fœtus, ainsi cette fureur couvre le monde.... Par les sens elle obscurcit la connaissance et trouble la raison de l'homme. C'est pourquoi... enchaîne tes sens dès le principe et détruis cette pécheresse, qui ôte la connaissance et le jugement. — Les sens, dit-on, sont puissants ; l'esprit est plus fort que les sens ; la raison est plus forte que l'esprit. Mais ce qui est plus fort que la raison, c'est elle[1]. » Le but, c'est de parvenir à la suprême indifférence : « L'homme égal envers ses ennemis et ses amis, égal aux honneurs et à l'opprobre, égal au froid, au chaud, au plaisir, à la douleur, exempt de désir, égal au blâme et à la louange, silencieux, toujours satisfait, sans domicile, ferme en sa pensée, mon serviteur, est un homme qui m'est cher[2] ». « Le désintéressement, le détachement à l'égard des enfants, de la femme, de la maison et des autres objets ; la perpétuelle égalité de l'âme dans les événements désirés ou redoutés ;... la perpétuelle contemplation de l'âme suprême, la vue de ce que produit la connaissance de la vérité : voilà ce qu'on nomme la science ; le contraire est l'ignorance[3]. » Quand les désirs se seront perdus dans la quiétude, comme les rivières dans l'Océan[4] ; quand on sera devenu « inébranlable dans les revers, exempt de joie dans les succès ; quand on aura chassé les amours, les terreurs, la colère, on sera devenu solitaire, ferme en la sagesse »....
« Si, comme la tortue retire à elle tous ses membres, le solitaire soustrait ses sens aux objets sensibles, en lui la sagesse est affermie[5] ». Le Yôgi est alors devenu entièrement étranger

---

1. *Bhagavad-Gita. Loc. cit.* 53.
2. *Ibid.* 165.
3. *Ibid.* 169.
4. *Ibid.* 41, 87.
5. *Ibid.* 35.

au monde ambiant; dans nos langues occidentales, il n'y a qu'un mot pour désigner cet état de soi-disant perfection mystique : c'est l'idiotie; mais le Yôgi « voit l'âme résidant en tous les êtres vivants, et, dans l'âme, tous ces êtres, lorsque son âme à lui-même est unie par l'Union divine et qu'il voit de toutes parts l'Identité[1] ».

A la méditation mystique il n'est pas mal de joindre des privations et macérations, de régler la respiration, de retenir son haleine, de réduire les aliments nécessaires, d'offrir les choses mêmes de la vie[2] : « Ce que tu fais, ce que tu manges, ce que tu sacrifies, ce que tu donnes, ce que tu t'infliges, fais-m'en l'offrande[3] ». Par cet ascétisme mental et physique toute souillure s'efface, tout péché se rachète; il n'y a même plus de péché possible : « Ceux qui cherchent près de moi leur refuge, eussent-ils été conçus dans le péché, les femmes, les Vaicyas, les Çoudras même, marchent dans la voie supérieure[4]. » — « Quand même tu aurais commis plus de péchés que tous les pécheurs, sur le vaisseau de la Science, tu traverseras tout péché[5] ». — « Celui qui, ayant chassé le désir, accomplit les œuvres en vue de Dieu, n'est pas plus souillé par le péché que ne l'est, par l'eau, la feuille de lotus[6] ».

Que ces doctrines se soient infiltrées dans l'ascétisme chrétien; ou bien que spontanément et par la force des choses, la folie mystique doive évoluer partout de la même manière, il est impossible de ne pas voir dans le quiétisme brahmanique le prototype de notre quiétisme français du XVIIe siècle, de celui de Mme Guyon.

---

1. *Bhagavad-Gita. Loc. cit.* 87.
2. *Ibid.* 65.
3. *Ibid.* 121.
4. *Ibid.* 123.
5. *Ibid.* 67.
6. *Ibid.* 73.

III. — L'HINDOUISME

Je viens d'exposer, à coups de citations, la doctrine, l'idée métaphysique du Brahmanisme. Il me reste maintenant à décrire ce qu'on appelle l'Hindouisme, c'est-à-dire la religion, qui s'est fondée autour des préceptes essentiels du Brahmanisme, et à dire quelle pratique est sortie de la théorie. Dans cette courte exposition, je suivrai l'ordre adopté jusqu'ici et vais en conséquence commencer par les rites funéraires.

Dans la règle, le corps doit être brûlé, sauf, bien entendu, l'immersion du cadavre dans les fleuves sacrés, comme le Gange, etc. Dans le Népaul, les crémations se pratiquent au sommet des montagnes et, sur les cendres du bûcher, on dresse une pierre debout, entourée de bâtons à banderoles[1].

Les idées hindouistes au sujet du corps et du double sont encore très voisines de celles des sauvages. A la mort d'un homme, son « grand corps » (Sthûia-sarîra) doit être brûlé; c'est le dernier sacrifice, qu'il offre au feu. A ce moment, l'âme quitte le corps, dans un double éthéré, le « corps subtil » (Linga-sarîra), pas plus grand que le pouce et, sous cette forme minuscule, le double erre ensuite autour du bûcher funèbre; il est en ce moment un être impur et, en cas d'absence du parent qui, selon les rites, doit célébrer les funérailles, le double devient un fantôme errant, plein de malveillance et cherchant à se venger de son état d'abandon sur les créatures vivantes. En effet, les rites funéraires sont indispensables pour fournir au double un corps intermédiaire entre le *grand* corps et le *petit* corps. Ce troisième corps est susceptible de sensations et il peut évoluer en avant ou en arrière, vers le ciel ou vers l'enfer, séjours qui, d'ailleurs,

---

1. Fraser. *Hist. univ. voy.* vol. XXXV, 466.

sont l'un et l'autre temporaires. La « petite âme », c'est le *preta*, et, le lendemain de la mort, on lui offre des libations d'eau, etc., et surtout une boule de farine avec du lait. Le *preta* est supposé manger cette boule et constituer ainsi le rudiment de son corps intermédiaire, du corps qui sera susceptible d'évoluer. Aussitôt pourvu de ce corps, le *preta* cesse d'être impur; il devient *pitri*, *dèva*, dieu ancestral, et on l'adore dans une série de cérémonies appelées *stradhas*, dont la première se célèbre onze heures après la mort; les autres périodiquement au fur et à mesure des progrès que le *preta* est supposé faire vers le ciel. Ces *stradhas* sont essentiellement des offrandes alimentaires, faites aux *pitris*[1].

Les morts bénéficient des *stradhas* en raison de leur parenté avec celui qui les célèbre; pourtant on ajoute quelquefois aux parents consanguins un parent spirituel, le directeur, le *gourou*[2]. Ces cérémonies relient les membres d'une famille jusqu'à la troisième génération[3]. L'offrande de la boule de riz est très importante; c'est l'évidente attestation de la parenté et elle règle les droits d'héritage. Les *stradhas* sont parfois accompagnés de fêtes somptueuses, de précieux présents aux brahmanes. En ces occasions les riches dépensent des sommes énormes[4]. Pour les Hindous brahmanistes, comme pour les sauvages les plus grossiers, le double est conçu comme une ombre ayant tous les besoins des vivants. Dans le poème de *Valmiki*, nous voyons Rama offrir à boire et à manger à l'ombre de son père : « Puisse cette eau, dit-il, servir à jamais à étancher ta soif dans le royaume des mânes! »... « Grand roi, mange avec plaisir ces aliments, que nous mangeons nous-mêmes; car sans doute la nourriture

---

1. J. Vinson. *Religions actuelles*, 116.
2. Monier Williams. *Hinduism*, 65-67.
3. *Ibid.* 68.
4. *Ibid.* 68.

de l'homme est aussi celle des mânes et des dieux![1] » On ne saurait être plus naïvement primitif.

Nous venons de voir que le double, le *preta*, peut, après la mort, progresser ou déchoir. D'après les livres saints[2], ce progrès ou cette déchéance sont la conséquence de l'existence terrestre, des actions, paroles ou pensées bonnes ou mauvaises. Les péchés en actes, les plus graves de tous, peuvent rejeter le double d'un homme dans le monde végétal et même dans le monde minéral. Pour expier les péchés en paroles, le *preta* peut être obligé de revêtir la forme d'un oiseau ou d'une bête. Les péchés en pensée, étant les moins coupables, sont moins sévèrement punis : le *preta* du pécheur en pensée descend seulement l'échelle sociale ; il renaît dans la dernière caste[3].

Avec ce système on explique d'une façon très satisfaisante, même au point de vue de la justice, toutes les inégalités sociales, intellectuelles et physiques. En effet, une infirmité physique ou morale quelconque est regardée comme une punition encourue par de mauvaises actions commises dans de précédentes existences. Au contraire la santé de l'esprit et du corps, la richesse, la vieillesse, etc., sont simplement la rémunération de bonnes actions antérieures?[4] Ce qui importe, c'est de sortir du cercle des transmigrations[5].

Tout cela est en parfait accord avec notre exposition doctrinale du Brahmanisme. C'est qu'en effet l'Hindouisme a conservé les dogmes ; il a seulement construit sur eux et autour d'eux tout un édifice fait de pièces et de morceaux. L'essence de la doctrine brahmanique tient en une courte phrase : « Il n'y a qu'un seul être ; pas de second » (*Ekam eva advitîyam*). Ce qui existe réellement, c'est l'esprit uni-

1. *Ramayana* (trad. Fanche), I, 233.
2. *Bhagavad-Gîta*. — *Code de Manou*. Livre XII.
3. Monier Williams. *Hinduism*, 69.
4. *Code de Manou*. Liv. XII, V, 3, 4, 16, 25, 55.
5. *Ramayana*. Trad. Fauche, vol. I, 182.

versel (*Brahman*) et tout ce qui semble avoir une existence indépendante est identique à cet esprit. Mais de cette doctrine panthéistique on n'a pas été embarrassé pour tirer un vaste polythéisme. Pour cela il a suffi d'admettre que l'être suprême se manifeste par d'illusoires apparences; cet être se joue dans les phénomènes, comme la lumière dans l'arc-en-ciel, et tous les objets plus ou moins visibles, en y comprenant les dieux, les démons, les demi-dieux, les bons et les méchants esprits, les hommes et les animaux sont de simples émanations de l'être suprême : ils en émanent et seront réabsorbés en lui[1].

Le nom donné à l'essence éternelle, « Brahman », signifie croissance, expansion, diffusion. L'échelle des êtres, dérivant de cette essence, aboutit à trois principaux personnages divins, formant la *Trimurti* et ayant chacun une femme, une *sakti*. Ces trois dieux sont indiqués par trois lettres formant une syllabe mystique et même magique, AUM, ou par contraction OM. La trinité est symbolisée par un triangle et chacun de ses membres est ordinairement désigné par une épithète attributive : il y a le Créateur, le Conservateur et le Destructeur (Brahma, Vichnou et Siva); mais les personnages de la *Trimourti* peuvent changer de fonctions, permuter entre eux : « Siva, Vichnou et Brahma peuvent être le premier, le second, le troisième des trois êtres bénis »[2].

C'est la forme ondoyante et diverse du Brahmanisme ou plutôt de l'Hindouisme, qui a fait sa fortune. Sans peine chaque esprit, petit ou grand, large ou étroit, y rencontre des idées et des dieux à sa taille. Les intelligences philosophiques y trouvent une métaphysique profonde; les polythéistes, un riche panthéon où ils n'ont que l'embarras du choix; les fétichistes y peuvent adorer des serpents, des poissons, des

---

1. Monier Williams. *Hinduism*, 11.
2. *Kalidasa-Kumara-Samhava*. Cité par Monier Williams, 86.

pierres, des arbres, etc.[1]. La surface, la forme extérieure de cette religion, a constamment changé et pourtant elle n'a jamais cessé de se rattacher directement au Véda primitif. En réalité, le Brahmanisme est prêt aujourd'hui à recevoir tout le monde dans son large sein, à condition seulement que l'on reconnaisse la suprématie des brahmanes et qu'on veuille bien s'astreindre à quelques règles de castes relativement aux aliments, au mariage et à la profession[2].

La doctrine fondamentale de l'Hindouisme ne s'oppose aucunement à la formation des sectes, aussi s'en est-il constitué un certain nombre, dont les principales sont le Saktisme, le Sivaïsme et le Vichnouisme. Le Saktisme a surtout fleuri il y a cinq ou six siècles. Toute l'adoration des dévots se concentrait alors sur l'énergie féminine, la Sakti de Siva, qui finit par représenter toutes les énergies féminines de la Trimourti; car les Saktis de Brahma et de Vichnou devinrent les filles de la Sakti de Siva. Le Saktisme dégénéra vite en débauches soi-disant religieuses où les fidèles des deux sexes s'oubliaient, sans distinction de castes, dans de vraies orgies[3].

Aujourd'hui le Sivaïsme et le Vichnouisme, faces diverses d'une même religion, donnent dans l'Hindouisme. Siva mâle a peu de sectateurs; c'est dans ses temples, que l'on trouve l'emblème des organes générateurs appelé le *lingam*. Les fidèles de Siva sont surtout des religieux mendiants. Siva est devenu une divinité abstraite : on lui offre de l'eau d'une source ou rivière sacrée, des fleurs, tandis qu'on offre aux autres dieux de véritables aliments. Dans les temples sivaïques, on adore surtout la Sakti, le principe femelle du dieu, tantôt sous un nom, tantôt sous un autre (Kali, Dourga, Jagaddhatri, Mâtri, etc.[4]).

1. Monier Williams. *Loc. cit.* 84.
2. *Ibid.*
3. *Ibid.* 123.
4. *Ibid.* 97.

Vichnou n'est pas, comme Siva, appelé « grand dieu », *Maha-Déva*, mais ses incarnations sont très populaires et elles permettent aux dévots hindous de l'adorer sous la forme qui leur agrée le mieux. Ses incarnations sont nombreuses; Krichna, Rama, Bharata, deux frères de Rama (Laksmana et Satroughna), sont les principales. Vichnou est le seul personnage de la *trimurti* qui se soit incarné pour sauver le monde humain à certaines époques calamiteuses[1]. On lui doit donc une particulière gratitude. Les dévots reconnaissent Vichnou sous ses diverses incarnations, et, dans la *Bhagavad-Gîta*, Ardjouna appelle indifféremment le dieu, avec lequel il converse, Vichnou, Krichna, Bharata.

Le culte brahmanique a évolué comme la religion elle-même. Les sacrifices védiques étaient simplement des procédés, fort grossiers et fort ordinaires, pour amadouer les divinités et en extorquer des largesses et services. Mais, quand l'idée du péché se fut implantée dans l'esprit des dévots, les sacrifices devinrent des expiations; puis on finit par pousser le système jusqu'à ses conséquences les plus extrêmes; certains sacrifices permirent de dominer même les dieux, de leur arracher tout ce qu'on désirait. Le grand sacrifice, celui de cent chevaux, accompli suivant les rites, rendait le sacrificateur capable de disputer à Indra lui-même l'empire du ciel[2]. Le Brahmanisme attribua le même pouvoir à l'ascétisme, aux pénitences; il admit que par des macérations, des austérités excessives, le dévot acquérait le pouvoir de subjuguer les divinités, de les forcer à lui obéir. Celles-ci, croit-on, suivent anxieusement du haut du ciel les exercices ascétiques du pénitent, et, quand ces exercices atteignent un certain degré de frénésie et de durée, le Panthéon tout entier s'inquiète, se sent menacé dans son pouvoir, les dieux en sortent et

---

1. Monier Williams. *Hinduism*, 97.
2. *Ibid*. 40.

viennent faire des politesses au dévot qui menace de les détrôner. Dans un cas de ce genre, le *Ramayana* nous montre Brahma lui-même, « l'aïeul originel de tous les êtres », s'empressant de faire visite à l'austère ascète, Bhagiratha[1].

Cette vertu accordée aux austérités n'est, après tout, qu'un retour aux croyances de la magie primitive, à ce stade religieux où l'on pense que le sorcier peut dominer les éléments et les esprits. Très logiquement les Hindouistes ne se sont pas bornés à croire à la toute-puissance de la pénitence, du *tapa* (feu, chaleur, ardeur du renoncement)[2]; ils admettent que le même résultat peut être atteint par la magie pure, par la simple incantation, par les *mantras* (prière, invocation, hymne). Les dieux gouvernent l'univers, mais ils sont obligés d'obéir aux *mantras*; or, ce sont les brahmanes, qui savent se servir des *mantras*; ils jouissent donc d'un pouvoir divin[3].

A coup sûr il est difficile à une caste théocratique de donner à son pouvoir une base plus solide; aussi cette caste est-elle une caste fermée; ses membres sont, dès l'enfance, soumis à une éducation spéciale, mais sur laquelle je ne saurais m'étendre longuement ici. L'initiation, qui donne entrée à l'enfant dans la caste des *Dwidjas* (hommes deux fois nés), se célèbre à l'âge de huit ans, et tous les détails en sont rituellement fixés une fois pour toutes. Avec l'initiation commencent les prières, les suppressions de respiration, la répétition mécanique de syllabes et de mots mystiques (*Aum-Bhûr, Bhonouah, Svar*), les bains, les oblations. Le noviciat terminé, le jeune brahmane prend femme; c'est pour lui un devoir religieux. Il doit en outre accomplir chaque jour cinq actes d'adoration, ne se nourrir que d'aliments dits purs,

1. *Ramayana* (trad. Fauche), vol. I, 35.
2. Tiele. *Manuel d'Hist. des relig.* 19.
3. L'abbé Dubois. **Les peuples de l'Inde.** (Cité par Wake. *Evolution of morality*, II, 249.)

s'abstenir rigoureusement de viande, de poisson, de liqueurs enivrantes. Enfin, pour achever de parcourir la voie du salut, mais sans qu'il y ait pourtant obligation, le brahmane peut rompre avec le monde vers l'âge de quarante ans, et se faire ermite ou ascète religieux[1]. La caste et la religion prennent donc toute la vie du brahmane et la soumettent tout entière à un rituel minutieux.

Nous avons vu que la doctrine fondamentale de l'Hindouisme s'accommode très bien d'un culte polythéique; aussi la masse des fidèles pratique-t-elle un polythéisme sans frein ni mesure. Le nombre des dieux hindouistes va même toujours croissant. Les principaux dieux ont leurs temples; des autels supportant les images des héros, Ardjouna, Bhima, etc.; l'allié de Râma (Vichnou), le dieu-singe Hanouman, a partout des représentations. A Bénarès et ailleurs, on a dédié des temples aux planètes. Non seulement chaque village a ses idoles, mais on en a érigé sur les collines, dans les grottes, sur les rochers, sur les arbres. Le confluent de certaines rivières est sanctifié. La vache, les serpents, les singes sont des animaux sacrés. L'acacia loge une déesse; le figuier des Banians (*Ficus religiosa*) est sacré, de même que l'agate et les coraux[2], etc. En résumé, tout est ou peut être divinisé, et cela est d'accord avec le principe même du Brahmanisme; puisque tout émane d'un être divin, remplissant le monde, de celui que la *Bhagavad-Gîta* appelle « l'Identique ».

IV. — VALEUR PHILOSOPHIQUE ET PRATIQUE DU BRAHMANISME

Notre voyage à travers les religions de l'humanité est déjà bien avancé. Quantité de croyances, dites religieuses, ont

---

1. Monier Williams. *Hinduism*, 60, 65.
2. *Ibid.* 165.

défilé devant nous, et nous les avons toutes scrutées en nous efforçant d'en dégager quelque vérité, quelque application utile, mais presque toujours sans succès. Partout nous n'avons trouvé que des chimères, assez peu variées au fond, recouvrant ou motivant trop souvent des actes grossiers ou atroces.

Pour la première fois, nous rencontrons dans le Brahmanisme une idée qui a quelque valeur. Pourtant la religion des Aryens de l'Inde a débuté comme toutes les autres ; le Védisme est purement animique, mais d'un animisme plus généralisé et qui, dans l'Inde, a pu, sans trop d'effort, devenir du Panthéisme, c'est-à-dire la substitution aux innombrables doubles, que conçoivent les primitifs, d'un double unique, s'identifiant avec l'ensemble des êtres.

C'est toujours une idée métaphysique ; mais elle a de l'ampleur et, en remplaçant l'abstraction par la réalité, cette idée deviendrait aisément scientifique. — A la place de ce que la *Bhahavad-Gîta* appelle « l'Identique », mettons la substance matérielle du monde, et alors la conception brahmanique est l'exacte expression de la réalité. En effet, l'univers est constitué par une masse atomique, éternelle et infinie, d'où émanent tous les êtres particuliers, dans le sein de laquelle ils rentrent tous, après un laps de temps plus ou moins long, sans que, malgré toutes ces transformations, un seul atome se puisse perdre ou créer. Dans ce système, les individus, les êtres particuliers sont comme les vagues d'un océan essentiellement immuable. — Il suffirait au Brahmanisme de rejeter la croyance au double de l'Univers, Brahma, Siva ou Vichnou, pour devenir, sur ce point important, tout à fait scientifique.

Que la seule spéculation métaphysique ait pu atteindre une telle approximation de la vérité, c'est un fait tout à l'honneur des Aryens de l'Inde. — Néanmoins le côté erroné de leur conception a suffi pour lui ôter toute valeur pratique, pour faire adopter une éthique antisociale et versant dans l'ascétisme. En effet, au lieu d'utiliser pour le bien commun, la brève existence de l'homme, le Brahmanisme s'efforce de la stériliser; à la place de l'activité féconde, il met l'inaction voulue; ce qui lui semble le souverain bien, c'est l'annihilation sous toutes ses formes.

Au contraire, un exact concept du monde, un concept basé sur l'observation et l'expérience, nous enseigne que le bien consiste à agir, à aimer, à penser pour servir le progrès général : et cela sans autre récompense que la satisfaction de n'avoir point passé inutilement dans la vie. Certes la perspective de l'annihilation finale n'a rien qui nous séduise; mais nous nous y résignons, étant trop sûrs que notre chétive personnalité est condamnée à s'engloutir dans la grandiose impersonnalité de l'univers. — Telle est la loi; elle est inexorable; il ne nous reste qu'à en atténuer la rigueur en laissant derrière nous, chacun suivant ses aptitudes, des œuvres qui prolongeront un peu le souvenir de notre fugitive existence individuelle.

CHAPITRE XVI

LE BOUDDHISME

I. *Histoire et légende.* — Nombre total des bouddhistes. — Aire actuel du Bouddhisme. — Les transmigrations du Bouddha. — Le Bouddha dans le ciel *Touchita*. — Conception et naissance miraculeuses du Bouddha. — Émotion de l'univers. — Histoire probable du Bouddha. — Le roi bouddhiste Asoka. — Les édits d'Asoka. — II. *Rites funéraires et vie future.* — Diversité des rites funéraires. — Les tumulus ou *topes*. — Les mégalithes. — Comment on arrive au *Nirvâna*. — Le *Soumérou*. — Paradis d'une secte bouddhiste en Chine. — III. *Les dogmes du Bouddhisme.* — L'éternité de la substance. — Sanction morale par la transmigration. — Le *Karma*. — Les quatre grandes vérités. — Les *Boddhisatvas*. — Bouddhisme polythéique au Népaul. — IV. *La morale du Bouddhisme.* — Ni castes, ni dieux, ni culte. — Les préceptes du Bouddhisme. — Les dix péchés. — Les *sentiers*. — Le style des écrits moraux. — L'échelle de la résignation. — La parabole des *grains de moutarde*. — Les métaphores mystiques. — V. *Ascétisme et monachisme.* — Les huit *sentiers*. — Les quatre degrés. L'*Arahat*. — La règle monastique. — L'inégalité sexuelle. — Les ordres féminins. — Les règles des monastères féminins. — VI. *Déchéance morale du Bouddhisme.* — Les *dagobas*. — Le *Tantra*. — Les amulettes. — Sanctification catholique du Bouddha. — L'influence du Bouddhisme sur le Brahmanisme. — VI. *Grandeur et faiblesse du Panthéisme indien.* — Les trois religions panthéistes. — Pessimisme et misérabilisme.

1. — HISTOIRE ET LÉGENDE

Le Bouddhisme est né dans l'Inde, où aujourd'hui il n'a plus guère de sectateurs que dans le Népaul et à Ceylan; pourtant il est directement issu du Brahmanisme, comme nous l'allons voir en étudiant ses dogmes.

On ne peut guère évaluer à moins de 470 millions le nombre des bouddhistes qui représentent par conséquent à peu près 40 pour 100 de l'humanité, tandis qu'à la même échelle les chrétiens, catholiques, protestants et grecs ne comptent que pour les 26 centièmes et les musulmans pour 12 centièmes et demi[1]. Jamais religion ne réunit autant de fidèles que le Bouddhisme ; mais il importe de remarquer que ces fidèles appartiennent presque tous à la race jaune. Le Bouddhisme règne en effet au Thibet et au Bhoutan, en Mongolie, en Indo-Chine ; enfin en Chine, au Japon, en Corée, presque toute la population est bouddhiste, non sans associer pourtant au culte de Fo tantôt le Confucianisme, tantôt le Taoïsme, tantôt le Sintoïsme. On ne trouve guère de bouddhistes aryens qu'à Ceylan et au Népaul, et pourtant la religion du Bouddha n'est qu'une émanation du Brahmanisme et, comme cette dernière religion, elle a pour double base une conception panthéistique et la doctrine de la transmigration. Mais avant d'exposer les dogmes du Bouddhisme, il convient de rappeler les points principaux de sa légendaire histoire.

La transmigration joue un rôle capital dans l'histoire du Bouddhisme aussi bien que dans ses croyances. — Avant d'apparaître sur la terre sous la forme du Bouddha, Çakya-Mouni avait eu d'innombrables naissances. Tour à tour il avait été ours, cheval, ermite, fils de roi, éléphant, perroquet ; mais sous toutes ces formes transitoires, il avait su conserver son divin caractère. Homme, il avait sans hésiter donné son corps en pâture à une tigresse affamée ; ours, il avait charitablement nourri un homme au lieu de le dévorer[2]. — Sept autres bouddhas l'avaient déjà précédé sur la terre. Quant à lui, après d'innombrables incarnations et les fortunes les plus diverses, il se reposait dans le séjour de la béatitude, le ciel *Touchita*, et, en attendant une

---

1. T. W. Rhys Davids. *Buddhism*, 3.
2. Mary Summer. *Histoire de Sakya-Mouni*, 41.

nouvelle réincarnation, il charmait ses longs loisirs en enseignant la loi aux dieux eux-mêmes : tant son intelligence était supérieure[1] ! Mais, au cours de l'évolution cyclique du *Kalpa*, les maux de l'humanité atteignirent un tel degré d'acuité que les dieux prirent la résolution d'intervenir. Dans ce but, ils tinrent conseil dans le ciel *Touchita*, « le séjour où l'on est joyeux », et prièrent le futur Bouddha de s'incarner sur la terre, lui huitième[2]. Toujours prêt à se dévouer, le Bouddha consentit à prendre une forme humaine et il s'incarna dans le sein de la belle reine Maya, Maya-Dêvi ; mais il le fit sous la forme d'un jeune éléphant blanc[3]. S'il faut en croire un livre saint, le *Doulva* thibétain, le Bouddha put voir, du haut du Touchita, où il résidait dans la joie, son père et sa mère futurs s'occuper sérieusement de sa réincarnation dans un appartement reculé de leur palais[4].

Dans la demeure du roi Souddhôdana, huit signes précurseurs annoncèrent le grand événement qui se préparait : les serpents, guêpes, moustiques, etc., disparurent ; des oiseaux parés d'éclatantes couleurs vinrent se poser sur les terrasses du palais ; les arbres se couvrirent à la fois de fleurs et de fruits ; les étangs se parèrent de lotus aussi grands que les roues d'un char ; on avait beau consommer l'huile, le vin, le beurre, le sucre, la quantité n'en diminuait pas ; dans le gynécée, les harpes et les luths jouaient d'eux-mêmes[5], etc., etc. La mère du Bouddha, Maya-Dêvi, après avoir pris un bain parfumé dans le Pavillon des Cygnes, s'endormit et rêva qu'un éléphant blanc pénétrait dans ses flancs. Des brahmanes, consultés au sujet de ce songe singulier, annoncèrent à la reine la naissance d'un fils qui comblerait

1. Mary Summer. *Histoire de Sakya-Mouni*. 12.
2. *Ibid*. 3.
3. Mary Summer. *Les religieuses bouddhistes*. 3.
4. Mary Summer. *Histoire de Sakya-Mouni*, 18.
5. *Ibid*. 17.

tous ses vœux[1]. En effet, Maya-Dêvi était grosse du Bouddha, qui, durant sa vie fœtale, se tenait accroupi dans le sein de sa mère, tout en prêchant les anges qui le gardaient[2].

Ce fut en plein air, sous des ombrages embaumés, que Maya enfanta, et elle le fit d'une façon toute particulière. Pour répondre à la politesse d'un figuier gigantesque, qui l'avait saluée en s'inclinant, Maya fit un geste gracieux et saisit une branche; en même temps elle bâilla, resta immobile; la délivrance était opérée; le Boddhisattva était né non comme les autres enfants, mais par le flanc droit de sa mère et sans la déchirer[3]. Aussitôt Indra et Brahma, qui évidemment guettaient l'événement, s'empressèrent autour du nouveau-né, mais celui-ci les écarta, fit successivement sept pas vers chacun des points cardinaux et s'écria d'une voix de lion : « Je suis le plus grand de tous les êtres; je vaincrai le démon et mettrai un terme à la naissance, à la vieillesse, à la maladie, à la mort[4]. » Ce nouveau-né n'était pas évidemment un enfant comme les autres; son père s'en douta et fit appeler un sage nommé Asita; celui-ci, après avoir examiné le petit Gautama qui daignait lui sourire avec bienveillance, reconnut en lui les trente-deux signes principaux et les quatre-vingts marques secondaires qui doivent caractériser un Bouddha[5].

Une existence commencée et même précommencée d'une manière si prodigieuse n'est évidemment pas ordinaire; elle fut en effet tout émaillée de merveilles, dont je ne veux citer qu'une seule, l'émotion de l'univers, quand le Bouddha fut tenté par le diable, comme un simple Jésus-Christ : un millier d'effrayants météores tombèrent du ciel; les nuages et les

---

1. Mary Summer. *Histoire de Sakya-Mouni.*
2. T. W. Rhys Davids. *Buddhism,* 185.
3. Mary Summer. *Hist. de Sakya-Mouni,* 20.
4. *Ibid.* 21.
5. *Ibid.* 24.

ténèbres ensevelirent la terre. Celle-ci, quoique inconsciente, se mit à trembler avec ses océans et ses montagnes, comme une fiancée amoureuse qui est ravie à son époux, comme les festons de vigne secoués par un vent d'orage. Bouleversés par les ondulations et trépidations du sol, l'Océan se souleva, les rivières remontèrent vers leurs sources; les cimes couronnées d'antiques forêts s'écroulèrent au milieu des hurlements de la tempête; le soleil lui-même se voila de ténèbres, etc[1]. »

Auprès de ces débauches d'imagination, les miracles relatés dans nos livres sacrés d'Occident sont de bien pâles inventions. Il est clair que les auteurs des légendes bouddhiques et les fidèles, qui y croient, ont été où sont encore dans ces dispositions mentales, aujourd'hui appelés par nos médecins psychiâtriques « l'état de crédulité »; il est sûr aussi qu'une religion si pleine de prodiges étanche largement la soif du merveilleux si commune dans l'humanité. Au milieu de toutes ces légendes, l'histoire est difficile à retrouver : car le Bouddha, le prince Gautama, n'a pas laissé de documents écrits. On admet pourtant, sans preuves solides d'ailleurs, qu'il a vécu dans le Bihar (Hindoustan oriental), environ 500 ans avant Jésus-Christ.

Le Bouddhisme se propagea d'abord sans bruit et oralement. L'an 312 avant Jésus-Christ, Séleucus Nicanor, l'un des successeurs d'Alexandre, ne put venir à bout du roi *Ç'andra-gupta*, prince que les Grecs appelèrent Sandrakottos, et à la cour duquel fut envoyé Mégasthènes. Ce prince était sans doute très favorable au Bouddhisme; car son petit-fils et successeur Asoka en devint le Constantin et en fit dans son royaume de Magadha une religion d'État. De ce pays, le nouveau culte rayonna dans une grande partie de l'Inde[2]. Ce fut dans un concile tenu à Patna sous le règne d'Asoka, vers

---

1. *Madhouratha Vilâsim*, etc. J. B. A. S. VII, 812, 813. (Cité par R. Davids.)
2. Monier Williams. *Hinduism*, 72.

250 avant Jésus-Christ et au moins 130 ans après la mort de son fondateur présumé, que la doctrine bouddhique fut, pour la première fois, arrêtée et précisée[1]. On est frappé de la curieuse analogie, qui existe entre la période primitive du Bouddhisme et celle du Christianisme. Nous avons vu d'ailleurs, que le second a dû faire au premier de nombreux emprunts. Asoka devint un fervent zélateur de la nouvelle religion, fit bâtir des monastères et des églises (*Dâgabas*), fonda des jardins et des hôpitaux pour les hommes et pour les animaux; dans tout son royaume, il publia et fit même graver sur les rochers divers édits, par lesquels il enjoignait à ses sujets d'observer la morale et la justice[2]. L'un de ces édits gravés sur le roc est ainsi conçu : « La cessation du meurtre des êtres vivants et des actes de méchanceté à l'égard des créatures, le respect pour les parents; l'obéissance aux pères et mères, l'obéissance aux anciens : voilà les vertus ainsi que d'autres pratiques recommandées par la loi[3] ».

Le Brahmanisme ne persécuta point d'abord le Bouddhisme, qui, d'ailleurs, par sa doctrine fondamentale, lui ressemblait fort; mais plus tard, à une époque difficile à préciser, car les Hindous n'ont pas le sens historique, une furieuse persécution fut dirigée, contre les bouddhistes. On aurait même ordonné de massacrer les enfants et les vieillards hérétiques depuis le Pont de Rama jusqu'à l'Himalaya. Cette persécution contribua beaucoup à répandre le Bouddhisme hors de l'Inde. Mais, à une époque plus récente, le Brahmanisme fit au Bouddhisme des concessions, s'accommoda avec lui et, ainsi modifié, finit par reconquérir l'Inde, où au XIIe siècle de notre ère, quand les musulmans entrèrent à Kachmir, il n'y avait plus d'autres bouddhistes que les

---

1. T. W. Rhys Davids. *Buddhism*, 86.
2. Rhys Davids. *Loc. cit.* 222.
3. Barthélemy Saint-Hilaire. *Le Bouddha* (Édit d'Asoka ou Piyadasi), 111.

membres de la petite secte des Jaïnistes. Entre temps, les Bouddhisme avait fait la conquête du monde mongolique; mais son grand succès n'est pas dû seulement à ses merveilleuses légendes; une grande part en revient à sa doctrine, que j'ai maintenant à résumer.

II. — RITES FUNÉRAIRES ET VIE FUTURE

La catholicité bouddhique embrasse une aire si énorme et comprend des peuples si divers, que les rites funéraires y manquent nécessairement d'uniformité. Nous avons vu les Mongols nomades et les Thibétains pratiquer l'abandon des cadavres, sauf pour les princes et hauts dignitaires ecclésiastiques. A Ceylan, au contraire, on brûle les morts et spécialement les prêtres[1]. Dans l'Inde, les *Khamtis* bouddhiques enterrent encore leurs morts sous des tumulus coniques à gradins[2], et, dans les provinces anciennement bouddhiques, on retrouve un grand nombre de tumulus commémoratifs, des *topes*, surtout dans les localités que les actions et les miracles de Çakya-Mouni ont rendues célèbres. A Bhodjpour, on construit des sépultures à quatre étages[3]. L'analogie entre les *topes* funéraires des bouddhistes et les tumulus de la Bretagne française est très grande[4], et l'on attribue même aux bouddhistes certains monuments mégalithiques de l'Inde; par exemple, les dolmens et les menhirs d'Amravati. Dans les jardins de la grande pagode de cette localité, des centaines de pierres levées rappellent en effet les alignements de Carnac[5].

A vrai dire, le mode d'inhumation ne saurait avoir pour les

---

1. E. Haeckel. *Lettres d'un voyageur.* 295, 296.
2. Dalton. *Ethnogr. Bengal.* 8.
3. Mary Summer. *Les religieuses bouddhistes*, 54.
4. *Ibid.* 56.
5. *Ibid.* 57.

bouddhistes une très grande importance, puisque l'un de leurs dogmes fondamentaux, qui leur est commun avec le Brahmanisme, est la transmigration. Dans le Lamaïsme, nous avons vu ce dogme entendu au pied de la lettre et dans son sens le plus étroit. Dans le Bouddhisme, comme dans le Brahmanisme, la transmigration est devenue une sanction morale de la conduite, une peine ou une récompense; mais le Bouddhisme s'est distingué du Brahmanisme en aspirant avec passion à briser la chaîne des incarnations, en offrant aux dévots pour suprême récompense, non pas une glorieuse réincarnation sur la terre, non pas même une vie de béatitude dans un séjour céleste, mais l'anéantissement, le *Nirvâna*, et cela sans aucune acception de caste ou de classe : le paria bouddhiste peut aspirer au *Nirvâna* aussi bien que le roi et le brahmāne.

Mais atteindre le Nirvâna n'est pas chose facile, comme nous le verrons tout à l'heure, en nous occupant du culte et de la morale bouddhiques; pour y réussir, il faut se plonger dans les profondeurs les plus abstruses de la méditation, éteindre tout désir, devenir silencieux, « comme un *gong* brisé »[1]; en résumé, il faut s'élever à la condition d'*Arahat* ou saint et, pour cela, passer par les quatre états suivants : 1° l'entrée dans le courant religieux; 2° l'état de celui qui ne revient plus qu'une fois parmi les hommes ; 3° l'état de celui qui n'y reviendra plus; 4° l'état d'*Arahat*, qui conduit directement à la béatitude finale[2].

Mais, entre le Nirvâna et la vie terrestre, il existe aujourd'hui toute une série de cieux étagés, de plus en plus épurés à mesure qu'ils s'élèvent sur les flancs d'une montagne mythique, le *Soumérou*. Sur cette montagne de cristal, de saphir, d'or et d'argent, croît un arbre, dont les fruits

---

1. Mary Summer. *Religieuses bouddhistes*. — T. W. Rhys Davids. *Buddhism*, 114.
2. M. Summer. *Religieuses bouddhistes*, 7.

servent de nourriture aux êtres divins, aux *dêvas*, habitant les divers étages de la montagne paradisiaque. Ces *dêvas* sont donc corporels; du reste le Bouddha lui-même est doublement corporel, puisqu'il possède un corps pur, immuable, et un corps inférieur, qui lui sert à se réincarner, à se mettre en rapport avec le monde terrestre.

Les étages du mont Soumérou peuvent se classer en : 1° *Monde des désirs*; 2° *Monde des formes et des couleurs*; 3° *Monde sans formes*, dont le quatrième étage est habité par des êtres *ni pensants ni non pensants*, qui ont atteint le *Nirvâna*. — Chacun de ces mondes célestes se subdivise en régions, en cieux. Le ciel *Touchita*, où le Bouddha attendait le moment de sa réincarnation, ne constitue qu'un étage très peu élevé, le quatrième ou le sixième; on n'est pas bien d'accord sur le chiffre. Dans ce ciel *Touchita*, l'un des gradins du *Monde des désirs*, il y a encore des êtres féminins, les *Apsaras*, sorte de nymphes voluptueuses, qui embellissent le séjour des *joyeux*; mais, aux étages supérieurs, l'élément féminin a complètement disparu[1]. On voit que le Bouddhisme populaire n'a pas pu expulser de sa mythologie l'antique croyance à la vie posthume, si profondément enracinée dans la mentalité humaine. Il s'est borné à en faire un pont, un trait d'union entre la vie terrestre et l'anéantissement, le *Nirvâna*.

En Chine il s'est même trouvé des bouddhistes qui, incapables de s'élever jusqu'à la conception du *Nirvâna*, en sont restés au mythe paradisiaque. Leur espoir est d'aller après leur mort dans un bienheureux séjour, situé à l'occident de la Chine et tout pavé d'or, d'argent et de pierres précieuses. Cet Eden de bijoutier est arrosé par des ruisseaux couverts de lotus et roulant sur des sables d'or. Trois fois par jour, il y pleut des fleurs; une musique céleste y charme

---

1. M. Summer. *Histoire de Sakya-Mouni*, 14.

les oreilles. Les bienheureux habitants de ce paradis y répandent des fleurs en l'honneur des Bouddhas, qui y résident. Des essaims d'oiseaux au plumage varié y chantent les louanges de la religion. Le nom même de l'enfer est inconnu dans ce pays de béatitude. Ces oiseaux paradisiaques ne sont d'ailleurs que des apparitions. Sous le souffle du vent les arbres et les cloches produisent des sons enchanteurs, mais éveillent des pensées religieuses, etc., etc. Aller dans ce paradis délicieux n'est pas bien difficile. Pour cela, les bonnes œuvres sont inutiles et il suffit, pendant six ou sept nuits, de répéter l'un des surnoms du Bouddha : « *Amitâyus*, vie illimitée ». Vous pouvez être sûr ensuite qu'à l'heure de la mort, le Bouddha, avec sa sainte escorte, viendra recevoir votre double [1].

Chaque esprit se fait une religion à sa mesure; aussi, se trouvant impuissante à gravir le *Soumérou* orthodoxe, cette secte paradisiaque de bouddhistes chinois s'est arrêtée aux étages inférieurs. Mais en quoi consistent essentiellement les dogmes bouddhiques? C'est ce qu'il nous faut maintenant examiner.

III. — LES DOGMES DU BOUDDHISME

Le Bouddhisme commence par proclamer l'éternité de la matière : « L'âme et le monde sont éternels : pas de substance nouvelle. La substance est comme un pic élevé, inébranlable. Les êtres vivants passent, transmigrent, meurent, naissent : la substance est éternelle [2]. »

Le Bouddhisme ne se préoccupe pas de l'origine des choses. Le monde est parce qu'il est. Tout change imperceptiblement, même le ciel et l'enfer. Les mondes meurent et les anges

1. S. Beal. *Buddhism in China*, 129, 130.
2. *Brahmajala Sutta*. (Cité par T. W. Rhys Davids. *Buddhism*, 98.)

aussi. Les hommes et les dieux sont soumis à la loi de composition et de dissolution. L'Univers passe par une série de cycles dont le commencement et la fin sont inconnus[1].

Il y a trois grandes hérésies : la croyance en soi-même, en son âme, ou l'*hérésie de l'individualité*; l'hérésie du doute et celle qui consiste à croire à l'efficacité des rites et cérémonies[2].

La répartition des biens et des maux sur la terre s'effectue par la transmigration. Tel enfant naît aveugle; c'est que, dans une précédente existence, il a mésusé de ses yeux. Tel autre, ou le même, a l'ouïe fine; c'est que dans une précédente existence il a aimé à entendre parler de la Loi[3], etc. Par conséquent l'innocent opprimé doit courber la tête et reconnaître la nécessité de son malheur, dont la cause se cache dans les profondeurs du passé[4]. Dès qu'un être meurt, il s'en produit un autre, dont la destinée sera plus ou moins malheureuse selon les mérites ou démérites de celui qui vient de s'éteindre[5]; car le résultat des œuvres d'un homme ne saurait périr; il se concentre dans la formation d'un nouvel être sentant, mais cet être n'est renouvelé que dans ses parties constituantes; au fond il reste de même essence que son prédécesseur, de même *Karma*. Ainsi chaque individu hérite, sans en avoir conscience, du bien ou du mal de ses ancêtres, de leur *Karma* ou du résultat de leurs œuvres[6].

L'homme est doué de qualités matérielles, physiologiques, comme les sens, la sexualité, etc.; il a des sensations, des idées; enfin il a des tendances et des activités mentales. Ces données psychologiques ont été subdivisées subtilement par

---

1. *Brahmajala Sutta* (Cité par T. W. Rhys Davids. *Buddhism*, 87).
2. *Ibid.* 95.
3. *Ibid.* 100.
4. *Ibid.* 102.
5. T. W. Rhys Davids. *Bouddhism,* 101.
6. *Ibid.* 101-103.

les métaphysiciens du Bouddhisme, qui tous d'ailleurs proclament bien haut que cet ensemble comprend seulement les fonctions de la vie et ne saurait constituer une âme[1]. Donc l'être organisé n'est pas infini; par suite, il est inextricablement lié à l'ignorance, au péché, au chagrin[2].

Quatre grandes vérités ont été révélées au Bouddha : 1° Partout où il y a vie, il y a souffrance; 2° la souffrance résulte du désir; 3° pour supprimer la souffrance, il faut supprimer le désir; 4° l'extinction du désir et de l'être mental s'obtient en suivant les sentiers indiqués par le Bouddha[3].

Telles sont les idées fondamentales; telle est ce qu'on peut appeler la philosophie du Bouddhisme. Naturellement la masse des fidèles ne s'est point enfermée dans ces dogmes. Nous avons vu, en parlant de la naissance du Bouddha, que cette foule est à « l'état de crédulité », qu'elle ne saurait se contenter de propositions générales et abstraites, qu'il faut un matériel à son imagination et à son culte, qu'elle a inventé le paradisiaque *Soumérou*. De bonne heure aussi on a imaginé les Boddhisatwas, c'est-à-dire la conception d'êtres élus qui, hommes, anges ou même animaux, doivent, dans une de leurs futures naissances, devenir des Bouddhas et dont le *Karma* produit d'autres êtres dans une échelle toujours ascendante[4].

C'est surtout dans le nord, le Népaul, le Thibet, que la doctrine bouddhiste a subi de graves altérations. Elle y est même devenue un vrai polythéisme ou plutôt un monothéisme polythéique. On admet l'existence d'un Bouddha primordial, *Adi-Bouddha*, issu de cinq *Dhyani-Bouddhas* ou types célestes, dont les Bouddhas terrestres ne sont que des émanations. A tour de rôle, chacun de ces cinq *Dhyani-Bouddhas* tire de son essence immatérielle un univers matériel. Notre monde actuel

---

1. T. W. Rhys Davids. *Bouddhism*, 87, 90, 95.
2. *Ibid.* 104, 105.
3. *Ibid.* 76.
4. *Ibid.* 200.

est une émanation du quatrième *Dhyani-Bouddha*[1], etc., etc. Mais ces aberrations n'ont rien à voir avec la doctrine attribuée à Çakya-Mouni et qui a certainement quelque grandeur. De cette doctrine est dérivée une morale, qui n'est pas non plus dépourvue d'originalité.

IV. — LA MORALE DU BOUDDHISME

Dégagé des superstitions populaires, qui ont fini par l'envahir, le Boudhisme, fondé sur deux idées principales, le panthéisme et la transmigration, est une religion qui, logiquement, ne comporte pas de dieux. C'est une religion athée, dont l'objet principal est de fonder un système de morale et de formuler des règles dont l'observance puisse rendre l'homme capable de rompre la chaîne odieuse des existences individuelles et de s'absorber dans le grand tout. Un vrai bouddhiste n'a donc nullement besoin de prier; la méditation pieuse lui suffit.

La doctrine bouddhique est également incompatible avec l'idée de caste; c'est même par là qu'elle se distingue surtout de la doctrine brahmanique. Le culte, c'est-à-dire l'art de se concilier les puissances célestes, est aussi inutile, puisque la responsabilité des actes étant personnelle et inéluctable, la pénalité ne s'élude pas. Dans la vie actuelle ou dans une vie future, mais terrestre, l'individu doit nécessairement porter le poids de ses actions, souffrir à cause d'elles, si elles sont mauvaises, dégénérer en animal, en plante, même en minéral, et indéfiniment jusqu'à ce que, par de convenables austérités, il ait réussi à secouer le fardeau de l'existence individuelle.

La négation des distinctions de castes, sur lesquelles repo-

1. T. W. Rhys Davids. *Buddhism*, 204.

sait toute la société brahmanique, fut une tentative absolument révolutionnaire et qui, en attirant la masse des petits, des opprimés, ne contribua pas peu à la diffusion du Bouddhisme. On raconte que l'un des saints du Bouddhisme, Ananda, ayant demandé à boire à une Tchandali, à une femme née de l'union sacrilège d'un soudrâ et d'une brahmani, celle-ci n'osait approcher du saint homme de peur de le souiller : « Ma sœur, dit Ananda, je ne te demande pas quelle est ta caste, quelle est ta famille; je te demande un verre d'eau, si tu peux me le donner[1]. »

Déjà le Brahmanisme, qui admettait aussi la doctrine de la transmigration, avait prêché le respect de tous les êtres vivants; le Bouddhisme poussa ce respect à l'extrême, comme le proclament diverses légendes : celle du Bouddha, qui se laisse dévorer par une tigresse affamée; celle du roi Sivi, offrant lambeau par lambeau tout son corps à un faucon pour sauver la vie d'un pigeon[2], etc.

Le souci du renoncement, l'amour de l'anéantissement ont imprimé à la morale bouddhique un caractère à la fois honnête et ascétique. Les devoirs moraux ont été formulés en huit préceptes : 1° Ne pas détruire d'être vivant; 2° ne jamais prendre ce qui n'a pas été donné; 3° ne pas mentir; 4° Ne pas boire de liqueurs enivrantes; 5° s'abstenir des relations sexuelles illégitimes, qui sont ignobles; 6° ne pas user d'aliments la nuit; 7° ne pas porter de guirlandes, ni se servir de parfums; 8° dormir sur une natte étendue sur le sol. De ces commandements, les cinq premiers sont attribués au Bouddha et sont obligatoires pour tout bouddhiste; les autres sont seulement recommandés[3] et on y ajoute deux autres commandements supplémentaires : 9° s'abstenir de

---

1. Mary Summer. *Les Religieuses bouddhistes*, 9.
2. *Ibid.* 8.
3. Rhys Davids. *Buddhism*, 139.

danse, de musique et de théâtre ; 10° s'abstenir d'or et d'argent. Le tout forme un décalogue (*Dosa-Sila*), dont les cinq derniers articles sont obligatoires seulement pour les moines mendiants [1].

Dix péchés correspondent aux dix commandements, mais pas exactement. Il y a *quatre péchés corporels* : tuer, voler, mentir, avoir des relations sexuelles illégitimes ; *quatre péchés verbaux* : mentir, médire, jurer, tenir de vaines conversations ; *trois péchés de l'esprit* : être avare, haineux ou sceptique [2].

D'autres préceptes secondaires règlent les devoirs des parents envers leurs enfants et réciproquement, ceux des époux entre eux, ceux des amis entre eux, ceux des maîtres et des serviteurs [3]. Mais tous ces préceptes sont de pure morale ; ils n'ont rien à voir avec les exercices ascétiques, qui conduisent au Nirvâna, avec les *sentiers*, au nombre de quatre [4], savoir : 1° le *sentier* de la *conversion* ; 2°, le *sentier* de ceux qui veulent encore retourner au monde ; 3° le *sentier* de ceux qui renoncent à y retourner ; 4° le *sentier* des seuls dignes, des *Arahat*, qui ont dépouillé le désir.

Par le ton général, par la forme et souvent par le fond, les écrits moraux du Bouddhisme sont parents des préceptes évangéliques de notre Christianisme. J'en citerai quelques extraits : « Commencez, sortez de la maison, appliquez-vous à la Loi du Bouddha ; renversez l'armée de la mort, comme un éléphant renverse une hutte de roseaux. Car celui qui marchera sans distraction dans cette discipline de la Loi, après avoir échappé à la succession des naissances, mettra un terme à la douleur [5]. » — « Comme la pluie fait irruption

---

1. Rhys Davids. *Buddhism*, 140, 141.
2. *Ibid.* 142.
3. *Ibid.* 145.
4. *Ibid.* 148.
5. Mary Summer. *Les religieuses bouddhistes*, 9.

dans une cabane, dont le chaume est en mauvais état, ainsi les passions font irruption dans un esprit mal discipliné. » — « Comme l'abeille dérobe le nectar sans nuire aux fleurs, sans en altérer ni la couleur ni le parfum, ainsi le sage vit sur la terre. » — « Comme une belle fleur aux couleurs éclatantes, mais sans parfum, les belles pensées de l'homme qui n'agit pas sont stériles. Comme une belle fleur éclatante et parfumée, les belles paroles de l'homme qui agit donnent des fruits. » — « On peut, dans une bataille conquérir des milliers et des milliers d'hommes; mais l'homme qui s'est conquis lui-même est le plus grand vainqueur[1] ». — « Ce n'est pas par la naissance qu'un homme est de basse caste; ce n'est pas par la naissance qu'un homme est brahmane. Par les actions seules on devient de basse caste; par les actions seules on devient brahmane[2] ». L'extrait suivant, par lequel je terminerai ces citations, paraphrase avec ampleur certain précepte évangélique prêchant la résignation : « Un homme pieux est-il insulté? il se dit : « Comme ils sont bons, ils ne me battent point! » Est-il battu à coups de poing? il se dit : « Comme ils sont bons, ils ne me frappent pas avec un bâton! » Est-il frappé avec un bâton? il se dit : « Comme ils sont bons, ils ne me tuent pas! » Si on le tue, il se dit : « Comme ils sont bons de me délivrer avec si peu de souffrances de ce corps impur![3] » Pour compléter la ressemblance, la prédication bouddhique a largement usé de paraboles, comme l'Évangile chrétien. Je citerai, à titre d'exemple, l'une de ces paraboles attribuées au Bouddha lui-même, la parabole dite du *Grain de moutarde* : « Kisâgotami, dont le mariage avec le fils unique d'un homme riche avait été somptueusement célébré, devint mère d'un bel enfant, qui mourut juste au

---

1. Extraits du *Dhanumpada* (cité par Rhys Davids), 128, 129.
2. *Vasala Sutta*, 27 (*Ibid.*)
3. A. Wuttke. *Geschichte des Heidenthums*, II, 576.

moment où il commençait à marcher seul. Affolée d'amour maternel, la jeune femme, serrant contre son sein le cadavre de son enfant, s'en allait de maison en maison, implorant de la compassion de ses amis un remède à son malheur. Un mendiant bouddhiste, pensant qu'elle ne comprenait pas la réalité, lui dit : « Chère femme, je n'ai pas le remède, que vous demandez; mais je crois connaître un homme qui le possède ». — « Oh! Indiquez-le-moi, dit Kisâgotami. » — « Le Bouddha peut vous donner ce remède; allez le trouver. » Elle alla près de Gautama et, en lui rendant hommage, elle dit : « Seigneur et maître, connaissez-vous un remède qui puisse servir à mon enfant? » — « Oui, dit le Maître, j'en sais un. » La coutume était alors que les malades ou leurs amis se procurassent les herbes dont les docteurs avaient besoin; aussi Kisâgotami demanda-t-elle quelles étaient les herbes nécessaires. « Il ne faut que quelques graines de moutarde », lui fut-il répondu. Et, quand la pauvre femme eut promis avec empressement d'apporter bien vite une chose si commune, le Maître ajouta : « Mais il faut que ces graines proviennent d'une maison où il ne soit mort ni un fils, ni un époux, ni un parent, ni un esclave ». — « Très bien », dit la jeune femme, et elle se mit en quête de ce qui lui était demandé, portant toujours avec elle son enfant mort. Les gens lui disaient : « Voilà de la graine de moutarde, prenez-en; » mais, quand elle demandait : « N'est-il pas mort un fils, un mari, un parent, un esclave dans la maison de mon ami? », on lui répondait : « Madame, que dites-vous donc? Le nombre des vivants est petit; celui des morts est immense. » Alors elle s'en allait dans d'autres maisons; mais l'un lui disait : « J'ai perdu un fils », un autre : « Nous avons perdu nos parents »; un troisième : « J'ai perdu mon esclave ». A la fin, ne réussissant pas à trouver une seule maison où personne ne fût mort, la clarté se fit dans son esprit, et, renonçant à son dessein chimérique, elle abandonna le cadavre de son enfant et retourna rendre hommage au Bouddha, qui lui dit : « Avez-vous les graines de moutarde ? » — « Mon seigneur, répondit-elle, je n'en ai pas. Les gens m'ont répondu, que petit était le nombre des vivants, immense celui des morts ». Alors le Maître lui exposa la partie essentielle de son système, savoir l'instabilité de toute chose, si bien que les doutes de Kisâgotami étant dissipés, elle accepta son lot, devint une disciple et entra dans le premier sentier[1]. »

Autre trait de ressemblance avec l'Évangile, le langage du Bouddha et des saints du Bouddhisme est plein de métaphores mystiques et allégoriques : dans une parabole dite *du Semeur*, la foi est la semence, les bonnes œuvres la pluie fertilisante, la sagesse et la modestie sont la charrue et « mon esprit, dit le Bouddha, est la rêne qui guide ». Le *birana*, le chiendent des champs de riz, c'est le désir, qui se cramponne à tout ; la transmigration, c'est l'océan, etc., etc.[2].

L'esprit de la religion bouddhique est donc, avant tout, moral et mystique ; aussi, à s'en tenir aux enseignements mêmes du fondateur, devrait-on remplacer totalement le culte proprement dit par l'ascétisme. La plèbe des bouddhistes n'a pu entendre ainsi la doctrine ; il lui fallait des dieux, des idoles, des cérémonies ; mais ce Bouddhisme inintelligent est une adultération de la religion primitive.

V. — ASCÉTISME ET MONACHISME

Le Bouddhisme commença par proscrire les sacrifices d'animaux[3], qui, avec les offrandes, faisaient le fonds du

1. *Buddhaghosha's Parables*, ch. x. (Cité par Rhys Davids in *Buddhism*, 133.
2. Rhys Davids. *Buddhism*, 133, 135.
3. Monier Williams. *Hinduism*, 74.

culte brahmanique. Le sacerdoce devint donc inutile. Pas de dieux, par suite nul besoin *d'intercesseurs*. En dehors des pénitences *personnelles*, il n'existe en effet, selon le Bouddha, ni mérite ni démérite[1]. L'essentiel est d'arriver à l'annihilation, au *Nirvâna*. C'est ce que le Bouddha découvrit dans ses premières méditations et ce qu'il a formulé dans ce qu'on appelle « la loi ou la doctrine de la roue », ainsi conçue : 1° Partout où il y a vie, il y a souffrance; 2° la cause de la souffrance, c'est le désir; 3° pour s'affranchir, il faut supprimer le désir, arriver à l'extinction de l'être, au *Nirvâna*.

On parvient au *Nirvâna* par les huit *sentiers* indiqués par le Bouddha, quatre pour les laïques, quatre supplémentaires pour les ascètes. Les quatre premiers sont : la juste vision, les justes pensées, les justes paroles, les justes actions; les quatre derniers sont : une droite vie de reclus, une droite application à l'étude de la loi, une droite mémoire pour s'en souvenir, une droite méditation[2].

Les prêtres sont inutiles, mais il est besoin de saints personnages pour répandre l'enseignement; car il faut mettre en œuvre tout un art ascétique pour atteindre le *Nirvâna*. Ce bonheur est presque inaccessible aux laïques et de bien difficile obtention pour les autres; mais il importe néanmoins d'entrer dans le sentier; plus tard, dans quelque future existence, on finira bien par se reposer dans le *Nirvâna*[3]. La route est longue, mais les procédés qui aident à la parcourir sont connus. Il faut vivre aussi peu que possible, éteindre en soi tous les désirs, retenir sa main, son pied, sa langue, tout supporter, être heureux dans la solitude, goûter une joie tout intérieure.

Pour arriver au but suprême, il faut gravir quatre degrés;

---

1. Rhys Davids. *Buddhism*, 152.
2. Monier Williams. *Hinduism*, 77.
3. *Ibid.* 125.

1° Goûter la joie de l'isolement, mais une joie pleine de réflexion ; 2° joie et paix profonde, mais sans réflexion, ni investigation d'aucune sorte ; 3° parvenir à la patience par le contentement et la destruction de la passion. A ce degré la conscience même s'évanouit ; on est en extase ; 4° paix religieuse, absence parfaite de contentement et de douleur, de joie et de chagrin[1].

Dans l'état de sainteté, l'on s'est délivré de dix chaînes : l'illusion personnelle, le doute, la dépendance des rites, la sensualité, la haine, l'amour de la vie terrestre, le désir de la vie céleste, l'orgueil, la justice personnelle, l'ignorance. On est alors un *Arahat* ; or l'*arahat* est juste sur le seuil du *Nirvâna* ; il va s'y dissoudre ; en lui, le vieux *Karma* est épuisé et il ne s'en produira plus de nouveau[2].

Ces doctrines ont tout naturellement donné naissance à une population de moines et de nonnes. Pour entrer dans les ordres monastiques, il suffisait, à l'origine du Bouddhisme, de le désirer, d'être sain de corps et de condition libre. Aujourd'hui, on exige huit années d'exercices préparatoires seulement pour être admis au noviciat et au moins vingt années pour recevoir la pleine ordination. Le novice est ordonné en grande cérémonie, après examen, devant le chapitre. On lui lit les règles de l'ordre et il prononce ses vœux[3].

La règle est sévère. Il faut se lever avant le jour, balayer la résidence, tirer de l'eau pour la journée, l'épurer dans une passoire, méditer dans un endroit solitaire, offrir des fleurs aux reliques, s'en aller mendier ses aliments. Après le repas, on doit laver le bol des aumônes, adorer le Bouddha, méditer, demander des éclaircissements à son supérieur sur des points de doctrine, balayer les endroits sacrés, écouter

---

1. Rhys Davids. *Buddhism*, 175.
2. *Ibid.* 110.
3. *Ibid.* 153, 161.

les enseignements du supérieur, répéter les passages qu'il a enseignés, enfin lui confesser ses fautes, si l'on en a commis[1]. Les supérieurs, eux, sont exemptés de tout travail manuel; mais les moines ne font pas vœu d'obéissance et le supérieur n'a pas non plus le droit d'absolution. C'est par ses œuvres personnelles que chacun doit se sauver. Cependant, deux fois par mois, le moine confesse les infractions à la règle qu'il a pu commettre, et on lui impose une pénitence proportionnée à la faute[2].

Le fond de cette règle monastique, c'est l'obligation de l'humilité, de la pauvreté, de l'abstinence. Il faut s'abstenir d'aliments animaux, porter une robe de couleur orange et faite de lambeaux cousus pour qu'elle soit sans valeur; ne posséder que trois de ces robes, une ceinture, un bol d'aumônes, un rasoir, une aiguille, enfin une passoire à eau pour ne pas courir le risque d'avaler quelque animalcule vivant. Les relations sexuelles, le vol et le meurtre, également coupables, entraînent l'expulsion de l'ordre[3].

Malgré son esprit égalitaire, le Bouddhisme n'admet pas l'égalité des sexes. C'est même un article de foi, qu'une femme ne peut passer immédiatement de cette vie à l'état de sainte dans une autre existence; il faut, au préalable, que, par ses bonnes œuvres, la femme mérite de se réincarner dans un corps d'homme pour se préparer alors à la sainteté : le Bouddhisme n'a donc pas de saintes[4].

Le Bouddha, rapporte-t-on, s'opposa d'abord à la fondation d'ordres religieux féminins : « Vois-tu, disait-il au saint Ananda, si on les initie à la discipline de la loi, elles n'y resteront pas longtemps. Une maison où il y a peu d'hommes et beaucoup de femmes n'inspire aucune crainte aux voleurs:

1. Rhys Davids. *Buddhism*, 169.
2. *Ibid.* 168.
3. *Ibid.* 163, 167.
4. Mary Summer. *Les Religieuses bouddhistes.* Préface X (Note 1).

elle est de suite envahie par eux et prise d'assaut. De même la discipline ne dure pas dans une maison habitée par des femmes. Et, quant au vœu de continence, veux-tu que je te parle franchement, Ananda? Toute femme, ayant une bonne occasion pour agir en cachette et étant excitée, fera ce qui est mal, quelque laid que le galant puisse être, n'eût-il même ni mains ni pieds[1]. »

Mais le Maître finit par céder, et aujourd'hui le monde bouddhique est couvert de couvents de femmes, institués à peu près sur le modèle des couvents d'hommes et observant les mêmes formalités d'admission. L'institutrice dit à la nouvelle initiée : « C'est le moment de dire la vérité et le temps d'être pure. A tout ce que je te demanderai réponds sans mensonge ni erreur : « Es-tu femme? — Ton père et ta mère consentent-ils à ton entrée en religion? — Tu n'es pas esclave? — Tu n'es pas voleuse? — Tu n'es pas *Naga*? — Tu n'es pas un religieux déguisé? — Tu n'as pas blessé le roi? — Tu n'es pas irritée contre lui? — Tu n'es pas atteinte de lèpre ou d'une autre maladie contagieuse?[2] » etc., etc., etc. La règle des couvents féminins est pourtant spéciale; en voici les cinq premiers commandements : 1° Ne pas aller seule dans un village; 2° ne pas se disputer; 3° ne pas être en contact avec un homme; 3°' ne pas rester seule avec lui; 5° éviter toute faute et tout mal moral[3]. On voit, que ces règles visent surtout la fragilité de la chair. A Siam, on a pris contre cette fragilité une précaution plus radicale que de simples prescriptions monastiques. Les talapoines ne sont pas admises à faire profession avant d'avoir cinquante ans révolus[4].

Au monde, qui la quitte, elle veut renoncer.

1. Mary Summer. *Les Religieuses bouddhistes*, 13.
2. *Ibid.* 20.
3. *Ibid.*
4. *Ibid.* 62.

L'esprit du Bouddhisme primitif était plus large. Toute opprimée trouvait alors un asile dans un couvent et y était admise sans distinction de caste, pourvu seulement qu'elle eût vingt ans accomplis[1]; mais toute infraction au vœu de chasteté entraînait déjà l'expulsion immédiate et l'on n'admettait aucune circonstance atténuante[2].

Au fond, tout cela est fort catholique et, ce qui l'est plus encore, c'est que tous ces ordres monastiques d'hommes ou de femmes sont des ordres mendiants. La quête est, en effet, très largement employée dans le monde bouddhique, même en dehors des congrégations religieuses. A Ceylan, le clergé recourt à la fructueuse intervention de jeunes filles de haut rang, qui, parées de leurs plus beaux atours, s'en vont, de maison en maison, portant l'image du Bouddha voilée d'une étoffe blanche et disant : « Nous implorons votre charité pour le sacrifice du Bouddha »[3].

VI. — DÉCHÉANCE MORALE DU BOUDDHISME

Les dogmes primitifs du Bouddhisme étaient beaucoup trop élevés et trop abstraits pour la foule. En outre, par son ascétisme, la religion du Bouddha séduisait la masse des esprits mystiques, c'est-à-dire mal équilibrés. Enfin, comment se passer de théologie, d'églises, de prêtres, d'idoles, de culte? On ne s'en est point passé, surtout quand le Bouddhisme est devenu la religion des races mongoliques. Les temples, les *dagobas* se sont élevés par milliers; le Bouddha, la loi et la congrégation des prêtres, c'est-à-dire *Bouddha*, *Dharma* et *Sangha*, ont formé une Trinité représentée par des idoles, auxquelles, dans le nord, sont venus se joindre les dieux et

---

1. Mary Summer. *Loc. cit.* 17.
2. *Ibid.* 26.
3. *Ibid.* 66.

déesses de l'Inde aux têtes et aux mains multiples[1]. Le Lamaïsme, dont nous avons précédemment parlé, est, au Bhoutan et au Thibet, une religion idolâtrique, vivant au mieux avec les croyances primitives les plus inférieures[2]. Dans le nord, le *Tantra*, mélange de magie et de sorcellerie, s'est aussi incorporé au Bouddhisme[3]. On a des amulettes, des charmes, des reliques, des arbres sacrés, dont le plus célèbre est le *Ficus religiosa*, planté à Ceylan vers le milieu du IIIe siècle, et provenant de celui à l'ombre duquel s'est, dit-on, assis le Bouddha[4]. Vers le Xe ou XIe siècle, une secte, alla jusqu'à rompre avec le panthéisme bouddhique et à admettre une cause première[5].

Nous avons vu qu'à Lhassa, se sont organisés un culte et une théocratie si peu bouddhiques, qu'ils rappellent à s'y méprendre l'organisation catholique, à laquelle ils ont dû servir de modèles. En effet, durant les premiers siècles de l'ère chrétienne, le Bouddhisme avait sûrement des missionnaires en Asie Mineure, si bien même qu'au VIIIe siècle, saint Jean de Damas a écrit sous le titre de « Vie de Barlaam et de Joasaph » une légende tirée de la vie du Bouddha. Ce récit a même été traduit dans plusieurs langues européennes et son héros a fini par être canonisé sous le nom de saint Josaphat[6]. Le fait que le Bouddha est devenu un saint catholique autorise à croire que la religion du Christ a fait de nombreux emprunts à celle de Çakya-Mouni et qu'il n'est pas besoin de recourir à la méchanceté satanique, comme l'ont cru les missionnaires catholiques, pour se rendre compte de l'existence au Thibet d'une édition *princeps* de théocratie papale.

---

1. Monier Williams. *Hinduism*, 76.
2. Dalton. *Ethnol. Bengal*, 97.
3. Rhys Davids. *Buddhism*, 207.
4. *Ibid.* 59.
5. *Ibid.* 150.
6. E. Burnouf. *Science des religions*. Ch. v. 137. Ch. x. 271.

Si le Bouddhisme dégénéré a notablement influé sur le Catholicisme, il a bien plus largement encore contribué à modifier le Brahmanisme, avec lequel il s'est trouvé en rivalité et en contact étroit. En effet, le Brahmanisme a fini par emprunter au Bouddhisme : l'abolition des sacrifices, une grande tendresse pour les animaux, une vive croyance à la transmigration et à l'efficacité émancipatrice des *tapas* ou mortifications, même une tendance à relâcher la tyrannie du système des castes. En effet, dans certains lieux de pèlerinage, les distinctions de caste s'oublient au moins en ce qui concerne les aliments et les repas. Finalement, de même que les catholiques ont fait du Bouddha un saint, les brahmanes l'ont considéré comme une incarnation de Vichnou[1]. Dans l'Inde, les quelques bouddhistes, qui se sont refusés à toute fusion ou conciliation, ont formé une petite secte, celle des Jaïnistes[2].

C'est en grande partie à cause de cette pénétration mutuelle des deux religions que le Bouddhisme a disparu de l'Inde; il ne différait plus assez du Brahmanisme pour subsister à côté de lui, comme religion indépendante.

VII. — GRANDEUR ET FAIBLESSE DU PANTHÉISME INDIEN

Les trois religions indiennes que nous venons d'étudier, le Védisme, le Brahmanisme et le Bouddhisme, marquent les phases d'une grande évolution religieuse. Le Védisme est la souche animique d'où est issu le Brahmanisme, dont le Bouddhisme n'est que le développement. Ces trois religions sortent de l'ordinaire et ont un caractère commun. Elles

---

1. Monier Williams. *Hinduism*, 80.
2. J. Vinson. *Religions actuelles*, 186, 195.

nous représentent certainement le plus grand effort intellectuel qu'ait jamais réalisé la pensée religieuse.

Dans le védisme, le concept des dieux commence à s'élargir ; Varouna et Pouroucha sont déjà des divinités panthéistiques ; mais, dans le Brahmanisme et le Bouddhisme, cette tendance s'accentue et devient l'essence même de la religion; puisque les personnifications divines se réduisent à n'être plus que des manifestations particulières de « l'identique », du grand tout, c'est-à-dire du double, de l'âme de l'univers.

Avec une pareille conception générale de la divinité, les idées sur la survivance posthume doivent forcément se modifier. La vie future ne saurait plus être conçue comme une seconde édition, plus ou moins bien corrigée, de la vie terrestre. En dehors du grand tout, de l'ensemble à la fois matériel et métaphysique du monde, du commun réservoir d'où émanent et où rentrent tous les êtres particuliers, rien n'existe sérieusement. Pourtant le sens moral, qui s'est développé en même temps que l'intelligence, réclame une sanction après la mort. La théorie de la métempsycose donne satisfaction à cet impérieux besoin; elle enseigne que l'existence personnelle se compose d'une longue série d'incarnations successives, d'autant plus relevées, d'autant plus inférieures que la personne a plus ou moins mérité ou démérité durant chacune e ces existences temporaires. Avec cette conception, il n'y a plus de place pour l'injustice du sort ou des sociétés : chacun a le lot qui strictement lui devait échoir. Seulement, comme les mauvais lots sont de beaucoup les plus nombreux, il en résulte, chez les croyants, un profond sentiment de lassitude, de découragement : on est las de vivre; on aspire à la délivrance, à l'absorption dans le grand tout; le pessimisme devient l'idée fondamentale de la philosophie et de la morale.

Nous avons vu cette conclusion du Brahmanisme éloquem-

ment exprimée dans la *Bhagavad-Gîta*; mais ce fragment est tiré
d'un grand poème, le *Mahabharata*, très postérieur au Bouddhisme et qui en a sûrement subi l'influence. — En effet, la
religion de Çakya-Mouni, tout en ayant même base et même
origine que celle de Brahma, en a poussé à l'extrême la désespérance. Comme le Brahmanisme, le Bouddhisme s'est aussi
fermé les longs espoirs de la béatitude après la mort; mais,
plus jeune que son rival, il supporte plus douloureusement les iniquités terrestres. Or, sous le dur et millénaire
régime des castes, il n'y a pas de place pour un meilleur
idéal de société en ce monde. Le Bouddhisme se contente
donc de briser, au point de vue religieux, l'intolérable chaîne
des castes, de proclamer que, devant le *Nirvâna*, tous sont
égaux; mais sa plainte devient plus navrante encore que
celle du Brahmanisme. Pour lui l'existence, quelle qu'elle
soit, est un fléau; à tout prix, il faut sortir du cercle sans
fin des existences individuelles. Le sage ne doit avoir qu'une
pensée, celle de l'extinction définitive. Se noyer une bonne
fois dans l'océan du grand tout, c'est le seul bonheur auquel
il faille aspirer et l'on s'en approche en atrophiant méthodiquement son corps, son cœur et son esprit. Ce n'est plus
seulement du pessimisme; c'est du misérabilisme, et tel a été,
dans l'Inde, le résultat ultime de spéculations religieuses
continuées pendant des milliers d'années.

CHAPITRE XVII

LE POLYTHÉISME GRÉCO-ROMAIN

A. — LE POLYTHÉISME HELLÉNIQUE

I. *Les rites funéraires.* — Fétichisme anthropomorphique. — Crémation et sacrifices humains. — II. *La vie future.* — Les doubles helléniques. — Le Hadès et le Tartaros. — Gouvernement monarchique dans le Hadès. — Comment on fait parler les ombres. — Appréciation de la vie future. — Genre de vie des ombres. — La Force héracléenne. — Le but de la crémation. — Sanction après la mort. — III. *Les dieux.* — Animisme des Pélasges. — Les dieux homériques. — Zeus et sa cour. — Zeus et sa femme. — L'anthropomorphisme hellénique. — Divinités abstraites. — Le polythéisme dans Hésiode. — Le mythe d'Ouranos. — Les dieux étrangers. — IV. *Culte et sorcellerie.* — Les augures. — La magie de Kirké. — Les charmes. — Les prières. — Les offrandes et sacrifices. — Les holocaustes. — Comment on séduit les dieux. — Les temples et les prêtres. — Importance des sanctuaires. — La religion et la morale. — Les crimes d'impiété.

B. — LE POLYTHÉISME ROMAIN

I. *Les rites funéraires.* — Le *spiritus* et le double. — Crémation et cérémonies funéraires. — Combats funéraires. — Banquet funéraire. — II. *Les doubles, les Mânes*, etc. — Animisme universel. — Les Larves et Lémures. — Les Mânes. — Les Champs-Élysées. — III. *Les dieux.* — Trente mille dieux. — Jugement de Polybe. — Les doubles animiques. — Petits et grands dieux. — Les dieux étrangers. — L'apothéose des souverains. — IV. *Le culte.* — Les offrandes et les sacrifices. — Les sacrifices humains. — Les offrandes alimentaires. — La prière au dieu Mars. — Magie et sorcellerie. — L'astrologie de Marc-Aurèle. — V. *La morale religieuse à Rome.* — Son extension. — Les offenses aux divinités. — La malédiction divine. — VI. *L'évolution du polythéisme.* — L'évolution du polythéisme gréco-romain. — Le symbolisme. — Le polythéisme se restreint — Polythéisme et Panthéisme. — Les dieux d'Épicure. — Le Panthéisme orphique. — Le Panthéisme virgilien. — Le dieu des stoïciens.

A. — LE POLYTHÉISME HELLÉNIQUE

I. — LES RITES FUNÉRAIRES

Comparé aux grandes religions de l'Inde, le polythéisme hellénique est une religion bien inférieure, puisqu'il se rattache directement à l'animisme dit *anthropique*, à la création imaginaire de doubles anthropomorphiques, logés dans l'univers ambiant et en personnifiant toutes les forces. Mais la race grecque, ayant été l'une des plus intelligentes de l'humanité, a su poétiser ces croyances essentiellement grossières ; elle y a introduit des idées et surtout assez de grâce et de beauté non seulement pour satisfaire ses goûts esthétiques, mais pour défrayer encore la poésie moderne de tous les pays civilisés. Cependant, pas plus que les autres, la race hellénique n'est parvenue en un moment indivisible au faîte de son développement mythique. Comme les autres, elle a passé par un âge bestial, antéhistorique ; les fouilles faites à Mycènes, Tyrinthe, etc., ont exhumé les restes indéniables d'un âge de la pierre taillée et polie et en même temps des idoles informes, attestant la très ancienne existence en Grèce, à l'aurore même de la phase historique, d'un fétichisme déjà anthropomorphique, et, en effet, ce qui caractérise à toutes les époques le polythéisme grec, c'est l'exagération de l'anthropomorphisme. Mais, à part cette particularité, le polythéisme grec ne diffère pas essentiellement des religions de même ordre.

Les coutumes funéraires, par exemple, telles qu'on les trouve décrites dans l'*Iliade* et l'*Odyssée*, attestent une mentalité sauvage. On tient extrêmement à être pleuré, enseveli suivant les rites consacrés. Dans l'*Odyssée*, nous voyons l'ombre d'Elpénor supplier Ulysse, lui enjoindre même de lui faire des funérailles, s'il ne veut encourir la colère des dieux, et de le brûler *avec toutes ses armes*, dont il tient évidemment à emporter les doubles dans le séjour des morts[1]. Dans l'*Odyssée* encore, Ulysse, sur le point de faire naufrage, regrette vivement de n'avoir point été percé par les lances d'airain des Troyens, parce qu'alors il aurait eu de belles funérailles[2].

A l'époque protohistorique, que nous peignent d'une manière si esthétique les poèmes d'Homère, la crémation était d'usage général au moins pour les gens de quelque importance, et l'on faisait aux doubles des morts des sacrifices analogues à ceux usités chez toutes les races inférieures. On pratiquait même encore des sacrifices humains, mais en ayant déjà des doutes sur la moralité de cette coutume : « Et ils firent le bûcher de cent pieds sur toutes ses faces, et, sur son faîte, ils déposèrent le cadavre de Patroklos. Puis ils égorgèrent et écorchèrent, devant le bûcher, une foule de brebis grasses et de bœufs aux pieds flexibles. Et le magnanime Akhilleus, couvrant tout le cadavre de leur graisse, de la tête aux pieds, entassa tout autour leurs chairs écorchées. Et, s'inclinant sur le lit funèbre, il y plaça des amphores de miel et d'huile. Puis il jeta sur le bûcher quatre chevaux aux beaux cous. Neuf chiens familiers mangeaient autour de sa table ; il en prit deux, qu'il jeta dans le bûcher. Puis, accomplissant une mauvaise pensée, *il égorga douze nobles enfants des Troyens magnanimes*. Puis il mit le feu au bûcher afin qu'il fût consumé et il gémit, appelant son cher compagnon »[3].

Dans ces funérailles, tout est sauvage. On croit évidemment à l'existence posthume d'un double ayant tous les besoins du vivant. Si l'on brûle le cadavre, c'est sans doute pour en dégager l'ombre et à cette ombre on offre des doubles

---

1. *Odyssée*, XI.
2. *Ibid*. V.
3. *Iliade*, XXIII. (Traduction Leconte de Lisle.)

d'aliments, d'animaux domestiques, et même de captifs destinés à servir dans l'autre monde l'ombre du mort. N'était la grâce du récit, tout cela pourrait aussi bien s'appliquer à mainte peuplade contemporaine, de race très inférieure.

II. — LA VIE FUTURE

Dans la pensée des Hellènes de l'âge homérique, le double du mort était son décalque exact, visible mais sans consistance, une « fumée », comme disent les Cafres. C'était surtout durant le rêve que les ombres des morts apparaissaient aux vivants, et elles avaient l'aspect, même les vêtements, qu'on leur avait connus. L'ombre de Patrocle se montre ainsi à Achille pour lui demander que leurs cendres soient réunies dans la même urne funéraire. Achille essaye bien de serrer dans ses bras cette ombre chérie, « mais il ne saisit rien et l'âme rentre en terre avec un âpre murmure ». Achille se réveille aussitôt stupéfait et s'écrie « O Dieux! L'âme existe encore dans le Hadès, mais, comme une vaine image, et sans corps[1] ».

Le *Hadès*, la demeure des doubles, est un pays souterrain, assez analogue à la surface terrestre; c'est le séjour des ombres humaines. Outre le Hadès, il existe un endroit bien plus affreux, le *Tartaros*, situé au-dessous du Hadès aussi profondément que ce dernier est au-dessous du ciel, de l'Ouranos. Le Tartare a des portes de fer et un seuil d'airain. Dans l'*Iliade*, Zeus menace les dieux de les y précipiter[2]; mais Homère n'y loge pas encore les ombres humaines. Celles-ci sont confinées dans le Hadès où certaines d'entre elles vivent libres et sans souffrances, tandis que certaines autres sont

1. *Iliade*, XXIII.
2. *Ibid.* VIII.

tourmentées, par exemple celle de Tantalos, plongée dans un lac jusqu'au menton, au milieu d'arbres fruitiers, dont les branches laissent pendre autour de sa tête des grenades, des oranges, des figues, des olives. « Et toutes les fois que le vieillard voulait les saisir de ses mains, le vent les soulevait jusqu'aux nuées sombres », les nuées du Hadès; et « toutes les fois que le vieillard se penchait dans son désir de boire, l'eau décroissait absorbée et la terre noire apparaissait sous ses pieds et un *daîmon* la desséchait[1] ». La roue d'Ixion, le rocher de Sisyphe, le tonneau des Danaïdes, se trouvaient aussi dans le Hadès.

L'*Odyssée* nous donne de curieux renseignements sur l'idée que se faisaient du Hadès et de ses légers habitants, les Hellènes protohistorisques. — Le Hadès est un pays monarchique; Aidès et sa femme Perséphonéia y règnent. Par des offrandes convenables, on peut obtenir de ces sombres divinités qu'elles permettent aux doubles de sortir de l'Érébos[2]; mais, pour recevoir de ces ombres des réponses, surtout des réponses vraies, il faut d'abord les alimenter, leur permettre de boire le sang frais et vivant d'un bélier et d'une brebis noire, sang recueilli dans une petite fosse qu'Ulysse creuse avec son épée[3]. Les ombres sont mélancoliques, très peu satisfaites de leur vie souterraine; elles ne comprennent pas qu'on quitte le monde ensoleillé, « la lumière de Hélios », pour venir visiter les morts « dans leur pays lamentable[4] ». Ces doubles ne sont que des êtres impalpables, de « vaines têtes », des apparences. Trois fois, Odysseus essaye d'embrasser l'ombre de sa mère et trois fois cette ombre se dissipe « comme un songe ». Pourtant les ombres peuvent boire le sang des victimes. Cela leur rend même une apparence de force, mais

1. *Odyssée*, XI.
2. *Ibid.* X, XI.
3. *Ibid.* XI.
4. *Ibid.* XI.

bien insuffisante. Voici l'ombre d'Agamemnon, qui, « ayant bu le sang noir », retrouve une certaine vie : « Ayant bu le sang noir, il me reconnut aussitôt et il pleura, en versant des larmes amères, et il étendit les bras pour me saisir ; mais la force, qui était en lui autrefois, n'était plus, ni la vigueur qui animait ses membres souples[1] ». — La mère d'Odysseus lui explique qu'après la mort « les nerfs ne soutiennent plus les chairs et les os, la force du feu ardent les consume aussitôt que la vie abandonne les os blancs et que l'âme vole, comme un songe[2] ». Rien ne vaut la vie au soleil, nous dit l'*Iliade* : « Les bœufs, les grasses brebis, les trépieds, les blondes crinières des chevaux, tout cela peut être conquis ; mais l'âme, qui s'est une fois échappée d'entre nos dents (l'âme c'est le souffle), ne peut être ressaisie ni rappelée[3] ». — Odysseus, toujours un peu courtisan, se hasarde à complimenter Achille au sujet du rang honorable qu'il occupe parmi les ombres : « Vivant, nous, Akhaïens, nous t'honorions comme un dieu, et maintenant tu commandes à tous les morts. Tel que te voilà, et bien que mort, ne te plains pas, Akhilleus. — Je parlai ainsi et il me répondit : « Ne me parle point de la mort, illustre Odysseus ! J'aimerais mieux être un laboureur et servir pour un salaire un homme pauvre et pouvant à peine me nourrir que de commander à tous les morts qui ne sont plus[4]. » Ce dédain matérialiste pour l'impalpable vie des ombres, un poète moderne, H. Heine, l'a aussi exprimé en paraphrasant la sortie d'Achille : « Ils disent que la gloire réchauffe notre tombe. Folies que tout cela ! Mieux valent, pour nous réchauffer, les lourdes caresses d'une vachère amoureuse, etc.[5] ».

1. *Odyssée.*
2. *Ibid.*
3. *Iliade*, XI.
4. *Odyssée*, XI.
5. H. Heine. *Le Livre de Lazare.*

Dans le Hadès, les ombres ont d'ailleurs conservé le caractère des vivants qu'elles représentent, et aussi leurs passions et leurs goûts. Ajax, ou plutôt son double, n'a nullement pardonné à Odysseus « la victoire qu'il avait remportée sur lui, auprès des nefs, pour les armes d'Akhilleus ». Dans le Hadès, on voit « le grand Orion chasser encore, dans les prairies d'asphodèles, « les bêtes fauves, qu'il avait tuées autrefois sur les « montagnes sauvages[1] », les mêmes fauves, c'est-à-dire leurs doubles, qui ont été reçus aussi dans le Hadès. Odysseus rencontre même dans le Hadès une apparence d'Hercule et il ne sait trop ce que ce peut être; car l'ombre d'Héraclès doit être avec les dieux, dans l'Olympe : ce que l'on voit dans le Hadès, c'est sans doute « la Force héracléenne »; néanmoins les ombres ordinaires ont peur de cette ombre d'ombre et se sauvent avec un bruit d'oiseaux[2].

Cette manière primitive, simpliste, de se figurer la vie future, les Grecs ne s'en départirent guère. Lucien raconte encore, ironiquement il est vrai, que le double de la femme d'Eucrate apparut à son mari pour réclamer une de ses sandales en or, qui, ayant glissé sous un coffre, avait échappé aux flammes du bûcher. Nous apprenons par là, que, chez les Grecs comme chez beaucoup de sauvages, la crémation avait pour but de dégager les doubles des corps et des choses. Dans le même opuscule de Lucien, on nous dit que Mélisse, femme de Périandre, refusa à son mari une réponse prophétique parce que, dit-elle: « J'ai froid et suis nue; car les vêtements mis en terre avec moi n'ont pas été brûlés et par conséquent ne me sont d'aucun usage[3] ». Telle était donc la doctrine courante. Les pythagoriciens la varièrent un peu en imaginant

1. *Odyssée*, XI.
2. *Ibid.*
3. Lucien. *De Luctu*, IX.

que les ombres séjournaient non dans le Hadès, mais dans la voie lactée, d'où elles descendaient pour apparaître en songe à l'homme[1].

Pourtant les Hellènes cherchaient déjà à faire de la vie posthume une sanction de l'existence terrestre. Agamemnon prend les divinités à témoin de son serment : « Soleil, qui vois tout et entends tout, fleuves et terre et vous, qui, sous la terre, punissez les hommes morts, lorsqu'ils ont violé un serment, soyez nos témoins, etc.[2] ». A en croire Hésiode, les ombres des hommes de l'âge d'or, devenues de bons génies, parcourent la terre pour dispenser la richesse et réprimer l'injustice.... Les esprits des méchants, changés en larves et lémures, sont tourmentés et tourmentent les hommes[3]. Selon Plutarque, toute personne qui meurt sans avoir été ou punie ou purifiée ici-bas est tourmentée après la mort, jusqu'à l'extinction de toute passion[4]. Mais, au total, le souci de la vie future n'arriva jamais en Grèce à l'état d'obsession effrayante, qu'il atteignit chez les Chrétiens.

III. — LES DIEUX

Les dieux helléniques sont bien loin de répondre à des conceptions philosophiques ; ils représentent simplement les forces, objets ou phénomènes du monde extérieur. Un culte plus ancien, celui des Pélasges, était plus inférieur encore, purement animique et fétichique. De lui venaient les pierres sacrées de Delphes, la zoolâtrie, l'aigle de Zeus, le loup d'Apollon, la chouette d'Athénè, etc. A Dodone, Zeus continua

---

1. Porphyre. *De Antro Nympharum*, 28. Macrob. *De Somn. Scip.* I, 12.
2. Ménard. *La morale avant les philosophes*, 191.
3. Friedlaender. *Mœurs romaines*, IV, 479
4. *Ibid.*

durant des siècles à se révéler par le bruit du tonnerre, le bruissement des feuilles[1].

Dans Homère, les dieux sont devenus franchement anthropomorphiques ; mais ils sont beaucoup plus puissants, plus éthérés aussi que les hommes. Ainsi l'ambroisie suffit à leur alimentation et ce n'est pas du sang, qui coule dans leur système circulatoire, mais une liqueur plus subtile, l'*ichor*. Quand Aphroditè fut blessée par le brutal Diomède, « le sang immortel de la désse coula subtil et tel qu'il sort des Dieux heureux ; car ils ne mangent point de pain ; ils ne boivent point de vin ardent, et c'est pourquoi ils n'ont point notre sang et sont nommés immortels, etc. »[2]. Même les chevaux des immortels tiennent de la divine essence de leurs maîtres et, quand Iris ramène dans le char d'Arès Aphroditè blessée, elle donne aux chevaux une nourriture immortelle[3].

Pourtant la plupart des dieux helléniques personnifient encore les forces naturelles. Le soleil est devenu Hélios, qui porte la lumière aux immortels dans l'Ouranos d'airain et aux hommes sur la terre féconde[4]. Zeus est un dieu météorologique ; c'est « l'assembleur des nuées » ; il tonne longuement, quand cela lui plaît[5]. Il fait pleuvoir ou plutôt il pleut lui-même ; car il s'identifie avec le ciel, « et Zeus pleuvait continuellement », dit l'*Iliade*[6]. — Zeus trône dans l'Ouranos, dans le ciel, au-dessus de l'Olympe neigeux. Fils du temps, de Kronos, il a deux frères : Poseidon, qui a des cheveux d'azur et habite « la blanche mer », Aidès (Pluton), qui eut pour royaume souterrain l'empire des ténèbres. Zeus eut en partage le ciel, « le large Ouranos, dans les nuées et l'Éther ». La terre et le haut Olympos, à ce que prétend Posei-

1. Tiele. *Man. Hist relig.* 290.
2. *Iliade*, V.
3. *Ibid.*
4. *Odyssée*, III.
5. *Iliade*, XX, et *passim*.
6. *Ibid.* XII.

don, sont restés propriété indivise, domaines communs, et le dieu des mers, « celui qui ébranle la terre, entend bien y conserver son droit de jouissance[1] ».

Zeus siège habituellement sur le sommet de l'Olympe, trônant, comme un roi despotique, au milieu des autres immortels. De là il ne perd pas de vue les hommes. A sa porte, Zeus a deux tonneaux pleins, l'un de biens, l'autre de maux, et, suivant son caprice, il en dispense le contenu aux mortels : « celui qui a reçu seulement des dons malheureux est en proie à l'outrage; la mauvaise faim le ronge sur la terre féconde et il erre çà et là, sans être honoré ni des dieux ni des hommes »[2].

Zeus affectionne la plus élevée des cimes de l'Olympe et c'est sur ce sommet que Thétis, ayant un service à lui demander, va le trouver, un matin, après avoir gravi la montagne[3]. — Dans l'Olympos, Zeus vit au milieu de sa cour de dieux, exactement comme un roi hellénique; il préside aux festins des dieux, groupés sur un pavé d'or, pendant que la vénérable Hébé leur verse du nectar dans des coupes d'or[4]. Les dieux délibèrent dans l'*agora* céleste, sous la présidence de Zeus[5], exactement, comme le font les Hellènes sur la terre. Le maître des dieux, quand il veut tenir cour plénière, a soin de faire convoquer par Thémis tout le populaire divin : les fleuves, les nymphes des forêts et les naïades[6], etc. — Zeus est très puissant : quand il secoue sa tête ambroisienne, rien que pour faire une promesse, l'Olympe en est ébranlé[7]. Il est magnifique : quand il veut voyager, entre « la terre et l'Ouranos étoilé », il attelle à son char des chevaux aux crinières d'or,

1. *Iliade*, XV.
2. *Ibid*, XXIV.
3. *Ibid*. I.
4. *Ibid*. IV.
5. *Odysée*, V.
6. *Iliade*, XX.
7. *Ibid*.

revêt des habits d'or et saisit un fouet d'or, etc.[1]. Quand il dételle, il a bien soin, en propriétaire économe, de couvrir son véhicule d'une toile de lin[2], d'une housse.

Néanmoins, malgré sa force et sa grandeur, Zeus a bien de la peine à gouverner ses sujets olympiens; car ce sont des dieux helléniques, fâcheusement imbus d'un esprit républicain. Les frères et surtout la femme de Zeus lui donnent bien de l'ennui. Le dieu Arès (Mars) n'est pas non plus facile à conduire. Si la fille de Zeus, la sage Athénè, n'intervenait pas à temps, on verrait le dieu des batailles se ruer, la lance en arrêt, sur le maître de l'Olympe[3]. La raisonnable Athénè elle-même a parfois des velléités de révolte et son céleste père est obligé de la menacer. Mais c'est surtout la femme de Zeus, Hérè aux yeux de bœuf, qui est l'indocilité même, à ce point que le maître de l'Olympe a fini par en prendre son parti : « Ma colère, dit-il, est moins grande contre Hérè! car elle a l'habitude de toujours résister à ma volonté[4]. » Pourtant, une fois, Zeus finit par perdre patience, car les femmes acariâtres passent parfois toute mesure, et il suspendit la rebelle dans l'air avec une chaîne d'or, après lui avoir attaché une enclume à chaque pied[5]. Cet acte d'énergique autorité conjugale fit sur les habitants de l'Olympe une très forte impression; pourtant « le père des hommes et des dieux » est obligé de temps en temps d'enfler la voix : « Suspendez une chaîne d'or du faîte de l'Olympe et tous, dieux et déesses, attachez-vous à cette chaîne. Vous n'entraînerez jamais, malgré vos efforts, Zeus, le modérateur suprême. Et moi, certes, si je le voulais, je vous enlèverais tous et la terre et la mer, et j'attacherais cette chaîne au faîte de l'Olympe et tout y

1. *Iliade*, VIII.
2. *Ibid.*
3. *Ibid.* XV.
4. *Ibid.* VIII.
5. *Ibid.* XV.

resterait suspendu : tant je suis au-dessus des dieux et des hommes[1] ».

Dans l'Olympe, les dieux vivent exactement comme les Hellènes terrestres ; ils rient, ils festinent, ils se jalousent, se trompent, se vengent, font l'amour. Quand Zeus se réconcilie avec l'indocile Hérè, il la couche sur le sol de l'Olympe, après avoir pris la précaution décente de l'envelopper d'un nuage d'or, puis il s'unit à elle et alors la terre, qui leur sert de couche, engendre le lotos, le safran et l'hyacinthe[2]. — Tout cela est gracieux, sans doute, mais aussi très enfantin.

Les autres divinités sont taillées sur le patron de leur maître. Tous et toutes suivent avec le plus vif intérêt la lutte des Grecs et des Troyens, prenant parti, qui pour les uns, qui pour les autres, se lançant même quelquefois dans la mêlée. Athénè descend de l'Ouranos et s'en va saisir Achille par sa blonde chevelure[3] afin de l'apaiser... Apollon, venu aussi sur la terre, s'assied à l'écart près du camp hellénique et, de son arc d'argent, décoche flèche après flèche sur les mulets, les chiens, les hommes[4]. Héraclès, violent, terrible, frappe de ses flèches même les habitants de l'Olympe[5]. Hephaistos travaille, comme un bon forgeron, façonnant à coups de marteau des trépieds, des armes[6].

L'animisme hellénique ne recule devant rien. Héphaistos, rompu de fatigue, est soutenu par deux servantes artificielles, en or[7] ; Odysseus demande pitié à un fleuve, au génie de ce fleuve, lui parle, le touche et l'apaise[8] ; le fleuve Scamandre reproche à Achille sa cruauté et l'adjure de ne point obstruer

---

1. *Iliade*, VIII.
2. *Ibid.* XIV.
3. *Ibid.* I.
4. *Ibid.*
5. *Ibid.* V.
6. *Ibid.* XVIII.
7. *Ibid.* XVIII.
8. *Odyssée*, V.

son lit avec les cadavres des Troyens[1]. Le sommeil est devenu le dieu *Hypnos*, frère de *Thanatos*, dieu de la mort[2]. L'aurore, Eôs, a des doigts rosés, un péplos couleur de safran; elle sort du lit de Thitôn pour porter la lumière aux dieux et aux hommes[3]. Les songes sont des esprits menteurs, que Zeus envoie aux hommes[4]. Certaines divinités plus abstraites sont de purs concepts, auxquels on a donné un corps, ce qui est la forme la plus élevée de l'animisme; par exemple, Thémis, la justice, déjà anthropomorphisée dans Homère, le destin, la *moira*, d'où sortirent les Parques, etc., etc. — Encore une fois, ce qui caractérise tout ce panthéon homérique, c'est la naïveté et la grâce; mais, à tout prendre, ce n'est que de l'animisme bien habillé, l'animisme d'une race qui a de l'avenir.

Dans Hésiode, l'imagination religieuse des Hellènes fait un pas de plus. Tout un peuple de génies, de *Daimones*, émanant de Zeus, courent sur la terre, vêtus d'air seulement. Ils sont au nombre de trente mille et leur fonction est toute morale; elle consiste à observer les jugements équitables et les mauvaises actions[5]; mais ils s'occupent aussi de bien autre chose. Ainsi il y en a un pour l'éternuement (Aristote. *Problemata*, XXXIII, 7), plusieurs pour la copulation, etc.

Dans l'Olympe d'Hésiode, la Justice, fille de Zeus, accuse devant le trône de son père les iniques jugements des rois[6]. Le ciel, l'Ouranos d'Hésiode, s'est beaucoup éloigné de la terre; le sommet de l'Olympe ne le touche plus comme autrefois. Une enclume d'airain, dit Hésiode, mettrait dix jours à tomber de l'Ouranos sur la terre et dix autres jours à tomber jusqu'au Tartaros[7].

1. *Iliade*, XXI.
2. *Ibid.* XIV.
3. *Ibid.* XI, et *passim*.
4. *Ibid.*
5. Hésiode. *Les travaux et les jours.*
6. Hésiode. *Les Travaux et les jours.*
7. *Ibid. Théogonie.*

Hésiode s'occupe beaucoup de l'origine des dieux, dont les poèmes homériques ne se soucient guère. La sombre Nuit, Nyx, a enfanté sans mâle Thanatos, Hypnos, les Hespérides, les Moires et les Kères inhumaines, Klothô, Lakhésis et Atropos[1]. Zeus, avec l'aide des dieux, fils de Kronos, et des divinités aux cent bras et aux cinquante têtes, qu'il a tirés de l'Érèbe, chasse les Titans de l'Ouranos. Zeus a de sa femme Hérè plusieurs enfants, Hébé, Arès, etc., et il fait sortir de sa tête la déesse Tritogénéia, aimant le tumulte, les clameurs, la guerre. De son côté Hérè enfanta par génération spontanée Héphaistos[2]. Celui-ci, procédant comme le dieu d'Israël, Iahveh, modela Pandore avec de la terre et de l'eau, et créa ainsi une belle vierge, qu'Athénè et Aphroditè se plurent à élever, mais à qui Herméios donna l'impudence de la chienne. Cette déité fut Pandore, qui, soulevant le couvercle d'un grand vase, déchaîna sur l'humanité toutes les misères; seule, l'Espérance ne put s'échapper[3]. On nous apprend aussi, que les Muses, si légères, si gracieuses sont filles de Zeus et de Mnémosyne, la mémoire divinisée[4]; on nous dit que le grand Ouranos s'accouplait la nuit avec Gaia et que de ces amours naquirent des dieux à cinquante têtes et à cent bras, Kottos, Briareôs, Gygès. Mais, comme dans un mythe néo-zélandais analogue, Kronos arrêta par un coupable attentat la série de ces enfantements. Guettant en effet le moment où Ouranos s'accouplait avec Gaia, il trancha d'un coup de faux les parties génitales de son père et les jeta dans la mer, ce qui donna naissance à Aphrodité[5].

Ce dernier mythe, si ingénieusement allégorique, serait d'origine sémitique[6]. D'autres divinités grecques eurent la

1. Hésiode. *Théogonie.*
2. *Ibid.*
3. Hésiode. *Les Travaux et les jours.*
4. Hésiode. *Théogonie.*
5. *Ibid.*
6. Tiele. *Loc. cit.* 295-297.

même origine. L'Ashtoret de Sidon se combina avec Aphrodite. Le culte des planètes vint de Phénicie[1], et, sans doute aussi, Okéanos, le fleuve Océan, que nous avons trouvé en Chaldée, et qui n'habite pas l'Olympe. Le brutal Héraclès, qui blesse les immortels, peut être le Melkart de Tyr, etc. — Finalement, le sens de tous ces mythes se perdit; Evhéméros, de Messène, n'y voulait plus voir que des hommes divinisés. Pour lui, Jupiter était un ancien roi de Crète. Puis naquit le doute philosophique : « Qui peut, dit un personnage d'Euripide, en observant la nature, dire s'il est un Dieu qui régit l'univers? C'est une obscurité impénétrable à l'homme, etc.[2] ». Mais les emprunts n'altèrent pas sensiblement la mythologie des Hellènes, qui, en s'appropriant les dieux étrangers, les modelaient sur les leurs et se les assimilaient entièrement.

IV. — CULTE ET SORCELLERIE

Le caractère primitif des croyances religieuses en Grèce suppose presque nécessairement la foi en la magie et la sorcellerie. Comme la vérité, l'erreur a sa logique et, sur ce point, la raison hellénique s'est ravalée au niveau des races les plus inférieures. Pour les Grecs de l'âge homérique, le vol de certains oiseaux avait un sens augural, par exemple, celui des aigles volant à droite[3]. Hésiode conseille aux gens, qui veulent se marier, de consulter d'abord le vol des oiseaux, d'éviter ensuite certains jours consacrés aux Érinnyes[4]. Dans l'*Odyssée,* nous voyons Kirkè changer « en pourceaux de neuf ans » les compagnons d'Ulysse en les frappant d'une baguette après leur avoir fait prendre une boisson magique. Puis la même

1. Tiele. *Loc. cit.* 94.
2. Euripide. *Héléna.*
3. *Odyssée,* II, XV.
4. Hésiode. *Travaux et jours.*

magicienne rend aux ensorcelés la forme humaine en les frottant d'un baume. Le poète a soin de nous dire que, bien que porcs par la forme et se nourrissant de glands, les Grecs métamorphosés avaient conservé leur intelligence humaine[1]. Dans Théocrite, une amante délaissée recourt à des enchantements pour punir l'infidèle[2], etc., etc. Mais toute la littérature hellénique est pleine de faits du même genre.

Dans la Grèce homérique, la plus intéressante pour qui s'occupe surtout des origines, le culte proprement dit est sans originalité. Il existe déjà des devins, mais ordinairement on se passe encore de prêtres. Le culte consiste en prières, offrandes et sacrifices : « Les dieux sont exorables, dit Homère... et les hommes les fléchissent par les prières, les vœux, les libations et l'odeur des sacrifices, quand ils les ont offensés... » — Les prières sont personnifiées, comme dans le *Rig-Véda* : « Les Prières, filles du grand Zeus, boiteuses, ridées et louches, suivent à grands pas Até (le vertige); les Prières la suivent, guérissant les maux qu'elle a faits[3] ».

Les sacrifices et offrandes en usage étaient fort simples : ils consistaient, comme à l'ordinaire, à donner à manger aux dieux. Les animaux sacrifiés étaient des agneaux[4], des bœufs[5] ou des génisses, dont on avait soin de dorer les cornes[6]. On les sacrifiait, en leur renversant la tête en arrière et leur coupant la gorge[7]. Après quoi, les cuisses étaient détachées, recouvertes de graisse et brûlées, suivant les rites, mais auparavant on plaçait sur elles les entrailles[8]. Les langues des victimes étaient coupées et jetées au feu, avec accompagne-

---

1. *Odyssée*, X.
2. Idylle II.
3. *Iliade*, IX.
4. *Ibid.* III.
5. *Ibid.* XV.
6. *Odyssée*, III.
7. *Iliade*, I.
8. *Odyssée*, III.

ment de libations[1]. Avant de plonger le couteau dans le cou de la victime, on avait soin de répandre de l'eau et des orges[1].

Les dieux helléniques étaient très friands de ces sacrifices et de l'odeur des victimes; ils se considéraient même comme ayant contracté une dette de reconnaissance vis-à-vis des sacrificateurs. Zeus déclare qu'il ne saurait oublier Odysseus, qui a offert tant de sacrifices aux habitants de l'Ouranos[2]. Iris s'en va, joyeuse, au pays des Éthiopiens; car, dit-elle, elle y prendra sa part de fréquentes hécatombes[3]. Parfois on sacrifie aux dieux, comme le faisaient les Aryas védiques, uniquement pour devenir riches, « pour ne pas vendre son héritage et acheter celui d'autrui[4] ».

Au cours des siècles, le culte grec se compliqua, mais sans changer de nature. Des temples s'élevèrent, un sacerdoce s'organisa. Dans les temples importants, un grand prêtre avait sous sa direction divers fonctionnaires sacrés: le néocore, qui jetait l'eau lustrale sur les fidèles, des aruspices, des sacrificateurs, des hérauts, etc. Dans quelques familles aristocratiques, certains sacerdoces se transmettaient déjà héréditairement. Enfin on consacrait aux dieux et, par conséquent, à leurs ministres, une portion du butin guerrier, etc., etc. A Athènes, le roi et les archontes eurent des fonctions sacerdotales[5].

Je ne puis que rappeler en passant les sanctuaires célèbres, Delphes, Dodone, etc., où l'on rendait des oracles. L'oracle de Delphes en particulier exerçait une véritable fonction politique; il prononçait sur les nouvelles institutions, les nouveaux cultes, les nouveaux jeux. La législation de Lycurgue eut même son origine à Delphes[6]. Le sanctuaire d'Éleusis avait

---

1. *Odyssée.*
2. *Ibid.* I.
3. *Iliade*, XXIII.
4. Hésiode. *Les Travaux et les jours.*
5. Schœmann. *Antiquités grecques*, 530, et *passim*.
6. Tiele. *Man. Hist. relig.* 307.

promulgué trois lois morales, qui ont une allure bouddhique :
« Honorer les parents. Offrir des fruits aux dieux. Ne pas
faire de mal aux animaux [1] ».

La religion grecque ne s'est guère occupée des pénalités ou
récompenses après la mort. La plupart des damnés de l'enfer
hellénique, Tantale, Ixion, etc., sont punis pour avoir offensé
les dieux. D'autre part, elle considérait l'homme comme
asservi aux arrêts de la destinée (μοῖρα) [2]. Pourtant la religion
ne se désintéressait pas de la morale pratique. Ainsi elle
avait mis le serment sous la garde des Euménides, filles de
la Nuit, bienveillantes aux bons, terribles aux méchants [3]. A
Athènes, la Pitié divinisée avait un autel sur l'Agora ; on
avait aussi dressé des autels à la Pudeur, à la Renommée,
à la Vigilance [4]. Enfin les vaincus, les proscrits, les esclaves
trouvaient un refuge dans des asiles sacrés ; c'était, à Athènes,
le temple de la Pitié, l'autel des Euménides ; à Antioche, le bois
de Daphné ; à Thèbes, l'asile de Cadmus, etc.

Cependant, le fanatisme hellénique n'était pas moins tyrannique que les autres. Une accusation d'impiété pouvait
atteindre et frapper les citoyens les plus honorables. L'assassinat religieux de Socrate est célèbre ; mais il ne fut pas le
seul. Pour avoir éternisé son image et celle de Périclès sur
le bouclier de *Parthénos*, Phidias fut jeté en prison et y mourut. Alcibiade fut accusé d'avoir raillé les mystères d'Éleusis
et mutilé des Hermès [5], etc., etc. Le plus vénérable tribunal
d'Athènes, l'Aréopage, jugeait les crimes d'impiété considérés
comme exceptionnellement graves. C'est qu'il est bien difficile aux religions d'être raisonnables ; car elles ne sont point
fondées sur la raison.

1. Ménard. *Morale*, 222.
2. Tiele. *Loc. cit.* 306.
3. L. Ménard. *La morale avant les philosophes.*
4. Pausanias. *Voyage dans l'Attique*, I, paragr. 17.
5. Tiele. *Loc. cit.* 320, 321.

B. — LE POLYTHÉISME ROMAIN

1. — LES RITES FUNÉRAIRES

Dans son ensemble, le polythéisme romain a tant d'analogie avec celui des Hellènes, que je le pourrai décrire très brièvement. L'imagination mythique des deux races était à peu près de même ordre, aussi la plupart des divinités grecques s'identifièrent sans peine avec des divinités romaines correspondantes.

Pour les rites funéraires, Grecs et Romains étaient partis des mêmes idées, qui d'ailleurs leur sont communes avec tous les peuples primitifs. A Rome comme à Athènes, l'homme avait son double. Au moment de la mort, le plus proche parent embrassait étroitement le moribond, l'accolait corps à corps, et tâchait de saisir au vol, de recevoir bouche à bouche l'esprit du mourant, qui s'exhalait avec le dernier hoquet de l'agonie[1]. Cette pratique, qu'on retrouve en Polynésie, venait sans doute de fort loin; car elle n'empêchait pas de croire que le double se dégageait difficilement du cadavre; ce fut même, à ce qu'il semble, pour affranchir le double de ses attaches corporelles, qu'on recourut d'abord à la crémation[2].

On avait grand'peur de ce double; et l'on évitait de l'évoquer en prononçant le nom des trépassés; les morts étaient « ceux qui furent, ceux qui s'en sont allés[3] ». Comme l'ont cru beaucoup de sauvages, les Romains pensaient que l'ombre restait quelques jours près de son corps[4], et c'était sûrement la raison pour laquelle on tenait à manifester sa

1. Marc Monnier. *Pompéi et les Pompéiens*, 99.
2. *Ibid.* 104.
3. *Ibid.* 99.
4. *Ibid.* 101.

douleur de la façon la plus bruyante ; c'était pour cela que des pleureuses à gages hurlaient en accompagnant le convoi[1].

Avec le corps on brûlait quantité de meubles, de vêtements, d'objets précieux, du moins quand le défunt était un personnage. Les images en cire des ancêtres assistaient à la cérémonie funèbre[2]. Dès qu'un affranchi avait, en détournant les yeux, mis le feu au bûcher, commençaient les sacrifices et les macérations destinés sans doute à apaiser l'ombre du défunt ; les femmes s'arrachaient les cheveux, se déchiraient les joues à coups d'ongles, toujours comme les Polynésiennes. Primitivement les sacrifices funéraires avaient certainement été bien plus cruels. Du reste, les jeux des gladiateurs eurent pour origine ces sanguinaires offrandes.

Les combats funéraires n'étaient en effet qu'une variante des sacrifices humains destinés à procurer à l'ombre du mort une suite convenable dans l'autre monde ; plus tard ces combats devinrent un spectacle, que les héritiers donnèrent d'abord près des tombeaux, puis dans l'amphithéâtre[3]. La coutume est, dit-on, d'origine étrusque ; mais elle cadre avec les idées de tous les peuples sauvages sur la mort et la vie future.

Le cadavre n'était pas toujours brûlé ; souvent il était inhumé et l'inhumation a dû précéder l'incinération. On ne brûlait ni les enfants nouveau-nés, ni les hommes foudroyés[4], ni sans doute les esclaves. — Après la crémation, les débris osseux calcinés étaient triés des cendres par une proche parente, qui adressait en même temps des excuses au mort. Ces restes étaient mis dans une urne cinéraire déposée dans le tombeau. Au bout de neuf jours, la famille venait banqueter près de l'urne et prenait ensuite congé du défunt, en lui disant : « *Vale, vale, vale!* » et en outre : « Que la terre te

1. Marc Monnier. *Pompéi et les Pompéiens*, 104.
2. *Ibid.* 103.
3. *Ibid.* 104, 108.
4. *Ibid.* 110.

soit légère[1] ! », souhait fait par survivance et qui atteste clairement l'ancienne coutume de l'inhumation.

II. — LES DOUBLES, LES MANES, ETC.

Les idées romaines sur la mort, telles du moins que nous les révèlent les rites funéraires, sont donc absolument sauvages ; il en est de même des conceptions au sujet des doubles. De la mythologie on peut même inférer, que les Romains durent d'abord, comme les autres sauvages, accorder des doubles à toutes choses, puisque chaque individu, chaque maison, chaque ville avait son génie, assez analogue au *possesseur* des Esquimaux[2]. Dans tous les cas, les doubles des hommes formaient une population de dieux ancestraux, après avoir été d'abord des Larves ou des Lémures. Ces derniers, les Lémures, pouvaient devenir des Lares bienfaisants ; au contraire, les Larves étaient des esprits malintentionnés : toutes croyances identiques à celles de quantité de peuples sauvages. — Les Lares sont des génies protecteurs de leur famille ; on les adore ; on leur fait des offrandes[3]. Tous ces esprits, Lémures, Lares et Pénates, rôdaient sans cesse autour des vivants[4]. La table familiale était l'autel des Pénates toujours présents dans la maison et assistant à tous les actes de la vie domestique[5]. Dans le principe, les Lares ne reçurent qu'un culte privé. Les Pénates, réunis à Vesta, la déesse du foyer, devinrent l'objet d'un culte public. Les *Mânes*, *Dii Manes*, étaient les âmes pures, pleines de bonnes intentions ; mais les Larves, quelquefois les Lémures, étaient des doubles

---

1. Marc Monnier. *Pompée et les Pompéiens*, 106.
2. II. Duruy. *Italie ancienne*, 370.
3. *Ibid.* 385.
4. *Ibid.* 369.
5. *Ibid.* 371.

errants, « des revenants[1] ». Aux Mânes, on offrait des fruits, du sel, des gâteaux, des violettes[2]. Les Lémures inspiraient moins de confiance ; cependant on les appelait souvent « Mânes », mais c'était pour les flatter. A la fête des Lémurales, on se levait, la nuit, et l'on jetait derrière soi des fèves, en disant neuf fois, sans se retourner : « Avec ces fèves rachète-moi et les miens ». Les Ombres étaient censées ramasser les fèves. Pour finir, on disait aux Lémures : « Mânes paternels, sortez[3] ». Cela fait et dit, on pouvait se retourner, et il est permis de croire qu'on avait eu grand' peur !

Toutes les ombres ne restaient point sur la terre. Celles des justes s'en allaient souvent dans un séjour souterrain, dans les Champs-Élysées ; mais la description, que nous en donne Virgile au VIe livre de l'*Énéide* rappelle si fort le Hadès hellénique qu'il est inutile de s'y arrêter. Il faut noter cependant que les Ombres coupables n'étaient punies dans le monde souterrain que pour un temps. A l'expiration de leurs peines, elles buvaient de l'eau du Léthé, perdaient tout souvenir de leur vie passée et se réincarnaient sur la terre. — Dans tout cela, rien d'original, rien que, sous des formes diverses, nous n'ayons trouvé un peu partout chez tous les peuples, dans toutes les races. Les mythes divins n'accusent pas non plus une fécondité spéciale de l'imagination religieuse.

III. — LES DIEUX

Sauf des dissemblances de détail et surtout de nom, le polythéisme romain est frère du polythéisme hellénique et, comme lui, il comprenait une multitude de personnages divins.

1. Tiele *Loc. cit.* 330.
2. Duruy. *Loc. cit.* 369.
3. *Ibid.* 379.

A l'exemple d'Hésiode, les *Indigitamenta* des prêtres latins énuméraient plus de trente mille dieux sans en oublier les fonctions et les fêtes[1]. Les êtres de la nature ambiante, le corps humain et ses organes, les travaux agricoles, certains produits industriels, enfin des qualités morales, des passions, des facultés de l'esprit, etc., etc., furent déifiés. Derrière tous les êtres, tous les objets, même derrière des sentiments, des idées, on vit des agents surnaturels[2]. Par exemple, l'antique monnaie de cuivre eut d'abord son génie, *Aesculanus*; puis, quand on adopta la monnaie d'argent, *Aesculanus* devint père d'un fils, *Argentinus*. La terreur, la pâleur, la paix, la liberté, l'espérance, la bonne fortune, etc., correspondirent à autant de génies. On éleva des autels à *Fides*, *Pudicitia*, *Mens*, *Pietas*, *Aequitas*, *Constantia*, *Liberalitas*, *Providentia*, etc.[3] Par suite de cette exubérance mythique, la religion finit par se mêler à tout. Polybe s'en étonne : « La religion s'est acquis une si grande autorité sur les esprits et elle influe de telle sorte dans les affaires tant particulières que publiques, que cela passe tout ce qu'on peut imaginer. Bien des gens en pourraient être surpris. Pour moi, je ne doute pas que les premiers qui l'ont introduite n'aient eu en vue la multitude; car, s'il était possible qu'un état ne fût composé que de gens sages, peut-être cette institution n'eût-elle pas été nécessaire[4]. » Polybe parle ici en libre penseur ; c'est qu'en effet, à Rome et en Grèce, certains esprits s'affranchirent de bonne heure de tout préjugé religieux. Nous savons, que, dès la première guerre punique, un général se moquait agréablement des poulets sacrés, et enfin le poème de Lucrèce nous fournit aujourd'hui encore des citations impies. —Mais la masse était fort crédule; partout elle voyait des doubles divins, tout à fait à la manière

1. Duruy. *Loc. cit.* 354.
2. *Ibid.* 355.
3. Tiele. *Loc. cit.* 326-329.
4. Polybe. *République omaine*, VI, Fragm. X.

hellénique. Du reste, entre les dieux grecs et les dieux latins, la différence est surtout dans les noms. Je puis donc être très bref dans mon énumération des dieux de l'ancienne Rome.

Les doubles animiques grossièrement divinisés doivent être de date très ancienne. Ce sont certainement des gens très barbares qui ont divinisé la provision de blé (*Annona*), la chair bien portante du corps humain (*Carnia*), qui ont doté chaque homme d'un *Genius*, chaque femme d'une *Juno* [1]. Le dieu des bois, *Faunus*, *Lupercus*, doit aussi être primitif. *Carmenta*, l'une des Camènes, préside aux accouchements irréguliers (*Antevorta*, *Postvorta*). *Sterculus*, le dieu du fumier, a la spécialité des engrais. Le dieu *Terminus* est le dieu des limites et des frontières. Le pic, oiseau d'allure singulière, devint sans difficulté le dieu *Picus*.

Dans le plus ancien calendrier des fêtes romaines, on trouve souvent des divinités agricoles : *Tellus*, la terre nourricière, *Cérès*, *Palès*, dieu pastoral, *Ops*, déesse de la récolte, *Terminus* [2]. — Tatius éleva des temples au Soleil et à la Lune, adorés sous leurs noms vulgaires [3]. — Les Sabins de Cures introduisirent à Rome le culte de *Quirinus*, dieu de la lance (*quiris*) [4].

Les grands dieux des Romains s'identifient pour la plupart avec ceux des Grecs. *Vesta*, déesse du foyer, ressemble à l'*Hestia* hellénique ; on ne lui éleva jamais de statues [5]. Jupiter ou *Diovis* s'identifie avec Zeus [6]. Janus, très ancien dieu italique, vient de *Dianus*, *Diana*, divinité lunaire ; il avait tantôt deux, tantôt quatre faces. Les mythologues en font, sous sa forme masculine, un dieu solaire [7]. Sous sa forme

1. Tiele. *Loc. cit.* 325.
2. Tiele. *Loc. cit.* 330. Preller. *Les Dieux de l'ancienne Rome*, 278.
3. Preller. *Loc. cit.* 209, 210.
4. *Ibid.* 233.
5. Duruy. *Loc. cit.* 390.
6. Tiele. *Loc. cit.* 526.
7. Preller. *Loc. cit.* 126.

féminine *Diana*, cette divinité s'identifie avec l'*Artémis* grecque. *Saturne*, identifié plus tard avec *Chronos*, fut à l'origine, pour les habitants du Latium, un dieu agricole[1]. *Vénus* se fondit avec *Aphrodite*, *Mars* avec *Arès*, *Juno* avec *Héra*. *Apollon*, lui, fut directement importé de la Grèce[2].

A mesure que la conquête romaine subjugua de plus en plus le monde ancien, des hôtes étrangers, toujours plus nombreux, furent admis dans le Panthéon latin. Aux divinités helléniques succédèrent celles d'Asie et d'Égypte : le culte d'Isis, celui de Sérapis. La Syrie donna aux Romains Élagabal d'Éphèse; la Perse, Mithra, etc. La divinité asiatique, appelée la *Grande Mère*, identifiée par les Grecs avec la déesse crétoise, *Rhéa*, devint romaine; une pierre non taillée, qui la représentait, fut même transportée, aux frais de l'État, de Pessinonte à Rome[3].

Après l'établissement de l'Empire, la servilité générale engendra toute une série de dieux d'un nouveau genre, des dieux evhémériques. Les idées romaines sur les Mânes prédisposaient évidemment les esprits à admettre sans trop de peine la divinisation des personnages importants. Pourtant la République se garda toujours de telles bassesses. Il n'en fut plus de même après l'établissement de la monarchie impériale : alors on suivit avec empressement l'exemple des Égyptiens, qui avaient déifié leurs Ptolémées et leurs Séleucides. On les surpassa même, en déifiant César de son vivant, du moins en lui rendant les honneurs divins. L'apothéose des souverains finit par devenir de règle; on offrit des sacrifices aux images des empereurs, on porta devant leur personne le feu sacré; Hadrien fut appelé l'Olympien; Néron, Zeus libérateur. Des impératrices devinrent prêtresses du temple de leurs époux[4];

---

1. Duruy. *Loc. cit.* 352-356.
2. Preller. *Loc. cit.* 196.
3. Tiele. *Loc cit.* 540, 341, 343
4. *Ibid.* 346.

des villes briguèrent le titre de « balayeuses du temple de l'empereur » (γεωκόροι). Un historien du iiiᵉ siècle après J.-C. décrit longuement le cérémonial usité lors de l'*Apothéose* des empereurs¹. Ceux-ci prirent parfois leur divinité au sérieux. Ainsi Auguste traitait d'égal à égal avec les dieux ; sa flotte ayant été détruite par Sextus Pompée, il s'écria : « Je saurai bien vaincre en dépit de Neptune ! » Et, dans les jeux du cirque, il supprima la statue de ce dieu irrespectueux pour l'empereur². L'athéisme de certains empereurs ne les empêcha nullement d'entretenir cette religion evhémérique, dont Vespasien mourant se raillait finement en disant : « Je sens que je deviens dieu ».

IV. — LE CULTE

Comme tous les peuples de toute race, les Romains ont cherché à plaire à leurs dieux pour en obtenir des avantages ou pour en apaiser le courroux. Ainsi, au dieu du ciel tonnant on offrait des oignons et des têtes de pavot, pour qu'il les foudroyât au lieu de têtes humaines³. Les sacrifices et offrandes constituaient d'ailleurs le fond du culte. Les sacrifices humains furent, dit-on, abolis par Numa comme pratique ordinaire ; mais, jusqu'aux empereurs, un condamné fut toujours sacrifié aux *Féries latines*. Enfin on continua à faire offrande aux dieux des ennemis tués, des condamnés exécutés, à se dévouer en cas d'épidémie, de malheur public⁴ ; Denys d'Halicarnasse parle encore de trente figures précipitées, dans une fête expiatoire, en présence des pontifes, des Vestales, des préteurs et anciens magistrats.

---

1. Hérodien. Liv. IV.
2. Duruy. *Loc. cit* 431
3 Tiele *Loc. cit.* 337.
4. *Ibid.* 338.

Très naïvement l'on s'efforçait de flatter les sens et de satisfaire les appétits des dieux. Aux calendes de janvier, on offrait à Janus le *libum*, composé de froment, de miel, d'huile, et les *ferra*, gâteaux de seigle saupoudrés de sel[1]. On brûlait de l'encens pour flatter agréablement les narines des dieux tutélaires de la maison. On servait aux Lares certains mets, et, le soir, on leur faisait des libations de vin[2]. Le jour des *Férales*, on offrait aux Mânes les présents destinés à les apaiser[3]. Fabius promit aux dieux de leur faire immoler toutes les chèvres, truies, brebis ou vaches qui naîtraient au printemps suivant[4]. Caton l'ancien rapporte la prière, que l'on adressait à Mars, alors qu'on lui immolait trois victimes, pour qu'il voulût bien étendre sa protection sur la maison, les champs, les troupeaux : « Mars, notre père, je te conjure d'être propice à moi, à ma maison, à mes gens. C'est dans cette intention que j'ai fait promener une triple victime autour de mes biens, afin que tu en écartes, éloignes et détournes les maladies visibles et invisibles, la stérilité, la dévastation, les calamités et les intempéries; afin que tu fasses grandir et prospérer mes fruits, mes grains, mes vignes et mes arbres; afin que tu accordes la vigueur à mes bergers, à mes troupeaux et que tu donnes santé et prospérité à ma maison, à moi, à mes gens. Daigne agréer ces trois victimes à la elle, mamctc. »[5]. Rien évidemment de plus utilitaire et de moins mystique qu'un tel culte.

La place me manque pour parler du sacerdoce, des fêtes, du cérémonial sacré, des pontifes, des augures, etc.; mais tout cela est extrêmement connu. Nul non plus n'ignore que, jusqu'à la fin de l'empire, les Romains crurent fermement à

---

1. Duruy. *Loc. cit.* 350.
2. *Ibid.* 399.
3. *Ibid.* 370.
4. *Ibid.* 431.
5. *Ibid.* 374.

la magie, puisque le *code théodosien* fulmine encore contre les auteurs de maléfices, d'enchantements, d'invocations aux démons[1]. Les aruspices, les augures, les présages, les jours néfastes, etc., étaient même simplement le résultat de la croyance à la magie. On admettait l'influence des astres et Marc-Aurèle lui-même se faisait accompagner par un astrologue, l'Égyptien Arnuphis[2], etc., etc. Dans leur ensemble, cette religion et ce culte, qui ne sortent pas de l'ordinaire banalité, font un médiocre honneur au peuple-roi.

V. — LA MORALE RELIGIEUSE A ROME

Dans le principe, la morale religieuse des Romains eut sans doute pour objet principal de garantir la stricte observation du culte. Sous Auguste encore, les offenses, dont la religion exigeait surtout l'expiation, étaient celles qui avaient été commises contre les dieux eux-mêmes[3]; mais, de bonne heure, la religion romaine condamna divers actes nuisibles selon la morale laïque. Couper des grains, incendier un tas de blé, conduire des troupeaux dans un champ cultivé, c'était commettre un sacrilège envers Cérès et le coupable était attaché à l'arbre maudit, *infelici arbori*[4]. La vente d'une femme, d'un fils marié, les violences contre un père, la violation de l'hospitalité, étaient des actes encourant l'anathème, quoique la loi ne les punît pas[5].

La religion était d'ailleurs intimement liée à la constitution même de l'État, et le roi commença par être le grand

---

1. Liv. IX, tit. XVI, 3.
2. Duruy. *Loc. cit.* 450.
3. E. Havet. *L'Hellénisme*, II, 209.
4. Du Boys. *Hist. du Dr. criminel*, 254.
5. Tiele. *Loc. cit.* 338. — F. Coulanges. *Cité antique*, 291. — Duruy. *Loc. cit.* 377.

prêtre de la cité en même temps que son chef militaire et son grand juge[1]. Le collège des pontifes jugeait les différends entre les magistrats, les particuliers et les prêtres[2]. Enfin, sans être les auteurs de la loi morale, les dieux la garantissaient[3]. Le crime offensait telle ou telle divinité et, dans le principe, presque toutes les sentences capitales étaient simplement des expiations résultant de la malédiction divine (Mommsen)[4]. Cette malédiction pesait non seulement sur le coupable, mais sur sa famille, même sur le peuple tout entier[5]; car la colère divine ressemblait à la justice primitive, elle punissait volontiers en gros, collectivement, aussi regardait-on comme fort dangereux d'avoir des relations avec un homme non pas même maudit, mais simplement persécuté par le caprice des dieux. Cette manière de voir si sauvage était commune aux Romains primitifs et aux Hellènes. Ainsi nous voyons, dans l'*Odyssée*, Ulysse d'abord accueilli à bras ouverts par le roi Aiolos; mais ce prince si hospitalier le chasse ensuite impitoyablement, quand les vents l'ont rejeté sur la côte de l'île d'Aiolie : « Sors promptement de cette île, ô le pire des vivants! Il ne m'est pas permis de recueillir et de reconduire un homme, qui est odieux aux divinités heureuses. Va! car, certes, si tu es revenu, c'est que tu leur es odieux »[6]. Telles furent les croyances de la masse romaine; sans doute certains esprits d'élite s'en affranchirent, virent plus haut et plus juste; mais ils n'exercèrent sur la foule aucune influence notable.

---

1. Duruy. *Loc. cit*, 153.
2. Duruy. *Loc. cit*. 395.
3. Friedlaender. *Mœurs romaines au temps d'Auguste*. T. IV, 342.
4. Mommsen. *Histoire de Rome*.
5. Duruy. *Loc. cit*. 211.
6. *Odyssée*, X.

VI. — L'ÉVOLUTION DU POLYTHÉISME GRÉCO-ROMAIN

En tout pays, l'élite intelligente s'accommode mal des croyances vulgaires; pourtant elle ne les rejette pas d'emblée et se contente d'abord de les interpréter, de les amender, de leur prêter une signification plus ou moins raisonnable. Les principales divinités gréco-romaines étant, pour la plupart, astrolâtriques, on commença par essayer de mettre les histoires mythiques d'accord avec les phénomènes naturels, et les légendes divines devinrent symboliques. L'Evhémérisme trouva une explication plus simple encore: pour lui, les dieux furent simplement des hommes divinisés.

Quelques philosophes réduisirent le nombre des dieux, essayèrent de relier le polythéisme au panthéisme, doctrine sans doute empruntée aux religions de l'Inde. Ainsi Pythagore admet bien, que le soleil, la lune, les astres, sont autant de dieux, possédant des trésors de cette chaleur qui est le principe de la vie; mais, mélangeant du panthéisme à ce polythéisme, il croit à une substance de la divinité, qui réside dans le feu, à un Éther, dont le soleil est le foyer principal. — Plutarque admet deux principes, l'un bon, l'autre mauvais, idée qui est vraisemblablement originaire de la Perse. Plus radical, Épicure rejette bravement tous les dieux, ou du moins leur refuse toute participation au gouvernement du monde.

> Dans la suprême paix de l'immortalité
> Tout péril est absent de leur félicité.
> Satisfaits de leurs biens, ils n'en cherchent pas d'autres,
> Et, libres de tous maux, ils ignorent les nôtres.
> Ni vice, ni vertu, ni pitié, ni courroux
> N'ont de prise sur eux; ils sont trop loin de nous[1].

Dans les hymnes orphiques, le panthéisme coule à plein bord. *Ouranos* est le générateur de toute chose, source an-

---

1. Lucrèce. *De la Nature des choses*. Livre premier (Traduction A. Lefèvre).

tique et fin de tout ; il enveloppe et garde tout ce qui existe[1].
— Il est une *Nature*, reine et mère de tout, incorruptible, née la première, détruisant tout, apportant la lumière[2] ? — Zeus est le générateur universel, source et fin de tous les êtres[3].

Même évolution de la pensée religieuse chez les Romains. Au VIe chant de l'*Énéide*, Virgile met dans la bouche de l'ombre d'Anchise une profession de foi panthéistique.

> Apprends qu'une âme infuse en l'immense univers
> Anime ce grand corps et circule au travers.
> Un souffle intime court dans les veines du monde,
> Fécondant l'air, la terre et les plaines de l'onde,
> Et la lune argentée et l'astre radieux.
> C'est la source, qui verse au peuple ailé des cieux,
> A l'homme, aux animaux, aux monstres que Nérée
> Porte sous les replis de sa robe marbrée,
> L'étincelle de vie et le germe éternel.
> Mais l'être, embarrassé dans le limon charnel,
> Flotte, attendant la mort qui va rompre ses chaînes,
> De la crainte au désir et de la joie aux peines.
> Prisonnier de la nuit, ses yeux cherchent en vain
> La lumière perdue et le foyer divin[4].

Le dieu des stoïciens n'était aussi que l'esprit de l'univers, comme Marc Aurèle le dit à diverses reprises. On doit, dit-il, « se représenter continuellement le monde comme un seul être animé, qui ne renferme qu'une seule substance et une seule âme[5] ». Un esprit vivifie l'univers[6] et il aime l'association et l'harmonie. Tout s'accomplit conformément aux lois d'une nature universelle[7] ; Dieu, qui est partout, est un ; la substance est une ; la loi est une également ; la raison, la vérité sont unes[8].

1. *Parfum d'Ouranos.*
2. *Parfum de la Nature.*
3. *Parfum de Zeus.*
4. Imité de Virgile par A. Lefèvre (Inédit).
5. *Pensées de Marc-Aurèle.* Livre IV, parag. 40.
6. *Ibid.* Livre V, 30.
7. *Ibid.* VI, 10.
8. *Ibid.* VII, 9.

Mais cette métaphysique savante était beaucoup trop abstraite pour la foule, à qui il fallait des dieux concrets, animiques, visibles, anthropomorphiques. Sur la masse populaire les spéculations des philosophes n'avaient nulle prise; aussi cette masse en arriva-t-elle sans trop de peine à répudier l'ancien polythéisme, mais en le remplaçant par le Christianisme, qui, étant simplement un mélange, un composé de toutes les croyances religieuses de l'Asie et même de l'Égypte, convenait mieux à l'ensemble de peuples, divers de langue et de race, dont l'agrégation sans fusion constituait l'empire romain, monstre hybride et, pour une part, asiatique.

Au point de vue de la mentalité religieuse, la plèbe bigarrée de l'empire romain devait sûrement avoir plus d'une analogie avec les Aryens barbares, qui, pour la plupart, adoptèrent aussi, sans trop de peine, la religion du Christ.

CHAPITRE XVIII

LES RELIGIONS DES ARYENS BARBARES

I. *Les Asiatico-Européens.* — Des mélanges de races en Europe. — Les Aryens barbares dans l'Asie. — Les Kâffirs. — II. *La religion des Káffirs siapouches.* — Rites funéraires. — L'abandon mitigé. — Offrandes et sacrifices funéraires. — L'Evhémérisme chez les Kâffirs. — Paradis et enfer des Kâffirs. — Polythéisme effréné. — Divinités védiques. — Idoles et temples. — Litholâtrie. — Culte et prières litholâtriques. — La pyrolâtrie. — Aliments impurs. — Animisme des Afghans et des populations du Caucase. — III. *L'animisme des Slaves.* — Rites funéraires. — La forme des doubles. — Les génies des choses. — Le culte du tonnerre. — Culte familial et sacerdoce. — Idoles polycéphales. — Culte du feu. — Offrandes alimentaires aux dieux. — IV. *L'animisme des Finnois.* — La race finnoise. — Animisme fétichique. — Apostrophe au sang. — Cosmogonie finnoise. — Les dieux. — Les génies. — Les talismans. — Les runes et leur puissance. — Prière d'un Finnois moderne. — Bois sacrés, offrandes et sacrifices des Tchérémisses. — V. *La religion des Germains.* — Rites funéraires. — Offrandes et sacrifices funéraires. — Sacrifices humains. — Le *Valhall* des élus. — L'enfer des réprouvés. — Cosmogonie germanique. — Les dieux. — Odin. — Les Ases. — Les Valkyries. — Les Nornes. — Les Elfes. — Le « Crépuscule des dieux ». — La magie. — La puissance des runes. — Sacrifices d'animaux et d'hommes. — Les temples. — VI. *La religion des Celtes.* — Rites funéraires. — Offrandes et sacrifices funéraires. La vie future. — Le pays des morts. — Métempsycose et réincarnation. — Animisme fétichique. — Les *Pomôré*, dieux de la mort. — Les triades. — Les dieux de la vie. — Les fées. — Dieux fétichiques. — La magie. — Les Druides et les Brehons. — Sacrifices humains. — VII. *Commune origine de la religion chez les Aryens barbares.* — Routes d'immigration en Europe. — Influence des Iraniens. — Dualisme primitif.

I. — LES ASIATICO-EUROPÉENS

Il s'en faut que toutes les populations européennes soient de race aryenne, mais il est certain que des flots d'immigrants aryens ont reflué en Europe pour s'y mélanger aux premiers occupants. La Grèce et Rome sortirent de ce mélange. Mais, pendant que les deux races hellénique et latine, races d'élection, atteignaient un haut degré de civilisation, d'autres rameaux aryens restaient plus ou moins barbares ou étaient très tardivement entraînés dans le mouvement gréco-romain. En fin de compte, la plupart de ces barbares d'Europe ont fini par se civiliser, se fondre avec les débris ethniques du monde gréco-romain et constituer l'Europe moderne; mais, pour le travail de confrontation que nous avons entrepris, il importe grandement de rechercher quelles ont été les croyances religieuses de ces populations, alors qu'elles étaient encore sauvages ou barbares, c'est-à-dire d'étudier les mythologies des Celtes, des Germains, des Finnois et des Slaves. En outre, entre l'Europe et l'Asie, d'autres populations aryennes, par exemple, celles des Afghans, des Circassiens, etc., sont devenues musulmanes, mais en conservant bien des survivances d'un vieux fonds mythique antérieur. J'aurai à relever ces traces, en passant et sans m'y appesantir. Enfin il existe, dans l'Afghanistan, un tout petit peuple, extrêmement intéressant; car, vivant débris d'un très antique passé, il nous rappelle, au point de vue mythique comme à tous les autres, une phase primitive, par laquelle a dû passer toute la race aryenne, un état religieux assez voisin de celui des Aryens védiques. Ce peuple minuscule, que les Afghans, convertis à la religion de Mahomet, n'ont jamais réussi à soumettre, c'est celui des Kâffirs Siapouches, par lequel je vais commencer ma revue mythologique des Aryens barbares.

II. — LA RELIGION DES KAFFIRS

Les rites funéraires des Kâffirs ont un caractère tout à fait primitif; puisque ces demi-sauvages ne connaissent encore ni l'inhumation, ni la crémation et abandonnent tout simplement leurs morts, soit sur le sol, à l'ombre de quelques arbres, soit dans des grottes. Pourtant ce n'est plus l'abandon tout à fait bestial; le cadavre est au préalable enfermé dans une bière, et son transport au lieu de dépôt se fait en grande cérémonie. On commence par laver, habiller, orner le corps, par le coiffer d'un turban surmonté d'autant de plumes que le défunt a tué d'ennemis durant sa vie. A côté du cadavre, on place une sorte de double artificiel, une figurine en bois, qui le représente, et en outre des armes. Les parents, amis, etc., s'assemblent, envoient des baisers au compagnon qui n'est plus, simulent un combat, se lamentent, vantent le courage du défunt. Le fifre et le tambour retentissent. S'agit-il d'une femme? on dépose dans sa bière les bijoux et parures qu'elle aimait. Puis une coupe de vin circule parmi les assistants, et l'on sacrifie une vache, dont le sang est en partie répandu sur un feu allumé à cet effet. Enfin, après les funérailles, on se réunit dans un grand repas funéraire. Ces cérémonies funèbres se célèbrent, même pour les morts absents, pour ceux qui ont succombé loin de leur pays; mais dans ce cas, on remplace le cadavre par un mannequin habillé. On honore aussi les défunts en masse et, une fois l'an, on célèbre une grande fête des morts et on fait à leurs ombres des sacrifices d'animaux[1].

Ceux des décédés qui ont laissé derrière eux une renommée

---

1. Guillaume Capus. *Bull. Soc. d'Anthrop.* 1890. — Elphinstone. *Tableau du royaume de Caboul*, III, 204.

de bonté, de munificence, de générosité, sont déifiés; on les appelle « les puissants »; on leur élève des idoles et l'on a bien soin de leur offrir une part des animaux, que l'on tue pour l'alimentation[1]. Ces apothéoses sont fréquentes; on va même jusqu'à déifier des chefs de leur vivant. Les génies ancestraux ainsi créés sont des espèces de dieux Mânes, et servent d'intermédiaires entre les vivants et les principaux dieux[2].

Les hommes généreux, hospitaliers, ou plutôt leurs doubles, se rendent après leur mort dans un paradis appelé *Burry-li-Boula*; les avares, les égoïstes vont dans un enfer, dans le *Burry-Duggur-Boula*[3].

Le Panthéon des Kâffirs est fort peuplé. Outre les dieux Mânes, on y trouve des génies particuliers à chaque tribu. De ces génies, les uns sont malveillants, les autres bienveillants. On adore aussi des dieux fluviaux, des dieux pastoraux. Plus polythéistes encore que les Gréco-Romains, les Kâffirs pensent que le total de la population des esprits ou génies résidant dans les ruisseaux, les arbres, les montagnes, etc., s'élève à 400×400, c'est-à-dire à 160 000[4]. Mais au-dessus de cette plèbe divine, représentant, comme partout, les doubles des êtres pris dans le milieu ambiant, siègent des divinités plus puissantes, surtout *Imra*, qu'on appelle quelquefois simplement Dieu (*Dè* ou *Di*). *Imra* réside dans le ciel; mais il a un fils, *Mani*, qui, comme le Vichnou indien et le Christ sémitique, est descendu sur la terre, puis remonté ensuite au céleste séjour, où il joue le rôle d'intercesseur au profit des Kâffirs[4]. *Imra* rappelle fort l'*Indra* védique et l'on en peut rapprocher *Sourouya*, qui est sûrement le *Sûrya* du Rig-Véda. D'autres dieux, *Pandou*, *Lamani*, sont

1. G. Capus. *Loc. cit.*
2. *Elphinstone. Loc. cit.* 184.
3. *Ibid.*
4. G. Capus. *Loc. cit.*

bien évidemment brahmaniques. Ces divinités et bien d'autres ont leurs idoles, même leurs temples. Ainsi on a élevé un temple à *Deohgan*, personnage mythique, qui est représenté assis, grimaçant, la langue entre les dents, armé d'un couteau, d'un fusil et tirant son épée[1].

Une divinité, dont les Kâffirs disent ne pas connaître la figure, est représentée par une pierre levée de trois pieds de hauteur. La place où se dresse ce monolithe est dite « place de Dieu » ou plutôt d'*Imra* (Imra patta). Chaque année, en mai, on y célèbre une fête. Sur cette pierre sacrée on verse de l'eau; on lui fait aussi des offrandes de beurre, de fromage, de farine, le tout en récitant des formules, peut-être celle-ci : « Préserve-nous de la fièvre; — Détruis les musulmans; — Augmente nos richesses; — Donne-nous le paradis après la mort[2]. »

La couleur védique de tout ce culte est d'autant plus grande que le feu y joue un grand rôle. Au pied du monolithe divin, on allume en effet un feu de branches de pin; ensuite on sacrifie une chèvre ou une vache. Cela fait, le sacrificateur a soin de demander à l'idole, si elle accepte le sacrifice; puis il répand du sang sur la flamme. Enfin la victime est passée trois fois à travers la flamme, dans laquelle on verse aussi du vin. L'animal ainsi offert est tué d'un seul coup frappé sur le front. Les chairs à demi grillées sont mangées; les os sont brûlés.

Toutes ces cérémonies sont accomplies par des prêtres ou sacrificateurs en titre. Chaque tribu a quelques-uns de ces personnages et leur fonction est héréditaire[3]. En outre il y a des sorciers, mais ils ne se confondent pas avec les prêtres.

Les Kâffirs ont leurs aliments impurs; ainsi ils ont en

---

1. G. Capus. *Loc. cit.*
2. *Ibid.*
3. G. Capus. *Loc. cit.* — Elphinstone. *Loc. cit.* III, 187-197.

horreur la chair de poisson, mais mangent volontiers celle de la vache et arrosent même leurs idoles avec le sang de cet animal[1]. Nous avons vu précédemment, que les Aryas védiques mangeaient aussi sans scrupule la chair des victimes sacrifiées, quelles qu'elles fussent.

Il est difficile de ne pas reconnaître dans cette religion des Kâffirs, qui, depuis les temps les plus reculés, semblent avoir gardé jalousement leur indépendance sans se mêler avec leurs voisins, une survivance altérée mais très reconnaissable encore de la mythologie védique, laquelle a dû être, dans les temps préhistoriques, commune à toutes les tribus de l'Afghanistan. Même les tribus afghanes converties à l'Islamisme ont encore conservé bien des croyances primitives. Pour elles, les montagnes sont peuplées de génies; dans le désert, leur imagination a placé une espèce d'ogre, qui dévore les voyageurs et s'amuse à produire le mirage[2]. Ces barbares à demi musulmans pensent que, dans les cimetières, les doubles des morts sont assis sur leurs tombeaux, invisibles, mais humant avec joie la fumée de l'encens et les parfums des guirlandes de fleurs, aussi appellent-ils les cimetières « les villes des êtres silencieux[3] ».

Toutes ces populations sont encore « en état de crédulité »: elles croient qu'à la seule approche de leurs *mollahs*, les murailles des villes s'écroulent, les épées s'émoussent, les balles rebroussent chemin vers ceux qui les ont lancées[4]; que les Anglais ont le pouvoir de ressusciter les morts, de fabriquer des béliers automates, qu'ils vendent ensuite, comme s'ils étaient vivants[5]. La conversion des Afghans à l'Islamisme semble bien être une conversion de surface, comme elles le

---

1. Elphinstone. *Loc. cit.*
2. *Ibid.* II, 54.
3. *Ibid.* II, 57.
4. *Ibid.* II, 44.
5. *Ibid.* I, 46.

sont presque toutes. Ce qui a changé, c'est le nom des divinités, c'est la forme du culte; mais le fonds animique des ancêtres revit toujours chez les descendants.

Ce fonds commun animique existe ou a existé chez tous les Aryens sauvages ou barbares. Quand on connaîtra mieux les clans et tribus du Caucase, on retrouvera certainement chez eux des croyances religieuses, analogues à celles des Kâffirs. Nous savons depuis longtemps que ces Caucasiens barbares ont des sacrificateurs, qui sont en même temps des devins; qu'ils ont en outre des sorciers et sorcières, lesquels, à la suite d'accès cataleptiques, disent avoir communiqué avec les ombres des morts; que pour ces Aryens ou Iraniens, primitifs encore, le chien est un animal sacré[1], etc. Toutes ces croyances grossières et sans originalité prouvent, une fois de plus, que, durant les phases premières de leur développement, les Aryens ne sont pas supérieurs aux races dites inférieures. Les Slaves anciens, les Finnois, les Germains et les Celtes, dont il me reste à exposer la mythologie, ne se sont jamais non plus élevés au-dessus d'un animisme rudimentaire. Leurs religions ne sont pas plus intelligentes que celles des Peaux-Rouges et ne méritent pas qu'on s'y attarde longtemps.

III. — L'ANIMISME DES SLAVES

Dans tous les principaux rameaux de la grande race slave, chez les Russes et Ruthènes (Petits Russes), les Polonais, les Vindes des rives de la Sprée, les Tchèques, les Serbes, les Bulgares, etc., la mythologie revêt une même forme.

La croyance aux doubles est générale. Après la mort, pensaient les Vindes, les ombres séjournaient quelque temps près du cadavre, puis partaient soit pour un séjour sou-

---

1. Klaproth. *Hist. univ. voy.* vol. XLV, 444.

terrain, soit pour une île orientale, une île bienheureuse, soit pour le ciel¹.

Conformément peut-être à ces croyances diverses à propos de l'au-delà, le mode des funérailles n'était pas uniforme. Tantôt on inhumait, tantôt on brûlait les cadavres; tantôt on les mettait dans une barque. Mais toujours le défunt était auparavant muni de tout ce qui pouvait lui être nécessaire, même de femmes et d'esclaves, sacrifiés pour lui faire escorte. Après leur départ, les doubles restaient en relation avec les vivants, qui ordinairement en avaient grand'peur et s'efforçaient de les apaiser par des fêtes et des sacrifices¹. On prêtait au double du mort diverses formes; c'était tantôt une étincelle allumée par le dieu du tonnerre, tantôt une fumée, une ombre, un insecte, une colombe, une corneille, un coucou, etc.²

Outre les esprits des morts, il existait dans l'imagination des anciens Slaves tout un peuple d'esprits, de doubles des choses. Les Roussalkas à la chevelure verdâtre incarnaient toutes les qualités de l'eau, son éclat, sa profondeur, etc. Les bois avaient leurs génies, qui étaient en même temps les esprits des vents. L'hiver était représenté par un démon malveillant; les malades par de hideux vieillards des deux sexes³. Les maisons étaient hantées par des lutins bien intentionnés et protecteurs, mais à la condition d'être convenablement honorés⁴. En Kiovie, on adorait une déesse des fruits (*Koupalo*), un génie protecteur des troupeaux (*Volo*), un génie du beau temps (*Pogodo*). Le désir et l'amour (*Lélo*, *Poléko*) avaient aussi été déifiés et personnifiés⁵. Les principaux dieux étaient, pour la plupart, météorologiques

---

1. Tiele. *Loc. cit.* 255.
2. *Ibid.* 256.
3. *Ibid.* 256.
4. *Ibid.* 257.
5. X. Korczak-Braniçki. *Nationalités slaves*, 52.

ou astronomiques. Le plus puissant de tous était *Péroun* ou *Perkoun*, le dieu de la foudre. Son nom signifie « le frappeur ». Chez les Letto-Slaves, on entretenait perpétuellement en l'honneur de Perkoun un feu de bois de chêne. A Kiew, on lui avait élevé une statue de bois dur, ayant une tête d'argent, des moustaches et des oreilles d'or, des pieds de fer. On brûlait vif le prêtre négligent, qui laissait s'éteindre le feu sacré de Perkoun. A ce dieu bruyant et terrible on sacrifiait non seulement des animaux, des taureaux, mais aussi des prisonniers de guerre; des pères même lui immolaient leurs fils. Pendant l'orage, on offrait à Perkoun des tranches de lard afin qu'il épargnât les champs[1].

Les Slovènes et Polènes adoraient en outre un génie des vents, *Stribog*; un dieu des richesses, *Darzbog*. Le soleil, la lune, les étoiles, l'air avaient été déifiés[2].

Les Slaves orientaux n'avaient ni temples, ni prêtres, mais des endroits consacrés et des sorciers et sorcières très vénérés. Le chef du clan familial offrait lui-même des sacrifices sous un arbre sacré, sur la rive d'un cours d'eau[3].

Chez les Slaves de l'ouest, le culte était mieux organisé. Les Lithuaniens avaient une classe de prêtres; les Vieux-Prussiens avait un grand prêtre, vivant retiré dans un lieu sacré et gouvernant une classe sacerdotale.

Dans l'île de Rugen, on avait édifié un temple renfermant des idoles polycéphales : *Sviatovid*, le lumineux, muni de quatre têtes, répondant aux quatre vents principaux et dont trois cents guerriers soignaient le cheval blanc. A côté de *Sviatovid* se tenait *Poravid*, dieu de la sagesse et de la justice, et *Ranovid*, dieu de la guerre. — Sur le rivage voisin, on adorait un dieu de l'hospitalité, *Radegost*, et un dieu-lion,

---

1. Tiele. *Loc. cit.* 259, 260. — Korczak-Braniçki. *Loc. cit.* — Eichoff. *Littérature du Nord*, 85.
2. *Ibid.*
3. *Ibid.* 262-263.

Lausaric, sûrement apporté d'Asie. A ce dernier dieu on sacrifiait quantité d'animaux, dont les ossements jonchaient le sol autour de sa statue[1].

Ces divinités ou leurs équivalents se retrouvent chez tous les Slaves occidentaux (Polènes, Slovènes, Tchèques), mais avec un reste de culte dualiste, sans doute originaire de la Perse. Ces populations adorent en effet des dieux noirs (*Tcherno*) et des dieux blancs (*Biely*), un dieu bon *Tchernobog* et un dieu mauvais *Bielybog.*

Le feu était très honoré chez les Slaves, et, au ix⁰ siècle, les premières versions slaves des évangiles traduisirent le mot « résurrection » par le mot « *vskres* », signifiant littéralement « l'ascension du feu sacré ». Sans trop de peine on a identifié un certain nombre de ces dieux slaves avec les divinités védiques; mais, dénominations à part, ces mythes ne sortent pas du cycle commun à quantité de populations sauvages ou barbares. Les dieux slaves sont généralement conçus sous forme humaine et leurs adorateurs les traitaient comme des êtres humains ayant exactement les goûts et les besoins des hommes : « L'ennemi, dit Zaboï, héros d'un poème tchèque du xiii⁰ siècle, a chassé les éperviers de nos forêts sacrées. Il nous défend de nous prosterner le front contre terre devant nos dieux, de leur donner à manger au crépuscule, etc. »[2].

IV. — L'ANIMISME DES FINNOIS

La religion des Finnois n'est pas plus intelligente que celle des Slaves.

Par leur langue les Finnois ne sont pas Aryens; ils se

---

1. Eichoff. *Loc. cit.* 88.
2. L. Léger. *Chants héroïques des Slaves de Bohême,* 65.

rattachent aux Ouralo-altaïques et ont probablement précédé les Aryens en Europe; mais ils se sont si intimement mélangés avec eux, ils s'en rapprochent tellement aujourd'hui par leurs caractères moraux et même physiques, qu'il n'est pas logique de les en séparer au point de vue sociologique et spécialement en ce qui touche à leur mythologie primitive, si voisine de celle des Scandinaves.

L'animisme des Finnois est tout à fait primitif. La terre, dit le *Kalévala*, s'est formée du gros bout d'un œuf; le ciel, de son petit bout; le soleil, du jaune; de l'albumine, la lune, etc.[1]. Les héros mythiques des Finnois sont armés d'arcs animés, vivants, qui s'en vont, tout seuls, chasser dans les bois[2]. Dans le *Kalévala*, pour arrêter une hémorragie incoercible résultant d'une blessure, on adresse un discours et même un éloquent discours au sang lui-même : « Cesse de couler, ô sang! Cesse, ô sang chaud, de jaillir sur moi et d'inonder ma poitrine!... Si ton instinct te pousse à couler, à te précipiter avec violence, coule du moins dans la chair, bondis à travers les os. Il est mieux, il est plus beau pour toi de rougir la chair, de bouillonner dans les veines, d'arroser les os, que de couler par terre et de te prostituer parmi les ordures. Oui, il est indigne de toi, ô lait, ô sang innocent, de te souiller dans la poussière. Il est indigne de toi, ô beauté de l'homme, ô trésor des héros, de te perdre dans l'herbe des prairies ou sur le versant des collines. Ta place est dans le cœur; ton siège est sous le poumon. Hâte-toi d'y retourner, etc.[3] ».

Les dieux finnois sont purement animiques; ce sont les doubles spirituels des choses, et avec une parfaite indépendance morale, ils accueillent indifféremment les prières des bons et celles des méchants[4]. Ces dieux finnois ont construit

1. Le *Kalévala*. Runo I, p. 7. (Trad. Léouzon-le-Duc.)
2. *Ibid*. III, 26.
3. *Ibid*. IX, 73.
4. Tiele. *Loc. cit.* 36.

l'univers, comme les hommes leurs maisons. Ils ont déroulé l'espace, fixé les colonnes de l'air, suspendu l'arc-en-ciel au milieu des nuages, attaché la lune à la voûte céleste, lancé le soleil, semé les étoiles dans les cieux[1]. Aussi « la belle vierge de *Pohja*, gloire de la terre, parure de l'onde », peut-elle s'asseoir tranquillement sur la voûte de l'air, en s'appuyant sur l'arc-en-ciel[2].

Le grand dieu, « le père antique, qui règne dans le ciel, c'est *Ukko*, divinité pluviale; ce dieu sait rassembler les nuages, conçus sans doute comme des outres, et y percer un trou, par lequel tombe la pluie », « le miel », fécondant les épis[3]. Les Finnois primitifs invoquent aussi un dieu créateur, *Luoya*[4], mais plus souvent *Jumala*, dont le séjour est au-dessus des nuages[5] et auquel on donne aussi le titre de créateur[6].

Dans les entrailles de la terre réside une divinité rurale, la mère de *Mannou*; elle est la souveraine des champs, veille à la fécondation des germes; c'est une des « donneuses ». La terre elle-même est animée et on l'interpelle. « O Terre, sors de ton repos! Gazon du créateur, secoue ton sommeil! Fais que les tiges s'élancent, que cent épis, que mille épis surgissent du champ que j'ai ensemencé, etc.[7] ». La mer a son dieu, *Athi*[8]. Les eaux sont peuplées de génies[9]. D'ailleurs les divinités peuvent changer d'élément. *Luonnotar*, fille d'Ilma, vivait chaste et pure, dans les vastes régions de l'air. Un beau jour, elle se fatigua de sa virginité et s'élança sur la croupe des vagues; alors un vent d'orage souffla de l'orient : « La vierge fut

1. *Kalévala*. Runo III, 24.
2. *Ibid.* VIII, 60.
3. *Ibid.* II, 19.
4. Tiele. *Loc. cit.* 36.
5. *Kalévala*. Runo IX, 74.
6. *Ibid.* 77.
7. *Ibid.* II, 16.
8. *Kalévala*. (Léouzon-le-Duc). Note, p. 88.
9. *Kalévala*. Runo II, 12.

ballottée par la tempête; elle flotta de vague en vague sur les cimes couronnées d'écume. Et le souffle du vent vint caresser son sein et la mer la rendit féconde. Durant sept siècles, durant neuf vies d'hommes, elle porta son lourd fardeau, etc.¹. » La déesse Luonnotar est donc à la fois céleste et marine; de plus, elle nous offre encore un de ces cas d'immaculée conception, si communs dans la mythologie de tous les pays.

Pour clore cette très incomplète énumération des divinités finnoises, je citerai encore *Kipou vouori*, la montagne des maladies, dans les flancs de laquelle logent les maladies, évidemment incarnées aussi, et sous la garde de *Kipou-Tyttö*, fille de *Touoni*, déesse des maladies².

Toute cette mythologie finnoise, assez indigente, a pourtant un caractère spécial, c'est l'importance qui y est accordée à la sorcellerie et qui semble bien accuser une lointaine origine mongole. Les talismans, les *sampos*, jouent en effet un rôle considérable dans le *Kalévala*. Il en est qui peuvent donner le bonheur, la prospérité³. Le héros mythique, *Ilmarinen*, « qui a forgé la voûte du ciel et martelé le couvercle de l'air », peut, dit-il, forger un *sampo* merveilleux « avec la pointe des plumes d'un cygne, le lait d'une vache stérile, un grain d'orge, la fine laine d'une brebis féconde⁴ ». Mais ce qui est surtout puissant, ce sont les runes, les paroles magiques, les incantations. Pour les Finnois, les paroles sont plus que des sons; elles ont une substance matérielle; « elles se liquéfient dans la bouche et baignent la langue et les dents⁵ ». Avec « trois paroles originelles », le héros *Wäinämöinen* construit un bateau merveilleux⁶. Quand il chante, la

1. *Kalévala*. Runo I, 4.
2. *Kalévala*, 76. Note 2.
3. *Kalévala*. Introduction, XXI.
4. *Kalévala*. Runo X, 83.
5. *Ibid*. I.
6. *Kalévala*. Introduction, XXII.

terre tremble, les montagnes de cuivre chancellent, les rochers se fendent, etc.¹, ou bien il fait surgir de terre un sapin aux rameaux d'or, sur lequel la lune vient se poser, etc. ; à son gré, il évoque un vent d'orage². Avec « les trois paroles originelles », on enchaîne les fleuves, les torrents, les cataractes, etc., etc.³. Les runes magiques des Finnois sont donc douées d'une vertu toute-puissante, analogue à celle des *mantras* brahmaniques. Aujourd'hui encore, les Finnois russes, soi-disant convertis au Christianisme, sont toujours en quête de charmes magiques.

Les Finnois russes ont d'ailleurs une manière très primitive de traiter les saints du Christianisme. Un Finnois, s'adressant à saint Nicolas, lui parlait en ces termes : « Dis donc, Nicolas Dieu! Peut-être mon voisin, le petit Michel, t'a-t-il dit du mal de moi, ou peut-être t'en dira-t-il. S'il s'en avise, ne le crois pas. Je ne lui ai fait aucun mal et ne lui en souhaite aucun. C'est un vil fanfaron et un bavard. Il ne te révère nullement et joue seulement l'hypocrite. Moi, je t'honore du fond de mon cœur, et vois! je te fais brûler un cierge⁴. »

Cette façon tout à fait simpliste de concevoir et de traiter les dieux est commune à tous les hommes peu développés, quelles que soient non seulement leur religion apparente, mais même leur race. Ce qui est plus singulier et prouve bien la ténacité des vieilles coutumes, c'est de voir les Finnois contemporains, quoique nominalement chrétiens, grecs orthodoxes en apparence, conserver parfois les pratiques et les croyances de l'antique animisme. Près de Kazan, les Tchérémisses ont encore des bois sacrés, lieux d'offrandes et de sacrifices, tout jonchés d'ossements de moutons et de veaux offerts aux anciens dieux. Aux arbres, des ossements sont

---

1. *Kalévala.* Runo III.
2. *Ibid.* X, 81.
3. *Ibid.* IX, 65.
4. M. Wallace. *La Russie*, I, 215.

suspendus dans des boîtes d'écorce. Dans une clairière, devant un vieux chêne, on allume un feu, où l'on fait cuire un animal, que l'on mange ensuite; mais on a bien soin d'en brûler les os comme le font les Kâffirs. La valeur de l'offrande est, chez les Tchérémisses, proportionnée à l importance de la faveur sollicitée; c'est tantôt un mouton ou un veau, tantôt une oie, un canard, un poulet; ou même un fagot, que l'on promet de brûler, si la prière est exaucée[1] : donnant donnant; on n'entend pas acheter chat en poche.

V. — LA RELIGION DES GERMAINS

La religion des Germains a plus d'un trait de ressemblance avec celle des Finnois, d'abord parce qu'elle a été imaginée par des populations également sauvages, et aussi parce que les Germains primitifs et les Finnois ont eu ensemble d'intimes rapports.

Sur les vieilles croyances mythiques des Germains, les *Eddas* scandinaves nous renseignent plus complètement encore que le *Kalévala* sur celles des Finnois. Nous y trouvons mentionnés deux modes principaux de funérailles : la crémation, qui paraît être de date plus ancienne, et l'inhumation sous un tumulus[2]. Comme les primitifs de tous les pays, les Germains munissaient le double des morts de tout ce qui pouvait lui être utile dans la vie future. Pour cela, ils brûlaient ou inhumaient avec lui ses armes et son cheval[3]. Pour les morts importants, des sacrifices humains étaient ordinairement jugés nécessaires[4]. L'ordre Teutonique conserva

---

1. Ch. Rabot. *Le Temps*, 14 février 1891.
2. Les *Eddas* (*Voyage de Gylfe*). Traduction L. Puget, 77. — *Ibid. Le Chant de Sigurdrifa*, 359. — *Le Poème antique sur les Vœls*, 316.
3. Les *Eddas* (*Voyage de Gylfe*), 77.
4. Waitz. *Anthropology*, vol. I, 320.

pieusement jusqu'à nos jours certaines de ces antiques coutumes et, en 1781, aux funérailles d'un général de cavalerie inhumé à Trèves, le cheval du défunt fut encore égorgé et enterré avec son maître. L'usage de mener dans certains convois militaires le cheval du mort derrière la bière est dans divers pays d'Europe le dernier vestige de ces antiques mœurs[1].

Pour les anciens Germains, la vie future était simplement calquée sur la vie terrestre. Comme la plupart des sauvages, les Germains avaient grand'peur des ombres, des doubles souvent animés d'intentions scélérates et dangereux surtout la nuit[2].

Les Germains avaient déjà une certaine notion, mais assez confuse encore, d'une rétribution posthume. Les braves guerriers, les héros, s'en allaient après la mort dans le *Valhall*, le palais d'Odin, muni de cinq cent quarante portes et peuplé d'une multitude d'ombres. Dans le *Valhall*, on menait une joyeuse vie partagée entre de pantagruéliques festins, où l'on mangeait la chair du porc *Sœkrimmer*, que l'on faisait cuire tous les jours et qui ressuscitait tous les soirs. Les Valkyries versaient aux convives de larges rasades d'hydromel et, une fois rassasiés, les hôtes du *Valhall* se réunissaient dans la cour du *Valhall*, où l'on se battait entre soi pour se distraire[3]. Tel était le sort des élus ; celui des réprouvés était tout autre. Les maudits descendaient dans le neuvième monde inférieur[4]. Là, sur le rivage des morts, s'élève un palais construit avec des dos de serpents tressés. Les portes de ce palais sont tournées vers le nord ; des gouttes de venin tombent par les lucarnes et finissent par former des espèces de torrents léthifères, dans lesquels marchent les doubles des

1. Tylor. *Civilis. prim.* 551.
2. Les *Eddas* (*Le poème antique des Vœls*), 318.
3. Les *Eddas* (*Voyage de Gylfe*), 53, 55.
4. *Ibid.* 19.

parjures, des assassins, des adultères[1]. Les voleurs ont la poitrine pleine de serpents venimeux. Des corbeaux arrachent les yeux des calomniateurs. Les impies ont les mains clouées sur des pierres brûlantes[2]. Quand le sens moral se fut un peu développé, on finit par envoyer à Dieu (sans doute au Dieu des chrétiens) les ombres de ceux qui avaient été assassinés sans procès[3].

La sublimité fait complètement défaut à ces imaginations des vieux Germains au sujet de la vie future et toute la mythologie germaine est de même ordre. La terre est un disque que l'océan environne; elle est ceinte d'un rempart, au delà duquel habitent des géants. Tout l'univers a été construit avec les morceaux du corps d'un géant, d'Ymer. La mer fut faite de son sang; les montagnes avec ses os; les arbres avec ses cheveux, le ciel avec son crâne; les nuages avec sa cervelle[4]. Le vent est produit par le battement des ailes d'un autre géant. Les géants sont extrêmement audacieux; ils envahiraient la demeure des Ases, des dieux, s'ils parvenaient à franchir le pont des Ases, c'est-à-dire l'arc-en-ciel[5]. Un cheval merveilleux traîne la nuit, qui est sans doute une tenture, d'Orient en Occident, et il l'étend sur les dieux; l'écume tombant du mors de ce coursier, c'est la rosée[6]. Un dieu, appelé *Lune*, conduit l'astre de ce nom. Le *Soleil* voyage sur un char traîné par deux chevaux[7].

Les dieux résident dans le ciel. Le plus ancien et le plus puissant des dieux, c'est Odin (*Odhinn, Wodan*). Assis sur un trône dans le Valhall, où il habite une grande maison cou-

1. Les *Eddas* (*Voyage de Gylfe*), 3-87, et *Prédiction de Wola la savante*, 171.
2. Les *Eddas* (*Le chant du Soleil*), 269-270.
3. *Ibid.* 270.
4. *Eddas* (*Voy. de Gylfe*), 24.
5. *Eddas. Ibid.* 32.
6. *Eddas* (*Poème de Vafthrudner*), 140.
7. *Eddas* (*Voy. de Gylfe*), 26.

verte d'argent épuré, il embrasse d'un regard tout l'univers. Odin est le premier et le plus ancien des Ases, des dieux, qui le soignent comme des enfants leur père. Sa femme, Frigg, connaît, sans les révéler, toutes les destinées[1]. Odin n'éprouve presque aucun besoin et le vin tout seul suffit à son alimentation[2].

Après Odin vient *Thor*, son fils, armé du terrible marteau *Miœlnir*. On a voulu voir dans *Odin* la personnification de l'air violemment agité et dans *Thor* le dieu de l'été[3]. Thor a un fils *Uller*, sans rival pour le tir de l'arc et la course en raquettes[4]; il est bon d'invoquer Uller dans les combats singuliers. *Loke* ou *Loki* est une divinité méchante; tout ce qui est perfide, tout ce qui déshonore les dieux et les hommes émane de lui[5]. Au contraire *Balder*, l'un des fils d'Odin, est excellent; c'est le meilleur des Ases; son corps est resplendissant[6]. *Tyr* est le dieu de la guerre[7]. Le dieu *Frey* fait à son gré la pluie et le beau temps; il faut l'invoquer pour avoir de bonnes récoltes. Sa sœur, *Freya*, est la plus belle des Asesses: aussi est-elle la déesse de l'amour. Freya assiste à cheval aux batailles et la moitié des tués lui appartient, l'autre moitié est pour Odin; elle habite dans le ciel un superbe palais[8]. *Hel* est la déesse de la mort; la faim est son plat; la famine, son couteau[9]. Dans le Valhall, la troupe féminine des Valkyries est chargée de verser à boire aux Ases et aux héros, d'essuyer les tables et les coupes; elles se rendent aussi, obéissant aux ordres d'Odin, sur les champs de bataille[10]. D'avance

---

1. *Eddas (Voy. de Gylfe)*, 34, 26.
2. *Ibid.* 53.
3. Tiele. *Loc. cit.* 272.
4. *Eddas (Voy. de Gylfe)*, 43
5. *Ibid.* 44.
6. *Ibid.* 38.
7. *Ibid.* 41.
8. *Ibid.* 40.
9. *Ibid.* 45. — Tylor. *Civil. prim.* I, 345.
10. *Ibid.* 40.

les Valkyries savent qui succombera et disposent tout pour la victoire. Elles sont les messagères d'Odin, qui seul dirige le mal à son gré[1].

Au personnel féminin du ciel scandinave il faut en outre ajouter les *Nornes*, sorte de Parques dispensant à leur gré aux hommes le bonheur ou l'infortune[2]. — Les *Elfes* sont des génies, mais fort dissemblables entre eux : les Elfes lumineux sont beaux comme le soleil ; les *Elfes* ténébreux sont plus noirs que la poix[3].

Il me reste encore à mentionner, parmi les conceptions mythiques des Scandinaves, l'arbre *Ygdrasil*, dont les rameaux s'étalent sur tout l'univers et dominent le ciel même ; cet arbre a trois profondes racines, dont l'une va vers les Ases ; une autre plonge vers le puits de *Minner*, où sont cachées la raison et la sagesse[4]. On a beaucoup déraisonné, en cherchant un sens symbolique et même profond à cet arbre merveilleux, que je me bornerai à signaler.

Les *Eddas* prédisent pour l'avenir du monde des événements terribles. Il faut savoir à ce sujet que deux loups poursuivent continuellement, l'un la lune, l'autre le soleil ; un beau jour, ils atteindront ces astres ; alors le loup *Fenris* avalera tout simplement le soleil ; les étoiles tomberont du firmament ; la terre tremblera ; les montagnes s'écrouleront, etc.[5]. Ce sera « le Crépuscule des Dieux » ; mais, après un terrible bouleversement, tout rentrera dans l'ordre, et les hommes seront à jamais affranchis de toutes les misères de l'existence. Cette fin du monde et cette résurrection rappellent fort l'un des mythes principaux de la religion des anciens

---

1. *Eddas (Poème antique sur les Vœls)*, 315.
2. *Eddas (Voy. de Gylfe)*, 52.
3. *Ibid.* 34.
4. *Ibid.* 30.
5. *Ibid.* 82.

Perses, du Mazdéisme. Nous aurons à nous demander si cette ressemblance est fortuite[1].

Dans toutes ces imaginations puériles ou barbares, il est bien difficile de trouver un sujet d'admiration; si du moins l'on n'a point le facile enthousiasme de certains mythologues.

Pour ce qui touche à la magie, à la sorcellerie, la Germanie ancienne ne se distingue pas non plus des autres populations primitives. Les Germains croyaient aux présages. C'était, par exemple, pour un homme armé, un bon signe que d'être suivi par un corbeau, ou de rencontrer deux hommes se battant entre eux. Signe favorable encore, quand on entendait hurler le loup dans les branches du frêne ou quand des loups marchaient devant le guerrier armé[2]. Voyait-on des aigles en songe, cela signifiait qu'on rencontrerait des bœufs[3]. Quand un cheval bronchait, cela présageait un grand danger, etc., etc.[4].

Ce qui caractérise surtout la magie germanique, et cela lui est commun avec celle des Finnois, c'est la toute-puissance attribuée aux runes. Les runes ressuscitent un pendu, inspirent de l'amour aux jeunes filles, amortissent le tranchant du glaive, calment les vagues, facilitent les accouchements, guérissent les blessures, séduisent les juges, donnent même de l'esprit[5], etc. Finnois et Germains ont évidemment déteint les uns sur les autres. Tacite nous apprend aussi que les Germains consultaient les *sorts,* au moyen de petites branches marquées[6]. Le même écrivain nous donne quelques renseignements sur le culte germanique. Les Germains avaient des bois sacrés, comme en ont encore les Finnois;

---

1. Tiele. *Loc. cit.* 277. — *Eddas* (*Prédiction de Wola la savante*), 115, et (*Poème de Vafthrudner*), 155.
2. *Eddas* (*Le vainqueur de Fafner*), 341.
3. *Eddas* (*Le poème groenlandais sur Atle*), 411.
4. *Eddas* (*Le vainqueur de Fafner*), 341.
5. *Eddas* (*Chant de Sigurdrifa*).
6. *Germania,* 10.

ils sacrifiaient à leurs dieux des animaux et même des hommes[1]. Sur ce point les *Eddas* confirment l'assertion de Tacite[2]. Nous savons, d'autre part, que les Germains construisaient parfois de petits temples à leurs divinités, que la zoolâtrie et la phytolâtrie ne leur étaient pas inconnues[3], en résumé, que leur religion était barbare comme eux-mêmes.

VI. — LA RELIGION DES CELTES

Dans le détail, la religion des Celtes diffère de celle des Germains; car l'imagination de chaque peuple a sa physionomie, sa couleur spéciale; mais, au fond, les Celtes primitifs, comme les Germains et les Finnois, ne se sont pas élevés au-dessus d'un animisme assez borné.

La crémation était le mode funéraire le plus usité chez les populations celtiques et elles se figuraient la vie future comme une continuation pure et simple de l'existence terrestre. Tout ce que le défunt avait prisé pendant sa vie était jeté sur son bûcher funèbre : les animaux domestiques, les armes, les esclaves, même les clients[4]. Les Celtes pensaient retrouver, dans la vie future, un double en tout semblable au corps terrestre et même une société calquée sur celles au milieu de laquelle ils avaient vécu. Dans cette société posthume on devait mener une existence guerrière; on y avait donc absolument besoin des doubles de ses chevaux, de son char, de ses armes, de ses esclaves, etc. On y rencontrait même les ombres de ses débiteurs, et la mort ne les libérait pas de leurs dettes terrestres[5]. Dans le bûcher funèbre, on jetait

---

1. *Germania*, 9, 34, 40, 43, 45.
2. *Eddas* (Poème de *Fjœlsvinn*), 243.
3. Tiele. *Loc. cit.* 280.
4. César. *De Bello gallico*, VI.
5. Valère Maxime, II, ch. vi.

des lettres adressées aux parents décédés[1]; tant était profonde la foi en une autre vie, copie exacte de la vie terrestre!

J. César rapporte que les Gaulois croyaient descendre de Pluton (*ab Dite patre*), ainsi que l'enseignaient leurs druides; mais on sait que l'habitude des Romains était d'identifier tellement quellement les dieux étrangers avec les leurs. Pour cela les plus grossières analogies leur suffisaient. Le soi-disant Pluton des Gaulois doit donc être l'un des Fomôré irlandais, dieux de la nuit et de la mort. Pour les Celtes, le pays des morts était situé, vers le sud-ouest, au delà de l'Océan. Sur le littoral septentrional de la Gaule, des marins conduisaient, la nuit, dans des barques surchargées par ces passagers pesants, quoique invisibles, les ombres des morts vers leur séjour posthume[2]. Ce pays des doubles s'appelait en Irlande « la Grande Plaine, la Plaine Agréable »; c'était une contrée à la fois merveilleuse et délicieuse[3]; mais les ombres, qui l'habitaient, avaient la faculté de reparaître dans le monde des vivants, en s'y réincarnant[4]. Cette réincarnation était d'ailleurs à peu près dépourvue de valeur morale; c'était un privilège accordé surtout aux braves, aux héros. On retrouve cette idée de réincarnation, de métempsycose, dans diverses légendes celtiques. Dans le pays de Galles, *Taliésin* raconte qu'il jadis a été aigle. Un roi irlandais d'Ulster, *Mongân*, était identique à un personnage célèbre, *Frind*, mort deux siècles auparavant[5]. Mais, dans ces renaissances il n'y a pas la moindre idée de sanction morale après la mort. Sur ce point, les croyances celtiques sont donc restées très inférieures.

De même la mythologie proprement dite des Celtes ne s'élève pas au-dessus d'un animisme grossier. Dans les pays

---

1. Diodore, V, 28.
2. D'Arbois de Jubainville. *Cycle mythologique irlandais*, 261, 262.
3. *Ibid.*
4. Diodore, V.
5. D'Arbois de Jubainville. *Loc. cit.* 50, etc.

celtiques, la phytolâtrie, l'adoration des arbres, était ordinaire[1]. A la fin du siècle dernier, en 1791, les Écossais avaient encore des sources miraculeuses[2]. Le culte des pierres levées a persisté jusqu'à nos jours. D'autre part, diverses inscriptions romaines attestent que certaines montagnes, certains fleuves avaient été divinisés; en Gaule, on adorait le dieu Vosge (*Vosegus*), la déesse Ardenne (*Arduina*), la déesse Seine (*Sequana*)[3], etc.

Les dieux plus importants avaient aussi des origines animiques. En Irlande, il existait tout un groupe de divinités de la nuit et de la mort, les *Fomôré*; souvent ces sombres dieux prenaient la forme du corbeau et de la corneille; mais, sous leur véritable aspect, les *Fomôré* étaient des géants[4]. Certains d'entre eux étaient des dieux lunaires; leur tête était surmontée d'un croissant, aussi les représentait-on avec des cornes, des têtes de chèvre, par exemple[5], exactement comme les Hellènes donnaient des têtes de vache à certaines de leurs divinités primitives. La fameuse triade gauloise de *Teutatès*, *Esus* et *Taranis* ou *Taranus*, appartient à la catégorie des dieux Fomôré. Ces triades, fort communes chez les Celtes, ne seraient qu'une apparence, provenant de l'habitude celtique d'exprimer par trois adjectifs trois aspects différents d'une même divinité[6]. *Taran*, c'est la foudre en gallois et en breton; mais *Taranis* n'est qu'un double de *Teutatès*[7] identifié par les Romains avec leur dieu Mars.

Au groupe des sombres *Fomôré* étaient opposés les dieux de la vie et du jour, les *Tûatha dê Danann* irlandais[8], c'est-à-

---

1. Des Brosses. *Dieux fétiches*, 51.
2. Lubbock. *Orig. civil.* 292.
3. D'Arbois de Jubainville. *Loc. cit.* 388.
4. *Ibid.* 32.
5. *Ibid.* 103.
6. *Ibid.* 369, 375, 376.
7. *Ibid.* 379.
8. *Ibid. Loc. cit.* 32.

dire « les gens de dieu, dont la mère s'appelle Dana ». Les principales de ces divinités sont *Lug*, que César identifia avec Mercure[1], Lug, dieu du commerce et des arts, et d'autres dieux du jour qui sont souvent des dieux intellectuels ; ainsi la triade *Brian*, *Inchar* et *Uar* personnifie le génie, l'inspiration artistique et littéraire[2]. Au dieu *Ogmé*, l'Ogmios de Lucien[3], *Ogmé* « à la face solaire », on attribuait l'invention de l'écriture ogamique[4]. On adorait aussi un dieu de la médecine (*Dian-Cecht*), un dieu de la cuisine (*Goibmu*), qui était en même temps un dieu forgeron[5]. Les légendes irlandaises racontent complaisamment les aventures de tous ces dieux, les combats des deux groupes de divinités entre eux et tous ces récits sont fortement empreints d'animisme. *Balar*, dieu *fomôré*, a un œil qui lance la foudre ; les épées divines parlent ; les harpes accourent vers leurs maîtres, quand ceux-ci les appellent[6]. Après une longue lutte, les dieux du jour furent vaincus par les *Fomôré* et cherchèrent un refuge dans des cavernes où ils habitent de merveilleux palais[7].

A ces divinités principales il faut ajouter les nymphes celtiques, beaucoup plus populaires, les fées, qui n'ont pas encore entièrement disparu de nos campagnes, et même des dieux primitifs, plus fétichiques, les êtres matériels directement divinisés, les vagues, les rochers, les plantes, la terre, la montagne. Ces dieux grossiers, on les invoque pieusement : « J'invoque la terre d'Irlande, la mer brillante, brillante, la montagne fertile, fertile, etc. » On prend à témoin le soleil, la lune, l'eau, etc.[8].

1. D'Arbois de Jubainville. *Loc. cit.* 379.
2. *Ibid.* 381.
3. Lucien. *Héraclès.*
4. *Ibid.* 145.
5. D'Arbois de Jubainville. *Loc. cit.* 306, 359.
6. *Ibid.* 185, 191.
7. *Ibid.* 260.
8. *Ibid. Loc. cit. Ibid.* 243, 244, 245, 250.

Il va sans dire que l'on croit et que l'on recourt à la magie. Avec cette *science*, qui d'ailleurs s'appuie sur les forces des êtres matériels divinisés, l'on peut dominer même les dieux du Panthéon celtique[1].

Le culte celtique était grossier, comme les mythes. Nous savons qu'il s'exerçait par le ministère d'une classe sacerdotale, très puissante, celle des Druides en Gaule, en Irlande des Bréhons, à la fois instituteurs, dépositaires des traditions, juges et prêtres, surtout prêtres en Gaule. Les Druides gaulois jouissaient d'un pouvoir considérable et d'immunités importantes : ils étaient exempts du service militaire et de tout impôt[2]; ils avaient le droit d'interdire les sacrifices, c'est-à-dire de frapper d'une véritable excommunication[3].

Les sacrifices, auxquels présidaient les druides, étaient d'ordinaire sanglants. On supposait évidemment que les maladies, même la mort sur le champ de bataille, émanaient directement des dieux, et l'on s'efforçait d'esquiver ces funestes caprices des puissances occultes en leur offrant, en cas de maladie ou de péril guerrier, une vie pour une autre à titre de troc. Dans ce but égoïste, les malades faisaient immoler des esclaves; les guerriers faisaient vœu d'en immoler. Dans les grandes occasions, les sacrifices humains prenaient des proportions horribles : on remplissait d'hommes vivants, le plus souvent de captifs, de criminels ou d'esclaves, de grands mannequins d'osier, auxquels on mettait le feu[4]. Au dire de Diodore, les Celtes de la Gaule empalaient les victimes humaines avant de les jeter au bûcher; ils brûlaient et sacrifiaient aussi les animaux capturés à la guerre, à titre d'offrandes à leurs dieux[5].

1. D'Arbois de Jubainville, 243, 244.
2. César, VI, 14.
3. *Ibid.* VI, 13.
4. *Ibid.* VI, 16.
5. Diodore, V, 22.

En Irlande, les sombres dieux *fomôré* étaient aussi très altérés de sang, surtout de celui des enfants. Un vieux livre irlandais constate ces sacrifices faits à un dieu *fomôré*, ou plutôt à une « grande idole « coiffée d'un croissant : » Ici était une grande idole... qu'on appelait » Courbe sanglante ou Croissant ensanglanté » (*Cromm crûach*); elle donnait, dans chaque province, la puissance et la paix. Pitoyable malheur! Les braves *Gôidels* l'adoraient; ils lui demandaient le beau temps, là, pour une partie du monde. Pour elle, sans gloire, ils tuaient leurs enfants premiers-nés avec nombreux cris, nombreuses plaintes de leur mort, dans l'assemblée autour de *Cromm Crûach*. C'était du lait et du blé, qu'ils lui demandaient en échange de leurs enfants. Combien étaient grands leurs gémissements et leur horreur! C'était devant cette idole que se prosternaient les *Gôidels* francs; c'est de son culte, célébré par tant de morts, que cet endroit a reçu le nom de *Mag slecht* ou « champ de l'adoration[1]. » Les Irlandais étaient donc, en fait de croyances et de cultes, exactement au niveau des Todas de l'Inde, immolant des Mériahs à leur déesse rurale, avec cette particularité plus atroce encore, que comme le Moloch sémitique, le dieu lunaire de l'Irlande se repaissait de premiers-nés; mais le mythe principal des Celtes d'Irlande a une singulière ressemblance avec la religion d'Ormuzd, et cette similitude peut avoir sa raison d'être dans le passé de la race.

VII. — COMMUNE ORIGINE DE LA RELIGION CHEZ LES ARYENS BARBARES

La plupart des Aryens barbares, dont je viens de parler, résident en Europe depuis une époque antérieure à la période historique; mais au fond, et abstraction faite de

---

1. *Livre de Leinster*, 213 (cité par d'Arbois de Jubainville).

leurs mélanges avec les premiers occupants du pays, ce sont des Asiatiques. La linguistique nous a démontré la commune origine de tous ces peuples et le fait n'a rien de surprenant, puisqu'à vrai dire l'Europe n'est qu'un prolongement de l'Asie. Enfin la tradition, d'une part, l'ethnographie, de l'autre, ont confirmé les assertions des linguistes.

Mais, pour pénétrer en Europe, les flots successifs des barbares aryens ont suivi des chemins différents. Si, par la langue, les Finnois sont ouralo-altaïques, c'est qu'ils sont entrés en Europe par la région de l'Oural. Au contraire, c'est par le midi que les autres migrations aryennes ont abordé notre petit continent occidental; elles y sont arrivées par la région du Caucase et la vallée du Danube.

Dans ce long trajet, qui a dû se faire très lentement, de proche en proche, les émigrants aryens ont forcément été en contact prolongé avec les Iraniens primitifs, les Perses, fort voisins d'ailleurs des Aryas védiques, et en effet, sauf la religion des Finnois et celle des Kâffirs, toutes les grossières croyances que je viens de résumer, se rapprochent par certains côtés du Mazdéisme des anciens Perses. Les Slaves adorent des dieux blancs et des dieux noirs, esprits de lumière ou de ténèbres; leur culte est donc en partie dualiste. De même les Germains ont des *Elfes* lumineux et des *Elfes* ténébreux, des dieux bons et un mauvais principe personnifié dans Loki. Enfin, comme les Iraniens, ils croient à une fin du monde, à une résurrection, à la défaite définitive du mal. De leur côté, les Celtes ont des dieux bons et des dieux méchants, des dieux du jour et des dieux des ténèbres, toujours en lutte les uns avec les autres.

Dans cet imparfait dualisme, faut-il voir tout simplement une altération de la religion d'Ormuzd et d'Ahriman, telle que nous la connaissons, mais que des tribus sauvages n'ont pu s'assimiler entièrement? Cela est peu probable. La date des émigrations aryennes en Europe est sûrement des plus lointaines; elle doit remonter dans le passé bien au delà des deux mille ans avant Jésus-Christ, que des considérations astronomiques font attribuer à l'origine du culte de Mithra, par exemple. Il est probable qu'à l'époque de leur contact avec les barbares aryens, les Iraniens n'avaient pas encore de religion bien arrêtée. Leur dualisme ne s'est nettement affirmé, leurs dogmes ne se sont clairement formulés qu'à une date moins ancienne, quand ils sont parvenus à un état de civilisation plus avancé; mais ils avaient sans doute de grossières croyances où existait déjà en germe le futur Mazdéisme.

Ce dualisme perse, en plein épanouissement, nous allons maintenant l'étudier en le rapprochant du Christianisme, et cette confrontation extrêmement intéressante nous prouvera, une fois de plus, qu'en matière de sociologie générale, la méthode comparative est vraiment la voie, la vérité et la vie.

CHAPITRE XIX

LES GRANDES RELIGIONS DUALISTES

A. — LE MAZDÉISME

I. *Rites funéraires et vie future.* — Abandon rituel du cadavre. — Les « Tours du silence ». — Le pont *Tchinvat*. — Le *Karma* mazdéen. — Le tribunal de Mithra. — Enfer, paradis et séjour intermédiaire. — II. *Les dieux du Mazdéisme.* — Analogie avec les dieux védiques. — Astrolâtrie et zoolâtrie. — Le *Haôma* divinisé. — Biographie légendaire de Zoroastre. — Ormuzd et Ahriman. — Les prophètes. — La fin du monde. — Les dieux secondaires. — Les *Fravachis*. — Les *Yazatas*. — Le *Hanover*. — Rachnou et Mithra. — Culte de Mithra. — III. *Le culte.* — La classe sacerdotale. — Le rituel. — Les fêtes. — Sacrifices non sanglants. — Purifications. — Les pénitences. — IV. *La morale.* — Éthique cléricale. — La cynolâtrie. — Le crime de l'inhumation. — Le crime de la crémation. — La morale utilitaire du Mazdéisme. — Mariage et travail glorifiés.

B. — LE CHRISTIANISME

I. *Défaut d'originalité.* — Les emprunts du Christianisme. — Localisation du Christianisme primitif. — II. *L'animisme chrétien.* — Animisme fétichique. — Miracles magiques. — Spiritisme. — III. *Analogies et origines des mythes chrétiens.* — L'Eucharistie et le Panthéisme. — Mort et naissance annuelles d'Osiris, d'Adonis, de Bacchus et de Jésus. — L'Agneau mythe solaire. — Les doctrines mazdéennes de saint Jean. — Le *Hanover* mazdéen et le verbe chrétien. — Le Jugement dernier selon le Mazdéisme et le Christianisme. — La Vierge du zodiaque perse. — Le Taureau mithriaque et l'Agneau chrétien. — Analogies de la religion de Mithra avec celle de Jésus. — Les dogmes chrétiens et l'héliolàtrie. — Jésus et Jeanne d'Arc. — IV. *La morale chrétienne.* — Christianisme et prophétisme. — Les beaux côtés de la morale chrétienne. — Son côté antisocial. — Immoralité pratique. — Oppression religieuse. — L'Inquisition.

A. — LE MAZDÉISME

I. — RITES FUNÉRAIRES ET VIE FUTURE

Entre la race aryenne et la race iranienne, dont je vais parler, la différence est surtout d'ordre linguistique. Néanmoins les Iraniens de la Perse, tout en partant des mêmes origines mythiques que les Aryens de l'Inde, ont fini par se créer une religion spéciale et, surtout par l'intermédiaire des Grecs, cette religion, le Mazdéisme, a grandement influé sur le Christianisme. Il importe donc d'étudier la religion de Zoroastre avant d'apprécier celle de Jésus.

Par ses rites funéraires, le Mazdéisme est très particulier; puisque, malgré leur civilisation assez avancée, ses sectateurs ont conservé la coutume primitive de l'abandon bestial des cadavres. Dans les croyances mazdéennes, le feu, la terre et l'eau étant tenus pour particulièrement purs, les morts ne doivent être ni brûlés, ni enterrés, ni jetés dans une rivière[1]. En conséquence, le *Zend-Avesta* prescrit d'exposer les cadavres sur les lieux les plus élevés, afin que les oiseaux de proie et les chiens les puissent facilement apercevoir et dépecer; mais il est bien recommandé d'assujettir solidement les corps ainsi abandonnés; car, sans cette précaution, les oiseaux carnivores pourraient emporter les ossements et en souiller les eaux[2]. Pour le Mazdéisme, la crémation des cadavres est un crime inexpiable[3]. De même inhumer des hommes ou des chiens morts (la loi ne fait pas de différence) et les laisser enfouis deux ans, cela constitue un crime qui ne saurait se racheter[4].

1. Tiele. *Loc. cit.* 249.
2. *Avesta.* (Traduction Harley). — *Vendidad.* Fargard VI, 92, 97.
3. *Vendidad.* Fargard I.
4. *Vendidad*, III, 127, 131-136.

La terre est considérée comme un être sentant, qui *s'afflige* quand on enterre dans son sein des chiens et des hommes morts[1]. Pour éviter ce malheur, on livre les cadavres aux dents et aux becs des animaux carnassiers ; mais cet abandon se fait suivant certains rites et dans des lieux consacrés à cet usage, dans les *Dakmas*. Les *Dakmas* les plus connus sont « les Tours du silence » de Bombay, où les Parsis contemporains déposent encore les cadavres des leurs. Sur la crête rocheuse, dite de Malabar-hill, d'où l'on domine tout le panorama de Bombay, s'élèvent six « tours du silence », édifices cylindriques, ayant 30-40 pieds de diamètre et autant de hauteur. L'intérieur des tours est divisé en trois zones concentriques, subdivisées par des rayons en *loculi*, recevant chacun un corps. La zone intérieure est destinée aux enfants, la zone extérieure aux hommes, la zone intermédiaire aux femmes. En outre chaque *dakma* est traversé par deux chemins se coupant au centre à angle droit. La porte d'entrée est située à l'extrémité du chemin qui aboutit au côté oriental. Le cadavre est amené aux *dakmas* par la famille et des porteurs dont les mains sont couvertes d'un sac, pour les préserver de la souillure du contact; il est reçu par des gardiens vêtus de blanc. Des prêtres accompagnent les gardiens, en psalmodiant des chants funèbres. Sur les palmiers du voisinage sont perchées des bandes de vautours énormes, qui, aussitôt que le cadavre est abandonné, le dépècent en quelques instants, aidés qu'ils sont par des nuées de corbeaux[2]. Se tenant à quelque distance, les amis du mort assistent à la scène, désireux surtout de savoir quel œil sera arraché le premier; car cette circonstance

---

1. *Vendidad*, III, 27.
2. E. Haeckel. *Lettres d'un voyageur dans l'Inde*, 67, 68.

permet de présumer le sort réservé au double du mort dans la vie future[1].

Auparavant, au moment de l'agonie, on a pris la précaution de placer, près du lit funèbre, un chien, que l'on a obligé à regarder le mourant ; car le regard d'un chien met en fuite les démons, les *dévas*[2].

Une fois nettoyés par les oiseaux nécrophages, les ossements sont recueillis et jetés dans un puits creusé à cet effet[3].

Sur le sort, qui attend le double après la mort, l'*Avesta* nous donne des renseignements très précis. D'abord l'esprit, qui a de la peine à quitter son ancienne demeure, reste trois jours près de la tête du cadavre ; puis il gagne le pont *Tchinvat*, étroit passage menant au séjour des ombres. Dans l'autre monde, l'esprit, l'âme pure, rencontre sur sa route quelque chose d'analogue au *karma* des bouddhistes, c'est-à-dire le résultat personnifié de toutes ses bonnes actions, pensées et paroles ; ce résultat est incarné sous la forme d'une belle jeune fille de quinze ans « au visage brillant, à la forte poitrine », qui dit à l'ombre : « Je suis ta bonne pensée, ta bonne parole, ta bonne action, ta bonne loi, la propre loi de ton corps[4] ». Le méchant rencontre aussi son *karma*, mais incarné sous une hideuse forme féminine !

Ensuite l'ombre comparaît devant le redoutable tribunal de *Mithra* assisté de deux autres dieux, *Rasnan* et *Çraosa*. Devant ce tribunal sont pesées les actions de chacun ; après condamnation, les méchants tombent en enfer, où ils sont tourmentés par des démons[5] et où Ahriman les fait nourrir de poisons,

---

1. Heber. *Hist. univ. voy.* vol. XXXVI, 405.
2. L'*Avesta* de Harlez, introduction, 68.
3. Heber. *Loc. cit.*
4. A. Hovelacque. *L'Avesta, Zoroastre et le Mazdéisme*, 359, 362.
5. Tiele. *Loc. cit.* 249.

de serpents et de scorpions. Au contraire, de bons anges emportent l'âme pure dans le paradis. Ceux dont les bonnes et les mauvaises actions se balancent vont dans un séjour intermédiaire, qui est une sorte de purgatoire[1]. Mais les ombres ne séjourneront point éternellement dans ces trois compartiments du monde posthume. Un jour, comme nous le verrons bientôt, le génie du mal, Ahriman, sera enfin vaincu et alors tout s'évanouira : il n'y aura plus ni monde terrestre ni enfer[2].

A certains détails près, toute cette mythologie de la vie future, selon Zoroastre, rappelle fort celle du Christianisme, et pour cause. Parmi les mythes divins, bien d'autres analogies vont nous frapper.

II. — LES DIEUX DU MAZDÉISME

La mythologie du Mazdéisme se rattache directement au Védisme. Ainsi l'on trouve dans le *Khorda-Avesta* un hymne au soleil, qui semble copié dans le *Rig-Véda* : « Nous célébrons le Soleil immortel, étincelant, aux coursiers infatigables. Quand le Soleil brille dans le ciel, les *Yazatas* célestes accourent par centaines, par milliers, recueillent la lumière, la distribuent, la répandent sur la terre créée par Ahura-Mazda, etc. » — « Quiconque sacrifie au Soleil immortel, étincelant, aux chevaux rapides, afin de résister aux *dévas* ténébreux, aux voleurs et aux brigands, etc., celui-là sacrifie à Ahura-Mazda, etc. »[3]. Ahura-Mazda, le dieu de la lumière, est, dans cet hymne, directement identifié avec l'astre solaire, exactement comme Indra dans le Védisme; nous sommes

---

1. A. Hovelacque. *Loc. cit.* 364, 365.
2. A. Hovelacque. *L'Avesta*, 367.
3. Eichoff. *Bibliothèque orientale*, II, 128.

donc en pleine astrolâtrie mazdéenne. Mais le Mazdéisme descend bien plus bas, jusqu'à la zoolâtrie et même la phytolâtrie : « Honneur à toi, taureau sacré! dit un hymne. Honneur à toi, taureau créé pur!... Honneur à toi, qui donnes la croissance! Honneur à toi, don du créateur à l'homme pur, non encore créé![1] » Il s'agit sans doute ici du taureau zodiacal, du taureau de Mithra; mais ce n'en est pas moins le reflet d'une zoolâtrie primitive et grossière. Enfin l'adoration de la plante sacrée, *haôma*, qui est manifestement le *soma* védique, rejette le Mazdéisme en plein animisme fétichique. Chez les Iraniens, comme chez les Aryas védiques, le *haôma* enivre les dieux; aussi a-t-on déifié cette plante sacrée en la doublant d'un génie puissant et secourable, qui distribue la richesse et la vie[2].

Il est donc bien vraisemblable qu'avant la réforme attribuée à Zoroastre, la religion des Iraniens ressemblait très fort à celle des Aryas védiques. A partir de cette réforme, elle devint nettement dualiste et reposa essentiellement sur l'opposition entre la lumière et les ténèbres, le bien et le mal, Ormuzd (*Ahura-Mazda*) et Ahriman (*Aurô Mainyus*), en résumé Dieu et le Diable.

Je ne saurais raconter, ni même résumer ici la biographie, d'ailleurs toute légendaire, de Zoroastre. J'y noterai cependant que, dans sa jeunesse, le prophète se retira au désert, où il vécut en ermite, dans une grotte; qu'en outre, depuis sa naissance jusqu'à sa trentième année, Zoroastre fut en butte aux attaques des démons. Ces esprits des ténèbres tentèrent de le poignarder, de le brûler, de l'empoisonner, et même finirent par l'emporter dans un désert[3].

Dans le système de Zoroastre, le monde se partage en deux

---

1. *Avesta*. (*Vendidad*). Fargard XXI, 1, 2.
2. *Avesta* de Harlez (Introduction), 55.
3. A. Hovelacque. *L'Avesta*, 143, 144.

empires : celui de la lumière, de la pureté, de la vérité, et celui des ténèbres, du mensonge et de l'impureté. Dans l'empire supérieur, trône Ahura-Mazda; en bas, dans l'abîme, règne son adversaire, Ahriman (*Aurô-Mainyus*), le prince des ténèbres, dominant les démons, qui sont simplement les anciens dieux animiques déchus. En effet, l'*Avesta* donne encore à ces divinités tombées le nom de *dévas*, qui est la qualification générique des dieux védiques. Du reste, parmi ces *dévas* de l'enfer, on trouve encore *Indra* ou *Andra*, *Carva* (Çaurva), l'une des épithètes d'Agni, *Nasatya*, le prototype des Açvins védiques, etc.[1].

Entre Ormuzd et Ahriman existe le monde des vivants, qu'ils se disputent et parfois à armes presque égales, puisque, selon les *Boundehêche*, Ormuzd désire obtenir d'Ahriman un armistice de neuf mille ans[2].

C'est uniquement pour terrasser Ahriman qu'Ormuzd a créé le monde, lequel durera juste douze mille ans. Tous les trois mille ans, il naît un prophète; Zoroastre a été le premier d'entre eux; mais, à la fin de la seconde et de la troisième période trimillénaire, apparaîtront un second et un troisième prophète : ces deux derniers prophètes naîtront de la semence même de Zoroastre, qui aura été miraculeusement conservée. Le troisième et dernier prophète, *Çaosyat*, célébrera un grand sacrifice, qui provoquera la résurrection des morts. Alors les hommes faits renaîtront à l'âge de quarante ans; les enfants à l'âge de quinze ans. Tout sera en feu, mais les mauvais seuls seront brûlés; les bons ne ressentiront qu'une agréable chaleur. Par l'effet de ce jugement dernier, tous les mauvais génies seront anéantis, excepté *Ahriman* et le serpent; mais ce dernier se consumera dans l'airain fondu. Ahriman, lui, plongera et dispa-

---

1. Tiele. *Hist. relig.*, 245, 246.
2 A. Hovelacque. *L'Avesta*, 157, 158.

raîtra dans les flammes infernales. Tout alors sera purifié et Ormuzd régnera dans sa gloire pour l'éternité[1].

En attendant cette crise finale, Ormuzd défend de son mieux contre son rival le monde qui est son ouvrage[2]. De lui viennent en effet la vache, la pureté, les eaux, les bons végétaux, la lumière, la terre et toutes les choses bonnes[3]; en outre il a créé les étoiles « qui contiennent le germe des eaux » et par suite « les germes des bestiaux »[4]. Le soleil et la lune, expressément formés pour être utiles aux hommes, sont principalement destinés à faire mûrir les fruits.

Tout en étant le dieu principal, Ormuzd n'est pas le dieu unique. On rapporte même qu'il créa spontanément vingt-quatre dieux, et les enferma dans un œuf; mais son terrible rival Ahriman en fit autant. Les vingt-quatre dieux d'Ahriman percèrent la coquille de l'œuf et, depuis ce temps, les maux et les biens ont été mêlés ensemble[5]. D'ailleurs le Mazdéisme admet bien d'autres divinités. Dabord *Çraosha* aux mille yeux, qui personnifie soit le ciel, comme le *Varouna* védique, soit la foudre. Inaccessible au sommeil, *Çraosha* surveille et repousse les mauvais génies[6]. *Vayou*, génie du vent, disperse les nuages, ouvre la voie au soleil, fait le bien au nom d'Ormuzd[7]. *Anâhita*, déesse des eaux, habite le *Hukairya*, cime extrême de la montagne céleste, d'où elle verse sur la terre les ondes fertilisantes[8].

Les *Fravachis* comprennent les types célestes de tous les êtres; ils sont aussi les âmes des morts, les esprits protecteurs des vivants, préexistant à leur naissance et survivant

---

1. A. Hovelacque. *L'Avesta*, 367-369. — Tiele. *Loc. cit.* 249.
2. *Vendidad*, XXII, 24, 25.
3. *Yaçna*, Ch. xxxvii et v.
4. *Vendidad*, XXI, 71-0.
5. Plutarque. *De Is. et Osir.*
6. *Avesta* de Harlez, 53 (Introduction).
7. *Ibid.* 34.
8. *Ibid.* 55.

à leur mort. Les Fravachis sont devenus les anges gardiens du Judaïsme d'abord, du Christianisme ensuite[1]. Par le nom générique de *Yazatas*, on désignait un grand nombre de dieux ou d'esprits. Le mot *Yazata* signifie en effet « digne d'un culte ». Le dieu du feu, le dieu de la canicule, etc., étaient des *Yazatas*; mais ces *Yazatas* sont des dieux primitifs; pourtant les plus zoroastriens des *Yazatas* sont des dieux abstraits : la justice, la foi, la loi, la pureté[2].

Les prières devinrent aussi des esprits et la plus fameuse d'entre elles, *Ahuna Vaïrya*, se transforma, se personnifia, devint le *Hanover*, la parole divine, un *Logos*, un *Verbe*, existant avant toute chose. Quiconque profère le *Ahuna Vaïrya* est assuré du salut et du bonheur[3] : « L'esprit vivifiant et sain m'a fait connaître cette parole, fondement de toute création sainte, qui est, a été et sera cause productrice de tous les actes, qui appartiennent au monde de Mazda[4], etc. ». Cette personnification des paroles, des prières, n'a rien d'exceptionnel. Les Aryas védiques, les Grecs ont de même donné un corps aux prières, aux invocations; les runes des Finnois et des Scandinaves semblent bien être aussi des paroles vivifiées ; mais, dans le Mazdéisme, le *Hanover*, le *Verbe*, prend une capitale importance, et plus tard il est sûrement devenu le *Saint-Esprit* du Christianisme.

Je ne veux plus mentionner que deux divinités mazdéennes : *Rachnou* et *Mithra*. *Rachnou*, génie de la justice, est l'un des juges célestes; c'est lui qui pèse, dans la balance, les mérites et démérites des morts[5]. Mithra a joué, dans le monde mythique, un rôle bien plus important. L'hymne, le chant, le *yast* de Mithra a une couleur védique. Mithra,

1. Tiele. *Loc. cit.* 244, 245.
2. *Ibid.* 241.
3. *Ibid.* 243.
4. *Yaçna*, XIX, 21,-25.
5. *Avesta* de Harlez (Introduction), 54

« dieu aux vastes pâturages », a été créé par Ormuzd, qui le déclare aussi digne d'être honoré que lui-même. Mithra a dix mille oreilles, dix mille yeux. Que personnifie-t-il? Est-ce l'aurore, la lumière, le soleil? On peut choisir, et il semble bien que l'on y ait vu tout cela : « Nous honorons Mithra, qui, le premier des *yazatas* célestes, pointe au-dessus du mont *Hara*, avant le Soleil aux chevaux rapides, qui, le premier, ayant l'apparence de l'or, saisit les beaux sommets[1], etc. ». Comme le Soleil, Mithra traverse le ciel sur un char « aux roues élevées », traîné par des chevaux éclatants, saints, intelligents. Les longs bras de Mithra saisissent ce qui est à l'orient de l'Indus et ce qui est à l'occident. Mithra est fort, sage, pur. Ses bras robustes frappent les démons à la tête; il est la terreur des coupables; il a, pour corps, les saints préceptes. Ormuzd lui-même lui offre des sacrifices dans le paradis brillant. Mithra est aussi un dieu pluvial; il lance les eaux sur la terre. On le prie, on l'honore, mais à la manière védique, sans aucun désintéressement : « O puissant Mithra! puisque nous t'honorons, accorde-nous la richesse, la force, la victoire, la prospérité, l'état de pureté, le bien-être de l'âme, la grandeur, la science de la sainteté[2], etc. »

On sait quelle fortune les Romains firent au culte de Mithra. Ce dieu persan eut des adorateurs dans tout l'empire. Commode immola, dit-on, un homme à Mithra; Julien lui-même favorisa le culte mithriaque. On trouve des restes d'autels à Mithra non seulement en Orient, mais un peu dans tout notre Occident. Mithra est un dieu *triple*; il est le conducteur des âmes; sur sa tête, il porte le soleil de vérité; dans sa main, la massue d'or; il immole le taureau, qui est, sans doute, comme nous le verrons bientôt, le taureau zodiacal, etc., etc. Il est hors de doute que l'idée, le culte et les mys-

1. *Yast de Mithra*, IV, 12-16.
2. *Yast de Mithra*. Passim.

tères de Mithra ont singulièrement influé sur le Christianisme grandissant.

III. — LE CULTE

Les mazdéens avaient une nombreuse classe sacerdotale, mais qui ne semble pas avoir constitué une caste fermée. Les fonctions principales des prêtres mazdéens étaient : la conservation du feu sacré, l'accomplissement des cérémonies, des sacrifices, des purifications, les chants sacrés et les invocations, l'étude et l'enseignement de la loi. Pour entrer dans les ordres, il fallait subir une initiation[1].

Le rituel mazdéen était minutieux, compliqué et varié; car chaque esprit céleste avait ses hymnes et ses fêtes. Le calendrier comprenait une succession de fêtes, dont chacune avait aussi ses hymnes; il existait même des hymnes pour chaque partie de la journée[2]. Chaque jour était consacré à un dieu, mais les sept premiers jours du mois l'étaient à Ormuzd. Les fêtes étaient extrêmement nombreuses : fête du nouvel an en l'honneur d'Ormuzd; fêtes de Mithra, aux équinoxes; fêtes aux six époques de la création; fêtes des morts, ayant un caractère particulier, mais en plus une fête générale, analogue à la fête catholique de la Toussaint et qui durait pendant les dix derniers jours de l'année. On célébrait encore, chaque mois, la fête du génie dont le mois portait le nom, et en outre les fêtes de la nouvelle et de la pleine lune[3], etc.

Dans la primitive religion des Iraniens, les sacrifices étaient sanglants, comme ceux du *Rig-Véda*. Parfois ils constituaient de vraies boucheries; on offrait des hécatombes de

---

1. Harlez. *Loc. cit*. 52 (Introduction).
2. *Ibid.* 59.
3. *Ibid.* 59-61.

100 chevaux, 1 000 bœufs, 10 000 têtes de petit bétail. Le Zoroastrisme supprima ces pieux massacres[1] et les remplaça par des offrandes de pains, de viandes, de fleurs, de fruits, de branches de *haôma*, de parfums, de vêtements pour les prêtres. Le sacrifice du *haôma*, calqué sur celui du *soma* védique, fut la principale cérémonie. On y offrait le jus fermenté de la plante divine, destiné à nourrir et à ranimer les dieux[2].

Chaque moment, chaque acte du jour correspondait pour les Mazdéens à quelque pratique pieuse ou était soumis à quelque règlement religieux. Il était prescrit de commencer et de finir la journée par une prière, etc., etc. La chair des animaux maudits, créés par Ahriman, devait être rigoureusement bannie de l'alimentation[3], etc.

Des purifications variées correspondaient à toutes les fautes, depuis les simples ablutions d'eau pure jusqu'à celles faites avec de l'urine de bœuf et à la grande purification des neuf nuits, qui devait s'accomplir dans un lieu écarté, clos de murs[4]. Avec la décadence de la foi, sous les Sassanides et avant eux, les péchés furent mis en compte réglé et se rachetèrent à beaux deniers comptants : on trafiqua des indulgences[5]. Il semble bien que le péché, la souillure, fussent, dans l'esprit des dévots mazdéens, conçus comme étant des êtres, des démons. En effet, dans certaines cérémonies de purification, le prêtre aspergeait successivement toutes les parties du corps, de la tête aux pieds, avec de l'eau sainte, très analogue à l'eau bénite des chrétiens. Pourchassé par le liquide purifiant, le démon de la souillure (la *Druje*, le *Naçous*) reculait de proche en proche et enfin se décidait à

---

1. Harlez. *Loc. cit.* 60.
2. *Ibid.* 61.
3. *Ibid.* 65.
4. *Ibid.* 63.
5. *Ibid.* 102.

sortir par l'un des orteils du pied gauche, sous la forme d'un insecte repoussant[1].

Il est presque superflu de faire remarquer que nombre de ces pratiques ont passé dans le culte chrétien. Les pénitences, prescrites au pénitent catholique, semblent bien être aussi une atténuation des peines afflictives et des actes de vertu imposés au pécheur mazdéen pour se rédimer. Pas de fautes, en effet, que les expiations mazdéennes ne puissent effacer : « La loi mazdéenne efface le vol et la tromperie, le meurtre, même d'un homme pur; elle efface l'enterrement des morts; elle efface les actes inexpiables; elle efface la dette la plus forte, la plus difficile à éteindre; elle efface tous les actes coupables, que l'on peut commettre.[2] » Ce verset range sur la même ligne le meurtre et l'enterrement des morts; c'est que la morale mazdéenne est une morale religieuse, par suite et comme nous l'allons voir, un curieux mélange de sagesse pratique et d'insanité cléricale.

IV. — LA MORALE

Voyons d'abord le côté religieux de la morale mazdéenne, celui où, pour flétrir un acte, on ne se soucie aucunement de savoir s'il est nuisible, utile ou indifférent.

Il est interdit à toute femme ayant ses règles de regarder l'élément divin, le feu[3]. Défense à la femme, qui est accouchée d'un enfant mort et qui est pressée par la soif, de boire de l'eau consacrée par les formules liturgiques, de l'eau bénite[4]. L'impureté d'une fille enceinte, qui a recours à l'avortement,

---

1. *Vendidad.* Fargard VIII, 220,-228.
2. *Ibid.* III, 142-148.
3. *Ibid.* XXI.
4. *Ibid.* VII, 178, 181, 182.

s'étend à ses parents[1]. Tout homme, qui a des relations intimes avec une femme ayant ses règles ou une femme enceinte, commet un acte inexpiable[2]. Une ridicule cérémonie est prescrite, quand on se coupe les ongles et les cheveux; il importe extrêmement de ne pas laisser tomber par terre ces produits épidermiques, car cet accident a pour effet de rassembler les démons (les *Dévas*), les animaux nuisibles, la vermine, qui dévorent le grain et les habits[3]. Tout ce qui sort du corps humain est impur; l'homme doit s'en débarrasser suivant un rituel, en prenant de minutieuses précautions. C'est Ahriman lui-même, qui a introduit dans le corps humain ces substances excrémentitielles, essentiellement mauvaises comme lui[4].

Le chien est un animal sacré : « C'est moi, dit Ormuzd, qui ai créé le chien pourvu d'un vêtement et d'une chaussure à lui[5]. » Tuer un chien dressé ou un chien qui garde les personnes, les maisons, les troupeaux, c'est commettre une abominable action. L'âme du canicide « s'en ira dans le monde futur en poussant des cris et plus en détresse encore qu'un loup[6] ». Priver d'aliments un chien gardien des troupeaux est une faute grave[7]. Il faut se garder de servir à un chien des os trop difficiles à broyer ou des aliments trop chauds. Si, par là, l'animal se blesse ou se brûle, l'homme, auteur de l'accident, devient criminel[8]. De même, on est criminel si un chien atteint de folie tombe dans un puits, une citerne, parce qu'on ne lui a pas cherché un moyen de guérison, comme à un homme pur[9]. Enfin c'est un crime inexpiable

1. *Vendidad*, XV, 36, 38, 39.
2. *Ibid*. XV, 22, 23, 25.
3. *Ibid*. XVII, 44.
4. *Avesta*, de Harlez (Introduction, 62).
5. *Vendidad*, XIII, 106.
6. *Ibid*. XIII, 21, 22.
7. *Ibid*. 63, 65.
8. *Ibid*. XV, 9-15.
9. *Ibid*. XIII. 97-99, 105.

que de frapper une chienne grosse, de l'obliger à fuir et à se précipiter dans un précipice, un canal, une citerne[1].

La loi mazdéenne règle avec un soin minutieux tout ce qui a trait aux morts, et les infractions à ces prescriptions sont des actes d'une exceptionnelle gravité. Le sol, sur lequel sont morts des chiens ou des hommes, car on ne distingue pas, doit rester inculte une année entière[2]. Enfouir dans la terre des cadavres d'hommes ou de chiens est un crime, dont la gravité augmente avec la durée de l'ensevelissement. Si l'inhumation dure deux ans, il en résulte un crime à jamais inexpiable[3].

Dans le code mazdéen, la pénalité de tous les actes coupables et non inexpiables se règle par un nombre variable de coups d'aiguillon. Or, six mois d'inhumation d'un homme ou d'un chien comportent 500 coups d'aiguillon; après un an, il en faut 1000; après deux ans, l'attentat devient inexpiable[4]. Qui devait recevoir ces coups? Était-ce le coupable? Les commentateurs inclinent à croire qu'il s'agit de coups à donner à des animaux nuisibles à l'agriculture ou aux troupeaux. Mais quel mal y a-t-il donc à inhumer des chiens ou des hommes? C'est que la terre, conçue comme un être vivant, s'en afflige[5].

Enfin, d'après Zoroastre, dès qu'un homme est mort, son cadavre tombe au pouvoir d'Ahriman; un démon, une *druje*, la redoutable Naçous, s'empare du corps et de là, sous la forme d'une mouche, elle s'élance sur ceux qui approchent et les souille. Pour écarter ce monstre invisible, il faut des prières, il faut des conjurations. Les parents du défunt doivent se purifier, éteindre le feu, éloigner de la maison les

1. *Vendidad*, XV, 16-21.
2. *Ibid.* VI, 1, 2.
3. *Ibid.* III, 127, 131,-136.
4. *Ibid.* Fargard III, 127, 131-136.
5. *Ibid.* III, 25-27.

instruments du sacrifice[1]. La crémation des morts est un forfait inexpiable[2] : elle souille le feu. Un crime énorme et cruellement puni, c'est celui de l'homme, qui, seul, a porté un cadavre humain. Sur cet homme souillé la Naçous s'est jetée; elle a pénétré en lui par le nez, par les yeux, par la langue, par les mâchoires, par le bas du corps; l'homme est à jamais impur[3] et on le lui fait bien voir. D'abord on l'emprisonne à trente pas du feu, à trente pas de l'eau : « Quand il sera devenu vieux, débile ou impuissant, qu'alors, avec force et promptitude et conformément à la loi, les Mazdéens le portent sur le sommet d'une montagne, qu'ils lui tranchent la tête et qu'on abandonne son corps aux vautours[4]. »

Voilà le côté ridicule et insensé de la morale mazdéenne; mais elle en a' un autre, beaucoup plus raisonnable et constituant toute une éthique utilitaire qui interdit les querelles, les paroles malveillantes, les haines, la méchanceté, la tromperie[5]. Pour cette seconde morale le sodomisme est un crime, qui fait de l'homme un vrai démon, un *déva*[6]. La débauche est rigoureusement prohibée : « Quiconque, âgé de plus de quinze ans, s'unit à une courtisane, non ceinte et nue, nous, Dévas, nous nous emparons de lui et le souillons jusqu'à la langue, jusqu'aux moelles »[7]. Pour le Mazdéisme, l'avortement, acte innocent aux yeux de la plupart des anciens législateurs, est un crime; et l'homme, qui a poussé à le commettre, la matrone qui l'y a aidé, sont tenus pour aussi coupables que la femme elle-même[8].

1. *Avesta* de Harlez (Introduction), 63.
2. *Vendidad*, I, 66.
3. *Ibid.* III, 44-48.
4. *Ibid.* III, 64, 67.
5. *Ibid.* II, 80, 83.
6. *Ibid.* VIII, 101, 102.
7. *Ibid.* XVIII, 121.
8. *Ibid.* 43, 47.

Mais ce qui rehausse spécialement le Mazdéisme, c'est un certain sens pratique, qui lui fait honorer la famille, mettre l'état de mariage bien au-dessus du célibat, glorifier le travail des champs, en un mot ne point verser dans l'ascétisme, comme les autres grandes religions orientales. Dans l'*Avesta*, la terre est considérée comme un être sentant, même parlant, qui éprouve du plaisir à être cultivée. Plus les troupeaux et les bestiaux répandent de leur fumier sur la terre, plus celle-ci se réjouit[1]. L'homme, qui lui cause le plus de joie, est celui qui fait croître le plus de grain, d'herbes, d'arbres à fruits ou qui irrigue des terres arides[2]. La terre parle ainsi : « Homme, qui me cultives du bras gauche et du bras droit, du bras droit et du bras gauche, toujours je serai favorable, toujours je viendrai vers toi; je porterai toute espèce d'aliments, tout ce que je puis porter outre le grain des champs[3] ». Pour le Mazdéisme, la culture du blé n'est pas seulement une occupation utile; c'est une occupation sainte : « Lorsque le blé est émondé, les *dévas* jettent des cris; lorque le blé est moulu, les *dévas* fuient; lorsqu'il est pétri, les *dévas* périssent[4]. — « Créateur des mondes visibles, Être pur, dit encore l'*Avesta*, qu'est-ce qui fait fleurir la loi mazdéenne ? » Ahura-Mazda répondit : « C'est la culture du blé pratiquée avec ardeur ». — « Qui produit du blé produit la sainteté, développe, fortifie, nourrit la loi mazdéenne »[5].

Par cette glorification de la vie active, de la famille, du travail utile, la loi mazdéenne rachète en partie ses insanités cléricales et se distingue honorablement non seulement du Brahmanisme et du Bouddhisme, ses congénères, mais sur-

1. *Vendidad*, III, 18-20.
2. *Ibid.* III, 76. 77.
3. *Ibid.* 88-90.
4. *Ibid.* III, 106, 107.
5. *Avesta*, 96, 98, 99, 104.

tout de la religion du Christ, qui pourtant lui a fait énormément d'emprunts, comme nous allons le voir.

B. — LE CHRISTIANISME

I. — SON DÉFAUT D'ORIGINALITÉ

Pendant des siècles et des siècles, les laïques et les clercs ont, à l'envi, glorifié le Christianisme; toute voix assez osée pour formuler une critique était vite étouffée; car, aussi longtemps qu'il a été le maître absolu, le Christianisme s'est appliqué à reculer les limites de l'intolérance. Seule, l'apologie était permise; aussi a-t-elle été faite et refaite par des milliers d'écrivains. Depuis un peu plus d'un siècle, l'esprit philosophique, enfin débâillonné, a pris sa revanche. En face des défenseurs de la foi, on a vu surgir une troupe, toujours plus nombreuse, d'adversaires, de détracteurs et de critiques. Aujourd'hui le procès est instruit, la cause est entendue, la raison et la science ont rendu leur verdict. Il serait donc hors de propos dans ces rapides études de faire du Christianisme une exposition détaillée; mais cette religion a joué et joue encore dans le monde un rôle trop important pour qu'on la puisse passer sous silence. J'examinerai donc brièvement la religion de Jésus, en appuyant de préférence sur les points oubliés ou peu connus de son évolution et de ses doctrines.

De même que je n'ai point jugé le Bouddhisme d'après sa forme dégénérée, le Lamaïsme, je m'attacherai surtout au Christianisme primitif; je l'apprécierai, non pas d'après ce qu'il est devenu pratiquement en s'assimilant les croyances les plus grossières, sans en excepter le fétichisme le plus primitif, mais d'après ses livres sacrés.

Rien de moins original que le Christianisme; il est fait de pièces et de morceaux. La religion de la Croix n'a pas même inventé son symbole. Nous avons vu que les Touareg usent et abusent de ce signe, qui était aussi vénéré en Égypte, en Assyrie, dans l'Inde, chez les Scythes, etc., comme emblème du soleil; tous les dogmes chrétiens sont d'emprunt. Le dieu trin et un, dont certainement Jésus n'a jamais eu l'idée[1], est calqué sur les triades égyptiennes et les trinités indiennes. La croyance à la parthénogenèse mythologique, à l'incarnation sans union sexuelle, est commune à nombre de religions, même aux religions de peuples fort sauvages; le Christianisme l'a pu fort aisément emprunter à la mythologie de l'Inde. L'idée de rédempteurs émanant d'un dieu ou de l'esprit universel pour venir, sous une forme humaine, réformer le monde, est le dogme fondamental de la religion bouddhique, et nous venons de la retrouver dans le Mazdéisme. Le système d'une rétribution après la mort, d'un paradis et d'un enfer, appartient à toutes les religions des peuples à peu près sortis de la sauvagerie. L'ascétisme se retrouve dans des religions même très inférieures et il s'est développé dans les grandes religions de l'Inde à un degré si excessif, que le Christianisme n'a pas réussi à l'égaler.

Dans la morale d'humilité et de renoncement, le Bouddhisme est allé aussi bien plus loin que la religion du Christ; et, d'autre part, il a étendu la charité humanitaire jusqu'au monde animal. Enfin on a démontré, avec preuves surabondantes[2], que les philosophes et les écrivains de l'antiquité gréco-romaine n'avaient pas attendu la naissance et la diffusion du Christianisme pour exprimer les larges sentiments

---

1. J. Vinson. *Religions actuelles*, 387. — G. de Mortillet. *Le signe de la croix avant le Christianisme.*

2. E. Havet. *Origines au Christianisme.* (Entre autres.)

d'égalité, de fraternité, etc., dont, une fois dégagée du Judaïsme, la religion du Christ s'est fait comme une parure. On sait d'ailleurs que le Christianisme n'eut, dans le principe, aucune visée d'universalité, de catholicité. Sans les chrétiens grecs, la nouvelle religion, éclose en Judée, se serait sans doute éteinte dans son berceau. L'Évangile lui-même déclare que *Christ*, littéralement « l'oint » (χριστὸς), l'oint du Seigneur, le prophète, ne pensait nullement aux Gentils : « Je n'ai été envoyé qu'aux brebis de la maison d'Israël, qui sont perdues[1] ». « Ne donnez point les choses saintes aux chiens et ne jetez point les perles aux pourceaux. « (Matthieu, VII, 6.) « N'allez point chez les gentils et n'entrez dans aucune des villes des Samaritains. » (Matthieu, X, 5.) Je me bornerai donc à rapprocher le Christianisme des autres religions, à le rattacher à ses origines premières et à dire quelques mots de sa morale.

II. — L'ANIMISME CHRÉTIEN

Les Évangiles sont remplis de faits que, dans les autres religions, les mythologues ont l'habitude de rattacher à l'animisme, au spiritisme, à la magie. Ainsi les mages persans, venant adorer l'enfant divin, sont guidés par une étoile intelligente, qui les précède et s'arrête juste au-dessus de Nazareth[2]. Quand Jésus-Christ expire sur la croix, la terre s'en émeut, elle tremble; les pierres sont si profondément touchées, qu'elles se fendent; les sépulcres s'ouvrent et les corps des saints ressuscitent[3]. Si bon lui semble, Jésus commande aux vents et aux flots, qui docilement lui obéissent[4]. Sur une montagne, en présence de Pierre, Jacques, Jean et son frère

1. Matthieu, XVI, 22-24.
2. *Ibid.* II, 9, 10.
3. *Ibid.* XXVII, 50-52.
4. *Ibid.* VIII, 26.

Jésus se transfigure, devient lumineux et du sein d'une nuée, qui avait déjà servi à Moïse, Dieu parle[1]. Renouvelant un prodige magique, antérieurement accompli par Élisée, Jésus nourrit aisément une multitude avec cinq pains et deux poissons[2]. Toujours comme Élisée, il guérit des lépreux, des paralytiques, des muets, des aveugles, etc., etc., etc., simplement par des paroles magiques ou l'imposition des mains[3]. Mais dans tous les pays, les sorciers ou magiciens font ou essayent de faire des miracles du même genre.

Suivant une illusion habituelle chez les sauvages, l'Évangile admet que les maladies sont souvent l'œuvre de méchants esprits, de démons, lesquels s'insinuent sournoisement dans le corps des patients[4]. Une fois même, d'après l'Évangile, un colloque s'engagea entre Jésus et les démons, qui, se refusant à reprendre leur vie errante, demandaient, puisqu'on les voulait absolument chasser, à être au moins envoyés dans un troupeau de pourceaux. Jésus eut la faiblesse de les écouter, et l'on sait comment ils abusèrent de cette faveur[5]. Ce fait regrettable prouve, qu'il ne faut pas se fier aux démons et surtout que le rédacteur de l'Évangile selon saint Matthieu croyait fermement à leur existence.

III. — LES ANALOGIES ET LES ORIGINES DES MYTHES CHRÉTIENS

J'ai dit que le Christianisme était une mosaïque. Il me reste à signaler, non pas tous, mais les principaux de ses emprunts. — L'eucharistie n'est pas tout à fait un emprunt; elle peut dériver simplement du panthéisme indien, qui a

---

1. Matthieu, XVII, 1-5.
2. *Ibid.* XIV, 19, 20.
3. *Ibid.* VIII, 3, 14-16; IX, 6, 7, 20-22, 24, 25, 29, 30.
4. *Ibid.* IX, 33; XVIII, 17.
5. *Ibid.* VIII, 31, 32.

sûrement influé sur la manière chrétienne de concevoir la Divinité. En effet, le dieu des chrétiens, tout en étant concret, personnel et anthropomorphique, comme le Iaveh biblique, est en même temps universel, panthéistique, comme le Varouna védique; il est omnivoyant, omniscient, omniprésent, toutes qualités évidemment inconciliables avec la forme humaine qui lui est attribuée, avec l'idée du *Fils de l'homme* apparaissant sur les nuées[1]. L'eucharistie, en écartant son côté grossier, l'idée d'un sacrifice emblématique, peut donc se concevoir comme symbolisant l'union intime avec l'esprit panthéistique de l'univers. Jésus affirme en effet, selon le panthéiste saint Jean, qu'il est « le principe de toutes choses », qu'il était avant Abraham, que son Père et lui sont la même chose[2].

En passant, je rappellerai que les anciens Mexicains communiaient, en se disputant les morceaux de la statue de Huitzilopotchli, faite de farine pétrie avec du sang, réalisant ainsi au pied de la lettre la parole évangélique : « Ceci est ma chair, ceci est mon sang[3] ». C'est sans y attacher d'importance que je signale cette curieuse analogie; mais il n'en est pas de même d'autres ressemblances avec certains mythes égyptiens, phéniciens, gréco-romains, surtout mazdéens, ressemblances que nos exégètes contemporains, beaucoup trop préoccupés de la lettre seule, ont le tort de négliger.

Chez les Égyptiens, un grand dieu solaire, Osiris, un dieu bienfaisant, parcourt l'univers, et il a pour ennemi le dieu du mal et de la nuit, l'exécrable Typhon. Chaque printemps, les Égyptiens représentaient, dans des cérémonies religieuses, la mort et le tombeau d'Osiris, pleuraient la mort du dieu, puis fêtaient sa résurrection, le tout à une

---

1. Matthieu, XXIV, 27-31; XIX, 28.
2. Jean, VIII, 25, 58; X, 30.
3. Matthieu, XXVI, 26. Jean, VI, 55, 56.

date correspondant à peu près à la Pâque chrétienne¹. — De même l'Adonis phénicien, devenu en Grèce l'amant de Vénus, est tué par un sanglier, passe six mois aux enfers; puis, à l'équinoxe du printemps, toujours à Pâque, il meurt et ressuscite; c'est, dit Théocrite, le seul dieu qui voie tour à tour la terre et l'Akhéron². Passons à une autre grande fête chrétienne. Quand Bacchus fut devenu un dieu solaire, on le gratifia d'une histoire analogue à celle d'Adonis. Au solstice d'hiver, on exposait son image de dieu-enfant dans les sanctuaires³, exactement comme les catholiques exposent dans les églises les crèches de l'enfant Jésus. Au solstice d'hiver, à la date de notre Noël, les Romains célébraient aussi par une grande fête, par des jeux, la naissance du soleil nouveau⁴. On est donc fondé à admettre qu'au moins sur deux points, la naissance et la résurrection de Jésus, la légende du Christ s'est docilement modelée sur un mythe solaire admis par toute l'antiquité païenne.

Mais c'est surtout dans le Mazdéisme, la religion des anciens Perses, que le Christianisme a puisé à pleines mains. Au commencement de l'ère chrétienne et bien avant, l'équinoxe du printemps correspondait au passage du Soleil dans le signe du Bélier, que les Perses appellent le signe de l'Agneau⁵; or, l'agneau a joué un rôle très important dans le Christianisme primitif. Christ fut d'abord représenté par une figure d'agneau, que l'on retrouve encore, en nombreux exemplaires, dans les catacombes. Une décision du synode de Constantinople (680), confirmée par le pape Adrien Ier, ordonna de remplacer par la croix l'agneau qui

---

1. Dupuis. *Origine des cultes*, 303 (Abrégé). E. Burnouf. *Science des religions*, chap. IX.
2. *Les Syracusaines*.
3. Dupuis. *Loc. cit.* 279.
4. *Ibid.* 275. E. Burnouf. *Loc. cit.*
5. *Ibid.* 295.

figure néanmoins encore sur les autels et tabernacles catholiques[1]. Il importe de remarquer que l'agneau joue un grand rôle dans la fête de Pâques, c'est-à-dire dans la fête de l'équinoxe du printemps, de la renaissance du soleil. Enfin l'évangéliste Jean appelle Jésus « l'agneau de Dieu[2] ». Mais précisément l'Évangile selon saint Jean, l'Évangile non synoptique, c'est-à-dire plus détaché que les autres de la tradition judaïque, s'est visiblement inspiré de la religion des Perses, du culte de la lumière. Nous y lisons, que « Jésus est venu pour rendre témoignage à la *lumière*[3] »; « qu'il n'était pas la *lumière*, mais vint pour rendre témoignage à celui qui était la *lumière*[4]. » Celui qui ne croira pas en Jésus sera condamné, parce que la *lumière* est venue dans ce monde et que les hommes ont préféré les ténèbres à la *lumière*[5]. Jésus proclame que, tant qu'il est dans le monde, il est la *lumière* du monde[6]; qu'il est venu dans le monde, lui, qui est la *lumière*, afin que tous ceux qui croient en lui ne demeurent pas dans les ténèbres[7]. D'autre part, dans le langage catholique, Satan est couramment appelé « le prince des ténèbres ». Mais cet ange déchu ressemble extraordinairement à l'Ahriman des Perses. Comme ce dernier, il est le roi des enfers; il tente Jésus[8], comme Ahriman avait persécuté Ormuzd enfant et jeune homme. Il est encore bien d'autres analogies, qui sont même parfois de simples plagiats. Le *hanover* persan s'identifie sans peine avec le Verbe, seconde personne de la Trinité, selon les théologiens, mais qui en est bien plutôt la troisième. En effet le Saint-Esprit,

---

1. Dupuis. *Loc. cit.* 298.
2. Jean, I, 29.
3. *Ibid.* I, 7.
4. *Ibid.*
5. *Ibid.* III, 18, 19.
6. *Ibid.* IX, 5.
7. *Ibid.* XII, 46.
8. Matthieu, IV, 1, 2, 8, 9, 11.

agent de l'incarnation, correspond mieux que le Fils au
« Verbe qui s'est fait chair », et il n'est pas moins *consubstantiel* au Père. Le Jugement dernier et la Résurrection
sont empruntés, presque sans changement, à la religion de
Zoroastre. Ce dernier est, d'ailleurs, comme Jésus, un prophète, un messie, une émanation d'Ormuzd. L'avènement du
Fils de l'homme, selon l'Évangile, est visiblement calqué sur
la victoire finale qu'Ormuzd remportera sur Ahriman, sur
l'embrasement de l'univers, accompagnant la résurrection
des morts et le Jugement dernier. L'Évangile nous dit en
effet qu'en ce jour redoutable le soleil sera obscurci, la
lune éteinte; que les étoiles tomberont du ciel; que des
anges, au son de trompettes éclatantes, rassembleront les
élus[1]; que le Fils de l'homme séparera les brebis des boucs
et enverra les derniers au feu éternel, préparé par le diable
et ses anges[2]. L'idée des anges bons et mauvais est aussi
une conception absolument mazdéenne. Les anges chrétiens sont simplement les *Fravachis* ou *Férouers* des
Persans, les doubles des hommes. Les *Actes des apôtres* admettent même que Pierre possède un double semblable à
lui[3]. Les archanges correspondent exactement aux *Amchapands* du Mazdéisme. L'armée de Jéhovah compta sept archanges, parce que sept *Amchapands* commandaient l'armée
céleste du Mazdéisme[4]. La seule différence notable est que,
dans la religion de Zoroastre, la punition des réprouvés est
seulement temporaire. L'horrible invention de tourments
sans fin, d'une vengeance qui ne peut s'assouvir, semble
appartenir au Christianisme.

Autres analogies, le zodiaque des Perses avait, parmi ses
signes, une vierge céleste, conservée d'ailleurs dans notre

1. Matthieu, XXIV, 27-31.
2. *Ibid.* XXV, 32, 33.
3. *Ibid.* XII, 5.
4. Ferrière. Les *Apôtres*, 32, 382.

zodiaque d'Occident. La vierge zodiacale des Perses tenait dans ses bras un enfant nouveau-né, emblème du dieu-soleil, et l'on célébrait la naissance de cette divinité au solstice d'hiver, c'est-à-dire à une date à peu près correspondante à celle de Noël, fête de la Nativité du Christ[1].

Mais c'est surtout par le mythe et le culte du dieu mazdéen Mithra, divinité solaire, fort adorée durant la décadence romaine, que le Christianisme s'identifia avec la religion des Perses. Mithra naissait, comme le Christ, au solstice d'hiver, mourait comme lui, avait son sépulcre, sa pompe funéraire, analogue à celle du Vendredi Saint. Si, dans la mythologie persane, Mithra est lié au signe du Taureau et non à celui de l'Agneau, c'est que, 2000 ans avant Jésus-Christ, le soleil passait à l'équinoxe dans le signe du Taureau et non dans celui de l'Agneau ou du Bélier[2]. Enfin, au dire des anciens apologistes du Christianisme, la religion mithriaque avait ses sacrements, son baptême, sa pénitence, son eucharistie, sa consécration par des paroles mystiques[3], etc.

Il est manifestement impossible de dédaigner toutes ces preuves, toutes ces frappantes analogies, et de ne pas voir dans les principaux mythes chrétiens un reflet des mythes, surtout des mythes solaires, de l'Égypte, de la Phénicie, du monde gréco-romain, du Mazdéisme. Non pas que les chrétiens, même les premiers chrétiens, aient eu conscience de ces origines astronomiques; ils les ont certainement ignorées, comme les ignore encore la masse des catholiques; mais, à leur insu, leur religion s'est modelée sur ces anciens mythes, qui trouvaient créance autour d'eux.

L'existence réelle de Jésus-Christ n'est pas non plus incon-

---

1. Dupuis. *Loc. cit.* 276.
2. *Ibid.* 291.
3. *Ibid.* 293.

ciliable avec ces indéniables emprunts. Dans un pays dévot, où la masse attend, d'un jour à l'autre, la venue d'un Messie, il serait merveilleux qu'il n'en apparût pas; il est même probable que la Judée en a enfanté un certain nombre. Quand une légende flotte dans l'air, est familière à tout le monde, des esprits exaltés, mystiques ou simplement troublés, s'identifient aisément avec ses personnages. En 1870, pendant le siège de Paris, j'ai donné des soins à une Jeanne d'Arc, et, depuis lors, la légendaire histoire de la « bonne Lorraine » a été si largement vulgarisée, qu'une nouvelle « année terrible » lui susciterait sûrement plus d'une émule. Il est donc très probable que Jésus-Christ, dont l'existence réelle n'est pas d'ailleurs historiquement prouvée, a vécu pourtant à l'époque qu'on lui assigne; mais il est certain que les circonstances de sa naissance et de sa vie ont, dans tout ce qu'elles ont de merveilleux, été empruntées aux mythes acceptés en Orient, avant aussi bien qu'après la naissance et la mort du Nazaréen. Pour terminer cette brève étude, il me reste maintenant à apprécier la morale chrétienne.

IV. — LA MORALE CHRÉTIENNE

C'est par l'excellence de sa morale que prétend surtout triompher le Christianisme; mais l'éthique chrétienne n'est pas plus originale que les dogmes chrétiens, et elle est de plus fort critiquable. Les plus nobles préceptes du Christianisme sont simplement un écho des écrits bibliques, surtout des prophètes. L'Exode veut qu'on ramène à son ennemi son bœuf et son âne égarés[1]. Le Lévitique prescrit d'aimer son prochain (le prochain israélite) comme soi-même[2]. Les prophètes ont

---

1. *Exode*, XXIII, 4.
2. *Lévitique*, XIX, 18.

exalté les bonnes œuvres et tenu en mince estime les pratiques du culte, les jeûnes et les sacrifices : Voici le jeûne que j'aime, dit Isaïc, c'est de « rompre les liens de méchanceté, délier les cordes du joug, renvoyer libres les foules et briser toute servitude, partager ton pain avec l'affamé, recevoir chez toi les malheureux vaguant çà et là, voir l'homme nu et ne point fuir sa chair, mais le couvrir[1] ».

D'autres versets prophétiques, que je ne puis citer ici, parlent dans le même sens et avec la même véhémence. Jésus ne fit donc que les imiter en proclamant « que la miséricorde vaut mieux que le sacrifice[2] », en maudissant les hypocrites, « qui payent la dîme de l'aneth et du cumin, et abandonnent la loi, la justice, la miséricorde et la foi », qui « passent leur boisson pour ne pas avaler un moucheron (comme les bouddhistes) et avalent un chameau[3] », en parlant légèrement même de la rigoureuse observance du sabbat[4]. La banale maxime : « Faites aux hommes ce que vous voudriez qu'il vous soit fait[5] » provient, en dernière analyse, de l'idée du talion et n'est point particulière au Christianisme.

Cependant, en mettant les bonnes actions au-dessus des pratiques rituelles, Jésus a parlé avec plus de chaleur et de netteté que les prophètes : « C'est du cœur que partent les mauvaises pensées, les meurtres, les adultères, les fornications, les larcins, les faux témoignages, les blasphèmes.... Ce sont là les choses qui rendent l'homme impur ; mais de manger sans avoir lavé ses mains, ce n'est point ce qui rend l'homme impur[6]. » La prescription de laisser ignorer à la main gauche l'aumône que fait la main droite est aussi

1. Isaïe, LXIII, 1, 11 (Trad. Ledrain).
2. Matthieu, IX, 13.
3. *Ibid.* XXIII, 23, 24.
4. *Ibid.* XII, 1, 3.
5. *Ibid.* VII, 12.
6. *Ibid.* XV, 19, 20.

d'une grande délicatesse[1]. A mettre sur la même ligne le mépris de l'argent[2], de la richesse et des riches, l'injonction énergique de tout sacrifier, père, mère, femme, etc., même sa propre vie, à ce qu'on croit être la vérité[3]. En résumé, l'Évangile, il serait injuste de le nier, a exprimé sous une forme pittoresque et frappante quelques nobles sentiments, qui moralement ont fait vivre le Christianisme, mais ont été rare- ment pris au pied de la lettre et ont fini par devenir des lieux communs généreux, ayant néanmoins à ce titre exercé une utile influence sur la moralité publique.

Mais à côté de ces préceptes relevés, combien d'autres sont nettement antisociaux ! Tout d'abord l'amour de Dieu est proclamé l'obligation par excellence; l'amour du prochain ne vient qu'en second lieu[4]. Tout péché est remis aux hommes, sauf un péché clérical, « le blasphème contre le Saint-Esprit »[5]. La morale religieuse prend nettement le pas sur la morale laïque et utilitaire. De ce mépris de la réalité est même née la glorification de l'abstinence sexuelle. Contrairement au précepte biblique, « Croissez et multipliez », Jésus ne s'est point marié; bien plus, il a imposé le célibat à ses disciples et exalté le mérite de la continence absolue : « Il y a des eunuques, qui sont sortis tels du sein de leur mère; il y en a qui se sont faits eux-mêmes eunuques pour le royaume des cieux[6] ». Il est vrai, et c'est une circonstance atténuante, que le fondateur du Christianisme se croyait à la veille du Jugement dernier : « Cette race, dit-il, ne se passera pas avant que ces choses soient accomplies[7] ». En dépit de toute ferveur religieuse, quand un précepte est absolument contraire aux lois

1. Matthieu, VI, 3.
2. *Ibid.* XX, 12, 13.
3. Luc, XIV, 26.
4. Matthieu, XXII, 36, 39.
5. *Ibid.* XII, 31.
6. *Ibid.* XIX, 10, 12.
7. *Ibid.* XXIV, 34.

physiologiques, l'humanité prise en masse ne saurait lui obéir; néanmoins l'effort fait par le Christianisme pour fuir les œuvres de chair, même dans le mariage, a sûrement été plus nuisible à l'humanité que la guerre et la peste.

La glorification de la passivité, de l'humilité quand même, de l'oisiveté, font aussi du Christianisme une religion incompatible avec le maintien d'une société quelconque. Il faut, dit l'Évangile, s'humilier, se rendre petit comme un enfant[1]; réjouissez-vous, si vous êtes maudit et persécuté[2]; ne résistez point au mal que l'on veut vous faire; présentez la joue gauche, quand la droite a été souffletée[3]; ne vous mettez point en peine du vêtement et de la nourriture; imitez en cela la vie (apparente) des oiseaux du ciel et du lis des champs[4]. Aucune société, pas même une petite société monastique, vivant en parasite dans un couvent, ne saurait s'accommoder de telles maximes; aussi les chrétiens en général n'y ont-ils jamais conformé leur conduite et le grand apôtre des gentils, celui qui a commencé à répandre le Christianisme dans le monde romain, saint Paul, n'a jamais parlé du Sermon sur la montagne; il semble ne pas l'avoir connu[5].

L'histoire, elle, nous apprend ce qu'a été pratiquement la morale des chrétiens. Au dire des Pères de l'Église eux-mêmes, les deux siècles qui ont suivi la conversion de Constantin ont été une période de vice scandaleux et général[6]. Quant à l'immoralité de notre époque historique de foi aveugle, de notre Moyen âge, elle nous est trop connue. Le Christianisme n'a donc point réussi à moraliser ces « œuvres de chair », qu'il avait eu la folle prétention d'éteindre. En outre, en

1. Matthieu, XVIII, 4.
2. *Ibid.* V, 11, 12.
3. *Ibid.* V, 39.
4. *Ibid.* VI, 25, 26, 30, 31, 32.
5. Ferrière. *Les Apôtres.* 129.
6. Lecky. *Hist. of Europ. Morals*, II, 14. — J. Vinson. *Religions actuelles*, 402, 403.

prêchant l'humilité quand même, la passivité, en transportant l'idéal humain dans un ciel chimérique, il a énervé les caractères et laissé le champ libre à tous les despotismes.

Mais le grand méfait du Christianisme, celui qu'on ne saurait lui pardonner, a été sa sauvage intolérance. Le joug sanglant, que la religion de Jésus a fait peser sur l'élite de l'humanité, sans être directement prescrit dans l'Évangile, y existe pourtant en germe dans les versets où le messie chrétien proclame qu'il est venu diviser et non pas unir, séparer l'homme d'avec son père, la fille d'avec sa mère, apporter non la paix, mais l'épée[1]. Les préceptes une fois posés, des fanatiques se sont chargés d'en tirer les conséquences pratiques. Dès qu'il cessa d'être persécuté, le Christianisme devint violemment persécuteur. Théodose prohiba les cultes dissidents, et toute idée nouvelle fut dès lors considérée comme une ennemie. L'esprit du moine Cyrille se ruant sur Hypathie avec la populace d'Alexandrie a été, dès l'origine, l'esprit de l'Église. Pendant un millier d'années, penser a été un crime et l'Inquisition n'a fait que marquer le terme dernier de la fureur cléricale. Au nom d'une religion dite de paix et d'amour on a emprisonné, torturé, brûlé. Sous le seul règne de Charles-Quint, d'après Grotius, cent mille hérétiques ont été exterminés dans les Pays-Bas par la main du bourreau[2]. D'après un calcul très modéré, Llorente évalue au chiffre de 341 021 le nombre des malheureux rigoureusement pénitenciés ou brûlés, soit réellement, soit en effigie, par la très sainte Inquisition, rien que dans l'Espagne continentale[3]. Le même écrivain estime que cinq cent mille familles ont été ainsi détruites.

Mais les conséquences de ces horreurs vont bien au delà des

---

1. Matthieu, X, 34-36.
2. Grotius. *Annal. de Rebus Belg.*, Livre I, p. 12. (Cité par Gibbon. *Déc. Emp. Romain*, XVII.)
3. Llorente. *Hist. crit. Inquis. d'Espagne*, IV, 271.

ruines semées et des existences fauchées; elles pèsent encore sur nous. Descendants, tardivement émancipés, d'une race qui avait désappris à penser librement, nous avons contracté le pli héréditaire de la servitude intellectuelle et d'instinct nous nous courbons encore sous un joug brisé. L'intelligence européenne d'aujourd'hui est paralysée par une lâcheté ancestrale et l'opinion publique est foncièrement rétive à toute idée nouvelle.

Je puis donc, en terminant ce chapitre, exprimer un regret, savoir que le Christianisme, tout en faisant au Mazdéisme de si larges emprunts, ait négligé de lui prendre ce qu'il y avait, dans sa morale, de sain, de viril et d'utilitaire non pas sans doute au point de vue intellectuel, mais à celui de la vie pratique.

CHAPITRE XX

LE PASSÉ ET L'AVENIR DE LA PENSÉE RELIGIEUSE

I. *L'animisme fétichique.* — Les trois grands concepts religieux. — Uniformité de l'évolution religieuse. — Primitif anthropomorphisme. — Animisme canin. — Genèse de l'animisme fétichique. — II. *L'animisme spiritique.*— Les esprits anthropomorphiques. — Le mystère de la mort naturelle. — Les doubles nomades. — Culte et offrandes. — Les revenants. — Le double métaphysique. — Les doubles *mythiques.* — Le culte primitif. — La mythogénèse. — III. *L'animisme mythique.* — Sorciers et prêtres. — Dieux fétichiques et dieux abstraits. — Les offrandes votives. — La vie future. — Paradis et enfer. — IV. *L'animisme panthéistique.* — Évolution de l'animisme. — Le double panthéistique. — La valeur scientifique. — V. *L'animisme métaphysique.* — La science et les religions. — La religion vulgaire. — Sublimation métaphysique. — Le fanatisme métaphysique. — Le *credo* scientifique. — VI. L'*idéal de l'avenir.* — La décadence des religions. — La force et la matière. — La mort du dieu Pan. — Le bilan des religions. — La mort des religions. — L'idéal futur.

I. — L'ANIMISME FÉTICHIQUE

Notre enquête, rapide sans doute mais cependant sérieuse, est maintenant terminée. Patiemment, méthodiquement aussi, et en allant du simple au complexe, c'est-à-dire en commençant par les types les plus humbles de l'humanité, nous avons fait le tour du genre humain, scruté la mentalité de chaque race, de chaque grand peuple, en leur demandant quelle est ou a été leur mythologie, c'est-à-dire leur pensée au sujet de l'âme, de la vie future, des dieux. Partout on nous a répondu. Maintenant il nous reste à fondre ensemble, à synthétiser ces réponses, à en dégager quelques données générales, qui ne seront point, ainsi qu'il arrive trop souvent en ces matières, de simples vues de l'esprit, mais bien l'exact résumé de ce qu'a imaginé non pas la sagesse, mais la folie du genre humain au sujet des trois grands concepts religieux : l'âme, la vie future, Dieu.

Pour serrer de plus près la réalité, nous avons eu soin, avant de commencer notre investigation, de partager l'humanité en trois groupes naturels : l'homme noir, l'homme jaune, l'homme blanc. En fait de mythologie, chacun de ces types principaux a-t-il une manière de voir qui lui soit spéciale? Essentiellement, non. En dépit des dissemblances dans la couleur de la peau, la structure de la face, la forme du crâne, les hommes ont, mythologiquement, évolué de la même façon, ont été dupes des mêmes illusions, ont, en présence de l'inconnu du monde et de la vie, trouvé les mêmes solutions enfantines; tous sont partis du même point; tous se sont engagés dans la même voie, avec cette seule différence, qu'ils y ont cheminé plus ou moins loin. Aussitôt que l'homme, noir, jaune ou blanc, a commencé à secouer la torpeur intellectuelle qui lui était commune avec l'animal, sa curiosité s'est éveillée et il a gauchement essayé de rattacher certains phénomènes à leurs causes. Forcément il devait se tromper, car il était bien peu développé encore; son expérience n'allait pas au delà de ce qui avait trait à la satisfaction de ses plus indispensables besoins; sa faiblesse de raisonnement et d'aptitude à observer était extrême; il ne voyait pas de différence essentielle, non seulement entre lui et les animaux supérieurs, mais même entre ceux-ci et beaucoup d'êtres inorganiques.

Aux yeux de l'homme primitif, tout ce qui occasionne une impression forte, en bien ou en mal, spécialement tout ce qui se meut, doit être vivant, capable de sensation et de volonté, de haine et d'amour. Par cette illusion le monde extérieur devient un miroir, où se reflète la personnalité humaine et cette extérioration mentale sert à tout expliquer. On a très justement appelé *animisme* cette vivification anthromorphique du milieu ambiant.

Or, l'animisme est un procédé mental, commun non seulement aux hommes de toutes les races, mais même aux hommes et aux animaux supérieurs et déjà doués d'une certaine mémoire, d'une certaine imagination, d'une certaine notion de causalité, etc. Nos chiens éprouvent un sentiment de respect mêlé de crainte, c'est-à-dire un sentiment essentiellement religieux, pour le fouet ou le bâton avec lesquels on les a corrigés[1]. Un chien, observé par Romanes, commença par jouer tranquillement avec un os, dont il eut ensuite une peur extrême, quand il le vit se mouvoir en apparence volontairement, grâce à un fil auquel on l'avait attaché. J'ai vu un chien, mis inopinément en présence d'une machine à vanner, qui lui était inconnue, manifester d'abord une inquiétude des plus vives et finalement s'enfuir terrifié. On pourrait aisément multiplier ces exemples, qui, tous, prouvent la tendance animique de certains animaux en présence d'êtres, d'objets inorganiques auxquels ils attribuent la vie, la volonté et de mauvaises intentions. Mais quelle différence peut-on trouver entre ces illusions des animaux et celle de l'Indien Toupi, mordant avec rage, comme le font les chiens, la pierre qui lui a douloureusement heurté le pied? Aucune — et pourtant ce sont là, bien manifestement, les éléments psychiques vraiment primaires de la pensée religieuse.

Dans ces cas si simples, l'animisme humain est identique à celui des animaux. Or, nous avons vu, que, par toute la terre, cette attribution de la vie, de la volonté, de la pensée à tels ou tels êtres du monde ambiant, qui en sont absolument

---

1. Guyau. *L'irréligion de l'avenir*, 35.

dépourvus, constitue l'aberration fondamentale, cachée au fond de toutes les religions petites ou grandes, inférieures ou supérieures. C'est sur cette base primitive que repose l'édifice religieux, si complexe soit-il; la lui ôter, c'est le ruiner.

Guidés par la méthode comparative, nous avons suivi et noté l'évolution de l'animisme. Tout d'abord, l'homme, exactement comme l'animal, se borne à doter d'une vie et d'une conscience analogues aux siennes tel ou tel être ou objet, soit, comme le faisaient les Guanches canariens, le bloc de rocher, qui, roulant sur le flanc d'une montagne, écrase tout sur son passage, soit l'arbre qui s'abat, ou bien encore l'avalanche alpestre, le tonnerre qui gronde et foudroie, l'astre qui, chaque jour, semble voyager volontairement à travers le ciel, le nuage qui se résout en pluie, etc. Cette illusion représente la phase première, celle de l'animisme unitaire, que l'on peut appeler aussi *fétichique*.

A cet animisme simple, s'appliquant indifféremment aux êtres vivants et à ceux du monde inorganique, succède l'*animisme dualiste*, qui déjà suppose quelque raisonnement. Après nombre d'observations fortuites, d'expériences involontaires, l'homme parvient à effectuer un certain triage entre le vivant et l'inanimé. Pourtant, dans diverses circonstances, des êtres, des objets manifestement privés de vie semblent agir, comme s'ils en étaient doués. Il en est, par exemple, les nuages, les astres, le torrent, la vague, etc., qui se meuvent en apparence spontanément; d'autres, comme le rocher de la montagne, habituellement inertes, immobiles, tout d'un coup tombent, roulent, tuent. Mais le mouvement indique ordinairement la vie; c'est donc qu'en dépit de leur apparence, certains corps inanimés renferment en eux quelque chose de vivant, un double, un être invisible, qui les vivifie et à ce double, à cet esprit caché, on prête habituellement une forme humaine.

En généralisant cette supposition, on arrive aisément à doter d'un double animique à peu près tous les êtres de la nature. Partout et toujours, l'homme peu développé se paye de ces explications simplistes; seulement le genre, la forme, la couleur des concepts animiques changent avec le pays et la race.

II. — L'ANIMISME SPIRITIQUE

L'animisme fétichique passe donc par deux périodes. Durant la première, tout à fait primitive, l'homme, qui est encore un animal dégrossi, confond volontiers le mouvement avec la vie et attribue, soit aux êtres inorganiques, soit à *fortiori* à certains animaux, une mentalité identique à la sienne et indépendante de la forme humaine. Puis des doutes naissent dans son esprit; il finit par lui sembler peu vraisemblable que des rochers, des arbres, des torrents, etc., etc., puissent posséder les facultés psychiques de l'humanité. Pourtant ces objets inorganiques exécutent des actes en apparence raisonnés et voulus. Comment cela? L'explication se trouve sans peine; c'est que des esprits éthérés, mais constitués sur le modèle de l'homme, quelquefois sur celui de certains animaux redoutables, résident au sein des corps inorganiques, dans les nuages, les volcans, les astres, etc., etc. Il est donc bien naturel que tous ces corps se conduisent à la manière humaine.

Cet animisme, que l'on peut appeler *spiritique*, dérive en grande partie des idées que se fait l'homme primitif sur la mort. Pour l'intelligence sauvage la mort naturelle est une insoluble énigme. Qu'un animal, qu'un homme meurent, quand on les tue, cela paraît fort simple; mais que spontanément, sans cause apparente, parfois en quelques instants, un homme jusqu'alors vivant, actif, énergique, se couche et meure, s'éteigne à jamais, voilà qui passe les limites de la vraisemblance : évidemment, et en dépit des apparences, la mort a dû être violente et cette manière de voir suscite des hypothèses, qui compliquent beaucoup la théorie animique.

On ne doute plus que, comme toutes choses, l'homme vivant ne soit muni d'un double, d'un esprit. A lui seul, le rêve suffirait à établir cette dualité; puisque, d'une part, il fait voir aux vivants les doubles des morts et, de l'autre, montre, que, même durant la vie, l'esprit d'un homme peut quitter son corps pendant le sommeil pour courir des aventures de guerre, de chasse, d'amour, etc., puis rentrer tranquillement dans son domicile de chair et d'os. De temps à autre, l'hallucination vient corroborer le témoignage du rêve, que confirme aussi le simple jeu de la mémoire et de l'imagination, alors qu'elles font en quelque sorte rêver tout éveillé. Donc, les doubles peuvent se séparer des êtres dans lesquels ils résident habituellement; par conséquent le monde doit être rempli d'esprits errants, âmes des choses et des hommes. Or, ces esprits sont bien dissemblables de caractère; les uns sont débonnaires, les autres malveillants. Il est donc bien probable, que tout homme, mourant sans cause apparente, a simplement été tué par ces esprits méchants et invisibles.

Quand cette croyance aux esprits nomades est bien ancrée dans l'esprit de l'homme primitif, le monde se peuple, pour lui, de dieux et de revenants. Mais ces esprits de tout genre et de tout sexe, ceux qui apparaissent dans le rêve, ceux que l'on voit ou imagine, ceux que l'on entend bruire dans le feuillage, rugir dans le vent ou la mer, gronder dans la foudre, etc., sont, psychiquement au moins, taillés sur le patron humain. Susceptibles d'amour et de haine, comme les hommes, ils se laissent, comme eux, capter par des présents, gagner par des flatteries, fléchir par des prières : on a donc recours à tous ces moyens pour se les concilier.

En premier lieu, pour que les doubles des morts quittent ce monde avec satisfaction, on leur offre, au moment des funérailles, tout ce qu'ils aimaient, tout ce dont ils avaient besoin durant la vie : des aliments, des armes, des animaux domestiques, si l'on en possède, et, à défaut, des esclaves, des femmes. Car on suppose que les doubles des décédés s'en vont dans un invisible pays exactement calqué sur celui qu'ils ont quitté en mourant. Dans ce séjour posthume, les ombres trouveront une société identique à la société terrestre au milieu de laquelle ils ont vécu ; ils y occuperont exactement le même rang et y mèneront le même genre de vie. Il faut donc qu'en quittant son corps, ce qu'elle fait toujours à regret, l'âme du mort soit munie, équipée, armée suffisamment, qu'elle ait des provisions de voyage et une suite convenable, qu'elle emporte les doubles de tous les objets ou instruments utiles, dans sa nouvelle condition. Pour tout cela, les survivants se font un devoir de subvenir aux besoins du décédé ; à défaut d'affection même, l'intérêt bien entendu suffirait à les y pousser. En effet, les doubles, les ombres des morts sont des êtres redoutables et l'on aime mieux les savoir éloignés que proches ; or, si l'on néglige de les munir avec une suffisante largesse, il leur arrive souvent, au lieu de partir pour les pays d'outre-tombe, de rester dans celui où leurs corps ont vécu, de rôder nuit et jour, la nuit surtout, autour de leur ancienne demeure, et de tirer vengeance de ceux qui les ont négligés.

Ces croyances spiritiques, si naïves et si grossières, toute l'humanité peu développée les a admises sans conteste ; nombre de populations les partagent encore et, même au sein des sociétés les plus civilisées, elles persistent sous diverses formes, particulièrement sous la forme métaphysique. La première, la croyance aux revenants, est très vivante dans les masses soi-disant civilisées, mais encore beaucoup plus près qu'il ne semble de la mentalité sauvage ; la seconde, la croyance au double métaphysique, est une opinion de lettré, qui dérive directement de la première. En effet, à grand renfort d'excogitations subtiles, les métaphysiciens sont parvenus à extraire la quintessence de la croyance primitive au double. Ce dernier s'est affiné jusqu'à perdre toute matérialité ; ce n'est plus l'ombre, éthérée sans doute mais pourtant substantielle, la « fumée » des Cafres ; c'est un être ou plutôt une abstraction d'être, une *entité* ne tenant ni lieu ni place, c'est-à-dire se confondant avec le néant et parfaitement inintelligible. A la place d'une illusion on a mis une absurdité.

Revenons à l'homme primitif, beaucoup plus raisonnable que les métaphysiciens. Dans sa pensée, il n'existe sûrement aucune différence essentielle entre les doubles des morts, les doubles *spiritiques*, et ceux des êtres ou objets du monde extérieur. Des deux côtés en effet l'illusion est la même ; cependant pour la commodité de la classification, on peut appeler *mythiques* les doubles des choses, à partir du moment où l'on se permet de leur attribuer une existence nettement distincte de leur *substratum* matériel. A ces doubles mythiques, comme aux doubles spiritiques, l'homme peu développé prête une mentalité tout humaine ; il s'ingénie à leur être agréable, à flatter leurs goûts, à satisfaire leurs besoins par des offrandes, surtout par des sacrifices d'animaux et souvent même d'hommes. En effet, ces esprits mythiques, ces dieux ressemblent à leurs adorateurs ; ils sont grands mangeurs, friands de la chair, du sang des victimes ; de tous les parfums ils préfèrent celui de la viande grillée.

Le culte consiste à servir les divinités suivant leur goût ; on n'y manque pas, mais ce n'est point par affection : c'est dans un but tout à fait intéressé, pour en tirer pied ou aile. On ne se gêne pas d'ailleurs pour le déclarer hautement aux dieux qu'on invoque. La prière primitive, dont le *Rig-Véda* nous offre nombre de parfaits spécimens, est un simple contrat d'échange entre l'adorateur et l'adoré. Cette prière se peut résumer ainsi : « Nous te donnons, donne-nous; tu le dois, si tu es un dieu honnête. »

Longtemps chaque individu traite ainsi directement avec ses divinités, au mieux de ses intérêts; mais, dans ce commerce avec les puissances invisibles, il arrive que certaines personnes semblent mieux réussir que les autres et, pour cette raison, deviennent des sorciers, c'est-à-dire des gens connaissant, mieux que le vulgaire, le caractère des esprits mythiques, ayant leur oreille, possédant même certaines pratiques mystérieuses, auxquelles les dieux, les génies ne savent pas résister. Ces hommes privilégiés, on les respecte, on les craint et on leur confie tout naturellement le soin de la case-fétiche, que l'on a cru devoir édifier aux divinités. Cette case est l'embryon du temple, comme le sorcier est celui du prêtre.

C'est durant cette seconde phase de l'animisme, que se formulent tous les concepts religieux, même ceux qui sont destinés à prendre plus tard un énorme développement. Comme les langues les plus savantes reposent, en dernière analyse, sur un petit nombre de racines et de formes grammaticales, spontanément trouvées à l'époque lointaine et oubliée où l'anthropopithèque est devenu un homme, ainsi les religions les plus compliquées, les plus métaphysiques, n'ont d'autres bases que les illusions grossières et les imaginations naïves de l'homme primitif en période mythopoétique, c'est-à-dire animique.

III. — L'ANIMISME MYTHIQUE

Les phases dites supérieures de l'évolution religieuse ne sont que le développement logique des phases inférieures. Au fond des croyances mythiques les plus complexes, on trouve toujours la conviction que les choses et les hommes ont des doubles impalpables; seulement, dans ces religions savantes, on s'illusionne avec moins de naïveté, de simplicité. Car l'évolution mythologique marche nécessairement de pair avec toutes les autres; or, au moment où l'animisme fait un pas en avant, devient *mythique*, c'est-à-dire distingue nettement les esprits de leur *substratum* matériel, leur accorde une existence indépendante, la civilisation générale a marché, l'organisation sociale s'est compliquée; on est tout à fait sorti de la période anarchique; les groupes ethniques ont des chefs, des conducteurs politiques et religieux. Ces derniers, tout en étant les descendants directs des sorciers primitifs, ont monté en grade; ils sont devenus des prêtres et forment ordinairement une classe.

Cette classe sacerdotale, toujours au mieux avec les dépositaires du pouvoir politique, quand elle n'exerce pas elle-même ce pouvoir, s'applique à mettre de l'ordre dans les croyances primitives : elle les trie et les émonde, met en relief certaines d'entre elles, rejette dans l'ombre certaines autres; surtout elle s'efforce de déterminer nettement ce qu'il faut croire et ce qu'il faut repousser. De plus en plus le prêtre détache les doubles divins des choses et des êtres, avec lesquels on avait commencé par les confondre. A ces doubles les prêtres donnent des formes anthropomorphiques de plus en plus individualisées; ils en font des dieux concrets, aidés d'ailleurs en cela par les poètes et surtout par l'imagination populaire. Bientôt ces dieux ont leur histoire, leur légende plutôt. Souvent cette légende est symbolique et calquée sur le mode d'existence des êtres réels, d'où sont issues les divinités : cela arrive surtout pour les dieux météorologiques ou sidéraux.

A ces personnages divins, d'origine fétichique, on adjoint plus tard des divinités plus abstraites, reflets personnifiés de certaines passions, émotions ou idées humaines : de l'amour, du remords, de la justice, de la raison, etc.

En même temps l'idée, que l'on se fait de la survivance après la mort, s'affine, se complique; surtout on y relie des considérations morales. Le double du décédé devient de plus en plus subtil. On ne saurait plus admettre, que ce double consomme réellement les aliments qui lui sont offerts; aussi remplace-t-on peu à peu ces dons grossiers par des offrandes votives ou même verbales, comme le faisaient les Égyptiens : les fleurs, les parfums, les prières se substituent à la chair sanglante des victimes. Les objets en papier des Chinois, les bouquets, que nous déposons encore sur les tombes, représentent la forme dernière et atténuée des offrandes et sacrifices funéraires d'autrefois.

Le caractère attribué à la vie future change aussi complètement. Dès la phase précédente, certaines tribus sauvages avaient déjà supposé que toutes les ombres des morts ne devaient pas avoir le même destin. Les unes s'en allaient quelque part, dans une bonne, plantureuse et giboyeuse contrée; les autres, dans une région stérile et désolée; mais aucune idée morale ne s'attachait à cette répartition posthume. Les morts favorisés étaient simplement ceux qui, durant la vie, avaient été les plus braves guerriers, les plus habiles chasseurs : c'étaient surtout les chefs. Parfois même on inclinait à penser que, pour les petites gens, il n'y avait pas de survivance. Mais, quand les sociétés furent sérieusement organisées, quand le tien et le mien furent nettement distingués, quand il y eut des droits d'un côté, des devoirs de l'autre, quand certains actes furent les uns blâmés, les autres punis, un sens moral tel quel se forma dans la conscience humaine. Alors on transporta dans la vie future le reflet des pénalités en usage sur la terre des vivants; aux ombres des gens réputés bons, justes, honnêtes, on assigna un paradis; un enfer engloutit les doubles des coupables ou des pécheurs. Chaque peuple conçut à sa manière ces séjours posthumes de félicité ou de torture, en s'inspirant de ses goûts et de ses mœurs. Les Gréco-Romains eurent leurs Champs-Élysées et leur Tartare; les musulmans aspirent à un paradis sensuel; les chrétiens à un paradis monastique.

Telle est, retracée à grands traits, la phase de l'*animisme mythique*. Elle comprend à la fois les religions dénommées polythéistes, comme la religion hellénique, les religions dites monothéiques, comme le Judaïsme, l'Islamisme, les religions dualistes, comme le Mazdéisme et le Christianisme. Toutes ces religions admettent l'existence d'êtres surnaturels en grand nombre; elle sont donc en réalité polythéiques; mais surtout elles ont conçu ou conçoivent leurs personnages divins, comme détachés des phénomènes abstraits ou concrets qui leur ont servi de gangue originelle : elles appartiennent donc aussi à la phase d'*animisme mythique*.

IV. — L'ANIMISME PANTHÉISTIQUE

Jusqu'ici nous avons distingué trois phases dans l'évolution religieuse : 1° l'*animisme fétichique*, qui tient pour vivant et pensant tout ce qui est doué de mouvement, fût-ce accidentellement, et même tout objet qui impressionne fortement; 2° l'*animisme spiritique*, qui voit au sein de certains êtres ou phénomènes du monde extérieur des doubles anthropomorphiques ou zoomorphiques, mais sans séparer encore ces doubles de leurs *substratum* ; 3° l'*animisme mythique,* qui prête aux doubles des choses divinisées une existence indépendante de ces choses.

Mais il est encore une phase dernière de l'évolution religieuse, celle de l'*animisme panthéistique,* qu'ont atteinte deux religions seulement : le Brahmanisme et le Bouddhisme.

Encore incapables de s'élever jusqu'à la grande idée moderne, qui, derrière tous les phénomènes de l'univers, nous fait voir une même substance matérielle, composée d'atomes toujours en mouvement et dont les combinaisons et décombinaisons rendent raison de tout, les fondateurs des grandes religions panthéistiques se sont pourtant approchés de cette vérité dernière. Ils ont proclamé, que le monde est constitué par une seule étoffe matérielle, à laquelle est indissolublement marié un seul esprit. C'est ce *substratum* immense, éternel, immuable, qui engendre ou plutôt émet pour un temps tous les êtres particuliers, puis les engloutit de nouveau dans son vaste sein. Mais le primitif animisme subsiste toujours au fond de l'idée panthéistique ; car on suppose que l'univers matériel est doublé d'un univers spirituel ; on a seulement synthétisé, élargi l'illusion du sauvage, qui, dans tous les objets, derrière tous les phénomènes particuliers, place un esprit spécial.

Le Panthéisme admet donc un double de l'univers matériel ; néanmoins, à s'en tenir à son idée fondamentale, il ruine tout l'édifice mythologique construit par les autres religions. Plus n'est besoin de sacrifices, de culte, de prière, de paradis ou d'enfer. La vie se suffit à elle-même ; pas d'autre sanction pénale après la mort qu'une hiérarchie de renaissances terrestres, qu'une métempsycose, descendante pour les pécheurs, ascendante pour les justes, mais finissant toujours par aboutir à la suprême récompense : l'anéantissement définitif, l'absorption dans le grand tout.

Tout en restant métaphysique, ce système côtoie d'assez près la réalité scientifiquement démontrée : le matérialisme et l'évolution. Quelques bouddhistes éclairés, notamment Soumangala, le pontife de Ceylan, prétendent même identifier leur métempsycose avec la doctrine scientifique du transformisme et, à la mort de Darwin, on a fêté, à Ceylan, l'entrée du grand réformateur scientifique dans le Nirvâna des bouddhistes. C'est évidemment forcer l'analogie; mais cette réconciliation, même apparente, de l'idée religieuse avec la pensée scientifique ne saurait être tentée par aucune religion, celle de Gautama exceptée. Au point de vue intellectuel, le Bouddhisme domine donc de très haut tous les autres cultes; mais, comme il est entaché du péché originel et n'a point divorcé avec l'animisme, il a bien vite dégénéré et a dû conserver ou adopter toute l'organisation, tout l'appareil des autres grandes religions : les prêtres, les temples, les idoles, les cérémonies, surtout la folie de l'ascétisme, directement dérivée de la croyance à des esprits féroces et invisibles, que l'on fléchit par des abstinences, des macérations, d'inutiles souffrances.

V. — L'ANIMISME MÉTAPHYSIQUE

Si le Bouddhisme faisait un pas en avant, ce qui est fort difficile aux vieilles religions, il pourrait se confondre avec la vérité scientifique, y trouver son *nirvâna* : au contraire toutes les autres religions sont directement hostiles à la science ou au moins inconciliables avec elle. Or, avec plus ou moins de ferveur la grande masse des hommes subit encore docilement l'influence religieuse : cela ressort de l'enquête même que nous venons de terminer. Chez toutes les populations de race noire, l'animisme fétichique ou spiritique règne en maître. Même état religieux très inférieur chez les sauvages de race mongolique ou mongoloïde. Les Mongols plus ou moins civilisés se sont bien ralliés au Bouddhisme, mais trop souvent en perdant de vue ce qu'il a de grandeur métaphysique, en l'imprégnant d'un animisme grossier.

Quant aux peuples de race blanche, tous professent en gros et nominalement des religions dites supérieures : le Brahmanisme, assez voisin du Bouddhisme, le Judaïsme, l'Islamisme, le Christianisme; mais ce n'est qu'une apparence. Si médiocre que soit la valeur philosophique de ces religions, surtout des trois dernières, la masse de leurs sectateurs n'en apprécie que le côté le plus inférieur. Pour se rattacher la majorité de leurs adeptes, ces religions ont dû conserver ou adopter quantité de pratiques ou de croyances animiques, tenant au fétichisme, au spiritisme, à la magie, triade fondamentale sur laquelle reposent toutes les mythologies. Le vulgaire des fidèles se soucie médiocrement des dogmes, mais il croit fermement aux reliques, aux talismans consacrés, aux esprits des morts, aux anges et aux démons. Ne voyons-nous pas notre clergé bénir les objets du culte, exorciser les possédés, glorifier l'hagiolâtrie, célébrer des cérémonies pour obtenir de la pluie ou du soleil, etc., etc.? — En réalité la foule des croyants de race blanche comprend la religion exactement comme le nègre d'Afrique. — Une petite minorité de chrétiens, trop éclairés pour se ravaler à ce sauvage niveau, voient surtout dans leur religion le côté relevé de sa morale : la charité, l'abnégation, le sacrifice. En Amérique, dans certains temples à la mode, on ne souffle plus mot de l'enfer, de la colère divine, de la rédemption, etc.[1].

Mais à ce degré de tiédeur on n'observe plus guère les pres-

1. Guyau. *Loc. cit.* 143.

criptions du culte que par respect humain : en fait, on est indifférent.

De cette indifférence un peu sceptique est née la forme la plus atténuée de la religiosité : la métaphysique. C'est toujours de l'animisme, mais de l'animisme quintessencié. L'animisme, que j'ai appelé mythique, avait nettement séparé les doubles, les esprits, des choses, des êtres qui leur avaient servi de supports. La métaphysique s'est emparée de ces doubles affranchis, les a soumis à une sublimation dernière dans l'alambic de la spéculation et les a réduits à n'être plus que des abstractions, des formules. L'animisme spontané, primaire était une illusion, mais une illusion qui avait de la chair et du sang, une illusion que l'on pouvait accepter, à la condition d'être ignorant et inexpérimenté, parce qu'elle était simple et intelligible; mais comment prendre au sérieux les abstractions vides de nos métaphysiciens? Tout ce qui donne aux religions du corps et de la couleur, l'apparence de la vie, a été impitoyablement écarté et l'on nous somme de croire à l'existence réelle d'entités si ténues que nous ne réussissons plus à les concevoir. Quand on nous parle d'un dieu fait à l'image de l'homme, mais infiniment plus puissant, résidant quelque part dans le ciel, d'où il gouverne l'univers, comme un monarque son royaume, nous pouvons nier ou croire; car il s'agit là d'une conception simple et claire, mais comment vénérer un être suprême réduit, selon la définition de M. Renan, à n'être plus que « la catégorie de l'idéal » ou « la raison universelle des choses », comme l'a dénommé l'un des coryphées de notre métaphysique universitaire? De même nous comprenons très bien l'illusion de l'homme primitif, quand il s'imagine qu'à la mort un double, un esprit, fait d'une matière subtile mais semblable au corps, s'en détache et lui survit; mais comment admettre

1. E. Gerusez, *Cours de philosophie*, 162.

l'idée de l'âme, quand on nous la définit « une force douée de sensibilité, d'intelligence et d'activité »[1], ou bien l'être connaissant, qui se sert à lui-même d'objet de connaissance? »[2].

Pourtant la tendance animique, léguée par nos ancêtres, est si forte et si tenace, que ces inintelligibles formules peuvent inspirer une sorte de fanatisme. Voici ce qu'écrit à propos des athées l'auteur de la première des impalpables définitions, que je viens de citer : « L'athéisme n'est pas seulement une profonde immoralité, c'est une monstrueuse niaiserie et l'on ne saurait trop prendre en pitié et dégoût ceux qui donnent de pareilles doctrines, comme le suprême effort de la raison humaine.... La plupart des athées sont de rigoureux logiciens ; ils mettent leur conduite à l'unisson de leurs principes ; ils sont la peste des États ; comme ils ne reconnaissent ni droit, ni justice, ni loi, ils se servent de tout indifféremment pour arriver aux fins de leur cupidité ; la foi des serments, la pudeur publique, la fidélité aux principes, ils se jouent de tout cela et les exemples qu'ils donnent se répandent autour d'eux comme une véritable contagion ; tout se dénature sous leur perverse influence. »[3] Le portrait est effroyable et, pour y ressembler, il suffit de ne pas adorer la raison universelle des choses, etc., etc. Logiquement, il ne reste plus qu'à exterminer au plus vite « cette peste des États » ; l'auteur de ces tirades indignées n'ose pas le dire ; il est sûr qu'il l'a pensé.

Quand une doctrine en est réduite à des formules et à des fureurs également vaines, elle est bien près de mourir ; et la minorité, qui, ayant divorcé avec les religions dites positives, a cherché un dernier refuge dans le château de cartes des

---

1. E. Gérusez. *Loc. cit.* 30.
2. Ad. Garnier, *Traité des facultés de l'âme.* Liv. I, p. 5.
3. E. Gerusez, *Loc. cit.* 143.

métaphysiciens, ne saurait séjourner bien longtemps dans cet asile si peu confortable pour un esprit bien fait. Les dernières conquêtes de la science ont démontré que la matière, l'étoffe de l'univers, est éternelle et indestructible ; que les *forces* sont simplement des propriétés atomiques ; qu'essentiellement la matière organisée ne diffère pas de la matière inorganique ; qu'elle en provient et y rentre ; que la vie psychique, la pensée, la conscience, si longtemps tenues pour distinctes de leur support matériel, sont simplement des fonctions de la cellule nerveuse. Mais, une fois bien établies, ces vérités scientifiques ne laissent plus de refuge à l'animisme. On peut donc prédire, qu'à moins d'une série de catastrophes assez terribles pour enrayer le progrès et la diffusion de la pensée scientifique, les religions dite positives sont destinées à disparaître, l'esprit religieux à s'éteindre. Quelles seront les conséquences de cette révolution mentale ? Quel idéal remplacera l'idéal religieux ?

VI. — L'IDÉAL DE L'AVENIR

Une légende de l'antiquité rapporte, qu'à la mort du dieu Pan un cri douloureux retentit dans l'air. Or, bien des symptômes précurseurs annoncent la mort du grand Pan actuel, de l'esprit religieux, même panthéistique, et nombre de ses adorateurs poussent déjà des cris de détresse. Sans doute la masse, très peu pensante, de l'humanité dite civilisée restera bien longtemps encore fidèle à ses vieilles croyances, aussi longtemps qu'elle sera insuffisamment éclairée ; mais de plus en plus les esprits cultivés et virils se détacheront de l'antique idéal religieux. De tous les côtés nous entendons déjà les personnes pieuses et aussi celles qui feignent de l'être se lamenter au sujet de la décadence religieuse, lui imputer même nombre de maux, dont souffrent trop réellement nos sociétés contemporaines, et vaticiner pour un avenir très prochain l'abomination de la désolation. Que cet avenir d'impiété doive être très voisin de nous ou, ce qui est beaucoup plus probable, fort lointain encore, on peut se demander ce qu'il faut penser de ces prédictions à la Cassandre. La réponse pourrait être simplement que toute tentative pour remonter le courant serait chimérique. En de telles matières, l'homme croit non pas ce qu'il veut, mais ce qu'il peut. Ce n'est pas la faute de l'adulte, s'il ne trouve plus d'intérêt aux contes de nourrice qui ont charmé son enfance. Or, la raison humaine a grandi, la science a marché, trop souvent en dépit des religions. Sans aucune peine le sauvage s'explique l'ouragan, la pluie, le murmure du vent dans les feuilles, etc., en les attribuant à des esprits invisibles et anthropomorphiques : quant à nous, nous ne saurions. Mais, nous l'avons vu, la plupart des dogmes religieux ne sont que des transformations de ce primitif animisme.

> Nos dieux, l'un après l'autre, ont déserté le ciel.
> L. ACKERMANN.

Les y réintégrer ne dépend pas de notre volonté. Jusqu'à d'énormes profondeurs, l'investigation scientifique a sondé et scruté l'infiniment grand et l'infiniment petit. Partout elle a constaté l'indissoluble union de la force et de la matière et nulle part une trace quelconque de ces êtres divins, dont l'imagination humaine a pendant tant de siècles peuplé l'univers. Le mystère de la mort, que l'esprit de nos premiers ancêtres a eu tant de peine à comprendre, a fini par nous être clairement expliqué, comme celui de la vie. Nous le savons, la mort et la vie résultent du simple jeu des forces matérielles; tout est combinaison et décombinaison d'atomes éternels, que rien ne saurait créer ou détruire.

Dernier terme d'une lente évolution organique, l'homme est simplement le premier des animaux terrestres. Enfin le sentiment, la volonté, la pensée, propriétés virtuelles de la matière, se manifestent seulement au sein de certaines cellules nerveuses, perfectionnées, aristocratiques.

Mais ce faisceau de vérités scientifiques ne saurait se concilier avec la naïve conception des doubles individuels ou même du double universel, panthéistique. Force est bien d'en prendre son parti; Pan est mort et il ne saurait ressusciter. Ce n'est pas capricieusement que l'on renverse les systèmes religieux; ces systèmes sont des explications provisoires, restant debout juste aussi longtemps qu'elles satisfont la raison de leurs sectateurs. Mais le jour où, mieux renseigné, l'homme ne voit plus dans sa religion que des illusions incapables de le charmer ou de le terrifier plus longtemps, l'édifice religieux s'écroule et cède le terrain à la science. La vérité vous déplaît; vous la trouvez froide, cruelle; elle coupe les ailes de vos rêves! Que faire à cela? Elle est la vérité. Mais nous pouvons nous demander si ces religions, qui vivent en si mauvais termes avec la science, ont fait au genre humain plus de bien que de mal. Nous n'avons pas à les maudire; elles ont été nécessaires tant qu'a duré un certain état mental de l'humanité, puisque partout elles sont nées et ont vécu; mais essayons d'établir leur bilan au point de vue de l'utilité sociale et en suivant, phase après phase, l'évolution de la pensée religieuse.

Pour l'animisme fétichique et spiritique, le procès sera vite instruit. Cette religion primaire n'élève aucune prétention morale ou sociale et, par sa constante pratique des offrandes sanguinaires, des sacrifices aux esprits des morts et des choses, elle a terrorisé l'homme primitif et fait couler des rivières de sang.

L'animisme mythique, polythéique, a graduellement renoncé aux sauvages pratiques de la phase religieuse qui l'avait précédé, en même temps qu'il élevait des prétentions à réglementer l'éthique, à présenter les prescriptions morales comme les ordres mêmes des dieux. On ne saurait nier qu'en transformant ainsi en péchés ou en sacrilèges certaines actions évidemment mauvaises et socialement nuisibles, les religions n'aient fortifié le sens moral des populations; mais, sans se soucier jamais de l'utilité réelle, elles ont rangé sur la même ligne des actes incontestablement criminels et de simples infractions aux règles du culte. Que dis-je? Elles ont considéré les crimes religieux, les péchés, comme les plus graves de tous. Pour la loi mosaïque, travailler le jour du Sabbat; pour le Mazdéisme, frapper une chienne grosse; pour le Brahmanisme et l'Islamisme, boire, ne fût-ce qu'une goutte, d'une liqueur bachique, etc., sont autant d'actes abominables, inexpiables. Par cette éthique purement cléricale, que sanctionnait une pénalité terrible, le sens moral a été faussé et le dévot a subi une inutile torture mentale : l'obsession du péché.

Enfin les plus répandues des religions supérieures ont, à l'envi, prêché l'ascétisme, la continence absolue, la passivité, c'est-à-dire directement travaillé à l'affaiblissement et même à la ruine des sociétés, en même temps que leurs dogmes, ordinairement soutenus avec vigueur par le bras séculier, barraient le chemin à l'investigation scientifique. Restent encore, au passif des grandes religions, les guerres religieuses et les persécutions pour délit d'opinion.

Mais, nous dit-on, la religion est le « roman du pauvre »; par l'espoir d'une vie future, elle aide l'homme à supporter les misères de celle-ci. Eh! bâtissez votre édifice social de telle sorte qu'on le puisse habiter sans avoir besoin de recourir à des consolations de genre narcotique! Enfin il est des esprits pour lesquels l'idée de la vie future est tout le contraire d'un réconfort. Une grande religion, le Bouddhisme, n'est même qu'une tentative désespérée pour échapper à toute survivance. Dans les religions tout à fait primitives, quand la vie future est conçue simplement, comme la continuation revue et corrigée de la vie ici-bas, la foi en une existence posthume n'a en effet que des côtés consolants; mais il n'en est plus de même, alors qu'en face des Champs Élysées s'ouvrent les gouffres du Tartare. Rappelons-nous que Pascal, Fénelon, Bossuet, trois fervents chrétiens, qui étaient en même temps des esprits d'élite, sont morts dans l'épouvante. Nous commençons enfin à ne plus ressentir ces terreurs; peu à peu l'humanité civilisée tout entière s'en affranchira; car l'effet s'éteint d'habitude plus ou moins vite après sa cause.

La mort, lente mais infiniment probable, des religions, va-t-elle, comme on le prédit, priver à jamais l'homme de tout idéal, découronner son imagination? Pour le prétendre, il faut bien mal connaître la nature humaine. Un certain idéal, petit ou grand, grossier ou noble, est essentiel à notre mentalité; il est notre consolation, notre refuge. Mais cet idéal n'a nullement besoin d'être chimérique; il faut même qu'il ne le soit pas ou du moins semble ne pas l'être. Si l'idéal religieux a si longtemps répondu à certaines aspirations de l'humanité, c'est précisément parce qu'on ne mettait pas en doute sa réalité. Tout esprit éclairé a soif d'idéal, d'un idéal élevé, mais il ne saurait le placer dans la région des rêves: il a besoin de le croire réalisable.

L'idéal futur ne sera plus uniforme, dogmatique, imposé. Chacun aura son idéal et le poursuivra à sa manière. Bien des voies sont ouvertes aux aspirations supérieures dans l'art, les questions morales et sociales, la science; mais c'est sur la terre et non dans le ciel que l'on s'efforcera de donner un corps à ces aspirations. Immense est et restera le champ de l'idéal. L'art n'est pas limité, comme on l'a tant de fois prétendu, si du moins on ne le réduit pas strictement à la forme et à l'image, si on le vivifie par l'idée. Le moraliste utilitaire aura fort à faire avant d'avoir réformé l'éthique boiteuse que nous a léguée le passé. Avant d'y parvenir, il aura du temps de reste pour aspirer et rêver. Pour le savant, l'idéal est absolument sans limites : plus il sait, plus il sent qu'il ignore. L'inconnu à découvrir se peut comparer à une énorme montagne, à cime inaccessible et cachée dans les nuées; plus on gravit péniblement le long des flancs, plus l'horizon fuit dans le lointain.

Tout le monde n'est pas organisé pour entreprendre des recherches scientifiques; mais il est un autre idéal à la portée de tous, celui des réformes sociales, et celui-là ne sera point épuisé avant qu'aient disparu toutes les misères, toutes les souffrances, toutes les injustices. Nos sociétés contemporaines, tout améliorées qu'elles soient, plongent leurs racines dans un passé brutal et elles s'en ressentent beaucoup trop; sans les détruire, elles ont simplement masqué les iniquités d'autrefois. Notre édifice social a besoin d'être reconstruit bien plus que réparé; mais de pareilles réédifications exigent bien du temps et bien des efforts. On ne les exécutera qu'en mettant en œuvre toutes les ressources mentales, tout le cœur et tout l'esprit de l'humanité : il y faudra des vues justes et de nobles élans, de la science et de la générosité, de la raison et du courage. Quelle ample moisson pour les chercheurs d'idéal! Même les natures foncièrement religieuses, celles qui ressentent l'appétit du sacrifice, « la folie de la croix », auront plus d'une chance de cueillir la palme du martyre, non la palme stérile de l'ascète, mais celle du novateur prêt à souffrir et à mourir au besoin pour une grande cause.

Concluons donc que, bien loin d'entraîner la mort de l'idéal, celle des religions ne peut que le régénérer, en remplaçant la rêverie inféconde par l'effort utile, l'erreur par la vérité.

INDEX ALPHABÉTIQUE

A

Abandon des cadavres à Siam, 241.
— *du cadavre* chez les Kamtchadales, 242.
— (L') des cadavres en Mongolie, 247.
— des cadavres au Thibet, 251.
Abipones (Sorciers lycanthropes chez les), 180.
Abyssinie (L'animisme en), 131.
— (La divination en), 131.
— (Les gri-gris en), 131.
— (Le mauvais œil en), 131-132.
— (Les sorciers en), 132.
— (Dieux animiques en), 132.
— (Les danses religieuses en), 133.
— (Danses funéraires en), 133.
Aériennes (Sépultures) chez les Peaux-rouges, 184.
— chez les Malais, 237.
Afghans (La magie chez les), 503.
— (Les esprits chez les), 503.
Africaines (Valeur des religions), 134.
— (L'animisme dans les petites monarchies), 119.
Afrique australe (L'animisme dans l'), 54.
— (Religion de l'), 76.
Afrique occidentale (L'animisme dans l'), 94.
— (Les Lares dans l'), 95.
— (Dieux de tribus dans l'), 95.
— (Les cases fétiches dans l'), 95-96.
Afrique orientale (Inhumation dans l'), 85.
— (Les augures dans l'), 126.
Afrique tropicale (L'animisme dans l'), 105.
— (Rites funéraires dans l'), 107.

Afrique tropicale (Inhumation dans l'), 107.
— (Offrandes funéraires dans l'), 108.
— (Sacrifices funéraires dans l'), 108-109.
— (Magie dans l'), 109.
— (Sorcellerie dans l'), 109.
— (Les dieux dans l'), 111.
— (La phytolâtrie dans l'), 111.
— (La zoolâtrie dans l'), 111.
— (Anthropolâtrie dans l'), 112.
Agneau chrétien (Origines mazdéenne de l'), 548.
Agni, dieu du feu dans les Védas, 404.
Ahriman (L') mazdéen, 532, 533.
Ahts (Le tonnerre-oiseau des), 14.
Albert-Nyanza (Les esprits de l'), 94.
Algonquins (L'anthropomorphisme lunaire des), 15.
Allah (L') des Musulmans, 344-346.
Amentit (L') en Égypte, 315.
Américaines (Valeur des religions), 233, 234.
Américains (Religion des grands empires), 203.
Amérique (L'animisme sauvage en) 169.
Amérique du Sud (Faiseurs de pluie dans l'), 180.
— (Rites funéraires dans l'), 171.
— (Initiation à la sorcellerie dans l'), 180.
Ammon (Le dieu) en Égypte, 322.
— *et Ramsès* en Égypte, 320.
Ancêtres (Culte des) au Japon, 268.
Anges (Les) d'après l'Islamisme, 545.
Animaux (Rêves des), 7.
— sacrés au Dahomey, 120, 121.
— sacrés à Samoa, 156.
— (Sacrifices d') au Mexique, 230.

Animaux sacrés (Les) en Egypte, 317, 318, 319.
Animaux (Les sacrifices d') chez les Juifs, 371.
— dans l'Inde, 416.
Animique (L'évolution), 201, 202.
Animisme (De l'), 11.
— des civilisés, 12.
— au Gabon, 12.
— à Viti, 12.
— de Xercès, 13.
— dans l'Afrique centrale, 13.
— littéraire, 18.
— — de Ronsard, 19.
— — de Gilbert, 19.
— — d'Hégésippe Moreau, 19.
— — de Lamartine, 20.
— — de Victor Hugo, 20.
— — de Th. Gautier, 20.
— — de V. de Laprade, 21.
— — de J. Autran, 21.
— — de Malherbe, 21.
— — de La Fontaine, 22.
— — d'Alfred de Musset, 22.
— en Mélanésie, 25.
— des Australiens, 31.
— stellaire en Australie, 33.
— planétaire en Australie, 33.
— des Vitiens, 41.
— dans l'Afrique australe, 54.
— des Cafres, 64.
— des nègres inférieurs, 78, 79.
— dans l'Afrique occidentale, 94.
— dans l'Afrique tropicale, 105.
— des nègres païens, 106.
— des petites monarchies africaines, 119.
— dans l'Ouganda, 124.
— à Madagascar, 127.
— en Abyssinie, 131.
— en Polynésie, 136, 137.
— sauvage en Amérique, 169.
— des Peaux-rouges, 181.
— chez les Peaux-rouges, 193.
— au Mexique, 228.
— des Tagals, 246.
— des pierres à Sumatra, 238.
— primitif en Mongolie, 246.
— primitif au Thibet, 250.
— au Japon, 268.
— primitif en Chine, 270.
Animisme (L') en Chine, 274.
— taoïste en Chine, 281.

Animisme (L') védique, 401.
— dans Homère, 477.
— des Slaves, 504-507.
— des Finnois, 507-510.
— des Finnois contemporains, 511.
— chrétien, 545, 546.
— fétichique, 558-562.
— dualiste, 561.
— spiritique, 563-566.
— mythique, 567.
— mythique, 567-569.
— panthéistique, 569-571.
— métaphysique, 571-575.
Anitos (Les) des Tagals, 256.
Anthropolâtrie (L') à Viti, 42.
Anthropolâtrie du chien, 6.
— chez les Timannis, 112.
— à la Nouvelle-Zélande, 151.
— à Taïti, 157.
Anthropomorphisme (L') lunaire des Algonquins, 15.
— homérique, 474.
Anthropophagie funéraire en Australie, 35.
— (L') de l'œil en Polynésie, 165.
— symbolique au Pérou, 216.
Apis (Le bœuf) en Egypte, 319.
Apothéose (L') des empereurs à Rome, 490, 491.
Arabes (Rites funéraires chez les), 326.
Arabes antéislamiques (Religion des), 335.
— (Litholâtrie des), 335, 336.
Arabes préislamiques (Les idoles des), 336.
— (Astrolâtrie des), 336.
— (Spiritisme des), 336.
— (Les esprits chez les), 336.
— (Phytolâtrie), 337.
— (La zoolâtrie des), 337.
— (Grand-Esprit des), 337.
— (Sorciers des), 337.
— (Vie future chez les), 338.
Arabes préislamiques (Matérialisme des), 338.
Arabie (Sacrifices humains en), 340.
— (Sacrifices d'animaux en), 340.
Aryas védiques (La religion des), 386.
Aryens barbares (Les religions des), 498.
— (Commune origine de la religion des), 523.

INDEX ALPHABÉTIQUE.

Aryens barbares (Le dualisme primitif des), 524, 525.
Ascétisme (L') brahmanique, 426-428.
— (Toute-puissance de l') brahmanique, 434, 435.
— (L') obligatoire pour les brahmanes, 436.
— (L') bouddhique, 456.
Asiatico-Européens (Les), 498.
Asiles (Les) sacrés en Grèce, 483.
Astrolâtrie (L') des Hottentots, 58.
— chez les Peaux-Rouges, 193, 194.
— au Pérou, 212, 213.
— au Mexique, 225.
— des Guanches, 300.
— en Égypte, 319-320.
— préislamique, 336.
— mésopotamienne, 379.
— mazdéenne, 531.
Astrologie (L') au Mexique, 229.
Assyrie (Sacrifices humains en), 383.
Astrolâtrie (L') des aborigènes indiens, 392.
Athéisme du Bouddhisme, 10, 451.
Augures (Les) dans l'Afrique orientale, 126.
— chez les musulmans, 350.
— chez les aborigènes de l'Inde, 395.
Aumône (L') islamique, 348.
Aurore (L'), déesse védique, 403, 404.
Australie (Animaux totémiques en), 32.
— (Les bons esprits en), 33.
— (Les méchants esprits en), 33.
— (Le tonnerre divinisé en), 33.
— (Zoolâtrie en), 33.
— (Phytolâtrie en), 33.
— (Animisme stellaire en), 33.
— (Animisme planétaire en), 33.
— (Coutumes funéraires en), 34.
— (L'inhumation en), 34.
— (La crémation en), 34.
— (Offrandes funéraires en), 34.
— (Sacrifices funéraires en), 35.
— (Vengeance funéraire en), 36.
— (Le cadavre révélateur en), 36.
— (Survivance des doubles en), 37.
— (Le spiritisme en), 38.
— (La sorcellerie en), 38.
— (Les maléfices en), 39.
— (L'incantation en), 39, 40.
— (Le mauvais œil en), 39.
— (Les faiseurs de pluie en), 40.

Australiens (La religion des), 31.
— (L'animisme des), 31.
— (Les rêves chez les), 31.
— (Les dieux des), 32.
— (La zoolâtrie des), 32.
— (La phytolâtrie des), 32.
Autran (J.), (L'animisme littéraire de), 21.
Avenir (L'idéal de l'), 575-580.

B

Bambaras (Les gri-gris des), 109.
— (Le dieu Bouri des), 113.
— (Le dieu Nallah des), 117.
— (Les gri-gris chez les), 118.
Baptême (Le) au Mexique, 229.
Baromètre divinisé à Kaarta, 110.
Basilolâtrie chez les Cafres, 68.
Basoutos (L'ombre chez les), 16.
Bédouins (Rites funéraires chez les), 326, 327.
— (Funérailles joyeuses chez les), 328.
— (L'impiété des), 338, 339.
Bhagavad-Gita (Le panthéisme de la), 419-428.
Bible (La), 357-359.
— (Les esprits dans la), 367.
— (La morale de la), 375-377.
— (Les animaux impurs dans la), 376.
— (L'impiété dans la), 377.
Bochimans (La vie future chez les), 55.
— (Les esprits chez les), 55.
— (Mutilations funéraires chez les), 55.
Bongos (Inhumation chez les), 83.
Bolotou (Le) paradisiaque à Viti, 45.
Bouddha (L'incarnation du), 441.
— (Naissance du), 442, 443.
— (Le), saint chrétien, 462.
Bouddhiques (Le *Nirvâna*), 446, 457.
— (Le polythéisme), 450.
— (L'ascétisme), 456.
— (Le monachisme), 456-460.
— (La Trinité), 461.
— (Le pessimisme), 465.
— (L'athéisme), 10-451.
— (Couvent de bonzesses) en Chine, 291.
— (Les tumulus), 445.
— (Mégalithes), 445.

Bouddhisme (Le) en Chine, 291.
— (Le), 439.
— (Histoire du), 439-443-444.
— (Aire de diffusion du), 440.
— (La transmigration dans le), 440-446.
— (Rites funéraires du), 445.
— (Les dogmes du), 448.
— (Les trois grandes hérésies d'après le), 449.
— (La métempsycose, sanction morale d'après le), 449.
— (La psychologie du), 449.
— (Les quatre grandes vérités du) 449.
— (La morale du), 451.
— (Préceptes moraux du), 452, 453.
— (Les paraboles du), 455.
— (Déchéance morale du), 461.
— (Croyances primitives dans le), 462.
Bouddhistes (Nombre des), 440.
— (Paradisiaque *Soumérou* des), 447, 448.
Bouri (Le dieu) des Bambaras, 113.
Boussa (Les démêlés conjugaux du Niger à), 113.
Brahman, essence éternelle, 432.
Brahmanes (Obligations ascétiques des), 436.
Brahmanique (L'ascétisme), 426-428.
— (Les âges du *Kalpa*), 422.
— (La Trimourti), 432.
— (L'initiation), 435.
— (Toute-puissance de l'ascétisme), 434, 435.
Brahmaniques (Les *Saktis*), 415.
Brahmanisme (Les origines du), 412.
— (La *Trimourti*), 415.
— (Le), 417.
— (La métaphysique), 418, 419.
— (Les Oupanichads), 418.
— (Le panthéisme), 418.
— (Le *Kalpa*), 419.
— (L'union mystique dans le), 424.
— (La métempsycose, sanction morale du), 425.
— (La valeur du), 436.

C

Cadavre (Abandon du) chez certains Peaux-rouges, 183.
— (Abandon du) chez les Kamtchadales, 242.
— (L'abandon du) chez les Kâffirs, 500.
Cadavres (L'abandon des) au Thibet, 251.
— (Abandon des) en Cafrerie, 66.
Cafre (Discours évolutionniste d'un), 73.
Cafres (La religion des), 59.
— (L'irréligion des), 59-64.
— (L'ombre chez les), 64.
— (L'animisme des), 64.
— (Zoolâtrie chez les), 65.
— (Coutumes funéraires chez les), 65.
— (Inhumation chez les), 66.
— (Abandon des cadavres chez les), 66.
— (Offrandes funéraires chez les), 67.
— (Sacrifices funéraires chez les), 68.
— (Le double chez les), 68.
— (Basilolâtrie chez les), 68.
— (Matérialisme chez les), 69.
— (Les *Morimos*), 69, 70.
— (Sorcellerie chez les), 74.
— (Faiseurs de pluie chez les), 75.
— (Sacrifices chez les), 76.
Cafres-Amazoulous (Le dieu *Oun Kou-lounkoulou* des), 72.
Calumet (Le) sacré chez les Peaux-rouges, 195, 196.
Caraïbes (Sacrifices humains chez les), 172.
Cases (Les) fétiches dans l'Afrique occidentale, 95, 96.
Cases-fétiches (Les) dans l'Afrique occidentale, 114.
Caste (La) des bouchers guanches, 299.
— (La) des prêtresses guanches, 302.
— (La) des prêtres guanches, 302.
Casuistique (La) musulmane, 354.
Catholiques (Analogies) et lamaïques, 263, 264.
Caucase (Croyances primitives au), 504.

INDEX ALPHABÉTIQUE.

Celtes cornouaillais (L'animisme des), 13.
Celtes (Offrandes funéraires chez les), 518.
— (La crémation chez les), 518.
— (La religion des), 518-523.
— (La vie future chez les), 519.
— (La réincarnation chez les), 519.
— (La phytolâtrie chez les), 520.
— (Culte des pierres levées chez les), 520.
— (Les dieux Fomôré chez les), 520.
— (Le dieu du tonnerre chez les), 520.
— (Le polythéisme des), 520, 521.
— (La magie chez les), 521.
— (Les sacrifices humains chez les), 522, 523.
— (Le sacerdoce chez les), 522.
Cénobitisme (Le) lamaïque au Thibet, 259.
Chaldéens (La cosmogonie des), 379.
— (Le polythéisme des), 379.
— (Les doubles chez les), 380.
— (L'*abîme* infernal des), 380.
— (Dieux zoomorphes des), 380, 381.
— (Les esprits chez les), 381.
— (Les trinités des), 381.
— (Les dieux naturalistes des), 381.
— (Les gri-gris chez les), 582, 383.
— (Les sorciers chez les), 382.
— (Les démons des), 382.
— (Les temples chez les), 383.
Chaman (Le), exorciste en Mongolie, 249.
Chamanisme (Le) chez les Esquimaux, 245.
Champs Élysées (Les) virgiliens, 487.
Charruas (Blessures funéraires chez les), 171.
Chéol (Le) chez les Juifs, 360, 561.
Chibchas (Tumulus chez les), 183.
Chien (Anthropolâtrie du), 6.
Chine (Religion en), 267.
— (L'animisme primitif en), 270.
— (Les doubles en), 271.
— (La crémation en), 271.
— (Les offrandes votives en), 271, 272.
— (Sacrifices humains en), 272.
— (L'inhumation en), 272.

Chine (Les funérailles en), 272.
— (Le deuil en), 273.
— (Tablettes funéraires en), 273.
— (Les dieux primitifs en), 273.
— (L'animisme en), 274.
— (Le ciel divinisé en), 274.
— (Les esprits en), 274, 275.
— (La magie en), 275.
— (Les mânes en), 275, 276.
— (Les idoles en), 276, 277.
— (Tolérance religieuse en), 277.
— (Le Taoïsme en), 277, 282, 283.
— (Le polythéisme en), 276, 278.
— (Morale du Taoïsme en), 278, 279.
— (La métaphysique taoïste en), 280.
— (Le polythéisme taoïste en), 281.
— (L'animisme taoïste en), 281.
— (Les temples confucianistes en), 284.
— (Les offrandes à Confucius en), 284.
— (Les tablettes confucianistes en), 284.
— (Culte du ciel en), 286.
— (La doctrine de Confucius), 286, 287.
— (La morale de Confucius en), 288.
— (La tolérance en), 289.
— (L'indifférentisme religieux en), 289, 290.
— (Religions importées en), 290.
— (Le Judaïsme en), 290.
— (Le Mahométisme en), 290.
— (Couvent de bonzesses bouddhiques en), 291.
— (Le Bouddhisme en), 291.
— (Paradis bouddhique en), 447, 448.
Chrétien (Origines mazdéennes de l'Agneau), 548.
Chrétienne (Origine de la Pâque), 547, 548.
— (L'eucharistie), 547.
— (L'Inquisition), 556.
Chrétiens (Les origines des mythes), 546.
Christianisme (La morale du), 552-557.
— (Les emprunts mazdéens du), 549-551.

Christianisme (Culte mazdéen de la lumière dans le), 549.
— (L'animisme dans le), 545, 546.
— (Les emprunts du), 544, 545.
— (Le), 543.
— (Le Bouddha sanctifié par le), 462.
Ciel (Le) divinisé en Chine, 274.
— (Culte du), en Chine, 286.
— (Le) dans le Confucianisme, 286, 287.
Cimetières à la Nouvelle-Calédonie, 49.
Circoncision (La) au Mexique, 229.
— (Le sens de la), chez les Juifs, 371.
Clergé (Le), au Mexique, 226.
— (Le) musulman, 351, 352.
— (Le) lamaïque au Thibet, 255, 256.
Cochinchine (Offrandes funéraires en), 240.
Colombie (La vie future à la), 173.
Commis (Les dieux des), 96.
Confucianisme (Le), 284.
— (Les tablettes du) en Chine, 284.
— (Les temples du) en Chine, 284.
— (Le ciel dans le), 286, 287.
Confucius (Les offrandes à) en Chine, 284.
— (Le sage selon), 286.
— (La doctrine de), 286, 287.
— (La morale de), 288.
Congo (Suicides funéraires au), 84.
— (Sacrifices funéraires au), 84.
— (Brièveté de la vie future au), 91.
— (Incarnation animale des doubles au), 92.
Confession (La) au Mexique, 230.
Cook (Déification de) en Polynésie, 157, 138, 156.
Cornouailles (Le *Zona* animique en), 13.
Corroborys (Les) chez les Tasmaniens, 31.
Cosmogonie (La) des Germains, 514.
Cosmogoniques (Légendes) chez les Peaux-rouges, 194.
Coutumes (Les) au Dahomey, 123, 124.
Couvents (Les) lamaïques au Thibet, 257, 258.
— (Les) Sintoïstes au Japon, 269.
Crémation (La) chez les Tasmaniens, 29.
— (La) en Australie, 34.

Crémation (La) chez les Fuégiens, 171.
— (Motif de la) chez les Peaux-rouges, 191.
— (La) chez les Peaux-rouges, 185, 186.
— au Mexique, 219.
— à Siam, 241.
— chez les Esquimaux, 242.
— en Mongolie, 247.
— en Chine, 271.
— chez les aborigènes de l'Inde, 388, 389, 390.
— chez les Aryas védiques, 399.
— des Hindouistes, 429.
— à Rome, 485.
— chez les Slaves, 505.
— chez les Scandinaves, 512.
— chez les Celtes, 518.
Crimes déifiés à Viti, 43.
Croix (La) chez les Touareg, 305.
— (Le signe non chrétien de la), 544.
Croyances religieuses (De l'universalité des), 8.
Culte (Le) à Madagascar, 150.
— chez les Peaux-rouges, 195.
— au Pérou, 216.
— au Mexique, 228.
— lamaïque, 260.
— islamique, 346.
— chez les Juifs, 371.
— chez les aborigènes de l'Inde, 396.
— védique, 406.
— en Grèce, 480.
— chez les Slaves, 506.
— mazdéen, 536-538.
— primitif, 565, 566.
Cynolâtrie (La) dans le Mazdéisme, 539, 540.

D

Dahomey (La classe des féticheurs au), 119.
— (Les esprits au), 120.
— (Les esprits des maladies au), 120.
— (Les idoles au), 120.
— (Animaux sacrés au), 120, 121.
— (Sacrifices humains au), 121-123.
— (Les *Coutumes* au), 123, 124.
Dakmas (Les), des Perses, 528.

Danses (Les) chez les Tasmaniens, 31.
— religieuses en Abyssinie, 133.
— sacrées au Thibet, 262.
Danseurs (Moines) en Turquie, 352.
Dante (L'ombre d'après), 64.
Darwin dans le *Nirvâna*, 571.
Défloration sacerdotale au Mexique, 229.
Démons (Les) d'après le *Talmud*, 365.
— des Chaldéens, 382.
Deuil (Le) en Chine, 273.
Dieu (Le) invisible au Pérou, 211, 212.
Dieux (Les) des Australiens, 32.
Dieux de tribus dans l'Afrique occidentale, 95.
— (Les) au Gabon, 95-97.
— des Commis, 96.
— fous au Gabon, 97.
— dans l'Afrique tropicale, 111.
— à Madagascar, 129.
— en Polynésie, 151.
— *abstraits* dans les *Védas*, 405.
— *animiques* en Abyssinie, 132.
— *anthropomorphes* à la Nouvelle-Zélande, 151, 152.
— *cosmogoniques* en Polynésie, 158.
— des choses en Polynésie, 159.
— (Les) au Nicaragua, 178.
— au Pérou, 209.
— (Les) au Mexique, 222.
— des maladies au Mexique, 224.
— érotiques au Mexique, 224.
— (Les) au Japon, 269.
— (Les) des Guanches, 299.
— en Égypte, 316.
— naturalistes des Chaldéens, 381.
— zoomorphes des Chaldéens, 380, 381.
— des aborigènes indiens, 392.
— védiques, 401.
— *naturalistes* de l'Hindouisme, 416.
— *primitifs* (Les) en Chine, 273.
— (La vie des) dans Homère, 477.
— (Les) à Rome, 487.
— importés à Rome, 490.
— d'Épicure, 495.
— des Slaves, 505-507.
— du Mazdéisme, 525-536.
— des Germains, 514, 515.
Divination (La) en Abyssinie, 131.
Dolmens (Les) funéraires des Moundas, 388.

Dolmens funéraires à Madagascar, 127, 128.
Double (Primitive conception du), 16.
— (Le) et l'ombre, 16.
— chez les Cafres, 68.
— (Réincarnation animale du) en Australie, 37.
— et le rêve au Pérou, 206.
— (Réincarnation animale du) en Égypte, 311.
Doubles (La survivance des) en Australie, 37.
— (Les) artificiels à la Nouvelle-Guinée, 44.
— à la Nouvelle-Guinée, 44.
— (L'évocation des) à la Nouvelle-Guinée, 44,
— des choses à Viti, 46.
— artificiels à la Nouvelle-Guinée, 43.
— (Incarnation animale des) au Congo, 92.
— (La peur des) chez les nègres inférieurs, 92, 93.
— (Les) en Polynésie, 144-146.
— (L'alimentation des) à Taïti, 146.
— (Les) des choses en Polynésie, 146, 147.
— chez les Fuégiens, 171.
— chez les Peaux-Rouges, 182.
— chez les Grœnlandais, 242.
— en Mongolie, 247.
— artificiels en Mongolie, 248.
— au Japon, 267.
— en Chine, 271.
— chez les Guanches, 299.
— (Terreur des) chez les Touâreg, 304.
— (Les) en Égypte, 310.
— (Les) artificiels en Égypte, 310.
— (Les) et la barque solaire en Égypte, 313.
— (Le jugement des) en Égypte, 313-315.
— (Les) selon le Judaïsme, 360, 362.
— chez les Chaldéens, 380.
— chez les Karens, 390, 391.
— des choses chez les Karens, 391.
— (Les) démoniaques chez les aborigènes de l'Inde, 395.
— (Les) des Hindouistes 429.

Doubles (Les) helléniques, 470, 471.
— dans Lucien, 472.
— d'après Hésiode, 473.
— à Rome, 486.
— chez les Slaves, 504.
— chez les Germains, 515.
— mythiques, 565.
Dualisme (Le) primitif chez les Ariens barbares, 524, 525.
— (Le) mazdéen, 531, 532.
Dualiste (L'animisme), 561
Dualistes (Les grandes religions), 526

E

Eblis (L') des Musulmans, 343, 344.
Ecoles (Les) cléricales au Mexique, 226.
Egypte (L') et les religions berbères, 294.
— (Les premiers habitants de l'), 295, 296.
— (L'inhumation populaire en), 307.
— (Excavations funéraires en), 307.
— (Corporation des embaumeurs en), 307.
— (La momification en), 307.
— (La maison funéraire en), 308.
— (Offrandes funéraire en), 308.
— (Stèle funéraire en), 308.
— (La vie future en), 309.
— (Matérialisme en), 310.
— (Les doubles en), 310.
— (Les doubles artificiels en), 310.
— (Les *biens du tombeau* en), 311.
— (L'*Amentit* en), 313.
— (Les doubles et la barque solaire), 313.
— (Les jugements des doubles en), 313-315.
— (Le *Livre des morts* en), 314.
— (L'enfer en), 315.
— (Le paradis en), 315, 316.
— (Les dieux en), 316.
— (Les animaux sacrés en), 317, 318, 319.
— (Le bœuf Apis en), 319.
— (L'astrolâtrie en), 319, 320.
— (Ammon et Ramsès en), 320.
— (Les triades divines en), 321.
— (Divinités solaires en), 321, 322.
— (Le dieu *Ptah* en), 321.
—. (Le dieu *Râ* en), 321.

Egypte (Le dieu Ammon en), 322.
— (Le mythe d'Isis en), 322.
— (Le mythe d'Osiris en), 322.
— (Les dieux des maladies en), 323.
— (Les phases religieuses en), 323, 324.
Egyptienne (Pyramide) et tumulus guanche, 306.
Egyptiens (La religion des), 306.
Eléphant (L') blanc adoré à Siam, 239, 240.
— divinisé dans l'Inde, 416.
Elohim (Les) en Judée, 362.
Empereurs (Les) divinisés au Japon, 268.
— (L'apothéose des) à Rome, 490, 491.
Embaumeurs (Corporation des) guanches, 298.
— (Corporation des) en Egypte, 307.
Enfer (L') au Pérou, 208.
— au Mexique, 221.
— chez les Grœnlandais, 242.
— au Japon, 267.
— des Guanches, 299.
— des Touâreg, 305.
— en Egypte, 315.
— musulman, 332, 333.
— des Chaldéens, 380.
— védique, 400.
— des Kâffirs, 501.
— chez les Perses, 529.
Ensorcellement (L') en Polynésie, 160.
Épicure (Les dieux d'), 495.
Esprit (Le Grand) des Touâreg, 305.
Esprits (Les) nomades au Gabon, 18.
— (Les bons) en Australie, 33.
— (Les méchants) en Australie, 33.
— de l'Albert Nyanza, 94.
— à la Nouvelle-Calédonie, 47.
— chez les Bochimans, 55.
— au Dahomey, 120.
— dans l'Ouganda, 125, 126.
— (Les trois) de l'homme à Madagascar, 128.
— des Vazimbas à Madagascar, 129.
— des criminels à Madagascar, 129.
— errants chez les Fuégiens, 175-177.
— chez les Indiens des Pampas 175-177.
— chez les Peaux-rouges, 192.

INDEX ALPHABÉTIQUE.

Esprits au Pérou, 209.
— chez les Tagals, 236.
— au Kamtchatka, 243.
— au Thibet, 251.
— au Japon, 267.
— en Chine, 274, 275.
— chez les Guanches, 300.
— préislamiques, 336.
— dans la Bible, 367.
— chez les Chaldéens, 381.
— dans l'Inde, 417.
— chez les Afghans, 503.
— chez les Slaves, 505.
Esprits naturalistes chez les aborigènes de l'Inde, 594.
Esquimaux (L'inhumation chez les), 242.
— (La crémation chez les), 242.
— (Offrandes funéraires chez les), 242.
— (Les Gri-gris chez les), 244.
— (La sorcellerie chez les), 244, 245.
— (Le Chamanisme chez les), 245.
Esséniens (Secte des) chez les Juifs, 372.
Eucharistie cannibale au Mexique, 230.
— (L') chrétienne, 547.
Evhémérisme (L') de H. Spencer, 18.
— à Viti, 42.
— à la Nouvelle-Calédonie, 47.
Évolution (L') mythologique en Mélanésie, 52.
— animique, 201, 202.
— du polythéisme gréco-romain, 495.
Évolutionniste (Discours) d'un Cafre, 73.
Exorcisme (L') en Mongolie, 249.
— védique, 409.
— dans le Mazdéisme, 537.
Extase (L'), à la Nouvelle-Calédonie, 51.

F

Faiseurs (Les) de pluie en Australie, 40.
Fantis (Tonnerre déifié chez les), 113.
Fêtes (Les) au Pérou, 217.
— (Les) chez les Musulmans, 349, 350.
— (Les) chez les Juifs, 374.
Fétiches-Idoles (Les) dans l'Afrique occidentale, 95.

Fétiches (Les cases) dans l'Afrique occidentale, 95, 96.
— (Grand-prêtre) sur le Niger, 115.
— (Goûts culinaires d'un), 115.
Féticheur (Le) exorciste au Gabon, 101.
— (Le) juge d'instruction au Gabon, 101.
Féticheurs (Les) au Gabon, 99.
— (Les rois) au Gabon, 99, 100.
— (La classe des) au Dahomey, 119.
Fétichique (L'animisme), 558-562.
Fétichiques (Dieux) de l'Hindouisme, 436.
Fétichisme (Le) des nègres, 80.
— (Le) au Gabon, 94, 95.
— (Le) anthropique en Grèce, 467.
Fétichisme et Mahométisme, 106.
Feu (Le) divinisé dans les Védas, 404.
— (Culte du) chez les Kâffirs, 502.
— (Le culte du) chez les Slaves, 507.
Fin du monde (La) chez les Germains, 516.
Finnois (L'animisme des), 507-510.
— (Les esprits des maladies chez les), 510.
— (La sorcellerie chez les), 510, 511.
— (Prière d'un), 511.
— (L'animisme des) contemporains, 511.
Fomoré (Les dieux) chez les Celtes, 520.
Fravachis (Les) mazdéens, 533.
Fuégiens (Les doubles chez les), 171.
— (Inhumation chez les), 171.
— (Crémation chez les), 171.
— (Esprits errants chez les), 175.
— (Sorciers-médecins chez les), 178.
Funérailles aériennes aux Marquises, 143.
— aériennes à Taïti, 143.
— des Incas au Pérou, 205.
— en Chine, 272.
— joyeuses chez les Bédouins, 328.
Funéraires (Rites) des Tasmaniens, 29.
— (Coutumes) en Australie, 34.
— (Offrandes) en Australie, 34.
— (Sacrifices) en Australie, 35.
— (Anthropophagie) en Australie, 35.

Funéraires (Vengeances) en Australie, 36.
— (Coutumes) à la Nouvelle-Guinée, 44.
— (Coutumes) à la Nouvelle-Calédonie, 48.
— (Continence) à la Nouvelle-Calédonie, 49.
— (Blessures) à la Nouvelle-Calédonie, 49.
— (Mutilations) à la Nouvelle-Calédonie, 49.
— (Offrandes) à la Nouvelle-Calédonie, 49.
— (Mutilations) chez les Bochimans, 55.
— (Coutumes) en Cafrerie, 65.
— (Offrandes) chez les Cafres, 67.
— (Sacrifices) chez les Cafres, 68.
— (Offrandes) au Gabon, 81.
— (Lamentations) chez les Commis, 82.
— (Sacrifices) chez les nègres inférieurs, 84.
— (Suicides) au Congo, 84.
— (Sacrifices) au Congo, 84, 85.
— (Rites) dans l'Afrique tropicale, 107.
— (Offrandes) dans l'Afrique tropicale, 108.
— (Sacrifices) dans l'Afrique tropicale, 108, 109.
— (*Dolmens*) à Madagascar, 127, 128.
— (Danses) en Abyssinie, 133.
— (Rites) en Polynésie, 137.
— (Blessures) en Polynésie, 138, 139.
— (*Moraïs*) à Tonga, 143.
— (Blessures) chez les Charruas, 171.
— (Offrandes) chez les Patagons, 171.
— (Rites) dans l'Amérique du Sud, 171.
— (Rites) chez les Peaux-rouges, 183.
— (Danses) chez les Peaux-rouges, 184.
— (Offrandes) chez les Peaux-rouges, 185, 186-188.
— (Mutilations) chez les Peaux-rouges, 187.

Funéraires (Les rites) au Pérou, 202-207.
— (Offrandes) au Pérou, 204.
— (Sacrifices) au Pérou, 205-207.
— (Rites) au Mexique, 219.
— (Offrandes) au Mexique, 220.
— (Sacrifices) au Mexique, 220.
— (Offrandes) en Cochinchine, 240.
— (Offrandes) chez les Esquimaux, 242.
— (Sacrifices) en Mongolie, 247.
— (Tablettes) en Chine, 273.
— (Rites) des Guanches, 296.
— (Grottes) chez les Guanches, 297.
— (Excavations) en Égypte, 307.
— (La maison) en Égypte, 308.
— (Offrandes) en Égypte, 308.
— (Stèle) en Égypte, 308.
— (Offrandes) votives en Égypte, 309-311.
— (Rites) chez les Arabes, 326.
— (Rites) chez les Bédouins, 326, 327.
— (Sacrifices) préislamiques, 328.
— (Rites) des Juifs, 359, 360.
— (Rites) des aborigènes indiens, 386.
— (Rites) védiques, 398.
— (Rites) dans Homère, 467, 468.
— (Offrandes) dans Homère, 467, 468.
— (Sacrifices humains) dans Homère, 468.
— (Sacrifices) dans Homère, 468.
— (Les combats) à Rome, 485.
— (Blessures) à Rome, 485.
— (Les sacrifices) à Rome, 485.
— (L'abandon) chez les Kâffirs, 500.
— (Offrandes) chez les Kâffirs, 501.
— (Les sacrifices) chez les Germains 512.
— (Offrandes) chez les Celtes, 518.
— (L'abandon) des Perses, 527.
Fustigation religieuse à la Nouvelle-Calédonie, 50.

G

Gabon (L'animisme au), 12.
— (Les esprits nomades au), 18.
— (Animaux sacrés au), 81.
— (Abandon des cadavres au), 81.
— (Inhumation au), 81.

INDEX ALPHABÉTIQUE

Gabon (Offrandes funéraires au), 81.
— (Chants matérialistes au), 85.
— (Le fétichisme au), 94, 95.
— (Les dieux au), 95-97.
— (Les dieux fous au), 97.
— (Les féticheurs au), 99.
— (Les rois féticheurs au), 99, 100.
— (Le féticheur juge d'instruction au), 101.
— (Le féticheur exorciste au), 101.
— (Invocation à l'esprit lunaire au), 102.
— (La mort naturelle incomprise au), 102.
Ganésa, l'éléphant divinisé dans l'Inde, 416.
Gautier (Th.) (L'animisme littéraire de), 20.
Génies (Les) des Néo-Guinéens, 43.
— dans Hésiode, 478.
Germains (La religion des), 512.
— (La crémation chez les), 512.
— (Les *tumulus* funéraires chez les), 512.
— (Les sacrifices funéraires chez les), 512.
— (Les doubles chez les), 513, 514.
— (La cosmogonie des), 514.
— (Les dieux des), 514, 515.
— (L'arbre *Ygdrasil* des), 516.
— (La fin du monde chez les), 516.
— (La sorcellerie chez les), 517.
— (La phytolâtrie chez les), 518.
— (La zoolâtrie chez les), 518.
— (Les sacrifices chez les), 518.
Gilbert (L'animisme littéraire de), 19.
Gladiateurs (Origine des) à Rome, 485.
Gonds (La zoolâtrie chez les), 392.
— (Sacrifices humains chez les), 396.
— (Les *mériahs* chez les), 397.
Grèce (Le fétichisme anthropique en), 467.
— (Les dieux en), 473-480.
— (La sorcellerie en), 480.
— (Le culte en), 480.
— (Dieux sémitiques en), 479, 480.
— (La prière en), 481.
— (Les sacrifices en), 481.
— (Le sacerdoce en), 482.
— (Les oracles en), 482.

Grèce (La vie future en), 483.
— (Les asiles sacrés en), 483.
— (Les persécutions religieuses en), 483.
Grèce homérique (Rites funéraires dans la), 467.
Gréco-romain (Le polythéisme), 468.
Gri-gris (Les) des nègres, 80.
— dans l'Afrique tropicale, 109.
— chez les Bambaras, 118
— dans l'Ouganda, 124, 125.
— à Madagascar, 130.
— en Abyssinie, 131.
— chez les Esquimaux, 244.
— chez les Musulmans, 350.
— au Thibet, 252.
— lamaïques au Thibet, 262.
— chez les Chaldéens, 382, 383.
Grœnlandais (Les possesseurs chez les), 242.
— (L'enfer chez les), 242.
— (Le paradis chez les), 242.
— (Les doubles chez les), 242.
Guanches (Rites funéraires des), 296.
— (Les *tumulus*), 297.
— (Grottes funéraires chez les), 297.
— (Offrandes funéraires des), 297.
— (L'embaumement chez les), 298.
— (Corporation des embaumeurs chez les), 298.
— (La vie future chez les), 298.
— (L'enfer des), 299.
— (Les doubles chez les), 299.
— (Les dieux des), 299.
— (La zoolâtrie des), 299.
— (La caste des bouchers), 299.
— (Rochers adorés chez les), 299.
— (Astrolâtrie des), 300.
— (Les esprits chez les), 300.
— (Les offrandes chez les), 300.
— (Le jeûne chez les), 301.
— (Les rogations des), 301.
— (Le sacerdoce chez les), 302.
— (Caste des prêtresses), 302.
— (Caste des prêtres), 302.
— (Tumulus) et pyramide égyptienne, 306.
Guaranis (Inhumation chez les), 171.
— (La vie future chez les), 173-175.
— (Tonnerre déifié chez les), 177.
— (Les sorciers chez les), 177.
— (Les sorciers des), 179.

H

Hadès (Le) hellénique, 469-472.
Hanover (Le) mazdéen et le Saint-Esprit chrétien, 549.
— (Le) mazdéen, 534.
Haôma (Le) mazdéen, 531.
Hégésippe Moreau (L'animisme littéraire d'), 19.
Hésiode (Les doubles d'après), 475.
— (Les génies dans), 478.
— (La théogonie d'), 479.
Hellénique (Le polythéisme), 467.
— (Le *Hadès*), 469-472.
— (Le Tartare), 469.
— (La sorcellerie), 480.
— (La prière), 481.
Helléniques (Les doubles), 470-472.
— (Les dieux), 473-480.
Hindouisme (L'), 429.
— (Rites funéraires de l'), 429.
— (La sépulture dans l'), 429.
— (Offrandes funéraires dans l'), 430.
— (La métempsycose dans l'), 431.
— (La métempsycose, sanction morale de l'), 431.
— et le Saktisme, 435.
— (Dieux fétichiques de l') 436.
— (Le polythéisme de l'), 436.
Hindouistes (Les doubles des), 429.
— (La crémation des), 429.
Homère (Les doubles dans), 470, 471.
— (Les dieux dans), 473, 480.
— (L'anthropomorphisme dans), 474.
— (La vie des dieux dans), 477.
— (L'animisme dans), 477.
— (Les sacrifices dans), 481.
— (La prière dans), 481.
Homérique (La cour du Zeus), 475 476.
— (L'Olympe), 475-477.
Hottentots (L'inhumation chez les), 56.
— (La magie chez les), 56.
— (La vie future chez les), 56.
— (La religion des), 57.
— (L'astrolâtrie des), 58.
Hugo (V.) (L'animisme littéraire de), 20, 21-24.

I

Iahveh (Le) des Juifs, 363-365.
Iahveh (L'anthropomorphisme du juif), 366.
— (Le *maléak* de), 368.
Idéal (L') de l'avenir, 575-580.
Idoles (Les) en Polynésie, 162.
— au Thibet, 260, 261.
— en Chine, 276, 277.
— préislamiques, 336.
Idoles-fétiches (Les) dans l'Afrique ocidentale, 95.
— des M'pongoués, 95, 96.
Impiété (L') des Bédouins, 338, 339.
— dans la Bible, 377.
Impurs (Aliments) chez les Musulmans, 349.
— (Les animaux) dans la Bible, 376.
— (Aliments) chez les Touâreg, 504.
— (Les aliments) chez les Kâffirs, 502.
Incantation (L') en Australie, 39, 40.
— (Pouvoir des) brahmaniques, 435.
Incarnation (L') du Bouddha, 441.
Inde (Inhumation chez les aborigènes de l'), 388.
— (Crémation chez les aborigènes de l'), 388-390.
— (Vie future chez les aborigènes de l'), 390.
— (Les dieux des aborigènes de l'), 392.
— (La sorcellerie des aborigènes de l'), 392.
— (L'astrolâtrie des aborigènes de l'), 392.
— (Esprits naturalistes chez les aborigènes de l'), 394.
— (Les doubles démoniaques chez les aborigènes de l'), 395.
— (Les augures chez les aborigènes de l'), 395.
— (Le culte chez les aborigènes de l'), 396.
— (L'éléphant divinisé dans l'), 416.
— (Animaux sacrés dans l'), 416.
— (Les esprits dans l'), 417.
Indiens (Religion des aborigènes), 386.
— (Rites funéraires des aborigènes), 386.

INDEX ALPHABÉTIQUE.

Indifférentisme (L')religieux en Chine, 289, 290.
Indo-Chinois (Religion primitive des), 235.
Indra, dieu-soleil védique, 401, 402.
— (Les vaches pluviales d'), 402.
— dieu panthéistique, 402.
Inhumation (L') chez les Tasmaniens, 29.
— En Australie, 34.
— Chez les Hottentots, 56.
— Chez les Cafres, 65.
— Au Gabon, 81.
— Dans l'Afrique orientale, 83.
— Chez les Niam-Niam, 83.
— Chez les Bongos, 83.
— Dans l'Afrique tropicale, 107.
— A la Nouvelle-Zélande, 142.
— Chez les Patagons, 171.
— Chez les Guaranis, 171.
— Chez les Fuégiens, 171.
— accroupie en Californie, 183.
— Chez les Iroquois, 183.
— Chez les Peaux-rouges, 183-187.
— Au Pérou, 204.
— accroupie au Mexique, 219, 220.
— A Sumatra, 237.
— A Siam, 241.
— Chez les Esquimaux, 242.
— En Chine, 272.
— populaire en Égypte, 307.
— Chez les Aryas védiques, 399.
— Chez les Slaves, 505.
Initiation à la sorcellerie dans l'Amérique du Sud, 180.
— à la sorcellerie chez les Peaux-rouges, 199.
— *brahmanique*, 435.
Inquisition (L') chrétienne, 556.
Invocation à l'esprit lunaire au Gabon, 102.
Iroquois (Inhumation chez les), 183.
Irréligion (L.) des Cafres, 59-64.
Isis (Le mythe d') en Égypte, 322.
Islamisme (L'), 326.
— (Les anges d'après l'), 345.
— (Bilan de l'), 355.

J

Jaïnisme (Le), 445.
Jaïnistes (Les), 465.
Japon (Religion au), 267.

Japon (Le paradis au), 267.
— (Les doubles au), 267.
— (Les esprits au), 267.
— (L'animisme au), 268.
— (Divinisation des empereurs au), 268.
— (Culte des ancêtres au), 268.
— (Les sacrifices humains au), 268.
— (Les offrandes au), 268.
— (Les temples au), 268.
— (La morale rituelle au), 269.
— (Les prêtres-sorciers au), 269.
— (Les couvents sintoïstes au), 269.
— (Le polythéisme au), 269.
— (Les dieux au), 269.
Jeûne (Le), au Mexique, 230.
— chez les Guanches, 301.
Jourriba (Sacrifices d'animaux à), 116.
Judaïsme (Le), 356.
— en Chine, 290.
Judée (Litholâtrie en), 373.
— (Le polythéisme en), 360-362.
Jugement dernier (Le) chez les Musulmans, 330-332.
— mazdéen, 532.
Juif (L'anthropomorphisme du Iahveh), 366.
Juifs (Rites funéraires des), 359, 360.
— (Le *Chéol* chez les), 360, 361.
— (L'âme selon les), 360-362.
— (Les *Elohim* chez les), 362.
— (L'idolâtrie des), 363.
— (Le Iahveh des), 363-365.
— (Magie et sorcellerie chez les), 369.
— (Les sacrifices humains chez les), 369-371.
— (Le culte chez les), 371.
— (Le sacerdoce chez les), 371.
— (L'origine de la circoncision chez les), 371.
— (La classe des Lévites chez les), 372.
— (Les Pharisiens chez les), 372.
— (La secte des Esséniens chez les), 372.
— (Le Tabernacle des), 373.
— (Les fêtes chez les), 374.
— (Les Kedeschim chez les), 374.
— (La morale des), 375-377.
Jynthias (Mégalithes funéraires des), 388.

K

Kaarta (Baromètre divinisé à), 110.
— (Le mauvais œil du lièvre à), 110, 111.
Kâffirs (L'abandon funéraire chez les), 500.
— (La religion des), 500-503.
— (Dieux védiques chez les), 501.
— (L'enfer des), 501.
— (Le paradis des), 501.
— (Offrandes funéraires chez les), 501.
— (Le polythéisme des), 501, 502.
— (Culte d'une pierre levée chez les), 502.
— (Culte du feu chez les), 502.
— (Prêtres et sorciers chez les), 502.
— (Les aliments impurs chez les), 502.
— (Les sorciers chez les), 502.
Kalpa (Les âges du) brahmanique, 422.
— (Le) brahmanique, 419.
Kamis (Les) au Japon, 267, 268.
Kamtchadales (Abandon du cadavre chez les), 242.
Kamtchatka (Les esprits au), 243.
Karens (Les doubles des choses chez les), 391.
— (Les doubles chez les), 390, 391.
Kedeschim (Les) chez les Juifs, 374.
Kharrias (Menhirs funéraires des), 389.
Khasias (Mégalithes funéraires des), 388.
Konds (Le dieu pluvial des), 14.
Koran (Le), 340-345.
Koukis (La vie future chez les), 391.

L

La Fontaine (L'animisme littéraire de), 21.
Lamaïque (Le culte), 260.
— (Les prières) au Thibet, 262, 263.
— (Analogies) et catholiques, 263, 264.
Lama (Le Grand) au Thibet, 252.
Lamas (Réincarnation des) au Thibet, 253, 254, 255, 259.
Lamas-sorciers (Les) au Thibet, 252.

Lamartine (L'animisme littéraire de), 20.
Laprade (V. de) (L'animisme littéraire de), 21.
Lares (Les) dans l'Afrique occidentale), 95.
— (Dieux) en Polynésie, 160.
— (Les) à Rome, 486.
Latoukas (Matérialisme du roi des), 86-89.
Légende (La) de Zoroastre, 531.
Lévites (La classe des) chez les Juifs, 372.
Litholâtrie (La) au Pérou, 209.
— des Arabes antéislamiques, 335, 336.
— (La) en Judée, 373.
Littéraire (L'animisme), 18.
Lucien (Les doubles dans), 472.
Lucrèce (Rêves des animaux dans), 7.
Lunaire (Invocation à l'esprit) au Gabon, 102.
Lucrèce (Les doubles dans), 472.
Lumière (Culte mazdéen de la) dans le christianisme, 549.
Lycanthropie (La) à Sumatra, 257.

M

Macérations (Les) au Mexique, 250.
Madagascar (L'animisme à), 127.
— (Dolmens funéraires à), 127, 128.
— (Les trois esprits de l'homme à), 128.
— (Les esprits des Vazimbas à), 129.
— (Les esprits des criminels à), 129.
— (Les dieux à), 129.
— (Les gri-gris à), 130.
— (Les sorciers à), 130.
— (Le culte à), 130.
— (La prière à), 130.
Magie (La) chez les Hottentots, 56.
— dans l'Ouganda, 124, 125.
— dans l'Afrique tropicale, 109.
— en Chine, 275.
— chez les Juifs, 369, 360.
— dans le Talmud, 370.
— à Rome, 493.
— chez les Celtes, 521.
Mahométisme (Le) en Chine, 290.
Maladies (Les esprits des) au Dahomey, 120.
— à la Nouvelle-Zélande, 152.

Maladies en Polynésie, 159.
— (Les dieux des) au Mexique, 224.
— (Les esprits des) en Mongolie, 250.
— (Les dieux des) en Égypte, 323.
— (Les esprits des) chez les Chaldéens, 382.
— (Les esprits des) chez les Finnois, 510.
Malais (Religion primitive des), 235.
— (La zoolâtrie des), 236, 237.
— (Sépultures aériennes chez les), 237.
Maléak (Le) de Jahveh, 368.
Malédiction religieuse chez les Timannis, 115, 116.
Maléfices (Les) en Australie, 39.
Malherbe (L'animisme littéraire de), 21.
Mandingues (Le *Mumbo-Djumbo* chez les), 112, 113.
Mânes (Les), 17.
— chez les M'pongoués, 91.
— à Sumatra, 237.
— en Chine, 275, 276.
— chez les Touâreg, 305.
— à Rome, 486.
Manitous (Les) chez les Peaux-Rouges, 192.
Mantras (Pouvoir des) brahmaniques, 435.
Marouts (Les) vents divinisés dans les Védas, 404.
Marquises (Momification des cadavres aux), 141, 142.
— (Funérailles aériennes aux), 143.
Matérialisme chez les Cafres, 69.
— (Le) du roi des Latoukas, 86-89.
— en Égypte, 310.
— des Arabes préislamiques, 338.
Matérialistes (Chants) au Gabon, 85.
Mazdéen (Le haôma), 551.
— (Le polythéisme), 533.
— (Le *hanover*), 535.
— (Le dieu) Mithra, 535.
Mazdéens (Les emprunts) du Christianisme, 549-551.
Mazdéisme (Le), 527.
— (Le dieux du), 525-536.
— (La vie future selon le), 529.
— (L'enfer selon le), 529.
— (Le paradis selon le), 529.
— (Le jugement de l'âme dans le), 529.
— védique, 550.

Mazdéisme (La zoolâtrie dans le), 531.
— (L'astrolâtrie dans le), 531.
— (La phytolâtrie dans le), 531.
— (Le dualisme du), 531, 532.
— (Les prophètes du), 532.
— (La résurrection dans le), 532.
— (Le jugement dernier dans le), 532.
— (Les *Fravachis* du), 533.
— (Le culte du), 536-538.
— (L'eau bénite du), 537.
— (L'exorcisme dans le), 537.
— (La morale religieuse du), 538-541.
— (La morale utilitaire du), 541, 542.
— (La morale du), 538-542.
— (Les pénitences dans le), 538-540.
— (La cynolâtrie du), 539, 540.
Mecque (La pierre noire à la), 336.
Médecine (Homme-) chez les Peaux-Rouges, 198, 199.
Mégalithes funéraires de Khasias, 388.
— (Les) funéraires des Jynthias, 388.
— bouddhiques, 445.
Mélanésie (L'animisme en), 25.
— (L'évolution mythologique en), 52.
Menhirs, funéraires des Kharrias, 389.
Mer (L'adoration de la) à Sumatra, 238.
Mériahs (Les) chez les Gonds, 397.
Métaphysique (La) taoïste en Chine, 280.
— brahmanique, 418, 419.
— (L'animisme), 574-575.
Métempsycose (La), sanction morale du Brahmanisme, 425.
— (La) sanction morale de l'Hindouisme, 431.
— (La) de l'Hindouisme, 431.
— (Sanction morale par la), dans le Bouddhisme, 449.
Mexique (La syphilis divinisée au), 14.
— (La religion au), 219.
— (Rites funéraires au), 219.
— (La crémation au), 219.
— (L'inhumation accroupie au), 219, 220.
— (Offrandes funéraires au), 220.
— (Sacrifices funéraires au), 220.

Mexique (Sacrifices humains au), 220.
— (La vie future au), 221.
— (Le paradis au), 221.
— (L'enfer au), 221.
— (Les dieux au), 222.
— (Dieux de la pluie au), 223.
— (L'astrolâtrie au), 223.
— (Polythéisme au), 223.
— (Dieux érotiques au), 224.
— (Le dieu de la guerre au), 225.
— (Le clergé au), 226.
— (Les temples au), 226.
— (Classe sacerdotale au), 226.
— (Écoles cléricales au), 226.
— (Ordres religieux au), 226.
— (Les temples au), 227, 228.
— (Le culte au), 228.
— (L'animisme au), 228.
— (L'astrologie au), 229.
— (Les sorciers au), 229.
— (Le baptême au), 229.
— (La circoncision au), 229.
— (Défloration sacerdotale au), 229.
— (Les vœux au), 229.
— (Le serment religieux au), 229.
— (La confession au), 230.
— (Le jeûne au), 230.
— (Les macérations au), 230.
— (Eucharistie cannibale au), 230.
— (Les offrandes au), 230.
— (Sacrifices d'animaux au), 230.
— (Les sacrifices humains au), 231-233.
Mithra (La trinité de), 535.
— (Le dieu mazdéen), 535.
Momification dans l'Ouganda, 125.
— des têtes à la Nouvelle-Zélande), 140.
— des cadavres aux Marquises), 141, 142.
— (La) au Pérou, 207.
— chez les Guanches, 298.
— en Egypte, 307.
Monachisme (Le), au Thibet, 256.
— chez les Musulmans, 552.
— bouddhique, 456-460.
Mongolie (L'animisme primitif en), 246.
— (La sorcellerie en), 246.
— (Les doubles en), 247.
— (L'abandon des cadavres en), 247.

Mongolie (La crémation en), 247.
— (Sacrifices funéraires en), 247.
— (Sacrifices humains en), 247, 248.
— (Les doubles artificiels en), 248.
— (Le *chaman* exorciste en), 249.
— (Les dieux Pénates en), 249.
— (Les esprits des maladies en), 250.
Mongoliques (La mythologie des races), 136.
— (Esprit religieux des races), 292.
Mongoloïdes asiatiques (La religion des), 235.
Mongols (Religion des) asiatiques, 235.
— (L'instinct religieux chez les), 264, 265.
Monothéisme (La non-existence du), 8.
— (Universalité du) d'après V. Cousin, 9.
— (Universalité du) d'après Cicéron, 9.
Moraïs funéraires à Tonga, 143.
— (Les) en Polynésie, 163.
Morale (Immoralité de la) en Polynésie, 167.
— (La) rituelle au Japon, 269.
— du Taoïsme en Chine, 282, 283.
— de Confucius, 288.
— islamique, 353-355.
— biblique, 375-377.
— rituelle des Sémites, 385.
— du Bouddhisme, 451.
— (Déchéance) du Bouddhisme, 461.
— (La) religieuse à Rome, 493.
— utilitaire du Mazdéisme, 541, 542.
— mazdéenne, 538-542.
— du Christianisme, 552-557.
Morale religieuse (La) en Polynésie, 167.
— du Mazdéisme, 538-541.
Morale du Taoïsme en Chine, 278, 279.
Morimos (Les) cafres, 69, 70.
Mort (La) naturelle non comprise, 16.
— naturelle incomprise à la Nouvelle-Guinée, 43.
— naturelle incomprise au Gabon, 102.
Moundas (Dolmens funéraires des), 388.
M'pongoués (Les mânes chez les), 91.
— (Les dieux des), 95, 96.
Mumbo-Djumbo (Le) chez les Mandingues, 112, 113.

Musique lamaïque au Thibet, 261.
Musset(L'animismelittéraired'A.de),22.
Musulmans (L'examen du sépulcre chez les), 327-329, 330.
— (La résurrection chez les), 330.
— (Jugement dernier chez les), 330-332.
— (L'enfer des), 332, 333.
— (Le paradis des), 333-335.
— (Le *Koran*, livre sacré des), 340-345.
— (L'*Eblis* des), 343, 344.
— (L'Allah des), 344-346.
— (Le culte des), 346.
— (Les cinq devoirs des), 347-349.
— (L'aumône selon les), 348.
— (Aliments impurs chez les), 349.
— (Les mois sacrés des), 349.
— (Les fêtes chez les), 349, 350.
— (Les gri-gris chez les), 350.
— (Les augures chez les), 350.
— (Le clergé chez les), 350, 351, 352.
— (Le monachisme chez les), 352.
— (Morale des), 353-355.
— (Casuistique des), 354.
Mythiques (Les doubles), 565.
— (L'animisme), 567-569.
Mythologie (La) des races noires, 25.
— des races jaunes, 136.

N

Nallah (Le dieu) des Bambaras, 117.
Natchez (Sacrifices humains chez les), 200.
— (Culte du Soleil chez les), 199, 200.
— (Religion des), 199.
Nègres (La mythologie des), 25.
— Distribution des races) en Afrique, 78.
— (Les gri-gris des), 80.
— (Le fétichisme des), 80.
— (Coutumes funéraires chez les), 81.
Nègres inférieurs (L'animisme des), 79.
— (La vie future chez les), 85.
— (La peur des doubles chez les), 92, 93.
— (La sorcellerie chez les), 98.
— *païens* (L'animisme des), 106.

Nègres sauvages (Idées religieuses des), 103.
Néo-Calédoniens (Religion des), 47.
Néo-Guinéens (Les génies des), 43.
Niam-Niam (Inhumation chez les), 83.
Nicaragua (Les dieux au), 178.
— (La vie future au), 173.
Niger (Grand-prêtre fétiche sur le), 115.
— (Les démêlés conjugaux du), 113.
Nirvâna (Darwin dans le), 571.
— (Le) bouddhique, 446-457.
Noukahiva (Polythéisme à), 155.
— (La vie future à), 148.
Nouvelle-Calédonie (L'Evhémérisme à la), 47.
— (Les esprits à la), 47.
— (Coutumes funéraires à la), 48.
— (La vie future à la), 48.
— (Continence funéraire à la), 49.
— (Mutilations funéraires à la), 49.
— (Cimetières à la), 49.
— (Offrandes funéraires à la), 49.
— (Le *Tabou* à la), 50.
— (Sorcellerie à la), 50.
— (Fustigation religieuse à la), 50.
— (L'extase à la), 51.
— (Le mauvais œil à la), 51.
Nouvelle-Guinée (L'évocation des doubles à la), 44.
— (Les doubles à la), 44.
— (Coutumes funéraires à la), 44.
— (Mort naturelle incomprise à la), 43.
— (Doubles artificiels à la), 43.
Nouvelle-Zélande (Inhumation), 142.
— (Sacrifices humains à la), 140.

O

Odin (Le dieu germanique), 514.
Offrandes (Les) des Veddahs, 27, 28.
— à Taïti, 143.
— en Polynésie, 164.
— funéraires chez les Patagons, 171.
— funéraires chez les Peaux-Rouges, 185, 186-188.
— au soleil chez les Peaux-Rouges, 196.
— sanguinaires au Pérou, 216.
— au Mexique, 230.
— funéraires en Cochinchine, 240.
— — chez les Esquimaux, 242.
— lamaïques au Thibet, 261.

Offrandes au Japon, 268.
— *votives* en Chine, 271, 272.
— à Confucius en Chine, 284.
— funéraires des Guanches, 297.
— chez les Guanches, 300.
— funéraires en Égypte, 308.
— — votives en Égypte, 309-311.
— védiques, 407.
— funéraires dans Homère, 467, 468.
— dans l'Hindouisme, 430.
— (Les) à Rome, 491, 492.
— funéraires chez les Kâffirs, 501.
OEil (Le mauvais) en Australie, 39.
— à la Nouvelle-Calédonie, 51.
— du lièvre à Kaarta, 110, 111.
— en Abyssinie, 131, 132.
— (L'anthrophagie de l') en Polynésie, 165.
Olympe (L') homérique, 475-477.
Ombre (L') et le double, 16.
— (d'après les Basoutos), 16.
— chez les Zoulous, 16.
— chez les Tasmaniens, 16.
— de Virgile, 17.
— chez les Cafres, 64.
— d'après Dante, 64.
Oracles (Les) en Grèce, 482.
Ordres religieux au Mexique, 226.
Ormuzd (L') des Perses, 532, 533.
Osiris (Le mythe d') en Égypte, 322.
Ouganda (L'animisme dans l'), 124.
— (Cornes magiques dans l'), 124, 125.
— (La magie dans l'), 124, 125.
— (Momification dans l'), 125.
— (Les esprits dans l'), 125, 126.
— (Phytolâtrie dans l'), 126.
Ounkoulounkoulou (Le dieu) des Amazoulous, 72.
Oupanichads (Les) brahmaniques, 418.

P

Panthéisme (Le) dans les Védas, 405, 413-415.
— brahmanique, 418.
— de la *Bhagavad-Gita*, 419, 428.
— orphique, 495, 496.
— des Stoïciens, 496.
— virgilien, 496.
— indien (Grandeur et faiblesse du), 463-465.

Panthéistique (L'animisme), 569-571.
— (Indra, dieu), 402.
Papous (Religion des), 41.
Pâque (Les origines de la) chrétienne, 547, 548.
Paraboles (Les) du Bouddhisme, 453.
Paradis (Le) à Vili, 45.
— au Pérou, 208.
— au Mexique, 221.
— chez les Grœnlandais, 242.
— au Japon, 267.
— des Touàreg, 305.
— en Égypte, 315, 316.
— des musulmans, 333-335.
— védique, 400.
— bouddhique en Chine, 447, 448.
— des Kâffirs, 501.
— chez les Perses, 529.
Paradisiaque (Le) Soumérou des bouddhistes, 446, 447.
Patagons (Inhumation chez les), 171.
— (La vie future chez les), 173.
— (Les sorciers des), 178.
Peaux-Rouges (L'animisme des), 181.
— (Les doubles chez les), 182.
— (Le rêve chez les), 182.
— (Les sorciers chez les), 183.
— (Rites funéraires chez les), 183.
— (Abandon du cadavre chez certains), 183.
— (Inhumation accroupie chez les), 183.
— (Inhumation chez les), 183-187.
— (Danses funéraires chez les), 184.
— (Sépultures aériennes chez les), 184.
— (La crémation chez les), 185, 186.
— (Offrandes funéraires chez les), 185, 186-188.
— (Mutilations funéraires chez les), 187.
— (Sacrifices humains chez les), 187.
— (La vie future chez les), 189-191.
— Motifs de la crémation chez les), 191.
— (Les esprits chez les), 192.
— (Les *Manitous* chez les), 192.
— (La zoolâtrie chez les), 192.
— (Animaux totémiques chez les), 193.
— (Zoolâtrie chez les), 193.

Peaux-Rouges (Phytolâtrie chez les), 193.
— (Animisme chez les), 193.
— (Astrolâtrie chez les), 193, 194.
— (Légendes cosmogoniques chez les), 194.
— (Le culte chez les), 195.
— (Calumet sacré chez les), 195, 196.
— (Offrandes au soleil chez les), 196.
— (Confréries zoolâtriques chez les), 196, 197.
— (La sorcellerie chez les), 197.
— (La catalepsie religieuse chez les), 197, 198.
— (Faiseurs de pluie chez les), 198.
— (Homme-médecine chez les), 198, 199.
— (Initiation à la sorcellerie chez les), 199.
Pénates (Les dieux) en Mongolie, 249.
— (Les), à Rome, 486.
Pénitences (Les) dans le Mazdéisme, 538-540.
Pérou (Les rites funéraires au), 202-207.
— (La sépulture au), 204.
— (Offrandes funéraires au), 204.
— (Funérailles des Incas au), 205.
— (Le paradis au), 208.
— (Sacrifices humains au), 205.
— (Sacrifices funéraires au), 205-207.
— (Croyance à la résurrection au), 205, 206.
— (Le double et le rêve au), 206.
— (La vie future au), 207.
— (La momification au), 207.
— (L'enfer au), 208.
— (Les esprits au), 209.
— (Les dieux au), 209.
— (La zoolâtrie au), 209.
— (La phytolâtrie au), 209.
— (La litholâtrie au), 209.
— (L'héliolâtrie au), 210, 211.
— (Le dieu invisible au), 211, 212.
— (L'astrolâtrie au), 212, 213.
— (Les prêtres au), 213.
— (Classe sacerdotale au), 213, 214.
— (Les vierges élues au), 214, 215.
— (Le culte au), 216.
— (Offrandes sanguinaires au), 216.

Pérou (Anthropophagie symbolique au), 216.
— (Sacrifices d'animaux au), 216.
— (Les fêtes au), 217.
— (Les temples au), 217, 218.
Perse (La scarlatine animique en), 14.
— (Le Mazdéisme), 527.
— (Les rites funéraires des), 527.
— (L'abandon funéraire des), 527.
— (Les *dakmas* des), 528.
— (Le paradis chez les), 529.
— (La vie future chez les), 529.
— (L'enfer chez les), 529.
Pharisiens (Les), chez les Juifs, 372.
Phytolâtrie (La), des Australiens, 32-52.
— dans l'Afrique tropicale, 111.
— dans l'Ouganda, 126.
— chez les Peaux-Rouges, 193.
— au Pérou, 209.
— à Sumatra, 238.
— préislamique, 337.
— chez les Germains, 518.
— chez les Celtes, 520.
— dans le Mazdéisme, 531.
Pierre levée (Culte d'une) chez les Kâffirs, 502.
Pierres levées (Adoration des) à Viti, 47.
— (Culte des) chez les Celtes, 520.
Pierre noire (La) à la Mecque, 336.
Pluie (Faiseurs de) en Cafrerie, 75.
— (Faiseurs de) dans l'Amérique du Sud, 180.
— (Faiseurs de) chez les Peaux-Rouges, 198.
— (Dieux de la) au Mexique, 223.
Pluvial (Le dieu) des Konds, 14.
Pluviales (Les vaches) d'Indra, 402.
Polynésie (L'animisme en), 136, 137.
— (Rites funéraires en), 137.
— (Déification de Cook en), 137, 138.
— (Blessures funéraires en), 138, 139.
— (Sacrifices des veuves en), 140.
— (Les *moraïs* en), 144, 165.
— (Les doubles en), 144-146.
— (Les doubles des choses en), 146, 147.
— (La vie future en), 147.
— (Les dieux en), 151.
— (Dieux cosmogoniques en), 158.
— (Dieux des choses en), 159.

Polynésie (Sorcellerie en), 159.
— (Esprits des maladies en), 159.
— (Dieux lares en), 160.
— (L'ensorcellement en), 160.
— (Les prêtres en), 160, 161.
— (La malédiction des prêtres en), 162.
— (Les idoles en), 162.
— (La prière en), 164.
— (Les offrandes en), 164.
— Sacrifices humains en), 164.
— (L'anthropophagie de l'œil en), 165.
— (Le *Tabou* en), 165, 166.
— (La morale religieuse en), 167.
— (Immoralité de la religion en), 167.
Polythéisme (Le) à Tonga, 155.
— à Noukahiva, 155.
— au Mexique, 223.
— au Japon, 269.
— en Chine, 275, 276.
— taoïste en Chine, 281.
— en Judée, 360-362.
— des Chaldéens, 379.
— de l'Hindouisme, 436.
— bouddhique, 450.
— gréco-romain, 466.
— hellénique, 467.
— romain, 466, 484.
— à Rome, 487-490.
— (Évolution du) gréco-romain, 495.
— des Kâffirs, 501, 502.
— des Slaves, 505.
— des Celtes, 520, 521.
— mazdéen, 533.
« *Possesseurs* » (Les) chez les Grœnlandais, 242.
Prêtre (Le) laitier des Todas, 306.
Prêtres (Les), en Polynésie, 160.
— en Polynésie, 161.
— (La malédiction des), en Polynésie, 162.
— au Pérou, 213.
— (Caste des) guanches, 302.
— (Les) védiques, 409, 410.
— en Grèce, 482.
— chez les Kâffirs, 502.
— chez les Celtes, 522.
Prêtresses (Caste des) guanches, 302.
Prêtres-sorciers (Les) au Japon, 269.
— dans les Védas, 409.

Prière (La) à Madagascar, 150.
— en Polynésie, 164.
— lamaïque au Thibet, 262, 263.
— en Grèce, 481.
— d'un Finnois, 511.
Prière védique (Grossièreté de la), 407, 408.
Primitives (Croyances) au Caucase, 504.
Prophètes (Les) du Mazdéisme, 532.
Ptah (Le dieu) en Egypte, 521.

R

Râ (Le dieu) en Égypte, 521.
Races (Les) et les religions, 25.
— (Les grandes) humaines, 26.
— (Les) dites inférieures, 411.
Races et religions, 410.
Règne humain, 5, 6.
Réincarnation (La) lamaïque au Thibet, 253-255, 259.
— animale du double en Égypte, 511.
Religieuse (La morale) à Rome, 493, 494.
— (La catalepsie) chez les Peaux-Rouges, 197, 198.
— (Tolérance) en Chine, 277.
— (Passé et avenir de la pensée), 558.
— (Tiédeur) des Touareg, 503, 504.
Religieuses (Les persécutions) en Grèce, 483.
— (de l'universalité des croyances), 8.
— (Des idées) chez les nègres sauvages, 103.
Religieuses (Les phases) en Egypte, 323, 324.
Religieux (Sentiment), 1.
— (Nature du Sentiment), 1.
— (Ordres) au Mexique, 226.
— (Instinct) chez les Mongols, 264, 265.
— (Esprit) des races mongoliques, 292.
Religion (Valeur du mot), 2.
— (Définition du mot), 3-5.
— (La) des Veddahs, 27.
— des Tasmaniens, 28.
— des Australiens, 31.
— des Papous, 41.
— des Néo-Calédoniens, 47.
— des Hottentots, 57.
— des Cafres, 59.

Religion dans l'Afrique australe, 76.
— (La) des Natchez, 199.
— (La) des grands empires américains, 203.
— (La) au Mexique, 219.
— (Valeur des) américaines, 233, 234.
— des Mongols asiatiques, 235.
— primitive des Malais, 235.
— primitive des Indo-Chinois, 235.
— (La) des Mongoloïdes asiatiques, 235.
— en Chine, 267.
— au Japon, 267.
— (La) des Touàreg, 303.
— des Égyptiens, 306.
— des Arabes antéislamiques, 335.
— des Aryas védiques, 386.
— (La) de la vache chez les Todas, 393.
— mésopotamienne, 378.
— védique, 398.
— des Kâffirs, 500-503.
— des Germains, 512.
— des Celtes, 518-523.
— (Commune origine de la), chez les Aryens barbares, 523.
Religions (Les) *et les races*, 25, 410.
— (Les) importées en Chine, 290.
— (Les) *berbères* et l'Égypte, 294.
— (Les) mésopotamiennes, 357.
— *sémitiques* (Valeur des), 384.
— des aborigènes indiens, 386.
— (Les) des Aryens barbares, 498.
— (Les grandes) dualistes, 526.
Religiosité, 5.
Religiosité rudimentaire (Universalité de la), 8.
Reliques (Culte des) au Thibet, 262.
Résurrection (Croyance à la) au Pérou, 205, 206.
— (La) chez les musulmans, 330.
— (La) mazdéenne, 532.
Rêve (La survivance d'après le) chez les Zoulous, 90.
Rêves des animaux, 7.
— *des animaux* dans Lucrèce, 7.
— (Les) chez les Australiens, 31.
— chez les Peaux-Rouges, 182.
Rites funéraires des bouddhistes, 445.
— dans Homère, 467-468.
— à Rome, 485.
— des Perses, 527.

Rochers adorés chez les Guanches, 299.
Romain (Le polythéisme), 466, 484.
Rome (Les doubles à), 484-486.
— (Rites funéraires à), 485.
— (La crémation à), 485.
— (Les sacrifices funéraires à), 485.
— (Les combats funéraires à), 485.
— (Blessures funéraires à), 485.
— (Origine des gladiateurs à), 485.
— (Les Lares à), 486.
— (Les pénates à), 486.
— (Les Mânes à), 486.
— (Les Champs-Elysées), 487.
— (Les réincarnations à), 487.
— (Les dieux à), 487.
— (Le polythéisme à), 487-490.
— (Les dieux importés à), 490.
— (L'apothéose des empereurs à), 490, 491.
— (Les offrandes à), 491, 492.
— (La magie à), 493.
— (Les sacrifices lunaires à), 491.
— (La morale religieuse à), 493, 494.
Ronsard (L'animisme littéraire de), 19.

S

Sacerdoce (Le) chez les Guanches, 302.
— chez les Juifs, 371.
— en Grèce, 482.
— chez les Celtes, 522.
Sacerdotale (Classe) au Pérou, 213, 214.
— au Mexique, 226.
Sacrifice (Le) des cent chevaux dans le Védisme, 434.
Sacrifices chez les Cafres, 76.
— en Grèce, 481.
— chez les Germains, 518.
— des veuves en Polynésie, 140.
Sacrifices d'animaux à Jourriba, 116.
— au Pérou, 216.
— au Mexique, 230.
— en Arabie, 340.
— chez les Juifs, 371.
— Dans le Véda, 408.
Sacrifices funéraires, en Australie, 55.
— à Viti, 45.
— dans l'Afrique tropicale, 108, 109.
— chez les nègres inférieurs, 84.

Sacrifices funéraires au Congo, 84, 85.
— préislamiques, 328.
— dans Homère, 468.
— à Rome, 485.
— chez les Germains, 512.
Sacrifices humains, au Dahomey, 121-123.
— à la Nouvelle-Zélande, 140.
— à Taïti, 143.
— en Polynésie, 164.
— Chez les Caraïbes, 172.
— chez les Peaux-rouges, 187.
— chez les Natchez, 200.
— au Pérou, 205.
— au Mexique, 220, 231, 232.
— en Mongolie, 247, 248.
— au Japon, 268.
— en Chine, 272.
— en Arabie, 340.
— chez les Juifs, 369-371.
— en Assyrie, 383.
— funéraires dans Homère, 468.
— à Rome, 491.
— chez les Germains. 518.
— chez les Celtes, 522, 523.
Sage (Le) selon Confucius, 286.
Saktis (Les) brahmaniques, 415.
Saktisme (Le) dans l'Inde, 435.
Samoa (Animaux sacrés à), 156.
Scarlatine (La) animique en Perse, 14.
Sémites (L'éthique rituelle des), 385.
Sémitiques (Valeur des religions), 384.
— (Dieux) en Grèce, 480.
Sépulture (La), à Siam, 241.
— dans l'Hindouisme, 429.
Sépultures aériennes chez les Malais, 257.
Serment (Le) religieux au Mexique, 229.
Siam (L'éléphant blanc adoré à), 239, 240.
— (La zoolâtrie à), 250, 240.
— (Abandon des cadavres à), 241.
— (La sépulture à), 241.
— Inhumation à), 241.
— (La crémation à), 241.
Sintoïsme (Le), 266.
Sivaïsme (Le), 435.
Slaves (L'animisme des), 504-507.
— (Les doubles chez les), 504.
— (La crémation chez les), 505.
— (L'inhumation chez les), 505.
— (Les esprits chez les), 505.

Slaves (Le polythéisme des), 505. 507.
— (Les dieux des), 505-507.
— (Le culte chez les), 506.
— (Le culte du feu chez les),
— (*Perkoun*, dieu du tonnerre, chez les), 506.
Soleil (Culte du) chez les Peaux-rouges, 195, 196.
— (Culte du) chez les Natchez, 199, 200.
— divinisé au Pérou, 210, 211.
— (Dieu du) en Égypte, 321, 322.
— (Indra, dieu) védique, 401, 402.
— (Diverses divinations du) dans les Védas, 403.
Soma (Les) védiques, 401, 406, 407.
Sorcellerie (La), en Australie, 38.
— à Viti, 46.
— à la Nouvelle-Calédonie, 50.
— chez les Cafres, 74.
— chez les Tasmaniens, 50.
— chez les nègres inférieurs, 98.
— dans l'Afrique tropicale, 109.
— en Polynésie, 159.
— (Initiation à la) dans l'Amérique du Sud, 180.
— chez les Peaux-rouges, 197.
— (Initiation à la), chez les Peaux-rouges, 199.
— chez les Esquimaux, 244, 245.
— en Mongolie, 246.
— chez les Musulmans, 350, 351.
— chez les Juifs, 359, 360.
— des aborigènes indiens, 392.
— hellénique, 480.
— chez les Afghans, 503.
— chez les Finnois, 510.
— chez les Germains, 517.
Sorcier déifié chez les Timannis, 112.
Sorciers (Les) à Madagascar, 130.
— en Abyssinie, 132.
— chez les Guaranis, 177-179.
— des Patagons, 179.
— chez les Peaux-rouges, 183.
— au Mexique, 229.
— (Les Lamas) au Thibet, 252.
— des Arabes préislamiques, 336, 337.
— chez les Chaldéens, 382.
— chez les Kâffirs, 502.
Sorciers-médecins (Les) chez les Fuégiens, 178.

INDEX ALPHABÉTIQUE.

Sorciers lycanthropes chez les Abipones, 180.
Sorciers-prêtres (Les) au Japon, 269.
Soumérou (Le), paradis bouddhique, 446, 447.
Spencer (L'Évhémérisme de H.), 18.
Spiritique (L'animisme), 563, 566.
Spiritisme (Le) en Australie, 38.
— des Arabes préislamiques, 336.
Stoïciens (Le panthéisme des), 496.
Sumatra (L'inhumation à), 237.
— (Les Mânes à), 237.
— (La lycanthropie à), 237.
— (La zoolâtrie à), 238.
— (La phytolâtrie à), 238.
— (L'animisme des pierres à), 238.
— (L'adoration de la mer à), 238.
Sunnah (Recueil musulman de la), 541.
Survivance (La) posthume à Viti, 45.
— posthume à la Nouvelle-Calédonie, 48.
Syphilis (La) divinisée au Mexique, 14.

T

Tabernacle (Le) juif, 373.
Tablettes (Les) confucianistes en Chine, 284.
Tablettes funéraires en Chine, 273.
Tabou (Le) à la Nouvelle-Calédonie, 50.
— (Le) en Polynésie, 165, 166.
Tagals (L'animisme des), 236.
Taïti (Funérailles aériennes à), 143.
— (Les offrandes à), 143.
— (Sacrifices humains à), 143.
— (L'alimentation des doubles à), 146.
— (La vie future à), 149, 150.
— (Anthropolâtrie à), 157.
Talmud (Les démons d'après le), 365.
— (La magie dans le), 370.
— (Iahveh d'après le), 374, 375.
Taoïsme (Le) en Chine, 277.
— (Morale du) en Chine, 278, 279, 282, 283.
— (La métaphysique du) en Chine, 280.
— (L'animisme du) en Chine, 281.
— (Le polythéisme du) en Chine, 281.
Tartare (Le) dans Homère, 469.
Tasmanie (Les esprits en), 28.

Tasmaniens (L'ombre chez les), 16.
— (La religion des), 28.
— (Rites funéraires des), 29.
— (La vie future chez les), 29.
— (L'inhumation chez les), 29.
— (La crémation chez les), 29.
— (La sorcellerie chez les), 30.
— (Les danses chez les), 31.
Temples (Les) rudimentaires à Viti, 46.
— au Pérou, 217, 218.
— au Mexique, 226-228.
— au Japon, 268.
— chez les Chaldéens, 383.
— confucianistes en Chine, 284.
Théogonie (La) d'Hésiode, 479.
Thibet (L'animisme primitif au), 250
— (L'abandon des cadavres au), 251.
— (Les esprits au), 251.
— (Les gri-gris au), 252.
— (Les lamas-sorciers au), 252.
— (Le Grand Lama au), 252.
— (La réincarnation lamaïque au), 253-259.
— (clergé lamaïque au), 255, 256.
— (Le monachisme au), 256.
— (Les couvents lamaïques au), 257, 258.
— (Cénobitisme lamaïque au), 259.
— (Les idoles au), 260, 261.
— (Les offrandes lamaïques au), 261.
— (Musique lamaïque au), 261.
— (Danses sacrées au), 262.
— (Culte lamaïque des reliques au), 262.
— (Gri-gris lamaïques au), 262.
— (La prière lamaïque au), 262, 263.
— (Rites pseudo-catholiques au), 263, 264.
Timannis (Anthropolâtrie chez les), 112.
— (Malédiction religieuse chez les), 115, 116.
Todas (La vie future chez les), 391.
— (La religion de la vache chez les), 393.
— (Le laitier sacré des), 396.
Tolérance religieuse en Chine, 277, 289
Tombeau (Les biens du) en Égypte, 311.

Tonga (Moraïs funéraires à), 143.
— (La vie future à), 148.
— (Le polythéisme à), 155.
Tonnerre-oiseau (Le) des Ahts, 14.
Tonnerre (Le) divinisé en Australie, 33.
— déifié chez les Fantis, 113.
— (*Perkoun*, dieu du) chez les Slaves, 506.
— (*Taran*, dieu du) chez les Celtes, 520.
— déifié chez les Guaranis, 177.
Totémiques (Animaux) en Australie, 32.
Touâreg (La religion des), 303.
— (Tiédeur religieuse des), 303, 304.
— (Viandes impures chez les), 304.
— (Terreur des revenants chez les), 304.
— (Les Mânes chez les), 305.
— (Le Grand Esprit des), 305.
— (Le paradis des), 305.
— (L'enfer des), 305.
— (La croix chez les), 305.
Tours du silence (Les) à Bombay, 528.
Transmigration (La) dans le Bouddhisme, 440-446.
Triades (Les) divines en Égypte, 321.
Trimurti (La) brahmanique, 415, 432.
Trinité (La) védique, 414.
— bouddhique, 461.
— de Mithra, 535.
Trinités (Les) des Chaldéens, 381.
Tumulus (Les) chez les Chibchas, 183.
— guanches, 297.
— bouddhiques, 445.
— funéraires chez les Germains, 512.
Tylor (L'animisme d'après), 11, 12.

U

Uitzilopochtli, dieu de la guerre au Mexique, 225.
Union mystique (L') dans la *Bhagavad-Gita*, 426.

V

Varouna, ciel divinisé dans les Védas, 403.
Vazimbas (Les esprits des), à Madagascar, 129.

Védas (Multiple divinisation du soleil dans les), 403.
— (Varouna, ciel divinisé dans les), 403.
— (Le feu divinisé dans les), 404.
— (Les vents divinisés dans les), 404.
— (Le panthéisme dans les), 405.
— (Dieux abstraits dans les), 405.
— (Prêtres-sorciers dans les), 409.
Veddahs (La religion des), 27.
— (Zoolâtrie des), 28.
— (Les offrandes des), 28.
Védisme (Le sacrifice des cent chevaux dans le), 434.
Védique (La religion), 398.
— (Vie future), 398.
— (L'enfer), 400.
— (Le paradis), 400.
— (L'animisme), 401.
— (Le *soma*), 401-407.
— (L'Aurore, déesse), 403, 404.
— (Le culte), 406.
— (Grossièreté de la prière), 407, 408.
— (L'exorcisme), 409.
— (Le panthéisme), 413-415.
— (La trinité), 414.
— (Rites funéraires), 398.
— (L'inhumation chez les Aryas), 399.
— (La crémation chez les Aryas), 399.
— (Vie future panthéistique chez les Aryas), 399, 400.
— (Les dieux), 401.
— (Les offrandes), 407.
— (Sacrifices) d'animaux, 408.
— (Les prêtres), 409, 410.
— (Dieux) chez les Kâffirs, 501.
Vengeance funéraire en Australie, 36.
Vichnouisme (Le), 434.
Vie future (La) chez les Tasmaniens, 29, 30.
— à Viti, 45.
— chez les Bochimans, 55.
— chez les Hottentots, 56.
— chez les nègres inférieurs, 85.
— (Brièveté de la) chez les nègres inférieurs, 91.
— à Tonga, 148.
— à la Nouvelle-Zélande, 147.
— en Polynésie, 147.

Vie future à Noukahiva, 148.
— à Taïti, 149, 150.
— chez les Patagons, 173.
— chez les Guaranis, 173-175.
— *future* (La) au Nicaragua, 173.
— à la Colombie, 173.
— chez les Peaux-Rouges, 189-191.
— au Pérou, 207.
— au Mexique, 221.
— chez les Guanches, 298.
— en Égypte, 309.
— préislamique, 329.
— chez les Arabes préislamiques, 338.
— chez les aborigènes de l'Inde, 390.
— pastorale chez les Todas, 391.
— chez les Koukis, 391.
— védique, 398.
— panthéistique chez les Aryas védiques, 399, 400.
— dans Homère, 469-474.
— en Grèce, 483.
— chez les Germains, 513, 514.
— chez les Celtes, 519.
— chez les Perses, 529.
Vierges élues (Les) au Pérou, 214, 215.
Virgile (L'ombre de), 17.
Viti (L'animisme à), 12.
— (L'anthropolâtrie à), 42.
— (L'Evhémérisme à), 42.
— (Crimes déifiés à), 43.
— (La vie future à), 45.
— (Le paradis à), 45.
— (Les sacrifices funéraires à), 45.
— (Temples rudimentaires à), 46.
— (Sorcellerie à), 46.
— (Les doubles des choses à), 46.
— (Adoration des pierres levées à), 47.
Vitiens (L'animisme des), 41.
— (La zoolâtrie chez les), 41.
Vœux (Les) au Mexique, 229.

X

Xercès (L'animisme de), 15.

Y

Ygdrasil (L'arbre) des Germains, 516.

Z

Zélande (*Nouvelle-*). Momification des têtes à la, 140.
— (La vie future à la), 147.
— (Anthropolâtrie à la,) 151.
— (Les dieux à la,) 151.
— (Dieux anthropomorphes à la), 151, 152.
— (Le mythe de *Rangui* et *Papa* à la), 153, 154.
— (Esprits des maladies à la), 152.
Zeus (La cour du) homérique, 475, 476.
Zona (Le) animique des Cornouailles, 13.
Zoolâtrie (La) des Veddahs, 28.
— des Australiens, 32, 33.
— à Viti, 41.
— chez les Cafres, 65.
— dans l'Afrique tropicale, 111.
— chez les Peaux-Rouges, 192, 193.
— au Pérou, 209.
— des Malais, 256, 237.
— à Sumatra, 238.
— à Siam, 239, 240.
— des Guanches, 299.
— préislamique, 337.
— chez les Gonds, 392.
— chez les Germains, 518.
— mazdéennne, 531.
Zoolâtriques (Confréries) chez les Peaux-Rouges, 196, 197.
Zoroastre (La légende de), 531.
Zoulous (L'ombre chez les), 16.
— (Survivance d'après le rêve chez les), 90.

24000. — Imprimerie LAHURE, rue de Fleurus, 9, à Paris.

VIGOT FRÈRES, ÉDITEURS
23, Place de l'École de Médecine, PARIS.

BIBLIOTHÈQUE ANTHROPOLOGIQUE

dirigée par

MM. Mathias DUVAL, Georges HERVÉ, Abel HOVELACQUE, André LEFÈVRE,
Ch. LETOURNEAU, Gabriel DE MORTILLET et H. THULIÉ

Tome Ier. — THULIÉ (H.). La femme, *Essai de sociologie physiologique*. Ce qu'elle a été, ce qu'elle est. Les théories. Ce qu'elle doit être 1 vol. In-8, 1885 . . . . 7 fr. 50

Tome II. — DUVAL (Mathias). Le darwinisme. 1 vol. in-8 avec 7 fig. intercalées dans le texte 1886 . . . . 10 fr.

Tome III. — LETOURNEAU (Ch.). L'évolution de la morale. 2e édition, 1 vol. in-8. 1894 . . . . 7 fr. 50

Tome IV. — HOVELACQUE (A.) et G. HERVÉ. Précis d'anthropologie. 1 vol. in-8, avec 20 figures intercalées dans le texte. 1887 . . . . . . 10 fr.

Tome V. — VINSON (J.). Les religions actuelles ; *leurs doctrines, leur évolution, leur histoire. Peuples sans religion. Fétichisme. Brahmanisme. Bouddhisme. Parsisme. Judaïsme. Mahométisme. Christianisme. Sectes extravagantes.* 1 vol. in-8. 1888 . . . . 9 fr.

Tome VI. — LETOURNEAU (Ch.). L'évolution du mariage et de la famille. 1 vol. in-8, 1888 . . . . 9 fr.

Tome VII. — LACOMBE (P.). La famille dans la société romaine, étude de moralité comparée, 1 vol. in-8. 1889 . . . . 7 fr.

Tome VIII. — LETOURNEAU (Ch.). L'évolution de la propriété. 1 vol. in-8 1889 . . . . 8 fr.

Tome IX. — HOVELACQUE (A.). Les nègres de l'Afrique sus-équatoriale *(Sénégambie, Guinée, Soudan, Haut-Nil)*. 1 vol. in-8. avec 33 figures intercalées dans le texte. 1889 . . . . 8 fr.

Tome X. — BORDIER (A.). Pathologie comparée de l'homme et des êtres organisés. 1 vol. in-8. 1889 . . . . 8 fr.

Tome XI. — LETOURNEAU (Ch.). L'évolution politique. 1 vol. in-8. 1890 . . . . 9 fr.

Tome XII. — MORTILLET (G. DE). Origines de la chasse, de la pêche et de l'agriculture. Chasse, pêche et domestication. 1 vol. in 8, 148 figures par A. de Mortillet. 1890 . . . . 9 fr.

Tome XIII. — DUMONT (Arsène). Dépopulation et civilisation, étude démographique, 1 vol. in-8 1890 . . . . 8 fr.

Tome XIV. — LETOURNEAU (Ch.). L'évolution juridique. 1 vol. in-8 1890 . . . . 9 fr.

Tome XV. — LETOURNEAU (Ch.). L'évolution littéraire. 1 volume in-8 1894 . . . . 9 fr.

Tome XVI. — LETOURNEAU (Ch.). La Guerre. 1 vol. in-8, 1895. 9 fr.

Tome XVII. — LETOURNEAU (Ch.). L'évolution de l'Esclavage. 1 vol. in-8, 1897 . . . . 9 fr.

Tome XVIII. — LETOURNEAU (Ch.). Évolution du Commerce. 1 vol. in-8, 1897 . . . . 9 fr.

Tome XIX. — LETOURNEAU (Ch.). Évolution de l'Éducation. 1 vol. in-8, 1898 . . . . 9 fr.

Tome XX. — LETOURNEAU (Ch.). L'Évolution religieuse. 1 vol. in-8, 1898. 2e édition . . . . 9 fr.

www.ingramcontent.com/pod-product-compliance
Lightning Source LLC
Chambersburg PA
CBHW071153230426
43668CB00009B/940